HEYNE <

CLARISSA PINKOLA ESTÉS

DIE WOLFS FRAU

Die Kraft der weiblichen Urinstinkte

Aus dem Amerikanischen von Mascha Rabben
Überarbeitete und erweiterte Ausgabe

WILHELM HEYNE VERLAG
MÜNCHEN

Titel der Originalausgabe
»Women Who Run With the Wolves«

MIX
Papier | Fördert gute Waldnutzung
FSC® C083411

Penguin Random House Verlagsgruppe FSC® N001967

5. Auflage
Erweiterte Neuausgabe 2022

Dieses Buch ist in den Vereinigten Staaten bei Ballantine Books, einem Verlag der Random House, Inc. Gruppe, New York, und gleichzeitig in Kanada bei Random House of Canada Limited, Toronto, erschienen.
Ursprünglich in einer etwas anderen Form 1992 bei Ballantine Books, einem Verlag von Random House Inc., erschienen.
Erste Ballantine Books Trade Paperback Edition: September 1995

in der Penguin Random House Verlagsgruppe GmbH,
Neumarkter Straße 28, 81673 München
produktsicherheit@penguinrandomhouse.de
(Vorstehende Angaben sind zugleich Pflichtinformationen nach GPSR.)

Umschlaggestaltung: Eisele Grafik Design
Satz: Satzwerk Huber, Germering
Druck und Bindung: CPI books GmbH, Leck
Printed in the EU
ISBN: 978-3-453-60607-4

www.heyne.de

Inhalt

Vorwort

Wir alle sind von einer Sehnsucht nach wilder Ursprünglichkeit erfüllt. Aber es gibt kaum ein kulturell akzeptiertes Mittel, das diese Art von Heißhunger stillt. Man hat uns Scham vor diesem Verlangen anerzogen, und so haben wir gelernt, unsere Gefühle hinter langen Haarmähnen zu verbergen. Aber ein Schatten der Wilden Frau verfolgt uns bei Tag und auch bei Nacht. Wo wir auch hingehen, ein Schatten trottet hinter uns her – und immer einer auf vier Beinen.

Dr. Clarissa Pinkola Estés
Cheyenne, Wyoming

A kedves szüleimnek
Maria es Joszef,
Mary and Joseph,
Szeretlek benneteket.

y

Para todos los que yo amo
que continuan desaparecidos.

EINLEITUNG

Der Gesang über den Knochen

Nicht nur die wilden Tiere, auch die wilden Frauen dieser Erde sind vom Aussterben bedroht. Im Lauf mehrerer Jahrtausende wurden die weiblichen Urinstinkte systematisch platt gewalzt, abgeholzt, ausgeplündert, unterdrückt, oft auch zubetoniert. Die selbst ernannten Verwalter der Erde hielten alles Ursprüngliche, alles Instinktive und Intuitive für eine Bedrohung ihrer Position und folglich auch nicht für erhaltenswert. Auf diese Weise wurde das urwüchsig Instinktive, das allen Frauen innewohnt, in eine der dunkelsten Ecken ihrer untergründigen Seelenlandschaften verbannt.

Es ist durchaus kein Zufall, dass wild wuchernde Naturgebiete auf der Erde mit der gleichen Geschwindigkeit dezimiert werden, wie die Erinnerung an unser eigenes innewohnendes Wildwesen nachlässt. Und es ist auch nicht verwunderlich, dass Wölfe, Schakale und ungezähmte Frauen einen ähnlich schlechten Ruf genießen, dass sie gefürchtet, gehasst und nach Möglichkeit unterdrückt, wenn nicht gar ausgemerzt werden. Schließlich gehören sie demselben instinktiven Archetypus an und werden daher mit Attributen wie »bösartig«, »unersättlich« und »gefährlich« belegt. Die Verfolgung und systematische Vertreibung von Wolfsrudeln in immer entlegenere Regionen des arktischen Eises und anderer unwirtlicher Gegenden spiegelt wider, was Frauen in psychologischer Hinsicht seit Jahrtausenden widerfahren ist.

Kann das vom Aussterben Bedrohte, das so lange Verdrängte und aus unserem Bewusstsein Vertriebene noch gerettet, ins volle Leben zurückgerufen werden? Die Antwort ist: Ja, kategorisch Ja.

Im Laufe meiner jahrzehntelangen Praxis als jungianische Psychoanalytikerin und in meiner Eigenschaft als Dichterin, als *cantadora*, also als Bewahrerin der alten Geschichten, wurde mir von zahllosen Frauen bewiesen, dass die verschollen geglaubten weiblichen Urinstinkte im Zuge von zielgerichteten Ausgrabungsarbeiten wieder freigeschaufelt werden können.

Mithilfe dieser Art »Psycho-Archäologie« wird die Instinktnatur einer Frau von allen möglichen kulturellen Überlagerungsschichten befreit und aus der Unterwelt emporgehievt. Und dabei stößt man auf etwas Wunderbares, etwas nicht zur Gänze Erfassbares, aber in allen Frauen Vorhandenes. Ich nenne es die »Wolfsfrau«.

Hinter diesem Sammelbegriff verbirgt sich eine Fülle von natürlichen Anlagen. Das symbolische Urbild der Wolfsfrau enthält ein gigantisches Knäuel von lang vermissten Fähigkeiten, Eigenschaften und Perspektiven, deren einzelne Fäden in diesem Buch ausführlich besprochen werden sollen, auch wenn der Archetyp in seiner Gesamtheit immer noch mehr ist als die Summe seiner einzelnen Merkmale und Fäden. Was ich als »Wolfsfrau« bezeichne, ist weibliche Ursprünglichkeit schlechthin, und was das im Einzelnen und individuell gesehen heißen soll, offenbart sich, wenn eine Frau bereit ist, die tieferen Geheimnisse ihres eigenen Wesens zu ergründen. Viele Frauen neigen dazu, ihre Unkenntnis über ihre eigene Wesensnatur hinter Staubwolken einer endlos wirbelnden Hyperaktivität zu verbergen. Aber das weibliche Urwissen wartet im Untergrund darauf, wiederentdeckt und auch von der modernen Frau benutzt zu werden.

Die Wilde Frau und das artverwandte Wolfsmotiv, das sich wie ein Leitfaden durch dieses Buch zieht, kann auf meine Forschungsarbeit mit wild lebenden Tierarten zurückgeführt werden. Mit besonderer Vorliebe habe ich den *Canis lupus* und den *Canis rufus* studiert – Wölfe, deren Geschichte im Laufe der Zeit immer mehr der Geschichte des weiblichen Geschlechts auf diesem Planeten glich.

Frei lebende Wölfe und ungekünstelte Frauen haben vieles gemeinsam: die Akkuratheit ihres instinktiven Feingefühls, eine Vorliebe für alles Spielerische und eine schier unverrückbare Loyalität. Beide Gattungen sind von Natur aus beziehungsorientiert, sie schnüffeln gern neugierig herum, sie sind wissbegierig, spitzfindig, zäh, ausdauernd und seelenvoll. Was ihre Jungen, ihre Lebensgefährten und den Rest des Rudels angeht, so legen sie ein untrügliches intuitives Gespür an den Tag. Sie sind anpassungsfähig, standhaft, und in Krisensituationen beweisen beide Gattungen einen todesmutigen Heroismus.

Dennoch wurden beide Gattungen auf bemerkenswert ähnliche Weise verleumdet und unterjocht, denn die Jahrhunderte währenden Säuberungsaktionen der moralpredigenden Weltverbesserer galten selbstverständlich nicht allein dem Wildwuchs in der Außenwelt, sondern mehr noch den ungezähmten Wildregionen der menschlichen und speziell der weiblichen Psyche.

Also kristallisierte sich das Konzept vom Archetyp der Wilden Frau für mich zum ersten Mal durch meine Forschungsarbeit mit Wölfen heraus, obwohl ich auch andere Tierarten studiert habe, wie Bären, Elefanten und Schmetterlinge. Die Charakteristika jeder dieser Gattungen liefern uns eine erstaunliche Fülle von metaphorischen Hinweisen auf alles, was über die instinktive Psyche von Frauen in Erfahrung gebracht und verbalisiert werden kann.

Im selben Atemzug sollte ich aber auch erwähnen, dass die Wilde Frau mir wohl schon in frühester Kindheit nahegebracht wurde, einfach weil ich in eine Familie mit spanisch-mexikanischer Abstammung hineingeboren und später von einem weitverzweigten Clan hitziger Ungarn adoptiert wurde. Während meiner Kindheit, die ich in der göttlichen Naturlandschaft in der Nähe der Great Lakes (in den Vereinigten Staaten) verbrachte, spitzte sich bereits lauschend mein Ohr, sträubte sich schon ahnungsvoll mein Nackenfell, wenn ich in klaren Mondnächten das Wolfsgeheul von weiter oben, vom Nordrand der großen Wälder, zu uns herüberwehen hörte. Wir lebten ein sehr einfaches Leben in einer bäuerlichen Enklave, umgeben von Kornfeldern, Obstgärten, Wiesen … Ich weiß noch, dass wir gefahrlos von dem Wasser unserer Wildbäche trinken konnten.

Obwohl ich sie zu jener Zeit sicherlich nicht so genannt habe, liebte ich die Wilde Frau schon als kleines Kind. Ich war eher Ästhetin als Athletin und wollte nur ein ekstatischer Wanderer werden. Mir waren der Erdboden, die Bäume und Höhlen lieber als Tisch und Stühle, denn bei ihnen fühlte ich die Nähe Gottes.

Jeden Abend verlangte der Fluss, dass ich ihn noch einmal besuchte; Felder *mussten* begangen werden, um meinen Fußsohlen die letzten Neuigkeiten mitzuteilen. Der nächtliche Wald *bestand darauf,* dass Lagerfeuer entfacht wurden. Und Geschichten *mussten* außerhalb der Hörweite von Erwachsenen erzählt werden.

Ich war glücklich, dass ich in einer Naturlandschaft aufwuchs, in der jähe Blitzschläge eindringlich von der Vergänglichkeit des Lebens sprachen. Ein Wurf neugeborener Feldmäuse zeigte, wie die Härte des Todes durch neues Leben entschärft wurde. Beim Wühlen in schlammiger Erde fielen mir alte indianische Schmuckperlen in die Hand, und ich begriff, dass schon lange, lange vor mir Menschen hier gelebt hatten. Die Kunst der Selbstverzierung lernte ich von Schmetterlingen, während sie sich auf meinem Kopf niederließen. Nach Anbruch der Dunkelheit dienten Glühwürmchen als Juwelen und smaragdgrüne Frösche als Armbänder.

Als eine Wolfsmutter eins ihrer Jungen, das tödlich verwundet war, tötete, lehrte sie tiefes Mitleid und die Notwendigkeit, den Tod zu den Sterbenden zu lassen. Haarige Raupen, die vom Baum fielen und sofort wieder am selben Stamm hinaufkrochen, lehrten Zielstrebigkeit. Ihr kitzelndes Krabbeln auf meinem Arm lehrte, dass Hautflächen zum Leben erweckt werden können. Beim Klettern in hohe Baumspitzen wurde ich auf das Schwindelgefühl vorbereitet, das sich später beim Sex einstellen würde. Die Nachkriegsgeneration, zu der ich gehöre, wuchs in einer Zeit auf, in der Frauen in hohem Maße »infantilisiert« und wie Besitztum behandelt wurden. Im Allgemeinen ließ man sie brachliegen wie unbestellte Gärten. Und trotzdem trieben sie heimliche Blüten. Obwohl keiner ein Interesse an ihrer Schreiberei zeigte, schrieben Frauen literarische Meisterwerke. Obwohl niemand ihr Talent anerkannte, malten, komponierten, musizierten sie, auch wenn sie untertänig um das Werkzeug für ihre Kunst betteln mussten. Und wenn kein Platz für ihre Ausdrucksformen gefunden werden konnte, zogen sie sich in den Wald, den Keller, den Besenschrank zurück.

Tanzen wurde zu jener Zeit bestenfalls geduldet, so tanzten sie allein im Wald oder im Keller oder auf ihrem Weg zur Mülltonne. Der natürliche Drang, sich zu schmücken, stieß auf unverhohlenes Misstrauen. Sinnenfrohe Körper in bunten Kleidern erhöhten die Gefahr, angegriffen oder sexuell belästigt zu werden. Kein Stück dessen, was eine Frau am Leibe trug, durfte sie ihr eigen nennen.

Es war eine Zeit, in der man Eltern als »streng« bezeichnete, wenn sie ihre Kinder routinemäßig misshandelten, eine Zeit, in der die spirituellen Hilfeschreie von seelisch und körperlich zutiefst ausgebeuteten Frauen als »hysterische Anwandlungen« abgetan wurden, in der eng geschnürte, frisch gestärkte und artig nachplappernde Mädchen »gut« waren, während die anderen, die Frechen, denen es gelungen war, den kulturellen Maulkorb für einen Moment von sich zu schleudern und ein wahres Wort hervorzubringen, als »schlecht«, »ungeschliffen«, »unanständig«, ja … kaum fasslich, wenn man es bedenkt – als »hurenhaft und verdorben« galten.

Folgerichtig trippelte ich, wie schon so viele Frauen vor und auch nach mir, auf mittelhohen Absätzen, angetan mit züchtigem Blümchenkleid und Hut zur Kirche. Konnte ich es über all die Jahre hinweg verhindern, dass mein buschiger Schwanz hin und wieder unter meinem Rocksaum hervorlugte? Keine Chance! Manchmal konnte ich nicht anders – ich musste mich plötzlich laut knurrend schütteln und die Zähne fletschen, und bei Mondlicht heulte ich heimlich mit den Rudeln am Waldesrand.

Ich habe den Gesang dieser dunklen Jahre nicht vergessen, *Hambre del alma,* den Gesang der ausgehungerten Seele. Aber den glücklichen *Canto hondo* habe ich ebenso wenig vergessen, das tiefe, frohe Lied, dessen Reime uns wieder einfallen, wenn wir unsere Seele aus dem Totenreich zurückfordern.

Die traditionelle Psychologie weiß bemerkenswert wenig über frauenspezifische Themen zu sagen und noch weniger über ihre Hintergründe, wie die weibliche Intuition, die weibliche Sexualität, die zyklische Wiederkehr von Stimmungen und Kräften. Über Dinge wie die Wiederherstellung des Zugangs zum Urwissen und den Zugang zur weiblichen Schöpferkraft schweigt sie sich vollkommen aus. Diese Erkenntnis hat mich dazu bewogen, meine Arbeit mit dem Archetypus von der Wilden Frau über mehr als zwei Jahrzehnte hinweg zu verfolgen und stetig auszubauen.

Die Seelenbelange von Frauen lassen sich nicht in die kulturell akzeptablen Gussformen einpassen, auch wenn Millionen von Frauen verzweifelt versucht haben, sich in diese Gussformen hineinzuzwängen, da nahezu jede Gesellschaft es unter Androhung von Strafen und Sanktionen verlangt. Im Zuge von solchen Verrenkungsübungen werden Frauen, die als kleine weibliche Naturphänomene zur Welt kamen, zu psychologischen Außenseitern in ihrer eigenen Kultur gemacht. Also können wir, als Frauen, tatsächlich kein anderes Ziel haben, als unsere eigene wild gewachsene Naturschönheit zu reklamieren und sie fortan zu pflegen und zu stärken und zu ihr zu stehen, komme, was da auch immer wolle von irgendwelchen professionell eingebildeten Gesellschaftsschichten.

Anleitungen zur Rückforderung der weiblichen Urinstinkte lassen sich interessanterweise aus vielen alten Märchen, Mythen und Volkslegenden beziehen. Viele Überlieferungen lassen sich wie Landkarten lesen, Landkarten, die auf tiefere Seelenbereiche verweisen und verschüttete Urahnungen wachrufen. Märchen benutzen Abwandlungen des Urbilds von der Wilden Frau, wenn von Hexen, Müttern, Prinzessinnen, Königinnen und Jungfrauen in der Wildnis die Rede ist. In diesem Buch werden wir den Spuren der Wilden Frau folgen, wir werden ihrer Witterung nachspüren, bis wir das angeborene instinktive Selbst in uns entdeckt haben.

Ich nenne diesen Aspekt der weiblichen Psyche die »Wilde Frau«, weil allein schon die Worte *wild* und *Frau* alarmierend wirken, wie ein Aufruf, ein beschwörendes Pochen an den Pforten einer Frauenseele. Ganz gleich, von welcher Kultur eine Frau geprägt wurde, intuitiv begreift sie, wer oder was in ihr angesprochen wird, und in der Tiefe ihres Wesens öffnet sich eine Tür, auch wenn die Beziehung und Verwandtschaft mit dem ursprünglich Weiblichen nur noch ein fernes Echo sein mag.

Die Wilde Frau in uns mag unter zahlreichen Schichten überzivilisierter oder schamhafter Verdrängung begraben liegen, ihre jahrtausendealten Namen mögen uns entfallen sein, aber im Mark unserer Knochen spüren wir sie noch und sehnen uns nach ihrem Wissen. Wir spüren, dass sie untrennbar von uns ist, weil wir, auf mysteriöse Weise, eine Verkörperung von ihr sind. In diese elementare und unabdingbare Beziehung wurden wir hineingeboren, und in unserer Essenz entspringen wir ihr. Der Archetypus der Wilden Frau enthält alle Wesenszüge der Urfrau und universellen Mutter. Es gibt Zeiten, in denen wir diese Ursprünglichkeit unmittelbar erfahren, und sei es auch nur in einem flüchtigen Moment, woraufhin wir schier verrückt werden vor Sehnsucht nach dieser Art der Erfüllung.

Manche Frauen kommen ihr während der Schwangerschaft nahe, beim Stillen, im Verlauf der inneren Veränderung beim Kindergroßziehen, oder während wir eine Liebesbeziehung pflegen wie wir einen geliebten Garten pflegen würden.

Sie kann sich auch beim Anblick überwältigender Schönheit bemerkbar machen. Ich habe ihre Anwesenheit bei »Jesus-Gott-Maria«-Sonnenuntergängen gespürt. Sie regte sich in mir, als ich zusah, wie die Fischer in der Abenddämmerung mit angezündeten Laternen vom See zurückkamen, und auch als ich die Zehen meines neugeborenen Kindes betrachtete, aufgereiht wie die Körner eines Maiskölbchens. Wir sehen sie dort, wo wir sie sehen – und das ist überall.

Die ursprüngliche Wilde Frau erreicht uns auch durch Klang; durch Musik, die das Knochengerüst zum Vibrieren bringt und das Herz erregt. Sie fliegt uns aus der Trommel, einem Pfiff, einem Ruf, einem Schrei entgegen. Sie kommt durch das geschriebene und das gesprochene Wort. Manchmal ist ein Wort, ein Satz, ein Gedicht oder eine Geschichte so ergreifend, so richtig, dass eine Erinnerung in uns geweckt wird, und sei es auch nur für einen Augenblick; wir wissen wieder, aus welchem Stoff wir in Wahrheit gewebt sind und wo unsere Heimat in Wirklichkeit liegt.

Durch einen unerklärlich inspirierten Einfall wird uns ein »Geschmack« vom urtümlichen Sein vermittelt. Wir wissen:

»Ah, das ist es! … Oh, jetzt ist es schon wieder verschwunden.« Die Sehnsucht steigert sich, wenn wir Menschen begegnen, die sich diese wilde Beziehung gesichert haben. Die Sehnsucht regt sich, wenn uns aufgeht, dass wir zu wenig Zeit mit dem eigenen Wesensgrund, unseren bedeutenden Träumen, dem Schöpferischen in uns selbst, unserer Arbeit und unserer wahren Liebe verbracht haben.

Ja, diese allzu flüchtigen Kostproben, die uns sowohl durch erhebende Momente als auch durch Verlusterlebnisse vermittelt werden, machen uns dermaßen heißhungrig und unruhig, dass wir uns irgendwann gezwungen sehen, die Suche nach der Wildnatur ernst genug zu nehmen. Dann eilen wir in den Wald oder in die Wüste oder in den Schnee und laufen angestrengt, die Augen auf den Boden gerichtet, das Gehör geschärft und suchen überall, suchen nach einem Hinweis, nach einem Überbleibsel, nach einem Zeichen, dass sie noch lebt, dass wir unsere Chance nicht verpasst haben. Sobald Frauen die Witterung aufgenommen haben, sind sie gewöhnlich nicht mehr zu bremsen. Der Schreibtisch wird leer gefegt, Beziehungen werden entweder geklärt oder gekündigt, die Gedankenwelt wird entrümpelt, ein Schlussstrich gezogen, eine neue Seite im Buch des Lebens aufgeschlagen. Und falls es gar nicht anders geht, wird die Welt, wie sie uns vorgeschrieben wurde, aus den Angeln gehoben, denn ohne den spürbaren Kontakt zur Wilden Frau gehen wir keinen Schritt weiter.

Wer einmal zur verloren geglaubten Ursprünglichkeit zurückgefunden hat, verteidigt seinen Anspruch darauf. Nach der Rückkehr kämpfen Frauen um das Recht, sie zu behalten, denn mit ihr blüht ihre Kreativität, mit ihr gewinnen alle Beziehungen an Bedeutung und Tiefe, mit ihr werden die natürlichen Zyklen der Sexualität, Kreativität, Arbeit und Muße erneut etabliert. Mit der Verbindung zur Wilden Alten sind Frauen nicht länger Freiwild für Ausbeuter, sondern unter den Gesetzen der Natur berechtigt, sich zu entfalten, sich durchzusetzen. Jetzt rührt ihre Erschöpfung am Ende eines langen Tages von befriedigender Arbeit, nicht vom Eingesperrtsein in geistige Enge, den Job oder die Beziehung. Frauen wissen instinktiv, wann Dinge sterben und wann sie erhalten werden müssen; sie wissen, was zurückgelassen und woran mit unverbrüchlicher Treue festgehalten werden muss.

Wenn Frauen auf ihre Beziehung zur eigenen Wildnatur bestehen, werden sie mit einem beobachtenden Bewusstsein belohnt, das permanent wachsam bleibt; mit Klarsicht, einem visionären Durchblick; sie werden von einer Musenschar umringt, intuitiven Schöpferinnen, Erfinderinnen und Zuhörerinnen, die sie leiten, ihnen Vorschläge machen und ein vibrierendes Leben in ihren Innen- und Außenwelten schaffen. Frauen, die der Natur nahestehen, leuchten von innen heraus. Diese wilde Lehrerin, diese wilde Mutter und diese wilde Wohltäterin unterstützt sie in jeder Hinsicht, in ihrem inneren und äußeren Leben.

Also verwende ich das Wort »wild« nicht in seinem modernen, von religiösen Moralvorstellungen verzerrten Sinn von »wildgeworden«, »außer Kontrolle geraten«, sondern in seiner ursprünglichen

Bedeutung: die der natürlichen Lebensweise, in der ein Geschöpf sich die ihm innewohnende Integrität und sehr gesunde Grenzvorstellungen bewahrt. Die Worte »wild« und »Frau« sind eine Metapher für die Kraft, aus der alle weiblichen Geschöpfe intuitive Nahrung beziehen und ohne die sie nicht unbeschadet existieren können.

Der Gesamtkomplex des Archetypus von der Wilden Frau kann selbstverständlich auch mit anderen, ebenso zutreffenden Begriffen umschrieben werden. Man kann »Instinktnatur« oder »Naturseele« dazu sagen. Man kann die Wilde Frau als die angeborene Wesensnatur der Frau bezeichnen oder poetisch als »Das andere Ich«, »das Ozeanische«, »Meine Große Freundin«. In unterschiedlichen psychologischen Schulen würde man vielleicht »Id«, Selbst, oder mediale Anlage dazu sagen. In der Biologie wäre von der »typischen Grundnatur« die Rede.

Aber da sie unterschwellig existiert und vorausahnend und vom Bauch her intelligent ist, wird sie von den *cantadoras,* den Geschichtenerzählern dieser Welt, die Große Weise, die Wissende, die Urfrau genannt. Und immer ist sie lebenspendende Schöpferin und hexenhafte Zerstörerin in einem; eine Göttin des Todes und des Lebens zugleich; Ratgeberin und Schutzgeist aller, die eine Lektion lernen und ein lebenswichtiges Rätsel lösen müssen. Sie begleitet die Verirrten, die Außenseiterinnen und einsamen Wolfsfrauen, die draußen im Wald, im Dunkeln oder in irgendwelchen Einöden und Wüsten nach einem Stück Wahrheit suchen. Sie beschirmt solche Menschen und vermittelt ihnen ein geheimes Wissen über das Werden, Vergehen und Neuwerden aller Dinge.

Letzten Endes kann die Seinsebene, in der die Wilde Frau zu Hause ist, keinen einzig und allein zutreffenden Namen haben – das psychologische Unbewusste ist zu unermesslich, um es auf solche Weise zu beschränken. Aber da die Wilde Frau einen so überaus wichtigen Aspekt der Weiblichkeit versinnbildlicht, wird sie dennoch in allen Kulturen mit einer Vielfalt von Namen bedacht, nicht nur, um Einsicht in die zahllosen Aspekte ihrer Wesensnatur zu gewinnen, sondern auch, um sich mit ihrer Kraft zu verbinden, sich sozusagen an ihrem Rocksaum festzuhalten. Am Anfang des Rückführungsprozesses zur Wilden Frau löst sie sich gern in Sekundenschnelle in ein Nichts auf. Indem wir ihr einen Namen verleihen, richten wir ihr ein Territorium in unserer Gedanken- und Gefühlswelt ein. Und dann kommt sie zu uns, wenn wir ihren Namen rufen.

In der spanischen Sprache gibt es einen wunderschönen Namen für die Wilde Frau: Rio *abajo* Rio, Fluss unter dem Fluss; auch wird sie *Luz del abyss* genannt, das Licht des Abgrunds, und *La Loba,* die Wolfsfrau; in Tibet ist sie eine *Dakini,* eine tanzende hellsichtige Urkraft in weiblicher Gestalt. In Ungarn wird sie *Ö, Erdöben* genannt, Die vom Wald, und *Roszomak,* die Wölfin. Für die Navajo ist sie die »Spinnenfrau«, die das Schicksal aller Geschöpfe aus ihren vielfarbigen Fäden webt. Die Japaner nennen sie *Amaterasu Omikami,* die Namenlose, aus der das universelle Licht und Bewusstsein hervorgehen … Es gibt zahllose Namen für die zahllosen Facetten der Wilden Frau.

Die Beschäftigung mit der Wilden Frau ist keine Religion, sondern eine psychologische Praxis im wahrsten Sinne des Wortes. *Psyche* ist das griechische Wort für Seele, und *Logos* bedeutet Wissen: also Wissen um die Seele, Seelenkenntnis. Ohne *Psyche-Logos* haben wir kein Gehör für die Sprache der Seele. Ohne den Zugang zum Aspekt der Wilden Frau haben Frauen keinen klaren Zugang zu ihren inneren Sinnesorganen; das Pochen der eigenen Innenrhythmen wird nicht vernommen; sie dämmern in halbbewusster Resigniertheit dahin oder flüchten sich in versponnene Wunschträume. Sie halten fest, wenn sie loslassen müssten, sie gönnen sich zu viel und zu wenig von allem. Sie verlieren das untrügliche weibliche Instinktgespür für das rechte Maß. Die Wilde Frau kennt das Maß aller Dinge, denn sie ist das Herz der Psyche und reguliert das Seelenleben auf eine sehr ähnliche Weise wie das organische Herz den physischen Körper.

Man könnte sagen, dass die Wilde Frau die prototypische Urfrau schlechthin ist … unveränderbar, auch wenn die Zeiten, die Politik, die Kulturen sich ändern, sie bleibt immer gleich. Auch wenn ihre Zyklen, ihre Erscheinungsbilder wechseln, ihre Essenz bleibt: Sie ist und bleibt immer heil und ganz.

Sie ist der nährende Untergrundquell in allen Frauen. Wo auch immer Frauen unterdrückt werden, ist sie es, die in ihnen nach Freiheit strebt. Selbst das angepassteste, hygienisch einwandfreieste, von jeglichen Spuren der Wildheit gesäuberte weibliche Wesen hält insgeheim einen Platz in ihrem Untergrund für die Wilde Frau bereit und hofft im Stillen auf eine Öffnung, ein Loch im Netz, eine undichte Stelle im Räderwerk, durch die das Wilde und Alte ins Freie schlüpfen kann.

Ich glaube, dass alle Frauen, ebenso wie alle Männer, ursprünglich als begabte Wesen zur Welt kommen. Insofern finde ich es auffallend, wie wenig einschlägige Literatur sich mit dem psychologischen Make-up von talentierten und kreativen Frauen befasst, während ganze Bibliotheken mit den Schwächen und Neurosen des Menschen im Allgemeinen und denen des weiblichen Geschlechts im Besonderen gefüllt werden. Aus diesem Grund lege ich ein besonderes Schwergewicht auf alles, was Frauen in ihrer naturgegebenen Intelligenz und Ausdruckskraft bestärkt, ohne psychologische und gesellschaftliche Faktoren außer Acht zu lassen, die eine natürliche Entwicklung behindern.

Generell gilt Folgendes: Wenn wir mit der Wildnatur der Frau wie mit einem eigenständigen Wesen arbeiten, sie als lebendiges Geschöpf begreifen, von dem die tiefsten Innenwelten der Frau animiert und informiert werden, dann können wir uns auf bisher ungeahnte Weise fortentwickeln. Eine Psychologie, die es versäumt, das spirituelle Wesen im Zentrum der femininen Psyche zu kontaktieren, muss als gescheitert betrachtet werden, denn sie versagt ihre Hilfe nicht nur der einzelnen Frau jetzt und hier, sondern auch den

Töchtern der heutigen Frauen und allen zukünftigen Nachkommen des weiblichen Geschlechts.

Aber bevor wir den langersehnten Balsam auf die verletzten Teile der femininen Psyche streichen, müssen wir die Verletzungen als solche verstehen und sie mit einschlägigen Bezeichnungen versehen. Aus meiner klinischen Praxis sind mir die oft wirren Bezeichnungen für Symptome, psychoanalytische Zusammenhänge und variable Heilmethoden wohlvertraut, aber vom subjektiven Standpunkt einer Frau betrachtet sehen die Anzeichen für eine gestörte Beziehung zur eigenen Wildnatur – in der gefühlsmäßigen Sprache von Frauen ausgedrückt – so aus:

Sich ungewöhnlich trocken anfühlen, ausgelaugt, allzu verletzlich, deprimiert, verwirrt, lustlos, machtlos, ängstlich, verunsichert, unfähig, selbst etwas auf die Beine zu stellen oder sich zu zeigen, wie man ist. Zu schwach, uninspiriert, abgekämpft, feige, überflüssig, schamhaft, schmutzig, hässlich, schuldbewusst, geistig minderbemittelt, steif.

Oder man hat ständig eine Wut im Bauch, könnte durchdrehen, ist dabei aber steckengeblieben, unkreativ und bedrückt. Man zweifelt, jammert, zieht nichts durch, überlässt anderen die kreativen Aufgaben, kuscht vor Autoritätspersonen, sucht sich Partner, Chefs, Freunde, die einem die Lebenskraft aussaugen, ist defensiv, zickig, kann sich auf keine tiefere Beziehung einlassen, die Arbeit nicht sinnvoll einteilen oder vernünftige Grenzen setzen.

Man fühlt sich kraft- und elanlos, ist viel zu leicht herumzukriegen, viel zu lieb und nett, würde irgendwann gern blutige Rache nehmen. Man bringt es nicht fertig, Schluss zu machen, etwas Neues zu versuchen, fühlt sich im Grunde aber haushoch überlegen, weiß, dass man durchaus kompetent und im Vollbesitz seiner geistigen Kräfte ist.

Dennoch besteht man nicht auf seinem eigenen Arbeitstempo, ist schamvoll befangen, fühlt sich fern von Gott, manchmal von allen guten Geistern verlassen, abgeschnitten, vom Haushalt, dem Intellekt, der Arbeit oder einer lähmenden Apathie gefangen genommen, weil dies die Zufluchtsorte sind, wenn man seine Instinkte verloren hat.

Man fürchtet sich davor, etwas allein zu unternehmen oder sich bloßzustellen, einen Mentor zu suchen, eine Mutter, einen Vater; man hat Angst, die eigenen unvollkommenen Werke vorzuzeigen, bevor sie als Meisterstücke gelten können; man fürchtet sich davor, auf Reisen zu gehen, auf andere einzugehen; man hat Angst davor, weiterzugehen, zu weit zu gehen, nicht weit genug gegangen zu sein, sich vor Autoritäten zu ducken; Angst vor Energieverlust bei kreativen Projekten, vor Ausflüchten, vor Erniedrigung, vor Erstarrung, vor Angst.

Man hat Angst davor zurückzubeißen, wenn einem nichts anderes übrig bleibt; Angst vor dem Neuen; Angst sich für etwas stark zu machen, die Stimme zu erheben, entgegengesetzte Meinungen zu äußern; man hat ein »Kribbeln in der Magengegend«, einen sauren Magen, ist hin- und hergerissen, man hat Angst davor, zu schnell nachzugeben und zu leicht freundlich zu werden.

Man hat Angst anzuhalten, Angst zu handeln; man zählt wiederholt bis drei und setzt dann doch nicht ein; man hat Angst vor Autoritäten und Angst vor Doppeldeutigkeiten und ist doch im Vollbesitz seiner Fähigkeiten. Diese Zerrissenheit ist nicht die Krankheit eines Zeitalters oder eines Jahrhunderts, sondern wird überall dort zur Epidemie, wo man Frauen gefangen hält, immer dann wenn die Wilde Natur in die Falle getappt ist.

Gesunde Frauen sind in vieler Hinsicht wie Wölfe: robust, vital, großmütig, territorial, einfallsreich, treu und verspielt. Nur durch die Abspaltung von ihrer Wildnatur werden sie mickrige, hilflose, schwächliche Püppchen. Von Natur aus sind wir nicht zu fragil oder zu traumverloren, um etwas mit enormer Hartnäckigkeit bis zum gelungenen Ende zu verfolgen, etwas ins Leben zu setzen, großzuziehen, aufzubauen. Wenn Frauen in Langeweile stagnieren, ist es Zeit für die Wilde Alte, aufzutauchen; es ist Zeit für die schöpferische Funktion der Psyche, das Delta zu überfluten.

Es ist keiner Frau vom Schicksal bestimmt, ihr Dasein als kümmerliches, unauffälliges Nagetier zu fristen, als dressiertes Mäuschen, das es nicht fertigbringt, einen mächtigen wolfsartigen Satz nach vorn zu machen, sich auf die Jagd zu begeben und das Unbekannte zu erforschen. Wenn eine Frau im Dämmerzustand dahinvegetiert, mutlos durch Einöden aller Art irrt, wenn sie sucht, ohne zu wissen, was, dann wird es Zeit, die Wilde Verbündete herbeizuzitieren, die Vieläugige, mit ihren tausend Organen der Intuition, die Heilerin, mit all der Medizin im Bündel; Trägerin von Träumen, Geschichten, alten Gesängen, Zeichen und Symbolen. Sie ist unser Vehikel und unser Wunschziel zugleich.

Eine solche Verbundenheit mit der eigenen Instinktnatur ist niemals gleichbedeutend mit »haltlosem Treiben und Driften« oder einem radikalen Umsturz, bei dem alles, was vorher rechts war, plötzlich nach links gerückt wird, oder umgekehrt. Es bedeutet nicht, dass grundlegende soziale Umgangsformen plötzlich nicht mehr griffbereit zur Verfügung stünden und Frauen weniger menschlich wären. Im Gegenteil: Zwei der hervorragendsten Merkmale der Wildnatur sind ihre Humanität und Integrität.

Der Archetyp der Wilden Frau mit all seinen weitverzweigten Hintergründigkeiten fungiert als Leitbild für alle Künstler, Denker, Sucher und Finder, denn überall dort, wo etwas erfunden und neu geschaffen wird, ist der Naturinstinkt zu Hause. Ihre Eingebungen kommen aus dem Bauch, wie alles Spontane, Künstlerische und Schöpferische, denn »die Alte«, und das wissen wir, residiert nicht im Kopf, sondern in unseren Eingeweiden.

Sie ist die Kraft des Lebens, das nach jedem Tod neu aufersteht, der Mutterschoß. Sie ist die Intuition, das, was am weitesten in uns blickt, am allertiefsten zuhört – das unverbrüchlich treue Herz. Sie ermuntert uns, vielsprachig zu bleiben; perfekt in der Sprache der Träume, der Leidenschaften und poetischen Sinnbilder. Sie flüstert in nächtlichen Träumen und hinterlässt ihre Fußspuren auf unerforschten Seelenwegen. Jede Spur, die sie in uns hinterlässt, weckt die Sehnsucht, sie wiederzufinden, sie zu befreien und sie zu lieben.

Sie macht sich in Ideen, Gefühlsaufwallungen und vagen Erinnerungen bemerkbar. Sie war eine lange Zeit verloren und halb vergessen. Sie ist die Quelle, das Licht, die Nacht, die Dunkelheit und die Morgendämmerung. Sie ist der Geruch der Erde und das Hinterbein des Fuchses. Die Vögel, die uns Geheimnisse berichten, gehören ihr. Sie ist die Stimme, die sagt:

»Hier geht's lang. Hier.«

Sie ist es, die im Angesicht von Ungerechtigkeiten mit Donnerstimme grollt. Sie ist diejenige, die sich wie ein großes Rad dreht. Von ihr stammen die Zyklen. Nach ihr suchen wir, wenn wir uns auf die Suche machen. Zu ihr kehren wir am Ende wieder heim. Sie ist die verborgene Wurzel aller Frauen. Sie ist das, was uns durchhalten lässt, auch wenn wir es für schier unmöglich halten. Sie ist der Brutkasten für unfertige kleine Ideen und Handlungen. Sie ist der Kopf, der uns denkt; wir sind die Gedanken, die sie denkt.

Wo finden wir sie? Wo spüren wir ihre Präsenz? Sie wandert durch die Wüsten, die Wälder, die Meere, die Städte, die Vororte und die Schlösser. Sie lebt unter Königinnen und *Campesinas,* im möblierten Zimmer, in der Fabrik, im Gefängnis, am Gipfel der Einsamkeit. Sie lebt im Ghetto, an der Universität und auf den Straßen. Sie hinterlässt für uns Fußabdrücke, um ihre Größe zu probieren. Sie hinterlässt Fußabdrücke, wo immer es eine einzige Frau gibt, die fruchtbaren Boden bietet.

Wo lebt sie? Am Grunde des Brunnens, im Oberlauf des Flusses, vor unserer Zeit. Sie lebt in der Träne und im Ozean. Sie lebt in den Bäumen. Sie gehört der Zukunft an und existiert seit Beginn der Zeit. Sie lebt in der Vergangenheit und wird von uns gerufen. Sie ist in der Gegenwart und hat einen Stuhl an unserem Tisch, steht hinter uns in der Schlange an und fährt vor uns auf der Landstraße. Sie lebt in der Zukunft und geht in der Zeit zurück, um uns zu finden.

Sie lebt im Grün, das durch den Schnee herausspitzt, sie lebt im raschelnden Stroh des herbstlichen Kornfelds, sie lebt dort, wo die Toten hinkommen, um geküsst zu werden, und die Lebenden, um ihre Gebete zu senden. Sie lebt an der Stelle, wo die Sprache gemacht wird. Sie lebt von Gedichten und Trommelmusik und Gesang. Sie lebt von Viertelnoten und Verzierungen, in einer Kantate oder im Blues. Sie ist der Augenblick, bevor uns die Inspiration trifft. Sie lebt an einem weit entfernten Platz, der einen Durchgang zu unserer Welt hat.

Die Menschen können nach Beweisen für ihre Existenz fragen. Sie fragen im Wesentlichen nach Beweisen für die Seele. Da wir die Seele sind, sind wir auch die Beweise. Jede Einzelne von uns ist nicht nur der Beweis für die Existenz der Wilden Frau, sondern auch für ihre Stellung in der Gemeinschaft. Wir sind der Beweis für dieses erhabene göttliche Wesen. Unser Dasein verläuft parallel zu ihrem.

Unsere inneren und äußeren Erfahrungen mit ihr sind der Beweis. Unsere Tausende und Millionen Begegnungen mit ihr in unserer Seele durch Träume und Gedanken, durch Sehnsüchte und Inspirationen sind die Bestätigungen. Die Tatsache, dass wir uns in ihrer Abwesenheit beraubt fühlen und dass wir Sehnsucht haben, wenn wir von ihr getrennt sind, zeigt, dass sie vorbeigekommen ist.

Noch etwas zu meiner Person: Ich habe meinen Doktortitel in ethnoklinischer Psychologie erworben, was eine Kombination aus klinischer Psychologie und Völkerkunde ist. Im Anschluss daran machte ich mein Diplom als jungianische Psychoanalytikerin, aber im Laufe der Zeit haben sich meine Lebenserfahrungen als *cantadora* und Künstlerin in vieler Hinsicht mit den Wissenschaften verwoben.

Heute arbeite ich in meiner Privatpraxis ebenso mit klinischen und entwicklungspsychologischen Methoden wie mit dem einfachsten und manchmal wirkungsvollsten aller Heilmittel: dem Geschichtenerzählen. Unser nächtliches Traummaterial ist voll von

Geschichten, die ich gemeinsam mit meinen Patienten aufarbeite. Selbst die Körperreaktionen des Analysanden können während der Sprechstunde wie Geschichten gelesen und so eindringlicher denn je bewusst gemacht werden. Außerdem arbeite ich mit einer Form der interaktiven Trance, die dem »aktiven Imaginieren« von C.G. Jung ähnelt, wobei sich auch daraus neue Geschichten ergeben, die weitere Aufschlüsse über den psychischen Werdegang meiner Patienten liefern. Wir kontaktieren die Wildnatur mithilfe von gezielten Fragen und finden im Laufe der Zeit meistens auch irgendein Märchen oder einen Mythos, der maßgeschneiderte Instruktionen für die momentane Entwicklungsphase der Patienten enthält.

Handwerkliche Schöpfungen sind ein wichtiger Bestandteil dieser Seelenarbeit. Als Frau kann man einen Teil der eigenen Macht und Stärke zurückfordern, wenn man sieht, dass man etwas Künstlerisches und Fantasievolles mit eigenen Händen schafft – einen Talisman aus bunten Fäden, eine Skulptur, irgendetwas Ureigenes, Handgemachtes. Mit solchen Kunstwerken wird nicht nur dem momentanen persönlichen Weltverständnis ein kleines Denkmal gesetzt, das Geschaffene ist zugleich auch ein liebevoller Wegweiser für alle, die nach uns diesen Weg gehen.

Wie man sich vorstellen kann, muss meine Arbeit für jede Frau individuell maßgeschneidert sein, einfach, weil jeder Mensch einzigartig ist. Dennoch kann man sagen, dass vier Grundtechniken konstant und unverändert bleiben, denn auf diesen baut sich alles menschliche Handeln auf: das Fragenstellen, das Erzählen, das Zuhören und das Handarbeiten.

Ich hoffe, zeigen zu können, dass sich auf diese Weise die Haut alter Narben spürbar weicher machen lässt, dass sich alte Wunden endlich schließen und die Fähigkeit wiederersteht, die Seele sichtbar werden zu lassen.

Die folgenden Geschichten sollen die Instinktnatur der Frauen erhellen. Ich habe dabei oft auf Erzählungen zurückgegriffen, die mir von *tías y tíos, abuelitas y abuelos,* Omas und Opas, den Alten meiner Familie anvertraut wurden – eine Kette ununterbrochener mündlicher Überlieferung, so weit wir zurückblicken können.

Diese Geschichten wurden unter Hunderten von Erzählungen aus aller Welt ausgesucht, weil sie die Vielschichtigkeit des Archetyps von der Wilden Frau meiner Ansicht nach am einleuchtendsten erklären. Viele Märchen wurden im Laufe der jahrhundertelangen Überlieferung von den Geschichtenerzählern aus religiösen Gründen so »bereinigt«, dass ihre eigentliche Grundsubstanz kaum noch durch die späteren Überlagerungsschichten hindurchscheint. Ein Beispiel (nur eins unter vielen) ist die Märchensammlung der Brüder Grimm. Unter Historikern geht man davon aus, dass den christlich gläubigen Brüdern von vornherein schon eine »purifizierte« Form der alten Legenden aufgetischt wurde, während sie von Dorf zu Dorf zogen, um die bekanntesten Volkssagen ihrer Zeit zu Papier zu bringen. Im Laufe der Zeit wurden die alten heidnischen Symbole von christlichen überlagert. Auf diese Weise wurde eine alte Heilerin zur bösen Hexe, ein Naturgeist zum Engel, der Schleier im heidnischen Einweihungsritual zum trivialen Taschentuch. Sexuelle Elemente wurden selbstverständlich ganz eliminiert, und hilfreiche Fabeltiere, die einem Sucher den Weg in die Unterwelt der eigenen Seelentiefen weisen konnten, wurden oft in sinnlos grausame Teufel oder Dämonen verwandelt.

So ging den Frauen ein unermesslicher Schatz an alten lehrreichen Geschichten über Sex, Liebe, Eheleben, Schwangerschaft, Gold und Geld, die weibliche Transformation und den Tod verloren. Fast alle Märchensammlungen und Mythen der Erde wurden von jeglichen obszön anmutenden und vorchristlichen Elementen befreit, bevor sie irgendwo auf der Welt in die Druckerpressen gingen. Die alten femininen Gottheiten ebenso wie die weiblichen Einweihungsriten und Heilmethoden fielen dieser wütenden Blankputzerei zum Opfer und mit ihnen sämtliche Hinweise und Anleitungen zur geistigen Ekstase.

Aber keine Sorge, das Verlorene lässt sich rekonstruieren. Ich habe mich seit über zwanzig Jahren mit der »archetypischen Spurensicherung« beschäftigt und das ursprüngliche Knochengerüst zahlloser Geschichten zusammengeklaubt, um es nach Hinweisen auf seine einstige Gestalt zu durchleuchten. Mit Lupe und etwas Übung lässt sich schnell feststellen, wo einer Geschichte ein Rückenwirbel fehlt, wo eine Kontur von Fremdeinflüssen religiöser oder kultureller Art verbogen wurde. Die fehlenden Teile können oft recht akkurat nachgebildet werden, und darunter offenbaren sich dann oft noch weitere, so erstaunlich heilsame Tiefenstrukturen, dass meine Trauer über die verlorenen Mysterien der Weiblichkeit sehr bald verfliegt.

Nichts vom Urwissen ist uns endgültig verloren gegangen. Durch Träume und gelegentliche Ausflüge in außergewöhnliche Bewusstseinszustände, durch intuitive Forschungen und direktes Sehen und Lernen sammeln wir die alten Knochen wieder zusammen. Je mehr Geschichtsknochen wir haben, desto wahrscheinlicher ist es, dass wir unsere Geschichte eines Tages ganz verstehen können. Je vollständiger die Geschichte, desto subtiler auch die Art, wie uns die unterschwelligen Schleichwege der Psyche nahegebracht werden. Das nennt man Seelenarbeit – »Seelen-Ur-Erinnerung«. Wenn wir diese Arbeit leisten, zeigt uns die Seele mehr, immer mehr von sich selbst.

In meiner Kindheit lebte ich die meiste Zeit unter Leuten, die aus der »Alten Welt« über den »Großen Teich« gekommen waren, aus Ost- und Nordeuropa, aber auch aus Mexiko und Südamerika. Viele Mitglieder meiner Familie, viele meiner Nachbarn und Freunde waren erst seit Kurzem in Amerika, sie waren demnach keine akademisch gebildeten Leute, sondern zumeist enteignete Bauern, Gelegenheits- und Wanderarbeiter, alle jedoch waren verwurzelt in der alten mündlichen Erzähltradition. Diese Leute berichteten von wahren Erlebnissen – von den Zuständen in amerikanischen Emigrantengefängnissen und deutschen Konzentrationslagern, von den unglaublichen Tricks, mit denen sie sich am

Leben gehalten hatten, von Wundern, die sie am eigenen Leib erfahren, mit eigenen Augen gesehen hatten. Aber immer wieder erzählten sie auch die Märchen aus der Alten Welt.

Diejenigen, die sich der Verantwortung dieser Kunst nicht entzogen und dem Numen hinter ihr verpflichtet fühlen, sind die direkten Nachkommen einer großen uralten Gemeinschaft von Heiligen, Troubadouren, Barden, verkannten Dichtern, Clochards, Andersdenkern, Mystikern und Ekstatikern. Meine Vorfahren mütterlicherseits waren ungarische *Mesemondók,* Weiber, die stundenlang auf wackligen Küchenstühlen hocken konnten, Beine breit, Fäuste in die Hüften gestemmt, um ihre saftigsten Märchen und Klatschgeschichten zum besten zu geben. Die Frauen väterlicherseits waren *Latinas,* Lateinamerikanerinnen, bei denen das Erzählen von jeher als Medizin galt.

Einmal hatte ich einen Traum, in dem ich vor einer Gemeinde von Zuhörern saß und Geschichten erzählte, bis ich spürte, dass irgendjemand meinen Fuß ermunternd tätschelte. Ich blickte auf meinen Fuß hinab und erkannte, dass ich auf den Schultern einer alten Frau stand, die meine Fesseln umschlungen hielt und lächelnd zu mir aufblickte. »Um Himmels willen«, entfuhr es mir. »So geht das nicht. Du musst dich auf meine Schultern setzen, denn du bist alt und ich bin jung!«

»Nein«, gab sie entschieden zurück. »Es ist so, wie es sein soll.«

Und dann sah ich, dass sie auf den Schultern einer noch älteren Frau stand, und diese stand auf den Schultern einer Uralten, die ihrerseits auf den Schultern einer Frau in wallender Robe stand, welche auf den Schultern einer noch älteren Seele stand, die wiederum auf den Schultern …

Ich glaubte an die Botschaft dieses Traums. Der Stoff für das Geschichtenerzählen kommt aus der Macht und der Begabung der Menschen, die vor mir da waren. Meiner Erfahrung nach zieht der Kern der Geschichte seine Kraft aus dem Turm der Menschheit, verbunden über Zeit und Raum, gekleidet in Lumpen und elegante

Kleider oder in die Nacktheit ihrer Zeit und erfüllt von all dem Leben, das erst noch gelebt werden muss. Wenn es eine einzelne Quelle einer Geschichte und der Gottheit einer Geschichte gibt, ist es diese lange Kette von Menschen.

Die Erzählkunst ist viel älter als die Kunst und Wissenschaft der Psychologie und muss als Urahn anerkannt werden. Eine der ältesten und für mich faszinierendsten Erzählformen besteht darin, sich innerlich auf das Publikum – gleichgültig, ob nur einer oder viele – einzustimmen und dann in eine Art Trancezustand zu fallen, einen leeren Freiraum zwischen den Welten sozusagen, in dem die passende Geschichte von selbst auftauchen und den Wortschatz des jeweiligen Erzählers benutzen kann. Auf diese Weise kann ein Erzähler das seelisch Nahrhafte weiterreichen.

In Trance wird *El Duende* herbeizitiert, der Wind, der den Zuhörern Seele entgegenbläst. Ein Trance-Sprecher hat gelernt, wie bestimmte psychische Barrieren und Egostrukturen fallengelassen werden, um eine inwendige Offenheit für die Stimme zu erzeugen, die älter als das Felsgestein ist. Geschieht dies, kann die Geschichte verblüffende Wendungen nehmen, auf den Kopf gestellt werden, vom Hundertsten ins Tausendste führen, Tränen und Gelächter auslösen, die Zuhörer in Welten jenseits des normalen Fassungsvermögens bringen. Der Sprecher hat nicht die geringste Vorstellung, wohin die Geschichte führen mag, und genau darin besteht mindestens die Hälfte der Magie einer Geschichte.

Auf intellektueller Ebene habe ich meine Arbeit als *cantadora* durch eine Ausbildung in analytischer und archetypischer Psychologie vervollständigt, habe Leitmotive, Symbologie, Weltmythologie, alte und populäre Ikonologie, Völkerkunde, Verhaltensforschung und die Weltreligionen studiert. Vom Bauch und vom Herzen her bin ich aber voller Anteilnahme und eine engagierte Hüterin der alten Geschichten.

Dieses Buch enthält Frauengeschichten, die den Seelenweg der Frau wie Wegweiser im Dickicht markieren. Um es gleich zu sagen:

Die Pforten zur Welt des Wilden Selbst sind rar, aber von hohem Wert. Wenn du eine tiefe Narbe zurückbehalten hast, dann ist das eine Tür. Wenn du eine ururalte Geschichte kennst, dann ist das eine Tür. Wenn du den Himmel und den Ozean so sehr liebst, dass es dir das Herz auseinandersprengt, dann ist das eine Tür. Wenn du dich nach einem tieferen Leben, einem vor Fülle berstenden Leben sehnst, ist das eine Tür.

Das Material in diesem Buch ist allein darauf ausgerichtet, Frauen ein Gefühl für die ihnen innewohnende Stärke zu vermitteln. Um Zugang zu dieser Stärke zu finden, muss man weder einen besonderen Bildungsgrad besitzen noch einer bestimmten gesellschaftlichen oder finanziell wohlsituierten Schicht angehören – genaugenommen ist eine aufgepfropfte Korrektheit jedweder Art eher ein Hindernis, wenn es um die Freilegung der Wildnatur geht. Also lasst uns umkehren und zum Instinktwissen der Wilden Alten zurückfinden. Lasst die Wilde Frau auferstehen, lasst den tiefen, frohen Gesang der Alten hören und ihr herzliches Lachen.

Worum es hier geht, ist ganz einfach: Ohne uns stirbt die Wilde Frau. Und ohne die Wilde Frau verkümmern wir mehr und mehr. *Para Vida!* Um das Leben voll auszukosten, brauchen wir uns gegenseitig.

ERSTES KAPITEL

Das Geheul: Die Auferstehung der Wilden Frau

Ich möchte gleich erwähnen, dass ich nicht zu den wenigen Begnadeten gehöre, die in die Wüste hinausmarschieren und bald darauf von Weisheit geschwängert in die Zivilisation zurückkehren. Obwohl ich zahlreiche Einöden durchwandert und magisches Brauwerk an allerlei Lagerfeuern gekocht habe, kam ich meistens eher darmkrank als weise zurück. Ai! So geht es den Mystikern der Mittelklasse mit empfindlichem Gedärm.

Was auch immer ich an Erkenntnissen auf meinen Reisen gewann, behielt ich zunächst einmal für mich, um das, was sich da an wild wuchernden Mustern und instinktiven Einsichten zusammenbraute, nicht vorzeitig der vernichtenden Kritik intellektueller akademischer Kreise auszusetzen.

Wenn man die Beziehung zu den eigenen Urinstinkten vertiefen will, sieht man sich über kurz oder lang gezwungen, die Bibliotheken und Universitäten zu verlassen und stattdessen dem »wilden Volk« zu lauschen, Erzählern, Transitreisenden, Randfiguren, einsamen Wölfen und den Lebenserfahrenen. Solche Leute haben etwas zu vermitteln, das man am ehesten versteht, wenn man sich rückhaltlos in ihre Geschichten hineinversetzt, gerade so, als wäre man selbst ein Teil davon. Wir erleben eine Geschichte, indem wir die Tür des inneren Gehörs öffnen, das gesprochene Wort in uns eindringen und es in den untergründigen Korridoren unserer Psyche widerhallen lassen.

Im Altertum ging man davon aus, dass sich der Gehörnerv des Menschen in den Tiefen des Gehirns auf drei oder mehr Kanäle verteilt, woraus die damaligen Mediziner schlossen, dass das menschliche Ohr auf drei verschiedenen Ebenen hört. Ein Gehörgang wurde den normalen Alltagsgeräuschen und Gesprächen zugeordnet, während der zweite für alle wissens- und lernenswerten Klanglaute zuständig war. Der dritte Gehörgang wurde als eine Art Seelenkanal interpretiert, über den spontane Eingebungen direkt an die Seele weitergeleitet werden, auf dass sie hören könne, was als Nächstes zu tun sei.

Und so möchte ich meine Leserinnen bitten, die nun folgenden Texte über das Seelenleben der Wilden Frau über ihren dritten Gehörgang nach innen zu leiten.

Die Wilde Frau existiert in vielen von uns nur noch als ein Sammelsurium halb vergessener Fragmente. Aber wir sammeln wieder ein, was verloren war, und setzen alle Teile neu zusammen, Knochen für Knochen, Haar um Haar. Wir beschwören ihr Wissen in uns herauf, durch die alten symbolhaften Geschichten von ihrem Tun und Treiben.

Ich für meinen Teil begann meine Fragmentsammlung in den Sechzigerjahren. Bewusst suchte ich damals lediglich nach einem Ort, an dem Wolfsgeheul aus nicht allzu großer Ferne an mein Ohr dringen und ich »wildnatürliche« Dinge erleben würde. Im Westen Amerikas und weiter oben im Norden wurden die Wolfsrudel zu der Zeit noch bedenkenlos abgeschossen, und es dauerte nicht lange, bis man selbst in den entlegensten Schluchten der Rocky Mountains das Knattern der Hubschrauber und das Motorengeheul der Jeeps hörte, in denen die Wilderer Jagd auf die letzten Wölfe machten.

So hielt ich mich südwärts und fand mich eines Tages in den spärlich besiedelten Wüstenstrichen zwischen Texas und Mexiko wieder, wo wenigstens die Geschichten über Wölfe und artverwandte Wesen zahlreicher wurden und in meine Fragmentsammlung eingingen.

Die Pueblo-Indianer und Latino-Feldarbeiter des Südens und Südwestens der Vereinigten Staaten erzählten mir eine Reihe von »wahren«, »selbst erlebten« und in direkter Linie überlieferten

Geschichten von dem *Loba Girl,* dem Mädchen, das sich in einen Wolf verwandeln konnte, weil es in Wirklichkeit eine Wölfin war, die menschliche Gestalt annehmen konnte … Man erzählte mir von dem »Knochenvolk«, einer Sippe von Eingeweihten, die aus den Knochen toter Menschen oder Tiere ein lebendiges Geschöpf machen können. Auf einer späteren völkerkundlichen Expedition hatte ich das unvermutete Glück, einer lebenden Angehörigen dieses Knochenvolks zu begegnen – und ich muss zugeben, dass ich seither nicht mehr ganz dieselbe bin. Erlauben Sie mir, Ihnen eine Einführung aus erster Hand zu geben.

LA LOBA

ES GIBT EINE ALTE FRAU, die an einem verborgenen Ort lebt, den alle kennen, der aber nur wenigen Menschen zugänglich ist. Die Alte sieht wüst aus und wird oft als über und über behaart und ziemlich fettleibig beschrieben. Aber wer weiß – sie meidet meist die Gesellschaft der Menschen und entzieht sich ihren Blicken. Es heißt, dass sie in einer Berghöhle zwischen den Steilhängen des Tarahumara-Indianerreservats haust, andere behaupten, sie am Rande des Highway bei El Paso gesehen zu haben, und wieder andere, sie sei in einem verbeulten Lastwagen mit zerschossenem Rückfenster in der Nähe von Oaxaca Richtung Süden gefahren.

Die Alte hat viele Namen: *La Huesera,* die Knochenfrau, *La Trapera,* die Fängerin, aber vor allem wird sie *La Loba* genannt, die Wolfsfrau.

Sie kriecht tief gebückt durch die *Arroyos,* die ausgetrockneten Flussbetten, und klettert über die Bergkämme, dabei sucht sie unter jedem Strauch und Stein nach Bärenknochen, Krähenleichen, Schlangenhäuten, aber ganz speziell sucht sie nach den Gebeinen toter Wölfe, denn den Wölfen gilt ihre tiefste Liebe. Und wenn sie ein vollständiges Skelett zusammengetragen hat, wenn sich auch der letzte Rückenwirbel am rechten Platz befindet und das Wolfsgerippe schön säuberlich geordnet vor ihr im harten Wüstensand liegt, dann lässt sie ihre faltigen Hände darüber schweben und singt.

Mit erhobenen Armen steht sie über dem Wolfsgebein und lässt den Gesang ertönen, der ihr für diese Kreatur, ganz allein für diese eine, eingegeben wird. Und dann dauert es nicht mehr lange, bis eine Spur von Fleisch auf den Knochen sichtbar wird, bis eine Spur von Haut und Fell das Fleisch überzieht. *La Loba* singt, und die Kreatur unter ihr nimmt zusehends Gestalt an. Jetzt beginnt der Schwanz zu zucken, und nun wird er buschig und peitscht den Sand schon vor Ungeduld.

La Loba singt weiter, inbrünstig weiter, bis der Wolf zu atmen beginnt. Immer lauter und tiefer wird ihr Gesang, so tief, dass die Bergwände erzittern, und während sie noch so herrlich singt, öffnet der Wolf seine bernsteingelben Augen, springt auf und rast durch den Canyon davon.

Auf und davon. Nur wer Augen hat, die gut genug sind, um das Geschöpf bis zum fernen Horizont verfolgen zu können, sieht, dass er sich von einem Moment zum anderen wieder verwandelt und die Gestalt einer Frau annimmt – einer Frau, die sich laut auflachend schüttelt und hinter dem Horizont verschwindet.

Deshalb sagt man, dass du Glück haben kannst, wenn du allein in der Wüste herumläufst und dir ein wenig verloren vorkommst und womöglich schon todmüde bist, denn – wer weiß? Vielleicht findet die alte *Lobafrau* Gefallen an dir und zeigt dir etwas vom Leben der Seele.

Die Geschichte von *La Loba* erzählt von einer Auferstehung von den Toten. Die Wilde Frau singt über den Knochen, die sie sorgsam, vielleicht in jahrelanger Arbeit, zusammengetragen hat, und dadurch geschieht das Wunder: Die toten zusammenhanglosen Einzelteile werden neu belebt.

Jede von uns ist die Wolfsfrau und zugleich auch das Knochenbündel, das irgendwo in der psychischen Einöde verendet ist und unter Sandschichten begraben liegt. Zu singen bedeutet, die Stimme der tiefsten Seele ertönen zu lassen. Über den Knochen zu singen bedeutet, dem Abgestorbenen, den Überresten, dem Verwundeten und Kaputten neues Seelenleben einzuhauchen.

Dies geschieht, indem wir uns in die eigenen psychischen Tiefen hineinfallen lassen und von dort aus zu den abgestorbenen, den restaurationsbedürftigen Teilen in uns singen und sprechen – mit tiefstem Mitgefühl und einer Liebe, die nur das Selbst für das Selbst empfinden kann. Das ist Singen über den Knochen. Wir dürfen nicht den Fehler machen, dieses immens heilsame Liebesgefühl einem Liebhaber entlocken zu wollen. Jeder Versuch, einem anderen diese Aufgabe zu übertragen, muss scheitern, denn hier wird eine Form von Tiefenarbeit geleistet, die jeder für sich selbst in der Wüste der eigenen Psyche verrichten muss.

Zunächst müssen wir die Figur der Wolfsfrau näher betrachten. Die »Weise Alte« ist im symbolischen Lexikon der Psyche einer der weitverbreitetsten Archetypen der Menschheit. Sie ist ein Urbild, das bei allen Völkern und zu allen Zeiten in Hunderten von Variationen auftaucht. Und immer ist sie ein Symbol für instinktives Urwissen, für grundlegende Seelenkenntnis.

Im Südwesten der Vereinigten Staaten wird der Archetyp der alten Frau auch als *La Que Sabe* wahrgenommen, die Wissende. Ich hörte zum ersten Mal von der Wissenden, als ich in den Sangre-de-Cristo-Bergen von Santa Fe lebte, wo eine alte Mexikanerin mir erzählte, dass *La Que Sabe* das Geschlecht der Frauen am Anfang der Schöpfung aus einer Falte ihrer göttlichen Fußsohle geschaffen habe. Das, so bedeutete mir die Alte, sei der Grund, warum Frauen von Natur aus so klug seien: Schließlich bestehen sie essenziell aus der hochempfindlichen Sohlenhaut, die alles, aber auch alles fühlt! Die Vorstellung, dass die Sohlenhaut als sinnliches Wahrnehmungsorgan dienen könnte, wurde mir von einer Indianerin vom Stamm der Quiché bestätigt. Sie erzählte mir, dass sie im Alter von zwanzig Jahren zum ersten Mal ein Paar Schuhe tragen musste, sich aber nie daran gewöhnen konnte, *con los ojos vendados,* mit Augenbinden an den Füßen, durch die Welt zu gehen.

Die wilde Essenz, die in der Natur lebt, in den Tiefen oder an dem Ort zwischen den Welten, wo der Geist der Wölfe mit dem Geist des Menschen verschmilzt – dieses Urbild hat zahllose Namen. Sie ist die *Große Mutter,* die alle Welten gebiert. Sie ist *Mutter Nyx,* Herrscherin über das Dunkle und Schlammige. Sie ist *Durga* für die Hindus, Gebieterin über die gedankliche Kraft, aus der die gesamte äußerlich sichtbare Realität hervorgeht. Sie ist *Hekate,* die Seherin, und vieles, vieles mehr in den Mythen aller Völker von Beginn an.

Die Weise Alte existiert in jeder Frau. Sie bewohnt den Raum in unserer Psyche, wo das Instinktive, das noch Ungezähmte und wilde Selbst, in den bewussten Verstand übergeht. Ihr Zuhause ist der Punkt, an dem das »Ich« und das »Du« miteinander verbunden sind, wo der Geist einer Frau in Gestalt einer Wölfin der Freiheit entgegenstrebt.

Diese alte Frau ist wie eine Brücke zwischen dem Rationalen und dem Mythischen, dem unfassbar Grenzenlosen in unserem Innern, das jede von uns wiedererkennt, wenn sie es einmal bewusst wahrgenommen hat, obwohl seine Nuancen uns immer wieder entgleiten, obwohl sie nicht festgehalten und auf eine einzige bestimmte Form beschränkt werden können. Erreichbar aber durch Poesie, Musik, beim Tanzen, in der Liebe, Meditation … oder beim Geschichtenhören und -erzählen.

Es heißt, dass das körperliche Immunsystem in diesem psychischen Zwischenreich verwurzelt ist, zusammen mit allen archetypischen Bildern und Instinkten, wie das instinktive Streben nach Gottesbewusstsein, die instinktive Sehnsucht nach Freiheit. Es gibt Anzeichen dafür, dass das Immunsystem des Körpers von bewussten Gedanken gestärkt, aber ebenso leicht auch geschwächt werden kann. Mit anderen Worten: Die Stimme der Seele, wie sie in dieser Geschichte von *La Lobas* Gesang repräsentiert wird, kann schwach gewordene, totgeglaubte Teile der Psyche stärken und neu beleben. »Die Wissende« in uns kann den bleichen Überresten der eigenen Wolfsnatur frische Kraft einhauchen.

Es gibt eine Reihe von unterschiedlichen Namen für diesen mysteriösen Bereich zwischen den Welten. C.G. Jung bezeichnete ihn als das »kollektive Unbewusste«, die »objektive Psyche« und das »psychoide Unbewusste«, wobei letzterer Begriff sich auf eine Schicht des Unbewussten bezieht, in der Biologie und Psychologie verschmelzen und sich gegenseitig beeinflussen. Seit Menschengedenken wird dieses »Reich der Nebelwesen« für die Seinsebene gehalten, auf der Inspirationen, Geschichte, Eingebungen und Heilprozesse aller Art stattfinden.

Jede Frau hat potenziell Zugang zu dieser Ebene, auf der das Wunder der Auferstehung tagtäglich vollzogen wird. Durch tiefe Meditation, gewolltes Alleinsein, durch künstlerische Aktivitäten wie Singen, Tanzen, Schreiben und alles, was sie in einen erweiterten Bewusstseinszustand versetzt, gelangt sie in diese Zwischenwelt und erkennt sich als lebende Variante von *La Loba* wieder. Doch Vorsicht: Man braucht eine gewisse Vorbereitung, um nicht in rauschhafte Wahnvorstellungen abzugleiten, wie so viele Transitreisende, die heilsverkündend und vollgepumpt mit unausgegorenen Ideen aus den seelischen Tiefen zurückkehren.

Die alte Geschichte von den vier Rabbinern illustriert, was geschieht, wenn unvorbereitete oder unreife Menschen Einblick in den Bereich des namenlos Wunderbaren gewinnen.

DIE VIER RABBINER

EINES NACHTS wurden vier Rabbiner von einem Engel besucht, der sie aufweckte und auf seinen Schwingen in die Siebente Kammer des Siebenten Himmels trug. Dort erblickten die vier das Heilige Rad von Hesekiel mit den eigenen Augen. Auf dem Rückweg zur Erde jedoch verlor der erste Rabbiner bereits seinen Verstand, denn sein Geist war dermaßen von dem göttlichen Glanz geblendet worden, dass er fortan nur noch brabbelnd durch die Lande irrte. Der zweite Rabbiner zeigte sich unbeeindruckt und verleugnete ganz einfach, was er im Siebenten Himmel gesehen hatte. Er winkte nur ab und sagte: »Ach was, das haben wir doch bloß geträumt!« Der dritte Rabbiner wurde fanatisch. Er hielt bald überall Vorträge über Sinn und Bedeutung seines Erlebnisses und stritt sich mit den anderen Gelehrten. Der vierte Rabbiner jedoch wurde zum Dichter. Er setzte sich an das Fenster seiner Kammer und verfasste ein Danklied nach dem anderen über die Tauben im Kirschbaum, die kleine Tochter in der Wiege und alle Sterne in der Nacht. Er als Einziger konnte sein Glück ertragen.

Wir wissen nicht, was den Rabbinern im Siebenten Himmel widerfuhr, aber eines ist gewiss: Der Kontakt zur Grundsubstanz aller Dinge kann auf dem »Rückweg« zum gewöhnlichen Alltagsbewusstsein sehr leicht verloren gehen und unvorbereitete Menschen in allerlei Fallen locken. Die Geschichte weist darauf hin, dass wir den Inhalten des tieferen Unbewussten weder allzu große Faszination noch allzu kritischen Zynismus entgegenbringen sollen. Wir sollen anerkennen und würdigen, was wir im fünften, sechsten, siebenten Himmel erleben, aber der heilsverkündende Fanatismus, der anderen die eigenen Interpretationen einbläuen will, ebenso wie die geringschätzige Abkehr vom Erkannten stiften mehr Leid als Segen.

Jung spricht an verschiedenen Stellen in seinem Gesamtwerk davon, dass der Mensch dazu neigt, seine Gotteserkenntnisse und

Selbsterfahrungen entweder über- oder unterzubewerten. Dennoch gibt es auch immer Menschen, die ihre – wie Jung es nennt – »moralische Verpflichtung« erfüllen, indem sie Wege finden, im alltäglichen Leben auszudrücken, was sie beim Aufstieg oder Abstieg zum wilden Selbst erfahren haben.

Unsere »moralische Verpflichtung« besteht demnach darin, die Wahrnehmungen auszuleben, die wir von Ausflügen in die höchsten Höhen und tiefsten Abgründe zurückbringen. Beide Extreme sind in der archetypischen Gestalt von *La Loba* enthalten. Die Alte ist Totengräberin und gleichzeitig Animierende, Lebenspendende. *La Loba* besitzt die Fähigkeiten von Isis, der ägyptischen Göttin, die ihren zerstückelten Bruder Osiris jede Nacht erneut zusammensetzt, damit die Sonne am nächsten Morgen aufgehen kann, denn Osiris ist der Sohn von Horus, dem Sonnengott, und in der ägyptischen Mythologie heißt es, dass Osiris jeden Tag vom eigenen Bruder Set in tausend Stücke gehackt wird. Die Göttin Demeter ruft ihre Tochter Persephone einmal im Jahr aus dem Totenreich zurück, Christus erweckt Lazarus von den Toten, und die Wolfsfrau in uns singt über den bleichen Knochen.

Wir haben die Fähigkeit, tote und abgeschnittene Aspekte von uns selbst ins Leben zurückzurufen, und mehr noch. Wir, als Frauen, sind Verkörperungen des zwiefältigen Archetyps der Urmutter Natur, die alle Wesen erschafft und sterben lässt, nur um ihnen wieder neue Formen zu verleihen, wieder und wieder. Wir sind dieses Todbringende und Lebenspendende in einem. Und unsere Arbeit besteht darin, mit unserer weiblichen Einfühlsamkeit herauszufinden, welche Aspekte sterben müssen und wann, welche Aspekte leben sollen und wie.

Das ist das Wissen, das uns aus der Beschäftigung mit dem Urbild der Wilden Frau erwächst. Wenn die Wolfsfrau singt, dann aus dem tiefsten Unterbauch heraus, aus ihren *Ovarios,* den Eierstöcken, die das »Licht des ewigen Lebens« enthalten, wie die Mexikaner sagen. Dasselbe »Licht des ewigen Lebens« ist in jeder Samenzelle des Mannes enthalten. Samen, Eizellen und Knochen sind eng verwandte Symbole für die Urform der Schöpfung, welche den Funken ewig neuen Entstehens enthält. Wenn wir ein Samenkorn, eine Wurzel, eine Eizelle haben, kann jede Verwüstung wiedergutgemacht werden, Felder können neu besät, Brachliegendes kann neu befruchtet werden.

Einen Samen zu haben, bedeutet, den Schlüssel zum Leben zu besitzen, seinem zyklischen Werdegang zu gehorchen, mit dem Leben zu tanzen, mit dem Tode zu tanzen und in neues Leben hineinzuspringen. Dies verkörpert die Mutter des Lebens und des Todes in ihrer ältesten und grundsätzlichsten Form. Weil sie sich in ewig aufeinanderfolgenden Zyklen dreht, nenne ich sie die Mutter des Werdens und Vergehens.

Wenn wir etwas verloren haben, müssen wir uns an sie wenden, mit ihr sprechen und ihr zuhören. Ihre psychischen Ratschläge sind zum Teil schonungslos und durchaus nicht immer leicht in die Tat umzusetzen, aber stets richtungweisend und erneuernd. Bei Verlusten müssen wir zu der alten Frau gehen. Sie lebt da draußen, halb im und halb außerhalb des schöpferischen Feuers. Dies ist für Frauen der perfekte Wohnort, direkt neben den fruchtbaren *huevos*, ihren Eiern, den weiblichen Samen. Dort sitzen unsere kleinsten und größten Ideen und warten auf unsere Gedanken und unsere Handlungen, um verwirklicht zu werden.

Stellt euch vor, dass diese alte Frau die jahrmillionenalte Urmutter ist. Sie ist die ursprüngliche Wilde Frau, die im Untergrund und doch auf der Erde lebt. Sie lebt in uns, durch uns und umgibt uns von allen Seiten. Die Wüsten, die Wälder und die Erdschichten unter unseren Häusern sind zwei Millionen Jahre alt und noch viel älter.

Insofern wundert es mich nicht, dass Frauen so gern in der Erde herumwühlen. Sie pflanzen Knollen fürs nächste Frühjahr. Sie bohren mit schwarzen Fingern in den schmutzigen Boden und setzen scharf riechende Tomatenpflanzen ein. Ich denke, sie schaufeln sich zu der Jahrmillionenalten durch. Sie suchen nach ihren Zehen und Pfoten. Sie wollen sie als Geschenk für sich selbst, denn mit ihr empfinden sie sich ganz und von innerem Frieden erfüllt.

Ohne die Alte sind sie rastlos. Viele Frauen, mit denen ich im Laufe der Jahre gearbeitet habe, beginnen die erste Sprechstunde mit einer Variante von: »Ich fühle mich zwar nicht schlecht, aber auch nicht gut.« Für mich ist dieser Zustand kein Mysterium. Wir wissen schon, was uns fehlt: die Erdverbundenheit. Das Heilmittel? *La Loba.* Findet die Jahrmillionenalte. Sie ist die Verwalterin der toten und sterbenden Dinge im Leben einer Frau. Sie ist die Straße zwischen den Lebenden und den Toten. Sie singt die Schöpfungshymnen über den Knochen.

Die alte Frau, die Wilde Frau ist *La Voz Mitológica.* Sie ist die mythische Stimme, die die Vergangenheit und unsere Urgeschichte kennt und sie in Geschichten für uns am Leben hält. Manchmal träumen wir von ihr: Sie ist dann eine körperlose und doch verheißungsvolle Stimme.

Die jugendlich-kräftige Greisin zeigt uns, was es bedeutet, alt zu sein, ohne zu vergreisen. Babys kommen mit Urinstinkten zur Welt. Von Natur aus wissen sie, was sie brauchen und wie sie es durchsetzen können. Dieses Wissen ist angeboren. Wenn eine Frau sich die angeborene Fähigkeit bewahrt, in ihrer Jugend alt zu sein und im Alter jung, weiß sie sich immer zu helfen. Falls sie diese Fähigkeit verloren hat, kann sie diese durch gezielte Seelenarbeit wiedererlangen.

La Loba, die Alte in der Wüste, ist eine Knochensammlerin. In der archetypischen Symbologie repräsentieren Knochen eine unzerstörbare Kraft. Sie lassen sich nur mit großem Aufwand zerstören, nur durch größte Hitzeeinwirkung verbrennen oder pulverisieren. In Mythen und Geschichten sind Knochen ein Symbol für die unzerstörbare Geist-Seele. Wir wissen, dass die Geist-Seele verletzt werden kann, sogar verkrüppelt, aber letzten Endes ist es fast unmöglich, sie zu töten.

Du kannst eine Seele verbiegen und verzerren. Du kannst ihr Wunden schlagen, sie kränken und Narben des Terrors und längeren Siechtums auf ihr hinterlassen. Aber sie stirbt nicht, denn in der Unterwelt wird sie von einer mächtigen Verbündeten beschützt. *La Loba* klaubt die Knochen totgeglaubter Seelen auf und haucht ihnen neuen Atem ein.

Selbst im Körper von lebenden Geschöpfen erneuern sich die Knochen ständig auf eine bisher unerforschte Weise. Ein lebender Knochen wird von einer weichen Hautschicht überzogen, die offenbar dafür sorgt, dass sich der Knochen bis zu einem gewissen Grad selbst regeneriert.

Die Wolfsknochen in dieser Geschichte repräsentieren den unzerstörbaren Aspekt unseres wilden Selbst. Sie sind ein Symbol für die uns innewohnende Instinktnatur, die wie ein ungezähmter Wolf permanent nach Freiheit und spontaner Ursprünglichkeit strebt und sich nie voll und ganz den Geboten einer toten oder durch Überzivilisierung entfremdeten Kultur unterwerfen wird.

Die Metaphern in dieser Geschichte sind Wegweiser, die verdeutlichen, wie eine Frau zu dem ihr innewohnenden Instinktleben zurückfinden kann. *La Loba,* die Knochensammlerin, wir tragen sie in uns, und ihre Fähigkeit, die ursprünglichen Anlagen wieder mit Fleisch und »neuen Muskeln« zu versehen, ist unsere eigene potenzielle Fähigkeit. Wir haben den »Mumm in den Knochen«, uns selbst zu verändern, unsere Umgebung zu verändern. Wir haben Zugang zu einem uralten instinktiven Wissen, das uns die Tonfolge der Schöpfungshymne eingibt, durch die wir als lachende Wolfsfrau wiederauferstehen und fernen Horizonten entgegenstreben können.

Das heißt nicht, dass wir mit zottigem Haupthaar durch die Lande ziehen und unsere Nägel krallenartig auswachsen lassen sollen. Wir bleiben menschlich, zivilisiert sogar, aber hinter unserer

Menschengestalt steht ein hellwaches animalisches Selbst mit hochentwickeltem Instinkt, mit Reißzähnen, die, wenn nötig, zubeißen können, mit gut trainierten Stimmbändern zum Knurren und Aufheulen, mit unendlich weichem Bauchfell zum Kuscheln und einer schier unerschöpflich großzügigen Herzenswärme.

Dieses Selbst braucht Auslauf, es muss sich ausdrücken können, im Zorn und in der Kreativität. Dieses Selbst hat ein gesundes Selbstwertgefühl und einen heldenhaften Mut, denn es ist mit einem sechsten Sinn begabt: der Intuition. Es ist ein Selbst, das mit dem zyklischen Auf und Ab des Lebens vertraut ist und jeden Zyklus akzeptiert. Das Kommen und Gehen aller Dinge ist der Wolfsfrau in uns wohlbekannt. Ich nenne sie die Mutter der Leben/Tod/Leben-Natur.

Selbst unter den günstigsten Lebensbedingungen muss der Seelenhaushalt einer Frau von Zeit zu Zeit inspiziert und renoviert werden. Die Wolfsfrau ist eine Sachverständige auf dem Gebiet der Seelenrenovation. Ohne direkten Zugang zum Wissen dieser Expertin werden Menschen zu dem, was man als »seelenlos« oder als »seelisch arm« bezeichnet. Sie ist der Aspekt von uns, der aufräumt, Wände einreißt, Grundstrukturen verstärkt, Überflüssiges aus dem Haus wirft, Fundamentales noch tiefer einzementiert.

Von Zeit zu Zeit sollten wir uns also ruhig an irgendeinen stillen Ort zurückziehen, in uns hineinblicken und uns folgende Fragen stellen: »Was ist aus meiner Seele geworden? Was in mir ist kaputt, abgestorben oder droht, abzusterben, wenn ich so weitermache? Welche Grundbedürfnisse liegen inzwischen unter Sanddünen begraben? Wie steht es mit meiner Beziehung zum wilden instinktiven Selbst? Wann bin ich zum letzten Mal frei und laut lachend einem unbekannten Horizont entgegengelaufen? Was sagt die Stimme meiner Seele in diesem Augenblick? Singt sie die herrlichen Schöpfungshymnen oder verstummt sie mehr und mehr? Wie mache ich das Totgeglaubte wieder lebendig in mir, in meinem Haus und meiner Umwelt? Wo ist die Wolfsfrau in mir? Geht es ihr gut?«

Dieses Fragen und schonungslos ehrliche Antworten ist Knochensammeln. Dies ist einer der Gründe, warum Menschen sich in sich selbst versenken, warum sie Psychotherapien und Analysen machen, Kunstwerke aller Art schaffen oder täglich beten – sie sammeln die alten Knochen ein. Und wenn sie alle wesentlichen Punkte zusammengetragen, angeschaut und inspiziert haben, dann geschieht das erste Wunder: Der passende Wiederbelebungsgesang wird ihnen eingegeben – einfach so. Die korrekte Schöpfungshymne ergibt sich von selbst, denn die Seele weiß von Natur aus, wie sie sich verströmen muss, wie sie alle Sehnsüchte, Hoffnungen und Schmerzen ausgießen muss, um neu belebt zu werden. Die Seele weiß, dass jeder tief empfundene Seelenerguss neue Lebenskraft nach sich zieht und köstliche Frischluft in renovationsbedürftige Seelenhaushalte bringt.

Alle Frauen kennen die inneren Wüstenlandschaften, wo kaum etwas gedeiht und nur Knochen toter Erinnerungen herumliegen. An irgendeinem Punkt stellt jede von uns fest, dass sie in der einen oder anderen Hinsicht entmachtet, entfremdet, gewissermaßen seelenlos dahinvegetiert. Früher nannte man die Wüste die »Stätte göttlicher Offenbarung«, aber für Frauen steckt noch mehr hinter dem Wüstensymbol.

In der Wüste werden die Lebensformen auf ein Minimum reduziert. Die Wurzeln von Wüstenpflanzen saugen den geringsten Wassertropfen begierig auf; Kakteenblüten horten ihre Feuchtigkeit, indem sie sich nur frühmorgens und spätnachmittags voll entfalten. Wüstenpflanzen oberhalb der Erde sind kümmerliche, dornige Dinger, doch von explosiver Leuchtkraft, wenn sie Blüten treiben. Was auch immer an Wachstum stattfindet, spielt sich zum größten Teil unter der Erde ab, im unsichtbaren Untergrund, genauso wie das Seelenleben zahlloser Frauen.

Viele von uns haben ein Wüstenleben geführt: karg an der Oberfläche, enorm weitverzweigt im Untergrund. Während manche Frauen sich von Natur aus in den Einsiedeleien der Psyche heimisch fühlen, weil sie dort die größtmögliche Freiheit empfinden, fühlen die meisten Frauen sich aufgrund von alten Verletzungen dorthin verbannt, oder die Kultur, in die sie hineingeboren wurden, hat ihnen ein ausdrucksstarkes Leben an der Oberfläche versagt. Die meisten Frauen hassen dieses ohnmächtige Gefühl der Verbannung in eine Leere, wo es im Umkreis von fünfhundert Meilen nur einen ledrigen Kaktus mit einer einzigen leuchtend roten Blüte gibt. Aber ich sage euch, geht noch ein paar Schritte weiter in diese Leere hinein. Nur noch ein kleines Stückchen tiefer im eigenen Untergrund wartet etwas Heilsames, das niemanden zurückweist, der es so weit geschafft hat.

Klopft an die verwitterte Tür im hintersten Korridor eurer Seele, klettert durch das Fenster eines Traums, siebt den Wüstensand noch einmal gründlich durch und seht, was ihr dann findet. Dies ist die einzige Arbeit, die niemandem erspart bleibt. Jedenfalls nicht letzten Endes.

Wollt ihr den kostenlosen Rat einer Psychoanalytikerin hören? Nun denn: Geht in die Wüste, freiwillig Knochen sammeln!

ZWEITES KAPITEL

Auf den Spuren des Eindringlings:
Die erste Einweihung

Die Innenwelt jedes Individuums wird von vielen unterschiedlichen Wesen bevölkert, die alle ihre eigenen Wertvorstellungen und Beweggründe haben und eigene Absichten verfolgen. Es gibt psychologische Techniken, mit deren Hilfe diese Wesen arretiert werden können, gezählt, mit Namen versehen und so weit gezähmt, dass sie wie Soldaten im Gleichmarsch daherkommen. Aber damit wird das aufmüpfige Glimmen in den Augen einer Frau ebenfalls unterdrückt, ein gewisser Zündstoff wird ihr entzogen und die Brisanz, die eine funkensprühende Spontaneität oder Intensität möglich macht. Anstatt diesen Wesen Fußschellen anzulegen und sie zu Tode zu dressieren, halte ich es deshalb für ratsamer, ihnen eine Art Naturpark in unserem Inneren einzurichten, in dem die Künstler unter ihnen kreativ, die Heiler heilend und die Liebevollen liebevoll sein können.

Aber nun höre ich schon die Einwände: »Und was sollen wir mit den gemeingefährlichen und zerstörungswütigen Facetten der Persönlichkeit machen? Was soll aus diesen Wesen werden?« Selbstverständlich muss auch ihnen ein Platz in unserer Seelenwelt eingeräumt werden, eine Art Raubtiergehege, in dem sie beaufsichtigt und vor dem eigenen Wahnsinn beschützt werden können. Da gibt es nämlich ein Wesen, das unsere ganz spezielle Aufmerksamkeit verlangt, das trickreichste, gewissenloseste und brutalste von allen: das innewohnende Raubtier.

Obwohl ein Großteil der menschlichen Misere mit Sicherheit auf traumatische Kindheitserlebnisse zurückgeführt werden kann, darf man einen innewohnenden *contra naturam-Aspekt* in der Psyche nicht übersehen, der sich mit aller Macht gegen transformierendes

Wachstum und eine positive Fortentwicklung sträubt. Dieser Aspekt ist eine animalische Rückentwicklungskraft, ein innerer Trieb, sich jeder Form der Transzendenz zu widersetzen, harmonische Kooperation zu verhindern und die einsichtsvolleren Instinkte der Wildnatur zu bekämpfen. Ich nenne diesen Aspekt das innewohnende Raubtier oder, um unschuldige Raubtiere nicht unnötig zu verunglimpfen, wahlweise auch den angeborenen Räuber, weil er selbst bei liebevollster Elternpflege nur eines im Sinn hat: Er will alles einmal Erreichte hohnlachend zunichtemachen.

Der Räuber taucht in allerlei Verkleidungen in Frauenträumen auf. Er macht sich als zersetzende Kraft im Berufsleben bemerkbar und sorgt dafür, dass die großen Lebensziele nie tatsächlich erreicht werden. Wie? Indem er den Frauen Zweifel an ihrem intuitiven Wissen einflößt. Wenn sie nicht aufpassen, hackt er ihnen das Urvertrauen in die eigenen Instinkte ab und lässt sie nach vollendeter Tat mutlos und gefühlstot am Boden liegen, als seelische Leichen, die sich nicht länger für fähig halten, ihre wichtigsten Pläne und Träume zu verwirklichen. Er raubt ihnen die vitale Lebenskraft.

Das Märchen vom bösen Grafen Blaubart berichtet von solchen psychischen Missetaten. Die bekanntesten Versionen der Geschichte stammen aus Frankreich und Deutschland, aber am liebsten erzähle ich eine alte slawisch-französische Variante, die der ähnelt, die meine Geschichten erzählende Tante Katie dereinst von Csibrák in Ungarn nach Amerika mitbrachte und mir anvertraut hat.

BLAUBART

GRAF BLAUBART WAR ein stattlicher, hochgewachsener Mann mit stechend blauen Augen und einem bläulich schimmernden Bart, welcher ihm ein etwas befremdliches und schattenhaftes Aussehen verlieh. Ob er ein echter Graf war, ist unklar, auf jeden Fall war er ein Frauenheld, und – wenn man der Freundin meiner besten Freundin glauben darf, deren Urgroßmutter die Geschichte damals aus erster Hand zu hören bekam – er war ein gescheiterter Zauberer und Anhänger der Schwarzen Magie.

Einmal machte Blaubart drei Schwestern zur selben Zeit den Hof. Aber der merkwürdige Farbton seines Bartes flößte ihnen Angst ein, und so versteckten sie sich jedes Mal, wenn er in den Gutshof ihrer Familie einritt, um den Damen des Hauses einen Besuch abzustatten. Aber um die misstrauische Familie von seinen noblen Absichten zu überzeugen, lud Graf Blaubart alle drei Schwestern nebst ihrer Mutter eines Tages zu einem Ausflug in den Wald ein. Auf einer grünen Lichtung, im Schatten eines großen Eichenbaums, ließ Blaubart den Damen von seinen Lakaien die köstlichsten Speisen servieren und erzählte ihnen artige Geschichten, die das Weibervolk ausnehmend amüsant fand.

Wieder auf dem Gutshof angekommen, kehrten die Zweifel an den Absichten dieses Mannes jedoch zurück, und so gelobten die beiden älteren Schwestern, die Nähe des Grafen von nun an zu meiden. Nur die jüngste Schwester dachte bei sich: »Also, wenn ein Mann so aufmerksam, so amüsant und charmant sein kann, dann ist er nicht von Grund auf schlecht – oder?« Je länger sie über den Mann nachdachte, desto gewinnender erschien ihr der Charakter des Grafen, regelrecht elegant sogar dünkte sie die seltsam blaue Farbe seines Bartes, wenn sie es recht bedachte.

Als Graf Blaubart wenige Tage darauf um ihre Hand anhielt, willigte die Jüngste in die Ehe ein. Das Paar wurde getraut, und gleich nach der Hochzeit brachte Blaubart seine junge Gemahlin auf das Schloss seiner Ahnen im großen Tannenwald hinter den Bergen.

Dort lebten die beiden nur eine kleine Weile, bis Blaubart seine Frau zu sich rief und folgende Worte an sie richtete: »Ich muss für ein paar Tage verreisen, meine Liebe, und dich leider allein in meiner Burg zurücklassen. Aber wenn es dir gefällt, kannst du deine Familie zu einem Besuch einladen und den Köchen befehlen, ein

Festmahl für deine Schwestern und Brüder zu bereiten. In der Tat, du kannst tun und lassen, was auch immer dir gefällt. Hier, nimm dieses Schlüsselbund mit den Schlüsseln zu allen Türen in meinem Schloss an dich, meine Liebe. Öffne die Türen zu allen Sälen und Kammern und schaue dich um. Nur diesen einen, den kleinsten der Schlüssel, den darfst du nicht benutzen. Vergiss das nicht!«

Seine Gemahlin erwiderte: »Keine Sorge, geliebter Mann. Ich werde tun und lassen, was du befohlen hast. Komm bald und wohlbehalten nach Hause zurück.«

So ritt Blaubart von dannen und ließ seine Gemahlin allein auf der Burg zurück.

Gleich am nächsten Tag kamen die beiden älteren Schwestern zu Besuch. Die drei machten sich unverzüglich daran – neugierig, wie Frauen nun einmal sind –, alle Schlüssel an sämtlichen Türschlössern auszuprobieren.

Es dauerte eine ganze Weile, bis sie alles gesehen hatten, was sich an Schätzen und Wunderdingen in den hundert Sälen und Kammern des Schlosses befand, aber irgendwann hatten sie auch die letzte der Türen aufgeschlossen und gesehen, was sich dahinter befand. Sie waren im tiefsten Keller des Schlosses, am Ende eines dunklen Ganges angekommen, und dort sahen sie nur noch eine alte, verwitterte Holztür, die sich soeben mit einem unheimlichen Knarren vor ihnen schloss.

»Schwester«, riefen die beiden Älteren. »Nimm den kleinsten Schlüssel, den, den du nicht benutzen sollst, und sieh, ob er in dieses Schlüsselloch passt.«

Ohne weiter zu überlegen, öffnete die Jüngste die verwitterte Tür. Doch in der Kammer dahinter war es so finster, dass keine von ihnen auch nur das Geringste sehen konnte. Eine Kerze wurde aus den oberen Stockwerken herbeigeholt. Dann schlichen sich die drei, das Kerzenlicht vorausgestreckt, in das Kellergemach und spähten in die Finsternis hinein. Ein gellender Schrei entfuhr ihnen, denn sie sahen einen Berg von blutüberströmten Frauenleichen, deren Köpfe und Gliedmaßen abgehackt und in einer Ecke zu einem Turm aufgeschichtet worden waren.

Sie schlugen die Tür wieder zu und verriegelten sie, aber als die Jüngste auf den Schlüssel in ihrer Hand herabblickte, sah sie, dass er blutig war, dass leuchtend rote Blutstropfen auf ihr Gewand und ihre kleinen weißen Seidenschuhe fielen. Die Schwestern bemühten sich, das Blut fortzuwischen, aber wohin sie auch gingen, was sie auch taten, dem Schlüssel entströmte ein nicht enden wollendes Rinnsal frischen roten Menschenbluts, und es ließ sich mit keinem Wasser reinwaschen, mit keinem Wachs versiegeln.

»O mein Gott, was soll ich jetzt tun?« schrie die Jüngste in höchster Not. »Ich muss den Schlüssel irgendwo verstecken, bevor mein Mann nach Hause kommt!« Sie einigten sich darauf, den Schlüssel im Kleiderschrank des Schlafgemachs der Jüngsten zu verstecken und die Tür des Schranks fest zu verriegeln.

Schon am nächsten Morgen kehrte Blaubart von seiner Reise zurück. Er stapfte schnurstracks in das Schlafgemach seiner Frau und fragte: »Nun, meine Liebe, wie erging es dir während meiner Abwesenheit?«

»Danke, sehr gut, mein Gemahl.«

»Und wie ist es um meine Schatzkammern und Ballsäle und die anderen Räume im Schloss bestellt?«

»Es ist alles prachtvoll und ordnungsgemäß hergerichtet, mein Gemahl.«

»Nun denn«, raunte Blaubart leise. »So gib mir mein Schlüsselbund zurück.«

Zögernd tat die Jüngste, wie ihr befohlen war. Mit einem einzigen Blick erkannte Blaubart, dass der kleinste Schlüssel am Bund fehlte. »Und wo ist der Schlüssel, den du nicht benutzen solltest?« verlangte er zu wissen.

»Ich … Ich muss ihn wohl in einem der Säle verloren haben. Das Schlüsselbund ist mir einmal aus der Hand gefallen, und … dabei muss ich ihn wohl verloren haben.«

»Lüge mich nicht an! Du hast mich hintergangen, nicht wahr? Du hast das Verlies im Keller betreten!«. Er packte sie bei den Haaren und zerrte sie zu ihrem Kleiderschrank, riss seine Türen auf und sah die rote Blutbahn, die vom obersten Schrankfach auf die seidenen Gewänder darunter herabgeflossen war.

»Jetzt musst du büßen, du verlogenes Weib!« Der Rasende schleifte seine Frau in den tiefsten Keller seiner Burg, durchbohrte die Tür des Verlieses mit einem einzigen stechenden Blick, sodass sie aufsprang und den Weg freigab. »Jetzt gesellst du dich zu den Leichen meiner früheren Frauen«, schrie Blaubart, aber die jüngste Schwester sank vor ihm auf die Knie und flehte: »Oh, bitte, bitte, lass mir ein Viertelstündchen Zeit, um meinen Frieden mit Gott zu machen. Dann kannst du mir das Leben nehmen, aber lass mir ein Viertelstündchen zum Beten. Ich flehe dich an.«

Widerwillig ließ Blaubart sich erweichen und seine Frau allein in ihr Schlafgemach nach oben gehen. Doch anstatt zu beten, rief sie ihre Schwestern herbei und bat sie, sich an der Brüstung des Burgwalls zu postieren und nach ihren Brüdern Ausschau zu halten. Die Schwestern spähten in die Ferne, während Blaubarts Frau kniete, wie um zu beten, stattdessen aber ihre Schwestern jede Minute anrief: »Schwestern, Schwestern, seht ihr unsere Brüder kommen?«

»Nein. Nichts rührt sich in Wald und Flur«, war stets die verzweifelte Antwort.

Alle paar Sekunden rief die Jüngste erneut: »Oh, Schwestern, Schwestern, seht ihr unsere Brüder kommen?«

»Wir sehen nichts, außer einer Staubwolke oder einem Wirbelwind in der Ferne.«

Mittlerweile wurde Blaubart argwöhnisch und machte sich auf den Weg zum Schlafgemach seiner Frau. Seine Fußtritte hallten schon im Gang zu ihrer Kammer.

Wieder rief die Jüngste ihre Schwestern an: »Oh, Schwestern, liebe Schwestern, seht ihr unsere Brüder kommen?«

Und diesmal kam die Antwort zurück: »Ja, sie kommen! Sie jagen wie der Wind! Eben sind sie in den Schlosshof eingeritten!«

Blaubart wollte seine Frau gerade an der Kehle packen, um sie in den Keller zurückzuschleifen, als die Brüder kampfbereit dazwischensprangen. Mit ihren blanken Schwertern trieben sie den Mörder die Gänge des Schlosses hinauf, höher und höher, bis auf den höchsten Festungswall. Dort kämpften sie mit ihm, hieben und schlugen mit ihren Schwertern auf ihn ein, bis er am Ende zu Boden ging und die Brüder ihm den Todesstoß versetzen konnten.

Dann wandten sie sich ab, um den Bussarden zu überlassen, was an elenden Überresten von Graf Blaubart übrig war.

Der innere Räuber der Psyche

Wenn eine Frau sich zum eigenständigen Individuum entwickeln will, muss sie auf irgendeine Weise Zugang zu ihren femininen Urinstinkten finden, denn das ist ein essenzieller Bestandteil der weiblichen Individuation. Dazu gehört, dass sie sich in unbekannte Tiefen fallen oder sogar stoßen lässt, ohne jedoch tollkühn zu riskieren, dabei in eine Falle zu geraten und Schaden an Leib und Seele zu nehmen.

Die Geschichte von Blaubart macht uns mit dem Fallensteller *par excellence* bekannt, dem inneren Räuber und Ausbeuter, der eine dunkle Kammer in der Psyche aller Frauen bewohnt. Der Blaubart-Charakter symbolisiert eine klar umrissene und letztlich unzerstörbare Kraft, die jeder Mensch in sich selbst kennenlernen und so bald wie möglich in ihre Schranken verweisen muss. Um den Räuber der Psyche in den Griff zu bekommen, müssen Frauen in den Vollbesitz all ihrer instinktiven Kräfte gelangen. Zu den instinktiven Urkräften gehört alles, was man gemeinhin als »typisch weibliche Intuition« bezeichnet: ein akutes Feingefühl für die tiefere Wahrheit, eine gewisse Hellsicht, eine allen Frauen bekannte Art des Hellfühlens und Hellhörens sowie instinktive Heilkräfte.

Bei einer psychologischen Märcheninterpretation wie dieser werden sämtliche Charaktere und Aspekte einer Geschichte zu Symbolen für das Drama, das sich in der Psyche einer einzigen Person abspielt. Die Blaubart-Figur repräsentiert eine weit nach innen verdrängte mörderische Energie, die am Rande des Bewusstseins jeder Frau auf die nächstbeste Gelegenheit wartet, Widerstand gegen alles Weiterführende zu leisten.

Obwohl Blaubart in der männlichen Psyche eine andere Gestalt annehmen mag, ist er der Archetyp des ältesten Widersachers beider Geschlechter.

Das Wesen der Blaubart'schen Kraft lässt sich nicht ohne Weiteres erfassen, denn sie ist uns mitgegeben worden, also typisch für alle Menschen von Geburt an und insofern ohne bewussten Ursprung. Trotzdem meine ich, dem Märchen einen Hinweis auf ihr erstes Auftauchen im urzeitlichen Vorbewusstsein des Menschen entnehmen zu können, weil Blaubart an einer Stelle als »gescheiterter Magier« bezeichnet wird, also als ein Mensch, der mit ursprünglich himmlischen Schöpferkräften begabt ist, die sich durch Missbrauch jedoch ins Machthungrig-Animalische verkehren. Insofern gleicht er anderen Sagenhelden, denen es nicht gelingt, das innewohnende Streben nach Licht und das ebenso innewohnende Streben nach Dunkelheit und Vergessen in ihrer Psyche zu vereinen.

Das Scheitern geistiger oder magischer Kräfte wird in vielen Mythen und Sagen beschrieben. Ikarus strebte mit aller Macht der Sonne entgegen, bis seine wächsernen Schwingen schmolzen und er kläglich abstürzte. Eine Sage der Zuñi-Indianer erzählt von einem Jungen, der sich zum König der Adler aufschwingen wollte, was ihm auch gelungen wäre, wenn er nicht gegen die Naturgesetze verstoßen hätte. Während er noch frohlockend durch die Lüfte segelt, wird ihm sein geborgtes Federkleid von einem Windstoß abgerissen, und er stürzt zu Boden. Im christlichen Mythos verkündet

Luzifer seine Ebenbürtigkeit mit Jehova und wird für diese Anmaßung in die Unterwelt der Hölle verbannt. Volkslegenden vom ehrgeizigen Zauberlehrling, der seine eigenen Fähigkeiten überschätzt oder gegen die Naturgesetze verstößt, gibt es weltweit.

Bei einer genaueren Untersuchung dieses Leitmotivs stellt sich heraus, dass der innewohnende Räuber in der Psyche all dieser Heldengestalten heimlich nach Macht und Herrschaft über irgendetwas Gewaltiges strebt. Da bläst sich eine Facette der Persönlichkeit so weit auf, dass sie meint, besser als, überlegener als oder wenigstens genauso mächtig wie jenes Unnennbare zu sein, das traditionsgemäß über das Werden und Vergehen aller Dinge bestimmt. Die Konsequenz ist fast immer ein Sturz, ein Fall aus großer Höhe, ein Verlust der mühsam erworbenen geistig-seelischen Fähigkeiten, oft auch eine Verbannung aus der Licht- oder Götterwelt.

Wenn wir Blaubart als einen in uns selbst befindlichen Repräsentanten für den gesamten Mythos von der Verbannung aus den Lichtwelten verstehen, wird uns vielleicht auch die grauenhafte Einsamkeit bewusst, die ihn (uns) von Zeit zu Zeit überfällt, weil er sich seiner eigenen unüberwundenen Gnadenlosigkeit bewusst wird und sich so innerlich und äußerlich von jeglicher Vergebung abgeschnitten fühlt. Dieser Aspekt der Psyche steckt in einem Teufelskreis der Isolation und Verbannung von allem Schönen und Hilfreichen, denn er verdammt und isoliert sich ständig selbst aufs Neue.

Das Problem ist, dass Blaubart nicht gewillt ist (jedenfalls nicht in diesem Märchen), den femininen Lichtkräften der Psyche Macht zu geben. Im Gegenteil: Hinterlistig versucht er, die femininen Kräfte des Verrats zu überführen, um sie dann, sozusagen mit voller Berechtigung, zu töten und zu zerstückeln. Man kann sich vorstellen, dass unter diesem mörderischen Gehabe einst ein Wesen existiert haben muss, das die Lichtkraft aller Lichtkräfte noch übertrumpfen wollte und so in die Dunkelheit gestürzt wurde. So können wir nachvollziehen, warum der derart Gedemütigte und Verbannte fortan den lichten Kräften in der Psyche anderer Menschen nachspürt, warum er sie verfolgt und versucht, sie für sich einzunehmen – um sie dann, in einem wollüstigen Machtrausch, gewalttätig auszumerzen. Es ist denkbar, dass der umnachtete Magier insgeheim hofft, irgendwann einmal so viel Seelenlicht um sich zu versammeln, dass die Dunkelheit endgültig zurückweicht und seine Einsamkeit ein Ende hat.

So gesehen haben wir es bei Blaubart mit einem – wie die Geschichte sagt – stattlichen und hochgewachsenen, sprich eindrucksvollen und begabten Wesen in seiner unerlösten Form zu tun. Letzteres muss unbedingt so schnell wie möglich von der jüngsten Schwester erkannt werden – und in der Tat von allen Frauen, denn es ist lebensnotwendig, zu wissen, dass eine enorm beeindruckende, aber unerlöste und daher zum Bösen neigende Kraft innerhalb und außerhalb von uns existiert und dass sie unsere positiven Urinstinkte bekämpft. Selbst wenn Frauen Mitgefühl mit dieser Kraft haben und ihre Erlösung herbeiführen wollen, müssen sie lernen, wie man ihre Tricks durchschaut, um sich vor ihrer Zerstörungswut zu schützen und ihren Mutwillen zu bändigen.

Jedes Lebewesen muss so früh wie möglich lernen, dass es in eine Umwelt hineingeboren wurde, in der es gefährliche Raubtiere gibt, denen es auf die eine oder andere Weise zum Opfer fallen kann. Ohne dieses Wissen kann eine Frau sich nicht gefahrlos und unbeschadet entwickeln. Den natürlichen Widersacher der eigenen Gattung zu kennen und seine Schliche zu durchschauen, bedeutet, dass man einen bestimmten Reifegrad erlangt hat und sich nicht länger aus purer Unerfahrenheit, Naivität oder Sensationslust verletzbar macht.

Wie jeder gewiefte alte Bluthund spürt Blaubart sofort, dass die jüngste Schwester fasziniert von ihm ist, also gewillt, sich als Opfer zur Verfügung zu stellen. Er hält um ihre Hand an, und in ihrem jugendlichen Überschwang, der bei den meisten Frauen aus einer Kombination von Unwissenheit, Gutgläubigkeit, Abenteuerlust, sexueller Anziehung und Glücksverlangen besteht, sagt sie zu. Sie lässt sich von dem Charme des Räubers becircen und trippelt freiwillig in die aufgestellte Falle. Gibt es eine Frau auf Erden, der dieses Szenario vollkommen fremd ist?

Die naive Frau als Opfer

Die jüngste und unerfahrenste der drei Schwestern agiert das Seelendrama der naiven Frau aus. Sie wird eine Zeit lang von ihrem eigenen inneren Räuberaspekt gefangen genommen, aber am Ende befreit sie sich aus seinen Klauen und geht weiser und stärker aus dieser ersten großen Krise ihres jungen Lebens hervor. Von nun an erkennt sie das Raubtier in ihrer Psyche schon bei seiner ersten Regung und fällt nicht mehr auf seine Tricks herein.

Aber die Geschichte von Blaubart ist für Frauen jeden Alters wertvoll, nicht nur für die Jüngsten und Unerfahrensten unter uns. Selbst wenn eine Frau sich schon jahrzehntelang mit dem innewohnenden Widersacher der Psyche herumschlägt, kann ihr der letzte und entscheidende Kampf mit diesem Aspekt ihrer Persönlichkeit noch bevorstehen.

Die jüngste Schwester repräsentiert eine psychische Kraft, die nach einer ekstatischen und rundum erfüllenden Lebensweise sucht, aber einen gefahrvollen Umweg wählt, indem sie sich der zerstörerischen männlichen Energie in ihrer Psyche ausliefert und ihr gehorcht. Obwohl die Instinkte der Jüngsten so weit intakt sind, dass sie in der Psyche Zweifel an den Absichten des Bewerbers bezüglich der Kontrolle anmelden, sind sie noch nicht stark genug, um ein Abhängigkeitsverhältnis mit dem innewohnenden Mörder zu verhindern.

Alle Geschöpfe kommen mit einer Reihe von naturgegebenen Anlagen zur Welt, die sich dann bei Gelegenheit entfalten und zeigen. In der Biologie wird die Anlage als jener Teil einer Körperzelle verstanden, der das Potenzial enthält, den Keim alles dessen, was sich im Laufe des Wachstums entwickeln wird. Wir als Frauen sind von unserer psychischen Anlage her mit intuitiven Vorahnungen begabt, also geht es für uns in erster Linie darum, die Erweckung und Ausbildung dieser Anlage zu unterstützen, und zwar auf sehr ähnliche Weise, wie es in dem Märchen von Blaubart beschrieben wird.

Von der Anlage her weiß die Jüngste ebenso gut wie ihre älteren, weniger naiven Schwestern, dass Blaubart kein Mann ist, den man heiraten darf. Ihre Instinktnatur hat die Witterung des schleichenden Räubers durchaus aufgenommen, aber sie lässt sich verführen und findet in den Tagen nach dem Picknick unter dem Eichenbaum alle erdenklichen Gründe, warum Blaubart eigentlich doch einen guten Ehemann abgeben müsste. Die naive Psyche, genauso wie die von ihren Urinstinkten abgeschnittene Psyche reiferer und älterer Frauen, übertönt das innere Wissen durch gedankliche Turnübungen, in denen die Vorzüge und der Charme des Räubers als Argumente vorgebracht werden, sich mit ihm zu verbinden und sich ihm damit hilflos auszuliefern.

Man kann sich sehr wohl fragen, ob all die nun folgenden Verwicklungen grundsätzlich vermieden werden könnten. Im Tierreich lernt ein Wolfsjunges von Anfang an, wie die Mutter und der Vater und der Rest des Rudels auf gefährliche Eindringlinge reagieren. Was Frauen betrifft – nun ja, fast jede von uns kann auf mindestens eine Begebenheit zurückblicken, bei der eine halbwegs attraktive Idee oder Person bei Nacht und Nebel durch das Fenster der Psyche hereingekrochen ist und uns überrascht hat, und wir uns zwar stirnrunzelnd und nervös, aber gutgläubig eingeredet haben, dass der Fremde mit der zärtlichen Stimme und den schwarzen Lederhandschuhen seine Gründe gehabt haben muss, wenn er zu so später Stunde um das Nachbarhaus geschlichen ist. Schließlich hat er uns ja selber gesagt, dass er bloß spazieren gehen wollte.

Selbst bei guter und umsichtiger Erziehung durch ihre Eltern suspendieren viele junge Mädchen, nachdem sie das zwölfte Lebensjahr überschritten haben, ihr inneres Instinktwissen für eine Zeit lang und folgen erst einmal den Einflüsterungen von Gleichaltrigen oder irgendwelchen kulturellen Trends oder psychologischen Zwängen. Sie machen sich mit einer bedenkenlosen und vielfach auch rücksichtslosen Tollkühnheit daran, ihr tieferes Selbst zu entdecken. Wenn ich mit älteren Teenagern arbeite, die mir mit unschuldiger Blauäugigkeit erzählen, dass man nur positiv eingestellt sein muss, um auch nur positive Dinge im Leben zu erfahren, und alles renke sich von selber ein, dann fühle ich mich immer wie eine Urgroßwölfin. Ich könnte aufheulen und würde mir am liebsten die Augen zuhalten, weil ich weiß, dass diese Jugendlichen, und ganz besonders die Eigenwilligen, die mit dem naiv-hoffnungsvollen Selbstbewusstsein, sich auf mindestens einen Räuberbaron einlassen werden, bevor sie irgendwann geschockt aufwachen.

In der Kindheit und Jugend ist das feminine Wahrnehmungsteleskop noch nicht präzise ausgerichtet; es ist noch nicht auf Weitsicht und automatische Schärfenadjustierung eingestellt, was darauf hinausläuft, dass unsere Einsichten in das Verborgene und Hintergründige noch sehr verschwommen sind. Aber mit diesem etwas verschwommenen Wahrnehmungswerkzeug gehen alle Frauen in ihr Leben hinein. Wir betrachten die Welt durch eine Softlinse, sind weichherzig und gutwillig, aber völlig uneingeweiht, und sehen in den meisten Fällen kaum mehr als das, was offen zur Schau gestellt wird.

Wenn eine Wolfsmutter ihre Welpen in ihrem Bau allein lässt, um auf die Jagd zu gehen, tapsen die Kleinen erst mal hinter ihr her, und zwar so lange, bis die Mutter sie durch wütendes Geknurre und drohende Gebärden wieder in das schützende Lager zurückscheucht oder sie sogar dorthin zurückbeißt. Die Mutter weiß, dass die naiven Welpen noch nicht imstande sind, die Absichten der anderen Tiere richtig einzuschätzen. Sie weiß, dass es in freier Wildbahn Raubtiere und Fallen und Wilderer gibt, die nur darauf warten, dass ein ahnungsloses Wolfsjunges auf sie zutapst und mit ihnen »spielt«. Aber mit der Zeit bringt die Mutter ihren Jungen alle Tricks und alle Jagdgeheimnisse bei, und zwar auf die harte, die gute, die altbewährte Weise.

Als Frau braucht man eine vergleichbare Einweihung in die Gefahren der Wildbahn, die innere, psychische Wildbahn ebenso wie die äußerliche, weltliche. Viele Frauen wachsen auf, ohne auch nur in die Grundkenntnisse eines Lebens als selbstständiges Geschöpf eingeweiht worden zu sein, Grundkenntnisse, die jedes Wolfskind nach ein paar Wochen besitzt, wie zum Beispiel: Hüte dich vor Tieren, die dir in irgendeiner Weise drohen und die größer sind als du! Dann musst du fliehen, verstehst du? Wenn sie schwächer sind als du, kannst du sehen, was du machen willst. Wenn eine Kreatur krank ist, lass sie allein. Wenn ein Tier gut riecht, aber in einer metallenen Zange festsitzt, dann geh deiner Wege.

Die jüngste Schwester in unserem Märchen lässt sich den instinktiven Verstand von egoistischen Wunschträumen vernebeln. Wie sollte sie auch nicht? Es gibt wohl kaum eine Frau, die nicht irgendwann einmal davon geträumt hat, in weißen Seidenkleidern und mit wehendem Haar von einem Helden hoch zu Ross in den riesigen Urwald der sinnlichen Geheimnisse entführt zu werden. Das Problem ist, dass das Ego seinen Wünschen bis zu einem gewissen Grad nachgeben und sie verwirklichen muss, um etwas dazuzulernen, aber die Kombination von egoistisch-romantischen Wunschträumen und Unerfahrenheit führt nicht auf direktem Weg ins Paradies der sinnlichen Befriedigung, sondern viel wahrscheinlicher direkt in das Jagdrevier des ausgefuchsten Raubtiers.

Die Bereitschaft, sich mit dem Unhold zu vermählen, wird Mädchen schon in sehr jungen Jahren ans Herz gelegt, normalerweise noch vor dem fünften Lebensjahr. Man bringt ihnen unterschwellig bei, nie genau hinzugucken, sondern bizarre Verhaltensweisen in der Umgebung geflissentlich zu übersehen und »immer schön lieb und nett« zu sein. Aus diesem Grund lässt die jüngste Schwester sich dazu hinreißen, den unheimlichen blauen Bart des Grafen in ihren Gedanken als »eigentlich recht elegant« zu bezeichnen. Diese frühe Erziehung zum »Nettsein« veranlasst Frauen, ihre Intuition zu unterdrücken. Insofern wird ihnen ganz eindeutig beigebracht, sich dem Raubtier auszuliefern, was im Tierreich einer Wolfsmutter gleichkäme, die ihre Welpen dazu erzieht, »lieb und nett« zu einem angreifenden Frettchen oder einer Klapperschlange zu sein.

Im Märchen treibt die Mutter selbst ihre Töchter dem Raubtier in die Fänge. Sie nimmt an dem Picknick im Wald teil, macht das Verführungsspiel also mit, ohne ihren Töchtern die geringste Warnung zukommen zu lassen. So kann man sagen, dass die biologische wie auch die interne Mutterfigur schläft oder selbst vollständig naiv ist, was bei unbemutterten Müttern oder ungenügend bemutterten Müttern auch wirklich häufig der Fall ist.

Interessanterweise demonstrieren die älteren Schwestern eine gewisse Wachheit, wenn sie geloben, Blaubart nicht wiederzusehen, obwohl seine charmante Art auch ihnen nicht entgangen sein kann. Die psychischen Aspekte, die von den älteren Schwestern repräsentiert werden, sind immerhin so weit ausgereift, dass sie den Räuberbaron wenigstens nach dem Picknick nicht länger für einen vielversprechenden romantischen Helden halten.

Die eingeweihte Frau hört auf die älteren, warnenden Stimmen in ihrer Psyche und zieht sich aus dem Gefahrenbereich zurück. Eine uneingeweihte Frau ist noch zu sehr mit ihrer naiven Jungmädchenrolle identifiziert, um den Alarmglocken Beachtung zu schenken.

Ein Beispiel dafür sind Frauen, die sich immer wieder den falschen Partner suchen und dann Höllenqualen leiden. Oft wissen solche Frauen sehr gut, was sie tun müssen, um aus diesem Teufelskreis herauszukommen: Sie müssen Schluss machen, Basta! sagen und neuen, adäquateren Wertvorstellungen folgen. Aber das Weitermachen im selben destruktiven Muster hat etwas Zwingendes, als könnte man sich dem Blaubart'schen Charisma nicht aus eigener Kraft entziehen. In den meisten Fällen bildet die Frau sich ein, dass sie das ersehnte paradiesische Ekstasegefühl im nächsten Augenblick erreichen wird, wenn sie nur noch ein paar Tage länger auf den alten Schienen weiterfährt, sich noch ein kleines bisschen mehr Mühe gibt, noch etwas mehr Opferbereitschaft an den Tag legt, es nur noch ein einziges Mal ernsthaft versucht …

Wie von unsichtbaren Fäden gelenkt, lässt sich die hoffnungsvolle Frau immer wieder auf den Seelenräuber ein, und so findet die schicksalhafte Vermählung zwischen der süßen Naiven und dem gewissenlosen Zerstörer statt. Als Blaubart sich auf eine Reise begibt und seiner Frau nahelegt, »zu tun und lassen, was ihr gefällt« – einmal ganz abgesehen von der einen verbotenen Sache –, begreift sie nicht, dass sie eine Gefangene ist, die unweigerlich in die ihr gestellte Falle tappen muss. Nicht wenige Frauen haben die Blaubart-Geschichte buchstäblich am eigenen Leib erfahren. Sie heiraten, ohne jemals in die Listen des Räubers eingeweiht worden zu sein, und suchen sich einen Partner, der sie zuerst manipuliert, dann beherrscht und schließlich körperlich und seelisch attackiert. Selbstverständlich betrachten sie es dann als ihre heilige Pflicht, diesen armen, kranken Mann mit ihrer Liebe von seinen Neurosen und Wahnideen zu heilen, und verbringen zwischendurch viel Zeit damit, sich geflissentlich einzureden, dass sein unheimlicher blauer Bart bei günstigen Lichtverhältnissen beinahe elegant wirkt.

Im Laufe der Jahre sieht die »gefangen genommene« Frau dann ohnmächtig zu, wie ihre schönsten Hoffnungen für sich selbst und ihre Kinder der Reihe nach zunichtegemacht werden. Dann bleibt nur noch eines zu hoffen: dass sie die Tür zu der verbotenen untergründigen Gruselkammer eines Tages beherzt aufschließt und erkennt, inwieweit sie selbst bereits zerstückelt worden ist und mit welchen Mitteln sie am Ende geköpft, also ganz und gar kopflos gemacht werden soll. Der Blaubart kann in Gestalt des tatsächlichen Beziehungspartners auftreten, aber das der Psyche einer Frau innewohnende Raubtier kooperiert mit dem gewalttätigen Lebensgefährten und spielt ihm das Opfer in die Hände. Solange eine Frau sich für macht- und hilflos hält, weil die Umwelt ihr diesen Glauben eingeimpft beziehungsweise über Jahre hinweg anerzogen hat, solange sie nicht bewusst registriert, was sie von Moment zu Moment intuitiv weiß, werden sich ihre femininen Impulse und Einsichten immer wieder in nichts auflösen.

Ein noch jungfräulicher Geist, der sich auf eine Vermählung mit dem Räuber einlässt, wird in einer Entwicklungsphase arretiert, die von Natur aus eine Zeit der sehr allmählichen Entfaltung von der Knospe zur Blüte wäre. Anstatt sich frei weiterzuentwickeln, zwingt die junge Frau sich nun, eine verlogene Scheinrealität nach besten Kräften aufrechtzuerhalten, und sei es auch nur nach außen hin. In Wirklichkeit sitzt sie in der Falle, ob sie es weiß oder nicht. Der listenreiche Räuberbaron fängt die Frau mit dem falschen Versprechen ein, sie zur »Königin in seinem Reich« zu machen, während er im Stillen schon ihre gewaltsame Unterdrückung und Ermordung plant.

Es gibt einen Ausweg aus diesem Dilemma, aber man muss den Schlüssel kennen und ihn benutzen.

Der Schlüssel zum Verständnis: wissbegieriges Schnüffeln

Und damit kommen wir zu dem winzig kleinen Schlüssel, der Zutritt zu dem Geheimnis gewährt, das alle Frauen kennen und doch nicht kennen. Der Schlüssel stellt die Erlaubnis dar, die tiefsten und schwärzesten Geheimnisse der Psyche zu erforschen. In diesem Fall repräsentiert der Schlüssel den Zugang zu allem, was die Frau entwürdigt und ihr naturgegebenes Potenzial zerstört.

Graf Blaubart flößt seiner Frau ein trügerisches Gefühl der Freiheit und Selbstständigkeit ein, indem er sagt: »Du kannst tun und lassen, was dir gefällt« – zumindest innerhalb der Grenzen des Burgwalls. Aber im nächsten Satz schon wird ihr untersagt, das wahrhaft Wissenswerte zu ergründen, also das Schreckliche bewusst zu registrieren, das in der Burg des Seelenräubers auf sie wartet. Selbst wenn sie in den Urgründen ihrer Seele schon begreift, was hier gespielt wird, wird ihr die Freiheit genommen, es mit jeder Faser ihres Seins zu erkennen und dementsprechend zu handeln.

Die naive Frau lässt sich psychisch korrumpieren und erklärt sich stillschweigend bereit, die Rolle der süßen Unwissenden zu spielen. Gutgläubige und naive ebenso wie tief in ihrer Instinktnatur verletzte Frauen lassen sich permanent von irgendwelchen Versprechungen einlullen. Da kommt ein Mann daher und verspricht uns finanzielle Sicherheit, einen gehobenen Lebensstandard, gesellschaftlichen Status, ewige Liebe, ein Abenteuer und/oder ekstatischen Sex, und wie die Blümchen sich zur Sonne wenden, strecken wir dem Schönredner die Arme entgegen und lispeln: »O ja! Nimm mich! Ich bin dein!«

Selbstverständlich verbietet Blaubart seinem jüngsten Opfer, den einzigen Schlüssel zu benutzen, der es aus seinem romantischen Traum herausreißen würde. Aber einer Frau zu verbieten, den Schlüssel zur Selbsterkenntnis zu benutzen, kommt dem Verbot gleich, ihrer angeborenen Wissbegier zu folgen, ihrer instinktiven Neugier nachzugeben, die sie dazu führt, stets und überall herausfinden zu müssen, »was wirklich und jenseits des Offensichtlichen dahintersteckt«. Wenn eine Frau sich von solchen Verboten einschüchtern lässt, wird sie vollends von der Wilden Frau abgeschnitten und steht effektiv schutzlos in der freien Wildbahn. Wenn sie nicht gegen die Blaubart'schen Verbote ihrer Kultur verstößt, so drohend sie auch sein mögen oder so gut sie auch mit allerlei Rationalisierungen kaschiert sein mögen, und den Schlüssel nicht benutzt, entscheidet sie sich für ihre geistig-seelische Vernichtung. Sobald sie die Tür zu dem geheimen Gruselkabinett öffnet, entscheidet sie sich für ihr eigenes Leben.

Auch in unserem Märchen wird die Neugier der Schwestern betont. Es ist eine spitznasige Wissbegierde, die alle drei, kaum dass

Blaubart aus dem Haus ist, unwiderstehlich dazu treibt, sämtliche Türen zu allen Gemächern in der Burg zu öffnen, um sofort herauszufinden, welche Tür sich mit dem verbotenen Schlüssel öffnen lässt. Die älteren Schwestern demonstrieren auch hier das normale impulsive Verhalten, das nach Erkenntnis strebt.

Einige Psychologen, darunter Freud und Bettelheim, haben Episoden wie diese in der Blaubart-Geschichte im Sinne einer psychologischen Strafe für die sexuelle Neugierde von Frauen interpretiert. Die Neugierde bei Frauen wurde bereits in den Frühzeiten der Klassischen Psychologie mit einem ausgesprochen negativen Vorzeichen versehen, während Männer mit demselben Attribut als wissbegierig galten und man ihren Forscherdrang lobte. Mit anderen Worten: Frauen sind lästige Schnüffelnasen, während Männer wichtige Fragen stellen und nötige Untersuchungen vornehmen. Letzten Endes ist die Trivialisierung des weiblichen Wissensdurstes eine Herabwürdigung des femininen Urinstinkts, jenes sprichwörtlichen Feingefühls, das Ahnungen und leisesten Eingebungen folgt. So wird der Versuch gemacht, das fundamentale Sinnesgespür, aus dem die Frau ihre größte Stärke und Überlegenheit bezieht, nämlich Unterscheidung und Bestimmtheit, durch einen billigen Willkürakt außer Kraft zu setzen.

Also können wir von Glück sagen, dass die älteren Komponenten der Psyche, in dieser Geschichte versinnbildlicht durch die älteren Schwestern, noch ungezähmte Neugierde an den Tag legen. Sie versinnbildlichen die kleinen Anstöße im Hinterkopf und Unterbauch der Frau, die sie erinnern: »Hier geht's lang, durch diesen Korridor. Du musst die Tür finden und dich den Befehlen von Blaubart widersetzen. Du musst unbedingt herausfinden, warum er dir verboten hat, ausgerechnet diese Tür zu öffnen.«

Seit Jahrhunderten sind Türen ein Symbol für das, was hinter ihnen verwahrt wird, seien es geistige Werte oder Verdrängtes, das im Zaum gehalten und verborgen werden soll. Die Tür in unserer Geschichte hat die magische Eigenschaft, sich eigenmächtig zu öffnen und zu verschließen. Sie schließt sich vor den ankommenden Schwestern, kann aber mit einem »einzigen durchbohrenden Blick« von Blaubart geöffnet werden. Mit dieser Tür wird demnach eine psychische Barriere beschrieben, eine unsichtbare Kraft, die uns wie ein Spuk verwirrt, sodass wir den Zugang zum eigenen Wissen nicht mehr finden. Frauen verstärken solche unsichtbaren Barrieren noch, wenn sie sich und anderen einreden oder sich weismachen lassen, dass es klüger sei, bestimmten Dingen nicht allzu tief auf den Grund zu gehen. »Vielleicht findest du etwas heraus, was du gar nicht wissen willst ...« Ja, unter Garantie! Um solche Barrieren zu überwinden, braucht man einen geeigneten Gegenzauber. Und die passende magische Kraft wird in diesem Fall durch den Schlüssel symbolisiert.

Der Schlüssel zur Transformation – sei es eine Transformation im Märchen, in der Psychoanalyse oder im Verlauf der Individuation – besteht aus zielbewussten Fragen. Eine Schlüsselfrage löst einen Umwandlungsprozess im Bewusstsein aus, denn sie funktioniert wie ein Keim, der in brachliegende Bewusstseinsbereiche geworfen wird. Eine präzise formulierte Frage entspringt der essenziellen Neugierde der Psyche, die alle inneren und äußeren Geheimtüren aufstoßen will, um zu sehen, was sich dahinter verbirgt.

Obwohl die Schwestern sicher entsetzt waren, als die alte Tür unten im Keller von selbst vor ihnen zufiel, und obwohl die Jüngste zweifellos Angst davor hatte, gegen das Verbot ihres Ehemanns zu verstoßen, folgten die drei doch ihren Urinstinkten und stellten sich die richtigen Fragen. Ihre erste Frage: »Wo mag wohl die Tür sein, zu deren Schloss dieser Schlüssel passt?« Und als Nächstes: »Und was mag wohl dahinterstecken?«

Der Wendepunkt, an dem die naive Psyche zu reifen beginnt, ist der Augenblick, in dem gefragt wird, was sich hinter den Fassaden, hinter dem Offensichtlichen und Augenscheinlichen verbirgt. Der reifende Geist verfolgt die Angelegenheit, bis er das Wesentliche hinter dem Scheinbaren erkennt.

Wenn eine Frau ertragen kann, was sie auf diese Weise herausfindet, wird ihr ein unvergleichliches Geschenk gemacht. Die Natur verleiht allen, die ertragen können, was sie an nackter Wahrheit sehen, das innere Auge, das von nun an in jeder Lebenslage geöffnet bleibt, selbst wenn man schläft. Mit diesem Auge hat eine Frau ungehinderten Zugang zur visionären weiblichen Tiefennatur, zu der Sehkraft ihrer Urinstinkte.

Der animalische Bräutigam

Also widersetzt sich die unerfahrene Frau irgendwann den Befehlen des »Räubers« und bereitet ihrer Ignoranz über die Zustände in allen möglichen psychischen Kellergemächern ein Ende. Sie stellt die Schlüsselfrage und erlangt damit Zutritt zu den zerstückelten und verwesten Teilen ihrer eigenen Innenwelt. Aber kaum hat sie die Tür zu dem Verlies aufgestoßen und die Leichen darin entdeckt, hört die Schlüsselfrage nicht mehr auf, unzählige weitere Fragen nach sich zu ziehen wie ein nicht versiegender Blutstrom. Die Fragen danach, auf welche Art und Weise unsere Lebensenergie ausgeblutet und vom Raubtier ausgeschlachtet worden ist, lassen uns keine Ruhe, bis wir die Wesensnatur des Raubtiers erkannt und das Niederträchtige – das, was in uns selbst stets nach dem Niedrigen trachtet – ein für allemal in seine Schranken verwiesen haben.

Wenn Frauen die Türen zu den unzugänglicheren Kammern ihrer Seele öffnen, stellen sie oft erschrocken fest, dass sie selbst die systematische Vernichtung ihrer bedeutendsten Träume und Lebensziele zugelassen haben. Die Beweise liegen nackt und unleugbar vor ihnen: Ihre größten Hoffnungen, ihre unschuldigsten und erhabensten Gefühle liegen leblos, kopflos, verstümmelt am Boden irgendeiner Seelenkammer. Und dieses Werk ist ganz eindeutig auf die Umtriebe des ihnen innewohnenden Räubers zurückzuführen, auf den zersetzenden Einfluss des Untiers, das so oft in den Träumen von Frauen in Gestalt eines animalischen Liebhabers erscheint.

Im Märchen ist der animalische Bräutigam (oder Liebhaber) ein häufiges Motiv, das als mahnende Figur in den nächtlichen Träumen von Frauen gedeutet werden kann, die unter Aufbietung aller Kräfte die Tatsache ihrer Selbstverwüstung verleugnen wollen, aber auch, wenn sie eine Situation oder eine Person in ihrem Leben auf naive Weise falsch einschätzen. Solche Träume sind warnende Beschwörungen: »Wach auf!« oder »Such Hilfe!« oder »Flieh, so schnell du kannst!« oder »Angreifen und töten!«

Im Laufe der Jahre habe ich zahllose Frauenträume erzählt bekommen, in denen das Element des animalischen Bräutigams eine Hauptrolle spielte oder die von einer ominösen »Die-Dinge-sind-nicht-so-positiv-wie-es-scheint«-Aura umwittert waren. Eine meiner Patientinnen träumte von einem gutaussehenden, sehr charmanten Mann, aber als sie auf seine Hand blickte, sah sie, dass eine Stacheldrahtspirale soeben aus seinem Ärmel hervortrat und sich zu ihr hindrehte. Eine andere Patientin träumte, dass sie einem gebrechlichen Greis beim Überqueren der Straße half, als der Mann sie plötzlich diabolisch angrinste, zu schmelzen begann und ihrem Arm dabei eine tiefe Brandwunde zufügte. Eine weitere Frau träumte, dass sie mit einem unbekannten Freund am Esstisch saß, als die Gabel des Freundes über den Tisch flog und in ihrem Herzen stecken blieb.

Der animalische Bräutigam ist Sinnbild für alles, was wir partout nicht so sehen wollen, wie es nun einmal ist. Er ist der Menschenfresser, dem die Frau sich hingibt, wenn sie nicht wahrhaben will, dass er zwar zunächst den Nervenkitzel wohliger Gefahr in sich birgt, aber niemals einen guten Bräutigam oder Ehepartner abgibt. Sein Auftauchen in unseren Träumen warnt uns, dass unsere inneren Wünsche nicht mit unseren externen Handlungen übereinstimmen, dass beides vielleicht sogar grundsätzlich unvereinbar ist.

Die Gegenwart des animalischen Liebhabers als dominante Kraft in der weiblichen Psyche erklärt denn auch, warum Frauen, die überall verkünden, dass sie sich nach einer guten Beziehung sehnen, gleichzeitig alles tun, um eine solche Beziehung zu sabotieren. Da war der innere animalische Partner am Werk – und dasselbe gilt für alle anderen Sehnsuchtsziele beruflicher, kreativer, spiritueller oder sonstiger Art. Wo immer das Raubtier sein Unwesen treibt, wird über kurz oder lang sabotiert. Da werden Studien abgebrochen, Beziehungen unmöglich gemacht oder kaltgestellt, da werden wichtige Projekte bis auf Weiteres verschoben und Karrieren unter irgendeinem Vorwand zerstört; kurzum, da wird gemetzelt und frisches rotes Lebensblut vergossen.

Die Geschichte von Blaubart beschreibt einen radikalen Umwandlungsprozess in der weiblichen Psyche. Sie erklärt, dass die jugendliche, unerfahrene Frau von Natur aus mit allen Elementen ausgestattet ist, die sie je brauchen wird, um das ihr innewohnende Potenzial zu entfalten – aber dazu kommen wir erst etwas später in der Geschichte. Zunächst einmal erfahren wir, dass die Jüngste mit genügend Feingefühl ausgestattet ist, um Blaubart von Anfang an zu misstrauen, auch wenn sie kurz darauf den sehr menschlichen Fehler der Verleugnung ihres tieferen Wissens begeht und sich auf den Tanz mit dem inneren Räuber einlässt, um eine Zeit lang in den dunklen Korridoren der Psyche nach Wahrheit zu fahnden. Im Laufe der Geschichte entwickelt sie sämtliche Fähigkeiten, die eine Frau braucht, um dem Grauen ein Ende zu bereiten.

So, und nun zum nächsten Schritt, noch schwieriger als der vorige, denn dieser Schritt besteht darin, die Wahrheit zu ertragen. Die Wahrheit über unsere abgestorbenen Teile und den eigenen Willen zur Selbstzerstörung.

Blutspuren

Ein Blick genügt, und die entsetzten Schwestern schlagen die Tür zu Blaubarts Gruselkammer sofort wieder hinter sich zu. Die Jüngste starrt völlig verstört auf das Blut, das dem verräterischen Schlüssel nun unaufhaltsam entströmt.

Das Blut in dieser Geschichte ist kein Symbol für Menstruationsblut, sondern für unsagbar schmerzhaft empfundenes Seelenblut, das aus lang verborgenen und nie verheilten Seelenwunden fließt. Wäre es nur das Blut der Aufopferung frivoler Fantasien gewesen, dann würde es in der Geschichte nicht heißen, dass es unaufhaltsam fließt und sich nicht versiegeln lässt. Die Wunden gehen viel weiter und tiefer als die Wunden einer vorübergehenden Kränkung oder Egoverletzung. Dieses Blut repräsentiert eine permanente Ausblutung der ursprünglichen Schaffenskräfte, ja sogar des fundamentalen Lebenswillens.

In diesem Zustand verliert eine Frau jede Lust daran, noch irgendetwas zu schaffen und Lösungen für Probleme zu finden, die sie bewegen, sei es auf ganz alltäglicher Ebene, im Beruf, in der Ausbildung, ihren Beziehungen, ihrer Sorge um Fragen der sie umgebenden Welt oder in Fragen des Geistes. Solche Blutspuren entstehen nicht, wenn man Unternehmungen nur auf etwas später verschiebt und nicht recht in Gang kommt. Dies sind Symptome eines seelischen Blutverlusts, der die Frau im Laufe der Monate und Jahre so weit schwächt, dass sie zwar noch gute Ideen haben kann, aber immer unfähiger wird, sie in die Tat umzusetzen.

Das Blut, das an den Schlüsselfragen der Jüngsten klebt, lässt sich mit keinem gewöhnlichen Hausmittel fortwischen oder versiegeln. Sie hat die Wahrheit gesehen, und nun wird ihre gesamte Persönlichkeit für alle sichtbar damit befleckt. Ihr Kleid, ihre Seidenschuhe und später auch die Garderobe in ihrem Schrank werden damit besudelt. In der archetypischen Psychologie repräsentieren Kleider die äußere Erscheinung, das, was Menschen zu sein vorgeben, auch wenn dahinter etwas völlig anderes steckt. Kleider gehören zu der Maske oder »Verkleidung« einer Person. Wenn das Blut einer Schlüsselfrage unsere *Persona* (das lateinische Wort für Gesicht/Maske) besudelt, können wir unsere Wahrheit vor niemandem mehr verstecken, nicht einmal vor uns selbst. Wo wir auch hingehen, die Blutspuren erinnern uns an die Wunde und lassen uns nicht zur Ruhe kommen, bis wir das Heilmittel finden.

Einer schmerzhaften Wahrheit ins Auge zu sehen, kann so verletzend sein, dass man sich an der psychischen Halsschlagader getroffen fühlt. Die schonungslose Wahrheit kann als unerträglich empfunden werden, und dennoch ist sie Medizin und macht uns frei, denn die Wahrheit zu sehen, bedeutet, dass endlich etwas unternommen werden kann, um dem nunmehr offen zutage liegenden Unheil ein Ende zu bereiten.

In den Eleusinischen Mysterien heißt es, dass der Schlüssel zur Wahrheit auf der Zunge liegt. Wahrlich: Der Schlüssel konnte in einer speziellen Wortkombination, einer entschlüsselnden Fragestellung liegen. Hier einige Wortkombinationen und Fragen, die einer Frau in Blaubart-ähnlichen Situationen aus der Falle heraus- und zur Freiheit verhelfen: »Was steckt in Wahrheit dahinter? Was ist hier nicht so, wie es scheint? Was weiß ich in den Tiefen meiner Eingeweide, das ich am liebsten vor mir selbst verbergen möchte? Was von mir und in mir ist im Laufe der Zeit beinahe abgetötet worden? Was siecht in meinem Leben allmählich dahin?«

Solche Fragen sind Schlüssel. Und wenn eine Frau ein fast totes Leben gelebt hat, sind die Antworten sehr wahrscheinlich blutbefleckt. Der innewohnende Verdunkelungsaspekt in der menschlichen Psyche, zu dessen Aufgabe es gehört, so wenig Bewusstsein wie möglich aufkeimen zu lassen, da seine Umtriebe nur in Abwesenheit des Lichts der Erkenntnis stattfinden können – dieser eifersüchtige Dunkelmann also –, liegt permanent auf der Lauer, um dafür zu sorgen, dass jedes weitere »Hellerwerden« verhindert wird.

Und so haben wir es tatsächlich nur dem unaufhörlichen Blutstrom zu verdanken, wenn unsere Psyche nicht gleich wieder vergisst, was sie in einer ihrer finstersten Kammern entdeckt hat; denn negative und schmerzhafte Ereignisse werden normalerweise einer natürlichen Zensur unterworfen. Das zensierende Ego möchte verständlicherweise möglichst schnell vergessen, dass man Leichenberge im Keller entdeckt hat und dass die anderen Aspekte der Psyche eigentlich auch sofort verstanden haben, was das für uns bedeutet. Aus diesem Grunde schrubbt die jüngste Schwester den Schlüssel verzweifelt mit allen Hausmitteln und versucht, ihn mit Wachs zu versiegeln. Aber die einmal erkannte Wahrheit lässt sich weder abwischen noch zustopfen.

Den bisherigen Vorstellungen und Wunschträumen der Jüngsten ist ein urplötzlicher Todesstoß versetzt worden; ihr Leben, wie sie es bis dahin kannte, lässt sich mit keinem Kunstgriff mehr aufrechterhalten. Und doch regt sich paradoxerweise schon ein neuer, wenngleich auch noch sehr zarter Lebenskeim in ihrem Inneren, weil sie endlich die richtige Diagnose stellen und ihren horrenden Blutverlust wahrnehmen konnte.

Wenn es im Märchen heißt, dass Blaubart alle seine früheren »neugierigen« Ehefrauen zerhackt und geköpft habe, dann ist von der Zerstückelung der weiblichen Kreativität schlechthin die Rede, von jener regenerierenden Schöpferkraft, die das Potenzial hat, alle möglichen neuen und interessanten Leben aus den vorhandenen Anlagen zu entwickeln. In der Tat richtet der Räuber seine gezieltesten Attacken gegen die Urinstinkte der Frau und versucht, sie durch höhnische Missachtung zu untergraben – aber so sieht es nur aus, wenn sie Glück hat. Im krassesten Fall bringt er es fertig, die Frau vollends von ihrer Verbindung zum eigenen Urwissen mit all seinen ahnungsvollen Einsichten und Inspirationen abzuschneiden. Es gibt wahrscheinlich nur sehr wenige Frauen auf dieser Welt, die mit Sicherheit sagen können, dass ihnen diese Art der Misshandlung ihrer Intuition noch nicht widerfahren ist.

Aber nun tragen wir, gemeinsam mit unseren drei symbolhaften Schwestern, ein Kerzenlicht in das Gruselkabinett der misshandelten Seele, und dazu muss erwähnt werden, dass die Schatten und dunklen Ecken, auf die unser Licht nicht ganz direkt fällt, zunächst einmal noch stärker hervortreten, noch unheimlicher und bedrohlicher wirken, vielleicht sogar unüberwindlich und von noch gefährlicheren Schattenaspekten bevölkert. Das ist eine Komponente der Einweihung, die gern unterschlagen und kaum diskutiert wird. Aber es ist eine Tatsache, dass alle noch nicht erhellten Teile im Angesicht einer punktweisen Erhellung zunächst noch schwärzer wirken als je zuvor.

Die tiefsten Ausgrabungsarbeiten finden notgedrungen im finstersten Minenschacht statt. Tapfere und wissbegierige Frauen steigen mit Helmlampen in die geheimsten unterirdischen Gänge ihrer Psyche hinab, weil sie die vernachlässigten Räume inspizieren wollen, denn so viel steht fest: Solange sie sich nur um die einigermaßen leicht zugänglichen Eingangshallen ihrer Psyche kümmern, bleibt ihnen der Überblick über das gesamte Anwesen verwehrt und damit auch die Herrschaft darüber.

Deshalb sage ich, fürchtet euch nicht, das absolut Schlimmste über euch selbst herauszufinden. Durch neue Einsichten und durch die daraus entstehenden Gelegenheiten, das eigene Leben und das Selbst zu betrachten, werdet ihr nämlich am Ende nur stärker und kompetenter, sonst gar nichts. Und damit sind wir wieder bei *La Loba*, der urwüchsigen Wolfsfrau in uns, angelangt, denn auf dem Gebiet der psychischen Inspektion und Restauration ist sie eine unschlagbare Expertin. Sie fürchtet sich nicht vor den finstersten Entdeckungen; nicht umsonst hat sie das sehende Auge, dessen Blick alles Vor-Gestellte durchdringt. Sie zuckt vor keinem Unrat, keinem Gestank, keinen Schandtaten oder Mordbeweisen zurück. Sie kann alles mitansehen, kann alles ertragen und den schreckhafteren Aspekten in uns zur Seite stehen. Das ist es, was die junge Gemahlin von Blaubart (in uns allen) jetzt auf etwas überstürzte Weise erfährt.

Blaubart zerhackt seine Frauen in tausend Stücke, aber ihre Knochen bleiben zurück, und diese beinharten Knochen, Symbol für die unzerstörbare Seinsessenz, werden von der Wolfsfrau aufgelesen, wieder zusammengesetzt und mit neuer Lebenskraft angehaucht. Wenn wir erkannt haben, was es ist, das uns zerstört, abgetötet hat, wenn wir uns die Ergebnisse der ungestört fortschreitenden Vernichtung unseres Seelenlebens vor Augen geführt und uns die Konsequenzen in all ihrer Grausamkeit eingestanden haben, dann, und nur dann, sind wir imstande, adäquat zu handeln – zu unserem Wohl, und nicht zum Wohl dessen, was uns zerstört.

Der Keller, das unterirdische Verlies und die dunkle Höhle sind altbekannte Einweihungsstätten. Dies sind Plätze, an die sich eine Frau begibt, um sich mit dem Tod und dem Gestorbenen zu befassen. Dort muss sie das Tabu gegen ihre eigene Bewusstwerdung brechen und den Attentäter in ihrer Psyche durch Schläue und/oder Ausdauer vertreiben beziehungsweise ihm kraft ihrer neu gewonnenen Geistesgegenwart eine umgänglichere Daseinsform verleihen.

Wenn eine Frau sich nicht schonungslos bewusst macht, inwieweit die verschiedenen Komponenten ihrer hellfühlenden Wildnatur mittlerweile verstümmelt, geköpft oder in unterirdischen Verliesen abgelagert sind, bleibt ihr nichts anderes übrig, als sich weiter dem mörderischen Machthunger des Räuberbarons auszuliefern, was bedeutet, dass sie hinter einer Fassade äußerlichen Wohlstands oder Eheglücks elend zugrunde geht. Aber selbst die naivste der Schwestern sieht die Tatsachen eines Tages so, wie sie sind, und kann deshalb auch den nächsten und wahrhaft entscheidenden Schritt zu ihrer Befreiung tun.

Zurückziehen und von hinten angreifen

Wilde Tiere verhalten sich nach diesem Muster, wenn sie von einem lebensgefährlichen Gegner angegriffen werden; sie ziehen sich in unwegsames Dickicht oder unterirdische Tunnel zurück und tauchen dann plötzlich hinter dem Rücken des Angreifers wieder auf. Blaubarts Frau vollzieht dasselbe listige psychische Manöver, um ihr Leben endlich wieder selbst in die Hand zu nehmen.

In der Geschichte entdeckt Blaubart, dass die Frau sich seinem hinterhältigen Verbot widersetzt hat. Er packt sie bei den Haaren und verkündet sinngemäß: »So, jetzt habe ich einen Grund, dich vollends zu vernichten.« Anders ausgedrückt: Das vorher verborgene mörderische Element steigt aus den Tiefen des Unbewussten empor und droht, die bewusste Person zu überwältigen.

Bei jeder Form der Psychoanalyse, Traumdeutung und Selbsterfahrung wird das Manöver des Zurückziehens und Von-hinten-Angreifens vollzogen. Man taucht unter und zieht Schleifen, um plötzlich hinter dem Problem aufzutauchen, dort, wo man es aus einer anderen Perspektive betrachten kann. Das Verhalten der jüngsten Schwester demonstriert dieses instinktive Manöver. Blitzschnell ersinnt ihre Psyche eine List, um der unmittelbaren Todesgefahr zu entgehen. Sie ist demnach nicht länger naiv, sondern schlau wie eine alte Wölfin; sie bittet Blaubart um ein Viertelstündchen Zeit zum Zweck der inneren Sammlung – mit anderen Worten, um all ihre psychischen Kräfte für den Kampf um ihr körperliches und geistiges Überleben zu mobilisieren.

In der äußerlichen Realität planen Frauen ihren Fluchtweg auf die gleiche Weise. Sie erbitten sich Bedenkzeit, um ihren strategischen Rückzug zu planen und innere Kräfte heraufzubeschwören, bevor sie sichtbare Veränderungen einleiten. Oft sehen sie sich tatsächlich erst durch eine akute Bedrohung vonseiten des Raubtiers gezwungen, dem Geschehen eine Wendung zu ihren eigenen Gunsten und zugunsten eventueller Kinder aus der Ehe mit einem physisch lebensgefährlichen Räuberbaron zu geben.

Die Ironie ist, dass beide Aspekte der Psyche – der Räuber und das jugendliche Potenzial – zur selben Zeit die Grenze des für sie Erträglichen erreichen. Sobald eine Frau begreift, dass sie in der inneren und äußeren Welt zum Freiwild und Opfer geworden ist, hat sie die Grenze des für sie Erträglichen überschritten. Solches Wissen trifft sie im tiefsten Kern ihres Wesens. Von nun an plant sie den Aufstand gegen die räuberische Kraft: so, wie sie es von Natur aus tun muss, wenn sie wachsen und sich individualisieren will.

Unterdessen macht sich der Räuber in ihrer Psyche ebenfalls zum letzten Kampf bereit, denn er weiß, dass die Frau der Wahrheit auf der Spur ist und alles Versteckspiel nun ein Ende hat. Er gerät in Raserei und fungiert innerhalb der Psyche der Frau als ein zwingender Wille zur Selbstzerstörung. Die Frau hört den Räuberaspekt in ihrem Inneren sagen: »Wenn ich in einem Teil von mir so grausam und zerstörerisch bin, dann muss alles andere in mir ebenfalls grausam sein, und dann wäre es besser, wenn ich mich vollends vernichtete.« Die beiden gegensätzlichen Aspekte der Frau kämpfen jetzt um die endgültige Herrschaft. Es geht um Leben und Tod, und die Gesamtperson fühlt sich meistens zu Tode erschöpft, zermürbt, sie hat düstere Vernichtungsgedanken, was kein Wunder ist, wenn man bedenkt, dass ihre Libido in zwei entgegengesetzte Richtungen zugleich gezerrt wird. Aber trotz dieser unerträglichen Zerrissenheit, und selbst wenn die Frau seelisch schon nahezu ausgeblutet ist, muss sie jetzt ihren Fluchtweg planen. An diesem kritischen Punkt bleibt ihr keine andere Wahl mehr. Sie kann nicht ungeschehen machen, dass beide, sie und ihr innerer Widersacher, nun so viel voneinander wissen. Wenn sie überleben will, muss sie jetzt stark sein und ihre geheimsten Streitkräfte mobilisieren.

Das ist eine der profundesten Einweihungen für eine Frau, denn in dieser Situation wird sie in die richtige Handhabung ihrer

Urinstinkte eingeweiht. Sie muss ihren instinktiven Wahrnehmungen gestatten, den Gegner nicht nur korrekt zu identifizieren, sondern ihn auch unschädlich zu machen. Hier haben wir den Moment, in dem eine abhängige, dressierte Frau ihre Opferrolle von sich schleudert und sich in das härene Gewand der Wilden Frau hüllt. Die Räuberbarone dieser Welt haben die fast schon lachhafte Unverschämtheit, ihr sinngemäß zu sagen:

»Dafür, dass du meine Wesensnatur bewusst wahrnimmst, musst du sterben.« Die Wolfsfrau pariert mit instinktiver Schläue, indem sie weiterhin das fügsame Opfer spielt, aber insgeheim einen Plan für ihre Gegenwehr schmiedet.

Es heißt, dass im Tierreich ein mysteriöses psychisches Kräftespiel zwischen Angreifern und Opfern stattfindet, bei dem ein bestimmter demutsvoller Augenkontakt und ein wellenartiges Erzittern des Fells über den Muskeln des Opfers das Zeichen sind, dass das Opfer die Überlegenheit des Gegners akzeptiert. Im Leben jeder Frau gibt es Augenblicke, wo gezittert, und dann, wenn irgend möglich, der Rückzug angetreten wird. Aber in dieser kritischen Situation darf sie die Überlegenheit ihres Gegners auf keinen Fall akzeptieren, denn sie entspricht nicht der Wahrheit und wäre eine horrende Fehleinschätzung. Wenn Blaubarts Opfer auf die Knie sinkt und um »ein Viertelstündchen zum Beten« fleht, signalisiert es keine Opferbereitschaft, sondern folgt einer spontanen Eingebung, was das wirkungsvollste Rückzugsmanöver in dieser Situation ist. Die Frau vollzieht ein Rückzugsmanöver, durch das sie gerade noch genug Zeit gewinnt, um ihre Energien für einen Überraschungsangriff aus dem Hinterhalt zu sammeln.

Den Aufruf ertönen lassen

Es ist der jüngsten Schwester also gelungen, Blaubarts Racheakt um eine Viertelstunde hinauszuzögern. Während dieser Zeit muss sie versuchen, die Energie in sich heraufzubeschwören, die sie braucht, um ihren Todfeind unschädlich zu machen, ganz gleich, in welcher Form der Todfeind auftritt, sei es in Form einer destruktiven Familie, einer Religion oder Gesellschaft, der sie angehört, sei es in Gestalt ihres Lebensgefährten oder in der Form der negativen Komplexe in ihrem eigenen Inneren.

Sie rast die Treppen hinauf in ihr Schlafgemach, postiert ihre älteren Schwestern auf dem Burgwall und ruft sie immer wieder beschwörend an: »Schwestern, Schwestern, seht ihr unsere Brüder kommen?« Was repräsentieren die Brüder in der Psyche einer Frau? Sie sind die muskulöseren, von Natur aus aggressiveren Triebe der weiblichen Psyche. Sie sind die angeborene Kraft, die selbst in der jungmädchenhaften Psyche fähig ist, zu töten, wenn es darum geht, etwas Wesentliches, etwas Unabdingbares zu verteidigen. Obwohl diese Fähigkeiten hier dem männlichen Geschlecht zugeordnet werden, könnten sie auch von starken Frauen versinnbildlicht werden oder selbst von geschlechtslosen Naturerscheinungen, wie Berghöhlen, die sich plötzlich vor einem Eindringling verschließen, oder einer Sonne, die für Augenblicke vom Himmel herabsteigt, um einen Schwarzmagier zu Asche zu verbrennen.

Immer wieder beschwört die Jüngste die Kräfte einer männlich furchtlosen Aggressivität herauf, während Blaubart misstrauisch wird, sich auf den Weg in die oberen, »bewussteren« Stockwerke des Schlosses macht, um seine Frau in das Verlies zurückzuschleppen, wo er der unbestrittene Machthaber ist.

Und wieder ruft die Jüngste: »Oh, Schwestern, Schwestern, seht ihr unsere Brüder kommen?« Die Schwestern antworten, dass sie höchstens eine Staubwolke oder einen Wirbelwind aus der Ferne herannahen sehen.

In dieser Szene wird der gesamte Ablauf einer innerpsychischen Kraftbeschwörung dargestellt, genauso wie sie von Frauen in höchster Bedrängnis erfahren wird. Die älteren und weiseren Aspekte des Selbst werden in dieser letzten Phase der Einweihung zu den wachsamen, in die Ferne spähenden Augen der Psyche. Der Aufruf zur Mobilisierung erschallt ein ums andere Mal und wird über weite Entfernungen in der Psyche getragen, um die oft weit zurückgedrängten Energien zu erreichen, die für den Überlebenskampf zuständig und von Natur aus mit allen notwendigen Attributen einer Streitmacht ausgerüstet sind. Oft sind diese Verteidigungsaspekte nicht sofort greifbar, also dem weiblichen Bewusstsein nicht so nahe, wie sie sein sollten, denn die Kampfbereitschaft und der natürliche Selbstverteidigungswille vieler Frauen sind ihrem bewussten Verstand ferner, als gesund für sie ist.

Viele Frauen müssen tatsächlich erst durch Übung lernen, wie die Staubwolken aufwirbelnden innewohnenden Eigenschaften an die Oberfläche zitiert werden. Der Wirbelwind ist ein Symbol für die zentrifugale Entschlusskraft, die, wenn sie bewusst nicht zerstreut, sondern um den Kern eines unverrückbaren Willens zusammengeballt wird, der Frau eine schier unüberwindliche Energie verleiht. Nur wenn uns diese grimmigere Haltung jederzeit abrufbar zur Verfügung steht, können wir sicher sein, dass wir im Angesicht einer Bedrohung nicht ohnmächtig zusammenbrechen und mit dem Rest der Opfer in irgendwelchen Kellern verhackstückt werden. Der Wirbelsturm unseres einmal gefassten Entschlusses, zu überleben und frei zu sein, bereitet dem sinnlosen Blutverlust und der internen Seelenzerfleischung ein Ende.

Blaubarts Gemahlin ist an genau diesem Punkt in ihrer Entwicklung angelangt, denn bei ihrem letzten Aufruf an die schwesterlichen inneren Augen heißt die Antwort: »Ja, wir sehen unsere Brüder kommen! Sie reiten soeben in den Burghof ein!« Jetzt endlich treiben galoppierende Streitkräfte den Frauenmörder auf den höchsten Festungswall hinauf, wo er von ihren blanken Schwertern getötet und den Bussarden zum Fraß vorgeworfen wird.

Wenn eine Frau aus ihrer Naivität erwacht, wird ihr etwas Neues, vielleicht noch gänzlich Unbekanntes mit auf den Weg gegeben. In diesem Fall gewinnt die jetzt weiser gewordene Frau Zugang zu ihrer eigenen maskulinen Energie – ein großartiges und lebensnotwendiges Geschenk. In der jungianischen Psychologie wird dieses maskuline Element der Psyche als *Animus* bezeichnet. Der Animus setzt sich aus zum Teil sterblichen, zum Teil instinktiven und zum Teil kulturbedingten Komponenten zusammen und erscheint in vielen Märchen und Traumsymbolen in Gestalt des Sohnes einer Frau, als Ehemann, Fremdling und/oder Liebhaber, unter Umständen auch als eine bedrohliche Figur, entsprechend der derzeitigen Seelenverfassung der Frau. Der Animus repräsentiert ein unerlässliches Element in der weiblichen Psyche, weil er genau die Eigenschaften besitzt, die den Frauen traditionsgemäß aberzogen und aberkannt werden, wie etwa die Aggressivität, um nur die meistgeschmähte Eigenschaft zu nennen, sofern sie von Frauen demonstriert wird.

Wenn der maskuline Aspekt der Seele gesund und unverletzt ist, wie von den galoppierenden, mit dem Schwert kämpfenden Brüdern der jüngsten Schwester symbolisiert, unterstützt er die Frau, der er innewohnt, und lässt sich liebend gern zu ihrer tatkräftigen Verteidigung mobilisieren. Er steht sozusagen auf Abruf bereit, ist durchtrainiert und mit dem psychologischen Bizeps ausgestattet, der den anderen Aspekten der femininen Psyche abgeht, weil sie andere, verwundbarere Talente besitzen. Für viele Frauen ist der innere Mann eine Art Brücke zwischen ihrer oft sehr zartbesaiteten Gefühls- und Gedankenwelt und der raueren, weniger mitfühlenden Außenwelt.

Je stärker, umfassender und in sich geschlossener der Animus (man stellt ihn sich am besten als eine Brücke vor), desto müheloser und eleganter die Art, wie eine Frau ihren Ideen und Plänen konkrete Gestalt verleiht. Frauen mit einem unterentwickelten Animus können hundert gute Einfälle am Tag haben und geistig-seelisch hochbegabt sein, sind aber nicht in der Lage, ihr Können in der Außenwelt sichtbar zu machen, weil sie immer vor der organisatorischen Umsetzung und Anwendung der eigenen Kreationen zurückschrecken.

Die bewaffneten Brüder in der Geschichte repräsentieren die Vorzüge des tatkräftigen Eingreifens, wenn eine Situation zu entgleisen droht. Durch ihr beherztes Zupacken werden mehrere Dinge bewirkt: Zum ersten wird die tückische Zerstörungswut des Räubers in der weiblichen Psyche neutralisiert, und zum zweiten macht die rosarote Brille der naiven Jungfrau nun dem wachsamen Stirnauge einer reiferen Frau Platz, an deren Seite nun, drittens, zwei schwertschwingende Krieger auftauchen, sobald sie nach ihnen ruft.

Die Sündenfresser

Das Märchen von Blaubart ist eine Zerstückelungsmär, eine Sage von der Abspaltung und Wiedervereinigung einzelner Teile. Im allerletzten Satz heißt es, dass Blaubarts sterbliche Überreste den Aasfressern des Himmels zum Fraß vorgeworfen werden, was ein etwas befremdliches, aber im Grunde sehr mystisches Finale ist. In früheren Zeiten glaubten alle Völker an Geister, die in menschlicher, oft auch tierischer Gestalt erschienen, wie etwa als Vögel, und eine wichtige Funktion als die Sündenfresser des Volkes erfüllten. Den Sündenböcken ähnlich, luden solche Geisterwesen die Sünden und die Schuld ganzer Gemeinden auf sich, damit das Volk von den Überresten eines schwierigen oder nicht gut gelebten Lebens gereinigt und erlöst weiterexistieren konnte.

In den altnordischen Mythen ist die Rede von Aasfressern, die alle Menschenleichen verschlingen und sie in ihrem Bauch ausbrüten, um sie irgendwann vor den Thron von Hel, der Göttin des Lebens und des Todes, zu tragen. Die Göttin unterrichtet die Toten in der Kunst des Rückwärtslebens, was bedeutet, dass die Toten immer jünger werden, bis sie eines Tages jung und unschuldig genug sind, um wiedergeboren und in ein neues Leben entlassen zu werden. Nicht viel anders verhält es sich mit der Wolfsfrau, die die Gebeine toter Wölfe ins Leben zurücksingt, womit eine psychische Fähigkeit beschrieben wird, die wir bereits als zentralen Bestandteil der angeborenen Instinktnatur jeder Frau erkannt haben.

Die Elemente des Aas- oder Sündenfressens und die darauffolgende Inkubation und Rückführung in ein neues Leben beschreiben den Individuationsprozess der primitivsten Aspekte in der menschlichen Psyche. In diesem Sinne ist es weise, die räuberischen Elemente der Psyche sozusagen zu »töten«, was heißt, dass wir ihnen die Energie und die Oberhand entziehen und diese uns selbst zuführen. Als leichenhafte Überreste können sie vor den Thron der verständnisvollen Mutter des Lebens und des Todes gebracht und von ihr durch die notwendigen Transformationen geschickt werden, um schließlich in geläutertem, sprich weniger gemeingefährlichem Zustand ins nächste Leben entlassen zu werden.

Viele Experten, die diese Geschichte studiert haben, gelangten zu dem Schluss, dass es sich bei Blaubart um eine durch und durch unbelehrbare Kraft handelt, aber ich spüre in dem gesamten Blaubart-Komplex auch noch andere Möglichkeiten, womit ich nicht sagen will, dass es so etwas wie das manifeste, absolut unerlösbare Böse nicht gibt, denn es existiert sehr wohl. Ohne zu behaupten, dass ich weiß, wie sich das archetypische Muster in der Einzelperson von Fall zu Fall bemerkbar macht, möchte ich folgenden Szenenablauf zur Erlösung des Blaubart-Aspekts vortragen: Anstatt den Räuber der Psyche zu verdammen oder vor ihm davonzulaufen, zerlegen wir ihn in seine Einzelteile. Dies geschieht, indem wir uns keine Gedanken erlauben, die uns von unserem tieferen Instinktwissen abschneiden, und schon gar keine, die das Selbstwertgefühl untergraben. Wir fangen diese zerstörerischen Gedanken ein, bevor sie größer werden und unsere Seele ausbluten oder tödlich verletzen können, und dann zerlegen wir sie in das, woraus sie bestehen.

Der Räuber wird in seine essenziellen Bestandteile zerlegt, sobald wir seinen unterminierenden Wortspielen die schlichte Wahrheit entgegenhalten. Etwa so:

Räuber: »Du bringst aber auch nichts, was du anfängst, zu Ende.«

Selbst: »Die Wahrheit ist, dass ich alle möglichen Dinge zur Vollendung bringe.« Die verbalen Attacken des Räubers lösen sich in die Luft auf, aus der sie gemacht sind, wenn wir uns das wenige Wahre in seinen Worten zu Herzen nehmen und damit arbeiten und den Rest den Aasgeiern überlassen.

Der Räuber appelliert permanent an die naiven oder durch Enttäuschungen geschwächten und von unerfüllten Hoffnungen empfänglich gemachten Teile der Psyche, um die Tatsache zu kaschieren, dass er nur ein Ziel verfolgt: einem die Energie aus Leib und Seele zu saugen, um sich selbst damit aufzupumpen und den eiskalten Machtrausch auszukosten, der ihm ein momentanes, wenn auch kurzlebiges Wonnegefühl beschert.

Sobald wir dem Räuber keine Energie mehr zuführen, verliert er seine Macht, denn ohne unsere Mitwirkung kann er sein Spiel nicht treiben. Wir verbannen ihn sozusagen in den Bereich der Psyche, wo alles noch ungeschaffenes, formloses Potenzial ist, und lassen ihn in dieser ätherischen Ursuppe kochen, bis wir eine bessere Ausdrucksform, eine handlichere, umgangsfreundlichere Gestalt für den Schwerenöter finden. So werden wir zu Schöpferinnen im Sinne von *La Loba* und Hel. Dies ist die letzte Prüfung, die eine Frau auf dem Blaubart'schen Einweihungsweg bestehen muss: Das Raubtier muss von ihrer männlichen Kraft zerfleddert und in seine Bestandteile zerlegt werden, damit nur noch das, was unzerstörbare Energie an ihm ist, übrig bleibt. Diese Energie wird dann im Inneren der Frau ausgebrütet und irgendwann in verwandelter Form dem Leben zugeführt.

Frauen, die sich vom Raubtier nehmen, was sie brauchen können, und den Rest den Aasfressern überlassen, werden von einer niegekannten Vitalität und Antriebskraft erfüllt. Sie haben dem Räuber entzogen, was er ihnen vorher ständig genommen hat, ihre Stärke und ihr fundamentales Selbstwertgefühl, und etwas Nützliches daraus gemacht. Auf das tägliche Leben bezogen kann dieser Vorgang der Rückforderung und Transformation folgendermaßen aussehen: Die Aggressivität des Räubers wird in ein geistig-seelisches Feuer verwandelt, eine leidenschaftliche Intensität, mit der sich ein großer und kühner Plan verwirklichen lässt, ein Projekt, ein Lebensziel. Die Tücke und Herzenskälte des Räubers können in eine konstruktive Distanziertheit verwandelt werden, die eine Frau in die Lage versetzt, Ereignisse mit einem gewissen Abstand zu betrachten und kristallklar die Hintergründe zu durchschauen.

Das Geschehen gleicht einem biochemischen Vorgang, bei dem giftigen Nachtschattengewächsen die Heilsubstanzen entzogen werden, um den Extrakt in kleinen, heilsamen Dosen zum Wohle aller einzusetzen. Der Extrakt der Blaubart-Geschichte ist eine Medizin für die psychischen Organe aller Frauen, besonders der Misshandelten, Geprellten oder sonstwie Verwundeten oder Verkümmerten. Der Schlüssel für die Frau liegt in ihrem Verstoß gegen das althergebrachte Tabu der Bewusstwerdung. Aber die Jüngste und Naivste in uns *muss* zu Bewusstsein kommen! Sie muss die Unverschämtheit besitzen, unbequeme Fragen zu stellen, wenn sie überleben, wachsen und irgendwann wirklich aufblühen will. Sie muss Fragen über sich selbst, Fragen über ihre eigenen Beweggründe, über ihren Liebhaber und seine Motive, über ihre Familie und alle anderen wahren Hintergründe stellen, denn nur so erhält sie die zukunftweisenden Antworten auf ihre tiefsten und dunkelsten Fragen. Nur so kann sie den internen und externen Seelenräubern die Macht über sie entziehen und die Kräfte, die sich im unbewussten Zustand brutal gegen sie wenden, zu ihrem eigenen Nutzen einsetzen. Das ist die Arbeit der Wilden Frau, die jeder wirkungsvollen Restauration und Wiederbelebung vorausgehen muss.

Der dunkle Mann in den Träumen der Frauen

Der uns innewohnende Räuber taucht nicht nur in vielen Märchen auf, sondern auch in den nächtlichen Träumen der Frauen aller Zeiten und Rassen. Es gibt einen weltweit verbreiteten weiblichen Einweihungstraum, dessen Grundmuster so universell ist, dass kaum eine Frau das Alter von fünfundzwanzig Jahren erreicht, ohne eine Variante dieses Traums geträumt zu haben. Meistens wachen Frauen angstvoll zitternd, mit klopfendem Herzen und jählings aus diesem Angsttraum auf.

Der Szenenablauf sieht normalerweise so aus: Die Träumerin ist allein, oft in ihrer eigenen Wohnung. Eine oder mehrere finstere Gestalten treiben sich draußen vor ihrem Haus herum. Angstvoll greift sie zum Telefon und wählt die Nummer des Rettungsdienstes, eines Freundes oder die der Polizei. Aber dann spürt sie, dass der Eindringling bereits in ihrer Wohnung ist …, dass er näher kommt … Vielleicht hört sie seinen schweren Atem, oder er berührt sie an der Schulter. Aber sie kann die Retter/Polizei nicht erreichen! Die Träumerin erwacht keuchend, mit laut pochendem Herzen.

Die Psyche hat der Träumerin eine Botschaft vermittelt, die ihr neurologisches und autonomes Nervensystem angreift, also die enorme Dringlichkeit der Botschaft auch an den Körper weitergibt. Mit ihren eigenen Worten beschreiben Frauen diese finsteren Gestalten unter anderem als »Terroristen, Sittlichkeitsverbrecher, Nazis, Mörder, Diebe« etc. Den persönlichen Umständen entsprechend wird der Traum auf verschiedenen Ebenen interpretiert.

Bei einer sehr jungen Frau ist ein solcher Traum ein recht zuverlässiger Hinweis darauf, dass sie beginnt, den angeborenen Räuber in ihrer Psyche wahrzunehmen und sich mit seinen Umtrieben auseinanderzusetzen. In anderen Fällen kann der Traum auf eine vernachlässigte oder verdrängte Fähigkeit in der Psyche der Träumerin hinweisen, die jetzt wiederentdeckt und an die Oberfläche geholt wird. Unter noch anderen Umständen handelt der Traum von einer zunehmend unerträglich werdenden Situation, die bekämpft werden oder der sich die Träumerin so schnell wie möglich entziehen muss.

Außerdem taucht die finstere Gestalt des »dunklen Mannes« in Frauenträumen auf, wenn sie an einen Punkt gekommen sind, wo ihnen ein Übergang von einer Ebene des Bewusstseins und Verhaltens auf die nächsthöhere Ebene bevorsteht. Diesen Übergang bezeichnet man als »Einweihung«. Ein solcher Übergang kann in jedem Alter stattfinden, nicht nur bei Teenagern und Jungvermählten oder während der Schwangerschaft, sondern auch im Leben der Älteren in Sachen Bewusstwerdung. Der Bewusstseinserweiterung eines Menschen sind keine Grenzen gesetzt; es gibt immer noch weitere Stufen, tiefere Tiefen, höhere Höhen, immer noch ein neues »Zum-erstenMal-in-meinem-Leben«.

Träume sind Pforten zum Nächsthöheren; sie sind Vorbereitungen und Übungsschritte, damit der nächste entscheidende Schritt von der ganzen Person nachvollzogen werden kann, nicht nur von einem vorwitzigen, aber abgespaltenen Aspekt der Gesamtheit. Wenn eine Frau von erschreckenden Männergestalten träumt, dann mag es sein, dass sie sich in einer allzu angepassten, trägen oder resignierten Gemütsverfassung befindet, woraufhin die Psyche dafür sorgt, dass das Schreckensbild eines Traums den notwendigen Aufruhr in ihr erzeugt, durch den die stagnierte Energie wieder in Fluss gerät, in Bewegung kommt. Ein Traum wie der vom Eindringling mit bösen Absichten zeigt, dass die Träumerin sich scheut, eine gravierende Entscheidung selbstständig zu treffen, dass sie vor dem nächsten Schritt zurückschreckt und sich nicht traut, dem Räuber die Macht abzuringen, die sie selbst ihm zugestanden hat. Kurzum, die Träumerin »ist nicht ganz auf der Höhe«, sie bringt sich nicht ganz in eine Sache ein.

Darüber hinaus können Dunkler-Mann-Träume aber auch eindeutige Alarmsignale sein, die darauf aufmerksam machen, dass bestimmte Zustände in der Außenwelt oder im gesellschaftlichen Zusammenleben grundsätzlich verändert werden müssen. Es gibt eine Reihe von klassischen psychologischen Theorien, die den Menschen von seiner Umwelt abspalten, indem sie sämtliche äußeren Einflüsse nach innen verlegen und individualisieren – als wäre das, was außerhalb des Menschen geschieht, nicht ebenso surreal, nicht ebenso symbolträchtig und ebenso gewalttätig in seiner Wirkung auf die Psyche wie das innere Toben. Das Land, die Kultur und die Politik tragen genauso viel zur psychischen Landschaft eines Individuums bei, und es ist ebenso wichtig, sie unter diesem Gesichtspunkt zu betrachten, wie dessen subjektives Milieu wahrzunehmen. Nein, wenn die Zustände in der Außenwelt massiven Einfluss auf die fundamentale Gemütsverfassung einzelner oder vieler Menschen nehmen, dann wird auch massenhaft und im Kollektiv von dunklen Männern geträumt. Ich habe im Laufe meiner Studien eine für meine Begriffe endlos faszinierende Kollektion von Frauenträumen zusammengetragen, die samt und sonders zu Zeiten geträumt wurden, in denen Frauen sich unmittelbar von gesellschaftlichen Missständen bedroht fühlten. Viele dieser Träume wurden von gebildeten, finanziell abgesicherten, mutigen und hochgradig bewussten Frauen geträumt, während sie in den amerikanischen und lateinamerikanischen Zivilrechtsbewegungen und Umweltschutzgruppen aktiv waren. Alle träumten immer wieder von dunklen Männern.

Generell kann man sagen, dass naive oder weitgehend unbewusste Träumerinnen den Traum vom dunklen Mann als Weck- und Warnruf auffassen sollten: »Hallo, wach auf! Du schwebst in Gefahr!« Für weitgehend bewusste und sozial aktive Frauen hingegen ist der Traum eher so etwas wie ein stimulierendes Tonikum, das ihnen klarmacht, welcher Herausforderung sie gegenüberstehen, ein Tonikum, das ihnen Mut einflößt, erhöhte Wachsamkeit vermittelt und weiteres Durchstehvermögen auf dem langen Marsch.

Demnach ist dieser Traum nicht immer oder exklusiv eine Botschaft über Missstände im eigenen Inneren. Manchmal ist auch die Umgebung im engeren oder weitesten Sinne gemeint. Obwohl die Psychologie die Ursachen der Angst im Menschen zumeist auf Familienbeziehungen zurückführt, muss der kulturellen Komponente ebenso viel Gewicht beigemessen werden, denn die Kultur ist die Familie der einzelnen Familie, und wenn diese Familie der Familie von einer Reihe von Krankheiten befallen ist, müssen sämtliche Familien sich mit den gleichen Symptomen herumschlagen. Bei uns gibt es dazu ein Sprichwort: *Cultura cura,* die Kultur kuriert. Wenn eine Kultur als Heilerin fungiert, lernen ihre Bürger, Missstände zu heilen; sie überbrücken auftauchende Differenzen, sie reparieren eher, als dass sie vernichten, sie sorgen dafür, dass die Menschenwürde aller Familienmitglieder intakt bleibt und dass Minoritäten einsichtsvoll eingegliedert werden. In einer Kultur, die vom Räuber regiert wird, kann weder etwas Neues geboren werden, noch kann das Alte sterben, denn die Psyche der Bürger wird von Angst und Misstrauen gelähmt.

Warum dieser Räuber, der in den Träumen von Frauen fast immer die Gestalt eines männlichen Eindringlings annimmt, die instinktive Psyche der Frau und ganz speziell ihr hellfühlendes Urwissen attackiert, kann niemand mit Sicherheit sagen. Wir sagen, das liegt nun einmal in seiner Natur, und nehmen ohne es zu hinterfragen hin, dass das Instinktive und Seelenvolle in weitesten Kulturkreisen unterminiert wird – was der Räuber natürlich vollkommen richtig findet, denn durch solche Wertvorstellungen nimmt sein Einfluss auf die Psyche aller Bürger ständig zu. Wenn eine Gesellschaft ihre Mitglieder durch unentwegte Propaganda dazu erzieht, ihren Urinstinkten zu misstrauen und sich von den eigenen Tiefenbereichen abzuwenden, wird das räuberische Element in der Psyche jedes Einzelnen zum dominanten Aspekt.

Deshalb müssen wir unsere wilde Urnatur mit aller Kraft unterstützen, denn selbst in den restriktivsten Kulturen, Familien oder Situationen sind Frauen, die den Kontakt zu ihren Tiefenbereichen noch nicht verloren haben, ein wirksames Heilmittel. Selbst wenn diesen Frauen die Hände gebunden sind, selbst wenn sie sich zeitweilig unterordnen und schweigen müssen, behalten sie immer noch genug Energiereserven übrig, um dem Unterdrücker ein Schnippchen zu schlagen, ihm zu entkommen und ihn schließlich – im eigenen Inneren – in Stücke zu reißen, woraufhin seine energetische Grundsubstanz transformiert und konstruktiv eingesetzt werden kann.

Erwähnenswert ist hierzu noch eine weitere Situation, in der Frauen mit großer Wahrscheinlichkeit von finsteren Männern im Traum heimgesucht werden, und dies hängt speziell mit Zweifeln an den eigenen Talenten zusammen. Der Räuber hat sich in das Unterbewusstsein einer kreativen Frau eingeschlichen, und nun findet sie plötzlich alle möglichen Gründe, warum sie ein Werk nicht vollenden, eine Verabredung nicht einhalten, eine Geschäftsreise nicht antreten kann … und so weiter. Wir kennen unsere Ausflüchte selbst. Träume vom dunklen Mann sind in diesem Fall ein Hinweis auf destruktive Umtriebe in der Psyche, die einer Frau das Feuer der Schaffenskraft stehlen wollen.

In meinem Sprechzimmer habe ich schon oft erlebt, wie begabte Schriftstellerinnen ihre Manuskripte auf das Sofa geschleudert haben, als handelte es sich um den stinkenden Auswurf eines geistigen Zwerges. Ich habe Malerinnen, die ihre Gemälde zu den Sitzungen mitbrachten, dabei beobachtet, wie sie ihre Leinwände scheinbar aus Versehen am Türrahmen aufgeschrammt haben. Ich habe das grünliche Glimmen in den Augen von Frauen beobachtet, wenn sie mir erzählten, dass es anderen Frauen in ihrer Umgebung gelungen war, etwas auf die Beine zu stellen und »ins Leben zu singen«, während sie sich aus irgendeinem Grund keine vergleichbare Leistung zugetraut haben.

Im Laufe der Jahre muss ich wohl sämtliche Ausflüchte der Welt gehört haben, die Frauen sich in diesem Zustand zusammenstricken: »Ach, ich hab doch kein Talent. Ich zähle ja nicht. Ich habe ja nie eine Ausbildung in dem und dem … gemacht. Mir fällt nie etwas Eigenes, wirklich Originelles ein. Ich weiß nicht, ob und wie und wann …« Und die skurrilste Ausrede überhaupt: »Ich habe keine Zeit.« Dann würde ich sie gerne umstülpen und kräftig durchschütteln, bis sie reumütig erklären, dass sie von nun an nur noch die tiefere Wahrheit sagen wollen. Aber ich muss sie gar nicht eigenhändig durchschütteln, denn das besorgt der dunkle Mann in ihren Träumen sehr gut, und wenn nicht er, dann übernimmt ein anderes, ebenso aufrüttelndes Traumsymbol die undankbare Pflicht.

Der Traum vom dunklen Mann ist angsterregend, und angsterregende Träume sind in den meisten Fällen gut für die Kreativität. Sie zeigen den Künstlerinnen, was passiert, wenn sie ihre Talente brachliegen und schuldhaft verkommen lassen. Ein Traum vom dunklen Mann, der die Schlafende in Angstschweiß gebadet hochschrecken lässt, reicht häufig schon, um die Frau in ihre Werkstatt (oder was auch immer der Schaffensplatz sein mag) zu treiben. Auf alle Fälle kann sie den bedrohlichen Angsttraum dort in irgendeiner Weise schöpferisch umsetzen.

Der dunkle Eindringling dient allen von uns als Warnung:

»Wenn du deinen Schätzen, deinen innewohnenden Gaben, keine Aufmerksamkeit schenkst, werden sie dir gestohlen.« So gesehen ist der Traum oder eine Serie gleichartiger Träume, eine Einweihung in den wahren Wert der eigenen Talente.

Letzten Endes geht es also immer um zunehmende Bewusstheit. Eine bewusstere Wahrnehmung der eigenen Schatzkammern ist wichtig, ebenso wie eine bewusstere Wahrnehmung der dunklen und halbdunklen Verliese und Beziehungen. Viele Frauen finden es zwar schade, aber völlig normal, dass sie ihre schöpferische, seelenvolle und wildhafte Urnatur abtöten müssen, nur um irgendeinen Räuberbaron nicht in Rage zu versetzen. Aber wenn sie die unterwürfig gehorsame Beziehung zum Seelendieb nicht gewaltsam beenden, werden sie zu seiner Sklavin, und dann verfolgt er sie erbarmungslos, selbst wenn sie fliehen und sich verstecken, denn er muss seinen Besitz natürlich immer wieder einfangen. So erging es den Ex-Ehefrauen, die dann in Blaubarts Keller als Leichen herumliegen. Sie alle sind ihm eines Tages auf die Schliche gekommen, aber zu spät. Nur durch Bewusstheit findet man einen Ausweg aus dieser Menschenfalle, und Frauen haben das absolute Recht, bis aufs Blut und mit dem Schwert dafür zu kämpfen.

Gegen vier Gebote muss jede Frau verstoßen, wenn sie als weisere und transformierte Seele aus dieser Fallgrube herauskommen will: l. Du sollst nicht sehen. 2. Du sollst nicht erkennen. 3. Du sollst deine Stimme nicht erheben. 4. Du sollst nicht handeln.

Eine in ihren Urinstinkten verwundete Frau nimmt nicht wahr, dass ein Räuber soeben im Begriff ist, sich seitwärts anzuschleichen, weil ihr ahnendes Feingefühl und ihr inneres Alarmsystem von den vier Verboten außer Kraft gesetzt oder vorübergehend beschädigt sind. Diese unheiligen Gebote schleichen sich so unmerklich in das Halbbewusstsein der untrainierten oder seelisch verwundeten Frau ein, dass sie sich automatisch bereit macht, nett zu sein, höflich, ein ums andere Mal gewillt, die Misshandlung der eigenen Person zu ignorieren.

Das Gegenmittel liegt im genau entgegengesetzten Verhalten. Vielleicht müssen wir erst etwas Übung darin bekommen, auf die Stimme unserer eigenen Intuition zu hören, aber sie ist uns mitgegeben worden und geht nie ganz verloren. Sie wird nur leiser, wenn man sie lange nicht benutzt. Außerdem müssen wir Fragen stellen, neugierig herumschnüffeln, den Dingen auf den Grund gehen; und schließlich müssen wir sehen *wollen,* was wir sehen, hören *wollen,* was wir hören, und dem daraus gewonnenen Wissen entsprechend handeln.

Ganz wichtig ist auch, dass keine von uns vergisst, dass Träume vom dunklen Mann sofort eine das Gleichgewicht wiederherstellende Gegenkraft in der Psyche wachrufen, die jederzeit bereitsteht und nur darauf wartet, uns zu helfen. Wir müssen ihr nur ein bisschen Seelenenergie zuführen, vielleicht genügt es schon, nur an sie zu denken – und wer steigt aus dem Untergrund empor? Die Wilde Wolfsfrau natürlich, wer denn sonst? Sie walzt sämtliche Barrikaden nieder, die der Seelenräuber aufgebaut haben mag. Diese Alte ist keine religiöse Figur und kein Sendbote Gottes, sondern eine lebende Naturkraft, die uns in jeder Lebenslage zur Verfügung steht. Sie und der Räuber sind alte Bekannte. Wo immer er ist, ist auch sie, denn sie ist jene Gegenenergie, die die räuberische Bannkraft in der Psyche ausgleicht. Sie sagt den Frauen, wann Nettigkeit und Süße schlicht fehl am Platze sind, denn wenn es darum geht, das Seelenreich zu schützen, ist es nicht nur angebracht, eindeutige Grenzen zu ziehen, es ist lebensnotwendig. Die wilde Instinktnatur weiß, dass »liebe und nette« Frauen dem Räuber nur ein Schmunzeln entlocken. Mit der Wolfsfrau als Verbündeter sind wir nicht länger Zielscheiben und willige Opfer. Und das ist die Medizin, die den Schlüssel – den kleinen mit der Schneckenverzierung – endgültig versiegelt und unserem unwissentlichen Ausbluten ein Ende bereitet.

DRITTES KAPITEL

Die Tatsachen herausfinden:

Einweihung in die weibliche Intuition

Die Puppe in der Schürzentasche oder Vasalisa, die Weise

Die Intuition ist eine der kostbarsten Gaben der Wilden Frau. Man könnte die weibliche Intuition mit einer Wünschelrute vergleichen oder mit einer Kristallkugel, durch die man dank einer angeborenen visionären Kraft hellseherische Offenbarungen hat. Sie ist eine weissagende tonlose Stimme, die jede Frau unsichtbar begleitet und ihr mit nahezu unheimlich anmutender Präzision sagen kann, was Wahrheit und was Täuschung ist. Sie ist der innere Kompass, der einer Frau sagt, welche Richtung sie einschlagen soll. Sie ist die geheime Botschafterin, die uns direkten Zugang zum untrüglichen Orientierungssinn der Wilden Frau in unserer Psyche verschafft, und sie spricht zu uns in Form von Eingebungen. In der Intuition zeigt sich *La Loba Que Sabe,* die Wissende Wolfsfrau.

Meiner Ansicht nach ist das alte russische Märchen von Vasalisa, der Weisen, eine bis heute bemerkenswert unverzerrt erhaltene Geschichte über die Einweihung der Frau in das untergründige Reich ihrer eigenen Intuition. Dasselbe Märchen gibt es in leicht abgewandelter Form auch in Polen, Jugoslawien, Rumänien, im Baltikum und in anderen osteuropäischen Ländern, und mal heißt es »Die Puppe«, dann wieder »Wassilissa, die Weise«. Die archetypischen Ursprünge der Erzählung lassen sich bis in die Zeiten der kultischen Verehrung von Pferdegöttinnen, mehrere Jahrhunderte vor dem Griechenland der Antike zurückverfolgen.

Das Muster für die literarische Version der Vasalisa-Geschichte, die ich hier wiedergebe, hat mir meine Tante Katie erzählt. Sie beginnt mit der üblichen und wahrscheinlich ältesten Einleitungsformel des alten Europa: »Es war einmal und war auch nicht …« Diese paradoxe Formulierung soll die Seelen der Zuhörer darauf aufmerksam machen, dass die Geschichte in einem Bereich zwischen den Welten spielt, in einem Zwischenreich also, wo nichts so ist, wie es zunächst erscheint.

VASALISA, DIE WEISE

ES WAR EINMAL und war auch nicht eine junge Mutter und Ehefrau, die mit wachsbleichem Gesicht auf ihrem Sterbebett lag. Ihr Mann und ihre kleine Tochter knieten am Fußende des Bettes und beteten, dass Gott sie heil in die Welt der seligen Geister hinübergeleiten möge.

Alsbald rief die Mutter ihre kleine Tochter zu sich, um Abschied von ihr zu nehmen, und das Mädchen, das den schönen Namen Vasalisa trug, kniete an der Seite des Bettes nieder, um die letzten Worte ihrer Mutter zu vernehmen.

»Hier, nimm diese Puppe an dich und behalte sie immer bei dir«, flüsterte die Mutter und zog unter ihrer härenen Decke ein kleines Püppchen hervor, das genau wie ihre Tochter aussah und genau wie sie gekleidet war, mit roten Stiefeln an den Füßen, einem schwarzen Rock, einer weißen Schürze darüber, und einer Weste, die über und über mit bunten Fäden bestickt war.

»Dies sind meine letzten Worte, mein Kind«, sprach die Mutter. »Höre mir gut zu. Wenn du Hilfe brauchst oder mal den Weg verlierst, dann frage diese Puppe um Rat. Behalte sie immer bei dir, aber erzähle niemandem von ihr. Füttere die Puppe, wenn sie hungrig ist, dann wird sie dir helfen. Dies ist mein Gelöbnis und mein Vermächtnis an dich.« Und damit sank der Atem der Mutter in die Tiefen ihres Herzens, sammelte sich in ihrer Seele, entwich aus ihrem Munde, und die Mutter starb.

Lange Zeit trauerten der Vater und das Kind. Lange, lange betrauerten sie den schmerzlichen Verlust der guten Mutter und Ehefrau. Aber irgendwann kam auch zu ihnen ein neuer Frühling und mit ihm neuer Lebensmut, und eines Tages verkündete der Vater, dass er sich mit einer Witwe, die selbst zwei Töchter mit in die Ehe brachte, vermählen würde. Und so geschah es.

Die Stiefmutter und die beiden Halbschwestern begegneten Vasalisa mit ausgesuchter Höflichkeit, aber schon bei der ersten Begegnung lag in ihrem Lächeln etwas Falsches, das dem Vater vollkommen entging, das er einfach nicht bemerken wollte oder konnte.

Kaum dass die drei Frauen mit Vasalisa allein im Hause waren, quälten sie das Mädchen mit tausend Gehässigkeiten und trugen ihm die niedersten Arbeiten auf. Bald wurde Vasalisa im eigenen Elternhaus nur noch wie eine Dienstmagd behandelt, denn sie war ihrer Stiefmutter und ihren Stiefschwestern ein ewiger Dorn im Auge. Das lag daran, dass Vasalisa schön war, so lieblich und gut wie ein Wesen aus einer besseren Welt, während die drei anderen Frauen vor Neid und Missgunst bald immer hässlicher wurden. Doch Vasalisa ließ alle Demütigungen klaglos über sich ergehen. Willig tat sie alles, was ihr von den bösen Frauen aufgetragen wurde, und gehorchte jedem auch noch so boshaften Befehl.

So ging es eine ganze Weile, aber eines Tages konnten die drei Quälgeister Vasalisas Anblick selbst in Haus und Hof nicht mehr ertragen, und so sprach die böse Stiefmutter zu ihren Töchtern: »Wir wollen das Feuer ausgehen lassen und dann Vasalisa in den Wald schicken, damit sie die Hexe Baba Yaga um frische Kohlenglut für unseren Herd bittet. Wenn Baba Yaga das Mädchen sieht, wird sie es mit Haut und Haaren fressen, und damit sind wir Vasalisa endlich los!« Die Stiefschwestern klatschten in die Hände, quietschten vor Vergnügen über diesen Plan und willigten schadenfroh ein.

Als Vasalisa an jenem Abend vom Holzsammeln im Wald zurückkam, war alles dunkel im Haus. Besorgt fragte sie ihre Stiefmutter: »Was ist geschehen? Womit sollen wir nun die Finsternis erhellen, woran uns wärmen, und wie sollen wir unser Abendessen kochen?«

»Du einfältiges Ding«, gab die Stiefmutter spitz zurück.

»Siehst du nicht, dass das Feuer erloschen ist? Du musst sofort in den Wald gehen und die alte Baba Yaga suchen, um dir von ihr etwas Kohlenglut geben zu lassen. Ich kann nicht so weit laufen, weil ich zu alt dafür bin, und meine Töchter fürchten sich im Wald. Nun geh schon, und wage es nicht, ohne Kohlenglut zurückzukommen!«

Artig, wie sie war, gehorchte Vasalisa und ging noch in derselben Nacht in den großen, dunklen Wald. Aber sie wusste den Weg nicht, und das Dickicht des Waldes wurde immer dichter und immer undurchdringlicher, und das Knistern und Knacken zwischen den Bäumen wurde ihr allmählich immer unheimlicher, bis sie sich wirklich zu fürchten begann und einsah, dass sie niemals allein ihren Weg aus dem nächtlichen Wald heraus finden würde. So griff sie in die tiefe Tasche ihrer Schürze, wo sie die Puppe ihrer Mutter fühlen konnte, und dachte bei sich selbst: »Wenn ich meine Puppe nur berühren kann und weiß, dass sie bei mir ist, geht es mir schon ein wenig besser.«

Bei jedem Schritt, jeder Wendung nach links oder rechts, griff Vasalisa nun in ihre Schürzentasche und fragte ihre Puppe:

»Soll ich mich hierhin oder dorthin wenden?« Die Puppe antwortete jedes Mal und wies ihr den Weg, und Vasalisa fütterte sie mit den Brotkrumen, die sie immer für ihre Puppe bereithielt. Immer wieder fragte Vasalisa, wie sie zu der alten Hexe Baba Yaga kommen sollte, und die treue Puppe antwortete ihr.

So verging Stunde um Stunde, bis ein weißgekleideter Reiter auf einem weißen Hengst an Vasalisa vorüberpreschte und der Morgen graute. Ein Stück weiter auf ihrem Weg galoppierte ein rotgekleideter Reiter auf einem roten Pferd an ihr vorbei, und die Sonne ging auf. Vasalisa ging weiter, immer weiter durch den Wald, bis sie am folgenden Abend endlich bei Baba Yagas Hütte angekommen war. Sie betrat schon den Vorhof zu dem alten Hexenhaus, als ein schwarzer Reiter auf einem pechschwarzen Pferd mitten durch das Haus von Baba Yaga jagte und hinten wieder herauskam. In dem Augenblick brach die Nacht über das Land herein.

Baba Yagas Hexenhaus war ein höchst merkwürdiges und gruseliges Gebäude. Schon der Zaun vor dem Haus bestand allein aus Gebeinen und aufgespießten Totenschädeln, die in der Dunkelheit nun wie von innen her zu glühen begannen und ein gespenstisches Licht verbreiteten. Aber noch verwunderlicher war Baba Yagas Wohnhaus selbst. Es stand auf vier gelben Hühnerbeinen, die hin und wieder zuckten und sich manchmal mit dem ganzen Überbau fortbewegten, oder sogar, wenn ihnen der Sinn danach stand, in einem wilden Walzertanz im Kreis herumwirbelten.

Es dauerte nicht lange, da kam die Hexe selbst durch die Lüfte gesaust, in einem fliegenden Hexenkessel, den sie mit ihrem Besen über den sternklaren Nachthimmel ruderte. Aus der Höhe blickte Yaga auf die arme Vasalisa hinab, schwang drohend ihren Besen aus Knochen und Menschenhaaren und rief mit Donnerstimme: »Hoho, du Menschenkind! Was hast du hier zu suchen?«

Zitternd antwortete Vasalisa: »Großmutter, ich bin gekommen, um dich um Feuer für mich und meine Familie zu bitten. Mein Haus ist kalt, und meine Angehörigen müssen sterben, wenn du mir nicht etwas Kohlenglut gibst.«

»Ja, ja, so geht es dir und deinesgleichen«, erwiderte Baba Yaga ingrimmig. Ihre Nase war wie ein Haken zu ihrem vorspringenden Kinn herabgebogen, auf dem ein spärlicher Ziegenbart spross. Eine dicke Warze saß auf der Wange der Alten, die nun schrie: »Du Nichtsnutz hast das Feuer ausgehen lassen. Ja, ja, ich kenne das. Und warum, so frage ich, soll ich ausgerechnet dir die Flamme geben?«

Schnell und heimlich fragte Vasalisa ihre Puppe um Rat und antwortete dann: »Weil ich dich darum bitte.«

»Hm«, knurrte die Hexe. »Glück gehabt. Das war die richtige Antwort. Aber ich gebe dir das Feuer erst, wenn du die Aufgaben erfüllen kannst, die ich dir stelle. Und wenn es dir nicht gelingt, musst du sterben.«

Vasalisa willigte in diesen Handel ein, und Baba Yaga brummte: »Zuerst musst du alle meine Kleider waschen, dann musst du mein Haus fegen, mir eine gute Mahlzeit bereiten und den verschimmelten Weizen in meiner Kornkammer vom guten Weizen trennen. Ich werde beim ersten Morgengrauen zurückkehren, und wenn du bis dahin nicht all diese Aufgaben erledigt hast, werde ich dich mit Haut und Haaren fressen.«

Damit flog Baba Yaga in ihrem Hexenkessel davon, und Vasalisa wandte sich voll Schrecken an ihre Puppe: »Was soll ich nur tun? Wie soll ich mit all dem nur rechtzeitig fertig werden?« Aber die Puppe versicherte ihr, dass alles vollbracht sein würde, noch bevor der Morgen graute, und die letzte und schwierigste Aufgabe würde erledigt, während Vasalisa sich zur Ruhe begab und schlief. So wusch Vasalisa die Kleider der Alten, fegte das Haus, kochte eine Mahlzeit, nahm ein wenig von Baba Yagas Essen zu sich, fütterte auch ihre treue Puppe und begab sich zur Ruhe in Baba Yagas Hexenhaus.

Als Baba Yaga beim ersten Morgengrauen zurückkehrte, waren ihre Kleider gewaschen und getrocknet, die Mahlzeit stand auf dem Tisch, das Haus war blitzeblank geputzt, und ein riesiger Berg guten Weizens war fein säuberlich vom schlechten Weizen getrennt worden. Die Hexe konnte beim besten Willen keinen Mangel an Vasalisas Werken finden. »Nun, da hast du wohl wieder einmal Glück gehabt«, brummte sie, und dann rief sie ihre dienstbaren Geister herbei, die als drei Paar körperlose Hände aus dem Nichts erschienen und emsig begannen, den guten Weizen zu enthülsen und ihn in der Luft zu Brei zu stampfen. Den Brei verschlang die Alte mit sichtlichem Genuss, aber als sie fertig war, deutete sie auf einen riesigen Erdhaufen vor ihrer Haustür und sagte zu Vasalisa:

»In diesem Erdhaufen verbergen sich Millionen von winzig kleinen Mohnsamen. Die musst du in der kommenden Nacht von allem Schmutz und allen Erdresten trennen. Und wenn dir das nicht gelingt, musst du sterben.«

Beim Anblick des Erdhaufens blieb Vasalisa vor Schreck beinahe das Herz stehen, aber sie griff in ihre Schürzentasche, und die Puppe flüsterte sogleich: »Mach dir keine Sorgen, ich werde dir helfen.«

In jener Nacht versuchte Vasalisa, sämtliche Mohnsamen von dem Schmutz und der Erde zu trennen, aber nach einer Weile sagte die Puppe: »Begib dich zur Ruhe, und du wirst sehen, dass am Morgen alles zum besten bestellt sein wird.«

Und so war es. Als die Alte beim Morgengrauen heimkehrte, lagen Erde und Mohnsamen fein säuberlich getrennt vor ihrem Haus. »So, so«, knurrte die Hexe anerkennend. »Da hast du wohl tatsächlich einmal etwas fertiggebracht.« Sie rief ihre treuen Dienstgeister herbei und trug ihnen auf, das Öl aus den Mohnsamen zu pressen. Drei Paar körperlose Hände taten, wie ihnen befohlen, und Baba Yaga beschmierte ihre faltigen Lippen mit dem Mohnsamenöl.

Da trat Vasalisa einen Schritt auf die Alte zu und sagte: »Darf ich dich etwas fragen, Großmutter?«

»Fragen wohl«, gab die Baba Yaga zurück. »Aber bedenke, dass zu viel Wissen den Menschen vorzeitig altern lässt.«

Da fragte Vasalisa die Hexe, was der weiße Reiter auf dem weißen Hengst zu bedeuten habe.

»Ah«, murmelte Baba Yaga. »Dieser erste Reiter ist mein Tag.«

»Und der rote Reiter auf dem roten Pferd, was ist er?«

»Ah, dieser ist meine aufgehende Sonne.«

»Und der schwarze Reiter auf dem schwarzen Pferd?«

»Ah, der dritte im Bunde, er ist meine Nacht.«

»Oh«, sagte Vasalisa. »Ich verstehe.«

»Nun denn, möchtest du vielleicht noch ein paar weitere Fragen stellen?« erkundigte die Alte sich lauernd.

Gerade wollte Vasalisa nach den körperlosen Händen fragen, als die Puppe in ihrer Schürzentasche warnend auf und nieder hüpfte. Deshalb entgegnete Vasalisa schnell: »Nein, Großmutter. Wie du schon sagtest, zu viel Wissen macht den Menschen vorzeitig alt.«

»Hm, du bist weiser, als ich dachte, meine Kleine. Wie geht das zu?« fragte die Hexe.

»Der Segen meiner Mutter liegt auf mir«, antwortete Vasalisa.

»Segen?« rief Baba Yaga. »In diesem Haus wird kein Segen gebraucht. Mach, dass du nach Hause kommst!« Damit stieß sie das Mädchen hinaus in die Nacht. Von ihrem unheimlichen Gartenzaun brach sie einen der Totenschädel ab, die in der Dunkelheit von innen her leuchteten, und reichte ihn Vasalisa.

»Hier. Nimm diesen Feuerschädel und trage ihn auf einem Stock mit dir nach Haus. Da hast du dein Feuer. Und nun kein Wort mehr. Mach dich auf den Weg.«

Vasalisa wollte der Hexe danken, aber die Puppe begann in ihrer Tasche auf und ab zu springen, und da erkannte Vasalisa, dass sie das Feuer wortlos entgegennehmen und sich sofort auf den Weg machen musste.

Sie rannte den ganzen Weg durch den dunklen Wald nach Hause, und die Puppe wies ihr auch diesmal den Weg durch den Wald. Aber nach Einbruch der Dunkelheit sprangen Flammen aus den Nasenlöchern, Augenhöhlen und dem grinsenden Mund des Schädels, und da begann Vasalisa sich zu fürchten. Sie dachte schon daran, den schweren, unheimlichen Schädel fortzuwerfen und sich auf und davon zu machen, als dieser zu sprechen begann und ihr zuraunte: »Beruhige dich und trage mich nur unbeirrt zu dem Haus, in dem deine Stiefmutter und deine Stiefschwestern leben.« Und das tat sie dann auch.

Als die böse Stiefmutter und ihre Töchter in jener Nacht einmal aus dem Fenster blickten, sahen sie ein flackerndes Licht zwischen den Bäumen des Waldes einherschwanken, ein rätselhaft feuriges Glimmen, das näher und näher kam. Sie wussten nicht, was sie davon halten sollten, denn längst hatten sie Vasalisas lange Abwesenheit damit erklärt, dass sie wohl tot sei, und heimlich hatten sie sich darüber gefreut und gemeint, sie ein für allemal los zu sein.

Aber nun war der flackernde Lichtpunkt in ihren Hof eingekehrt, und da rannten die drei zur Eingangstür und erkannten zu ihrem Entsetzen, dass Vasalisa ihnen das Feuer gebracht und den Schrecken der furchtbaren Baba Yaga überlebt hatte.

Scheinheilig dankten sie Vasalisa und gaben zu, dass es ihnen in all der Zeit nicht gelungen war, selbst ein Feuer zu entfachen. Vasalisa zündete das Feuer an und legte sich dann, müde von ihrem langen Weg, zum Schlafen ins Bett. Die Stiefmutter und ihre Töchter rangen die Hände und liefen hierhin und dorthin, um sich heimlich zu beraten und einen neuen Plan auszuhecken, doch der feurige Totenkopf beobachtete jede ihrer Bewegungen und brannte sich in sie ein und ließ sie nirgends zur Ruhe kommen. Und als Vasalisa am nächsten Morgen erwachte, sah sie, dass nur noch ein Häuflein Asche von den dreien übrig war.

Da haben wir es, jenes abrupte Ende, das uns mit einem Tritt aus dem Märchen wirft, zurück in unsere alltägliche Realität. Viele Märchen enden mit einem solchen ernüchternden »Buh«, das den Zuhörer ins Diesseits zurückkatapultiert.

Das Märchen von Vasalisa ist eine Geschichte über die Kraft der femininen Intuition, die hier als segensreiches Vermächtnis von der Mutter auf die Tochter, also von einer Generation auf die nächste, übertragen wird. Im Laufe von Generationen kann diese blitzschnelle Form der spontanen inneren Einsicht verschüttet oder in den Hintergrund des Bewusstseins gedrängt werden, aber, wie Jung sagt, nichts Essenzielles kann je endgültig verloren gehen. Ich glaube, wir können sicher sein, dass alles Verlorengeglaubte weiterhin in der Psyche vorhanden ist, verdeckt vielleicht, aber was *verdeckt* ist, kann irgendwann neu *entdeckt* werden.

Um den größten Nutzen aus dieser Geschichte zu ziehen, sollten wir davon ausgehen, dass alle erwähnten Komponenten den Charakter der Psyche einer einzigen Frau repräsentieren und bei dem Einweihungsprozess einer Frau der Reihe nach auftauchen. Wie bei einer Einweihung muss die Kandidatin bestimmte Prüfungen bestehen, die in diesem Märchen als neun Aufgaben beschrieben werden, welche die individuelle Psyche der Reihe nach erfüllen muss.

Wer alle diese Aufgaben erfüllt, entwickelt eine intime Beziehung zur eigenen Intuition, jenem wissenden Geschöpf, das in uns allen existiert, und das von unterschiedlichen Kulturen die »Wissende«, die »Wahrsehende«, die »Hellfühlende« genannt wird, oder ganz modern »die innere Stimme der Eingebung«.

Baba Yaga ist eine Variante der wilden urzeitlichen Göttinnen, die über mythische Kräfte verfügen und nach Belieben in Menschengestalt auftreten können, um geeigneten Personen etwas von ihrem Wissen zu vermitteln. Hier tritt die Gottheit als Zeremonienmeisterin des weiblichen Einweihungsrituals auf und verlangt, dass die Einweihungskandidatinnen folgende Aufgaben erfüllen:

Die erste Aufgabe – Die allzu gute Mutter sterben lassen

In der Geschichte beginnt der Einweihungsprozess damit, dass die liebe, gute Mutter stirbt und ihrer Tochter ein wichtiges Erbe hinterlässt.

Nach innen, in die psychischen Bereiche verlegt, müssen folgende Aufgaben erfüllt werden: Das Mädchen oder die Frau hat eine Entwicklungsstufe erreicht, wo sie akzeptieren muss, dass die sorgsame, stets wachsam vor allem übermäßig schützende Mutterfigur ihre zukünftige Entwicklung, was alles Instinktive anbelangt, eher behindert als fördert. (Die allzu gute Mutter stirbt.) Die Aufgabe besteht darin, selbstständig zu werden, das eigene Bewusstsein im Hinblick auf Gefahren, Intrigen und Manipulationen zu entwickeln. Die Tochter wird gezwungen, selbst wachsam zu sein, für sich selbst zu sorgen und das Hinscheiden von Dingen zu akzeptieren, die sterben müssen. Erst wenn die allzu gute, sorgsam behütende Mutter stirbt, wird eine Frau als starkes, eigenwilliges und eigenständiges Geschöpf geboren.

Viele von uns wissen aus eigener Erfahrung, dass man als heranwachsende Tochter irgendwann an einen Punkt gelangt, an dem die gute Mutter, die wir in unserer Psyche internalisiert haben und die uns bis dahin auf durchaus angemessene Weise behütet hat, sich in eine »allzu gute« Mutter verkehrt, deren Übervorsicht uns daran hindert, neue Herausforderungen anzunehmen. Dass sie unsere Fortentwicklung im Endeffekt nicht fördert, sondern verzögert.

Bei einem natürlichen Reifungsprozess siecht die sorgenvoll bemutternde psychische Funktion allmählich ganz von selbst an Schwindsucht dahin, bis die Tochter allein übrig bleibt, obwohl sich ein Kern dieser Mutterwärme ihr erhält. Es findet ein natürlicher seelischer Übergang statt, der Frauen allein in eine Welt entlässt, die sie nicht länger bemuttern und verhätscheln wird. Aber keine Sorge, denn nun kommen wir zum besten Teil dieser manchmal sehr schwierigen Übergangsphase im Leben einer Frau: zum femininen Erbteil. Die gute Mutter hat eine Überraschung für ihren Nachwuchs parat. Unter ihrer Bettdecke zieht sie ein winziges Ebenbild ihrer Tochter hervor und gibt es ihr mit auf den Weg in die Individuation.

Die gute und manchmal auch allzu gute Mutter hat demnach einen sehr hintergründigen Aspekt, der in dieser Geschichte unter ihrer Bettdecke verborgen liegt. Genauso ist es. Unter einer behütenden Schicht gluckenhafter Nestwärme verbirgt sich ein hochbegabtes Püppchen, das der Tochter bis in alle Einzelheiten gleicht und sich später als die innere Ratgeberin der Tochter zu erkennen gibt, als Intuition schlechthin, denn die sterbende Mutter weiß, dass sie im Leben ihres Schützlings über die Jahre der Kindheit und Adoleszenz hinaus keinen Platz hat. Deshalb sorgt die bemutternde Funktion in der Psyche der Tochter vor ihrem Rückzug in andere psychologische Bereiche dafür, dass die Essenz ihres intuitiven Urwissens auf die Gesamtpersönlichkeit ihres Kindes übertragen wird.

Normalerweise erfahren Kinder dieses dramatische Absterben der sie überwölbenden Mutterfigur zum ersten Mal bei ihrem Eintritt in die Pubertät. In manchen Fällen wird die neue innere Mutter, die wir die »eigene Intuition« nennen, jedoch nicht voll und ganz ausgebildet, sodass erwachsene Frauen später noch jahre- oder jahrzehntelang durch den dunklen Wald irren, um jemanden zu finden, der ihnen die vollständige Einweihungserfahrung vermitteln kann, während sie sich den Zugang zu ihrer Intuition nach bestem Wissen selbst zurechtbasteln.

Der Einweihungsprozess kann aus verschiedenen Gründen unterbrochen werden, unter anderem durch traumatische Ereignisse in der Kindheit- besonders wenn Kinder in frühen Lebensjahren nicht konsistent genug oder herzlich genug bemuttert werden, oder wenn zu wenig Widerstand gegen die allzu umsorgende Mutter aufgebaut wird, die sich dann wie ein Schlingkraut in der Psyche ihres Kindes ausbreitet und die Tochter im schützenden Gewächshaus festhält. Wenn das geschieht, fühlen Frauen sich später häufig zu verletzlich, zu schwach und zu ängstlich, um allein in den Wald zu gehen, was sie jedoch unbedingt tun müssen, wenn sie die eigenen instinktiven Selbsterhaltungskräfte erkennen sollen und sie bewusst einsetzen wollen.

Aber jede abgebrochene Einweihung in das feminine Urwissen kann fortgesetzt, alles Versäumte kann auch später noch nachgeholt werden. Lasst uns gemeinsam mit Vasalisa an den Anfang der Geschichte zurückkehren, damit wir dem, was in uns sterben muss, nachträglich erlauben können, vollends aus unserem Leben zu scheiden. Lasst uns Abschied nehmen, speziell von den überalterten Wertvorstellungen, die unser Leben allzu risikolos, allzu vorhersagbar und uninteressant machen, Abschied auch von den furchtsamen Ansichten, die uns in ausgetretenen Pantoffeln einherschlurfen lassen, wenn wir schon längst kräftig ausschreiten könnten.

Obwohl es Zeiten gibt, in denen eine Frau sich eigentlich in der Nähe einer schützenden Mutterfigur aufhalten sollte (solange sie tatsächlich ein Kind ist, während der Genesung von einer Krankheit, nach einem seelischen oder geistigen Trauma oder wenn ihr Leben in Gefahr ist und Stillhalten allein Sicherheit gewährleistet), kommt auch eine Zeit, in der jede Frau die schützende Mutterglucke durch die weitaus durchtriebenere und bissigere Wolfsmutter ersetzen muss, denn die Wolfsmutter repräsentiert einen ebenso wichtigen, aber wesentlich weiter führenden Aspekt des Mutter-Archetypus. Denn die Wolfsfrau unterrichtet ihre Jungen in der Kunst des Jagens, des spitznasigen Schnüffelns und des geschickten, raschen Tötens. Diese Art Mutter muss in irgendeiner Form von jeder Frau aufgesucht und um Einweihung gebeten werden, so viel sind wir unserer Ursehnsucht nach ständig zunehmender Entfaltung schuldig.

Die Mutterglucke ist zu ängstlich, um den kraftvollsten und sprühendsten weiblichen Energien zu erlauben, sich voll und ganz zu entfalten. Ein Feuerwerk vitaler Unternehmungslust kommt ihr geräuschvoll und unbotmäßig vor. Ein Schritt in das Dickicht irgendeines Urwaldes hinein, und sie sieht ihr Kind schon in Lebensgefahr schweben. Eifersüchtig hütet und warnt sie vor möglichen Gefahren auf *jedem* Weg, und sie kann ihrem Kind das Nest ja auch wirklich dermaßen gemütlich machen, dass man kaum einsieht, warum man es jemals verlassen sollte.

Sobald Frauen mit einer internalisierten Mutterglucke einen risikofreudigen Gedanken haben, warnt die allzu gute Mutter in ihrer Psyche sie in Form einer inneren Stimme, die sich genauso anhört wie die der leiblichen Mutter: »O nein, das darfst du nicht (sagen, tun, denken, fühlen, wollen).« Oder:

»Oh, pass bloß auf, es ist ja viel zu gefährlich da draußen!« Oder: »Kind, das kannst du nicht, damit blamierst du mich/ dich doch nur vor allen Leuten.« Oder, und noch duckmäuserischer: »Na gut, tu so, als ob du das Risiko eingingst, aber bleib heimlich hier bei Mami und lass dich auf nichts ein.«

Irgendwann sehen wir jedoch selbst ein, dass die psychische Verschmolzenheit mit der guten, umsorgenden Mutter über allzu lange Zeit hinweg ungesund ist und dass wir uns wohl oder übel aufraffen und aus unserem Laufstall ausbrechen müssen. Das Gute dabei ist, dass die Frau ihren Ausbruch nicht unbedingt planen und vorbereiten muss; sie muss auch nicht vollends bereit sein, flügge zu werden. Kein Mensch ist je vollkommen auf das Ungewisse vorbereitet. Meistens wird man durch irgendeine Veränderung der Lebensumstände aus dem Nest gestoßen, ohne vorher gefragt worden zu sein. Oder irgendjemand wartet da draußen im Wald auf die Frau und ruft – ein Jemand, dem sie sich nicht entziehen kann, weil es ihr Schicksal ist, ihm zu begegnen.

Guillaume Apollinaire schrieb: »Wir trugen sie zum Rande, um sie fliegen zu lassen. Sie hielten sich fest. Fliegt, riefen wir. Sie hielten sich am Felsen fest. Wir stießen sie über den Klippenrand. Und sie flogen.«

Es ist typisch für Frauen, ein zu bequemes und zu sicheres Leben aus Angst nicht aufgeben zu wollen. Manche Frauen haben sich unter dem Schutz der allzu guten Mutter so wohl gefühlt, dass sie sich wünschen, dass es immer so weiterginge. Man muss bereit sein, auch einmal Angst zu haben, sonst könnte man ebenso gut im Nest bleiben.

Manchmal kann eine Frau nicht die geringste Ungewissheit ertragen. Sie findet mehr Entschuldigungen, als ein Hund Haare hat. Sie muss sich einfach fallen lassen, auch wenn sie nicht weiß, was als Nächstes passiert. Nur so kann sie ihr intuitives Wesen wiederfinden. Manche Frauen spielen die Rolle der guten Mutter für eine Reihe von Erwachsenen in ihrer Umgebung so aufopferungsvoll und lange aus, dass niemand mehr bereit ist, den Rockschoß der »Mama« loszulassen. In solchen Fällen muss die Frau den ganzen Wurf mit dem Hinterbein abstreifen und weggehen.

Da die träumende Psyche unter anderem alles kompensiert, was das Ego nicht wahrhaben will oder kann, träumt eine Frau während eines solchen Kampfes von Verfolgungsjagden, von Sackgassen, Autos, die nicht anspringen, abgebrochenen Schwangerschaften und anderen Sinnbildern für ein Leben, das nicht vorwärtskommt. In ihrem Inneren weiß eine Frau, dass es fatal sein kann, wenn sie zu lange ihr allzu mitfühlendes Selbst zeigt.

Also lassen wir die Zitze los, die uns so aufopferungsvoll großgezogen hat, und erklären uns eines Tages bereit, die Gesetze der freien Wildbahn kennenzulernen. Eine wilde Mutter wartet da draußen auf alle, die in die tieferen Geheimnisse des Lebens eingeweiht werden wollen. Sie ist hart und stellt uns auf die Feuerprobe, aber ihre Härte entspringt einer tiefen Weisheit, denn diese Mutter will ihren wilden »Kindern« alle Kunststücke und Schleichwege, alle Mysterien des Diesseits und des Jenseits offenbaren. Bevor wir uns auf den Weg zu ihrem verborgenen Wohnsitz machen, müssen wir deshalb fähig sein, die zweite der neun Aufgaben auf dem Einweihungsweg zu erfüllen.

Die zweite Aufgabe – Den Schatten entlarven

In diesem Teil der Geschichte bricht die »böse« Dreifaltigkeit der Stieffamilie in Vasalisas Leben ein und beginnt, das schöne, unschuldige Mädchen zu demütigen. Die Aufgaben in dieser Phase sind folgende:

Die Loslösung von der übertrieben positiven Mutter muss noch bewusster vorangetrieben werden. Auf dieser Entwicklungsstufe finden Frauen heraus, dass Liebsein, Nettigkeit und Fügsamkeit das Leben nicht immer erleichtern (Vasalisa wird zur Sklavin der Stieffamilie, aber es hilft ihr nicht weiter). Auf dieser Stufe wird es notwendig, die eigenen Schatten direkt zu konfrontieren, besonders die ausschließenden, eifersüchtigen und ausbeuterischen Elemente des Selbst. Man muss sich die Schattenaspekte der Psyche eingestehen und die bestmögliche Beziehung zu den negativen Energien im eigenen Inneren herstellen. Man lässt die Diskrepanz zwischen dem, was einem eingeredet wurde, und dem, was man wirklich ist, immer deutlicher zutage treten und einen immer größeren innerlichen Druck erzeugen. Im Endeffekt wird hier darauf hingearbeitet, dass die alte Persönlichkeit stirbt, damit das neue intuitive Selbst auferstehen kann.

Vasalisas Stiefmutter und Stiefschwestern repräsentieren die vernachlässigten, unterentwickelten und provozierend grausamen Elemente der Psyche, also die Schattenseiten des Menschen, die das Ego am liebsten verleugnet und in das verschwommene Dunkel außerhalb des normalen Bewusstseins verbannt. Auf der einen Seite kann sich das Schattenmaterial bei genauerem Hinsehen als ausgesprochen positiv erweisen, weil die Talente und Weisheit von Frauen sehr oft in ebendiese Dunkelheit zurückgedrängt worden sind. Auf der anderen Seite können wir uns selbst ausdrücklich negatives Schattenmaterial – also jenes, das alles neue Leben abtötet oder zurückdrängt – zunutze machen, wie wir später noch sehen werden, denn wenn es an die Oberfläche gebracht und seine Quelle erkannt wird, gehen Frauen um so stärker und weiser aus dieser Feuerprobe hervor.

In dieser Phase der Einweihung muss die Frau sich mit den Stimmen in ihrer Psyche auseinandersetzen, die sie ständig auffordern, sich anzupassen und alles zu tun, was irgendjemand von ihr verlangt. Fügsamkeit, wenn auf die Spitze getrieben, führt zu einer schockierenden Erkenntnis, die allen Frauen irgendwann dämmert: »Wenn ich schlicht und einfach ich selbst bin, werde ich von vielen abgelehnt und ausgestoßen, aber wenn ich mich willig anpasse, lehne ich mich selbst ab und stoße mich selbst aus meiner Mitte.« Die aus dieser Erkenntnis resultierende Zerrissenheit ist kaum erträglich, aber sie muss so lange ertragen werden, bis man die Entscheidung fällt.

Vasalisa wird von den neuen Familienmitgliedern wie eine Ausgestoßene behandelt, sie wird zur argwöhnisch belauerten Fremden im eigenen Haus. Die Rolle des unseligen Fremdlings oder Ausgestoßenen wird im Märchen normalerweise von der Person gespielt, die den tiefsten Kontakt zu ihrem wahren Selbst hat und deshalb auch die positivsten Eigenschaften und die größte äußerliche Schönheit an den Tag legt.

Wir können die Stiefmutter und Stiefschwestern als innere Stimmen verstehen, die einer Frau die gesellschaftlichen Verhaltensregeln einflüstern, im positiven wie auch im negativen Sinne. Die Stieffamilie in der Psyche eines Menschen unterscheidet sich grundsätzlich von der Seelenfamilie, zu der man sich instinktiv zugehörig fühlt, denn die »Stief-Energien« entspringen dem Superego, jenem Aspekt der Psyche, der den Erwartungen der Gesellschaft entsprechend strukturiert ist und deshalb ständig mit mehr oder weniger Erfolg versucht, diesen Erwartungen gerecht zu werden. Das Superego ist eine aufgepfropfte, angelernte Schicht von kulturellen Überlagerungen, und seine Einflüsterungen werden von einer reiferen Frau nicht als innewohnendes oder wegweisendes Gedankengut der eigenen Seele erfahren.

Vasalisas innere Stieffamilie spricht als Chor von entwürdigenden Stimmen, und da Vasalisa noch sehr unerfahren ist, gehorcht sie den Befehlen des neidischen, hasserfüllten Trios und lässt sich schließlich so weit von ihnen einschüchtern, dass sie beinahe daran zugrunde geht – würde die Puppe, die Intuition, in ihrer Schürzentasche, ihr nicht den rechten Weg durch den finsteren Wald zu Baba Yaga und wieder zurück nach Haus eingeben.

Uns geht es nicht anders als dieser unschuldigen Maid im Märchen. Am Anfang der Geschichte unseres Lebens lassen wir uns von den oft aberwitzigen Einflüsterungen der Leitfiguren ringsumher verwirren, weil unsere Intuition noch keine eindeutige und alles übertönende Stimme in dem Chor der diversen Aspekte unserer Psyche hat. Die kleine Vasalisa in uns nimmt nicht wahr, was sich in ihrem psychischen Haushalt zusammenbraut, und fügt sich den unterminierenden Stimmen, die dauernd sagen: »Du bist nicht gut genug. Eine wie du ist höchstens als Dienstmagd zu gebrauchen. Du taugst nicht zu Besserem. Aber wenn du dir Mühe gibst, werden wir dich vielleicht doch irgendwann lieben (ha, ha, ha).« Da Vasalisa ihre eigene Stärke noch nicht voll bewusst wahrnimmt, erlaubt sie diesen Stimmen, ihr vitale Lebenskraft zu rauben.

Auch die Vaterfigur in der Psyche bemerkt die zunehmend vergiftete Atmosphäre nicht. Er ist ebenfalls allzu gut, genau wie die innere Mutter, und hat sich mit den Fähigkeiten seiner eigenen Intuition noch nicht so weit vertraut gemacht, dass er männlich beherzt in das Geschehen eingreifen und die boshaften Stief-Energien in der Psyche übertönen könnte. Viele Töchter von naiven Vätern brauchen länger als gewöhnlich, um wach zu werden und die teilweise sehr schmerzhaften Tatsachen so zu sehen, wie sie in Wirklichkeit sind.

Genau wie Vasalisa wurde uns wahrscheinlich ebenfalls schon in sehr jungen Jahren zu verstehen gegeben, dass Scharfsicht und Durchblicksvermögen unterdrückt werden müssen, kurzum, dass man seiner inneren Wahrheit nicht treu sein soll, damit man besser mit anderen Menschen auskommt. Aber in einer grausam oppressiven Umgebung wird artige Fügsamkeit lediglich mit immer weiteren Misshandlungen bestraft, das muss man sich klarmachen. Auch wenn eine Frau merkt, dass andere befremdet reagieren, wenn sie sich selbst treu ist, muss sie das riskieren, denn daran wächst sie, die daraus resultierende innere Spannung ist genau der Schleifstein, durch den das Unwesentliche abgeschliffen wird und das Wesentliche um so stärker hervortritt.

Vasalisa tut, was ihr befohlen wird, ohne sich je zu beklagen oder aufzumucken. Das sieht heroisch aus, erzeugt aber immer größere Konflikte zwischen den zwei entgegengesetzten Kräften in der Psyche – der einen, die immer Ja sagen und gehorsam sein will, und der anderen Kraft, die von uns Unmögliches verlangt, wenn wir auch nur halbwegs als »gut genug« vor uns selbst dastehen wollen. Frauen, die in einer Familie aufwachsen, in der ihre Talente und Vorzüge nicht anerkannt werden, muten sich oft unmögliche Dinge zu, und das jahre- und jahrzehntelang, ohne recht zu wissen, warum. Sie haben das Gefühl, drei Doktortitel hintereinander erwerben oder den Mount Everest bezwingen zu müssen, um ihrer Familie zu beweisen, dass auch sie etwas wert sind. »Werdet ihr mich jetzt akzeptieren?« fragen sie mit hechelnder Zunge. »Nein? Na gut (Seufzen), dann schaut, was ich als Nächstes tue.«

Tatsache ist, dass es weder Vasalisa noch sonst irgendjemandem gelingen kann, den Chor der Nein sagenden Schmähredner und Zweifler zufriedenzustellen. Jeder neuerliche Versuch bewirkt nur eines: Der notwendige nächste Schritt auf dem Einweihungsweg wird verzögert. So ist es auch in diesem Märchen: Die missgünstige Stieffamilie sieht irgendwann ein, dass der schönen, fügsamen Vasalisa mit Demütigungen allein nicht beizukommen ist, und so wird das Mordkomplott ausgeheckt. Mit anderen Worten, die Vitalität von Vasalisa wird so effektvoll von den »Du-bist-nicht-gut-genug«-Stimmen in ihrem Inneren abgewürgt, dass das Feuer erlischt.

An diesem Punkt beginnt die Frau, ihren inneren Halt vollends zu verlieren. Wahrscheinlich friert sie innerlich und kommt sich absolut einsam und von allen Lichtkräften verlassen vor. Sie gerät in einen Zustand, in dem sie spürt, dass sie das Licht wiederfinden muss, auch wenn sie mit dem Leben, wie sie es bisher gekannt hat, dafür bezahlt. Allzu »nette« Frauen müssen nicht selten erst in einen Zustand der Hoffnungslosigkeit getrieben werden, bevor sie sich auf die ihnen innewohnenden Urkräfte besinnen und sagen:

»Jetzt bin ich am Ende meiner Duldsamkeit angelangt! Jetzt bin ich bereit, *alles* zu tun, um mein Feuer wiederzufinden, und diesmal für immer und für alle sichtbar.« Insofern kann man sagen, dass Vasalisa der alten Hexe in die Arme getrieben werden *muss*, damit sie sehen kann, was in ihr und ihrer Schürzentasche steckt. Wir müssen den Chor der falschen, stiefmütterlichen Stimmen hinter uns lassen und in die Wildnis hinauswandern, um das Feuer zu finden, das so hell leuchtet, dass wir in seinem Schein genau erkennen und unterscheiden können, was gut für uns ist und was uns zerstört. Wir können nicht wachsen, wenn wir stillhalten und uns von Hinz und Kunz als Fußabtreter benutzen lassen. Frauen, die ihre tieferen Gefühle unterdrücken, töten sich mit der Zeit ab. Die Lichter gehen aus. Das ist ein unsagbar schmerzhaftes Schweben zwischen Sein und Nichtsein, in dem man weder wahrhaft leben, noch wahrhaft sterben kann.

Es mag vielleicht pervers klingen, aber wenn die törichten Frauen das Feuer löschen, um Vasalisa ins Verderben zu treiben, helfen sie ihr in Wirklichkeit aus ihrer entwürdigenden Unterwerfungshaltung heraus und erweisen ihr einen Dienst. So wird Vasalisa gezwungen, ihre bisherige, weitgehend unbewusste Lebenshaltung aufzugeben und eine neue, bessere Verhaltensform zu finden.

Die dritte Aufgabe – Im Dunkeln navigieren

In diesem Teil der Geschichte weist das mütterliche Erbe der heranwachsenden Tochter den Weg zur Wilden Frau. Die Aufgaben auf dieser Stufe der Einweihung sind folgende:

Sich freiwillig in die dunklen, noch völlig unbekannten Tiefen der Psyche begeben und sich einzig und allein an der eigenen Intuition orientieren (den Weisungen der Puppe folgen). Ein Gespür entwickeln, das als Wegweiser durch das innere Dickicht dient, bis man den Wohnsitz der Wilden Mutter ausfindig gemacht hat. Lernen, auf welche Weise die Kräfte der Intuition gestärkt werden (die Puppe füttern). Auf dieser Stufe lässt eine Frau das ängstlich bemühte, unbewusst gefallsüchtige und um Anerkennung bettelnde Mädchen in ihrem Inneren noch weiter absterben. Das Kraftzentrum wird in die eigene Intuition (die Puppe) verlagert.

Puppen sind Verkörperungen, symbolische Darstellungen von Aspekten, die im Menschen verborgen oder unterentwickelt sind. Oft stellen Puppen unser ursprüngliches Selbst dar, das keinen Namen hat und sich nicht mit Worten noch Gedanken eingrenzen lässt. Manche Völker glauben, dass handgemachte Puppen einen Teil der Lebensenergie ihres Herstellers in sich tragen und diese Energie ausstrahlen, noch lange nachdem ihr Schöpfer tot ist. Im Falle von Vasalisa ist die Puppe in ihrer Schürzentasche eine Nachbildung der instinktiven weissagenden Hellsicht aller weiblichen Wesen von Beginn an.

Seit Jahrhunderten haben die Menschen gefühlt, dass Puppen eine Heiligkeit und eine schreckliche und zwingende Gegenwart zeigen, die einen Menschen beeinflusst, ihn geistig verändert. So haben bäuerliche Heiler zum Beispiel die Alraune wegen ihrer Ähnlichkeit zum menschlichen Körper gepriesen: Arme und Beine aus Wurzeln und eine Knolle als Kopf. Man sagt ihr nach, dass sie große geistige Kraft besitzt. Von Puppen glaubt man, dass sie von ihren Schöpfern Leben eingehaucht bekommen. Einige werden in Riten und Ritualen verwendet, als Liebeszauber und für Unheil. Als ich bei den Cuna auf den Inseln vor Panama lebte, wurden ihre kleinen hölzernen Figuren als Hinweis gebraucht, um den Menschen an seine eigene Macht zu erinnern.

Überall in der Welt besitzen Museen im Überfluss Idole und Figurinen aus Lehm, Holz und Metallen. Die Figurinen aus dem Paläolithikum und dem Neolithikum sind Puppen. Kunstgalerien sind mit Puppen gefüllt. In der modernen Kunst sind die lebensgroßen, in Gaze eingewickelten Mumien von Segal ebenfalls Puppen. Trachtenpuppen füllen die Geschenkläden in Bahnhöfen und Autobahn-

Raststätten. Seit dem Altertum tauschten Kaiser und Könige Puppen als Zeichen ihres guten Willens aus. In Dorfkirchen auf der ganzen Welt gibt es Heiligenfiguren – Puppen auch sie. Heiligenfiguren werden in manchen Gegenden nicht nur regelmäßig gewaschen und in handgemachte Gewänder gehüllt, sondern auch »spazieren geführt«, damit sie den Zustand der Felder und der Menschen sehen und im Himmel für die Menschen eintreten können.

Die Puppe ist der symbolische *Homunculus.* Sie ist das Symbol für das Göttliche, das im Menschen verborgen ist. Sie ist ein kleines, glänzendes Ebenbild des originalen Selbst. Oberflächlich handelt es sich nur um eine Puppe. Aber im Inneren stellt sie ein kleines Stück Seele dar, die das ganze Wissen des großen Seelen-Selbst enthält. In der Puppe ist die Stimme der alten *La Que Sabe,* der Wissenden.

Die Puppe ist eine Verwandte der Gnome, Elfen, Feen, Trolle und Zwerge. Diese repräsentieren im Märchen immer einen Aspekt der Psyche, der Zugang zu tieferem Wissen hat. Sie sind jene Geschöpfe, die unermüdlich im Inneren wirken, die nie müde werden. Die Psyche arbeitet sogar, wenn wir schlafen, besonders wenn wir schlafen, auch wenn uns nicht voll bewusst ist, was wir tun.

So repräsentiert die Puppe das innere Wesen von uns Frauen; die Stimme der inneren Vernunft, des inneren Wissens und der inneren Bewusstheit. Die Puppe ist wie das Vögelchen im Märchen, das der Heldin die Wahrheit verrät, ihr die Identität eines versteckten Feindes zuzwitschert und was als Nächstes zu tun sei. Dies ist die Weisheit des *Homunculus;* sie ist per se unser unsichtbarer Helfer, der immer zugänglich ist.

Eine Mutter kann ihrem Kind kaum ein größeres Geschenk machen, als ihm das Gefühl zu vermitteln, dass es sich auf seine Intuition verlassen kann. Diese Vermittlung findet auf simpelste Art im täglichen Leben statt. Die Mutter sagt anerkennend zu ihrem Kind: »Das siehst du ganz richtig.« Oder sie fragt in verschiedenen Situationen: »Was steckt deiner Meinung nach in Wirklichkeit dahinter?« Anstatt direkte, spontane Eingebungen als unvernünftige

Hirngespinste abzutun, wird das Kind darauf hingewiesen, dass seine Intuition die Stimme seiner Seele ist und dass diese Stimme zu ihm und aus ihm spricht. Intuition ist das Gespür für die Richtung, in die man gehen soll, wenn man an einem Scheideweg steht. Die Intuition erfasst unterschwellige Motive und wählt den Weg, der die Psyche am wenigsten schädigt, denn sie arbeitet immer in direkter Verbindung mit dem Selbsterhaltungstrieb.

Vasalisas Mutter erklärt ihrer Tochter vor ihrem Tod, dass sie die Puppe von nun an überall mit hinnehmen und immer bei sich behalten soll. Damit hat sie ihr einen unschätzbaren Dienst erwiesen, denn wer so mit seiner Intuition verbunden ist, lernt, sich in allen Lebenslagen auf sie zu verlassen. Die grundsätzliche Lebenseinstellung einer Frau ändert sich dadurch, denn jetzt ist ihr Leitspruch nicht länger das resignierte »Was sein muss, muss sein«, sondern »Lass mich sehen, was auch immer es zu sehen gibt«.

Mit der Puppe in der Schürzentasche kann Vasalisa sich auf die Suche nach der Kohlenglut machen, die das Feuer im Seelenhaushalt neu entfacht. Sie tappt eine Weile im Dunkeln, ist völlig allein im unwegsamen Gestrüpp und hat irgendwann keine andere Wahl mehr, als auf die Stimme ihrer Intuition zu hören. Sie lernt, sich auf ihr inneres Gefühl, versinnbildlicht durch die Puppe in der Schürzentasche, zu verlassen – und sie lernt, die Puppe zu füttern.

Wie gibt man der Intuition Nahrung? Mit Aufmerksamkeit, mit bewusster Hinwendung, indem man auf ihre Eingebungen hört. Wie oft habe ich Frauen in meiner Sprechstunde sagen hören: »Ach, ich hätte auf meine Intuition hören sollen. Ich habe gewusst, dass ich dieses oder jenes (nicht) tun soll, aber ich habe mal wieder nicht darauf gehört.« Unsere Intuition kann als ein lebendiges Geschöpf verstanden werden, das sich von aufmerksamem Zuhören ernährt und jedes Mal ein bisschen stärker wird, wenn wir seinem Rat folgen. Sie ist eine Art Ebenbild von uns selbst in Miniaturform, ein magisches Ich, wenn man so will, das unsere Seelenlandschaften bewohnt. Und es reagiert wie die Muskeln in unserem Körper.

Ohne Nahrung und ohne ausreichende Betätigung verkümmert dieses wundersame Geschöpf.

Vasalisa füttert die Puppe mit den Brotkrumen ihrer ungeteilten Aufmerksamkeit und folgt ihren Eingebungen, denn die Puppe weiß, wo Baba Yaga, die Ur-Großmutter aller Frauen, lebt. Unsere Intuition kennt den Weg zur Wilden Frau und weiß, wie man gehen muss, um an sein Ziel zu gelangen.

Die Beziehung zwischen Vasalisa und der Puppe symbolisiert harmonische Zusammenarbeit zwischen einer Frau und ihrer Intuition. Das ist es, was eine reife Frau den Jüngeren, die nach ihr kommen, auf den Weg mitgeben muss: die Empfänglichkeit für das, was man fühlt, aber nicht sehen kann. Zu Beginn mag eine Frau wenig Zugang zu ihrer Intuition haben, aber mit einem gewissen Training ändert sich das. Die Vasalisa in uns festigt ihren Kontakt zu ihrer Intuition, indem sie bei jeder Weggabelung in sich hineinhorcht und fragt: »Soll ich mich hierhin oder dorthin wenden? Soll ich warten oder mich beeilen? Soll ich Widerstand leisten oder flexibel sein? Soll ich mich zurückziehen oder darauf zugehen? Ist dieser Mensch ehrlich oder nicht? Ist dieses Projekt, dieser Mann, diese Reise, diese Beschäftigung momentan richtig oder falsch für mich?«

Eine abgebrochene oder gestörte Beziehung zur Intuition wird oft irrtümlich als ein unwiederbringlicher Verlust der Intuition selbst aufgefasst, aber die Intuition ist dem Wesen nach unsterblich und kann nicht unwiederbringlich verloren gehen. Wohl aber kann die Kette der mütterlichen Vermächtnislinie schwächer und schwächer werden, bis sie schließlich ganz abzureißen droht und eine Generation von Töchtern scheinbar ohne Intuition in die Welt hinausgeschickt wird. Doch auch diese Frauen können durch Übung ihre Intuition voll wiedererlangen. Und wie Vasalisas Puppe wird sie diese fortan wie ein Talisman begleiten.

Die vierte Aufgabe – Der Wilden Alten entgegentreten

In diesem Teil der Geschichte lernt Vasalisa die ehrfurchtgebietende wilde Hexe kennen. Folgende Aufgaben müssen in dieser Phase der Einweihung erfüllt werden:

Die Frau muss der weiblichen Urnatur entgegentreten und ihren Anblick ertragen können, ohne sich abzuwenden oder zu fliehen, das heißt, sich der Imago der Wilden Mutter stellen (beherzt auf Baba Yaga zugehen). Sie muss sich mit dem Ursprünglichen, der oft abstoßend wirkenden »Andersartigkeit« des Unzivilisierten in ihr selbst vertraut machen (eine Weile in Baba Yagas Hexenhaus bleiben). Sie muss manche ihrer Werte übernehmen und auf diese Weise selbst ein wenig »anders« werden (das Essen der Hexe zu sich nehmen). Sie muss einer gewaltigen Naturkraft mit übersinnlichen Fähigkeiten ins Auge sehen, erst in einer anderen Person und dann auch im eigenen Inneren.

Vasalisa ist heil aus dem Dickicht des Waldes herausgekommen und betritt nun die Waldlichtung, auf der sie Baba Yagas Hexenhaus zum ersten Mal erblickt. Das eigenartige Gebäude steht auf vier gelben Hühnerbeinen, die sich selbstständig machen und mit dem gesamten Überbau im Walzertakt herumwirbeln, wenn ihnen der Sinn danach steht. In Träumen sind Häuser und Zimmer symbolhaft für die Zustände in den psychischen Wohnräumen. Wenn es heißt, dass Baba Yagas Haus mit allen vier Beinen im Tierreich steht, können wir daraus entnehmen, dass das Tierische ein bisher unterentwickeltes Element in Vasalisas Persönlichkeit ist. Das merkwürdige Haus führt sich wie ein lebendiges Wesen auf, wandert herum und tanzt vor lauter Lebensfreude einen Walzer. Das vierbeinige Fundament, auf dem die Urinstinkte stehen, setzt sich aus vitaler, ungebrochener Lebenskraft und ungebärdiger Lebensfreude zusammen. Aus dieser Mischung, und nur daraus, quillt überschäumend originelle Kreativität hervor, eine Schöpferkraft, die fähig ist, scheinbar tote Dinge zu beleben und Wunder zu vollbringen. In diesem psychischen Wohnraum ist nichts nur so, wie es auf den ersten Blick scheint, denn alles lebt, ist mysteriöser, als man denken sollte, und letztlich wundersam.

Vasalisa macht sich mit einer vergleichsweise flachen und dimensionslosen Persönlichkeit auf den Weg zu dem Hexenhaus, in dem sie lebenswichtige Dinge lernen wird. Eine »Stinknormalität« schleicht sich oft hinterrücks in das Dasein von Frauen ein, bis sie eines Tages erschrocken feststellen, dass sie ein zwar routiniert glatt laufendes, aber völlig uninteressantes Leben führen. Sie fragen sich, an welchem Scheideweg ihre ungebärdige Lebensfreude auf der Strecke geblieben ist, wo ihre Leidenschaft und Unternehmungslust den Bach hinuntergeflossen sind. Bei einem rein pflichtbewussten Routine-Dasein wird die Intuition vernachlässigt, was wiederum zu mangelnder Glut oder Lichtkraft in den psychischen Wohnräumen führt. In solchen Fällen muss man freiwillig in den Wald gehen, die Hexe suchen, denn andernfalls … wir wissen ja, was andernfalls passiert: Eines Tages steigt irgendein Monstrum aus unserem Unterbewusstsein empor, überwältigt uns und schleppt uns in die Tiefen seines unterirdischen Verlieses, um uns dort zu beuteln und mit allerlei ungewollten Selbsterkenntnissen zu konfrontieren. Doch das ist eine andere Geschichte, die aber im Endeffekt ebenfalls ein gutes Ende nimmt.

Das Vermächtnis der sorgsam behütenden Mutter an ihre Tochter – die Verbindung zur eigenen Intuition – wird erst durch die harten Prüfungen der Wilden Alten vollständig nutzbar gemacht. Baba Yaga ist die Hüterin der instinktiven und integrierten Psyche, des ältesten Wissens der Welt, was sie auch sofort kundtut, wenn sie knurrend zu Vasalisa sagt: »Ja, ja, ich kenne dich und deinesgleichen.« Sie kennt das Menschliche in all seinen Ausdrucksformen und Entwicklungsstufen, von der unbewusstesten Stufe bis hin zum Stadium der vollreifen Selbsterkenntnis. Zudem ist sie eine Inkarnation der heidnischen Mutter Nyx, der »Mutter des

Tages und der Nacht«, eine Gottheit, der irdische Naturgewalten unterstehen. Die drei Reitersmänner, die an Vasalisa der Reihe nach vorüberpreschen, bezeichnet sie als »*mein* Tag, *mein* Sonnenaufgang, *meine* Nacht«, woraus man entnehmen kann, dass Baba Yaga sich als einen Teil jener Naturkraft begreift, die über das Werden und Vergehen von Erscheinungen zwischen Himmel und Erde bestimmt.

Baba Yaga ist furchterregend, denn ihr Wissen und ihre Macht können ebenso vernichten wie Leben spenden. Doch Vasalisa geht mutig auf sie zu und erkennt die Göttlichkeit der Wilden Mutter in all ihrem Schrecken an. Bemerkenswert an dieser Geschichte ist auch, dass Baba Yaga zwar wiederholt mit Vernichtung und Tod droht, falls die Einweihungskandidatin versagt, aber Gerechtigkeit walten lässt. Sie tut Vasalisa nichts, solange die Kandidatin aufrichtig ist, das heißt, aufrecht stehen bleibt und ihr den gebührenden Respekt erweist. Aufrichtige Standhaftigkeit im Angesicht großer Macht ist von entscheidender Bedeutung. Eine Frau muss vor Machthabern und Autoritäten aller Art »ihre Frau stehen können«, denn letzten Endes wird etwas von dieser Macht eines Tages zu ihrer eigenen. Vasalisa tritt der weiblichen Urgottheit nicht unterwürfig, aber auch nicht arrogant oder voller Prahlsucht entgegen; sie läuft weder davon, noch versteckt sie sich hinter einer aufgesetzten Burschikosität. Sie präsentiert sich unverstellt so, wie sie in ihrer Einfachheit ist.

Viele Frauen sind dieser Tage im Begriff, sich von ihrem traditionellen »Immer-lieb-und-nett-sein-Komplex« zu erholen, diesem Zwangsverhalten, das sie, ganz gleich, wie sie sich wirklich fühlen, und ganz gleich, wer sie angreift und übervorteilt, automatisch so zuvorkommend süßlich reagieren lässt, dass sie quasi an Überzuckerung dahinsiechen. Nur nachts knirschen sie stundenlang mit den Zähnen, weil die Baba Yaga in ihrer Psyche um Ausdruck ringt.

Übertrieben zuvorkommende Bemühtheit ist in den meisten Fällen ein Zeichen dafür, dass Frauen eine panische Angst vor Ablehnung haben – oder von ihrer Umgebung für überflüssig und austauschbar gehalten zu werden. Aber es gibt eine Art zu leben, bei der Frauen nicht nur lächelnd die Vorderzähne entblößen, um sich »lieb Kind« zu machen. Sobald sie die ungezähmte Naturkraft in ihrem Inneren kennenlernen, erhalten sie Zugang zu den zahllosen anderen Gesichtern der untergründigen Femininität und fühlen sich nicht länger einseitig auf das holde, verständnisvoll lächelnde Gesicht festgelegt. So sein, wie man ist, bedeutet, von den zahllosen Gesichtern in uns das aufzusetzen, das in der jeweiligen Situation am meisten angebracht und uns dienlich ist.

Die Instinkt-Natur erscheint Vasalisa in dieser Einweihungsgeschichte in Gestalt einer Hexe, was heutzutage als Schimpfwort gilt, aber in vorchristlicher Zeit eine Bezeichnung für mit Heilkräften begabte Medizinfrauen war. Das englische Wort für Hexe ist *witch,* und *witch* kommt von *wit,* was »weise« bedeutet oder auch »blitzschnelle Umsetzung geistiger Funktionen«. Eine »Hexe« genannt zu werden, galt als Ehrentitel in den Jahrtausenden, bevor der Monotheismus die älteren pantheistischen Kulturen verdrängen konnte, die die Gottheit durch eine Vielzahl religiöser Bilder vom Universum und all seiner Phänomene verstanden. Aber egal, wie man sie nennt – die Hexe, die Menschenfresserin, die Wilde Alte und was uns sonst noch an Namen für die von der Kultur als schauderhaft empfundenen Aspekte in der weiblichen Psyche einfällt –, diese Aspekte sind genau das, was Frauen oft am dringendsten wiederfinden und zum Vorschein bringen müssen.

In vielen Büchern der einschlägigen Literatur über die *»Power der Frau«* wird darauf hingewiesen, dass Männer Angst vor der weiblichen Macht haben. Wenn ich so etwas lese, greife ich mir immer stöhnend an den Kopf und möchte am liebsten laut ausrufen: »Und was ist mit den Millionen Frauen, die sich vor der eigenen *Power* fürchten?« Kein Zweifel, die femininen Urkräfte sind gewaltig, auch in ihren Auswirkungen, und in der Tat Ehrfurcht gebietend. Es ist verständlich, dass Männer wie Frauen beim ersten

Kontakt mit der *Power* der Wildnatur auf der Stelle kehrtmachen und sich winselnd davontrollen.

Aber wenn Männer sich jemals mit dieser *Power* anfreunden sollen, müssen die Frauen es ihnen zunächst einmal vormachen. Wenn Männer das Wesen der Weiblichkeit jemals wirklich verstehen lernen sollen, müssen Frauen ihnen zeigen, wie sich die feminine Wildnatur im Einzelnen bemerkbar macht, und ihnen beibringen, dass ein Baba-Yaga-Selbst in jeder Frau steckt, eine elementare rätselhafte Kraft, die der universellen Mutter des Werdens, Vergehens und Neuwerdens entspringt, von der die individuelle Frau nur eine vorübergehende Verkörperung ist.

Zunächst müssen wir jedoch selbst zu der Erkenntnis gelangen, dass ein bisschen Yagahaftigkeit für uns nützlich ist und gut. Wir müssen selbst dem wildesten all unserer Gesichter gegenübertreten und seinen Anblick ertragen können, ohne ins Schwanken zu geraten, ohne das Gesehene zu leugnen und ohne zu fliehen. Und das bedeutet, dass wir uns als lernfähig erweisen und aktiv mit unserer Wildnatur zusammenarbeiten.

Die fünfte Aufgabe – Dem Über-Rationalen dienen

In diesem Teil der Geschichte hat Vasalisa die Hexe um das Feuer gebeten, und Baba Yaga hat darin eingewilligt, ihr die erbetene Kohlenglut zu überlassen, aber nur unter der Bedingung, dass Vasalisa eine Reihe von Hausarbeiten verrichtet und ihr dient. Die psychischen Aufgaben auf dieser Stufe sind folgende:

Bei der Wilden Alten verweilen und sich mit den Naturkräften der femininen Psyche vertraut machen. Eine Reihe von Reinigungsprozessen durchlaufen, (Wäsche) waschen, putzen, sortieren (die verschiedenen Elemente unterscheiden) und nähren (Baba Yagas Essen kochen).

Baba Yaga ist die Wilde Mutter, bei der Vasalisa lernt, wie der psychische Haushalt in Ordnung gebracht wird. Wäsche waschen ist ein eindeutiges Symbol für Gewebereinigung. In diesem Fall wird der Stoff, aus dem die naive Psyche gewirkt ist, also die gesamte Ausrichtung von Vasalisas Seelenwelt mit all ihren Wertvorstellungen, Ansichten und inneren Haltungen purifiziert.

In der Mythologie ist alles Gewebte ein Werk der göttlichen Leben/Tod/Leben-Mütter, wie zum Beispiel durch die drei antiken Schicksalsgöttinnen symbolisiert. Klotho sitzt an der Spindel, Lachesis reicht den Lebensfaden zu, und Atropos schneidet ihn ab. Bei den Navajo wird diese Kraft die »Spinnenfrau« genannt, und in ihren Legenden heißt es, dass die Spinnenfrau das Indianervolk dereinst in der Webkunst unterwies. Die Leben/Tod/Leben-Mütter wissen, was leben und was sterben soll, was aussortiert und was in den Stoff eingewoben werden soll. Sie gebieten über Sein und Nichtsein. In unserer Geschichte wird verlangt, dass Vasalisa die Wäsche der Hexe reinigt, bevor sie das Feuer nach Hause tragen darf, was man auch so interpretieren kann, dass dem Mädchen der Auftrag erteilt wird, sich über die Grundmuster der Lebenszyklen bewusst zu werden und sich dadurch von Widerständen gegen die eigene zyklische Leben/Tod/Leben-Natur zu befreien.

Etwas zu waschen, ist ein zeitloses Symbol, nicht nur für eine Reinigung, sondern auch für die Taufe, die Weihe mit Wasser, aus der man »eingeweiht« hervorgeht. In der archetypischen Symbologie repräsentieren Kleidungsstücke die Hülle oder *Persona,* die Maske, hinter der man sich verbirgt. Aber in den älteren mittelamerikanischen Kulturen haben Masken noch eine andere Bedeutung: Sie sind nicht dazu da, um sich dahinter zu verbergen, sondern stellen etwas dar, neben dem die eigene Persönlichkeit verblasst. In diesem Zusammenhang signalisieren die zur Schau gestellten Masken also einen Rang, eine Tugend, einen Charakter oder sind Zeichen von Meisterschaft.

Man kann sich vorstellen, dass Baba Yagas Gewänder ebenfalls äußerliche Signale ihrer Charakterstärke und Autorität sind. Selbstverständlich sind sie aus unzerreißbarem Stoff gewirkt und werden von kräftigen Fäden zusammengehalten. Ihre Wäsche zu waschen, ist eine Metapher dafür, dass wir dadurch deren Eigenschaften kennenlernen, untersuchen und erfahren, wie man sie sortiert, repariert und durch Reinigung auffrischt. Bei diesem Initiationsprozess sehen wir, wie ihre Kleider genäht sind, welche Muster sie haben und wie wir die instinktive Psyche erneuern können. Und bald hängen wir uns selbst ein solches Gewand zu all den anderen Hüllen in den Schrank und werfen es uns bei Gelegenheit über.

Als Nächstes wird Vasalisa aufgetragen, Baba Yagas Hütte zu fegen. Impliziert ist, dass Ordnung gemacht, Unrat fortgeräumt und ein Freiraum geschaffen wird. Ein klarer, von allen Belangen leer gefegter Freiraum ist lebensnotwendig, und er befindet sich in Yagas Hütte, also dort, wo die Wilde Frau in uns lebt. Manche Frauen wollen nicht wahrhaben, wie dringend sie diese Frei-Raum-Zeit, die ganz allein der Beschäftigung mit den eigenen Tiefen vorbehalten ist, brauchen. Für viele findet die wichtigste Tiefenarbeit im Verlauf einer Psychoanalyse, intensiven Nachsinnens, einer Meditation, des Annehmens der Einsamkeit oder sonstigen Formen des Hinabsteigens in das Untergründige statt, aber jede Frau hat ihre eigenen Präferenzen und ihre eigene Art, Ordnung in den Psycho-Haushalt zu bringen.

Ein weiterer Aspekt in diesem Zusammenhang ist, dass hier Ordnung in einen auf den ersten Blick völlig verrückt wirkenden Haushalt gebracht wird, dass in Gefilden der Psyche, die irrationalen oder, besser gesagt, über-rationalen Gesetzmäßigkeiten unterstehen, sage und schreibe *ausgefegt* wird. Merkwürdig, nicht wahr? Aber hier wird darauf aufmerksam gemacht, dass ungewöhnliche Ideen, mystische Erfahrungen und sogenannte übernatürliche Prozesse ebenfalls einem zyklisch wiederkehrenden Reinigungsprozess unterzogen werden sollen. Auch die Psyche muss in regelmäßigen

Abständen ausgefegt werden, damit unsere wilde Natur besser gedeihen kann.

Und dann kochen wir für Baba Yaga eine Mahlzeit. Aber was heißt das? Und womit ernährt man die Baba Yaga der Psyche, eine so wilde Göttin? Wer kochen will, muss zunächst einmal ein Feuer entfachen. Um der Wilden Frau nahezukommen, muss man gewillt sein, innerliche Hitze zu erzeugen, muss man vor Leidenschaft brennen, sich brennend für etwas interessieren, zündende Ideen haben, sich mit feuriger Intensität für etwas einsetzen. Nur ein passioniertes Engagement bringt Dinge, an denen man interessiert ist, voran, macht ein heiß ersehntes Ziel erreichbar.

Der leidenschaftliche Einsatz für etwas Schöpferisches erzeugt ein Feuer, und die Ideen eines Menschen sind das, was hier gar gekocht wird. Um für die Wilde Frau zu kochen, müssen wir dafür sorgen, dass unsere lustvolle Kreativität immer auf mehr oder minder heißer Flamme steht.

Was unsere wilde Seele nährt und die Wilde Alte in uns, das ist dieses Zusammenbrauen völlig neuer Ideen, das Beschreiten neuer Wege, dieses Engagement für Kunst und die Arbeit. Ohne Feuer bleiben all unsere großen Ideen und Gedanken kalt und ungar, bleiben unsere Wünsche und Sehnsüchte im Rohzustand, und alle bleiben hungrig und unerfüllt. Auch Yaga.

Alles, was wir mit innerem Feuer tun, hingegen gefällt ihr und gibt uns allen Nahrung.

Doch noch eines muss Vasalisa lernen: Baba Yaga kann man nicht auf eine Magerdiät setzen. Sie hat einen gewaltigen Appetit auf gewisse Dinge. Und wenn man ein gutes Verhältnis zu ihr haben will, muss man eine Menge zum Kochen bringen.

Mithilfe ihres intuitiven Gespürs gelingt es Vasalisa (und uns), scheinbar unmögliche Aufgaben zu erfüllen, und die tiefere Wesensnatur in Gestalt von Baba Yaga gibt knurrend zu, dass uns gelungen ist, was keine von ihren Urinstinkten abgeschnittene Person jemals fertigbringen würde. Die Wilde Mutter geizt am Anfang immer mit ihrem Lob, wie die meisten alten Heilerhexen, die in ihrem langen Leben so ziemlich alles unter der Sonne gesehen haben und einerseits wünschen, sie hätten es nicht getan, und andererseits natürlich stolz darauf sind.

Die sechste Aufgabe – Dieses von jenem trennen

In diesem Teil der Geschichte muss Vasalisa vier Substanzen voneinander trennen, den verschimmelten Weizen vom gesunden und die Mohnsamen vom Schmutz und der Erde. Die psychischen Aufgaben auf dieser Stufe sind folgende:

Die Kandidatin muss ein präzises Unterscheidungsvermögen entwickeln, das selbst die subtilsten Unterschiede zwischen den Dingen akkurat wahrnimmt. Sie muss sich intimere Kenntnisse über das Leben (der gesunde Weizen) und den Tod (die Mohnsamen) aneignen. Auf dieser Stufe wird die Macht des Unbewussten erforscht und erfahren, dass es ohne das bewusste Eingreifen des Egos tätig ist und ungeahnte Dinge vollbringt (die körperlosen Hände, die in der Luft schwebend sinnvolle Arbeit verrichten).

Vasalisa legt sich schlafen, nachdem sie die ersten drei Aufgaben bewältigt hat, während ihre Puppe die vierte und schwierigste Aufgabe übernimmt: den schlechten Weizen vom guten zu trennen. Diese Art des Aussortierens findet tatsächlich eher im Schlaf als im Wachzustand statt, besonders, wenn es sich um ein komplexes, scheinbar unlösbares Problem oder ein seelisches Dilemma handelt. Wir lassen die Sache ruhen, und plötzlich, völlig unerwartet, kommt uns eine rettende Lösung in den Sinn. Bei genauerem Hinsehen bemerken wir, dass die Antwort oder Lösung uns in einem Moment der Entspannung eingegeben wurde – eine wichtige Entdeckung! Offenbar ist eine unbewusste Geisteskraft in der entspannten Psyche am Wirken, die imstande ist, »die Spreu vom Weizen zu trennen«, selbst wenn es sich, wie in Vasalisas Fall, um riesige Berge von beidem handelt. Wir tauchen aus der Entspannung auf, und unsere Arbeit ist getan, genauso wie eine gut entwickelte Intuition es uns voraussagen würde: »Mach dir keine Sorgen, ich erledige das Unmögliche für dich, während dein Ego ausgeschaltet ist.« Das Vertrauen in solche Voraussagen ist ein Resultat der intimen Bekanntschaft mit der Intuition. Vasalisa hätte garantiert nicht ruhig schlafen können, wenn die Puppe ihr nicht den rechten Weg zur Wildnatur gewiesen und ihre Fähigkeiten damit als über jeden Zweifel erhaben unter Beweis gestellt hätte.

Der Weizen hat eine duale Bedeutung. In destillierter Form als Alkohol kann er einerseits als Rauschmittel und andererseits als belebende Medizin dienen. Es gibt einen schwärzlichen Pilz, der in verschimmeltem Korn auftaucht und angeblich eine halluzinogene Wirkung hat, also Visionen erzeugt. Verschiedene Historiker gelangten zu der Überzeugung, dass destillierte Kornprodukte wie Weizen, Hopfen, Mohn und Mais bereits in den antiken Göttinnen-Kulten Griechenlands als Stimulanzien benutzt wurden. Mohnsamen sind ein weltbekanntes Schlaf- und Betäubungsmittel, und selbst die Erde kann in Form von Schlammpackungen, von Kleie und Heilerde als Arznei dienen.

Mit anderen Worten, wir haben es mit dem Restbestand einer altertümlichen Apotheke zu tun.

In übertragenem Sinne sind diese Substanzen Arzneien für den Geist, manche in ihrer Wirkung stimulierend und erweckend, andere betäubend und einschläfernd. Demnach sind sämtliche aussortierten Elemente in der Geschichte zugleich auch symbolhaft für die ewigen Zyklen des Werdens, Vergehens und Neuwerdens, über die uns die innewohnende Wildnatur Auskunft geben kann. Hier werden die Zyklen durch die Symbole für den Schlaf und das Erwachen repräsentiert. Aber Baba Yaga verlangt nicht nur, dass Vasalisa das Gesunde vom Verrotteten trennt – wie etwa wahre Liebe von falscher Liebe, nährende Substanzen von giftigen –, sie verlangt auch, dass eine Form der Heilkraft präzise von der anderen unterschieden wird. Uns werden dieselben Aufgaben gestellt. Mithilfe unserer Puppe sortieren wir aus, was heilsam in unserer Psyche ist, und trennen es von dem, was uns vergiftet. Mit dem Unterscheidungsvermögen der Intuition wird aus sämtlichen Elementen in uns noch der letzte Tropfen an Heilessenz herausdestilliert und unserer Wildnatur als Nahrung zugeführt, denn was uns in der Seele nährt, ist zugleich auch Medizin für sie.

Die siebte Aufgabe – Nach den Mysterien fragen

Nachdem Vasalisa sämtliche Aufgaben erfolgreich erfüllt hat, stellt sie Baba Yaga ein paar wichtige Fragen. Die Aufgaben in dieser Zeit sind folgende:

Hier wird ein echtes Interesse an der Wahrheit hinter den Äußerlichkeiten erforderlich. Die Einweihungskandidatin muss (sich) Fragen stellen, um herauszufinden, was hinter den verschiedenen Erscheinungsformen steckt (Vasalisa erkundigt sich nach den mysteriösen Reitern). Eine Frau muss die Wahrheit über alle Elemente der Wildnatur herausfinden wollen und mit dem, was an diesem Punkt offenbart werden kann, arbeiten. Nutzlosen Informationen darf keine weitere Beachtung geschenkt werden (»zu viel Wissen macht den Menschen vorzeitig alt«).

Die bedeutsamste Frage, die ein Mensch sich stellen kann, ist: »Wer bin ich? Was bin ich in Wirklichkeit?« Die wortlose Lehre der Urmutter Yaga verkündet, dass jeder Mensch das Leben selbst ist, Tod, Vernichtung und Wiederauferstehung eingeschlossen. Wir sind das, was Leben/Tod/Leben in all seinen wechselnden Ausdrucksformen gebiert.

Aber Vasalisa ist noch nicht reif genug, um diese Kernfrage direkt zu stellen und die Antwort mit all ihren Implikationen in sich selbst bestätigt zu finden. Sie fragt die alte Wissende nach der Bedeutung des weißen Reiters auf dem weißen Pferd, des roten Reiters auf dem roten Pferd und des schwarzen Reiters auf dem schwarzen Pferd.

In ihrer Antwort gibt Baba Yaga sich als eine Form der Göttin Demeter zu erkennen, Gebieterin über eine vielfarbige Schar von Pferden und Reitern, die am Morgen die Sonne über den Horizont hinaufziehen und, wenn es Abend wird, den Mantel der Dunkelheit über das Land breiten. Weiß, Rot und Schwarz sind Farben, die von alters her Geburt, Leben und Tod repräsentiert haben. Auch die alten Vorstellungen vom Abstieg in die Unterwelt des Totenreichs und vom Aufstieg in das Reich der Wiedergeborenen sind in diesen Farben enthalten – das Schwarz für die Vernichtung alter Wertvorstellungen, das Rot für das Opferblut der verlorenen beziehungsweise durchschauten Illusionen und das Weiß als die Farbe des neuen Bewusstseins, das nach den Erfahrungen mit den beiden ersten Farben um so heller leuchtet.

Jede der drei Farben in dieser Geschichte enthält zudem einen Todes- und einen Lebensaspekt. Schwarz ist die Farbe der tiefsten, fruchtbarsten Erdschichten, aus denen neue Keime emporschießen. Das Schwarze wird also auch mit jener Zwischenwelt assoziiert, in der *La Loba,* die Wolfsfrau, sich vollkommen zu Hause fühlt, denn Schwarz ist nicht nur die Farbe des Todes und des schmerzlichen Lichtverlusts, sondern birgt in sich auch schon die Verheißung, dass bald etwas Neues, vielleicht noch gänzlich Unbekanntes, sprießen wird.

Rot ist nicht nur die Farbe des Opferbluts, der Zornesröte, der Qual und der Gewalttätigkeit, sondern zugleich auch ein Symbol für vitale Lebenskraft, für Erregung, sexuelle Begierde und Erotik. Rot ist die Verheißung, dass etwas in Kürze aufersteht.

Weiß ist nicht nur die Farbe der unbefleckten Reinheit, es kann auch die Bleiche des Todes repräsentieren und alle blutleeren Dinge, die ihre rosige Vitalität verloren haben. Das Weiß ist die

Verheißung, dass jede blanke, leere Seite im Lebensbuch eines Tages beschrieben, dass die Leere gefüllt wird.

Die Reitersmänner von Baba Yaga treten in Schwarz, Weiß und Rot auf, in denselben Farben, in denen auch Vasalisa und ihre Puppe gekleidet sind. Mit dieser Symbolik werden Vasalisas alchemistische Anlagen verdeutlicht, die darauf hinweisen, dass es sich bei Vasalisa von der Anlage her um eine Leben/Tod/Leben-Mutter in Miniaturform handelt. Zwei Aspekte von Vasalisa sterben in der Geschichte, die allzu gute Mutter in ihrer Psyche und später die verurteilenden stiefmütterlichen Aspekte, während zwei andere Aspekte neues Leben erhalten, zuerst die Intuition in Form ihrer Puppe und dann die Wilde Frau, die in Vasalisa im gleichen Maße aufersteht, wie sie die Aufgaben der äußerlichen Baba Yaga erfüllt. So wird also völlig klargestellt, dass beide Tode notwendig sind und der jungen Psyche letzten Endes nur ein reicheres Leben bescheren.

Für Frauen ist dieses Leben-und-sterben-lassen-Können von immenser Bedeutung. »Lass leben, lass sterben und lass auferstehen«, das ist die paradox anmutende Lehre unserer Urinstinkte, eine Art Zenbuddhismus der Wolfsfrauen, der essenziell erklärt, dass alles, was lebt, sterben wird, und alles, was stirbt, irgendwann auferstehen und wieder leben wird. So ist es, und so, wie es ist, muss es von uns akzeptiert und gutgeheißen werden. Ein Anklang an dieses Wissen ist auch in Baba Yagas Worten enthalten, wenn sie verkündet: »Zuviel Wissen macht den Menschen vorzeitig alt«. Der Versuch, zu verstehen, was es mit den körperlosen Händen auf sich hat, die aus dem Nichts auftauchen und Arbeiten verrichten, die kein Mensch auf so mühelose Weise fertigbringt, käme dem Versuch gleich, den tiefsten Kern des Weltgeschehens verstehen zu wollen. Vasalisas Puppe und Baba Yaga warnen aus zweierlei Gründen vor solchen Fragen, erstens, weil sie zu früh gestellt werden können, von einem Bewusstsein, das noch nicht reif genug für die Beschäftigung mit den existenziellen Mysterien ist, und zweitens, weil selbst bei absoluter innerer Reife ein letztlich unerklärliches, namenloses, nicht fassbares Mysterium bleibt, das man einfach als solches hinnehmen muss. Das, was verstandesmäßig erfasst werden kann, offenbart sich im Verlauf des psychischen Wachstums, aber einige Dinge bleiben unbegreiflich und bereichern uns dennoch.

Vasalisa und wir sind aufgerufen, uns zunächst damit zu begnügen, dass wir von nun an die wegweisende Puppe mit uns tragen und uns ein paar Komponenten der weisen Wilden Mutter angeeignet haben, die uns weiterhelfen auf unserem Weg.

Die achte Aufgabe – Auf allen vieren stehen

Als Vasalisa »das segensreiche Vermächtnis« ihrer ersten Mutter erwähnt, wird sie von Baba Yaga zurechtgewiesen. Die Alte überreicht ihr einen glühenden Totenschädel, setzt ihn auf einen Stock wie eine Laterne und befiehlt dem Mädchen zu gehen. Die Aufgaben in dieser Phase sind folgende:

Hier muss man sich bereit erklären, eine immense Kraft und charismatische Ausstrahlung anzunehmen, die sich auch im Leben anderer Menschen transformierend bemerkbar machen (man trägt den feurig glühenden Totenschädel vor sich her). Jede Situation im Leben wird so in neues Licht getaucht (den Rückweg zur Stieffamilie antreten).

Wenn Baba Yaga abwehrend kundtut, dass sie keinen Segen in ihrem Hause gebrauchen kann, lassen sich ihre Worte auf zweierlei Weise interpretieren. Einerseits kann es sich hier um eine in späteren Jahrhunderten vorgenommene Verfälschung der Originalfassung handeln, um die Alte Wilde Mutter (deren mythologischer Ursprung bis zur Jungsteinzeit zurückzuverfolgen ist) in Anbetracht der monotheistischen Religion zu dämonisieren. Andererseits kann die Abwehr der Yaga gegen den Segensspruch einer verstorbenen Mutter aber auch im Sinne der archetypischen Psychologie interpretiert werden: Dann regt sich die Yaga nicht über den Segen auf Vasalisa als solchen auf, sondern darüber, dass der Segen von der allzu sorgsam behütenden Mutter kommt, also von dem unterwürfigen, übertrieben folgsamen Aspekt der femininen Psyche. Die allzu gute Mutter bewohnt die oberen Gefilde der Psyche, während die wilde Yaga im Untergrund haust, und obwohl das Liebe und Gute sich den Gesetzen des Wilden anpassen kann, gelingt es dem Wilden nie, auf längere Zeit die Gebote des Nett-Seins zu befolgen.

Wenn Frauen diesen Aspekt der Yaga integrieren, nehmen sie nicht länger ohne zu hinterfragen hin, was an Zuckerstücken, vergifteten Pfeilen oder sonstigem ihres Weges kommt. Sie distanzieren sich ein wenig von dem Segen der allzu guten Mutter und lernen es, zu erkennen zu geben, dass sie falsche Schmeicheleien und sonstige Lügen durchschauen.

Vasalisa hat der Wilden Mutter gedient und den Wilde-Mutter-Aspekt in sich selbst damit gestärkt. Sie übernimmt einen Teil der Kraft der Alten. Manche Frauen befürchten nun, dass ein instinktives und intuitives Wissen sie dazu verleiten könnte, gedankenlos oder tollkühn zu reagieren. Aber diese Angst ist unbegründet.

Das Gegenteil ist der Fall. Ein Mangel an intuitivem Gespür führt zu falschen, ja sogar unheilvollen Entscheidungen. Wenn die instinktive Psyche »Halt! Vorsicht!« warnt, muss die Frau darauf hören. Eine gut genährte Intuition spricht permanent zu uns und gibt ihr Urteil in jeder Lebenslage ab: »Tu dies, tu das. Nein, nicht hier entlang. Gut, jetzt kannst du weitergehen«. Die Intuition wird nicht nur ein einziges Mal konsultiert und dann beiseitegeschoben und vergessen. Sie ist unverzichtbar. Sie wird bei jedem Schritt auf dem Weg konsultiert, bei einem Kampf mit den Dämonen im eigenen Inneren genauso wie bei der Erfüllung einer beruflichen Aufgabe. Es spielt keine Rolle, ob die Belange und Bestrebungen einer Frau persönlich oder global sind. Jede Handlung beginnt grundsätzlich mit einer Stärkung des Geistes.

Und damit kommen wir zu dem Totenschädel, der ein gespenstisch flackerndes Licht verbreitet und mit dem assoziiert wird, was die Archäologen alter Schule früher gern die »Verehrung der Vorfahren« genannt haben. Viele Religionen der Frühzeit lehrten, dass verstorbene Seelen einen Restfunken ihres Geistes in ihren Knochen und vor allem im Schädel hinterlassen. Bei rituellen Totenbeschwörungen wurden die Geister verstorbener Ahnen mithilfe ihrer auf einen Stock oder Pfahl gepflanzten Schädel herbeizitiert, um das Wissen der Toten zu konsultieren. Insofern kann man diese Episode so interpretieren, dass der Ahnengeist von Baba Yaga auf Vasalisa übertragen wird, wenn sie den Schädel wie einen magischen Talisman vor sich herträgt. Vasalisa gliedert sich in die Ahnengalerie des mütterlichen Urwissens ein und geht nun mit einem weithin leuchtenden Geistfeuer nach Hause.

Dies ist der Aufstieg aus den Tiefen der Unbewusstheit in das Lichtreich der intuitiven Geisteskraft. Wenn eine Frau so weit gekommen ist, hat sie den Schutzmantel der allzu guten Mutter in ihrer Psyche abgestreift und gelernt, den Widerständen in der Außenwelt ohne übertriebene Anpassung entgegenzutreten. Und es mangelt ihr weder an Selbstvertrauen noch an Potenz. Sie hat die Intuition vom umsorgend-mütterlichen Aspekt ihrer Psyche geerbt und das wilde Urwissen von ihrem Yaga-Aspekt. Nun tritt sie das zweifache Erbe an, steht sozusagen auf allen vieren und schreitet durch die Dunkelheit voran, vom Licht des Ahnengeistes geleitet. Lasst uns sehen, was geschieht, wenn eine Frau so weit auf dem Einweihungsweg gekommen ist.

Die neunte Aufgabe – Den Schatten in neues Licht tauchen

Vasalisa trägt den glühenden Schädel durch den Wald und wirft ihn einmal aus Angst beinahe fort. Aber der Schädel spricht ihr Mut zu, und Vasalisa geht weiter. Daheim angekommen, beobachtet der wachsame Schädel das Treiben der Stieffamilie und verbrennt sie schließlich zu einem Häuflein Asche. Vasalisa lebt noch lange und in Frieden fort. Die Aufgaben in dieser Zeit sind folgende:

Die neu erworbene Scharfsicht benutzen (feurige Augen), um die Schattenaspekte im eigenen Inneren und in den Personen und Situationen der Außenwelt zu durchleuchten und die Schattenseiten der eigenen Psyche in neues Licht zu tauchen (die quälenden Stimmen der Stiefmutter und -schwestern zu Asche verbrennen).

Vasalisas Totenschädel ist eine Variante der Puppe. Beide weisen ihr den Weg, aber der Schädel besitzt noch andere Kräfte. Das lebende Geistfeuer in diesem Schädel beobachtet alles, was vor sich geht, innen wie außen; sein Licht fällt erbarmungslos auf die Stärken und Schwächen aller inneren Aspekte und äußeren Personen. Es sieht, was ist, und sieht es so, wie es ist. Es ist ein unbestechlicher Zeuge.

Es ist verständlich, dass Frauen, die sich in langen Jahren einen derartigen Durchblick erworben haben, ihn manchmal am liebsten wieder loswerden möchten. Vasalisa will das glühende, durchbohrende Bewusstseinsfeuer fortwerfen, weil es ihr zu »heiß« wird und sie nicht weiß, was ihr all dies Wissen nützt. Tatsache ist, dass es leichter ist, das Geistfeuer wegzuwerfen und weiterzuschlafen. Ich will niemandem vormachen, dass es einfach ist, den Schädel auf einem Stock vor sich herzutragen, denn mit ihm sieht man im Laufe der Zeit jede auch noch so gut versteckte Schattenseite der eigenen Psyche, alle Negativitäten und Ungereimtheiten, die das Ego schlicht unerträglich findet. Und dann verwandelt sich der Schädel auch noch ganz plötzlich von einer Laterne in einen Ofen, in dem Teile des eigenen Egos zu Schutt und Asche verbrannt werden! Vasalisa bedenkt all diese Implikationen und beginnt, sich vor den Konsequenzen des Bewusstseinsfeuers zu fürchten, aber der Schädel selbst rät ihr, sich zu beruhigen und gefasst voranzuschreiten: vorwärts, marsch, mitten in den Bereich der törichten, gehässigen, verlogenen, verurteilenden Stimmen in ihr selbst! Und so ist Vasalisa fähig, weiterzugehen und weiter zu *sehen*.

Jede Frau, die ihre Intuition und ihre Yaga-ähnlichen Kräfte zurückgewinnt, gelangt an einen Punkt, an dem sie sie am liebsten wieder von sich schleudern würde. Wozu ist es gut, all diese Dinge zu sehen und zu wissen? Im Licht des Feuerschädels tritt alles schonungslos offen zutage: Die Alten sehen ältlich aus, die Schönen üppig; die Dummen werden als dumm erkannt, die Betrunkenen als betrunken, die Untreuen als untreu. Unglaubliches wird als Wunder wahrgenommen. Das Licht der Erkenntnis sieht, was es sieht; es ist ein ewiges Licht, es leuchtet der Frau ein Stückchen voraus und berichtet ihr, was es dort vorgefunden hat. Es ist ihre ständige Erkenntnis.

Wenn man aber so sieht und fühlt, steht die Arbeit an, etwas für das Gesehene zu tun. Eine gute Intuition zu besitzen, gute Kraft daraus zu ziehen, bedeutet Arbeit. Die Arbeit besteht zunächst darin, die negativen Kräfte und das Unausgewogene im Inneren und Äußeren zu beobachten und zu erkennen. Darüber hinaus kostet es Mühe, den Willen zu mobilisieren, um sich mit dem Gesehenen zu befassen, zum Guten, oder um es ins Gleichgewicht zu bringen.

Ich will euch nichts vormachen: Die Wahrheit ist, dass es bequemer wäre, das Licht wegzuwerfen und wieder einzuschlafen. Es ist wirklich manchmal nicht einfach, das Licht vor uns hinzuhalten. Denn damit sehen wir alle Seiten von uns selbst und von anderen, sowohl die entstellten als auch die göttlichen und alles, was dazwischenliegt.

Und doch bringt dieses Licht auch die tiefe Schönheit der Welt und der Menschen zum Bewusstsein. Mit diesem durchdringenden Licht kann man über eine böse Tat hinweg bis ins gute Herz hineinsehen; man kann den milden Geist hinter dem Hass ahnen, man kann vieles verstehen, anstatt nur verblüfft zu sein. Dieses Licht kann die Schichten der Persönlichkeit, der Absichten und Motive in anderen differenzieren. Es kann die Bewusstheit oder Unbewusstheit im eigenen Selbst und in anderen feststellen. Es ist der Zauberstab des Wissens. Es ist der Spiegel, in dem alles gefühlt und gesehen wird. Es ist die tiefe wilde Natur.

Manchmal sind seine Berichte jedoch schmerzlich und fast nicht zu ertragen: Denn der Feuerschädel zeigt uns genau, wo sich ein Verrat zusammenbraut, wo jemanden der Mut verlässt, noch während er tapfere Parolen ausgibt. Das Licht zeigt, wo Neid hinter dem freundlichen Lächeln verborgen ist; es zeigt auch die Blicke, die nur Masken für Abneigung sind. Auch uns selbst strahlt dieses Licht hell an: Es beleuchtet unsere Schätze und unsere Schwächen gleichermaßen.

Die Konfrontation mit diesen Einsichten ist am schwierigsten. Genau jetzt wollen wir diese ganzen abscheulichen schlauen Erkenntnisse über uns wegwerfen. Doch jetzt fühlen wir, wenn wir sie nicht ignorieren, eine starke Kraft unseres Selbst, die sagt: »Wirf mich nicht fort, behalte mich. Du wirst schon sehen.«

Während Vasalisa durch den Wald wandert, denkt sie mit Sicherheit an ihre Stieffamilie, die sie bösartigerweise in den Tod schicken wollte; und auch wenn sie selbst sehr milde ist, der Schädel ist es nicht. Seine Aufgabe ist es, alles glasklar zu sehen. Wenn sie ihn also wegwerfen möchte, wissen wir, dass sie an die Qualen denkt, die es bereitet, manche Dinge über sich selbst, über andere und über die Natur der Welt zu wissen.

Zu Hause angekommen, erzählen die bösen Weiber ihr, dass sie während Vasalisas Abwesenheit kein Feuer, also keine Energie, hatten und nicht imstande waren, das lebenspendende Feuer aus eigener Kraft zu entzünden. Genau das gleiche Drama spielt sich in der Psyche einer Frau ab, wenn sie sich auf ihre Instinktnatur zurückbesinnt und ihre Quälgeister sich selbst überlässt. Die Unterdrückungsgewalten in ihrer Psyche verlieren ihre Energiequelle, wenn sie nicht mehr beachtet werden. Sie haben keine Lebenskraft mehr, wenn alle Reserven in die Tiefenauslotung gesteckt werden. Ohne Lebenskraft und Libido sind die Teile in der Psyche einer Frau, die ihr die Schöpferkraft rauben oder sie ständig verleiten, ihre Energie auf unwichtige Dinge zu verschwenden, wie Handschuhe ohne Hände.

Vasalisas Feuerschädel besorgt den Rest. Er fasst die Stiefaspekte ins Auge und beobachtet jede ihrer Bewegungen. Kann ein negativer Aspekt in der Psyche durch bloße Beobachtung auf ein Häuflein Asche reduziert werden? Ja. Indem man sich ein negatives Gefühl oder einen negativen Gedanken unverwandt vor Augen führt und es/ihn mit dem eigenen Bewusstsein durchdringt, löst es/er sich auf. Es/er verschwindet, wird vom Bewusstsein verbrannt, als substanzlos erkannt.

In den meisten Fällen genügt es schon, wenn wir einer psychischen Dummheit die Energie entziehen, sodass sie in sich zusammenfällt und von selbst verkümmert. Aber die Verbrennung der Stieffamilie hat auch noch eine andere Bedeutung. Man kann das hart erworbene Geistfeuer nicht behalten, wenn man sich innerlich oder äußerlich mit grausamen Geschöpfen umgibt. Solange du die Nähe einer Person suchst, die ihre Augen heimlich stöhnend zur Zimmerdecke dreht, kaum dass du den Mund aufmachst und dich gibst, wie du nun einmal bist, hast du es mit einem Leidenschaftsmörder zu tun, der deine und sehr wahrscheinlich auch seine eigene Vitalität zerstört. Solche Leute lieben dich weder so, wie du bist, noch sind sie an dem, was du tust, und an deinem Leben interessiert, auch wenn sie immer das Gegenteil beteuern.

Frauen sollten bei der Wahl ihrer Freunde und Liebhaber klug vorgehen. Wenn sie es nicht wirklich gut mit uns meinen, können sie für uns wie eine böse Stiefmutter und böse Stiefgeschwister sein. Im Falle von Liebhabern neigen wir dazu, ihnen die Macht eines

Zauberers zuzugestehen. So können sie leicht zerstören, was uns lieb und teuer ist. Solche Liebhaber muss man meiden.

Wenn die instinktbegabte Frau einen ihrer Einfälle mit ihrem Geliebten und Partner bespricht, sagt er nie: »Also, pah …, das hört sich aber ziemlich dumm (kindisch, unbedarft, unrealistisch, zu kostspielig usw.) an.« Ein echter Freund lehnt nie rundheraus ab, was aus der Frau heraus spricht. Stattdessen sagt er vielleicht etwas wie: »Ich weiß nicht, ob ich das richtig verstehe. Erkläre mir, wie du das siehst und wie so etwas funktionieren könnte.«

Wir brauchen Seelenfreunde und Geliebte, die uns wie lebendige Verkörperungen von Naturkräften behandeln, die uns betrachten wie der Gärtner einen aufstrebenden, zu manchen Jahreszeiten blühenden, zu anderen Zeiten kahlen, aber immer wachsenden Baum. Wir suchen nach Leuten, die uns als atmende, schillernde Wesen verstehen, die zugleich vollkommen menschlich, aber auch noch mehr sind, feinstofflich, unfassbar, magisch … Wir brauchen Liebhaber und Freunde, die das Seelische und Fühlende in uns unterstützen, das ist es, was uns fehlt. Und deshalb müssen wir uns den Feuerschädel aneignen und ihn bei der Wahl der Freunde zurate ziehen. Wir müssen sein glühendes Differenzierungsvermögen, das jede Unaufrichtigkeit durchschaut, um Beistand bei der Wahl unserer Partner bitten, denn durch den Einfluss unterminierender Beziehungen erlischt das Geistfeuer mit der Zeit und geht uns verloren.

Und wie steht es mit unserer eigenen Beziehung zum Feuerkopf? Um die Verbindung mit ihm zu festigen, fragt eine Frau sich, was *sie selbst* in Wirklichkeit will. Das ist das Aussortieren der Samen aus einem riesengroßen Haufen Dreck. Eine der wichtigsten Differenzierungen in diesem Zusammenhang ist die Unterscheidung zwischen einem verführerischen Lockruf und dem Aufruf, den die Seele selbst ergehen lässt.

Ein Beispiel: Du wirst zu einem Bankett eingeladen, wo dir sogleich das Büffet ins Auge sticht, denn es ist über und über mit den köstlichsten Leckereien der internationalen Küche beladen. Dein Blick schweift wohlgefällig von den Vorspeisen über die dampfenden Hauptgerichte bis hin zu den Desserts und Getränken, und du sagst dir: »Hmm. Also, ich möchte ein bisschen von diesem und von dem da, dann ein Stück hiervon und eine ganze Menge von all den anderen Sachen. Und danach werden wir weitersehen.«

Manche Frauen und Männer treffen sämtliche Lebensentscheidungen auf die eben beschriebene Weise. Wir sind von einer ständig lockenden Konsumwelt umgeben, die sich ins Unterbewusstsein drängt und Appetit erzeugt, wo vorher kaum oder gar kein Hunger vorhanden war. Bei dieser Art Auslese entscheidet man sich für Dinge, nur weil sie einem gerade in dem Moment vor die Nase gesetzt werden. Es ist nicht unbedingt das, was man eigentlich will, aber es ist verlockend, und je länger man es anschaut, desto zwingender wird der Reflex zum Zugreifen.

Wenn wir mit dem instinktiven Selbst in Kontakt sind, mit der Seele der Femininität in all ihrer Natürlichkeit, dann schweift unser Blick nicht über die Warenauslagen, sondern in die eigenen Tiefen, und wir fragen uns: »Worauf habe ich wirklich Hunger?« Ohne dem, was sich außen befindet, auch nur die geringste Beachtung zu schenken, wird nach innen geblickt und gefragt: »Was wünsche ich mir jetzt? Wonach sehne ich mich?« Und die Antwort kommt meistens sehr schnell: »Ah ja, das ist es, was ich im Grunde, im tiefsten Wesensgrunde will.«

Ein gutes Unterscheidungsvermögen zu entwickeln, ist eine der schwierigsten Aufgaben überhaupt, denn es erfordert Mut, Willenskraft und seelische Substanz, und es bedeutet, immer wieder zu verzichten und abzuwarten, bis sich das bietet, was man wirklich will. Nirgends tritt dieser Lernprozess deutlicher zutage als bei der Wahl eines Geliebten oder Partners. Der Geliebte wird nicht wie ein Appetithappen bei einem Bankett gewählt. Auch wenn sich einer verlockend präsentiert, sich geradezu anbietet und einem das Wasser im Munde zusammenlaufen lässt, bleibt die Frage, ob dieser Mensch auch den Hunger der Seele stillt. Um solche Fragen zu beantworten, ist die Intuition da. Sie ist die Botschafterin der Seele, steht in direktem Kontakt mit ihr.

Um das Thema noch weiter auszuleuchten, möchte ich ein Beispiel anführen. Nehmen wir an, dass du die Wahl hast, ein Fahrrad zu kaufen oder nach Ägypten zu fliegen, um die Pyramiden zu sehen. Selbst bei derartigen Entscheidungen wird alles Äußerliche vorerst beiseitegelassen und nach innen geblickt, um zu fragen: »Was will ich wirklich? Wonach sehne ich mich? Vielleicht möchte ich lieber ein Motorrad haben als ein Fahrrad. Vielleicht möchte ich lieber meine Großmutter besuchen, die womöglich nicht mehr lange lebt.« Die Entscheidungen müssen nicht unbedingt von monumentaler Tragweite sein. Manchmal dreht es sich lediglich darum, die Intuition zu fragen, ob man spazieren gehen oder ein Gedicht schreiben soll.

Bemerkenswert in diesem Zusammenhang ist noch, dass eine enge Beziehung zu unserer Intuition und zu unserer instinktiven Natur eine ungeahnt erfrischende Spontaneität hervorruft. Spontaneität ist nicht dasselbe wie Unvernunft. Das ist kein übereiltes »Draufspringen und Sich-Einverleiben«. Grenzen werden weiterhin gesetzt und anerkannt. Man ist nicht rücksichtslos, sondern erlaubt der mythologischen Stimme, der Seelenstimme, der wilden Wissenden, spontanen Ausdruck. Wie? Indem man das Ego für eine Weile abschaltet und das, was sprechen will, sprechen lässt.

Selbst in der Außenwelt haben wir alle Zugang zu fleischgewordenen wilden Müttern. Das sind Frauen, die etwas in uns zum Vibrieren bringen, kaum dass wir sie zu Gesicht bekommen. Etwas in uns springt auf und denkt: »Oh, Mama! Ich bin ihr Kind. Das ist meine Mutter, meine Großmutter.« Im Fall eines *hombre con pechos,* eines Mannes mit Brüsten, kommen uns Gedanken wie »Oh, Großvater« spontan in den Sinn oder »Oh, mein Bruder, mein Freund«. Man weiß einfach instinktiv, dass dieser Mann Nahrung für unsere Seele ist. Paradoxerweise sind »Männer mit Brüsten«

gleichzeitig ausgesprochen maskulin und feminin und eignen sich daher bestens als Paten, Mentoren oder als die Mutter, die man nie hatte oder zu kurz hatte.

Normalerweise hat man mindestens einen Menschen im Leben, den man als »kleine Wilde Mutter« bezeichnen könnte. Mit etwas Glück lernt man mehrere im Laufe seines Lebens kennen. Meistens trifft man sie erst als Erwachsener oder nach abgeschlossener Pubertät. Diese »kleinen Wilden Mütter« männlichen oder weiblichen Geschlechts unterscheiden sich grundlegend von der behütenden Mutter. Sie führen weiter, kritisieren unsere Blockierungen und irrigen Annahmen auf kreativer, sinnlicher, intellektueller und spiritueller Ebene und platzen schier vor Stolz, wenn man bisherige Grenzen überschreitet und Neuland betritt.

Ihre Aufgabe besteht darin, das Beste in Frauen wachzurufen, sie in ihrer Originalität zu unterstützen, in ihrem freiheitlichen, oft auch künstlerischen Ausdruck, und sie mit den eigenen Urinstinkten in Verbindung zu bringen. Solche wilden Mütter-Väter sind begeistert, wenn du den Kontakt mit der Puppe herstellst, wenn du Baba Yaga aufsuchst, wenn du den glühenden Schädel nach Hause trägst und das Zerstörerische in deinem Haus verbrennst.

Also haben wir gesehen, wie lebensgefährlich unbedarfte Nettigkeit unter Umständen sein kann. Aber wenn mich nicht alles täuscht, sind einige meiner Leserinnen noch immer nicht ganz überzeugt und denken: »Also ich will aber nicht so wie Vasalisa werden.« Doch, sage ich, doch, doch! Jede von uns will erreichen, was Vasalisa erreicht hat, und ihren Spuren in den Wald und wieder nach Hause folgen, denn das ist der Weg, auf dem die Seele sich entfaltet. Die Wilde Frau in uns ist das Geschöpf, das wagt, schafft und voll Weisheit zerstört. Sie ist die ursprüngliche primitive Schöpferseele, die alle kreativen Taten und alle Künste möglich macht. Sie lässt uns aus dem Vollen schöpfen, den Dingen Leben einhauchen, und wenn der Atem ausgeht und etwas sterben muss, nimmt sie den unsterblichen Wesenskern in ihren Mutterschoß zurück, um ihn neu zu gebären.

Sterben lassen, wenn die Zeit des Sterbens gekommen ist … das ist das Thema am Ende dieser Einweihungsgeschichte. Vasalisa hat gelernt, mithilfe ihrer Intuition und des Geistfeuers der Wilden Mutter gut zu sortieren. Bricht sie nun jammernd und wehklagend zusammen, wenn sie feststellt, dass das Geistfeuer die falschen Freunde, die gehässige Familie, die egoistischen Tendenzen in ihrer Psyche zu einem Häuflein Asche verbrannt hat? Nein, was sterben muss, stirbt.

Für die meisten Frauen ist dieses Sterben-lassen-Können nichts Widernatürliches, sondern nur etwas, das gegen ihre anerzogene Konditionierung verstößt. Aber was gelernt wird, kann auch verlernt werden. Jede von uns weiß in *los ovarios,* am Grunde unserer Schürzentaschen, wann die Zeit des Todes für etwas in unserem Dasein gekommen ist. Wir können uns aus verschiedenen Gründen dumm stellen, aber wir wissen es. Die Wolfsfrau in uns weiß es.

Beim Licht des feurigen Schädels, wir wissen solche Dinge.

VIERTES KAPITEL

Der Partner:

Vereinigung mit dem anderen

Hymne an den Wilden Mann

Wenn Frauen von Männern verstanden, wahrhaft verstanden werden wollen, müssen sie ihnen etwas von ihrem tieferen Wissen nahebringen, sie sozusagen in ihr Wesensgeheimnis einweihen. Manche Frauen sagen, sie seien es leid, ihre Männer in Geheimnisse einzuweihen, die besagte Männer überhaupt nicht wissen wollen. Darauf möchte ich mit aller Bescheidenheit antworten, dass aufrichtiges Interesse eine Grundvoraussetzung ist und dass viele Männer doch lernen wollen, aber nicht alle. Nur wenn ein Mann echte Wissbegier kundtut, sollten Frauen sich offenbaren. Nur wenn gefragt wird, kann eine Antwort auf nährenden Boden fallen.

Tatsache ist, dass der Wilde Mann im Mythos wie im Leben schon seit Urzeiten auf der Suche nach seiner weiblichen Entsprechung ist. In alten keltischen Sagen wird von urwüchsigen wilden Gottheiten erzählt, die sich sehr lieben. Im babylonischen Mythos empfängt die Göttin Inanna ihren stierköpfigen Geliebten mit folgender Anrede: »Komm, bedecke mich mit deiner Wildheit.« Und auch die Wilde Frau liebt nichts so sehr wie einen Partner, der ihr ebenbürtig ist.

Dennoch bleibt auch nach Jahrtausenden der Auseinandersetzung mit der weiblichen Wesensnatur ein Rest an Unsicherheit, und die potenziellen Partner fragen sich, ob sie das wahre Wesen der Frau erfasst haben. »Was will eine Frau wirklich?« Die Frage ist uralt und taucht überall dort auf, wo Männer mit der rätselhaften Doppelseitigkeit konfrontiert werden, die von allen Frauen an den Tag gelegt wird.

In der nun folgenden Geschichte wird die Frage nach der wahren Wesensnatur der Frau beantwortet. Wenn ein Mann die Hinweise in dieser Erzählung verstehen und für sich nutzen kann, wird er zum eingeweihten Liebhaber und ebenbürtigen Partner der Wilden Frau. Vor langer Zeit hat mich Miss V. B. Washington mit einer kleinen afroamerikanischen Geschichte beschenkt, die Manawee heißt und die ich her anführen will.

MANAWEE

EIN MANN NAMENS MANAWEE machte zwei schönen jungen Zwillingsschwestern den Hof. Er stattete dem Vater der beiden einen Besuch ab und wollte um ihre Hand anhalten, aber der Vater erwiderte: »Ich gebe dir meine Töchter nur dann, wenn du beider Namen errätst.« Stundenlang versuchte Manawee, die ihm unbekannten Namen der Zwillinge zu erraten, aber es gelang ihm beim besten Willen nicht, und so schickte der Vater ihn ein ums andere Mal unverrichteter Dinge wieder fort.

Eines Tages nahm Manawee seinen kleinen Hund mit zu dem Ratespiel im Haus der Zwillinge, und bei dieser Gelegenheit erkannte der Hund sogleich, dass die eine Schwester hübscher war als die andere, letztere aber gutmütiger war als die erste. Obwohl keine der Schwestern sämtliche Tugenden in sich vereinte, gefielen dem Hund beide Mädchen sehr, weil sie ihn mit leckeren Brocken von ihrem Tisch fütterten und freundlich dazu lächelten.

Auch an diesem Tag gelang es Manawee nicht, die Namen der beiden zu erraten, und so kehrte er wieder einmal entmutigt nach Hause zurück. Aber Manawees Hund schlich auf leisen Pfoten zur Hütte der Zwillinge zurück, versteckte sich hinter einem Vorhang und hörte schon bald darauf, wie sie Manawee kichernd als »gutaussehend« und »ach, so männlich« bezeichneten und sich gegenseitig beim Namen riefen. Frohgemut machte der Hund sich auf den Weg zu Manawee, um seinem Herrn die gute Nachricht zu überbringen.

Auf dem Nachhauseweg jedoch stieg ihm der Geruch eines frischen Knochens in die Nase, den ein Löwe nach einem Raubzug auf dem Feld liegen gelassen hatte. Ohne sich noch weiter zu besinnen, fiel der Hund über den Knochen her, und erst, als er ihn endlich bis auf den letzten Fleischrest abgenagt hatte, fiel ihm sein ursprüngliches Vorhaben wieder ein. Aber nun konnte er sich leider nicht mehr auf die Namen der beiden Frauen besinnen …

Also rannte er ein zweites Mal zur Hütte der Zwillinge zurück, und jetzt war es Nacht geworden, und die Schwestern rieben ihre Gliedmaßen mit Balsam ein, als wollten sie sich auf ein großes Fest vorbereiten. Wieder hörte das Hündchen heimlich zu, wie sie sich beim Namen riefen, und wieder machte er sich eilends auf den Weg zu seinem Herrn, als ihm der Geruch frischer Muskatnüsse von einem Wind entgegengetragen wurde.

Auf einer Veranda, etwas abseits vom Wege, stand ein köstlicher frisch gebackener Kuchen zum Abkühlen, und der Kuchen war mit geriebenen Muskatnüssen gewürzt, die der Hund nun einmal über alles liebte. Nun ja … was soll man sagen? Nachdem er den Kuchen genüsslich verschlungen und sich die Lefzen noch ein paarmal geleckt hatte, waren ihm die Namen der Schwestern schon wieder entfallen!

Zum dritten Mal hetzte der Hund zur Hütte der Schwestern zurück, und nun hatten sie bereits den Brautschmuck für ihre Hochzeit angelegt. »O Schreck«, dachte das Hündchen, »nun darf ich wirklich keine Minute mehr verlieren!« Als die Schwestern ihre Namen aussprachen, prägte er sie sich ein und beschloss, dass nichts und niemand ihn diesmal von seinem Vorhaben abbringen würde.

Er rannte los, um seinem Herrn die Namen zu verraten und ihn zur Eile anzutreiben, ignorierte unterwegs den Geruch eines frisch getöteten Tieres im Gebüsch, ließ sich selbst von einem Hauch Muskatnuss hier und dort nicht beirren und hetzte der Hütte seines Herrn entgegen. Doch plötzlich griffen zwei lange schwarze Arme aus dem Hinterhalt zu, packten das Hündchen an der Gurgel, und ein großer fremder Mann schrie:

»Sag mir die Namen der beiden Schönen, damit ich sie zu meinen Frauen machen kann.«

Der Hund kämpfte wie wild und zappelte, um dem Würgegriff des Unholds zu entrinnen, während der Fremdling brüllte wie ein verwundeter Wasserbüffel, weil der Hund sich in seinen Handgelenken festgebissen hatte und nicht mehr von ihnen ablassen wollte. Heulend vor Schmerzen flehte der Mann schließlich: »Also gut. Lass ab von mir, du kleine Bestie. Wenn du mich loslässt, dann lasse ich dich ebenfalls los.« Da ließ der Hund von seinem Widersacher ab, bellte aber noch zähnefletschend hinter dem Flüchtenden her, der sich die Hand hielt:

»Mach, dass du fortkommst, und lass dich nie wieder hier bei uns blicken, sonst wirst du den Morgen des nächsten Tages nicht erleben!«

Der Hund schleppte sich ächzend und humpelnd zur Hütte seines Herrn, und diesmal waren die Namen der beiden Frauen ihm trotz all seiner Schmerzen und all der Unbill nicht entfallen. Voll Stolz verriet er sie seinem Herrn und erzählte ihm, wie es sich zugetragen hatte, dass er in den Besitz der kostbaren Namen gelangt war. Da setzte Manawee den Hund auf seine Schultern und eilte triumphierend ins Dorf, um seine Gemahlinnen vom Vater einzufordern.

Als Manawee beim Vater eintraf, kamen ihm die Frauen sogleich entgegen. Erstaunt sah er, dass sie ihn bereits reisefertig erwartet hatten. Voll Staunen und Freude erkannte er, dass die Zwillinge die ganze Zeit schon auf ihn, und nur auf ihn, gewartet hatten.

So geschah es, dass Manawee zwei der begehrenswertesten Frauen im ganzen Flusstal für sich gewann. Und bis ans Ende ihrer Tage lebten alle vier, die beiden Schwestern, Manawee und der kluge kleine Hund, zufrieden und glücklich zusammen.

Die Doppelnatur der Frauen

Normalerweise werden die Symbole in Märchen und Träumen entweder als Aspekte einer einzigen Psyche verstanden oder als verschlüsselte Aussagen über die Welt und ihren Zustand. Bei dieser Geschichte scheint es mir jedoch am sinnvollsten zu sein, wenn wir sämtliche Charaktere und ihr Verhalten als Sinnbilder für die Beziehung zwischen einer Frau und ihrem männlichen Partner interpretieren, wobei man auch dann noch berücksichtigen muss, dass das Innere eines Individuums sich auch in seinen Beziehungen zu anderen Menschen ausdrückt.

Die Geschichte gibt ein lang gehütetes Frauengeheimnis preis: Wer das Herz einer Wilden Frau gewinnen will, muss ihre Doppelnatur von Grund auf verstehen lernen. Obwohl die Zwillinge schlicht als Bräute in einer polygamen Kultur aufgefasst werden können, sind sie vom archetypischen Standpunkt aus betrachtet Sinnbilder für die zwei Urkräfte, die in jeder Frau wirken.

Einer ungezähmten Frau nahezukommen, bedeutet, dass man zwei unterschiedlichen weiblichen Wesen auf die Spur kommt. Das erste existiert in der Welt der äußeren Erscheinungen, ist zumeist sehr pragmatisch, zivilisiert und völlig menschlich, das zweite Wesen hingegen existiert in einer weniger sichtbaren Welt und, obwohl es hin und wieder an die Oberfläche tritt um etwas erstaunlich Originelles, oft auch Weises zu verkünden, zieht es sich meistens recht schnell wieder in fernere Gefilde zurück und verschwindet – bis zum nächsten Mal.

Das Paradox der weiblichen Zwillingsnatur drückt sich zum Beispiel folgendermaßen aus: Wenn eine Seite eher gefühlskalt ist, kann man sicher sein, dass die andere leidenschaftlich glüht und sehr tief empfindet. Wenn eine Seite anhänglich und kontaktfreudig ist, dann ist die andere Seite zumeist unnahbar und schwer zugänglich. Oft ist eine Seite genügsam und relativ angepasst, während die andere sich vor Sehnsucht nach »Ich-weiß-nicht-was«

verzehrt. Diese »Zwei-Kräfte-in-einer« sind zwei verschiedene und doch untrennbare Elemente, die in tausendfältigen Kombinationen in der Psyche aller Frauen auftauchen.

Die Macht der Zwei

Obwohl jede Seite der weiblichen Wesensnatur eine separate Einheit mit unterschiedlichen Funktionen und andersartigem Wissen darstellt, müssen beide Seiten imstande sein, die Informationen der anderen Hälfte zu übersetzen und für sich zu deuten, also als ein Ganzes zu funktionieren, genauso wie das Gehirn mit seiner linken und seiner rechten Hälfte. Wird eine Seite unterdrückt oder bevorzugt und überbetont, führt die Frau ein einseitig beschränktes Leben, in dem sie keinen Zugang zu ihrer gesamten Urkraft und Stärke hat. Demnach ist es unbedingt notwendig, dass Frauen beide Seiten entwickeln.

Die Stärke der Zweiseitigkeit wird uns deutlicher gemacht, wenn wir das Zwillingssymbol näher untersuchen. Von alters her und in allen Teilen der Welt werden Zwillingskindern übernatürliche Kräfte nachgesagt. Zwillingskinder aufzuziehen, wird in manchen Völkern als eine spezielle Disziplin verstanden, bei der die Erzieher für größtmögliche Ausgewogenheit und Gerechtigkeit im Umgang mit beiden Wesen sorgen, weil man davon ausgeht, dass man es zwar mit zwei Geschöpfen zu tun hat, die aber nur eine Seele haben. Selbst nach ihrem Tod bringt man Zwillingspaaren Nahrung, spricht man mit ihnen und beschenkt sie mit Opfergaben.

In einigen afrikanischen und karibischen Kulturen wird Zwillingsschwestern die Kraft des *Juju* nachgesagt – eine mystische Seelenenergie, die für dermaßen mächtig gehalten wird, dass weibliche Zwillinge mit besonderer Vorsicht behandelt werden, um der gesamten Gemeinde ein grausames Schicksal zu ersparen. Die Anhänger der Voodoo-Religion in Haiti befolgen die alte Grundregel, derzufolge Zwillinge immer genau gleiche Portionen zu essen bekommen müssen, um Eifersüchteleien von vornherein auszuschließen, vor allem aber, um zu verhindern, dass einer von ihnen verkümmert und vorzeitig stirbt, denn wenn eine Hälfte stirbt, muss auch die andere sterben, und damit stirbt die besondere Seelenenergie, die der Beitrag aller Zwillinge zur Gesellschaft ist.

Auch eine Frau verfügt über gewaltige Kräfte, wenn die Doppelnatur der Psyche bewusst wahrgenommen und als unzertrennliche Einheit verstanden wird, wenn beide Seiten also gemeinsam gesehen werden, nicht getrennt. Die Macht der Zwei ist schier unschlagbar, und so darf keine Hälfte vernachlässigt werden, beide müssen gleich viel Nahrung bekommen, denn nur gemeinsam versorgen die beiden uns mit sagenhafter Energie.

Während man einen Stock mit etwas Kraftaufwand mit den bloßen Händen in zwei Stücke brechen kann, so wird die Sache bei zwei Stöcken gleichzeitig schon erheblich schwerer, und das ist die Botschaft des Zwillingssymbols: Gemeinsam sind wir stark, nahezu unzerbrechlich. Allein für sich ist das zivilisierte und kulturell akklimatisierte Selbst wie ein Segel ohne Seewind. Allein für sich ist das wildnatürliche instinktive Selbst wie ein tosender Seewind ohne Boot und Steuerrad. Wenn Frauen ihre feminine Ausdrucksstärke und ihr Durchsetzungsvermögen verloren haben, dann deshalb, weil die zwei Komponenten ihrer Wesensnatur auseinandergerissen wurden, um eine Seite zu verhätscheln und sie auf Kosten der verleugneten Seite zu stärken.

Die Geschichte von Manawee kann sowohl als Aussage über die feminine Dualität wie über die maskuline Dualität verstanden werden. Manawee hat einen »gutaussehenden« und »männlichen« Aspekt, wie die Schwestern in der Geschichte bemerken, aber die menschlichen Attribute Schönheit und Männlichkeit allein reichen nicht aus, um den geheimen Namen der Frauen auf die Spur zu kommen. Diese Fähigkeit ist ein Bestandteil von Manawees Instinktnatur, symbolisiert von seinem »kleinen Hund«, welcher sich heimlich anschleichen, die Ohren spitzen und Verborgenes zielsicher ausschnüffeln kann. Manawees Hundenatur wird in dieser Geschichte fortentwickelt, denn ihr gelingt es am Ende, all den oberflächlichen Zerstreuungen und Ablenkungen am Wege trotz der immensen Verlockungen eines Tages zu widerstehen und die wichtigsten Informationen an den rationalen Herrn der Psyche zu vermitteln: die Namen der beiden Aspekte einer Frau.

Wie auch in anderen Märchen können maskuline Kräfte mörderische Blaubart-Energien enthalten, was sich unter anderem auch darin äußert, dass der Versuch gemacht wird, die dualistische Natur einer Person auszumerzen und sie in Grund und Boden zu stampfen. Wenn das der Fall ist, kann der Mann keine Zweiseitigkeit ertragen, er strebt nach absoluter Perfektion, nach der *einen* Wahrheit, der einen unveränderlichen femininen Substanz, wie sie von einer vollkommen perfekten Frau verkörpert wird. Auweh! Da macht man sich am besten so schnell wie möglich aus dem Staub, insbesondere wenn es sich um einen potenziellen Liebhaber oder Ehegefährten handelt.

Ein Liebhaber wie Manawee ist weitaus vielversprechender, innerlich wie äußerlich, denn er kann die Dualität akzeptieren und mit seinem Hundeaspekt zusammenarbeiten, um mehr und mehr zu verstehen. Auch in der Psyche der individuellen Frau existiert dieser Manawee-Aspekt, eine männliche Energie, die zum Gesamtkomplex des *Animus* gehört und beide Seiten der Frau für wertvoll hält, begehrenswert sogar und hochinteressant, anstatt sie unerträglich zu finden. Manawee repräsentiert eine noch unausgegorene, aber lernwillige männliche Energie, die sich mit echtem Interesse darum bemüht, das mysteriöse Doppelwesen der Frau zu erfassen und alle Aspekte beider Hälften richtig zu benennen.

Die Kraft des Namens

Wer den Namen einer Sache, einer Macht oder einer Person kennt, kann in Kontakt mit ihr treten, also Einfluss in irgendeiner Form auf sie ausüben. In noch weitgehend naturverbundenen Völkern gelten die Namen von Menschen als magisch oder verheißungsvoll und immer als wegweisend für ihr Leben. Den wahren Namen einer Person zu kennen, bedeutet, ihren Lebensweg und ihre seelische Veranlagung zu kennen. Namen werden mit großer Sorgfalt ausgesucht und oft sogar für lange Zeit geheim gehalten, um dem Namensträger zu gestatten, allmählich in seinen oder ihren Namen hineinzuwachsen und das volle Ausmaß seiner oder ihrer geistigen Autorität zu entfalten, ohne dass der Name entwürdigt wird und seine Zauberkraft verliert.

Wenn wir die korrekte Bezeichnung für eine Sache (das Wort wird hier im weitesten Sinne benutzt) kennen, dann wissen wir auch etwas über ihre wesentlichen Eigenschaften, über ihren Entwicklungsweg und ihr Ziel und können, je nach Neigung, in diese Entwicklung eingreifen, sie stören oder fördern.

Manawee kehrt immer wieder zu dem Ratespiel im Haus der Zwillinge zurück, in dem aufrichtigen Bemühen, die richtigen Bezeichnungen für die beiden femininen Naturen zu finden, *nicht,* um Einfluss auf die beiden zu gewinnen wie ein Schwarzmagier, sondern um sich die eigene Instinktnatur so weit bewusst zu machen, dass sie der weiblichen Doppelnatur ein ebenbürtiger Lebensgefährte sein kann. Also rät Manawee zunächst aufs Geratewohl; er rätselt herum und grübelt, geht unverrichteter Dinge wieder nach Hause und kommt am nächsten Tag wieder. Die Namen zu kennen, bedeutet bereits, sich die Doppelnatur bewusst zu machen und im Bewusstsein zu behalten. Aber da hilft kein Rätseln und kein Grübeln und kein frommer Wunsch: Man kann keine tiefe Beziehung haben, ohne die eigene Tiefe auszuloten, was bedeutet, dass man die Namen kennen muss.

Und was sind nun die richtigen Namen der zwei symbolischen Schwestern in der Psyche einer Frau? Die Namen dieser Schwestern unterscheiden sich von Frau zu Frau, sind aber generell Bezeichnungen für zwei gegensätzliche Trends. Wie vieles in der Natur sind die zwei Seiten zunächst kaum fassbar, man erkennt kein Muster und keine Wiederholungen in ihren Ausdrucksformen. Aber wenn man, wie der ernsthaft bemühte Manawee, immer wieder hingeht, genau beobachtet, Fragen stellt und die Antworten mit gespitzten Ohren aufnimmt, dann wird ein Grundmuster deutlich, das zwar weiterhin überraschende Fluktuationen aufweist, aber eine gewisse Stabilität hat und konstant bleibt, wie Wellen, die in voraussagbaren Zyklen auf- und absteigen, wie Ebbe und Flut, deren noch so tiefe Unterströmungen intuitiv erfassbar sind.

Was die Namensgebung für die dualistischen Temperamente in uns selbst betrifft, so müssen wir uns höchstpersönlich auf die Suche nach den treffenden Namen machen, wenn wir uns innig und für den Rest des Lebens mit Ich und Geist vermählen wollen. Dieses Benennen und Vermählen wird Eigenliebe genannt. Findet beides zwischen zwei Personen statt, dann spricht man von Liebe.

Allein mit seinem rationalen Verstand kann Manawee die Namen der beiden beim besten Willen nicht herauskriegen, aber zum Glück steht ihm ein animalischer Urinstinkt zur Verfügung, der treue, in Manawees Fall sogar relativ gut abgerichtete Hund, der zwischen dem rationalen Verstand und den seelischen Tiefen hin- und herhetzt, um Nachrichten zu überbringen. Dazu muss gesagt werden, dass Frauen sich oft verzehren vor Sehnsucht nach einem Partner, der eine solche Art von Ausdauer und Interesse an den Tag legt, um ihr eigentliches, verborgenes Wesen zu verstehen. Wenn sie einen Gefährten finden, der aus solchem Stoff gewirkt ist, dann schenken sie ihm rückhaltlose Liebe.

In der Geschichte fungiert der Vater als Schutzpatron des Zwillingspaars. Er repräsentiert eine tatsächlich vorhandene innerpsychische Kraft, die für den Zusammenhalt der verschiedenen Aspekte einer Psyche sorgt und aufpasst, dass sie nicht in mehrere voneinander getrennte Teile zersplittert wird. Dieser innere Wächter unterzieht alle neu auftauchenden Elemente in der Psyche einer gründlichen Inspektion. Eine gesunde Psyche mit einem wachsamen väterlichen Aspekt lässt nicht jeden x-beliebigen Gedanken, jede beliebige Einstellung oder Person in das innere Sanktum ein, sondern hebt erst einmal warnend die Hand: »Moment! Bevor du nicht mich, den Vateraspekt, davon überzeugt hast, dass du ernsthaft daran interessiert bist, das wahre Wesen – die wahren Namen – meiner Töchter zu kennen, wirst du diese nicht bekommen.«

Der Vater macht damit klar, dass das Wissen um die weiblichen Mysterien nicht als ein Zufallsprodukt bei einem unverbindlichen Ratespiel erworben werden kann. Damit ist Arbeit verbunden und ausdauerndes Suchen. Man muss sich näher und näher an das Seelenrätsel heranschleichen und sich in die ahnungsvollen Tiefen hineinwagen, in denen sich die wahren Namen enthüllen. Wer dazu nicht bereit ist, kommt als Lebensgefährte nicht in Frage.

Die hartnäckige Hundenatur

Der kleine Hund in der Geschichte zeigt, wie psychische Ausdauer und Zähigkeit funktionieren und was sie bewirken können. Hunde sind Zauberer, sie sind die Verwandlungskünstler des Universums. Allein durch ihre Gegenwart verwandeln sie unlustige Menschen in grinsende, Trauerklöße in Spielgefährten, die sich zum zärtlichen Herumalbern verleiten lassen, und all das, weil Hunde Beziehungen herstellen, wo vorher Isolation und Entfremdung herrschte. Wie in dem uralten babylonischen Epos von Gilgamesch, in dem Enkidu, der behaarte Tiermensch, den übertrieben rationalen König Gilgamesch ergänzt, stellt der Hund die »haarige« Tierseite der männlichen Natur dar. Der Hund ist der Spurensicherer, der sinnlich-instinktive und wachsame Hellhörer im Mann.

Manawees Hund fühlt sich zu den beiden Schwestern hingezogen, weil sie ihn füttern und freundlich anlächeln. In der Tat, das Ur-Feminine versteht die Instinktwelt des Hundes und erkennt in ihr etwas von der eigenen Gefühlswelt wieder. Hunde repräsentieren Eigenschaften wie Herzlichkeit, Treue und den zähen, kampfbereiten Einsatz für etwas, das man bis zum Tode verteidigen würde. Die Natur des Hundes gibt aufschlussreiche Hinweise, was man tun muss, um das Herz der Wilden Frau zu gewinnen. Vor allem kommt es darauf an, immer wiederzukommen.

Der Hund ist dem Wolf ähnlich, ist nur etwas zivilisierter, wenn auch nicht viel, wie man in der Geschichte sieht, als er sich in den Handgelenken des Eindringlings verbeißt und nicht mehr abzuschütteln ist. In der archetypischen Psychologie gilt der Wolfshund als eine Art Merkur, ein Botschafter zwischen dem persönlichen Ego und dem instinktiven Unbewussten – dem, was man seit Urzeiten die »Unterwelt« genannt hat. Er sieht und hört Dinge, die das Ego weder wahrnehmen kann noch wahrhaben will, und er folgt den Informationen, die er mit seinen wachsam gespitzten Ohren auffängt.

In einem Wissenschaftsmuseum in San Francisco fand ich mich vor Jahren einmal in einem Saal voller Tonbänder und Lautsprecher wieder, die das Gehör eines Hundes naturgetreu simulierten. Das sanfte Rauschen von Palmwedeln im Wind hörte sich hier wie eine apokalyptische Naturkatastrophe an; Fußtritte, die sich über einen Sandweg näherten, klangen wie Millionen Säcke Cornflakes, die direkt an meinen Ohren mit Hämmern zu Staub zermalmt wurden. Die Klangwelt des Hundes ist von einem permanenten Donnergetöse erfüllt, ein Krachen und Lärmen, das wir als Menschen in keiner Weise registrieren. Aber der kleine Hund hört alles überdeutlich.

Dieser medial veranlagte Aspekt der instinktiven Psyche vernimmt, was in den Tiefen des Menschen raunt und spricht; er lauscht dem Summen der verborgensten Energien. Er ist einfühlsam genug, um das Unbezähmbare, das Schattenhafte in einer Frau zu verstehen.

Verlockende Appetithappen

Es ist kein Zufall, dass Männer wie Frauen sich einerseits jahrelang ernsthaft bemühen, tiefere Seiten ihres Wesens kennenzulernen, sich andererseits aber aus allen möglichen Gründen immer wieder davon ablenken lassen, meistens durch irgendwelche Vergnügungen. Diesen nachzugehen, kann unter Umständen so zwanghaft werden, dass man die Arbeit nie fortsetzt und nie zu Ende bringt.

Der kleine Hund lässt sich ebenfalls von seinen sinnlichen Gelüsten ablenken, jedenfalls zuerst. Gelüste sind zumeist recht harmlos wirkende kleine Taschendiebe, die uns aber auf Dauer die Zeit und die Libido stehlen. C.G. Jung erklärte in diesem Zusammenhang, dass der menschlichen Begierde eine gewisse Kontrolle auferlegt werden müsse. Sonst hält man sich, wie wir sehen, mit jedem herumliegenden Knochen und jedem Kuchen am Wegesrand auf.

Die Verlockung, über duftende Appetithappen am Wegesrand herzufallen, ist besonders groß, wenn die animalischen Aspekte in der Psyche eines Menschen über längere Zeit hinweg unterdrückt wurden und deshalb ausgehungert sind. Dann lässt sich ihr »innerer Hund« von jedem Appetithappen ablenken und vergisst darüber seine eigentliche Aufgabe. In meiner Praxis gehen keine vier Wochen vorüber, ohne dass ich eine Analysandin sagen höre: »Tut mir schrecklich leid, aber ich habe mich nicht weiter mit meiner Tiefenarbeit beschäftigt, weil …« Und dann die Gründe: ein heißer Flirt; eine sexuelle Eskapade; ein Freund, dem mal dieses und jenes gezeigt werden musste, weshalb wir da und dort hingefahren sind; ein neues Projekt, das sich gerade so schön anbot, obwohl es eigentlich uninteressant ist … etc.

Mit anderen Worten, uns allen wird eine Vielzahl von verlockenden Knochen in den Weg gelegt. Im schlimmsten Fall ist es eine alte Sucht, die uns schon früher Unsummen gekostet, uns beinahe in den Ruin getrieben hat. Aber selbst, wenn wir tausendmal versagt und die Namen zehntausendmal vergessen haben, müssen wir es immer wieder von Neuem versuchen. So lange, bis wir den Versuchungen am Wegesrand widerstehen und unsere primäre Arbeit vollenden können.

Die psychologische Tiefenarbeit kann mit einem sexuellen Liebesakt verglichen werden. Man beginnt am Nullpunkt und steigert sich von Stufe zu Stufe beziehungsweise vergrößert die Erregung, um dann eine anhaltende Intensität zu erreichen. Wenn die einmal erreichte Intensität auf irgendeiner Stufe unterbrochen wird (man stelle sich ein lautes Klopfen an der Tür vor), muss man praktisch von vorn anfangen. Bei der Arbeit in den archetypischen Bereichen der Psyche steigert sich die Spannung auf vergleichbare Weise bis zum Höhepunkt, und jede Unterbrechung wirft uns praktisch an den Ausgangspunkt zurück. Überall am Weg liegen Knochen bereit, saftige, schöne, interessante, aufregende Knochen. Aber sie erzeugen eine Art von Gedächtnisschwund, bei dem man nicht nur vergisst, auf welcher Stufe der Arbeit man sich befindet, sondern auch, dass man überhaupt je an etwas Essenziellerem interessiert war.

Im Koran heißt es, dass der Mensch eines Tages Rechenschaft ablegen muss über alle gottgewollten Freuden, deren Genuss er sich auf Erden versagt hat. Ein guter Rat. Dennoch kann zu viel oder selbst ein kleines bisschen Genuss zur falschen Zeit zu einem Bewusstseinsverlust führen, der uns teuer zu stehen kommt. Dann wandern wir durch die Gegend wie der berühmte zerstreute Professor und murmeln: »Also, wo war ich?« Es dauert Wochen, manchmal Monate, bis man sich von einem Ablenkungsausflug erholt hat und an seinen Ausgangspunkt zurückkehren kann.

In der Geschichte läuft der Hund zur Hütte der Zwillinge zurück, um ihre Namen ein zweites Mal herauszufinden. Der Hund tut instinktiv das Richtige, indem er nie aufgibt und unermüdlich hin- und herhetzt. Aber auf dem Rückweg zu seinem Herrn bringt ihn der Muskatnussduft schon wieder vom Wege ab! Ein Appetithappen anderer Art hat die Psyche von ihrem Vorhaben abgelenkt, und nun wird zwar der sinnliche Hunger befriedigt, aber wieder nicht der Seelenhunger.

Langsam wird uns klar, dass dieser Prozess der Bewusstwerdung und ganz besonders des *Bewusstbleibens* langwierig ist und ein diszipliniertes Durchhaltevermögen verlangt. Wir sehen ja, dass der kleine Hund sein Äußerstes gibt und wild entschlossen ist, dem Herrn der Psyche zu dienen. Aber der Weg vom archetypischen Unbewussten bis zum bewussten Verstand und wieder zurück ist lang; der Bereich, in dem die Erkenntnisse und richtigen Namen verwahrt werden, ist oft weit von der Oberfläche entfernt. Es ist nicht leicht, Erkenntnisse im Bewusstsein zu behalten, wenn allerlei Köder am Wegesrand herumliegen.

Außerdem kommt hier noch ein Element perverser Anti-Bewusstseinsaktivität mit ins Spiel, ausgehend von jenem Teil der Psyche, dem daran gelegen ist, die Dinge im Dunkeln zu halten, weil sie dann spannender und aufregender sind, sozusagen »schön dramatisch und gruselig«. Manchmal will man partout nicht daran erinnert werden, dass das Licht spannender und glorioser ist als alle Unbewusstheit, so faszinierend das Dunkle auf den ersten Blick auch wirken mag.

In dieser Geschichte fungiert der Hund als Lichtbringer. Er versucht, eine bewusste Verbindung zwischen dem Verstand und der mystischen Zwillingsnatur herzustellen. Und wer legt ihm dauernd etwas Unwesentliches in den Weg? Wer veranstaltet all diese Ablenkungsmanöver? Kein Zweifel, es ist der dunkle Fremdling, der innewohnende Räuber der Psyche, der sich mit allen Mitteln gegen ein erweitertes Bewusstsein wehrt. Er ist die dunkle Bannkraft, die uns allen mitgegeben ist, und die selbst dem gesündesten Seelenhaushalt eine Reihe von Fallen auf dem Weg zur Bewusstwerdung stellt. Deshalb müssen wir uns immer wieder auf die wahre Aufgabe zurückbesinnen, genau wie der kleine Hund; wieder und wieder müssen wir uns vornehmen, das Bewusstsein diesmal nicht zu verlieren und, wenn es sein muss, einen neuen Anlauf nehmen.

Todesmutige Inbrunst erzeugen

Das Hündchen prägt sich die Namen der Frauen zum dritten Mal ein und läuft zu seinem Herrn zurück. Es ignoriert verschiedene Appetithappen auf seinem Weg, woraus wir entnehmen können, dass die Intensität der Bewusstheit zunimmt. Die instinktive Psyche hat gelernt, sich zu bezähmen, Prioritäten zu setzen und sich zu konzentrieren. Sie lässt sich nicht länger ablenken. Sie ist jetzt zielgerichtet.

Und nun springt aus dem Hinterhalt plötzlich ein dunkler Mann hervor. Er packt den Hund an der Gurgel und brüllt:

»Sag mir die Namen der beiden Schönen, damit ich sie zu meinen Frauen machen kann.« Der Räuber ist nicht an den dualistischen Aspekten der Frau interessiert, er will nur eine Eroberung machen.

Ob dieser schwarze Fremdling in der Außenwelt existiert oder als negativer Komplex im Innenreich, spielt kaum eine Rolle. Seine Wirkung ist in jedem Fall zerstörerisch. Ob er in männlicher oder weiblicher Gestalt auftritt oder in Form einer Situation, die uns aus dem Hinterhalt angreift und bewirkt, dass wir vergessen, wer wir sind, ist ebenfalls zweitrangig. Es gibt immer irgendwelche dunklen Elemente, die versuchen, uns die Namen zu rauben und das aufkeimende Bewusstsein auszuschalten.

Aber nun bekämpft der Hund den Bewusstseins- und Namensdieb mit todesmutiger Inbrunst. In manchen Fällen lernt man nur auf diese Weise, an dem tieferen Wissen festzuhalten. Manchmal ist es ein Glück, wenn man durch eine Attacke aus dem Hinterhalt gezwungen wird, für das zu kämpfen, was einem wichtiger ist als alles andere, wenn man sich an den oberflächlichen spirituellen Motiven vorbeikämpfen muss, was Robert Bly »den Wunsch, sich permanent toll zu fühlen« nennt, wenn man gezwungen wird, zum tieferen Wissen zu stehen und für die Vollendung des einmal Begonnenen zu kämpfen.

Der Hund gibt das Wissen über die feminine Dualität nicht preis und durchbricht damit den Zyklus des ewigen Abgleitens in die Unbewusstheit: Erstaunlicherweise hat er nach beendetem Kampf auch die Namen nicht vergessen, denn darum ging es schließlich, um Einsicht in die feminine Wesensnatur. Wer immer in den Besitz dieses Wissens gelangt, eignet sich eine Macht an, die der Kraft einer instinktbegabten Frau gleichkommt. Der Hund hat sich mit seinem Leben dafür eingesetzt, dass diese Kraft auf einen Mann übertragen wird, der ihrer wert ist, Manawee. Er hat gekämpft, um zu verhindern, dass die Macht dem missbrauchenden egoistischen Aspekt der menschlichen Natur in die Hände fällt. Es ist ebenso wichtig, dass die Macht in die rechten Hände gelangt, wie die Namen herauszufinden.

Der heroische Hund verrät Manawee die Namen und wird zum Dank im Triumphmarsch auf den Schultern seines Herrn ins Dorf zurückgetragen. Dort erfüllt Manawee die Bedingung des Vaters: Er sagt ihm, dass er die Doppelnatur der Frau erkannt hat und sich mit ihr vermählen will. Zudem stellt er überrascht fest, dass die Frauen in jeder Hinsicht auf den Lebensweg mit ihm vorbereitet sind und die ganze Zeit nur darauf gewartet haben, dass er seinerseits mit den notwendigen Vorbereitungen fertig wurde.

So sehen wir, dass zwei Dinge unser Fortkommen verzögern: Ablenkungen in Form oberflächlicher Gelüste und der uns innewohnende oder auch äußerlich personifizierte Bewusstseinsräuber. Im Grunde weiß jeder Forschungsreisende in Sachen Bewusstsein schon genau, wie den verschiedenen Wegelagerern beizukommen ist. Man darf die Namen nicht vergessen; die geheimen wahren

Namen sind die Zauberformel, bei der sich die Pforten der Wahrnehmung öffnen.

Die innere Frau

Viele Frauen werden ungehalten, sprich wütend, vor lauter Ungeduld, wenn sie meinen, dass ihre Partner übertrieben lange brauchen, um Einsichten in ihre Psyche zu gewinnen. Sie fassen sich an den Kopf und fragen: »Meine Güte, warum wissen die Kerle nicht von Natur aus, was in mir vorgeht und was ich wirklich will?« Auf die Dauer wird ihnen selbst das Stellen rhetorischer Fragen zu viel, und sie geben es ganz auf. Aber es gibt einen Ausweg aus diesem Dilemma, und der besteht darin, dass Frauen ihre Partner in das Geheimnis der weiblichen Doppelnatur einweihen.

Ganz konkret sieht das folgendermaßen aus: Die Frau bringt dem Mann bei, ihr hin und wieder zwei scheinbar simple Fragen zu stellen, die aber auf der Stelle bewirken, dass sie sich von ihm anerkannt, gewürdigt und gehört fühlt. Die erste Frage ist: »Was willst du?« Die Frage wird in der einen oder anderen Form fast täglich an unsere Beziehungspartner gestellt. Aber die zweite Frage ist grundlegender, und sie lautet: »Was will dein tieferes Selbst?«

Wer die Doppelnatur einer Frau übersieht und nur ihre äußere Erscheinung wahrnimmt, kann sich auf eine große Überraschung gefasst machen, denn irgendwann steht die Wildnatur in ihr auf und bekundet Interessen, Gefühle und Ansichten, die nichts oder nur wenig mit dem früher vermittelten Weltbild zu tun haben.

Um die Beziehung zu vertiefen, stellt die Frau dem Mann dieselben Fragen und zieht auf diese Weise Erkundigungen über die Verfassung beider Seiten ihres männlichen Gegenparts ein.

So lernen wir, Informationen von beiden Seiten der Wesensnatur zu beziehen, der unsrigen und der des anderen, was darauf hinausläuft, dass wir ein einigermaßen klares Gesamtbild erhalten, dementsprechend sich beide Partner verhalten können.

Wenn eine Frau ihre eigene Zwillingsnatur konsultiert, dann beschäftigt sie sich mit Informationsmaterial, das außerhalb des gewöhnlichen Bewusstseins liegt und ihr deshalb oft auf geheimnisvollen Wegen zugetragen wird, inhaltlich höchst erstaunlich ist und in vielen Fällen besonders wertvoll, wenn nicht genial. Das muss ein Mann, der sich auf eine instinktbegabte Frau einlässt, wissen. Wenn er die mysteriösen Äußerungen ihrer Wildnatur nicht schätzen und lieben kann, dann unterminiert er sie auf die eine oder andere Weise, so viel steht fest, denn er lässt die Frau auf einem Bein durchs Leben hinken wie ein Krüppel.

Aus diesem Grund sollten Männer wie Frauen ihrer Zwillingsnatur Namen geben und diese den engsten Freunden und Angehörigen mitteilen. Freunde, Geliebte, Eltern und Angehörige, denen es keine Freude macht, unsere Zweiseitigkeit näher kennenzulernen, weil sie kein Interesse haben, sich gemeinsam mit uns über den gegenwärtigen Punkt hinaus zu entwickeln, werden auf der Strecke bleiben. Der größte Teil des sinnlosen Leidens auf dieser Welt lässt sich auf die standhafte Weigerung von Menschen zurückführen, etwas Neues dazuzulernen, und solche Leute wollen oder können uns nicht in unserer zwillingshaften Gesamtheit kennenlernen.

Der instinktbegabte Wilde Mann betrachtet es als eine der faszinierendsten Aufgaben überhaupt, sich mit dem Zwillingswesen seiner Gefährtin vertraut zu machen, nicht um Macht über sie zu gewinnen, sondern um die namenlose Ursubstanz zu verstehen, aus der sie und er gewirkt sind, um sich davon fortschwemmen, schockieren, wachrütteln und berauschen zu lassen. Und er wird daran festhalten und ihre tausend Namen auf tausend verschiedene Weisen singen. Das ist es, was die Augen der Unbezähmbaren aufleuchten lässt und das Glimmen in die Augen des Wilden Mannes bringt.

Es heißt, dass nur Helden die äußersten Extreme der Zwillingsnatur ertragen können, denn ein Gesicht des siamesischen Zwillingspaars trägt den Namen »Blühendes Leben« und das andere den Namen »Tod und Verwesung«. Aber eines ist gewiss: Der instinktbegabte Mann hält dem Anblick des kahlen Totenschädels stand, wenn er ihn im Gesicht seiner Geliebten erkennt, und die Wilde Frau ist ohnehin schon seit Menschengedenken damit vertraut.

Und wir? Nun ja, lernen Sie jetzt die knochenklappernde Skelettfrau kennen.

FÜNFTES KAPITEL

Auf der Jagd:

Das Herz des einsamen Jägers

Die Skelettfrau: Sich dem Werden, Vergehen und Neuwerden der Liebe stellen

Wölfe pflegen gute Beziehungen zueinander, das weiß jeder, der die Verbindungen in einem Rudel jemals über einen längeren Zeitraum hinweg beobachtet hat. Wenn sich ein Wolfspärchen zusammentut, dann fast immer fürs ganze Leben. Obwohl sie sich zanken und ihre Differenzen manchmal unverhohlen bissig austragen, überstehen ihre Beziehungen die härtesten Winter und auch sonst alles, was die vier Jahreszeiten an Wachstum, Bereicherungen und Verlusten mit sich bringen. Die menschlichen Bedürfnisse im Hinblick auf Beziehungen sehen nicht anders aus.

Während die Wölfe instinktiv treu sind und ein Leben lang zueinanderhalten, haben Menschen manchmal erhebliche Schwierigkeiten in dieser Hinsicht. Um mit archetypischen Begriffen zu beschreiben, was der unverbrüchlichen Stärke von Wolfsbeziehungen zugrunde liegt, könnte man sagen, dass die Integrität ihrer Beziehungen auf ihre Synchronizität mit dem alten Grundmuster der gesamten Natur – was ich den »Leben/Tod/Leben-Zyklus« nenne – zurückzuführen ist.

Wenn ich von der »Leben/Tod/Leben-Natur« spreche, dann meine ich den ewigen Zyklus der Entstehung von Leben, Entwicklung, Abbau und Tod, auf den wieder neues Leben folgt. Diesen Kreislauf gibt es auf allen Existenzebenen, sowohl im physischen als auch im psychischen Bereich. Alle Erscheinungsformen im Universum, von den Galaxien und Spiralnebeln über die Sonne, über die Menschen, Tiere, Pflanzen, Einzeller bis hin zu Elementarteilchen entstehen, vergehen und entstehen wieder neu in einem ewigen Kreis.

Anders als der Mensch betrachten Wölfe das Auf und Ab des Lebens in der Verfügbarkeit von Kraft, Potenz, Nahrung und so weiter nicht als Übel oder Strafe. Höhepunkte und Tiefpunkte im Leben sind naturgegeben, und Wölfe finden sich, so gut es geht, damit ab. Die Instinktnatur verkraftet alle positiven und alle negativen Erfahrungen und bleibt dabei sich selbst und anderen treu.

Wölfe zeigen, dass es möglich ist, den unaufhörlichen Zyklen der Natur mit Anmut und Erfindungsreichtum zu begegnen und über alle Schicksalsschläge hinweg zu seinem Lebensgefährten zu halten. Den Menschen werden solche Treue, solche Weisheit und Ausdauer nicht in die Wiege gelegt. Wir müssen sie uns aneignen, und das beinhaltet eine nähere Bekanntschaft mit dem, was uns am meisten Angst einflößt. Daran führt kein Weg vorbei, wie wir bald sehen werden. Wir müssen uns mit der Künderin des Todes vereinigen.

In weisen Geschichten ist die Liebe nur selten ein romantisches Stelldichein zweier Liebender. So beschreiben zum Beispiel einige Geschichten aus dem Polarkreis die Liebe als die Vereinigung zweier Menschen, deren gemeinsame Kraft es einem oder beiden ermöglicht, Kontakt mit der Seelen-Welt aufzunehmen und in Form eines Tanzes mit dem Leben und dem Tod am Schicksal selbst teilzuhaben.

Die Geschichte von der Skelettfrau handelt von einem Fischer, der sich die Künderin des Todes ins Bett holt und mit ihr schläft. Es ist eine Liebesgeschichte aus der Arktis, wo der Stamm der Inuit lebt.

In den nördlichsten Regionen der Erde wird Liebe nicht als romantischer Flirt oder egoistische Befriedigung zwischen Mann und Frau verstanden. Die Jagdkulturen, die es seit Menschengedenken fertigbringen, den eisigsten und lebensfeindlichsten Landstrichen unseres Planeten ein Existenzminimum abzuringen, beschreiben die Liebe in ihren Erzählungen immer als ein unzerreißbares Band, das aus alles überdauernden psychischen Sehnensträngen geknüpft ist und deshalb auch die härtesten Zeiten übersteht. Die Vereinigung von zwei Menschen wird als *angakok* verstanden, als eine magische Verflechtung, durch die beiden Partnern in einer Beziehung »die Kräfte hinter allen Dingen« zugänglich werden.

Eine Vereinigung solcher Art ist aber nur möglich, wenn bestimmte Bedingungen erfüllt werden. Um eine so dauerhafte Liebe zu schaffen, muss ein dritter Partner zur Teilnahme an der Beziehung eingeladen werden, und diesen unsichtbaren Dritten im Bunde nenne ich die »Skelettfrau«. Man könnte sie auch »Frau Tod« nennen. Sie ist die Verkörperung der Leben/Tod/Leben-Natur und wird als Göttin verehrt. In der menschlichen Zweierbeziehung fällt ihr die Rolle des Orakels zu, denn sie weiß, wann ein Zyklus zu Ende geht und wann ein neuer beginnt. Insofern kann sie als die ahnungsvolle Intuition in einer Beziehung interpretiert werden, als jener dunkelste Aspekt des Vorauswissens, den Männer wie Frauen am meisten fürchten, wenn sie das Vertrauen in die Transformationsfähigkeit ihrer Beziehung verloren haben und fürchten, die nächste Hürde nicht mehr gemeinsam nehmen zu können.

Das genau ist der Punkt, an dem die Skelettfrau, Künderin des Todes und des Neuwerdens, von beiden Partnern herzlich willkommen geheißen und umarmt werden muss, damit die Liebe von Dauer ist. Ausgangspunkt war eine kurze, fünfzeilige Inuit-Überlieferung, die mir Mary Uukalat erzählte und die zu einer Geschichte wurde. Sie beschreibt die psychischen Stationen auf dem Weg zum Liebesakt mit der Skelettfrau.

DIE SKELETTFRAU

JAHRE VERGINGEN, BIS SICH NIEMAND MEHR DARAN ERINNERN KONNTE, gegen welches Gesetz das arme Mädchen verstoßen hatte. Die Leute wussten nur noch, dass ihr Vater sie zur Strafe von einem Felsvorsprung ins Eismeer hinabgestoßen hatte und dass sie ertrunken war. So lag sie für eine lange Zeit am Meeresboden. Die Fische nagten ihr Fleisch bis auf die Knochen ab und fraßen ihre kohlschwarzen Augen. Blicklos und fleischlos schwebte sie unter den Eisschollen, und ihr Gerippe wurde von der Strömung um- und um- und umgedreht.

Die Fischer und Jäger der Gegend hielten sich fern von der Bucht, denn es hieß, dass der Geist der Skelettfrau dort umgehe. Doch eines Tages kam ein junger Fischer aus einer fernen Gegend hergezogen, der nichts davon wusste. Er ruderte seinen Kajak in die Bucht, warf seine Angel aus und wartete. Er ahnte ja nicht, dass der Haken seiner Angel sich sogleich in den Rippen des Skeletts verfing! Schon fühlte er den Zug des Gewichts und dachte voll Freude bei sich: »Oh, welch ein Glück! Jetzt habe ich einen Riesenfisch an der Angel, von dem ich mich für lange Zeit ernähren kann. Nun muss ich nicht mehr jeden Tag auf die Jagd gehen.«

Das Skelett bäumte sich wie wild unter dem Wasser auf und versuchte freizukommen, aber je mehr es sich aufbäumte und wehrte, desto unentrinnbarer verstrickte es sich in der langen Angelleine des ahnungslosen Fischers.

Das Boot schwankte bedrohlich im aufgewühlten Meer, fast wäre der Fischer über Bord gegangen, aber er zog mit aller Kraft an seiner Angel, er zog und ließ nicht los und hievte das Skelett aus dem Meer empor. »Iii, aiii«, schrie der Mann, und sein Herz rutschte ihm in die Hose hinunter, als er sah, was dort zappelnd an seiner Leine hing. »Aiii«, und »igitt«, schrie er beim Anblick der klappernden, mit Muscheln und allerlei Getier bewachsenen Skelettgestalt. Er versetzte dem Scheusal einen Hieb mit seinem Paddel und ruderte, so schnell er es im wilden Gewässer vermochte, an das Meeresufer.

Aber das Skelett hing weiterhin an seiner Angelleine, und da der Fischer seine kostbare Angel nicht loslassen wollte, folgte ihm das Skelett, wohin er auch rannte. Über das Eis und den Schnee; über Erhebungen und durch Vertiefungen folgte ihm die Skelettfrau mit ihrem entsetzlich klappernden Totengebein.

»Weg mit dir«, schrie der Fischer und rannte in seiner Angst geradewegs über einige frische Fische, die jemand dort zum Trocknen in die Sonne gelegt hatte. Die Skelettfrau packte ein paar dieser Fische, während sie hinter dem Mann hergeschleift wurde, und steckte sie sich in den Mund, denn sie hatte lange keine Menschenspeisen mehr zu sich genommen. Und dann war der Fischer bei seinem Iglu angekommen. In Windeseile kroch er in sein Schneehaus hinein und sank auf das Nachtlager, wo er sich keuchend und stöhnend von dem Schrecken erholte und den Göttern dankte, dass er dem Verderben noch einmal entronnen war.

Im Iglu herrschte vollkommene Finsternis, und so kann man sich vorstellen, was der Fischer empfand, als er seine Öllampe anzündete und nicht weit von sich, in einer Ecke der Hütte, einen völlig durcheinandergeratenen Knochenhaufen liegen sah. Ein Knie der Skelettfrau steckte in den Rippen ihres Brustkorbs, das andere Bein war um ihre Schultern verdreht, und so lag sie da, in seine Angelleine verstrickt. Was dann über ihn kam und ihn veranlasste, die Knochen zu entwirren und alles vorsichtig an die rechte Stelle zu rücken, wusste der Fischer selbst nicht. Vielleicht lag es an der Einsamkeit seiner langen Nächte, und vielleicht war es auch nur das warme Licht seiner Öllampe, in dem der Totenkopf nicht mehr ganz so grässlich aussah – aber der Fischer empfand plötzlich Mitleid mit dem Gerippe.

»Na, na, na«, murmelte er leise vor sich hin und verbrachte die halbe Nacht damit, alle Knochen der Skelettfrau behutsam zu entwirren, sie ordentlich zurechtzurücken und sie schließlich sogar in warme Felle zu kleiden, damit sie nicht fror.

Nachdem er sein Werk vollendet hatte, schlief der Gute erschöpft ein, und während er dalag und träumte, rann eine helle Träne über seine Wange. Dies aber sah die Skelettfrau und kroch heimlich an seine Seite, brachte ihren Mund an die Wange des Mannes und trank die eine Träne, die für sie wie ein Strom war, dessen Wasser den Durst eines ganzen Lebens löscht.

Sie trank und trank, bis ihr Durst gestillt war, und dann ergriff sie das Herz des Mannes, das ebenmäßig und ruhig in seiner Brust klopfte. Sie ergriff das Herz, trommelte mit ihren kalten Knochenhänden darauf und sang ein Lied dazu. »Oh, Fleisch, Fleisch, Fleisch«, sang die Skelettfrau. »Oh, Haut, Haut, Haut.« Und je länger sie sang, desto mehr Fleisch und Haut legten sich auf ihre Knochen. Sie sang für alles, was ihr Körper brauchte, für einen dichten Haarschopf und kohlschwarze Augen, eine gute Nase und feine Ohren, für breite Hüften, starke Hände, viele Fettpolster überall und warme, große Brüste.

Und als sie damit fertig war, sang sie die Kleider des Mannes von seinem Leib und kroch zu ihm unter die Decke. Sie gab ihm die mächtige Trommel seines Herzens zurück und schmiegte sich an ihn, Haut an lebendige Haut. So erwachten die beiden, eng umschlungen, fest aneinandergeklammert.

Die Leute sagen, dass die beiden von diesem Tag an nie Mangel leiden mussten, weil sie von den Freunden der Frau im Wasser, den Geschöpfen des Meeres, ernährt und beschützt wurden. So sagt man bei uns, und viele unserer Leute glauben es heute noch.

Der Tod im Haus der Liebe

Viele Liebesbeziehungen scheitern an der Unfähigkeit eines oder beider Partner, der Skelettfrau ins Gesicht zu sehen und ihre einzelnen Teile behutsam zu entwirren. Um lieben zu können, muss man nicht nur stark sein, sondern auch weise. Die Stärke kommt aus dem Geist. Die Weisheit entspringt aus den mit der Skelettfrau gemachten Erfahrungen.

Wie wir an dieser Geschichte sehen, muss man eine intime Beziehung zur Leben/Tod/Leben-Natur herstellen, wenn man für den Rest seines Lebens »gut im Fleisch« stehen will. Wenn uns das gelingt, fischen wir nicht länger im Trüben, sondern wissen von vornherein, dass eine haltbare Bindung aus einer Serie von unvermeidlichen Toden und überraschenden Neugeburten besteht. Sobald wir die Skelettfrau entwirren, wird uns klar, dass Leidenschaft nicht etwas ist, das man sich »holt«, sondern etwas, das in Zyklen geschaffen, gegeben und dann wieder regeneriert wird. Die Skelettfrau führt uns vor, dass Gemeinsamkeit über alle Mehrungen und Minderungen, alle Enden und Anfänge hinweg etwas erzeugt, das wir als wahre Liebe und wahre Hingabe empfinden.

Die Geschichte von der Skelettfrau ist eine sehr treffende Metapher für die Problematik in modernen Liebesbeziehungen, mit all ihren Ängsten vor dem Todesaspekt der Leben/Tod/ Leben-Natur.

Von der Mehrheit der Menschen in der westlichen Zivilisation wird der Todesaspekt traditionell vom Lebensaspekt getrennt, woraufhin die beiden Hälften dieser Einheit plötzlich wie unvereinbare Gegensätze wirken. Man hat uns beigebracht, dass der Tod etwas Endgültiges ist, ein Nichtsein, das stets nur weiteres Nichtsein nach sich zieht, was den Beobachtungen in der Natur aber nicht entspricht. Tod erzeugt und birgt ständig neues Leben, selbst wenn man in seiner Existenz schon bis auf die Knochen reduziert ist.

Anstatt die Archetypen Tod und Leben als unvereinbare Gegensätze zu sehen, sollte man sie sich als unzertrennliches Liebespaar vorstellen, als die rechte und die linke Hälfte eines einzigen Gedankens. Im Verlauf einer Liebe werden zahllose Tode gestorben, viele scheinbar endgültige Endpunkte erreicht, und doch existiert das Wesen der Beziehung fort, solange die beiden Partner begreifen, dass der ewige Wechsel zwischen Werden und Vergehen das wahrhaft Konstante in ihrer Beziehung ist.

Wer unbewusst davon ausgeht, dass Endpunkte unmöglich schon den nächsten Ausgangspunkt in sich bergen können, ist zu fatalistisch, um auch nur ein einziges sogenanntes Ende innerhalb einer Beziehung zu ertragen. Manche verstehen nicht mehr, dass die Künderin des Todes ein fundamentales Muster der Schöpfung repräsentiert. Der Horror vor ihr wird zu übermächtig, um sich voll und ganz auf einen Partner einzulassen, weil solche Hingabe letztlich nichts anderes bedeutet, als sich den Zyklen immer neuer Enden und Anfänge willentlich auszuliefern.

Die östlichen Kulturen haben sich seit Jahrtausenden bemüht, Verständnis für die untrennbare Verknüpfung von Leben und Tod zu verbreiten. Die Hindus sprechen vom ewigen Rad der Geburten und Wiedergeburten. In den Mythen und Legenden nahezu aller Völker ist von Todbringern die Rede, deren Aufgabe darin besteht, dem Menschen die Übergänge zwischen Leben und Tod, zwischen Gestalt annehmen und sich aus der Gestalt zurückziehen, zu erleichtern, denn das Wissen um ewige Erneuerung ist älter als alle Ignoranz. Und Ignoranz ist es, die uns treibt, einen Aspekt der Leben/Tod/Leben-Natur abzulehnen und zu fürchten, ihn mit allen Mitteln zu verleugnen, während der andere Aspekt isoliert wird, als könnte er allein für sich bestehen.

In der archetypischen Psychologie gilt die Leben/Tod/Leben-Natur als fundamentale Komponente der Instinktnatur aller Geschöpfe. Das archetypische Urbild wird unter anderem durch Baba Yaga personifiziert und in den Mythen verschiedener Völker durch mystische Frauenfiguren, wie Coatlicue, Hel, Berchta, Kwan Yin und die griechischen Schicksalsgöttinnen, um nur einige der bekanntesten zu nennen. Alle diese Frauengestalten sind Künderinnen des Todes und des Lebens.

Was wir heutzutage noch über das Wesen der Leben/Tod/ Leben-Natur wissen, ist zum größten Teil von unserer Todesangst verzerrt worden. Und so ist es kein Wunder, dass unsere Anpassungsfähigkeit an diese Zyklen so gering ist und dass wir uns wie trotzige Kinder aufführen, wenn etwas stirbt, weil wir unterschwellig davon ausgehen, dass uns etwas angetan, geraubt, böswillig entrissen wurde, das von Rechts wegen uns gehört. So ist es aber nicht. Die Kräfte des ewigen Werdens, Vergehens und Neuwerdens sind ein Teil unseres Wesens, eine innere Autorität, wenn man so will, die jeden Schritt im Tanz des Lebens kennt. Diese innere Autorität weiß, wann etwas geboren werden soll und wann es sterben muss. Sie ist ein liebevoller, behutsamer Lehrer, wenn man auf sie hören kann. Rosario Castellanos, eine mexikanische Mystikerin und Poetin, schreibt über die Hingabe an die Kräfte des ewigen Werdens und Vergehens:

… dadme la muerte que me falta …
… gib mir den Tod, den ich brauche …

Dichter wissen, dass das Leben ohne den Tod seinen Wert verliert; ohne ihn gibt es keine neuen Lektionen zu lernen, kein Dunkel, aus dem das Glitzern eines Diamanten leuchtend hell hervortritt. Die Eingeweihten fürchten den Anblick des Gerippes nicht, während der Rest der Menschheit vehement darauf besteht, dass alle Arten von Skelettfrauen ins Eismeer zurückgeworfen werden müssen, sobald man sie (wieder einmal) an der Angel hat. Das ist verständlich, denn ihr Anblick ist zunächst grauenerregend, und selbst wenn man sich an ihren Anblick gewöhnt hat, dauert es noch eine ganze Weile, bis man sie gut genug kennt, um sie von Herzen lieben zu können.

In einer seelenlosen Gesellschaft wird der Bevölkerung weisgemacht, dass der Mensch sich mit rasender Eile fortbewegen muss, um im Verlauf seines einen kurzen Lebens schnell noch die eine wahre Liebe zu finden, die nie vergeht. Dieses Hasten von einem Partner zum nächsten ist eine Suche nach einer sich ewig drehenden Liebesmaschine, und insofern darf es uns nicht wundern, wenn wir alle wirr im Kopf beziehungsweise in der Psyche werden, wie es in Hans Christian Andersens Märchen »Die roten Schuhe« beschrieben ist. Die roten Schuhe tanzen, selbstständig geworden, mit der Person fort und wirbeln in ihrem irren Tanz an den Dingen vorbei, nach denen der Mensch sich am meisten sehnt. Aber er steckt in den Schuhen fest und ist nicht mehr imstande, seinen schwindelerregenden Tanz zu beenden.

Es gibt aber auch eine völlig andere Art der Liebe, einen Liebestanz, bei dem alle Schwächen, Ängste und Ticks des Partners dazugehören und bei jedem Schritt miteinbezogen werden. Und, wie so oft bei einem Einweihungsprozess, stolpern die meisten von uns fast immer »rein zufällig« und »völlig unbeabsichtigt« in die Arme einer solchen Liebe.

Die Anfangsphasen der Liebe

Wenn man zufällig über einen Schatz stolpert

Alle Märchen enthalten Material, das die Vorgänge im Innenleben des Menschen wie in einem Spiegel reflektiert, aber darüber hinausgehend zieht sich immer auch ein universell gültiges Grundthema durch den Text, eine Art Grundmuster, in dem Instruktionen enthalten sind, was man tun muss, damit Innen- *und* Außenwelten im Gleichgewicht sind.

Die Geschichte von der Skelettfrau kommt mir am interessantesten vor, wenn wir sie nicht allein als eine Beschreibung der Vorgänge in der individuellen Psyche verstehen, sondern zudem als eine Serie von sieben Entwicklungsstufen, die ein Mensch durchläuft, um eine dauerhafte Liebesbeziehung mit einem Partner herzustellen. Auf der ersten Stufe begegnet man einer Person, die sich bei fortschreitender geistig-seelischer Entwicklung als kostbarer Schatz erweist, selbst wenn keiner der beiden gleich erkennt, über was er da bei der ersten Begegnung gestolpert ist. Auf der zweiten Stufe zieht sich einer meist zurück und versteckt sich, während der andere ihn sucht und verfolgt. Als Nächstes kommen Phasen der Entwirrung, der dämmernden Einsicht in die Zyklen von Werden und Vergehen in der Beziehung und des Mitgefühls für den anderen. Darauf folgt eine Phase des Vertrauens und der völligen Entspannung im Beisein des anderen, und danach weihen beide Partner sich in ihre Vergangenheitserlebnisse und Zukunftsträume ein, wodurch alte Wunden und Liebesängste geheilt werden. In der letzten Phase wird das Herz so eingesetzt, dass neues Leben entsteht und sich Körper und Seele vereinen.

Die erste Phase der Liebe, die zufällige Entdeckung eines Schatzes, wird in Dutzenden von Geschichten aus aller Welt beschrieben. Sobald es heißt, dass ein Geschöpf aus den Tiefen des Meeres an die Oberfläche gezogen wird, können wir sicher sein, dass eine Konfrontation folgt, bei der sich das, was oben, in der bewussten Welt lebt, mit einem oft gruseligen Etwas, das in die Unterwelt verdrängt wurde oder dort beheimatet ist, auseinandersetzen muss. Auch in dieser Geschichte fängt der Fischer mehr, als er je zu hoffen gewagt hätte. »Oh, das ist ein Riesenfisch«, denkt er voller Vorfreude, als er das Gewicht an seiner Angel spürt, nicht ahnend, dass er im nächsten Moment eine Beute an Land ziehen wird, die seine Kräfte überfordert.

So geht es allen ahnungslosen Liebesfischern. Sie hoffen, sich einen prachtvollen Fisch zu angeln, der sie bis auf Weiteres mit Nahrung versorgt, ihr Leben rundum erleichtert, vielleicht auch ein wenig spannender macht, und mit dem sie den Neid und die Bewunderung der anderen Fischer und Jäger erregen können.

Der naive, ausgehungerte oder psychisch verwundete Liebesfischer wird von dem Verlangen getrieben, eine Trophäe zu erobern. Die jugendlich unbedarften oder naiven Fischer wissen noch nicht genau, was sie in Wahrheit suchen. Die Ausgehungerten werfen ihre Angel aus, um eine innere Leere zu füllen. Die seelisch Verwundeten fischen nach Trostspendern für frühere schmerzhafte Verluste. Aber alle stolpern irgendwann über einen »unerwarteten« Schatz.

Das vergnügungssüchtige Ego der meisten Liebesfischer ist bei genauerem Hinsehen nicht an Liebe interessiert, sondern an unterhaltsamer Zerstreuung. Das Ego sagt Dinge wie: »Ich wollte doch nur ein bisschen Spaß mit Soundso haben. Warum werde ich plötzlich mit diesen grauenhaften Verwicklungen und Ängsten konfrontiert? Damit will ich nichts zu tun haben.« Aber wer sich in die tosenden Gewässer des Austauschs mit einem anderen begibt, sollte sich von vornherein darauf gefasst machen, dass der Todesaspekt der Leben/Tod/Leben-Natur sich eines Tages in der Angelleine verfängt und danach nicht mehr loszuwerden ist, selbst wenn man ihm noch so oft einen kräftigen Hieb mit dem Paddel versetzt.

Wir ziehen immer mehr an Land, als wir beabsichtigt haben, solange wir uns der naiven Fantasievorstellung hingeben, dass irgendeine romantische Eskapade, irgendeine berufliche Position oder irgendein Geldsegen tiefere Seelenbedürfnisse erfüllt und auf die Dauer befriedigt. Niemand von uns ist zu Anfang bereit, für eine zutiefst erfüllende Liebe zu arbeiten. Am liebsten wäre es uns, wenn der einmal an Land gezogene Schatz keine weiteren Ansprüche stellen und *uns* für den Rest des Lebens die Arbeit abnehmen würde. Klar, wir wissen natürlich, dass man sich auf diese Weise nie weiterentwickelt, nie selbst zum kostbaren Schatz wird. Trotzdem wünschen wir uns wider jedes bessere Wissen, für immer auf der anfänglichen Stufe der Liebe stehen bleiben zu können.

Auch der Fischer meint, nicht mehr als die simple Jagd nach körperlicher Befriedigung zu verfolgen, noch während er die gesamte weibliche Urnatur an die Oberfläche hievt. Die verstoßene Künderin des Todes und der Auferstehung vom Tode taucht aus den Tiefen des Unbewussten auf, klappert mit ihrem fauligen Gebiss, und damit ist die erste Phase des zufälligen Über-einen-Schatz-Stolperns abgeschlossen.

Wir wissen, dass Beziehungen ins Schwanken geraten, genauso wie der Kajak des Inuit-Fischers, wenn die hoffnungsfrohe Erwartungsphase beendet ist und wir uns genauer anschauen, was da sonst noch am Angelhaken hängt. Das gilt ebenso für die Beziehung einer Mutter zu ihrem 18 Monate alten Kind wie für die Beziehung eines Elternpaars zu einem Halbwüchsigen beim Übergang in die Pubertät oder für die langjährige Ehe zwischen zwei Partnern oder eine kurze Liebesaffäre. Wenn die honigsüße »Liebling-Phase« zu Ende geht, wird alles aufgewühlt, die Beziehung gerät in turbulentere Gewässer, denn nun werden lang gehegte Erwartungen enttäuscht, nun müssen lieb gewonnene Illusionen sterben. Auf den ersten Liebesrausch folgt eine ernsthaftere Auseinandersetzung mit dem Gegenüber, ein intimeres Kennenlernen, bei dem alle Kraftreserven und alles, was wir an instinktivem Wissen besitzen, gebraucht werden.

In einer fortgeschrittenen Liebesbeziehung wird im Laufe der Zeit alles, aber auch alles, was man zu sein glaubt, auseinandergenommen, abmontiert, inspiziert, entwirrt und schließlich, wenn man durchhält, noch einmal ordentlich durchgeknetet und dann erneuert. Das Ego wehrt sich dagegen, aber selbst das arbeitsscheueste Ego der Welt sieht irgendwann ein, dass es nicht anders geht. Wenn die Sehnsucht nach Gefühlstiefe und Wahrheit größer wird als die Arroganz des Egos, fühlt sich die Psyche unwiderstehlich zu den fortgeschrittenen Phasen der Liebe hingezogen.

Und was wird abmontiert? Was stirbt? Außer den Illusionen und Erwartungen auch die Habgier, die alles sofort und möglichst gleichzeitig haben will, ebenso wie das Verlangen nach einer »immer nur guten, schönen, lustigen Zeit miteinander«. Liebe führt unweigerlich zu einem Abstieg in die Bereiche der Skelettfrau, und so ist es nicht verwunderlich, wenn der erste Impuls eines Jägers und Fischers darin besteht, die Beziehung ins Meer der Unbewusstheit zurückzustoßen, kaum dass er die Skelettfrau zu Gesicht bekommt.

Diese Weigerung, sich den Zyklen des Werdens, Vergehens und Neuwerdens im Verlauf einer Beziehung zu stellen, wird auch vom Vater der Skelettfrau symbolisiert. Der Vater stürzt seine ungezogene Tochter von einem Felsvorsprung in die Tiefe, er legt sie »auf Eis«, lässt sie untergehen und langsam verrotten, weil sie gegen irgendwelche gesellschaftlichen Regeln verstoßen hat, an die sich nicht viel später kein Mensch mehr erinnern kann. Die »ungezogene« Tochter ist selbstverständlich eine wildnatürliche und instinktiv wissende Frau. Zwar liegt sie nun unter dem Meeresspiegel begraben, ist entsetzlich einsam und »vom Fleische gefallen«, aber sie weiß im Mark ihrer Knochen, dass der Tod ihr ein neues Leben bescheren wird.

Die Instinktnatur kann in das Eismeer gestoßen werden, wo sie auf ein Skelett reduziert wird, aber das Urwissen geht ihr selbst als Gerippe nicht verloren. Und da die Instinktnatur ein Teil von uns ist, taucht sie bei der nächsten Gelegenheit wieder aus den Tiefen dieses Eismeers auf, denn sie findet immer ein Loch zwischen irgendwelchen Eisschollen. Wenn zwei Liebende auf forciertem Frohsinn bestehen, einem permanenten Disneyland der Liebe, wenn sie auf sexuellem Feuerwerk bestehen oder ewiger Eintracht ohne jede Zwiespältigkeit und Mühe, dann wird die Leben/Tod/Leben-Natur ein ums andere Mal vom Felsvorsprung in die Tiefe gestoßen.

Dabei wird der weibliche Partner, aber auch das Seelenvolle im Manne, auf ein Skelett reduziert; es geht unter und fällt buchstäblich vom Fleische. Die Frau ist die Hüterin der Lebenszyklen; das Gebärende und damit im Endeffekt Todbringende liegt ihr im Blut. Aber da neue Kräfte nun einmal nie ohne eine Minderung des früher Dagewesenen entfaltet werden können, finden Paare, die alles Traurige, alles Negative und Unintensive in ihrer Beziehung ablehnen, sich eines Tages in einer versteinerten Beziehung wieder. Das Streben nach einer Liebe, die stets nur Positives mit sich bringt, ist genau das, was einer ursprünglich vielversprechenden Liebe letztendlich den Todesstoß versetzt.

Das Phänomen begegnet mir in tausenderlei Varianten auf der Couch in meinem Sprechzimmer, wo Männer wie Frauen sich seufzend niederlassen und von den Verwicklungen in ihren Beziehungen erzählen. Die Geschichten verlaufen immer nach folgendem Schema: Zwei Menschen beginnen einen Balztanz, um zu sehen, ob sie zueinanderpassen. Plötzlich fischt der eine oder andere die Skelettfrau aus dem Unterbewusstsein, weil irgendetwas in der Beziehung abstirbt und nicht mehr so gut wie früher funktioniert. Oft ist es die sexuelle Anziehungskraft, die dahinschwindet, oder man sieht die schwache, tief verletzte Unterseite des Partners, oder man erkennt, dass der andere »nicht in jeder Hinsicht Trophäenmaterial ist«. Hier haben wir also den Moment an der Angel, in dem die Skelettfrau mit dem fauligen Gebiss klappert und nicht mehr von der Leine loskommt.

O Schreck und Graus! Was nun? Ich sage meinen Patienten, dass sie an einem magischen Wendepunkt stehen, dass sie nicht davonpaddeln, den anderen jetzt auf keinen Fall von sich stoßen sollen. Aber was nützt das? Der eine oder andere Partner rudert, so schnell er kann, an das rettende Ufer, und ich rudere analysierend nebenher und rufe ermunternde Dinge, während die Künderin des Todes hinter uns hergeschleift wird.

Aber selbst das Davonlaufen gehört zu diesem Einweihungsprozess. Es liegt in der Natur des Menschen, sich eilends in seinem Iglu zu vergraben, wenn ein Schatz sich als Künder von unvermeidlichen Toden offenbart. Davonlaufen ist menschlich, aber nicht für lange und nicht für immer.

Verstecken und verfolgen

Der Todesaspekt hat die merkwürdige Eigenheit, sich genau dann in eine Beziehung einzuschleichen, wenn ein Partner meint, den anderen fest »an der Angel«, »auf Nummer sicher« zu haben. Das ist im Allgemeinen der Punkt, an dem sich ahnungsvolle Bedenken einschleichen, an dem man sich so schnell wie möglich entziehen möchte. Dem Geliebten entziehen? Nein, der Skelettfrau, damit sie uns nicht einholen und zu einer näheren Bekanntschaft mit ihr zwingen kann. Das ist der wahre Grund für all das Katz-und-Maus-Spiel in unseren Beziehungen. Aber wie man sieht, gibt es keinen Platz auf dieser Welt, an dem sie nicht über kurz oder lang auftaucht und sich neben unserem Bett breitmacht.

Die rationale Psyche angelt nach etwas Tiefem und fängt es auch wirklich ein, aber dann ist sie so schockiert, dass sie es kaum ertragen kann. Man hat die Absicht, sich tiefer denn je auf einen Menschen einzulassen, und merkt plötzlich, dass damit eine grundlegende Auseinandersetzung mit dem Todesaspekt einhergeht – da hängen Erinnerungen an das Werden und Vergehen aller bisherigen persönlichen Beziehungen am Haken und verfangen sich immer mehr in der Angelleine, welche man seinerseits aber auch nicht mehr loslassen will. Ein Liebender zieht sich angstvoll zurück und meint, von seinem Partner verfolgt zu werden, während in Wahrheit jede tiefergehende Liebe das Wissen um den Tod der persönlichen und egoistischen Vorstellungen von der Liebe nach sich zieht.

Wie wir sehen, lässt der Fischer seine Angelrute nicht los, sondern rennt mit ihr davon. Was bleibt der in die Angelschnur verwickelten Skelettfrau anderes übrig, als den ganzen Weg hinter ihm herzurumpeln? Und unterwegs geschieht etwas sehr Merkwürdiges: Während die beiden sich auf diese Weise immer mehr miteinander verstricken, wird das Gerippe hungrig, packt ein paar getrocknete Fische und steckt sie sich in den Mund – nimmt, mit anderen Worten, Nahrung zu sich und damit schon mehr am Leben über Wasser teil. Ein vergleichbares Phänomen ist in allen Liebesbeziehungen zu beobachten. Sobald ein Partner den Versuch macht, sich zu entziehen, wird der andere hungrig und lebendiger. Je schneller der eine rennt, desto mehr Energie und vitale Lebenskraft wird in die Beziehung investiert, das ist die tragikomische Ironie bei diesem Spiel.

Die Phase des Versteckens und Verfolgens ist eine Zeit, in der Liebende versuchen, ihre Angst vor dem zyklischen Auf und Ab der Liebe zu rationalisieren. Sie sagen: »Ach, ich könnte vielleicht auch einen besseren Schatz finden.« Oder: »Ich bin nicht bereit, dieses oder jenes aufzugeben.« Oder: »Ich will mich weder mit meinen noch mit den Verletzungen eines anderen Menschen herumschlagen.« Oder »Ich bin noch nicht bereit, mich so tief auf jemanden einzulassen.« Oder: »Ich lasse mich nicht ändern, ohne vorher zu wissen, was genau dabei herauskommt.«

Es ist eine Zeit, in der eine Flut von widersprüchlichen Gedanken und Gefühlen auf einen einstürmt, woraufhin man sich verzweifelt nach einem Schutzbunker umsieht; eine Zeit, in der das Herz schneller schlägt, nicht so sehr, weil man wie rasend verliebt ist, sondern weil nackte Todesangst mit kalten Fingern nach dem Herzen greift. »Aiii, die kalte Hand der Künderin des Todes greift nach mir! Und dann hetzt sie auch noch hinter mir her und lässt nicht locker!« Ein entsetzlicher Gedanke … und beinahe wahr.

Oft wird in dieser Phase irrtümlich angenommen, dass man vor der Beziehung mit dem/der Geliebten flüchtet, was man in der Psychologie als »Beziehungsflucht« bezeichnet und gewöhnlich auf »Angst vor Intimität und tieferen Bindungen« zurückführt. Aber das sind lediglich Symptome. Die tieferen Gründe für die Flucht sind auf Selbstzweifel zurückzuführen, Zweifel an der eigenen Fähigkeit, die Zyklen der Leben/Tod/ Leben-Natur ertragen zu können.

In der Geschichte zieht der Fischer die Skelettfrau über das eisige Wasser ans Land – aus den Bereichen des Unbewussten auf die feste Landmasse seines Bewusstseins. Letzteres erkennt, was es sich da eingefangen hat, und versucht verzweifelt, der »Verfolgerin« zu entkommen. Genauso verhalten wir uns immer und immer wieder in unserem Leben. Wir haben etwas Furchterregendes am Haken hängen und ziehen es ahnungslos heran, weil wir meinen, dass es eine »fette Beute« sein könnte. Genau das ist es auch, ein verborgener Schatz, aber nicht von der Art, wie wir gedacht haben. Es ist ein Schatz, vor dem man uns dummerweise das Fürchten gelehrt hat. Also versuchen wir, ihn wieder loszuwerden oder ihn zu verharmlosen oder zu verniedlichen. Aber das funktioniert nicht. Am Ende bleibt uns nichts anderes übrig, als die Schauerfrau zu küssen.

In Sachen Liebe ist die Skelettfrau der Lehrer, nach dem wir angeblich schon so lange gesucht haben. »Nein, doch nicht so ein

Lehrer«, heißt es dann im Angesicht der Totenfratze. »Wir wollen einen anderen.« Nichts zu machen. Die Skelettfrau ist der Lehrer, den alle vor die Nase gesetzt bekommen.

Es heißt, dass der Lehrer erscheint, wenn der Schüler reif ist. Reife bedeutet in diesem Fall, dass die Seele – nicht das Ego – empfänglich und aufnahmebereit für eine Lehre ist. Der Lehrer vernimmt den Ruf der Seele, nicht den des Egos, und da können wir von Glück sagen, denn das Ego ist niemals vollkommen empfänglich, niemals reif genug. Würde das Erscheinen eines Lehrers allein von den Wünschen des Egos abhängen, dann würden wir nie etwas Wesentliches dazulernen. Also können wir froh und dankbar sein, dass die Seele ihre Aufnahmebereitschaft unabhängig von den ständig wechselnden Begierden und Meinungen des Egos mitteilt.

Wenn die Dinge in einer Liebesbeziehung verwickelt und furchteinflößend werden, sehen die meisten von uns auch schon das Ende nahen. Das ist verständlich, aber dem ist nicht so. Die Skelettfrau ist ein archetypisches Sinnbild für die Ängste und Probleme, die in jeder tiefergehenden Partnerschaft auftauchen, und die Handlungsfolge ist stets gleich: Der Liebende *muss* den Versuch machen, sich zu entziehen, er *muss* alle Stadien auf diesem Einweihungsweg durchlaufen, um irgendwann einsehen zu können, dass es kein wahres Entrinnen gibt.

Wenn der Fischer sich in seinem Iglu vergräbt und sich »endlich in Sicherheit« wähnt, tut er nichts anderes als ein moderner Liebhaber, der erklärt: »Halt, ich brauche jetzt ein bisschen Abstand.« Oder: »Ich brauche meinen eigenen Freiraum« und dergleichen mehr. In der Mehrheit der Fälle wird damit lediglich die Angst vor der Konfrontation mit der Todesnatur kaschiert. Es ist ein Versuch, die angenehmen Aspekte der Beziehung zu erhalten und die Skelettfrau zu ignorieren. Das funktioniert natürlich nicht auf die Dauer.

Der Rückzug des einen Partners löst eine enorme Angst und Unsicherheit in dem anderen aus, besonders, wenn er sich in keiner

Weise entzieht, weil er oder sie an den Punkt gekommen ist, wo die intimere Bekanntschaft mit der Skelettfrau nicht länger aufgeschoben werden kann. Oft erklärt ein Partner sich innerlich bereit, aller Todesangst zum Trotz zu sagen: »Also gut, lass uns dieses Schreckgespenst gemeinsam entwirren.« Unter Aufbietung all seines Mutes ist der eine gewillt, auf sein Herz zu trommeln und etwas Unzerstörbares ins Leben zu singen, aber der andere sagt: »Nein, nicht jetzt. Noch nicht«, oder ganz kategorisch: »Nein, das kommt für mich nicht infrage.«

Es besteht ein himmelweiter Unterschied zwischen dem natürlichen Bedürfnis, allein zu sein, um sich zu regenerieren, und dem Wunsch, dem unvermeidlichen Liebesakt mit der Skelettfrau zu entrinnen, auch wenn beide Bedürfnisse mit denselben Worten erklärt beziehungsweise gerechtfertigt werden. Der Liebesakt mit der Leben/Tod/Leben-Natur ist der nächste Schritt auf dem Weg zu einer größeren Liebesfähigkeit. Liebespaare, die das Gerippe als Dritten im Bunde willkommen heißen, erlangen eine alles überdauernde Liebesfähigkeit. Wer die Skelettfrau verdrängt oder versucht, ihre Existenz zu leugnen, verschmäht diesen Schatz.

Dass jemand sagt, er sei »noch nicht bereit«, brauche noch Zeit, ist verständlich, jedenfalls eine Zeit lang. Denn tatsächlich ist man nie »vollkommen bereit«, der Zeitpunkt kommt nie gelegen. Jede Form des Abstiegs in die Tiefen des Unbewussten löst Angst und Fluchtgedanken aus, und so muss man sich einfach irgendwann die Nase zuklemmen und in den Abgrund springen. Wenn es nicht so wäre, hätten wir keine Worte wie *Heldin, Held* und *Courage* erfinden müssen.

Die Vermählung mit der Skelettfrau ist eine *Herausforderung.* Ohne die Herausforderung, unser Bestes und Äußerstes zu geben, können wir uns nicht wandeln. Ohne Herausforderungen gibt es aber auch keine echte Befriedigung. Was gehört schon dazu, angenehme Dinge zu lieben? Zu wahrer Liebe gehört Heldenmut, der die eigenen Ängste überwindet.

Der Eingang zu dem Iglu, in dem Liebende sich während der Phase des Versteckens und Verfolgens vergraben, ist von tiefen Furchen durchzogen, weil ständig ein emsiger Betrieb herrscht. Aber wer lieben will, tut es dem Fischer gleich: Er zündet die Öllampe an und setzt sich mit der Leben/Tod/Leben-Natur auseinander. Er befasst sich mit seinen Ängsten, und was dabei herauskommt, sind Verständnis und Staunen.

Das Skelett entwirren

»Die Skelettfrau« ist ein Eignungstest-Thema. In diesem Fall haben wir es mit einem Eignungstest für potenzielle Liebhaber zu tun, bei dem die Herzensgüte und Seelenstärke des Kandidaten auf die Probe gestellt wird. Oft müssen die Bewerber drei Rätsel lösen, um die Hand der Prinzessin zu erringen, also Geisteskräfte und intuitive Schläue unter Beweis stellen. Unser Fischer muss Angst und Abscheu überwinden, um das Skelett berühren und entwirren zu können, das sich am Ende als seine Herzenskönigin und Seelengefährtin erweist.

Gerade stieß der Fischer in seinem Iglu noch einen Entsetzensschrei aus, als er die Leiche neben seinem Bett liegen sah. Doch dann betrachtet er das elende Knochenbündel im Licht seiner Öllampe und verstummt. Er ist betroffen, geradezu gerührt … Irgend etwas an der hoffnungslos verqueren Lage der Skelettfrau rührt ihn im innersten Herzen an. Nur so kann man sich erklären, dass er leise murmelnd beginnt, das Knochenbündel von der Angelleine zu befreien und behutsam zurechtzurücken.

Genauso wird es uns ergehen. Wenn uns die immense Einsamkeit der Leben/Tod/Leben-Natur aufgeht, wenn wir zum ersten Mal begreifen, dass sie ohne eigenes Verschulden von allen Menschen zurückgestoßen, permanent von einer Klippe gestürzt oder von Liebesfischern über Bord geworfen wird, dann rührt uns ihre verquere Lage vielleicht ebenfalls tief genug an, dass wir ein Stück näher heranrücken, ihr Gebein vielleicht sogar eigenhändig berühren können.

Das von Mitgefühl angerührte Herz ist bereit, allen Ekel, alle Furcht und alles Grauen zu überwinden und die Teile des anderen und des Selbst zu berühren, die gewöhnlich als »unschön« empfunden werden. Berühren, zurechtlegen und zur natürlichen Ordnung zurückführen, was uns unheimlich und bedrohlich vorkommt, wenigstens auf den ersten Blick – dies sind die drei Stationen des Eignungstests, mit dem das Selbst unsere Reife auf die Probe stellt.

In zahllosen Märchen erscheint das Schöne zunächst in einer abstoßenden Verkleidung, um den Charakter von jemandem zu erkennen. Herzensgüte und Erbarmen mit Ausgestoßenen und Verhöhnten werden im Märchen mit »unermesslichem Reichtum und Glück« belohnt. Wer sich hartnäckig weigert, das Schöne hinter dem Hässlichen zu erkennen, wird auf grausame Weise dafür bestraft, wie die jungen Frauen im Märchen, denen Kröten und Schlangen aus dem Mund springen, sobald sie ihn aufmachen, nachdem sie dem verkannten Prinzen in Bettlergestalt am Brunnen einen Schluck Wasser verweigert haben.

Im Märchen und tief im Unterbewusstsein herrscht ein Gerechtigkeitssinn, der Erbarmen mit dem scheinbar Niederen belohnt und die Ablehnung des Niederen bestraft. Das gleiche Gesetz gilt bei den erhabensten Gefühlszuständen wie der Liebe. Wenn wir so weit über uns hinauswachsen, dass wir das Unschöne berühren können, werden wir reich belohnt. Wenn wir das Unschöne zurückweisen, werden wir vom Leben abgeschnitten und isoliert.

Manchen Leuten fällt es leichter, sich in hochfliegenden Gedanken- und Gefühlswelten zu ergehen, in denen alles Übel transzendiert wird, als sich mit dem nicht ganz so positiven Alltag abzugeben und dem Gewöhnlichen und Niederen in irgendeiner Form die Hand zu reichen. Am einfachsten machen es sich die Selbstgerechten, die das Hässliche ablehnen und sich auch noch zu ihrem »ausgezeichneten Geschmack« gratulieren. Eine solche Haltung lässt die Liebesbeziehung zur Skelettfrau zum schier unüberwindlichen Problem werden.

Und was ist das Unschöne? Unter anderem ist der Missbrauch von Liebe unschön. Unser Mangel an Loyalität und Ausdauer ist unschön. Das separierende, verurteilende Ego ist unschön, ebenso unser Missverstehen. Auch die Zyklen der Wildnatur mit ihren ewigen Erneuerungs-, Geburts- und Todesspiralen werden von den meisten heutigen Kulturen als »nicht gesellschaftsfähig« betrachtet und deshalb permanent unter den Teppich gekehrt.

Das Geheimnis der Skelettfrau zu entwirren, bedeutet, alle diese irrtümlichen Vorstellungen aufzugeben. Die Skelettfrau zu entwirren, bedeutet, die lähmende Angst zu vergessen und aus dem Dunkel des Unterbewussten Kraft zu schöpfen, um alte Wunden heilen zu lassen. In der archetypischen Psychologie ist die Entwirrung einer Sache gleichbedeutend mit der Fähigkeit, einen verwickelten Ablauf zu durchschauen und das Wesentliche zu erkennen. In Märchen und Sagen spricht man von dem Lösen oder Durchtrennen gordischer Knoten, dem Irren durch ein Labyrinth, bis man den Ausgang findet oder das richtige Mittel, das einen befreit und zum Seher und Weisen macht.

Wenn der Fischer die Skelettfrau von der Angelschnur befreit und ihre Knochen ordnet, erwirbt er zum ersten Mal ein »handfestes« Wissen über die Leben/Tod/Leben-Natur. Die Skelettfrau ist ein Symbol für ein ewig wellenförmiges Werden, Vergehen und Wiederauferstehen. Als Sinnbild für die Psyche setzt sich das Skelett aus Hunderten von kleinen und größeren Knochen, Gelenken und Wirbeln zusammen, die alle auf harmonische Weise miteinander verbunden sind. Sobald ein Knochen bewegt wird, bewegt sich auch der Rest, und sei es auch nur auf kaum merkliche Weise. Mit den Lebenszyklen von Werden, Vergehen und Neuwerden ist es genauso. Wenn das Leben eine Wendung nimmt, drehen sich die Knochen des Todes empathisch in dieselbe Richtung. Wohin der Tod sich dreht, dorthin wendet sich auch das Leben.

Ist auch nur ein kleiner Knochen nicht am rechten Platz oder verletzt, ist der gesamte Organismus in Mitleidenschaft gezogen. Wenn das natürliche Auf und Ab in einer Liebesbeziehung missachtet wird, dann schleppt sich die Liebe bald nur noch auf einem Bein durch die Gegend. Dann kann sie keine Treppen mehr steigen – vom Berge-Erklimmen ganz zu schweigen. Die Beziehung fällt ständig auf die Nase, die Libido zwischen den Partnern lässt nach, stirbt ab. Und dann fragen die beiden sich ganz betroffen, warum sie nicht mehr fähig sind, Liebe mit der gleichen Vitalität wie einst zu empfinden.

Das Skelett zu entwirren, bedeutet, in unendlich geduldiger Kleinarbeit herauszufinden, auf welche Weise alles zusammenhängt. Und dabei stoßen wir auf den Widerstand des Egos, denn das Ego ist arbeitsscheu, speziell, wenn es um Aufgaben geht, die gleich auf den ersten Blick mit Angst und Schrecken verbunden sind.

Angst haben wir alle, das wissen wir. Jeder, der lebt, hat Angst. In den Geschichten der Inuit gibt es einen Rabenvogel, der die Ansichten und Gewohnheiten des Egos wunderbar treffend illustriert. Der Rabe ist ausschließlich an der Befriedigung seiner Genusssucht interessiert und versucht, alles Ungewisse und die Angst, die durch Ungewissheit ausgelöst wird, tunlichst zu vermeiden. Wie der Rabe ist auch das Ego einem Liebhaber gleich auf der Suche nach der besten Investition mit dem geringsten Aufwand, nach dem Motto »Pick und friss«. Trickreich und unersättlich flattert er hierhin und dorthin, missgünstig krächzend wie jemand, der ständig darauf achtet, wer das größte Stück Kuchen auf dem Teller hat, an welcher Stelle das Bett am bequemsten ist, welche Beziehung sich am meisten lohnt.

Das Ego weigert sich standhaft, etwas dazuzulernen, ganz im Gegensatz zu unserer Seele, die sich danach sehnt, Neues zu ergründen, die eine buchstäblich sagenhafte Ausdauer auf den härtesten Strecken des Weges beweist und Geduld genug, um eine Liebe über Jahrzehnte hinweg zu nähren. Und so ist es nie das Ego, das die Menschen bewegt, einander zu lieben, sondern ihre wilde Seele.

»Eine wilde Geduld«, wie die Dichterin Adrienne Rich sagt, ist vonnöten, um bei einer Liebe zu bleiben, wenn sie sich in ihrem Todesaspekt offenbart. Dazu gehört ein Herz, das willens ist, zu sterben und neu geboren zu werden, wieder zu sterben und wieder aus dem Totenreich aufzuerstehen, wieder und wieder und noch einmal von vorn.

Ein Mensch, der die Knochen und das Innerste der Skelettfrau behutsam sortiert, wird im Laufe der Zeit ruhiger, gelassener, denn er weiß, was nach einem Höhepunkt kommt und was auf eine Talfahrt folgt. Er ist nicht schockiert, wenn sich Leere einstellt, und lässt sich nicht übermannen von Glück und Erfolg. Der Wunsch, etwas so schnell wie möglich zu erreichen oder »alles sofort zu haben«, wird in ein subtileres und kreisförmigeres Streben verwandelt. Die Beziehung eines solchen Liebhabers folgt nicht mehr der geraden Linie eines abgeschossenen Pfeils, der schließlich irgendwo stecken bleibt und sich in eine Stelle verbohrt. Sie folgt den Kreisen einer größeren, ewigkeitsbezogenen Kraft. So entwickelt sich die Quintessenz des wilden Liebenden.

In alten Zeiten wurde die Erkenntnis vom »Leben im Tode und vom Tode im Leben« als »kostbarste Perle« und als »unvergleichlicher Schatz« bezeichnet. Der Fischer entwirrt die Bestandteile dieser Erkenntnis und murmelt unverständliche Worte dazu. Was für Worte sind dies? Wir wissen es, wenn wir uns selbst fragen: »Was in meinem Leben muss sterben, damit ich lebendiger werden kann? Was ist das Unschöne, dessen Anblick ich gerade vermeiden will? Welche Kraft wächst mir aus der Entwirrung dieses Unschönen zu? Was will ich nicht gebären? Was muss heute aufgegeben, was heute geschaffen werden?« Das Wissen um die rechte Zeit für alle Dinge ist die »kostbarste Perle«, und sie wird dem Liebenden zuteil, der das Gerippe mit leise murmelndem Zuspruch zurechtrückt, damit alle Dinge an die rechte Stelle kommen.

Der Schlaf des Vertrauens

In der nächsten Phase der Beziehung kehren die Liebenden in einen Zustand der Unschuld zurück, einen Zustand staunender Hingabe an Emotionen und Einsichten, die mit dem gewöhnlichen Verstand nicht zu begreifen sind. Es gibt ein altes Sprichwort: »Ignoranz ist, unwissend zum Guten hingezogen zu sein. Unschuld ist, allwissend zum Guten hingezogen zu sein.«

Der Liebesfischer hat die Leben/Tod/Leben-Natur an die Oberfläche seines Bewusstseins gezerrt, sie nach anfänglichen Widerständen akzeptiert und sich mit ihren Einzelheiten vertraut gemacht. Jetzt sinkt er noch tiefer in sein Inneres hinein; er fällt in einen Schlaf des Vergessens, aber dies ist nicht die Vergesslichkeit der Unbewusstheit, sondern ein Vergessen, das ihm die Weisheit der Unschuld beschert. Es ist ein Vergessen, das ihn von innen heraus erneuert, sodass er ist wie ein neugeborenes Kind und doch anders als ein Kind. Eher wie ein uraltes Neugeborenes.

Was vergisst unser Fischer, wenn er so vertrauensvoll in Gegenwart der Skelettfrau einschläft? Er vergisst seine Schutzmechanismen. Er legt die Schutzschichten des Zynismus und der angespannten Kontrollsucht ab, die von nahezu allen Erwachsenen im Laufe der Jahre angesammelt werden. Vertrauensvoll lässt sie der Fischer dahingehen und taucht in einen Zustand ein, aus dem er mit dem grenzenlos offenen Blick erwacht, dem man in den Augen von sehr jungen oder auch sehr alten Menschen begegnet.

Im Schlaf sieht selbst der rigideste, aggressivste und herrschsüchtigste Mensch der Welt irgendwie unschuldig aus, und sei es auch nur für Augenblicke, bevor er die Schutzpanzer der angelernten Persönlichkeit wieder fester um sich schnallt. Im Schlaf werden wir von innen heraus erneuert und von alter Schuld befreit. Die meisten streifen ihre Unschuld jeden Morgen mit dem Bettzeug ab, aber es ist möglich, sich eine wache Art der Unschuld über den Tag hinweg zu bewahren und sich von ihr beschützen zu lassen, anstatt die Schutzpanzer täglich hervorzuholen. Dieser Prozess ist weniger mit Anstrengung und Arbeit verbunden – unsere Schutzwälle werden nicht mühsam von einer Stelle an die andere geschleppt –, als mit der Fähigkeit, lange genug still zu halten, sodass sich die naturgegebene Unschuld offenbaren kann. Es heißt, dass alles, was wir wirklich suchen, uns seinerseits schon seit Ewigkeiten sucht und dass es uns findet, wenn wir nur ein Weilchen innehalten können.

Was du in Wahrheit suchst, wartet in dir auf dich. Lauf nicht davon, wenn es sich zeigt. Ruhe dich aus und warte ab, was passiert.

In der spanischen Sprache wird ein im Wachzustand unschuldiger Mensch *inocente* genannt, ein Wort, das nicht nur Harmlosigkeit beinhaltet im Sinne von »sich selbst und anderen keinen Schaden zufügen«, sondern auch das Vermögen, Schaden oder Verletzungen zu heilen. Heilerinnen werden mit dem Titel *La Inocenta* geehrt, denn wache, bewusste Unschuld ist gleichbedeutend mit klarer Einsicht in die Zusammenhänge und einer Fähigkeit, wiederherzustellen, was aus dem Zusammenhang gefallen ist. Dies sind nur einige der tieferen Vorstellungen von dem Wort »Unschuld«.

Also fällt der Fischer in einen Schlaf, der ihn schutzlos macht – er vertraut der Leben/Tod/Leben-Natur so weit, dass er sich in ihrer Gegenwart entspannt. Er lässt sich in eine tiefere Schicht seines Seins fallen, um eine höhere Stufe der Reife zu erlangen. Wenn Liebende dieses Stadium erreichen, liefern sie sich wissentlich einer höheren und tieferen Macht in ihnen selbst aus. Sie lassen alle Verteidigungsmechanismen fallen, in dem Vertrauen darauf, dass die Seele in ihnen tätig ist und alles zum Besten richten wird. Dies ist ein Schlaf der Verteidigungsmechanismen und, unter einem anderen Blickwinkel betrachtet, der Schlaf der Gerechten.

Es gibt ein berechtigtes Misstrauen, das anzeigt, wenn eine tatsächliche Gefahr besteht. Diese Art Misstrauen ist richtungweisend und kein Problem, sondern ein Problemlöser. Problematisch ist das ungerechtfertigte Misstrauen, das durch frühere unverheilte Verletzungen entstanden ist. Letztere erzeugen Vorsicht und Empfindlichkeit, die auf der Angst beruhen, »wieder einmal übervorteilt zu werden«, hintergangen oder betrogen und so fort. Aber eines Tages gelangt selbst die tief verletzte Psyche an einen Punkt, wo sie weiß, dass sie ins Unbekannte springen und das Vertrauen aufbringen muss, einer Liebe zu folgen, wohin auch immer diese Liebe führen mag, einfach, weil es besser ist, dem wild wuchernden Unbekannten eine Chance zu geben, als den Wunden der Vergangenheit die absolute Herrschaft zu überlassen. Wenn man seine Lebenskraft allzu kontrolliert im Zaum hält, hat man mit der Zeit immer weniger davon.

Schlafend kehrt der Fischer in den Zustand der Unberührtheit von alten Wunden und Narben zurück, denn im Schlaf verliert er jede Erinnerung an das, was gestern war. Im Schlaf kämpft er weder um einen Rang noch um ein Territorium. Nein, und so wird er von Grund auf jung und neu erwachen.

Dieses Unberührte, Unverwundete, das an das Gute glaubt, keine Zweifel am Leben hat und keine Angst vor dem Tod, ist in jedem Menschen vorhanden. In der männlichen Psyche wird dieser Aspekt oft als »Krieger im Mann« bezeichnet, was aber nicht ganz zutrifft, denn hier haben wir es mit dem ewig jugendlichen Geist *an sich* zu tun, dem Geist-Selbst, das trotz aller Wunden und Torturen weiterlebt und -liebt, einfach, weil dies seine Art ist, sich selbst zu erneuern und zu heilen.

Frauen erkennen diesen Geist im Mann, auch wenn der Mann selbst ihn nicht bewusst wahrnimmt. Diese Kreatur ist der Teil, der die wundersame Fähigkeit besitzt, die eigene Psyche von jeder Wunde, die ihr geschlagen werden kann, zu heilen. Sein Vertrauen existiert vollkommen unabhängig von der Annahme, dass der Partner ihm nichts zuleide tun will. Das Vertrauen dieses Aspekts bezieht sich auf das eigene Selbstheilungsvermögen, es ist das Vertrauen darauf, dass neues Leben dem alten folgt, dass alles eine tiefere Bedeutung hat und alle Erfahrungen im Leben – die unangenehmen und schmerzhaften wie die lindernden und erhebenden – als lebenspendende Energie genutzt werden können.

Manche Liebhaber fürchten sich davor, in der Gegenwart des anderen einzuschlafen beziehungsweise zur psychischen Unschuld zurückzukehren und sich derart verletzlich zu machen, dass sie sich ausgeliefert fühlen. Solche Leute projizieren alle möglichen Absichten in den anderen hinein, trauen sich aber letztlich selber nicht über den Weg, denn es ist nicht der Geliebte, dem sie misstrauen, sondern die Leben/Tod/Leben-Natur, die ihnen, wie sie bereits ahnen, entreißen wird, woran sie sich von Fall zu Fall festklammern. Die Leben/Tod/Leben-Natur in ihrer ursprünglichsten und bekanntesten Form ist wie simples Ausatmen (Beenden) und Einatmen (Beginnen). Das Einzige, worauf ein Mensch vertrauen muss, ist das Wissen, dass ein Ende naturgemäß zu einem neuen Anfang führt.

Wenn Liebe sich über die Anfangsstadien hinaus entwickeln soll, müssen beide Partner darauf vertrauen, dass alles, was geschieht, sie weiterbringt. Mit etwas Glück werden wir von der Bürde unserer Verteidigungs- und Schutzstrukturen eines Tages so müde, dass uns nichts anderes übrig bleibt, als in den Schlaf des Vertrauens zu sinken, bei dem das Angelernte dem ewig Unberührten Platz macht.

Die Träne vergießen

Während der Fischer schläft, rinnt eine Träne aus seinem Augenwinkel. Die Skelettfrau kriecht unbeholfen an seine Seite und schlürft die Träne von seiner Wange wie eine Verdurstende. Was, so fragen wir uns, könnte der Fischer träumen, dass er eine Träne »vergießt«?

Tränen enthalten Schöpferkräfte. Im Mythos werden Welten durch vergossene Tränen geschaffen, und was getrennt war, wird auf emotionaler Ebene wieder vereint. In alten Volkslegenden dienen Tränen als verbindendes Element, als eine Art Klebstoff, der Seelen aneinanderbindet. Wenn im Märchen Tränen vergossen werden, treten Flüsse über ihre Ufer und überfluten verdorrtes Land. Wenn sie auf Wunden tropfen, heilen diese, und wenn sie auf blinde Augen fallen, erhalten diese ihre Sehkraft zurück. Wer eine Träne berührt, empfängt ein Stück von einer Seele, etwas, das Schaffenskräfte enthält.

Wenn ein Mensch sich so weit auf die Beziehung mit der Leben/Tod/Leben-Natur eingelassen hat wie unser Fischer, dann entspringen Tränen einem Gemisch aus leidenschaftlicher Liebe und Mitgefühl für die eigene Person und den anderen. Dies sind die seltensten Tränen, die ein Mensch je vergießen kann, besonders als Mann oder als »hartgesottene«, vom Lebenskampf gestählte Frau.

Die Träne leidenschaftlichen Mitgefühls wird meistens nur in einem Zustand abgrundtiefer Erschöpfung geweint, wenn die Schutzschichten der Psyche und der Verteidigungswille erschöpft sind, nachdem man rein zufällig über einen Schatz gestolpert ist, den man zuerst nicht als solchen erkannt hat und dem man sich mit aller Kraft entziehen wollte. Selbsterkenntnis und Selbstentblößung, verbunden mit der Sehnsucht danach, zu verstehen und Erleichterung zu erfahren, bringen die Seele dazu, zu begreifen, was sie wirklich will.

Wer die Skelettfrau an die Oberfläche zerrt, zieht zwangsläufig auch seine innersten Gefühle mit hinauf. An diesem Punkt angekommen, hat ein Liebender sich so weit entblößt und geöffnet, dass sein tiefstes Mitempfinden, sein tiefstes wortloses Verständnis für sich selbst und den anderen, nicht mehr eingedämmt werden kann und überquillt. Nur dieses wortlose Überströmen kann den Durst der zum Skelett abgemagerten Urnatur stillen. Nur in seiner unschuldig schutz- und arglosen Form ist ein menschlicher Liebesfischer fähig, den Durst seiner Partnerin zu stillen.

Es gibt wahrscheinlich nichts, nach dem sich eine Frau mehr sehnt, als diese Träne im Auge ihres Mannes zu sehen. Sie ist das glühend ersehnte Eingeständnis, die Wunden, die er sich selbst und anderen geschlagen hat, zu fühlen. Er weint, weil er *weiß*. Das ist ein Wärme verströmendes, regenerierendes Wissen, das Heilkraft enthält.

Seine Träne zieht die Skelettfrau näher zu dem Fischer hin. Ohne die Träne würde sie sich nicht aufgerufen fühlen, näher zu kommen und das Salz seines neu gewonnenen Verständnisses zu schlürfen. Eine Träne ist ein Aufruf, näher zu kommen, das weiß jedes mitfühlende Herz. Hilflos weint der Fischer, und die Skelettfrau hört seinen stummen Ruf. Ohne diese Träne wäre sie ein regloses Knochenbündel geblieben. Ohne diese Träne wäre er nie in die Liebeskunst der Skelettfrau eingeweiht worden.

Die Träne betrauert und heilt zugleich. Der Selbstbegegnung folgt die Selbstheilung. Wir alle haben irgendwann einmal gehofft, dass eines Tages einer kommt, der all unsere Wunden heilt, der uns jede Bürde abnimmt und unsere Seele vollkommen erfüllt. Es kann Jahrzehnte dauern, bis man herausfindet, dass niemand uns die Arbeit abnimmt, schon gar nicht, wenn wir die eigenen Wunden nach außen projizieren, um der innerlichen und gefühlsmäßigen Beschäftigung mit ihnen zu entgehen.

Der Fischer beschäftigt sich gefühlsmäßig mit seinen Wunden; er berührt sie dort, wo es schmerzt, selbst wenn die Wunden alt sind, aus Kindheitstagen, von gestern und vorgestern. So kann er die Träne eines grenzenlosen Mitgefühls vergießen, denn in seinen eigenen Schmerzen erkennt er ein Echo der Schmerzen aller anderen Geschöpfe wieder. Er sieht, welche Barrikaden er gegen die unmittelbare Schmerzempfindung in sich aufgebaut hat. Er sieht, wie viele Chancen zur Liebe er dadurch versäumt hat – und er erkennt, dass es allen anderen genauso geht.

Es genügt nicht, den anderen so weit zu lieben, dass man ihn unterstützt, ihn nicht auf seinem Lebensweg behindert, »für ihn da ist« und so weiter. Das Ziel ist *Wissen,* ein unmittelbares Wissen um das Todbringende und Lebenspendende in der Psyche aller Geschöpfe. Aber dieses Wissen erwirbt sich der Mann nur, wenn er bei der Skelettfrau in die Schule geht. Sie wartet und hofft auf ein Zeichen tiefster Empfindung, auf die Träne, die sagt: »Ich gebe zu, dass ich verwundet bin, weil ich mich von dir, der Urnatur, abgeschnitten habe.«

Das ist es, was Frauen von ihren Männern ersehnen, dieses Eingeständnis, in dem sich alle Projektionen auf den Partner auflösen und der Mann sich der verwundeten Beziehung zur eigenen Urnatur gegenübersieht. Dieses Eingeständnis lässt die erlösende, heilende Träne aus seinem Auge rinnen, denn jetzt erkennt er, dass er sich in Zukunft selber heilen kann, und verlangt nicht länger, dass die Frau seine Schmerzen stillt. Er dürstet nicht mehr nach dem tieferen Selbst. Er hat es in sich gefunden. Im Märchen sind Tränen ein Symbol für eine bevorstehende Verwandlung und die Vereinigung mit etwas Größerem. Das Wasser von Tränen erweicht die Härte des Schutzpanzers und taut das erstarrte Herz auf. Die Sufis haben ein Gebet, in dem sie darum bitten, ihnen das Herz zu brechen: »Brich mir das Herz, Allah, um Raum für grenzenlose Liebe zu schaffen.«

In der Geschichte lässt der Fischer es zu, dass sein Herz aufbricht und Raum für eine Liebe entsteht, die er vorher nicht einmal im Traum für möglich gehalten hätte. Jetzt, im Schlaf des *inocente,* sinkt er so weit in seine Urnatur zurück, dass ihm eine Träne echter Reue über alles Versäumte und zugleich auch echter Nächstenliebe aus dem Auge rinnt. Die Leben/Tod/Leben-Natur sieht es und legt sich an seine Seite, saugt diese köstliche Seelennahrung auf. Nun kann sich etwas Neues in ihm entwickeln, etwas, das er der Lebensgefährtin zum Geschenk machen kann: ein großes, ozeanisch fühlendes Herz.

Die fortgeschrittenen Phasen der Liebe

Auf dem Herzen trommeln und dazu singen

Viele Naturvölker sagen, dass die Haut und der Körper einer Trommel bestimmen, wer oder was von ihrem Klang ins Leben gerufen wird. Manchen Trommeln wird »Transportfähigkeit« nachgesagt, weil sie den Musiker und seine Zuhörer (die oft auch »Mitfahrer« genannt werden) auf eine Reise mitnehmen, die zu Zielen ganz verschiedener Art führt. Jede Trommel besitzt ihre eigenen, speziellen Fähigkeiten und beschwört eine ganz bestimmte Kategorie von Geistern oder Energien herauf.

Wenn die Inuit eine Geschichte erzählen, in der »auf dem Herzen« getrommelt wird, hat es eine besondere Bedeutung, und wenn es zudem noch die Skelettfrau ist, die auf dem Herzen eines Mannes trommelt, wird das Ganze auf mehreren Ebenen bedeutungsvoll. Für den Stamm der Inuit ist das Herz der Sitz des menschlichen Geistes, nicht etwa das Gehirn. Das Herz ist ein Symbol für Wesentliches. Und in der Tat – das Herz ist ein absolut notwendiges Organ, ohne das kein Mensch (oder Tier) überleben kann. Man kann die Leber entfernen, man kann beide Beine, die Gallenblase, eine Lunge, die Milz und die Arme entfernen, und der Mensch lebt weiter – sicher mehr schlecht als recht, aber er lebt. Bestimmte Gehirnfunktionen können ausgeschaltet werden, ohne dass der Mensch stirbt. Aber nimm sein Herz heraus, und der Mensch ist auf der Stelle tot.

Das Herz ist das psychische und physiologische Seinszentrum. In den hinduistischen *Tantras* (uralte indische Weisheitslehren) wird das Herz nicht als organisches Zentrum verstanden, sondern als ein ätherisches Energiezentrum, das die Gefühle des Menschen steuert. Dieses unsichtbare Energie-Herz hinter dem organischen Herzen verleiht uns die Fähigkeit, wie die Kinder zu lieben: rückhaltlos, ohne die schützende Hülle eines abwehrenden Zynismus, ohne Abwertung oder Verteidigungsmechanismen.

Wenn die Skelettfrau das Herz des Fischers als Musikinstrument benutzt, dann bedeutet es, dass sie den zentralen Motor der gesamten Psyche und zudem das einzige Organ als Instrument benutzt, das reine, unschuldige Wahrnehmungen und Gefühle hervorbringen kann. Viel besser als das Gehirn, das kreativ denkt, wie es heißt, kann das Herz schöpferisch tätig werden und Dinge ins Leben rufen, die die Leben/Tod/Leben-Natur befriedigen.

Die Geschichte enthält eine Verheißung, eine Art Gelöbnis für alle, die ihren tieferen Sinn verstehen: Wenn du der Skelettfrau dein Herz voll und ganz zur Verfügung stellst, dann erfüllt sie dich mit Klanggebilden, mit Inspirationen, Eingebungen, Gedanken, Farben, Gefühlen, Bildern und Schaffenskraft ohnegleichen. Gib ihr dein Herz, denn dann wird sie zu deiner Geliebten, deiner Verbündeten, deiner Begleiterin. Dann wird sie zum Musiker in dir, und du wirst zu ihrem Gefäß, aus dem das wunderbarste und älteste Wissen herausgetrommelt werden kann.

Wenn Männer ihr Herz der Skelettfrau überlassen, entwickeln sie eine ungeheuer inspirierende Kraft, ähnlich den Musen in der Antike, eine Rolle, die in der Vergangenheit ausschließlich Frauen vorbehalten war. Ein Mann, der sich der Skelettfrau hingibt, entwickelt feminine Urkräfte in einem maskulinen Milieu. Er wird zum bergenden Mutterschoß für neue Saat und gleichzeitig zum Träger aller notwendigen Tode. Er inspiriert Neuschöpfungen, nicht nur in sich selbst, sondern auch in seiner Umgebung.

Ich habe dieses Phänomen im Laufe der Jahre an mir selbst und bei anderen beobachtet. Es ist eine kaum zu beschreibende Erfahrung, in der Nähe eines Menschen zu sein, der einen stimuliert, etwas nie Dagewesenes zu schaffen, der einen rückhaltlos bei einem Unternehmen unterstützt, der aus vollem Herzen an deine Fähigkeiten glaubt und dir Mut einflößt wie eine Mutter ihrem Säugling die Milch. Ein solcher Mensch singt die Schöpfungshymnen oder, besser gesagt, die Leben/Tod/Leben-Natur singt durch ihn und trommelt durch ihn auf unserem Herzen, dass es weithin vernehmbar ist.

Es heißt, dass die gesamte Schöpfung am Anfang durch einen Laut oder ein Wort oder einen Atemzug aus der Stille hervorgetreten ist und so gezeugt wurde. Die *cantadores,* unsere Sänger und Geschichtenerzähler, sagen, dass Laute Heilkraft besitzen und dass alles im Universum singt, aber natürlich nur für den, der hören kann. Durch Schöpfungsgesänge werden neue Daseinsformen ins

Leben gerufen und alte Götter herbeizitiert. Der menschliche Gesang ist eine spezielle Art der Kräftebeschwörung, eine Lautsprache, die psychische Veränderungen hervorruft, wie sie von gesprochenen Satzfolgen niemals bewirkt werden können. Wir kennen die magische Kraft der Musik: Wenn man hingebungsvoll zuhört, wird man psychisch und geistig in andere Gefilde transportiert und in manchen Fällen sogar transformiert.

Durch Trommeln und Singen werden Saiten im Fischer und in der Skelettfrau zum Klingen gebracht, die vorher unberührt waren, sich nun aber harmonisch in das gesamte Klangbild einfügen. Alle Menschen und sehr viele Tiere reagieren mit einer Bewusstseinsveränderung auf Musik. Bestimmte Schlangenarten tanzen, wenn sie Flötentöne hören. Die Skelettfrau blüht auf, wenn sie auf dem Herzen eines weisen Unschuldigen trommelt und dazu singt. Was für jeden von uns im Einzelnen dabei herauskommt, wenn wir es dem Fischer gleichtun und unser Herz dem Archetypus der Wilden Urmutter überlassen, ist nicht absehbar. Sicher ist nur, dass es einzigartig, originell und faszinierend sein wird.

Der Tanz von Leib und Seele

Durch ihren Körper sind Frauen von Natur aus schon sehr eng mit der zyklischen Wesensnatur verbunden. Man kann sagen, dass Frauen das Wissen der Skelettfrau jeden Monat mit ihrem Monatszyklus zu erkennen geben und insofern von Natur aus Instrumente der Leben/Tod/Leben-Natur sind.

Jede Frau mit einigermaßen ausgeprägten Instinkten weiß, dass sie im Laufe jedes Monats physisch, emotional und spirituell einen Höhepunkt erklimmt und auf einen Tiefpunkt herabsinkt und dass dieser Zyklus nur ein sehr untergeordneter innerhalb von unendlich viel größeren, umfassenderen Zyklen in ihrem Dasein ist. Solange Männer noch vor der Leben/Tod/Leben-Natur davonlaufen und sich verstecken, sind ihnen die Zyklen der Frauen peinlich und unangenehm, denn hinter jedem Auf und Ab erkennen sie einen verschwommenen Umriss der unvermeidlichen Totenmaske. Die Frau wird zur lebenden Verkörperung der Künderin des Todes für alle, die auf permanenten Höhepunkten und auf möglichst gleich bleibender Höchstform bestehen.

Interessanterweise war das nicht immer so. Das Symbol des Todes als eines Verwandlers der Seele ist ein Überrest aus frühgeschichtlichen Zeiten, in denen der Tod als geistiger Transformator und engster Verwandter des Menschen erkannt und willkommen geheißen wurde. Das waren Zeiten, in denen die »Mutter der Toten« oder die »Todesmaid« in allen Bevölkerungsschichten als eine Botin des Schicksals galt, deren Botschaft von Säen, Ernten und wieder neuer Aussaat kündete.

Meistens hat der Partner, der vor der Leben/Tod/Leben-Natur davonläuft, sich unbewusst darauf versteift, dass Liebe immer angenehm sein muss und stets glücklich macht, sonst ist es eben keine Liebe. Aber Liebe in ihrer voll entfalteten Form ist eindeutig eine Serie von Toden und Wiedergeburten. Wir lassen eine Phase, einen Aspekt der Liebe hinter uns und beginnen eine(n) neue(n). Leidenschaft entsteht, stirbt und entsteht wieder neu. Schmerz wird verdrängt und taucht wieder auf. Zu lieben wie der Fischer und die Skelettfrau, bedeutet, viele, viele Endphasen zu ertragen, sie sogar willkommen zu heißen, und viele, viele Neuanfänge zu erleben. Und all das innerhalb ein und derselben Beziehung.

Die Tatsache, dass unsere überzüchtete westliche Zivilisation alles Transformierende erst einmal ablehnt und nach besten Kräften in den Bereich des Lächerlichen zieht, hilft uns natürlich nicht weiter. Aber es gibt Beispiele für eine konstruktivere Haltung – auch in der westlichen Welt. In der Dünenlandschaft der *Great Lakes* in Nordamerika wird eine Geschichte von einer alten Dame erzählt, die einen durchreisenden Fremden in ihrem Haus willkommen heißt und Nacht für Nacht mit ihm beim flackernden Kaminfeuer Tango tanzt. Der Wandersmann heißt Tod, und die Frau sagt schon bei der ersten Begrüßung zu ihm: »Ah, ich kenne dich gut, mein Freund. Du warst hier, als meine Felder blühten und als sie verwüstet wurden und mir genommen worden sind. Du warst hier, als meine Kinder kamen, als sie fortgingen und als sie starben. Du hast mich viele Tränen vergießen lassen und mir viele Schritte beigebracht. Also nimm mich in den Arm und tanz mit mir, Gevatter Tod. Ich kenne all deine Schritte.« Wer liebt, tanzt mit dem Tod und lernt im Laufe der Zeit all seine Schritte. Vorwärts, rückwärts, seitwärts, Stolz, Verschlossenheit, Begierde, Leidenschaft, Langeweile, Nähe, Ferne – alles in ständigem Wechsel in relativ dicht gedrängten Zyklen. Die Sehnsucht nach Nähe oder nach mehr Abstand steigt auf und lässt wieder nach. Die Leben/Tod/Leben-Natur bringt uns nicht nur eine tänzerische Lebensweise bei, sie lehrt uns auch, dass wir alles Stolpern und Steckenbleiben vermeiden können, indem wir einen simplen Schritt in die entgegengesetzte Richtung tun. Im Fall der Einsamkeit wird ein Schritt auf den anderen zu getan – oder auch mehrere. Wenn die Nähe des anderen zu bedrückend wird, tut man den Schritt ins Alleinsein.

Wer dieses Vor und Zurück nicht als endlosen Tanz durch Tag und Nacht und alle Jahre versteht, neigt während der diversen Orchester- und Tanzpausen dazu, das Verlangen nach Reanimation zu extrovertieren und sich mit allerlei persönlichen Aktivitäten in Trab zu halten, zu viel Geld auszugeben, irgendeinen oberflächlichen Nervenkitzel zu provozieren, sich einen neuen Liebhaber zu angeln. Das ist der Weg der Uneingeweihten, die den großen Lehrer noch nicht akzeptiert haben.

Zuerst glauben alle, dass sie dem Todesaspekt entkommen können, solange sie sich nur intensiv genug mit etwas anderem beschäftigen und nie allzu lange still stehen. Aber der Tod folgt uns in den letzten Iglu hinein, bis zum Nordpol und zum Südpol, und gewinnt Einlass in unser Bewusstsein, ob wir es wollen oder nicht. Im Laufe der Zeit müssen wir der dunkleren Seite unseren Tribut zollen, und sei es auch nur, indem wir uns eingestehen, dass es keine Gerechtigkeit in dieser Welt gibt, dass »einmalige Gelegenheiten« sich unfairerweise ergeben oder auch für längere Zeit nicht ergeben. Aber wenn wir leben wie wir atmen – nehmen und geben, kommen lassen und gehen lassen –, wo ist dann das Problem?

Die Geschichte von der Skelettfrau beschreibt zwei Arten der Transformation. Die Transformation des Fischers folgt den typischen Stufen, die jeder Lernwillige in Sachen Liebe durchläuft: Zuerst ist der Liebende ein unbewusster Jäger und Angler. Als Nächstes verkehrt sich das Bild: Der Jäger wird zum Gejagten. Angstvoll läuft er davon, aber als er einsieht, dass es kein Entrinnen gibt, beginnt er, seine Gefühle zu entwirren und findet so den Zugang zur eigenen Wesensnatur, die sich letztlich nicht von der Wesensnatur des »gefürchteten anderen« unterscheidet. Er stellt fest, dass seine Seele zum Andersartigen hingezogen wird, und fragt innerlich: »Wer bist du denn in Wirklichkeit? Wie bist du zusammengesetzt?«

Dann schläft er ein, womit er sagt: »Ich vertraue dir und gestatte mir, in deiner Gegenwart verletzlich und arglos zu werden.« Die Träne seines Mitempfindens fließt und sagt: »Ich habe schon lange auf dich gewartet.« Dieses Eingeständnis nährt die noch fleischlose Partnerin. Und nun gibt er ihr sein Herz, um sie vollends ins Leben zu rufen: »Hier, nimm mein Herz, damit du dich in mein Leben hineintrommeln kannst.« So wird die Liebe des Fischers tausendfach erwidert. So findet eine Art der Vereinigung statt, bei der das eine sich im anderen erkennt. Das ist Liebe. Das Herz des Jägers wird zum Instrument der Transformation. Und nicht nur der eigenen – alles, was mit diesem Herzen in Berührung kommt, wird davon verwandelt und irgendwie neu.

Die Skelettfrau – als ein Sinnbild für die Leben/Tod/Leben-Natur – erfährt die Transformation unter anderen Vorzeichen. Sie weiß, dass ihre Beziehung mit den meisten Menschen in dem Moment endet, in dem sie zufällig aus dem Unbewussten herausgefischt wird. Sie ist es gewöhnt, dass der Mensch sich bei ihrem Anblick eilends aus dem Staub macht, und so ist es kein Wunder, dass sie jeden Lernwilligen so überaus reich belohnt.

Aus einem etwas anderen Blickwinkel betrachtet, kann man die Handlungsfolge auch so verstehen: Zuerst wird die untergründige, die wild wuchernde Wesensnatur der Frau von der Liebe ihres Partners ausgeschlossen und in die Tiefen des Unterbewusstseins verbannt, wo sie bis zum Skelett abmagert. Dann fängt der Partner die Wildnatur seiner Geliebten unabsichtlich ein und ist zunächst verstört und verwirrt. Und nun zeigt sich, aus welchem Holz die Trommel seines Herzens geschnitzt ist. Nach anfänglichem Zaudern überlässt er ihr sein Herz, und durch die Stärke dieses Herzens, durch die Bereitschaft des Mannes, sie anzunehmen, wie sie in ihrem tiefsten Wesen ist, nimmt das Skelett der Wildnatur Leben an. Die Frau fühlt sich jetzt von ihrem Mann richtig geliebt und er auch von ihr. Sie gibt ihm eine nie geahnte Kraft, während er ihr fortwährend die seine gibt. Sie, die einerseits das große Rad der Natur ist und andererseits ein Aspekt jeder lebenden Frau, existiert nun in Eintracht mit einem männlichen Wesen, das die feminine Urnatur liebt.

Die Geschichte erklärt, was die Todesenergie von einem Liebespaar erwartet. Sie besteht darauf, dass die Träne, das Gefühl, das Herz gegeben wird. Sie verlangt, dass beide Partner mit ihr verschmelzen. Die Leben/Tod/Leben-Natur fordert, dass die Liebenden ihren Anblick ertragen können und nicht vor ihr zurückschrecken, dass ihre Verbindung weit mehr beinhaltet, als »lieb zueinander zu sein«. Sie verlangt, dass ihre Liebe auf gemeinsamem Lernwillen beruht und der Bereitschaft, einer Urkraft entgegenzutreten und mit ihr den Tango zu tanzen.

Reglos liegt die unsterbliche Todesenergie unter der Oberfläche jeder Beziehung, und zwar so lange, bis sie es geschafft hat, sich im Bett der beiden breitzumachen, und es kein Entrinnen mehr gibt. Aber wenn beide die Träne verstehenden Mitgefühls vergießen, werden sie tausendfach dafür belohnt, denn nun verwandelt sich die Künderin des Todes in die ewige Künderin der Auferstehung von allen Toden. Sie, die zyklische Naturgewalt, wird zur intimsten Seelengefährtin des Paares, und alle drei leben ... jawohl, in Glück und Frieden miteinander, ineinander, durcheinander fort.

In unserem Märchen manifestiert die Skelettfrau einen fleischlichen Körper, welcher durch Auf-dem-Herzen-Trommeln und Singen entsteht, also erst in gemeinsamer Seelenarbeit mit einem menschlichen Wesen, das sein Herz dem Todesaspekt hingibt. So kann sie Fleisch und Blut werden und zur Geliebten des Fischers, aber wohlgemerkt erst, nachdem er alle anderen Phasen der Liebe durchlaufen hat, nicht vorher. So muss es sein. Die Bekanntschaft mit der zyklischen Naturkraft verläuft in Stadien, die alle ihren eigenen Platz haben und von denen keines übersprungen werden kann. Ich warne Frauen, die zu mir kommen, immer davor, sich auf einen Liebhaber einzulassen, der ein paar Entwicklungsstadien auslassen und gleich nach der ersten Zufallsbegegnung zur körperlichen Verschmelzung übergehen will. Besteht die Frau darauf, alle Phasen zu durchlaufen, dann ergibt sich das Endstadium der körperlichen Vereinigung von selbst und zur richtigen Zeit.

Paare, die ihre Beziehung mit der Körperphase beginnen, können sich selbstverständlich auch im Nachhinein mit der Leben/Tod/Leben-Natur auseinandersetzen und die frühen Stadien nachholen ... Aber dazu gehört eine beträchtliche Willensstärke. Das genusssüchtige Raben-Ego muss von seinen »Fleischtöpfen« fortgelockt und zur Arbeit an den Grundfesten der Beziehung angehalten werden. Das allein schon riecht für ein Raben-Ego allzu sehr nach unangenehmer Disziplin. Die Geschichte von Manawees Hund weist darauf hin, wie schwer es sein kann, die wahren Ziele im Sinn zu behalten, wenn man ständig durch Appetithäppchen angelockt und abgelenkt wird.

Also beinhaltet der tiefere Liebesakt eine Verschmelzung des Geistes mit der Materie, des Fleisches mit dem Herzen, und das eine versenkt sich in das andere. In dieser Geschichte verbindet sich das Sterbliche mit dem Unsterblichen, und dasselbe geschieht in menschlichen Liebesbeziehungen von solcher Tiefe. Das ist es, was eine Beziehung unzertrennlich macht. Es gibt so etwas wie eine unsterbliche Verbindung zwischen zwei Seelen, und wir können diese Art der Bindung unmissverständlich erfahren, auch wenn wir den Vorgang nie zur Gänze erfassen, ihn nie beschreiben oder aus eigenem Willen herbeiführen können.

Hierzu gibt es eine wunderbare Geschichte aus Indien, in der ein Sterblicher die Trommel rührt, um den Tanz der Feen vor der Gottheit Indra mit seinen Rhythmen zu begleiten. Für diesen Dienst darf der Trommler sich eine Fee zur Gemahlin wählen, und durch diese Ehe wird er unsterblich wie seine Gemahlin aus dem Feenreich. So ähnlich verhält es sich bei einer sehr tiefen Seelenverbindung zwischen Mann und Frau: Der Mann wird auf märchenhafte Weise belohnt, wenn er sich auf eine harmonische Zusammenarbeit mit dem Femininen einlässt, dessen Grundstruktur ihm so rätselhaft und unerklärlich scheint.

Am Ende der Geschichte vereinigt der Fischer seinen Atem, sein Fleisch, sein ganzes Sein mit der Leben/Tod/Leben-Natur. Was das im Einzelnen bedeutet, ist von Fall zu Fall verschieden. Wie der Mann die Vertiefung der weiblichen Urkraft zu ihm erfährt, ist ebenfalls einzigartig und unvorhersagbar. Wir wissen nur, dass wir die Alte küssen müssen, wenn wir lieben wollen. Mehr noch, wir müssen uns in ihr erkennen.

Aber die Geschichte erklärt sehr genau, wie man eine kooperative Beziehung zu Dingen herstellt, die man ablehnt und fürchtet. Die Skelettfrau verkörpert sämtliche Dinge, denen der Mann sein Herz schenken muss. Wenn der Mann mit der Skelettfrau schläft, kommt er ihr so nahe, wie es nur irgend geht, und diese Nähe ermöglicht es ihm, auch der leiblichen Partnerin so nahe zu kommen, wie es nur geht. Wer diesen Ehrfurcht gebietenden Lehrer finden will, muss aufhören, ständig davonzulaufen; man muss die unvermeidliche Entwirrungsarbeit leisten und den eigenen Wunden mit

Mitgefühl begegnen. Und man muss sein ganzes Herz in den Transformationsprozess einbringen.

Durch ihre Verfleischlichung macht die Skelettfrau den gesamten Schöpfungsvorgang durch. Aber anstatt als Säugling anzufangen, wie es den westlichen Vorstellungen von der Verkörperung entsprechen würde, beginnt sie als Leichnam und verleiht ihrer unzerstörbaren Lebenskraft durch die mystische Vereinigung mit einem Mann fleischlichen Ausdruck. Hier wird das Herz des Mannes gewissermaßen zum Mutterschoß, durch den neues Leben entsteht. Auf diese Weise erkennt er, dass der Herzensweg des tiefsten Gefühls der wahrhaft kreative Lebensweg für ihn ist. Er erkennt, dass hinter psychischen Schutzwällen nichts gezeugt werden kann, weil bei selbstsüchtiger Verhärtung nichts Produktives entsteht und das Festhalten an alten Vorstellungen von der Männlichkeit unschöpferisch ist. Nur loslassen, das Herz rückhaltlos hingeben, es der Wildnatur zum Musizieren zur Verfügung stellen, nur das hat Zeugungskraft.

Eine direkte Erfahrung, dass die Seele unsterblich ist, das ist es, was den Liebesjägern und -jägerinnen vermittelt wird, wenn sie sich der Mutter des Todes und der Neugeburt ausliefern und unter ihrer Anleitung an der gegenseitigen Transformation arbeiten. Auf diese Weise werden die Kräfte beider Partner von Angelleinen, Verstrickungen und Schutzpanzern befreit. Er gibt sein Herz, damit sie sich ins Leben hineintrommeln kann. Sie füllt den Raum seines Herzens mit den komplexesten Einsichten, Rhythmen und Emotionen. Wer weiß, was die beiden auf ihrer gemeinsamen Jagd noch einfangen und aus dem Meer fischen werden? Wir wissen nur, dass sie bis ans Ende ihrer Tage keinen Mangel leiden müssen.

SECHSTES KAPITEL

Zum richtigen Rudel finden: Zugehörigkeit als Segen

Viele starke Frauen hatten in ihrer Kindheit das Gefühl, aus Versehen in der falschen Familie gelandet zu sein. Das kopfschüttelnde Unverständnis eines Elternteils oder beider Eltern machte ihnen bewusst, dass sie »anders« waren, »schief gewickelt«, in mancher Hinsicht auf bedauerliche Weise »unnormal«. Sie erinnern sich noch Jahre später an die zur Zimmerdecke verdrehten Augen, mit denen jeder ihrer originellen Einfälle quittiert wurde, an das eisige Schweigen oder den argwöhnischen Blickwechsel, der zu sagen schien: »Wie ist es nur möglich, dass ein Wesen von einem anderen Stern ausgerechnet unsere Familie infiltriert?«

Wem diese Erfahrung bekannt vorkommt, der sollte jetzt Mut und neue Hoffnung schöpfen. Wahrscheinlich habt ihr, die Angesprochenen, euch schon allein durch eure unverschuldete und völlig unbeabsichtigte Schwererziehbarkeit gerächt, einfach indem ihr ein ewiger Dorn im Fleisch eurer Erziehungsberechtigten wart. Sehr wahrscheinlich flößt ihr eurer Familie noch heute das kalte Grausen ein, wenn ihr euch über eure heutigen Ansichten oder Zukunftspläne äußert. Diese Art Rache sollte süß genug sein, und nun Schluss mit der endlosen Bitterkeit!

Jetzt solltet ihr dafür sorgen, dass ihr weniger Zeit mit Dingen verbringt, die euch unfairerweise vorenthalten wurden, um mehr Zeit und Energie für die Suche nach eurer wahren Familie übrig zu haben. Es ist nämlich durchaus möglich, dass man genetisch zu einer Familie gehört, aber geistig und seelisch mit einer völlig anderen Menschengruppe verwandt ist.

Hans Christian Andersen hat über Waisenkinder Dutzende von Märchen geschrieben. Der dänische Dichter kann als eine Art erster Schutzpatron aller unverstandenen Kinder und Außenseiter gesehen werden, der auch die Suche nach den wahren Verwandten propagierte. In seiner Märchenversion des »hässlichen Entleins«, die erstmals 1845 publiziert wurde, ist das für ihn der Geschichte zugrunde liegende Motiv der typische Entwicklungsweg eines unangepassten Kindes und damit im übertragenen Sinne auch der der instinktbegabten Frau von Geburt an.

Ich würde »Das hässliche Entlein« eine »Matrixgeschichte« nennen. Matrixgeschichten enthalten eine fundamentale Erkenntnis, ohne die keine wahren Fortschritte in der psychischen Entwicklung eines Menschen stattfinden können. Die folgende Version des weltberühmten »hässlichen Entleins« hörte ich erstmals auf Ungarisch von den *falusias meselök,* bäuerlichen Erzählern aus unserer Familie.

DAS HÄSSLICHE ENTLEIN

DIE ERNTEZEIT NAHTE, und die Feldarbeiter brachten das Korn ein. Die ersten welken Blätter fielen von den Bäumen, und unten am Fluss saß eine Entenmutter in ihrem Nest unter dem Schilfgras verborgen und brütete ihre Eier aus.

Eines nach dem anderen schlüpften die Entenjungen aus ihren Eiern und watschelten unsicher dem Ufer des Flusses entgegen, wo sie in ihrem Element waren. Nur ein Ei blieb still wie ein Stein im Nest liegen und wollte nicht aufbrechen. Es war größer als die anderen, und manchmal kam es der Entenmutter vor, als hätte es auch einen ungewöhnlichen Farbton.

Eine ältliche Entendame flatterte quakend herbei, um der Mutter zu ihrer frisch ausgeschlüpften Brut zu gratulieren, aber dann sah sie das übergroße Ei im Nest liegen, schüttelte den Kopf, dass die Wassertropfen flogen, und verkündete: »Man hat dir ein Putenei untergeschmuggelt, meine Liebe, das sehe ich gleich. Du darfst es auf keinen Fall ausbrüten. Puten können nämlich nicht schwimmen. Und überhaupt!« Die alte Ente wusste, wovon sie sprach, denn sie hatte selbst einmal versucht, einen Truthahn auszubrüten.

Aber die Entenmutter hatte schon lange auf dem dicken Ei gesessen, weshalb es ihr nicht gefiel, dass all ihre Mühe vergeblich gewesen sein sollte. Also blieb sie weiter auf dem Ei sitzen und brütete. Und siehe da, eines Tages erzitterte es, und ein großes, unansehnliches Geschöpf pickte sich den Weg ins Leben frei.

Seine Haut war von rot-blauen Blutgefäßen durchzogen, seine Augen schimmerten rosarot, und seine Füße hatten eine ungesunde blässliche grauviolette Farbe.

Die Entenmutter begutachtete ihr Küken mit vorgestrecktem Hals und konnte sich nicht helfen: »Tatsächlich, es ist völlig missraten«, murmelte sie voll Sorge und Scham. Aber dann watschelte das hässliche Küken ins Wasser und schwamm zielgenau und mit entengleicher Sicherheit davon. Die Mutter war erleichtert. »Also doch kein Truthahn«, dachte sie. »Nein, ein Kind von mir … Aber es bietet einen ungewöhnlichen Anblick, das ist schon wahr. Obwohl … mit etwas gutem Willen könnte man beinahe sagen, dass es irgendwie süß aussieht.«

Stolz setzte die Mutter sich an die Spitze ihrer Brut und schwamm quer über den Fluss, um der ganzen Flussgemeinde ihre Kükenschar vorzuführen. Das ging so lange gut, bis ein kraftstrotzender junger Erpel über das Wasser geflattert kam und das ungewöhnliche Entlein laut kreischend in den Hals biss. »Was fällt dir ein?« fuhr die Mutter dazwischen, aber der Kraftprotz biss nur noch heftiger zu und schrie so laut, dass alle anderen Enten der Gegend es hören mussten:

»Schaut euch die Missgeburt an! Schaut, wie komisch und hässlich das Vieh ist! Weg mit ihm, es gehört nicht zu uns!«

Die anderen Entenfamilien der Gegend stimmten ihm quakend und kopfnickend zu. Und so oft die Entenmutter ihr Junges in den folgenden Tagen gegen die Angriffe und den Spott der Entengemeinde verteidigte, so oft sie seine Vorzüge hervorhob, seine Größe und zukünftige Stärke pries – es half alles nichts. Das hässliche Entlein wurde wie ein Aussätziges behandelt und von allen Futterstellen verjagt. Sein Leben war so qualvoll, dass es mit der Zeit immer schwächer und mutloser wurde und sich kaum noch gegen seine Feinde wehrte.

Und irgendwann brachte selbst die Mutter nicht mehr die Kraft auf, ihr Junges ständig zu verteidigen. Und so rief sie eines Tages verzweifelt aus: »Ich wünschte, du würdest einfach verschwinden.« Als es das hörte, ließ das hässliche Entlein den Kopf hängen und machte sich auf den Weg in die Fremde. Die Enten hatten ihm fast alle Federn ausgerupft; es konnte nicht fliegen, nur humpeln, aber es schleppte sich von seinem Zuhause fort, bis es in eine flache Seenlandschaft kam, wo es liegen blieb und seinen Durst mit ein paar Tropfen Wasser stillte.

Zwei fesche junge Ganter flatterten über den See herbei und tönten: »Na, Junge, wie wär's? Willst du mit uns kommen und den unverheirateten Gänsemädchen drüben am anderen Ufer nachstellen? Hi, hi, hi, hässlich, wie du bist …« Die Ganter konnten den Satz nicht beenden, denn plötzlich ertönte das Krachen von Jagdgewehrschüssen, und die beiden Ganter stürzten blutend zu Boden. Das hässliche Entlein tauchte blitzschnell im Seewasser unter, wo die Hunde und Jäger es nicht finden konnten.

Nachdem alles wieder still geworden war, watschelte das Entlein weiter auf seiner Suche nach einem neuen Heim. Gegen Abend fand es sich vor einer windschiefen Lehmhütte wieder, wo eine zerlumpte alte Frau mit ihrer struppigen Katze und einem schielenden Huhn lebte. Die Katze verdiente sich ihren Lebensunterhalt bei der Alten, indem sie Mäuse und Ratten fing. Die Henne legte Eier und wurde deshalb in der Hütte geduldet.

Die Alte freute sich, als sie das Entlein in ihren Hof watscheln sah, denn sie dachte bei sich: »Wenn es Eier legt, bleibt es am Leben. Wenn nicht, kann ich es über dem Feuer rösten und eine gute

Mahlzeit aus ihm herausholen.« So bekam das Entlein einen Platz in der Hütte zugewiesen, aber dem Huhn und der Katze missfiel das Entlein sehr, und bald verhöhnten sie es nur noch, und sie sagten: »Wozu soll einer gut sein, der weder Eier legt noch Ratten und Mäuse oder sonst irgendetwas fängt?«

Seufzend gestand das Entlein, dass es offenbar zu nichts anderem taugte, als zu gründeln und unter freiem Himmel über das Wasser zu segeln. Das konnte weder die Katze noch das Huhn verstehen, denn beide hassten das Wasser und verabscheuten es von Herzen, wenn sie nass wurden. Da das Gemecker der beiden aber kein Ende nehmen wollte, sah das Entlein ein, dass es auch bei ihnen keinen Frieden finden würde, und so machte es sich bald wieder auf den Weg, um woanders sein Glück zu versuchen.

Ein paar Tagesreisen entfernt fand es einen Teich, in dem es schwimmen konnte, aber nun wurde der Wind schon eisiger, und der erste Frost lag drohend in der Luft. Zum Himmel aufblickend, sah es einen Schwarm großer Vögel gen Süden ziehen, und bei diesem Anblick blieb ihm das Herz beinahe stehen. Die Vögel schienen ihm von unvergleichlicher Schönheit zu sein, so königlich und anmutig wie kein Geschöpf, das es je gesehen hatte. Das Entlein hörte den Ruf ihrer Stimmen, es fühlte sich davon aufgerufen, ja, dieser seltsam aufrüttelnde Klang ließ etwas in seinem Herzen aufgehen, doch im nächsten Moment auch qualvoll zerspringen. Es antwortete mit einem wilden Schrei, wie es in seinem kurzen Leben noch keinen ausgestoßen hatte, und der majestätische Schwarm flog über den See davon und entschwand dem Blick des Entleins.

Da tauchte es bis auf den Grund des Teiches unter und hockte dort mit angehaltenem Atem, denn es wollte sich nie wieder von der Stelle rühren.

Der Frost kam und überzog den Teich mit einer langsam härter werdenden Eisdecke. Das Entlein wäre erfroren, wäre nicht der Bauer vorbeigekommen und hätte das Eis mit einem Pickel aufgebrochen. Er schnappte sich das halbtote Entlein, steckte es unter seine wärmende Jacke und trug es in die gute Stube zum Auftauen. Die Bauernkinder freuten sich über den neuen Spielgefährten, lachten über sein komisches Aussehen, griffen nach ihm und wollten zupacken, aber es flatterte unter den Giebel und stieß sich den Kopf so hart am Gebälk, dass der Staub in die frisch gemachte Butter flog. Von dort aus flatterte es geradewegs in den Milchtopf, und als es sich nass und benommen aus dem Topf herausgekämpft hatte, während die Kinder sich vor Lachen bogen, scheuchte die Bauersfrau den Tollpatsch mit dem Besen vor die Tür und verwünschte den Eindringling.

Von Teich zu Teich, von Haus zu Haus flatterte das Entlein den ganzen Winter lang, und es wäre gestorben, wenn es nicht doch jedes Mal noch ein kleines, windiges Schlupfloch für die Nacht gefunden hätte. So ging es den ganzen Winter lang, und es kam dem Entlein wie eine Ewigkeit vor, aber irgendwann begann der Schnee zu schmelzen, das Wasser in den Seen und Teichen wurde wärmer, und das hässliche Entlein putzte sein Gefieder im ersten Frühlingswind. Größer und stark waren seine Schwingen inzwischen geworden. Sie trugen es jetzt höher und weiter denn je. Einmal, bei einem solchen Flug in unbekannte Fernen, sah es unter sich drei strahlend weiße große Vögel auf einem blauen See schwimmen. Sein Herz setzte aus, denn dies waren ganz unverkennbar Angehörige der Gattung, die es im letzten Herbst bei ihrem Flug gen Süden beobachtet hatte. Nie hatte das Entlein den Anblick vergessen können.

Es nahm all seinen Mut zusammen und landete nicht weit von den großen weißen Vögeln im Wasser. Es fürchtete sich sehr, als die drei ihre Köpfe nach ihm umwandten und auf den Neuling zuschwammen. »Jetzt ist mein Ende gekommen«, dachte das hässliche Entlein. »Sie werden mich wegbeißen und von sich stoßen, wie alle anderen auch. Wie soll es anders sein? Aber wenn ich schon getötet werden soll, dann lieber von ihnen als von einem Jäger oder einer Hausfrau oder einem langen Winter.«

Demütig senkte es den Kopf, um die ersten Hiebe zu empfangen, aber im glasklaren Seewasser spiegelte sich seine Gestalt und – siehe da –, es erkannte sich selbst nicht mehr wieder, denn es glich den schönen weißen Vögeln, die es nun umringt hatten, geradeso, wie ein Spatz dem anderen gleicht.

Anstatt es wegzubeißen, neigten sich die anderen ihm zu und begannen, sein Gefieder zu putzen, es zu begrüßen und als einen der ihren willkommen zu heißen. Bald segelten alle vier gemeinsam davon, zu den Nestern am Seeufer, wo zwölf Schwanenpaare ihre Jungen ausbrüteten, unweit von den Enten. Die Dorfkinder sahen es zuerst. Sie schwenkten die Arme, liefen aufgeregt hin und her und riefen immer wieder, bis das ganze Dorf es wusste: »Oh, schaut doch, schaut, ein Schwan! Ein neuer weißer Schwan ist zu uns gekommen.«

Die Problematik des Ausgestoßenseins steht im Mittelpunkt zahlreicher Märchen und Mythen. Die Helden solcher Geschichten müssen – oft ohne eigenes Verschulden – unter den Folgen eines Ereignisses außerhalb ihrer Kontrolle leiden, meistens, weil ein wichtiges Detail aus Ignoranz, Naivität oder purer Bosheit von der Umwelt übersehen wurde. In dem Märchen von Dornröschen wird die dreizehnte Fee vergessen und nicht zur Taufe des Königskindes eingeladen, woraufhin sie das Neugeborene mit einem Zauberspruch verflucht, der sämtliche Mitglieder des Königshauses in einen hundertjährigen Zustand symbolhafter »Eingeschlafenheit« versetzt.

In anderen Märchen verbannt die Zentralfigur sich freiwillig aus dem Kreis der Angehörigen, indem sie sich auf einen Handel einlässt, dessen verhängnisvolle Folgen sie nicht absehen kann, wie in dem Märchen von dem Mann, der sich bereit erklärt, ein paar Jahre lang als Bestie zu leben, wenn er mit einem großen Sack Gold dafür belohnt wird, nach Ablauf der Frist aber erkennen muss, dass er seine Seele dem Teufel verkauft hat.

Interessant sind für uns die Kernpunkte der Thematik: Das Entlein ist ein Sinnbild für die Wildnatur, die selbst unter den ungünstigsten Umständen instinktiv für ihr Überleben sorgt. Die Wildnatur legt eine unglaubliche Ausdauer im »Überwintern« an den Tag, sie ist nicht totzukriegen und findet endlich zu sich selbst und zu »ihresgleichen«. Gott sei Dank, können wir da nur sagen, denn als wildnatürliche Frau hat man zwar Durchhaltevermögen, aber man kommt andererseits auch nicht ohne Unterstützung im Leben aus.

Ein weiterer Kernpunkt der Geschichte ist, dass die Einzigartigkeit einer Seele, dieses namenlose Etwas, das man als die »instinktive und spirituelle Identität« einer Person bezeichnet, von der Umgebung gewürdigt und akzeptiert werden muss, um sich zur vollen Blüte entfalten zu können. Wolfsfrauen, die zu dem für sie passenden Rudel finden, den Artgenossen, die sie in ihrer einzigartigen Individualität unterstützen, entfalten eine nie gekannte Stärke und Vitalität.

Das Exil des unangepassten Kindes

In der Geschichte wird das vermeintliche Entenküken von vornherein falsch eingeschätzt und für hässlich befunden, weil es nicht den Erwartungen und Normen seiner Umgebung entspricht. Selbst die Entenmutter, die sich zunächst noch alle Mühe gibt, das ungewöhnliche Küken zu beschützen, ist emotional hin- und hergerissen. Sie gerät in einen Zwiespalt, der sie schließlich dazu treibt, das fremdartige Kind einem ungewissen Schicksal, wenn nicht gar dem Tod zu überlassen.

Das Entlein ist all dem wehrlos ausgeliefert. Die Ablehnung vonseiten der eigenen Angehörigen trifft das Küken völlig unvorbereitet, denn es ist sich keiner Schuld und keines andersartigen Verhaltens bewusst. Es fühlt sich unerklärlicherweise verdammt, ins innerste Herz getroffen, und so haben wir es mit einem klassischen

Fall von massiven Minderwertigkeitskomplexen zu tun, noch bevor das Entlein auch nur halbwegs flügge geworden ist.

Mädchen mit stark ausgeprägten Urinstinkten erleben ähnlich qualvolle Auseinandersetzungen von frühester Kindheit an. Schon als Kleinkinder werden sie traditionsgemäß eingesperrt und domestiziert wie Haustiere, während man ihren natürlichen Widerstand gegen solche Behandlung als »starrköpfigen Eigensinn«, wenn nicht gar als »unanständig« bezeichnet. Ihre Wildnaturen machen sich schon sehr früh bemerkbar. Sie sind neugierig, fantasievoll und legen gewisse Exzentrizitäten an den Tag, die in einer normalen Entwicklung die Grundlage ihrer Kreativität in späteren Lebensjahren bilden würden. Wenn man davon ausgeht, dass alles Schöpferische Nahrung für die Seele ist, dann ist die frühe Entwicklungsphase von größter Bedeutung.

Generell werden Mädchen schon sehr früh in ein inneres Exil verbannt, das durch ignorantes Missverstehen oder absichtsvolle Grausamkeit der Umgebung im Laufe der Zeit allmählich immer mehr vertieft wird. So wird das Selbstverständnis einer noch ungeformten Psyche von Beginn an verletzt. Wenn das geschieht, glaubt das Mädchen, dass die negativen Vorstellungen, die von der Familie und Kultur auf seine Person projiziert werden, die absolute reine Wahrheit seien, frei von Vorurteilen und persönlichen Meinungen oder Präferenzen. Das Mädchen fängt an, selbst zu glauben, dass es schwach, hässlich und unakzeptabel ist, und mehr noch, dass diese Wahrheit unumstößlich ist und bleibt, ganz gleich, was es unternimmt, um das Negative in etwas Positives zu verwandeln.

Mädchen werden aus genau denselben Gründen zu einem Dasein als Außenseiterinnen verurteilt wie das hässliche Entlein. In nahezu allen Kulturen wird vom weiblichen Nachwuchs erwartet, dass er sich auf althergebrachte Weise entfaltet, das »typische Frauenverhalten« an den Tag legt und die Wertvorstellungen der Familie wenn schon nicht ganz, dann doch wenigstens zum großen Teil übernimmt. Mit anderen Worten: Kein Mädchen darf das kulturelle

Erwartungsgefüge sprengen. Aber dieses Erwartungsgefüge ist ein überaus eng umrissenes psychisches Gefängnis – dies um so mehr, wenn ein Elternteil oder beide von einem »Engel auf Erden« und dem »perfekten Sinnbild der Mädchenhaftigkeit« träumen, also eigene Wunschvorstellungen auf ihr Kind projizieren.

In manchen elterlichen Fantasien spielen Kinder nicht selten die Rolle eines Spiegelbilds ihrer eigenen besten Seiten und unerreichten Wunschziele. Ein »unzulängliches« Kind wird einer Serie von psychischen Schönheitsoperationen unterzogen und subtilen oder auch gewaltsamen Korrekturen unterworfen. Aber mehr noch als das: Das Kind wird angehalten, die Intelligenz seiner eigenen Seele zu verleugnen. Die Seele des Kindes mag sehen und erkennen wollen, aber was soll es mit den Augen seiner Seele anfangen, wenn seine Eltern von ihm verlangen, dass ihre Gewalttaten geflissentlich übersehen werden? Die Seele des Kindes mag die Wahrheit lauthals herausschreien wollen, aber unter dem Druck einer solchen Umwelt werden die Stimmbänder der Seele irgendwann rau und das ganze Kind zum Schweigen gebracht.

Die Forderung nach Konformität – auf welche Art auch immer die jeweiligen Autoritätspersonen den Begriff definieren – kann einen so unerträglichen Druck ausüben, dass Kinder sich in sich selbst verkapseln, die Flucht in ein inneres Exil wählen oder das äußere Exil bei den typischen Randfiguren der Gesellschaft suchen – all dies wohlgemerkt immer im Zuge ihrer verzweifelten Suche nach einer Zuflucht, einem Schlupfloch, in dem sie in Frieden gelassen und in ihrer einzigartigen Originalität unterstützt werden.

Der Anspruch der äußeren Umgebung an das Kind, den kulturellen Idealvorstellungen zu entsprechen oder wenigstens nachzueifern – sei es auf dem Gebiet der äußeren Erscheinung, der Körpergröße, Ambitionen, Männlichkeit, Weiblichkeit, Religiosität etc. –, wird verinnerlicht und zum Maßstab in der Psyche des Kindes, das versucht, diese Ideale zu erfüllen, also »gut« zu sein. Demnach gibt es zwei Formen des Exils: das innere, persönliche Exil und das äußere, gesellschaftliche Exil.

Zunächst möchte ich die Probleme des inneren Exils beleuchten, denn wenn man diesen Komplex verstanden und bis zu einem gewissen Grade verarbeitet hat, kann man ein hinreichendes Maß an Selbstvertrauen aus dem eigenen Sein und der wahren Zugehörigkeit beziehen, um auch die äußere Umgebung und das kulturelle Bewusstsein der Umwelt positiv zu beeinflussen. Ich sage, ein hinreichendes Maß an Selbstvertrauen, spreche also nicht von einem vollkommenen hundertprozentigen Selbstvertrauen, sondern von gerade so viel, um den nächsten Schritt tun zu können …, dann den nächsten und wieder den nächsten … Fünfundsiebzig Prozent Vertrauen in die eigene Person reichen vollauf, denn eine Blume blüht, auch wenn sich die Blütenknospe nur halb oder erst zu drei Vierteln geöffnet hat.

Die verschiedenen Arten der Bemutterung

Obwohl die Entenmutter in dem Märchen als Symbol für eine externe Mutterfigur aufgefasst werden kann, verinnerlichen alle Kinder das Verhalten, die Eigenheiten und die Grundeinstellung ihrer leiblichen Mutter und erzeugen auf diese Weise eine interne Mutterfigur. Diese interne Mutter ist ein Duplikat der äußeren Mutter, wie sie sich dem Kind dargestellt hat, wobei sich dieses Duplikat aber auch noch mit anderen einflussreichen Mutterfiguren aus der Umgebung vermischt und auch die kulturellen Vorstellungen von guten oder schlechten Müttern enthält, die man als Kind unbewusst internalisiert hat.

Selbst wenn wir unsere einstigen Probleme mit der leiblichen Mutter längst überwunden haben, existiert also eine innere Mutter in nahezu jedem von uns bis heute fort, und sie hört sich genauso an, sie handelt und reagiert genauso wie die Mutter unserer Kindheit. Das gleiche gilt für das generelle Verständnis der Mutterrolle in der Kultur, die einen Menschen prägt. Selbst wenn sich die Vorstellungen von der Mutterrolle allgemein weiterentwickelt haben, hält die interne Mutter weiterhin an den Werten und Grundhaltungen der Kultur fest, in der ein Individuum aufgewachsen ist.

In der Tiefenpsychologie wird dieser ganze Wirrwarr als »Mutterkomplex« bezeichnet, wobei das Wort »Komplex« nicht im Sinne einer neurotischen Minderwertigkeit, sondern im Sinne von »Gesamtgebilde« gebraucht wird. Dieses gesamte Muttergebilde ist eine wesentliche Komponente der weiblichen Psyche und muss daher sowohl in seiner Gesamtverfassung als auch in seinen Einzelaspekten verstanden und näher untersucht werden. Die Entenmutter soll uns als analytisches Beispiel dienen, denn diese kleine Ente bringt es fertig, uns die typischen Verhaltensweisen der ambivalenten Mutter, der gebrochenen Mutter und der unbemutterten Mutter der Reihe nach vorzuführen. Durch eine genauere Untersuchung der verschiedenen Arten von Bemutterung findet man heraus, ob der persönliche interne Mutterkomplex die Entfaltung einzigartiger Anlagen fördert oder ob man seinen Mutterkomplex von Grund auf renovieren sollte.

Die ambivalente Mutter

Die Entenmutter in unserer Geschichte wird gezwungen, sich von ihren Urinstinkten zu trennen. Sie wird angegriffen und verhöhnt, weil sie ein Kind hat, das nicht in die Entengemeinde passt, und somit instinktmäßig in zwei Teile gespalten. Der eine Instinkt sagt ihr, dass sie ihr Kind gegen alle Angriffe verteidigen und bei sich behalten muss, bis es groß genug ist, um sich allein zu behaupten. Der zweite Instinkt sagt ihr, dass ihre Zugehörigkeit zu der Entengemeinde lebensnotwendig für sie selbst ist. Als Folge dessen leidet sie unter der emotionalen und geistigen Zerrissenheit, die man gewöhnlich als »Ambivalenz« bezeichnet, bricht schließlich unter dem Druck der widerstreitenden Tendenzen in ihrer Psyche zusammen und gibt die instinktive Bemutterung zugunsten ihres instinktiven Selbsterhaltungstriebs auf.

Mit solchen Zwangslagen wird jede Frau irgendwann in ihrem Leben auf die eine oder andere Weise konfrontiert. Eine Mutter beugt sich dem Willen der Dorfgemeinde oder dem ihres Bekanntenkreises, weil sie nicht imstande ist, sich über Tod und Teufel hinweg mit einem unangepassten, ihr selbst vielleicht etwas unheimlich vorkommenden Kind zu verbünden – wobei man das Wort »Kind« hier auch im übertragenen Sinne verstehen kann.

Noch heute agieren Mütter die wohlbegründeten Ängste der Frauen früherer Jahrtausende aus, denn sie wissen intuitiv, was es bedeutet, aus einer Gemeinschaft ausgestoßen zu werden. Im günstigsten Fall bedeutet es, dass man von den Mitmenschen ignoriert oder argwöhnisch belauert und bespitzelt wird, im schlimmsten Fall, dass man von sogenannten Gesetzesvertretern gejagt und ums Leben gebracht wird. Unter derartigen Bedingungen wird es verständlich, dass die Mütter aller Zeiten auch wider ihr besseres Wissen versucht haben, ihren Kindern ein »gesittetes«, gesellschaftlich akzeptables Benehmen psychisch und körperlich einzubläuen.

Es ist durchaus nicht ungewöhnlich, dass Frauen in vom maskulinen Prinzip dominierten Kulturen nicht wissen, wie sie sich entscheiden sollen: für die Zugehörigkeit zu ihrer Gesellschaftsschicht und die damit verbundenen Annehmlichkeiten oder für ihr Kind, wobei dieses Kind auch ein »kreatives Geisteskind« sein kann, ein Projekt, eine Kunstform, eine Weltanschauung, eine politische Überzeugung. Dieser verhängnisvolle Zwiespalt ist allen Frauen vertraut. Millionen von Frauen sind seelische und spirituelle Tode gestorben, um ein nicht sanktioniertes Kind großziehen zu können, um eine Liebe oder einen Liebhaber vor dem Zugriff der Moral predigenden Massen zu bewahren. Noch im letzten Jahrhundert wurden Frauen für ihren Widerstand gegen die herrschenden Sittengesetze öffentlich angeprangert und mitsamt ihren symbolischen

Geisteskindern unter dem Gejohle des Volkes auf dem Scheiterhaufen verbrannt.

Mütter von ungewöhnlichen, irgendwie andersartigen Kindern müssen die Ausdauer eines Sisyphus an den Tag legen, das furchteinflößende Gehabe von Zyklopen und die Dickfelligkeit eines Caliban – also samt und sonders männliche Attribute, deren Entwicklung jedoch keineswegs von der Umwelt gefördert wird, in der oben genannte Mütter aufwachsen. Am destruktivsten ist eine Umwelt, in der auf Gehorsam ohne Konsultation der eigenen Seele bestanden wird, in der keine Rituale der liebevollen Vergebung zelebriert werden, in der eine Frau sich gezwungen sieht, einseitige Entscheidungen vom Entweder/Oder-Typus zwischen ihrer Seele und der Gesellschaft zu treffen, in der das Körperliche als »unrein« empfunden wird, in der Neugierde und Einfallsreichtum bestraft werden, es sei denn, man hat das unverschämte Glück, ein Angehöriger des männlichen Geschlechts zu sein – eine Umwelt, in der schmerzhafte Akte am weiblichen Körper vollzogen und dann als »heilig« bezeichnet werden, in der man sich an Frauen »zu ihrem eigenen Besten« vergeht, wie Alice Miller es so treffend nennt – eine Umwelt, in der die Existenz der Frauenseele als Ammenmärchen verstanden wird.

Eine Frau, die den Komplex der ambivalenten Mutter verinnerlicht hat, neigt normalerweise zum Klein-Beigeben, denn sie fürchtet die Auseinandersetzung mit der Umgebung genug, um ihr so oft wie möglich aus dem Wege zu gehen. Es fällt ihr schwer, von den Mitmenschen den ihr gebührenden Respekt zu verlangen, auf ihren Rechten zu bestehen und nach eigenem Gutdünken zu handeln, ja selbst die eigenen Gedanken zuzulassen, geschweige denn, sie so weit zu verfolgen, dass sie einen verbalen oder künstlerischen Ausdruck finden.

Um solche inneren Konstrukte zu überwinden, die ja oft noch von der externen Gesellschaft zementiert und turmhoch aufgebaut werden, muss eine Frau, die Selbstbewusstsein in sich selbst und ihren Kindern hervorbringen will, notgedrungen genau die männlich-aggressiven Qualitäten entwickeln, die ihr von der Gesellschaft unter Strafandrohung verboten werden. Dazu gehören unter anderem Vehemenz, Standhaftigkeit, durchtriebene, mit allen Wassern gewaschene Bissigkeit und Furchtlosigkeit.

Keine Mutter eines ungewöhnlichen Kindes kann ihres Lebens froh werden, wenn sie sich nicht beizeiten nach ein paar heroischen Eigenschaften umtut, auch wenn sie diese Eigenschaften wie die mythischen Heldinnen aus dem verborgensten Winkel ihrer Wildnatur zerren und im letzten Moment zusammenklauben muss, um sie gerade noch rechtzeitig zu entfesseln und ihren Schützling zu verteidigen. Es ist kaum möglich, sich auf Herausforderungen solcher Art vorzubereiten, außer sehr tief Luft zu holen und beherzt in das Geschehen einzugreifen. Von alters her gilt eine wohlfundierte Heldentat als das beste Gegenmittel bei lähmender Ambivalenz.

Die gebrochene Mutter

In der Geschichte wird die Entenmutter an einen Punkt gebracht, wo sie sich nicht mehr imstande fühlt, mit den unausgesetzten Angriffen ihrer Gemeinschaft fertig zu werden. Sie bricht zusammen und wünscht, ihr fremdartiges Kind würde einfach aus ihrem Leben verschwinden. So verliert das Küken seine einzige Verbündete im Leben und läuft davon.

Der Zusammenbruch einer Mutter signalisiert, dass sie ihre Identität als »Bemutternde« verloren hat. Es gibt hochgradig narzisstische Mütter, die darauf bestehen, die Rolle des Kindes selbst zu spielen und ihren Nachwuchs aus diesem Grund von sich stoßen, meistens jedoch wurde die Mutter durch eine tatsächliche Lebensbedrohung psychischer und physischer Art dazu getrieben, sich von ihrer Instinktnatur abzuspalten, und daraufhin funktionsunfähig.

Gewöhnlich fallen Menschen bei einem Nervenzusammenbruch beziehungsweise Identitätsverlust in einen von drei typischen Gefühlszuständen: ein Kuddelmuddel (sie sind haltlos verwirrt), ein Schwelgen in Selbstmitleid (keiner versteht mich und meine Not) oder ein »schwarzes Loch« (eine emotionsgeladene Rückschau auf Szenen aus der Vergangenheit, oftmals der frühen Kindheit, in denen der Person ein noch immer ungesühntes Leid oder eine ihr unerklärliche Ungerechtigkeit zugefügt wurde).

Ein Nervenzusammenbruch ist die Folge eines nicht mehr zu bewältigenden Widerstreits der Gefühle und Instinkte. Diese emotionale Zerrissenheit kann so unerträglich für eine Psyche werden, dass ihr bisher bestehendes Gesamtgefüge zusammenbricht. In dem Roman *Sophies Wahl* von William Styron wird Sophie, die junge Titelheldin, in einem Vernichtungslager von einem Nazi vor die Wahl gestellt, welches von ihren beiden Kindern sie vor der Vergasung retten möchte. Der Kommandant zwingt Sophie, diese ungeheuerliche Entscheidung zu treffen, indem er ihr erklärt, dass er andernfalls beide Kinder in die Gaskammer schickt.

Undenkbar, eine derartige Entscheidung zu fällen, sagen wir, aber auf psychischer Ebene werden Frauen seit Jahrtausenden vor genau diese Wahl gestellt. »Entweder du gehorchst den Obrigkeiten und lässt eines, das du liebst, im Stich, oder du leistest Widerstand und bezahlst dafür auf andere, nicht weniger qualvolle Weise.« Wenn Menschen gezwungen werden, ihrer Seele Schaden zuzufügen und sie täglich zu verleugnen, um als ehrenwerte Mitglieder ihres Kulturkreises gelten zu können, dann kann man diese Kultur nur noch als grausam bezeichnen. Dann grassiert eine bösartige, ansteckende Kulturkrankheit, denn schließlich ist die externe Kultur auch immer ein Spiegel der psychischen Strukturen, die der einzelne Mensch mit sich herumträgt und von denen auch die Nachkommen geprägt werden.

Beispiele für diese Kulturkrankheit lassen sich überall auf der Welt finden. Amerika allein kann auf mehr als zwei Jahrhunderte der Ausrottung und Unterjochung von Indianerstämmen und afrikanischen Sklaven zurückblicken. Seit ebenso vielen Jahrhunderten werden Mütter gesetzlich dazu gezwungen, ihre Söhne dem Staat als Kriegsdiener zu überlassen, und dann wird ihnen auch noch eingeredet, dass sie stolz darauf sein sollen. Das sind die »Zwangsumsiedlungen«, die auch heute noch andauern. In kaum einem Land wird der weiblichen Bevölkerung gestattet, ihrer Liebe freien Ausdruck zu geben, sie zu schützen und die Partner nach eigenem Gutdünken zu wählen – auch heute noch nicht.

Eine weltweit verbreitete und kaum beachtete Art, das Seelenleben von Frauen effektvoll zu unterdrücken, äußert sich auch in diesem sogenannten Jahrhundert der Aufklärung noch darin, dass Millionen von unverheirateten Müttern mit Kindern zu einer gesellschaftlichen Randexistenz gezwungen werden, ein kulturelles Exil, in dem sie sich als Bürger zweiter und dritter Klasse allen erdenklichen Demütigungen ausgesetzt sehen. Seit Generationen haben Frauen sich damit abgefunden, dass ein Kind nur durch einen Ehemann legitimiert werden kann – mit anderen Worten, dass ein Mensch keinen Wert hat, solange er nicht das Gütesiegel eines Mannes aufgestempelt bekommt. Ohne maskulinen Schutz wird eine Frau zum Freiwild, zum ständigen Opfer psychischer Angriffe auf ihren Lebensstil. Die Ironie dabei ist, dass der Vater der Entenküken in der Geschichte nicht einmal erwähnt, geschweige denn von der Entenmutter zu Hilfe gerufen wird, wenn wirklich »Not am Mann« ist. Und warum? Höchstwahrscheinlich, weil der Mann, wie es so oft der Fall ist, in seiner Vaterrolle schon lange vor der Mutter zusammengebrochen und daher in keiner Weise fähig ist, die Entenmutter und ihr ungewöhnliches Kind zu unterstützen. Wie für so viele von uns ist der Vater kaum mehr als eine schattenhafte Randfigur in der Familie, auf deren Beistand man sich im Notfall nur bedingt oder überhaupt nicht verlassen kann.

Wenn eine Frau dieses »gebrochene Mutter«-Konstrukt verinnerlicht hat, ist ihr Selbstwertgefühl nicht intakt und droht, bei der nächsten Herausforderung zusammenzubrechen. Die immer wieder auftauchende Entscheidung, ob man die Forderungen der Außenwelt erfüllen oder den Forderungen der Seele Genüge tun soll, wuchert rein gefühlsmäßig jedes Mal zu einer Entscheidung zwischen Leben und Sterben aus. In diesem Zustand meinen Frauen, dass sie Aussätzige sind, die absolut nirgendwo hingehören – was relativ normal für eine Außenseiterin ist –, wobei es jedoch nicht normal ist, sich jahre- und jahrzehntelang in eine Ecke zu verziehen, ohne irgendetwas Konstruktives zu unternehmen. Die einsame Wolfsfrau macht sich auf die Suche nach dem richtigen Rudel, einer Bande von Gleichgesinnten, in deren Mitte sie willkommen geheißen wird, das ist immer der nächste Schritt für Außenseiter aller Art. Für Frauen mit einer internalisierten gebrochenen Mutter ist dieser Schritt nicht nur wichtig, er ist lebensnotwendig, denn sie müssen dafür sorgen, dass sie nicht ständig bei der eigenen psychischen Bemutterung versagen.

Die Kind-Mutter und die unbemutterte Mutter

Die Entenmutter, wie sie in unserem Märchen dargestellt wird, ist offensichtlich naiv in ihrer Einschätzung der eigenen Fähigkeiten. Allen Warnungen zum Trotz besteht sie darauf, das Schwanenei auszubrüten, aber am Ende wünscht sie, das Kind wäre nie geboren worden. Ihr Verhalten spiegelt das einer fragilen Mutter wider, die in vieler Hinsicht selbst noch ein Kind ist. Aber ihr Verhalten ist auch typisch für Frauen, die im Verlauf ihrer Kindheit nicht hinreichend bemuttert worden sind oder wenigstens in späteren Lebensjahren eine nachträgliche Bemutterung erfahren haben.

In früheren Zeiten wurden schwangere Frauen und junge Mütter von den älteren Frauen der Dorfgemeinschaft unterstützt und in sämtliche Aspekte ihrer neuen Rolle eingeweiht. Bei vielen Naturvölkern ist dies auch heute noch so. Es ist eine Tatsache, dass nahezu alle Mütter ihrerseits ein gewisses Maß an Bemutterung brauchen, denn wenn ihnen diese Fürsorge vorenthalten wird, entsteht eine verhängnisvolle Verkettung, durch die eine Generation ihre körperliche Überforderung und psychische Überlastung auf die nächste überträgt. In unseren modernen Industrienationen bringen die meisten Mütter ihre Kinder ohne hinreichende Unterstützung zur Welt. Zahllose Kinder werden von in der Praxis letztlich alleinstehenden Müttern ausgetragen, geboren und erzogen, was eine Tragödie von enormen Ausmaßen ist. Millionen von Mädchen wurden mittlerweile von zerbrechlichen Kind-Müttern und unbemutterten Müttern großgezogen und haben einen ähnlichen Stil der Selbstbemutterung und Kindsbemutterung entwickelt.

Eine Kind-Mutter ist alt genug, um Kinder zu gebären, aber durchaus nicht immer psychisch reif genug, um für ein Kind zu sorgen. Jede Frau, die zum ersten Mal Mutter wird, fällt in die Kategorie der Kind-Mutter, egal, ob sie 18 oder 40 Jahre alt ist, und braucht den Zuspruch, die tatkräftige Unterstützung und den Rückhalt, den sie nur bei anderen, schon etwas reiferen Frauen findet. Aus dieser Erkenntnis stammt der uralte Brauch, neugeborenen Kindern eine oder mehrere Patentanten und Patenonkel zur Seite zu stellen, die sich um das Kind kümmern, wenn die Mutter oder das Elternpaar auszufallen droht. Die Rolle der Pateneltern wird heute kaum noch ernst genommen, aber ursprünglich gehörte es zu den Aufgaben der zumeist älteren Paten, einer Kind-Mutter den Übergang zur reifen, instinktiv mütterlichen Frau zu erleichtern.

Bei einer Frau mit einer internalisierten Kind-Mutter oder unbemutterten Mutter in der Psyche sind unreife und naive Wunschvorstellungen von der Mutterrolle unübersehbar und leicht festzustellen. Weniger offensichtlich sind die psychischen Verletzungen, die eine unbemutterte Mutter dazu treiben können, sich für dermaßen unliebenswert zu halten, dass sie sogar die Liebe ihres eigenen Kindes nicht annehmen kann und sie argwöhnisch infrage stellt. Frauen können von ihren Familien und der Gesellschaftsschicht, der sie angehören, so tief gedemütigt worden sein, dass sie den instinktiven Halt, also den Zugang zur mütterlichen Komponente ihrer Wildnatur, verlieren.

Kind-Mütter neigen zur sporadischen Überkompensation und geben sich von Zeit zu Zeit ernsthafte Mühe, »jedem immer alles recht zu machen«. Sie zwingen sich dazu, eine Art »Supermutterschaft« zu demonstrieren, bei der kein Familienmitglied zu kurz kommen soll, während die wahren und tieferen Bedürfnisse der Angehörigen jedoch nie ausgelotet werden und daher unbefriedigt bleiben. Wie die Bauernkinder in der Geschichte vom »hässlichen Entlein« freut sich die Kind-Mutter über das unterhaltsame kleine Geschöpf im Haus, verliert aber recht schnell das Interesse, wenn die Kreatur zu anstrengend wird und sich nicht wunschgemäß präsentiert. So landet der Nachwuchs einer Kind-Mutter verwirrt und verunsichert in den Fettnäpfchen, die überall im Haus bereitstehen, genauso wie das Entlein im Milchtopf der Bauersfrau. Ohne es zu merken, quält die Kind-Mutter ihre Sprösslinge mit einer nicht enden wollenden Folge von heißen und kalten Wechselbädern, denn an einem Tag verwöhnt sie sie mit Wärme, Zuwendung und allen möglichen Versprechungen, und schon ein paar Stunden später wird den Kindern alles Glück wieder entzogen.

Manchmal ist eine fragile Mutter selbst ein Schwan, der von Enten großgezogen wurde, aber die eigene wahre Identität noch nicht erkannt hat, weshalb auch ihr Nachwuchs nicht davon profitieren kann. Hin und wieder wird eine Mutter erst durch ihre heranwachsende Tochter auf ihre wilde Wesensnatur aufmerksam. Die Identitätssuche der Tochter kann wie ein Auslöser funktionieren, durch den die Mutter die Antriebskraft erhält, ihre eigenen Schwanenflügel auszubreiten und zu ihrem verlorenen wahren Selbst zu finden. Wenn das geschieht, erkennen zwei wilde Schwäne ihre natürliche Schönheit im Auge des anderen wieder. Dann wird ein unzerreißbares Band echter Seelenverwandtschaft zwischen Mutter und Tochter geknüpft.

Und damit entfernen wir uns von allem, was schiefgehen kann, wenn eine Mutter von ihrer Instinktnatur abgeschnitten wird, und befassen uns mit dem, was Abhilfe schafft.

Starke Mutter, starkes Kind

Die zerbrechliche, unreife und unbemutterte Mutter in der Psyche wird geheilt, indem man sich eine oder mehrere Ersatzmütter in der Außenwelt sucht und sich von diesen möglichst älteren, weiseren, von Schmerzen und Herausforderungen wie durch ein Feuer gestählten Frauen bemuttern lässt, von Frauen, deren Augen *sehen,* deren Ohren *hören,* deren Zungen *sprechen* und die voller Verständnis sind.

Selbst wenn eine Frau von der besten Mutter der Welt großgezogen wurde, kann sie sich auch zu anderen Mutterfiguren hingezogen fühlen und immens von solchen Bekanntschaften profitieren. Meinen eigenen Töchtern habe ich immer wieder gesagt: »Ihr werdet von einer Mutter geboren und großgezogen, aber wenn ihr Glück habt, findet ihr noch andere Mütter, die euch geben, was ihr gerade braucht, jede auf ihre eigene Weise.« Meistens sind die einmal hergestellten Beziehungen zu anderen Mutterfiguren langjährig und dauerhaft, denn niemand entwächst jemals ganz dem Bedürfnis nach Beistand und gutem Rat, und die tieferen Beziehungen zwischen Frauen werden ohnehin nie gänzlich ausgelotet.

Auch wenn manche modernen Psychologen von der »Überwindung« des gesamten Mutterkomplexes sprechen, als handele es sich um einen unerlässlichen Regierungssturz, den jeder Einzelne nachvollziehen muss, um geistig und emotional zu gesunden, ist der Archetyp der instinktiv Bemutternden unzerstörbar und kann nie wirklich überwunden werden. Allein der Versuch würde bedeuten, dass eine Frau ihre eigene Wesenstiefe verleugnet, die ihr innewohnende Instinktnatur, die alle kreativen Anstöße enthält, die

Medizin des heilenden Wissens und die mütterliche Art der Liebe und selbstlosen Fürsorge.

Anstatt uns gewaltsam von der Mutter lösen zu wollen, machen wir uns lieber auf die Suche nach einer wilden und weisen Mutter, und diese kann letzten Endes nicht getrennt von uns existieren. Unsere Beziehung zu dieser seelenvollen Mutter ändert sich, entwickelt sich und nimmt von Natur aus immer neue Formen an, denn das bemutternde Prinzip ist ein Paradoxon. Die Mutter ist eine Schule, in die man hineingeboren wird und in der man aber auch für den Rest des Lebens zugleich Schüler und Lehrer ist. Wo wir auch hingehen, was wir auch tun, ob wir physische oder geistige Kinder in die Welt setzen, einen Garten bestellen, wissenschaftlich tätig sind oder einen Haushalt führen – auf all unseren Wegen begegnen wir der ursprünglichen und instinktiven Bemutterung. Das lässt sich nun einmal nicht ändern.

Aber wie steht es mit einer Frau, die eine wahrhaft destruktive Art der Bemutterung in ihrer Kindheit erfahren hat? Selbstverständlich können solche Erfahrungen nicht ausradiert werden, aber die interne Bemutterungsstruktur kann neu – und diesmal richtig und stark – aufgebaut werden. Es ist nicht die Rekonstruktion der internen Mutter, die vielen Leuten so viel Angst macht, sondern die Befürchtung, dass damals etwas Essenzielles in ihnen verkümmert und gestorben ist, etwas, das nie wieder ins Leben zurückgerufen werden kann, weil es keine Nahrung und Zuwendung erhalten hat, da die eigene Mutter selbst psychisch tot war. All diesen Frauen sei zu ihrer Beruhigung gesagt, dass nichts tödlich verwundet wurde, nichts ein für allemal gestorben ist.

Die Seele und der Geist des Menschen verfügen über erstaunliche regenerative Kräfte, genau wie die Natur. Wie die Wölfe und zahllose andere Lebewesen können die Seele und der Geist für längere Zeit mit einem Existenzminimum auskommen, wenn es sein muss, und trotzdem gedeihen. Einmal habe ich eine Reihe von jungen Fliederbüschen vor meinem Haus umgepflanzt, und im nächsten Frühjahr musste ich feststellen, dass einer der größten von ihnen abgestorben war, während die anderen Büsche prächtig blühten. Der tote Flieder war bereits völlig vertrocknet, als ich ihn ausgrub, obwohl sein Wurzelgeflecht mit sämtlichen Wurzeln verbunden war, und dieser eine verdorrte Strauch war die Mutter all der anderen, herrlich blühenden Fliederbüsche, und er hatte die dicksten und ältesten Wurzeln.

Und das ist das psychische Grundmuster, an das sich alle, die unter destruktiver oder unzulänglicher Bemutterung zu leiden hatten, halten können: Selbst wenn die Mutter abstirbt und versagt, können ihre Kinder sich unabhängig von ihr fortentwickeln und aufblühen.

Schlechte Gesellschaft

Das hässliche Entlein zieht von einem Ort zum anderen auf seiner Suche nach einem Platz, wo es sich heimisch fühlen kann. Obwohl das instinktive Gespür des Entleins für die passende Gesellschaft noch nicht voll entwickelt ist, ist sein Instinkt, so lange auf die Wanderschaft zu gehen, bis es gefunden hat, was es braucht, durchaus intakt. Dieses »Auf-die-Wanderschaft-Gehen« kann jedoch bei manchen Frauen zum pathologischen Hässliches-Entlein-Syndrom ausarten. Man klopft immer wieder an die falschen Türen und bemüht sich um die Zugehörigkeit zu irgendwelchen falschen Personengruppen, selbst wenn man es eigentlich schon besser weiß. Natürlich kann ein Mensch, der nie eine richtige Tür gesehen hat, nicht wissen, wo und wie er eine solche auf seiner Wanderschaft erkennen soll. Aber so viel steht fest: Die falschen Türen sind die, hinter denen man sich erneut wie ein hässlicher, nichtsnutziger Außenseiter vorkommt.

Das ist wie in dem Lied, in dem es heißt »Ich suche ständig nach Liebe und stets am falschen Platz«; das ist ein typisches Verhalten von Frauen, die ihr Ausgestoßensein nicht länger ertragen können und deshalb bereit sind, für ein paar dubiose Liebesbeweise weitere Misshandlungen zu erdulden. So wird die ursprüngliche Wunde des Ausgestoßenseins oder Andersseins natürlich niemals geheilt, sondern im Gegenteil, die Wunde wird bei jedem mutigen Vorstoß noch einmal aufgerissen und noch tiefer.

Der verzweifelte Griff nach der falschen Medizin nimmt die hinlänglich bekannten Formen an. Man sucht sich einen völlig ungeeigneten Liebhaber, greift zur Flasche, zur Pille, zur Droge, isst zu viel, katapultiert sich künstlich in irgendwelche emotionalen Höhen und stürzt danach in die bodenlosen Abgründe der Niedergeschlagenheit, des Selbsthasses und der Trauer.

Da hilft nur eines: Man muss sich hinsetzen, ins eigene Herz blicken und dann die absolute Wahrheit sagen, die Wahrheit über die eigenen Talente und die eigenen Grenzen. Beides, die Schwächen und die Stärken, muss respektvoll und wahrheitsgetreu untersucht werden. Dann, um den Heilungsprozess einzuleiten, muss man damit aufhören, sich vorzumachen, dass ein paar Zuckerstückchen und ein gutes Wort hier und da ein gebrochenes Bein heilen könnten. Wer sich die Wahrheit über seine Verletzung innerlich eingesteht, kann sicher sein, dass ihm intuitiv einfällt, welche die richtige Therapie ist. Wir dürfen die innere Leere nicht mit Krimskrams auszufüllen versuchen. Man muss auf die richtige Medizin warten. Diese ist nicht zu verkennen, wenn man sie findet, denn sie macht uns stärker, nicht schwächer.

Nichts richtig machen können

Der Außenseiter lernt – wie das hässliche Entlein – Situationen zu meiden, in denen er sich wohl richtig verhalten könnte, aber trotzdem nicht den richtigen Eindruck machen würde. Das Entlein kann zum Beispiel gut schwimmen, trotzdem macht es keinen guten Eindruck. Im Gegensatz dazu kann eine Frau gut aussehen und trotzdem nicht richtig handeln. Es gibt viele Sprichwörter über Personen, die nicht verbergen können, wer und was sie sind (und die es in ihrem Herzen auch gar nicht wollen), wie das texanische »Ihr könnt sie zwar äußerlich herausputzen, aber ihr könnt sie nicht innerlich verändern«. In der Geschichte verhält sich das Entlein wie ein Tollpatsch, wie derjenige, der nichts recht machen kann … es wirbelt Staub auf die Butter und fällt natürlich in den Milchkrug. Wir alle kennen solche Zeiten. Alles läuft schief. Wir versuchen, es besser zu machen. Machen es stattdessen schlimmer. Das Entlein hatte im Haus nichts zu suchen.

Aber wenn man verzweifelt ist, sucht man leicht das Falsche am falschen Ort. Wie ein inzwischen leider verstorbener Kollege von mir zu sagen pflegte: »Was du auch tust, du kriegst keine Milch vom Ziegenbock.«

Es ist eine Sache, einen freundlichen Umgang mit Personengruppen zu pflegen, zu denen man nicht gehört, und Brücken zu Menschen aller möglichen Gesellschaftsschichten zu schlagen. Aber es ist eine völlig andere Sache, ernsthaft zu versuchen, sich bei andersartigen Geschöpfen Liebkind zu machen. Wenn man seine eigentliche wilde Natur unterdrückt, um als nettes, liebes, braves Mädchen zu gelten, zerstört man die Verbindung zur Wilden Frau in seiner Psyche. Statt mit einer vitalen Wolfsfrau hat man es dann mit einem Wesen zu tun, dem man die Krallen gezogen hat. Mit einer freundlichen Frau mit guten Manieren, die sich nervös lächelnd bemüht, anderen zu gefallen.

Nein, da ist es stilvoller und weit besser für die Seele, schlicht so zu sein, wie man ist, und alle anderen ebenfalls sein zu lassen, wie und was sie sind.

Verkühlte Gefühle, eingefrorene Kreativität

Eine der häufigsten Reaktionen von Frauen auf ihr Ausgestoßensein besteht darin, langsam immer mehr zu vereisen. Wie das Entlein, das im Eiswasser des Fischteichs beinahe festfriert, frieren Frauen ihre Kreativität, ihre tieferen Gefühle, ihr Bedürfnis nach Nähe und Liebe ein und meinen dann, sie hätten eine großartige Leistung in Sachen Abhärtung vollbracht. In Wahrheit handelt es sich bei dieser psychischen Erkaltung aber um einen Akt passiver Aggression, um defensiven Zorn.

In der archetypischen Psychologie ist Kälte gleichbedeutend mit Gefühllosigkeit. Ein kalter Mensch versucht, überhaupt nichts mehr zu fühlen, weder den eigenen Schmerz, der ihn so wütend und heimlich rasend macht, noch die Schmerzen, die er anderen durch derlei Abwehrreaktionen zufügt. Selbst wenn die Eisdecke oberflächlich betrachtet als Schutzschicht zu dienen scheint, durch welche die Seele vor weiteren Verletzungen bewahrt wird, bewirkt sie in Wahrheit das genaue Gegenteil, denn die Seele zieht sich im Angesicht von Kälte nur noch weiter zusammen und leidet tatsächlich noch größere, wenn auch weniger sichtbare Qualen. Nur in der Wärme geht die Seele auf, nur in einem warmen Klima kann sich ihr kreatives Feuer entzünden und können ihre Funken sprühen. Und so lähmen erkaltete Frauen im Endeffekt ihre eigenen seelischen Schaffenskräfte.

Das ist ein weitverbreitetes Problem, und in dem Märchen wird eine sehr simple Lösung dafür gefunden: Das Eis muss gebrochen werden. Die Seele muss aus der Kälte herausgefischt werden. Aber wie macht man das? Ganz generell gesagt, indem man sich flatternd und flügelschlagend in Bewegung hält, wie das Entlein, bis der Bauer kommt – welche Form auch immer er haben mag.

Wenn in Schriftstellern, Malern, Komponisten nichts anderes mehr ertönt als der »innere Kritiker« mit seiner altbekannten Litanei: »Das ist doch alles Mist, was du da verzapfst. Lass es bleiben.

Deine Arbeiten sind wertlos, weil du selber wertlos, nutzlos und untalentiert bist ...« und so weiter, wenn man Opfer der berüchtigten Schaffensblockade wird, die jeder Künstler kennt, dann heißt es: Auf in den Kampf und durch die Eisdecke hindurch! Genau das ist der Punkt, an dem Schriftstellerinnen und Malerinnen ihre Kugelschreiber oder Pinsel ergreifen müssen, um loszulegen, ganz gleich, was dabei herauskommt. Das ist der Punkt, an dem Tänzerinnen ihren Körper herumwirbeln, an dem man Theater spielen, komponieren, kräftig ins Horn blasen muss, anstatt Selbstgespräche zu führen. Was sich bewegt, kann nicht einfrieren. Also ist Bewegung die Lösung bei Versteifungen und Erkaltungen aller Art.

Der unbekannte Retter

Obwohl der Bauer, der das Entlein rettet und in die warme Stube trägt, in dieser Version des Märchens weniger ein archetypisches Leitmotiv als ein literarischer Kunstgriff sein mag, um den Handlungsablauf voranzutreiben, sehe ich in der Figur trotzdem etwas Typisches, das sich auch auf unser Leben übertragen lässt. Die Person, die uns aus der Kälte herausholt oder die Eisdecke über uns zum Schmelzen bringt, muss nicht unbedingt ein Vertreter des eigenen Rudels auf Erden sein. Sie kann wie ein rettender Engel aus dem Nichts auftauchen, genau dann, wenn wir ihre Hilfe am meisten brauchen und sie am wenigsten erwarten. Der Retter kann in einem Moment höchster Not auftauchen, um gleich darauf auf Nimmerwiedersehen aus unserem Leben zu verschwinden.

Wie gesagt, die Seele hat die magisch anmutende Fähigkeit, einen rettenden Aspekt zu manifestieren, nachdem alle sonstigen Reserven erschöpft sind, wenn man absolut am Ende des eigenen Lateins angelangt ist. Und hinterher fragt man sich erstaunt: »War das ein purer Glücksfall, oder hat ein Wesen aus einer anderen, besseren Welt in mein Leben eingegriffen? Wie kann es angehen, dass im letzten Moment noch eine gute Nachricht, eine Atempause, ein rettendes Etwas in mein Leben tritt?«

Solche Dinge geschehen, und nicht nur im Märchen, sondern in der von uns allen physisch erfahrbaren Realität. Im letzten Moment, sozusagen im Todesmoment, zeigt die Geist-Seele uns einen Ausweg und trägt uns ein kleines Stück weiter, damit wir den nächsten Schritt erkennen, die nächste Daseinsebene erreichen können. Dieses Auftauchen aus stürmischen Gewässern, in denen wir gerade noch unterzugehen glaubten, ist keine Seltenheit, und doch ist es wie ein Wunder, eine schicksalhafte Fügung vielleicht, durch die uns die Vorzüge eines Daseins als Außenseiter womöglich zum ersten Mal bewusst werden.

Exil als Segen

Wer jemals versucht hat, sich in eine Form zu zwängen, in die er oder sie beim besten Willen nicht hineinpasste, kann von Glück sagen, wenn der Versuch kläglich gescheitert ist. Gut, man mag sich einsam und wie ein elender Versager vorkommen, aber wenigstens hat man die eigene Seele vor weiteren Misshandlungen durch das falsche Rudel bewahrt. Obwohl man als andersartiges Wesen in gewissen Kreisen nie »mitspielen« darf und von allen Futterstellen vertrieben wird, stellt man hinterher unweigerlich fest, dass man immer nur in die Arme der eigenen Seele und in die Arme der wahren Verwandtschaft getrieben wird, ganz gleich, ob diese wahre Verwandtschaft die Gestalt eines Fortbildungskurses annimmt, eine Kunstform ist oder eine Gruppe von Gleichgesinnten. Es ist besser, eine Zeit lang einsam und verloren hierhin und dorthin zu wandern, um das Gesuchte zu finden, als in einer Zwangsjacke zu stecken, in der man kaum noch Luft kriegt und in der die Wolfsfrau allmählich zugrunde geht. Es ist niemals falsch, sich auf die Suche nach dem zu machen, was unsere Seele braucht. Niemals.

All diese Selbstverrenkungen und Qualen haben ihren Sinn – letzten Endes. Verkannte Schwanenkinder werden durch eine Art Fegefeuer geschickt, aus dem sie gestärkt und geläutert hervorgehen. Das Ergebnis ist mit einem Diamanten vergleichbar, der sich im Laufe von Jahrmillionen unter hohem Druck aus simplem Kohlenstoff gebildet hat.

Man möchte eine solche Erfahrung zwar nicht einmal seinem ärgsten Feind wünschen, aber das Ausgestoßensein löst einen alchemistischen Umwandlungsprozess aus, bei dem das Niedere potenziell bis zur Höchstform verfeinert werden kann. Außenseiterinnen wird das Schwelgen in Selbstmitleid und das unkreative Jammern und Wehklagen über ihre Situation mit der Zeit grundsätzlich ausgetrieben. Außenseiterinnen müssen notgedrungen eine untrügliche Menschenkenntnis und messerscharfe Instinkte entwickeln, die keiner erlangt, der in eine Gemeinschaft eingebunden ist. So gehen sie stark, voller Einsicht und mit etwas Übung vielleicht sogar weise aus all ihren Prüfungen hervor.

Trotz der vielen negativen Aspekte, die ein Ausgestoßenen-Dasein mit sich bringt, lässt die wilde, die unbezähmbare Psyche sich nicht unterkriegen. Sie strebt nur um so intensiver nach einer Umwelt, in der ihre freiheitliche Entfaltung unterstützt wird. Und wenn ein solcher Frei-Raum weit und breit nicht zu finden ist, entschließen Frauen sich nicht selten eines Tages dazu, ihn aus eigener Kraft zu schaffen. Und das ist gut so. Denn über kurz oder lang werden sich Wildgefährtinnen einfinden, die auch schon lange auf der Suche waren. Auf mysteriöse Weise kommen diese Gleichgesinnten und Seelenverwandten herbei, oft sogar von weither, und verkünden begeistert, dass sie schon die ganze Zeit nach so etwas Ausschau gehalten haben.

Die struppigen Katzen und schielenden Hühner dieser Welt

Der verkannte junge Schwan gibt zu, dass er am liebsten »gründelt« und schwimmen geht, was die Katze und das Huhn, zu denen er sich eine Zeit lang gesellt, für unvorstellbar aberwitzig und dumm halten. Sie haben völlig andere Wertvorstellungen als der Schwan und reagieren mit der pikierten Selbstgerechtigkeit, die typisch für Leute ist, denen alles ihnen Fremde minderwertig erscheint, wenn nicht gar verdammungswürdig. Natürlich erwartet niemand, dass Katzen und Hühner gerne schwimmen gehen. Sie hingegen erwarten in ihrer Selbstgerechtigkeit, dass ein Schwan ihre verständliche Abneigung gegen das Nasswerden teilt. Wenn nicht, muss dem Schwan der Kopf zurechtgerückt werden, anstatt dass die anderen die eigenen Beschränkungen und/oder Motive überdenken.

Der kleine Schwan macht die Erfahrungen von Abertausenden von Frauen auf ihrer Suche nach Anerkennung, dass aus ihrer grundsätzlichen Unvereinbarkeit mit wesensunähnlichen Personen eine Schuldfrage abgeleitet wird, die den Vorwand liefert, über »besser« oder »schlechter«, »richtig« oder »falsch« zu entscheiden.

In diese Lage gebracht, sind Frauen nur allzu oft bereit, eine vermeintliche Schuld auf sich zu nehmen, Mängel generell nur in der eigenen Person zu suchen und sich fortan quasi schon allein für ihr bloßes Dasein zu entschuldigen. Da gibt es Frauen, die einfach Angst haben, »Nein« und »Vielen Dank« zu sagen und wegzugehen. Und es gibt Frauen, die sich immer und immer wieder anhören, dass mit ihnen etwas nicht stimmt, ohne sich je klarzumachen, dass Katzen und Hühner eben nicht gern schwimmen.

In meiner Praxis greife ich hin und wieder zu dem Hilfsmittel Typologie und fordere meine Patientinnen auf, sich einen Augenblick lang vorzustellen, sie seien Schwäne, die von Enten, Katzen, schielenden Hennen etc. so gründlich durcheinandergebracht wurden, dass sie ihre eigene Wesensnatur bisher nicht erkennen konnten. Ich sage ihnen, dass es nicht ihre Schuld ist, wenn sie als Schwan geboren wurden und sich auch inmitten von Enten wie ein Schwan verhalten. Natürlich ist auch nichts verkehrt daran, eine Ente zu sein. Aber Enten haben andere Weltanschauungen, andere Ziele und Wünsche als Schwäne, und wenn eine Ente dir permanent sagt, dass du nicht richtig tickst, dann liegt es an dir, eure grundlegende Unvereinbarkeit zu erkennen, dich bestens zu empfehlen und auf den Weg zum Schwanenteich zu machen. Warum sich jahrelang in eine unpassende, wesensfremde Form zwängen und sich dann auch noch vorhalten lassen, dass man keine »gute Ente« sei und das Ideal entenhafter Vollkommenheit nie erreichen werde, wenn man so weitermache? Meinen Beobachtungen zufolge ist dieses Klein-Beigeben von Frauen nicht auf Masochismus zurückzuführen, auf mutwillige Selbstzerstörung oder irgendetwas dergleichen. Die meisten Fälle akuter psychischer Selbstverrenkung entstehen dadurch, dass eine Frau es einfach nicht besser weiß. Sie ist nicht hinreichend bemuttert worden und hat nicht gelernt, ihren Instinkten zu vertrauen.

Der kleine Schwan hat zwar seine angeborene Instinktnatur, aber keine weiteren Instruktionen von seinen echten Artgenossen erhalten. Insofern ist er ein unbemuttertes Wesen, denn die Mutter ist diejenige, die das Instinktive und Innewohnende im Nachwuchs fördert und durch genaue Unterweisungen zum Tragen bringt. Wolfsmütter müssen ihren Welpen nicht beibringen, auf die Jagd zu gehen, das liegt ihnen im Blut, aber sie zeigen ihnen, wonach sie Ausschau halten und worauf sie achten sollen, sie leiten sie an, das angeborene Wissen richtig zu nutzen.

Eine als hässliches Entlein geborene und unbemutterte Frau hat angeborene Instinkte, auf die sie sich aber nicht in jedem Fall verlassen kann. Sie lernt aus immer neuen Versuchen und Fehlern, meist sind es viele. Aber zäh, wie die Außenseiter der Gesellschaft nun einmal sind, nimmt auch sie irgendwann eine Witterung auf, die ihr bekannt vorkommt, und dann lässt sie nicht locker und verfolgt diese Spur, bis sie das Gesuchte gefunden hat.

Wer Wölfe einmal bei ihrer Spurensuche beobachtet hat, weiß, wovon ich rede. Sie springen in die Luft, um jeden noch so kleinen Hauch einer Witterung einzusaugen; sie rennen wie verrückt im Kreis herum, pflügen den Boden mit der Nase auf, kratzen Erdschichten beiseite, laufen vor und zurück, um plötzlich regungslos dazustehen und nur ihre Ohren wie Satellitenantennen rotieren zu lassen. Sie gebärden sich wie irre, aber in Wirklichkeit nehmen sie jeden Hinweis, jeden Geruchsfetzen auf, selbst aus weitester Entfernung. So sammeln sie ihre Hinweise, und irgendwann wissen sie, in welche Richtung sie laufen müssen, irgendwann finden sie, was sie mit allen Mitteln verfolgt haben.

Auch Frauen können, von außen betrachtet, oft ziemlich kopflos und zerstreut wirken, wenn sie den Kontakt zum Wesentlichen vorübergehend verloren haben und wie arme Irre hierhin und dorthin rennen, um nach einer Spur zu suchen. Dennoch sollte man sie meistens am besten einfach in Ruhe lassen oder ihnen nur kurz erklären, dass ihr Verhalten völlig normal und richtig ist. Wahrscheinlich nehmen sie nur gerade eine Witterung auf. Sobald sie genügend Informationen erhalten und verarbeitet haben, bewegen sie sich wieder zielbewusst weiter. Und das Verlangen, ein angesehenes Mitglied im Klub der struppigen Katzen und schielenden Hühner zu werden, löst sich in Wohlgefallen auf.

Angedenken und weitermachen – komme, was da wolle

Jede Frau kennt die Sehnsucht nach den Artgenossen, den wahren Verwandten, selbst wenn sie noch kein einziges lebendes Exemplar ihrer Gattung getroffen hat. Das hässliche Entlein begegnet zwei Gänsen, wird dabei fast von Jägern erschossen, trifft eine Katze und ein Huhn, wird von ihnen durch Attacken auf ihre Seele vertrieben, landet bei einer Bauernfamilie und findet auch dort keine Ruhe. Wider Erwarten übersteht es den langen, kalten Winter allein – nur von der Erinnerung an den flüchtigen Moment getragen, als es die Schwäne über den Himmel ziehen sah, und ihren Ruf an ihn, den Artgenossen dort unten auf der Erde, hörte. Der Gedanke an diesen Moment des Anblicks und des Rufs, auch wenn er nicht genauso verstanden wurde, hält das Entlein den Winter über am Leben.

So geht es vielen Frauen. Sie wollen eigentlich schon Selbstmord begehen, aber dann fällt ihr Auge auf einen Vogelschwarm, der in Pfeilformation vorüberzieht, eine Sternschnuppe, die vom Nachthimmel fällt, und der Anblick ruft eine Erinnerung wach, etwas will leben und ist noch immer nicht, noch lange nicht erschöpft. Die Quelle der weiblichen Urinstinkte trocknet niemals aus.

Der Anblick einer Naturerscheinung kann so heilsam sein wie Medizin. Wir sehen, dass die Natur fortbesteht, komme was da wolle. Den Verwüstungen der Eiszeiten im Leben folgt die nächste Blütezeit. Wie außen, so auch innen. Wir, als Verkörperungen der femininen Wildnatur, überdauern den Winter, irgendwo in einem Schlupfloch übersteht etwas in uns die Kälte und die längste und schwärzeste Nacht der verbannten Seele. Etwas in uns überdauert, nicht im Sinne einer Tätigkeit, sondern im Sinne von Sein. Wir sind dieses Alles-Überdauernde. Wenn wir uns in einer Situation befinden, in der wir nicht gedeihen können, dann halten wir durch, bis sich die nächste Gelegenheit zum Aufblühen ergibt.

Die Wildnatur ist nicht wählerisch, und sie beschränkt sich nicht auf eine spezielle Volksschicht oder irgendeine Rasse. Es spielt keine Rolle, ob man eine Aboriginee im australischen Busch ist oder Universitätsprofessorin in Paris. Ganz gleich, welchem Land, welcher Religion, welcher Rasse und welchem Stamm sie angehören, alle Frauen haben eines gemeinsam: ihre Urinstinkte, ihre unbezwingbare Seelenstärke. Alle spüren den Aufruf der wilden Seele und folgen ihm irgendwie, irgendwann.

Frauen malen sich einen blauen Himmel mit weißen Wölkchen an die Wände ihrer Gefängniszellen, wenn sie keinen anderen haben, und wenn die Ernte zum dritten Mal vernichtet wird, säen sie noch einmal neue Samen aus. Die Wolfsfrau überlistet und überdauert den hartnäckigsten Widerstand oder Feind, und wenn sie noch so lange in einem Schlupfwinkel ausharren muss und halb verhungert ist. Sie schleppt sich auch im verwundeten Zustand weiter, wie das Entlein, so lange, bis sie den richtigen Ort und die passende Gesellschaft gefunden hat.

Und damit kommen wir zum wichtigsten Teil dieser Geschichte: Der Frühling folgt dem Winter, die Entstehung neuen Lebens beschleunigt sich, eine Wendung tritt ein, ein Neubeginn wird möglich. Das ist die Verheißung für alle, die in kreativer, professioneller oder persönlicher Hinsicht »überwintern« müssen. Denkt an die Unzerstörbarkeit der Wildnatur. Lasst euch nicht unterkriegen, haltet durch. Auf jeden Winter folgt ein Frühling. Immer.

Seelenliebe

Am Ende der Geschichte erkennen die anderen Schwäne das Entlein eher als Artgenossen, als es selbst die eigene Artverwandtschaft erkennt. Auch das ist typisch für viele Frauen, die sich an ihr Außenseiterdasein gewöhnt und häuslich darin eingerichtet haben. Nach all den harten Jahren der Wanderung und Suche zweifeln Frauen zunächst einmal daran, dass sie tatsächlich am Ziel ihrer Sehnsucht angelangt sind, auch wenn sie ihr Ziel ganz eindeutig erreicht haben.

Man sollte meinen, dass sie jetzt, da sie von Gleichgesinnten umgeben sind und freudig begrüßt werden, in ein langes ekstatisches Freudengeheul ausbrechen. Aber nein, eine Zeit lang halten sie an ihrem gewohnten Misstrauen fest: »Schauen diese Leute mich tatsächlich mit wohlwollenden oder wenigstens neutralen

Blicken an? Bin ich auch wirklich sicher hier? Werden sie mich irgendwann ablehnen und von sich stoßen, wie all die anderen? Kann ich hier wirklich Frieden finden? Ist es in Ordnung, wenn ich mich wie ein … Schwan verhalte und schwanenhafte Bemerkungen mache?« Es dauert ein Weilchen, bis sich das Misstrauen als unbegründet erweist und die Frau in die nächste Phase der Heimkehr eintritt. In dieser Phase dämmert die Erkenntnis der eigenen, einzigartigen Schönheit oder, anders ausgedrückt, die Erkenntnis, dass man wirklich zum eigenen urinnersten Wesensgrund gefunden hat.

Es gibt wohl kaum ein zuverlässigeres Zeichen dafür, dass eine Frau sich eine Zeit lang, wenn nicht gar ihr Leben lang, in der Lage des hässlichen Entleins befunden hat, als ihre Unfähigkeit, ein von Herzen gemeintes Kompliment anzunehmen. Obwohl Bescheidenheit und Schüchternheit eine Rolle spielen können – wobei Schüchternheit allerdings auch wieder nur dem Überspielen tieferer Verletzungen dienen mag –, lösen Komplimente einen automatisch ablaufenden und äußerst unangenehmen Dialog im Kopf der verunsicherten Außenseiterin aus.

Sagt man ihr, wie schön sie sei, wie gut ihre Arbeiten seien, oder lobt irgendetwas anderes, was ihre Seele hervorgebracht hat, entgegnet eine Stimme in ihrem Kopf sofort, dass sie das nicht verdient habe, und dass jeder, der solche Dinge zu ihr sagt, ein Vollidiot sein müsse, der eben leider nicht die geringste Ahnung hat. Anstatt sich auf die Schönheit ihrer Seele aufmerksam machen zu lassen und sie selbst zu erkennen, wird abwehrend herumgedruckst und das Thema gewechselt. Effektiv wird dem Seelen-Selbst damit die Nahrung vor der Nase weggeschnappt, denn die Seele ernährt sich von Anerkennung, von der Beachtung, die sie findet.

Also ist dies die letzte Herausforderung, der sich die Ausgestoßenen dieser Welt stellen müssen, nachdem sie ihr Rudel gefunden haben: die Erkenntnis und Annahme der ureigenen, unverwechselbaren Schönheit und Talentiertheit.

Eine Frau, die alle Formen und das gesamte Farbenspiel ihrer Seele mit sämtlichen Ausdrucksweisen akzeptiert und sie gutheißt, schön findet, ist sich ihrer Schönheit weder auf selbstverliebte Weise bewusst noch leugnet sie ihre Potenz oder lässt sie verkümmern. Weiß eine Wölfin, wie schön sie ist, wenn sie dasitzt, die Vorderpfoten fein säuberlich nebeneinandergestellt? Weiß sie, wie elegant sie bei jedem mächtigen Satz nach vorn aussieht? Weiß ein Schwan, dass es majestätisch auf die Beobachter wirkt, wenn er mit halb aufgestellten Flügeln über den See gleitet? Die Instinktnatur manipuliert nicht – sie hat es nicht nötig, Gedanken an ihre Wirkung auf andere zu verschwenden. Sie folgt nur ihren inneren Anweisungen und bewegt sich naturgemäß durch die Welt. Und genau das ist das Geheimnis ihrer maßlosen Schönheit.

Einen Zugang zur eigenen Wildnatur zu finden, ist nicht so schwierig, wie manche vielleicht glauben. Die Sehnsucht, die ewige, unstillbare Sehnsucht, treibt uns der Wilden Frau in die Arme, oder wenn man sie nicht bei diesem Namen nennen will, dann der uns Innewohnenden, dem natürlichen Selbst. Auch wenn wir keinen ihrer Namen kennen und nicht wissen, wo sie zu finden ist, treibt die Sehnsucht uns schließlich in einen Zustand, in dem die Wilde Frau uns von sich aus ein Stück entgegenkommt. Die Wilde Frau sucht nämlich auch nach uns, denn wir sind ihre Kinder.

Der Wechselbalg

Im Laufe der Jahre wurde mir klar, dass ein spielerischer Umgang mit dem Thema der Zugehörigkeit in der psychoanalytischen Praxis manchmal erfolgreicher ist als die diversen etwas schwergewichtigen Umgangsformen, denn mit Leichtigkeit wird das Festhalten an der Verbitterung über die Ungerechtigkeit des Lebens und das Versteifen auf innere Knoten oft müheloser gelockert. Aus diesem Grund dachte ich mir ein Fragespiel aus, bei dem Frauen ihr Außenseiter-Dasein aus einer gewissen Distanz betrachten können. Im Mittelpunkt dieses Spiels steht das vertauschte Kind, auch »Wechselbalg« genannt, mit all seinen Fragen nach den Gründen für das Leid, das ihm dadurch ungerechterweise zugefügt wurde.

Und so beginnt das Frage- und Antwortspiel: »Hast du dich schon einmal gefragt, warum du, ausgerechnet du, in diese und keine andere Familie hineingeboren wurdest? Hast du dich gefragt, warum du anders als die anderen bist? Warum du dir von Anfang an so fremdartig, so komisch, so unpassend vorgekommen bist und warum deine leiblichen Verwandten ihrerseits mit Stirnrunzeln und Befremden auf dich reagiert haben?«

Gut. Die Antwort ist ja, ja, ja und abermals ja.

Alles klar. Jedes Mal, wenn das sprühende Leben spontan aus dem Kind, das du einst warst, herausbrechen wollte, tauchte jemand auf, der dich sofort in Grund und Boden gestampft hat, jemand, der deine Sichtweise, deine spezielle Ausdrucksform verurteilt hat. Deine Familie hat dich mit Tausenden von widersprüchlichen Verhaltensregeln verwirrt und dich dann für deine Verwirrtheit bestraft. Die Eltern haben dir gesagt, dass du in der Stube hocken sollst, obwohl du ein Naturkind warst, dass du eine Hausfrau und Mutter werden musst, obwohl du immer Medizin studieren oder Wissenschaftlerin werden wolltest – oder umgekehrt. Nun zu den Antworten auf die oben genannten Fragen, nach dem Warum, Wieso und Weshalb des Ausgestoßenseins, zwischen denen die Befragten wählen müssen:

Wir wurden in so merkwürdige Familien hineingeboren und sind, wie wir eben sind, weil 1. es letztlich keinen Grund für irgendetwas im Universum gibt (das glaubt natürlich kaum jemand, aber es ist die erste Antwort); 2. weil das Selbst einen Plan verfolgt, den unser kleines Menschenhirn nicht ganz erfasst (vielen gibt diese Idee noch am meisten Hoffnung); 3. weil der Storch, der für die Verteilung der Neugeborenen sorgt, uns aus Versehen im falschen Elternhaus abgeliefert hat.

Natürlich gibt es keine endgültige Antwort auf solche Fragen, aber das Ego der meisten von uns möchte noch eine Zeit lang an dem Thema herumknabbern, bevor es den ausgelutschten Knochen endgültig loslässt und erkennt, dass das Wiederkäuen von alten Fragen, die alte Schmerzen immer neu aufwühlen und bis zur äußersten Verbitterung vertiefen, absolut sinnlos ist. Jedenfalls müssen meine Patientinnen sich für eine dieser Antworten entscheiden und sich damit dann ein für allemal zufriedengeben, Schluss machen, finito, das Ende der Geschichte ihrer Familienneurosen verkünden und sich auch daran halten.

Von nun an wird nicht mehr gelitten, kein Versuch mehr unternommen, die Schuld hier oder dort zu verteilen. Das Mysterium des Andersseins bleibt bestehen, denn es ist keine Geistes- oder Seelenkrankheit, deren Ursache diagnostiziert werden muss, um das Gegenmittel finden zu können. Die Symptome des Andersseins werden nie endgültig eliminiert. Jawohl, der Mensch leidet unter den Symptomen des Anders- und Ungewöhnlichseins, aber er ist nicht krank, keineswegs! Der Andersartige wird bloß nicht richtig verstanden, das ist sein Leid.

Zum näheren Verständnis des »Wechselbalg-Syndroms« möchte ich folgendes Szenario entwerfen: Unsere gute Fee, die seit Menschengedenken eng mit dem Klapperstorch zusammenarbeitet, wollte dich eigentlich bei Eltern drei Kilometer weiter abliefern, denn diese Leute hätten dich von Anfang an verstanden und richtig eingeschätzt, aber ein heftiger Windstoß ließ dich aus Versehen an der falschen Stelle auf die Erde plumpsen und bei nicht für dich vorgesehenen Eltern landen.

Deshalb hast du dich später bei der Familie drei Kilometer weiter in derselben Straße so wohlgefühlt, und kamst dir bei ihnen mehr zu Hause vor als im eigenen Elternhaus. Deshalb hast du manchmal gedacht: »Ach, ich wünschte, der Herr und die Frau Soundso wären meine Eltern – und nicht die anderen.« In der Tat, sie hätten es eigentlich auch werden sollen. Das ganze heillose Durcheinander ist auf ein Missgeschick des Storchs bei der Verteilung der Kinder zurückzuführen.

Deine Familie wollte, dass du abends mit ihnen vor dem Fernseher sitzt; du wolltest selber schauspielern, Tänzerin, Regisseurin werden. Deine Familie wollte, dass du den langweiligen Job annahmst, der besser bezahlt wurde als der Beruf, den du dir vorgestellt hattest, dass du die Ehe mit dem Mann fortsetztest, von dem du dich scheiden lassen wolltest – musstest, wenn du nicht selbst vor die Hunde gehen wolltest. Deshalb sind deine Eltern heute noch nervös, wenn du anrufst oder ihnen einen Besuch abstattest. Sie machen sich Sorgen: »Was wird dieses Kind uns als Nächstes antun? Das letzte Mal hat die Tochter uns gründlich blamiert. Gott weiß, was sie nun wieder alles im Schilde führt.«

Wenn die Eltern bei jeder Kleinigkeit brüskiert sind und ihren Sprösslingen bis ins fortgeschrittene Alter das Gefühl vermitteln, dass diese ihnen nicht oder nur sehr wenig recht machen können, dann ist es ein sicheres Zeichen dafür, dass man bei der Geburt vertauscht wurde und ein kleiner genialischer Wechselbalg ist. Der genialische Wechselbalg hat nie die Absicht, irgend jemanden zu kränken; im Grunde will er alle Streitigkeiten vermeiden und einfach nur in Ruhe die Wege der ihm innewohnenden Wildnatur gehen, aber da gibt es kein Entrinnen: Was immer der genialische Wechselbalg tut, die Eltern sind wahlweise empört, entsetzt, ungehalten, gekränkt oder enttäuscht.

Die unwilde Familie will im Grunde nur eines, aber was dieses eine ist, wird dem Wechselbalg nicht gesagt, und wenn es dem Familiengeheimnis auf die Spur käme, stünden ihm die Nackenhaare zu Berge.

Aber nun soll dieses gut gehütete Geheimnis dennoch gelüftet werden: Die Unwilden, Ungenialen, Uninstinktiven wollen Beständigkeit. Sie wollen, dass du dich heute genauso wie gestern verhältst. Sie wollen, dass du bis in alle Ewigkeit so bleibst, wie du irgendwann einmal warst.

Frag deine Familie, ob sie nach Beständigkeit strebt, und sie wird die Frage bejahen. Beständigkeit in allen Dingen? Nein, ist die Antwort, nur in den Dingen, auf die es wirklich ankommt. Was aber auch immer die Dinge sein mögen, auf die es in ihrem Wertesystem ankommt, sie sind allzu oft eine Horrorvision für die ursprüngliche Wildnatur. Traurig, aber wahr ist, dass das wilde Wechselbalg etwas völlig anderes unter den »Dingen, auf die es ankommt« versteht als seine Erzieher.

Die Forderung nach Beständigkeit im äußerlichen Verhalten kann von einer Frau mit ausgeprägten Urinstinkten unmöglich erfüllt werden. Das käme einem Todesurteil für ihr wahres Wesen gleich, denn ihre Stärke liegt in ihrer Anpassungsfähigkeit an veränderliche Umstände, in ihrem Einfallsreichtum, ihren kreativen Ausbrüchen und in ihrer intuitionsbedingten Spontaneität. Die Beständigkeit einer instinktbegabten Frau drückt sich nicht in einer äußerlich sichtbaren Konstantheit aus, sondern als einsichtsvolle Flexibilität, als anpassungsfähige, verständnisvolle, dennoch in sich ruhende Erdhaftigkeit.

Wenn wir nur eine Eigenschaft nennen sollten, die für das Wesen der Wilden Frau kennzeichnend ist, dann müssten wir sagen, dass ihre Anpassungsfähigkeit an sich stets ändernde Umstände ihr hervorragendstes Merkmal ist. Ihre Reaktionen beruhen auf tieferen Einsichten, weil sie größere Zusammenhänge intuitiv und blitzschnell erfasst und ihre Antworten weder vorausberechnet noch routinemäßig einübt. Insofern sind die Handlungen und Reaktionen einer instinktbegabten Frau unkalkulierbar veränderlich und immer neu, und das ist die Verheißung für alle, die den Kontakt mit der inneren Wilden Frau pflegen, das ist ihre Mitgift für alle Frauen: eine Fähigkeit, mit warmherziger, lebendiger Intelligenz auf veränderliche Situationen zu reagieren.

Also ist der genialische Wechselbalg nicht in erster Linie seiner Familie und deren Prinzipien treu, sondern seinem inneren wilden Selbst. Deshalb fühlt es sich so zerrissen. Man könnte sagen, dass die Wolfsmutter das Kind am Schwanzende festhält, während die menschliche Familie das Kopfende mit Gewalt zu sich hinziehen will. Es dauert nicht lange, und das Kind beißt um sich vor Schmerzen. In seinem hilflosen Zorn fängt es an, irrationale, selbstzerstörerische Dinge zu tun, bis es schließlich still wird, unheilvoll still. Du schaust in seine Augen und siehst darin den in sich gekehrten Blick eines Menschen, der im Geiste ganz woanders ist.

Alle Kinder müssen in die Spielregeln ihrer Gesellschaft eingeweiht und zivilisiert werden, das ist lebensnotwendig, darf aber nicht um den Preis einer systematischen Abtötung ihrer Urinstinkte geschehen. Die Ureinwohner Westafrikas glauben, dass die Seele eines misshandelten oder auch nur unsanft behandelten Kindes sich aus seinem Körper zurückzieht und sich in manchen Fällen nur ein paar Meter, in anderen Fällen ein paar Tagereisen weit von seinem Körper entfernt.

Auch wenn es keineswegs einfach ist, ein Gleichgewicht zwischen den Seelenbedürfnissen eines Kindes, seinen physischen Bedürfnissen nach Sicherheit und Ordnung und dem Bedürfnis nach sozialer Anpassung zu finden, müssen wir es wenigstens versuchen. Zu diesem Zweck muss sehr genau untersucht werden, was »zivilisiertes Benehmen« für uns und unsere Kinder im Einzelnen bedeuten soll. Ich für meinen Teil mache mir immer Sorgen, wenn ein Kind sich allzu gesittet benimmt, besonders, wenn sich die Abwesenheit des Seelenfeuers bereits in seinen Augen bemerkbar macht. Eine gesunde, mit dem Körper und der *Persona* verbundene Seele scheint durch die Persönlichkeit hindurch und funkelt an manchen Tagen wie strahlendes Sonnenlicht. Bei groben Verletzungen entflieht die Seele der Stätte ihrer Entwürdigung und verflüchtigt sich.

Wenn man nicht aufpasst, zieht sich die traumatisierte Seele so weit zurück, dass sie nur noch mit meisterhaften Kunstgriffen herbeigelockt werden kann. Manchmal dauert es Jahre, bevor sie so viel Vertrauen fasst, dass sie überhaupt wieder den Wunsch verspürt, Anteil am Leben in der Außenwelt zu nehmen. Aber sie kann dazu bewegt werden, wenn folgende Voraussetzungen gegeben sind: absolute Ehrlichkeit, Ausdauer, Zärtlichkeit, Humor und eine Möglichkeit, der aufgestauten ohnmächtigen Wut Ausdruck zu verleihen. Eine Kombination dieser Eigenschaften ergibt den Gesang, der eine verflüchtigte Seele wieder zur Teilnahme am körperlichen und sinnlichen Dasein motivieren kann.

Was sind Seelenbedürfnisse? Seelenbedürfnisse erstrecken sich auf zwei Seinsbereiche, den der Natur und den der Kreativität. In beiden Seinsbereichen heimisch zu sein, wie auch immer sich dieses Heimatgefühl ausdrückt, ist ein Seelenbedürfnis. Manche Frauen können nicht ohne die frische Luft in der Natur, ohne Wälder und sternklare Nächte leben; andere ernähren ihre Seele vornehmlich mit tiefschürfenden Gesprächen und Literatur. Wieder andere brauchen Farben, Formen, Ton oder andere Dinge, um etwas gestalten zu können. Einige Frauen müssen springen, hüpfen und tanzen, weil ihre Seele danach verlangt. Andere sehnen sich nach vollkommener Abgeschiedenheit, Ruhe und Frieden.

Wenn ihr euer Leben als missverstandener Wechselbalg begonnen habt und euch trotz aller Widerstände bis hierhin durchgeschlagen habt, könnt ihr wirklich zu Recht stolz sein, denn das ist eine Leistung, zweifellos. In den englischsprachigen Ländern nennt man solche Leute *Survivors*, Überlebende. Viele sogenannte *Survivors* beziehen allein aus diesem Wort schon eine gewisse Kraft und Genugtuung, mit der sie sich persönlich identifizieren und an der sie manchmal ein Leben lang festhalten. Dennoch möchte ich abschließend zum Thema »Wechselbalg« noch sagen, dass diese Identifikation sich auf ein früheres Trauma bezieht und deshalb nicht gerade als zukunftsweisend betrachtet werden kann. Als echter *Survivor* gelangt man eines Tages an einen Punkt in seiner Entwicklung, an dem man von selbst über die bewiesene Tatsache der eigenen Überlebensfähigkeit hinausgeht und in die Phase der vollkommenen Heilung und seelischen *Entfaltung* eintritt.

Wenn eine Frau auf ihrem Status als hartgesottene, leidgeprüfte Veteranin im Überlebenskampf insistiert, und das Jahre oder Jahrzehnte, nachdem die schlimmen Zeiten vorbei sind, wenn die wohlverdienten Medaillen auf ihrer Brust zur Hauptquelle ihres Selbstverständnisses werden, dann ist sie in der Vergangenheit stecken geblieben. Und da hilft nur eines: Irgend jemand muss ihr klarmachen, dass sie sich am *Survivor*-Archetypus festgekrallt hat und dieses innere Bild loslassen muss, wenn sie weiterwachsen und irgendwann vollends aufblühen will.

Ich vergleiche solche Frauen oft mit einer Pflanze, die es rätselhafterweise fertiggebracht hat, ohne Wasser oder Sonnenlicht einen kleinen knorrigen Spross durch eine Ritze im Pflasterstein zu bohren und zu leben. Ja, dieses kleine hartnäckige Kraut hat ein trotziges Wunder vollbracht, aber Entfaltung bedeutet Öffnung, bedeutet aufzugehen, sich dem Licht, dem Wind und den Regengüssen entgegenzustrecken, höher und immer höher. Das ist unsere wahre Bestimmung, und deshalb ist es ratsamer, sich mit Worten zu identifizieren, die unsere Ziele beschreiben, als mit Worten, die vergangene Mühsal und Qualen verewigen.

Eine Frau kann sich den Übergang von einer Entwicklungsstufe zur nächsten erleichtern, indem sie ein kleines privates Gedenkfest für das Kind feiert, das sie einst war – ähnlich wie die Lateinamerikaner einen Totengedenktag feiern, bei dem bunte Altäre mit Fotos, Memorabilien und Opfergaben geschmückt werden und die Gemeinden allerlei Rituale im Angedenken an das, was einmal war und nicht mehr ist, vollziehen. In meiner Praxis hat sich herausgestellt, dass es vielen Frauen den Übergang zum Entfaltungsbewusstsein erleichtert, wenn sie zur Anerkennung ein kleines Gedenkfest für sich selbst in ihrer einstigen Form als heroisches Kind veranstalten.

Manche Frauen richten sich eine Ecke in ihrem Haus ein, wo sie ein paar symbolische Andenken an ihre Kindheit zusammentragen: Spielzeug, Fotos, Gedichte, Kleidungsstücke und anderes, was wichtige Kindheitserlebnisse in Erinnerung ruft. Dazu wird die eigene Geschichte noch einmal erzählt oder wenigstens in Gedanken und Gefühlen angesprochen. Jede Frau feiert ihr abschließendes Gedenkritual auf eigene Weise, aber immer in dem Wissen, dass die Qualen, die Tapferkeit und der schließliche Durchbruch des heroischen Kindes der Vergangenheit angehören – einer Vergangenheit, die nur noch in Erinnerungen existiert, und die man nun – endlich – aus einer übergeordneten Perspektive betrachten kann.

Ein mitfühlendes Gedenkritual macht uns vielleicht endlich selbst bewusst, wie erstaunlich es ist, was wir allen Vorhersagen von Eltern und Lehrern zum Trotz aus uns gemacht haben – wie bewunderungswürdig es ist, wie unglaublich. So können wir lieben und bewundern, was wir selbst nicht mehr sind, und lösen uns damit von der Identifikation mit dem Archetypus des missverstandenen Waisenkinds.

Dann zuckt nichts mehr in unserem Innern zusammen und macht sich plötzlich kleiner als es ist, wenn wir zum x-ten Mal als verrückt, exzentrisch, versponnen, unangepasst und komisch bezeichnet werden, wenn irgendjemand uns mehr oder minder subtil zu verstehen gibt, dass Frauen wie wir ihrer Gesellschaft zur Schande gereichen. Es ist eine historisch erwiesene Tatsache, dass die originellsten Beiträge, die sensationellsten und nutzbringendsten Erkenntnisse und Erfindungen den Hirnen von Andersdenkenden entsprungen sind. Wenn du dir wie eine unpassende Randfigur in deinem Kulturkreis vorkommst, dann deshalb, weil du dich am Rande des Herdenbewusstseins bewegst, was praktisch eine Garantie dafür ist, dass du einen originellen Beitrag zu deiner Kultur leistest.

Als Randfigur in diesem Sinne kann man die Engherzigen nicht um ihre Meinung bitten, geschweige denn auf ihren Rat hören. Man ist freundlich und lässt ihnen ein gewisses instinktives Mitgefühl für ihre Lage zukommen, aber man folgt keinem ihrer Ratschläge.

Frauen, die jemals in ihrem Leben als widerspenstig, aufmüpfig, unhöflich, unverschämt, unverbesserlich und rebellisch bezeichnet worden sind, sollten wissen, dass sie auf dem richtigen Weg sind. Die Wilde Frau steht direkt hinter ihnen.

SIEBTES KAPITEL

Körperfreuden:
Vom wilden Fleisch

Ich habe oft mit Begeisterung zugeschaut, wie Wölfe ihre Körper aneinander reiben und sich gegenseitig anrempeln, während sie laufen und spielen. Ah, die selbstverständliche Anmut, mit der die tolpatschigen Jungen herumtollen, mit der hochschwangere Wolfsmütter sich auf die Seite fallen lassen, mit der ein alter Grauer oder ein Halbstarker mit einem schlecht verheilten, bei irgendeinem Abenteuer gebrochenen Bein dahergetrottet kommt. Sie alle, die Ausgemergelten wie die prachtvoll Fetten, die Hochbeinigen wie die Schiefnasigen, sind auf natürliche und völlig unreflektierte Weise schön. Sie sind ganz einfach, wie sie sind, ohne Urteil oder Scham, und versuchen nie, etwas anderes vorzutäuschen.

Hoch im Norden habe ich einmal eine alte Wölfin beobachtet, die nur drei Beine hatte, aber sie war die Einzige im Rudel, die sich durch eine schmale Felsspalte zwängen und die Blaubeeren dahinter erreichen konnte. Einmal sah ich einen grauen Wolf zum Sprung ansetzen und dann in einem solchen Satz durch die Luft fliegen, dass ein silbriger Streifen noch eine Sekunde später in der Luft hing. Ich erinnere mich an eine junge Mutter mit noch hängendem Bauchfell, die mit der Zierlichkeit einer Tänzerin durch einen moosigen Tümpel watete.

Keinem Wolf würde es je einfallen, sich mit einem bestimmten Schönheitsideal zu vergleichen und dann winselnd auf dem Bauch zu kriechen, weil sein Schwanz vielleicht nicht ganz so buschig ist, wie es das Ideal verlangt. Anders bei uns, den Menschenfrauen. Wir lassen zu, dass man öffentlich über uns diskutiert, als gäbe es nur ein einziges, relativ fest umrissenes Ideal körperlicher und charakterlicher Schönheit, das generell akzeptabel ist, wobei sich oft noch ein moralisierender Unterton einschleicht, als wäre jede Abweichung ein persönliches und moralisches Versagen. Wenn Frauen sich von außen ein bestimmtes Temperament, Benehmen und Aussehen vorschreiben lassen, werden sie befangen und verlieren ihre seelische Freiheit.

Die instinktive Psyche versteht den Körper als ein Netzwerk der Kommunikation, als einen Botschafter mit zahllosen Informationssystemen auf nervlicher, respiratorischer, muskulöser, organischer, autonomer, aber auch emotionaler und intuitiver Ebene. Vom Standpunkt der Geist-Seele betrachtet, ist der Körper ein Vehikel, ein hochkomplizierter, mit lebenden Sensoren ausgestatteter Raumanzug, in dem man sich fortbewegt. In Märchen wird der Körper oft als Sinneswerkzeug mit übersinnlichen Fähigkeiten dargestellt, denn dort hat der Körper nicht nur ein Paar Ohren, sondern zwei, eines für die Außenwelt, das andere für die Seelenwelt. Das gleiche gilt für die Augen und alle anderen Sinnesorgane. Ein Augenpaar sieht das Oberflächliche, während das andere in die Ferne oder nach innen blickt. Im Märchen stehen dem Körper unter anderem auch zwei Kräfte zur Verfügung: die der Muskeln und die der Seele.

In manchen Systemen der Körperarbeit, wie zum Beispiel der Feldenkrais-Methode und der Ayurvedischen Medizin, werden dem Körper sechs Sinne zugeordnet, nicht fünf. Der Körper benutzt seine Haut und die tieferen Gewebeschichten wie ein Magnettonband, auf dem alles aufgezeichnet wird, was in ihm und rings um ihn her geschieht. Insofern ist der Körper für ausgebildete Diagnostiker, die seine Gravuren lesen können, wie der Rosettastein, in dem alles Gewonnene und Verlorene, alle Hoffnungen, Verletzungen und Heilungen gespeichert werden. Der Körper wird als ein hochempfindliches Empfangsgerät betrachtet, welches unmittelbar und präzise auf jeden Einfluss reagiert und sogar eine gewisse Voraussicht an den Tag legt.

Der Körper ist ein Lebewesen, das viele verschiedene Sprachen beherrscht. Er äußert sich durch seine Farbgebung, durch seine Temperatur, das jähe Zucken einer Erkenntnis, das Glühen der Liebe, das Ziehen oder Stechen von Schmerzen, die Hitze der Erregung, die Kälte seiner Ablehnung. Er spricht durch seinen konstanten kleinen Tanz, bei dem er mal schwankt, mal hopst, mal zittert. Er kommuniziert durch das hüpfende Herz, das Sinken der Gefühle in die Magengrube, das Aufsteigen der Hoffnung bis zum Scheitel.

Der Körper erinnert sich an alles. In seinen Knochen hausen Erinnerungen; in den Gelenken, selbst im kleinen Finger, sitzt sein Gedächtnis und wird in den Zellen gespeichert. Wie ein mit Wasser gefüllter Schwamm verspritzt der Körper seine Erinnerungen in Form von Bildern und Gefühlen, sobald das Fleisch an irgendeiner Stelle berührt, gestreichelt, gezwickt oder massiert wird.

Die Schönheit und den Wert des Körpers auf irgendetwas Geringeres als diese enorme Vielfalt zu reduzieren, bedeutet, dem Körper die Weisheit und das Recht abzusprechen, jede ihm gefällige Form anzunehmen und seines Lebens froh zu werden. Die Wildnatur aller Geschöpfe ist grundsätzlich lebensfroh. Wenn man einen Körper bewohnt, der allgemein für hässlich oder mangelhaft gehalten wird, weil er dem momentanen Modetrend nicht in jeder Hinsicht entspricht, wird diese ekstatische Wildnatur verletzt.

Frauen tun gut daran, sich gegen alle psychischen und körperlichen Normen zu wehren, die sie von ihrer wilden Seele abschneiden können und sie verunglimpfen. Es ist völlig klar, dass die Instinktnatur von Frauen weitaus mehr Wert darauf legt, dass ihr Körper und Geist vital, reaktionsfähig und ausdauernd sind als nach außen hin akzeptabel ist. Damit werden die Schönheitsideale bestimmter Kulturkreise nicht für falsch erklärt, nein, damit wird den exklusiven Idealen ein umfassenderes Gesamtbild von Schönheit entgegengehalten, in dem alle Formen, Farben und Funktionen Platz haben.

Körpersprache

Meine Freundin Opalanga und ich treten hin und wieder in einem Zwei-Personen-Stück auf, das wir auf eigenen Erfahrungen aufgebaut haben und *Body Talk,* also »Körpersprache«, nennen. Opalanga ist eine Amerikanerin afrikanischer Herkunft und eine Geschichtenerzählerin, genau wie ich. Ihr Körper ist so schlank und hochaufgeschossen wie eine Eibe. Mein Körper ist voluminös und ziemlich erdnah gebaut. Opalanga wurde als Kind nicht nur wegen ihrer Länge gehänselt, sondern auch, weil sie eine kleine Lücke zwischen ihren Vorderzähnen hat, die, wie man ihr schon sehr früh zu verstehen gab, einen Menschen als Lügner ausweist. Mir wurde gesagt, dass die Größe meines Körpers und seine Fülle ein Zeichen für Minderwertigkeit und mangelnde Selbstkontrolle sind.

Wenn wir gemeinsam auftreten, erzählen Opalanga und ich abwechselnd von den giftigen Pfeilen und verbalen Spitzen, die wir im Laufe unseres Lebens abbekommen haben, weil die Masse der »anderen« immer etwas an unseren Körpern auszusetzen fand: Hier war etwas zu viel, dort etwas zu wenig. An einer Stelle unseres Auftritts singen wir einen Trauergesang für die Körper, die man uns in den Jahren unseres Wachstums auf diese Weise vergällt hat. Wir wiegen uns wehmütig hin und her, tanzen und schauen uns dabei immer wieder an, und jede von uns denkt, dass die andere auf eine wunderschöne Art mysteriös aussieht, und wir können es kaum fassen, dass jemand das je anders gesehen hat.

Bei unserer ersten Begegnung kam es Opalanga und mir so vor, als würden wir uns nicht nur schon ein Leben lang kennen – was bei Geschichtenerzählern häufiger vorkommt –, sondern bereits seit Äonen. Wir sagten Hallo und fanden uns sofort in einem Gespräch über unsere intimsten Erfahrungen wieder. Ich hörte verwundert zu, als sie mir erzählte, dass sie als Erwachsene nach Gambia gereist war, wo sie den Stamm ihrer Vorfahren fand und ihr klar wurde, dass die meisten Angehörigen ihres Stammes groß und gertenschlank sind und – jetzt kommt's – eine Lücke zwischen den Vorderzähnen haben! Die Lücke wird *Sakaya Yalla* genannt, was »Öffnung für Gott« bedeutet, und sie wurde in Gambia von jeher als Zeichen von Weisheit interpretiert.

Opalanga war nicht minder erstaunt, als ich ihr berichtete, wie auch ich mich als Erwachsene auf die Suche nach einem Teil meiner Vorfahren gemacht hatte und in der Nähe von Tehuantepec in Mexiko den Stamm meiner Vorfahren fand, wo die Frauen samt und sonders kraftstrotzend, leutselig und – jetzt kommt's – äußerst voluminös waren! Diese Frauen zupften an mir herum, tätschelten meinen Bauch und erklärten gleich darauf, dass ich nicht dick genug sei. »Isst du auch genug? Bist du vielleicht krank gewesen?« Sie verkündeten, dass ich mir mehr Mühe geben müsste, denn Frauen sind *La Tierra,* rund wie die Erde, die so viel Gutes hervorbringt.

Und so spiegelt Opalangas und mein Theaterstück die anfänglich deprimierenden und schmerzlichen Erfahrungen unserer Lebensgeschichten wider, um schließlich mit Lebensfreude und einem jubelnden Selbstwertgefühl zu enden. Opalanga begreift, dass ihre Größe zu ihrer Schönheit gehört und dass sie Weisheit offenbart, wenn sie den Mund aufmacht, denn die Stimme Gottes spricht durch ihre Zahnlücke. Ich begreife meinen Körper als nah an dem Boden, auf dem ich fest mit beiden Beinen stehe; ich sehe ihn als ein großzügig angelegtes, aufnahmefähiges Gefäß. Erst durch die Stammesgenossen außerhalb unserer amerikanischen Kultur lernten wir unsere Körper richtig zu schätzen und sämtliche Vorstellungen und Redewendungen abzulehnen, die den weiblichen Körper als etwas Geringeres denn ein feinfühliges Instrument der Selbsterfahrung darstellen.

Alle Frauen haben ein Recht darauf, sich an sämtlichen Ausdrucksformen von Schönheit in dieser Welt zu erfreuen. Nur eine Form schön zu heißen, bedeutet, dass man die Ausdrucksformen der Natur in all ihrer Vielfalt nicht akzeptiert. Es kann und soll nicht nur *eine* Art von Singvogel geben, nur *eine* Art von Nadelbaum, nur *eine* Wolfsrasse. Es ist unmöglich, dass wir nur eine Art von Baby akzeptabel nennen oder nur eine Art, wie sich Männlichkeit oder Weiblichkeit nach außen hin manifestiert. Es kann und soll nicht nur eine Art von Brüsten, Hüften, Hautbeschaffenheit und Körpergröße geben.

Meine Erfahrung mit den stolzen üppigen Frauen meines Stammes in Mexiko führte zu einer grundlegenden Infragestellung sämtlicher Theorien über die Bedeutung der unterschiedlichen Formen von Frauenkörpern. Speziell die alte Prämisse der Psychologie, derzufolge alle üppigen Frauen »nach etwas hungern« und dass »in ihnen eine dünne Person steckt, die danach schreit, herausgelassen zu werden«, kam mir bei näherem Hinsehen grotesk vor. Als ich die Theorie von der »schreienden dünnen Frau« einer mexikanischen Stammesgenossin vortrug, schaute sie mich alarmiert von der Seite an und fragte, ob ich damit »von einem bösen Geist besessen« meinte. »Wer«, so fragte sie, »würde so etwas Böses in eine Frau hineintun?« Es überstieg ihr Fassungsvermögen, dass eine Frau von »Heilkünstlern« oder irgendjemandem sonst verdächtigt werden könnte, etwas so Schreckliches in sich zu haben, nur weil sie von der Natur mit einer stattlichen Leibesfülle gesegnet war.

Während zwanghafte und destruktive Essgewohnheiten, die den Körper verstümmeln, tragisch sind und kompetente Behandlung erfordern, sind diese nicht die Norm. Die meisten Frauen sind dick oder dünn, klein oder groß (und so weiter), einfach weil sie einen bestimmten Körperbau von ihren Vorfahren geerbt haben, und wenn nicht von den unmittelbaren Vorfahren, dann von Verwandten einer früheren Generation. Wenn der ererbte Körperbau einer Frau verachtet oder verspottet wird, sorgt die Umwelt letztlich dafür, dass eine neurotische und verängstigte Frauengeneration nach der anderen heranwächst. Auf diese Weise werden Frauen um einen entscheidenden Rückhalt betrogen: Die Wertschätzung der eigenen ererbten Körperform und damit die körperliche Identifikation mit ihrer Verwandtschaft wird ihnen verleidet.

Wie kann eine Frau, die man dahin gebracht hat, ihr eigenes Aussehen zu hassen, den Körper ihrer Mutter, ihrer Großmutter, ihres Vaters oder selbst den ihrer Kinder lieben, wenn diese ähnliche Körperformen wie sie selbst aufweisen? Wie kann sie einen gesunden Stolz auf ihre eigene Blutlinie und das Volk ihrer Ahnen entwickeln, wie das natürliche Lustgefühl empfinden, das das Körperliche normalerweise mit sich bringt, gleichgültig, welche Größe und welches Gewicht und welche Konturen man hat? Letztendlich läuft jede Attacke gegen den Körper einer Frau auf einen Angriff auf alle ihre Vorfahren und zukünftigen Nachkommen hinaus.

Die permanenten Werturteile über Frauenkörper, welche den beschränkten Idealvorstellungen nicht entsprechen, haben eine Nation von großen Frauen mit eingezogenen Köpfen hervorgebracht, von kleinen Frauen auf hohen Absätzen, von üppigen Frauen unter schwarzen Zelten, von dünnen Frauen mit ausgestopften Konturen und weiteren Frauen, die dies oder jenes kunstvoll verbergen. Wenn Millionen von Frauen die instinktive Verbindung mit ihrem Körper vergällt wird, verlieren sie ihr Selbstbewusstsein und fragen sich ernstlich, ob sie gute Menschen sind oder nicht. Sie gründen ihr Selbstwertgefühl auf ihr Aussehen, anstatt auf ihr Sein. Sie fühlen sich gezwungen, ihre Energien in die Sorge über Essensmengen und Kalorien zu stecken, in Dinge, die von der Waage und vom Zentimetermaß gemessen werden. Das saugt ihnen die Lebenskraft aus und taucht alles, was sie denken, tun, planen und vom Leben erwarten, in ein von Ängsten bestimmtes eintöniges Grau.

Die Instinktnatur sorgt dafür, dass der Körper gesund und stark bleibt, auf jede erdenkliche Weise ernährt wird. Dennoch stimme ich mit der Analyse überein, dass ein »hungriges Wesen« in sehr vielen Frauen steckt. Aber dieses Wesen hungert nicht danach, eine bestimmte Größe und Kontur zu haben, um dem Stereotyp zu entsprechen. Es hungert im Prinzip nach gesellschaftlicher Anerkennung, lechzt im weitesten Sinne danach, respektvoll behandelt zu werden, auf alle Fälle so, dass uns nicht ständig ein Stereotyp um die Ohren geschlagen wird, nach dem wir uns gefälligst richten sollen. Wenn es wirklich eine Frau in uns gibt, die danach »schreit, herausgelassen zu werden«, dann schreit sie, dass sie die respektlosen Projektionen anderer auf ihren Körper, ihr Gesicht und ihr Alter satt hat und dass die Gesellschaft endlich damit aufhören soll.

Die Tatsache, dass bestimmte Körperformen bei Frauen in weiten Kreisen als pathologisch verstanden werden, haben wir althergebrachten Vorurteilen zu verdanken, die von einflussreichen psychologischen Theoretikern unbesehen übernommen wurden, zum Beispiel von Sigmund Freud. *In Glory Reflected: Sigmund Freud – Man and Father*, dem Buch, das Martin Freud über seinen Vater schrieb, erzählt Freuds Sohn, wie die gesamte Familie sich über schwergewichtige Leute lustig machte und sie ablehnte. Die Gründe für Freuds Ansichten darzulegen, würde den Rahmen dieses Buches sprengen; ich möchte nur darauf hinweisen, dass solche Ansichten nicht eben förderlich sind für ein ausgewogenes Urteil über die Beschaffenheit von Frauenkörpern.

Es genügt, wenn ich erwähne, dass viele Psychologen solche Vorurteile über natürliche und oft ererbte Körperformen immer noch weitergeben und Frauen dazu anhalten, ihren Körper ständig kritisch zu beobachten. Damit wird ihre gesamte Aufmerksamkeit auf die Dinge gelenkt, die angeblich »falsch« sind, und eine tiefere und subtilere Beziehung zur naturgewollten Form unmöglich gemacht. Solche Ängste bezüglich ihrer Körperform rauben den Frauen einen wesentlichen Teil ihrer Kreativität und Energie, die sie sonst für andere Dinge einsetzen würden.

Die überall mehr oder minder lautstark verkündete Aufforderung, den Körper gewaltsam umzugestalten, erinnert mich an die gewaltsame Abholzung, Rodung und generelle Ausbeutung dieser Erde. Für jede Wunde, die der Psyche und Physis von Frauen geschlagen wurde, lässt sich eine Entsprechung in der Gesellschaftsstruktur und in der Natur selbst finden. Jede wahrhaft ganzheitliche Psychologie begreift sämtliche Seinsbereiche als unzertrennlich miteinander verknüpft, nicht als unabhängig voneinander existierende Phänomene. Insofern verwundert es keineswegs, dass in unserer Kultur genauso über Schönheitschirurgie wie über künstliche Landschaftsgestaltung diskutiert wird. Aber auch wenn eine Frau nicht von heute auf morgen die Vernichtung der Natur und Urlandschaften stoppen kann, so ist sie doch in der Lage, ihren eigenen Körper vor den Bulldozern und Gleichmachern zu schützen.

Die Wildnatur wäre nie dafür, den Körper, die Kultur oder die Erde irgendwelchen Torturen zu unterziehen, nur um »Kontrolle«, »Charakterstärke« oder dergleichen mehr unter Beweis zu stellen oder um eine Form rein äußerlich zu verändern und sie damit finanziell ertragreicher zu machen.

Natürlich kann eine Frau bei ihrer Umgebung keinen Bewusstseinswandel bewirken, indem sie sagt: »Ändere dich gefälligst«, aber sie kann die eigene Einstellung ändern und die entwürdigenden Projektionen an sich abprallen lassen. Das geschieht, wenn sie ihren Körper mit all seinen Eigenheiten akzeptiert und die natürliche Lebensfreude ihres Körpers neu entdeckt, indem sie sich weigert, die populäre Illusion mitzutragen, derzufolge kein Mensch froh wird, der die klischeehaften Normen nicht perfekt erfüllt, indem sie ferner nicht länger wartet und sich zurücknimmt, sondern ihr Leben selbst in die Hand nimmt, alle Register zieht und ihr Leben voll auslebt. Eine derart dynamische Eigenakzeptanz und Selbstwertschätzung führt mit der Zeit auch zu Veränderungen im kulturellen Milieu.

Der Körper im Märchen

Viele Märchen und Mythen beschreiben die Unvollkommenheiten und die Eigenwilligkeit des menschlichen Körpers. Da gibt es den mexikanischen Hartar mit seinem doppelten Körper; Aphrodite, die Schaumgeborene; das tapfere Schneiderlein, das klein und hässlich von Gestalt, aber sehr mutig und gewitzt war; den winzigen Däumling und viele, viele mehr.

Objekte wie fliegende Teppiche, die sich eigenständig fortbewegen und Sinnesgespür besitzen, sind Symbole für die verborgenen Fähigkeiten des menschlichen Körpers. In vielen Fällen werden dem Menschen durch Objekte wie Mäntel, Schuhe, Waffenschilde, Hüte und Helme magische Kräfte verliehen, wie die, sich unsichtbar zu machen, Dinge in weiter Ferne wahrzunehmen, den Gegner durch übermenschliche Kräfte zu besiegen und viele mehr. Solche Gegenstände steigern die ihm innewohnenden Fähigkeiten des Körpers und können daher als seine archetypischen Verwandten betrachtet werden.

Vor der Erfindung des Rades, des Floßes, des Segelschiffes und der Zähmung von Transporttieren trugen, soweit wir wissen, nur Kleidungsstücke, Amulette, Zauberringe und andere Dinge ihre Besitzer über das Meer, den Fluss, zu anderen Kontinenten, die sie normalerweise nie besuchen konnten.

Der fliegende Teppich ist eines der besten Symbole für die sensorischen und psychischen Fähigkeiten eines natürlichen Körpers. Märchen, in denen fliegende Teppiche eine Hauptrolle spielen, führen uns die Einstellung der meisten Menschen zu ihrem Körper sehr eindringlich vor Augen. Zuerst wird der Teppich für wertlos gehalten und nicht als Zauberding erkannt. Aber sobald man sich auf ihn setzt und das Zauberwort spricht, wird er lebendig, steigt in die Luft und fliegt davon, um seinen Besitzer an einen anderen Ort oder sogar in eine andere Welt zu tragen. Unser Körper kann uns durch Sinneseindrücke, wie zum Beispiel Musik, die Stimme eines geliebten Menschen oder einen bestimmten Duft, in andere Bereiche unseres Seins transportieren.

Der fliegende Teppich symbolisiert eine ganz spezielle Art der Fortbewegung, durch die wir Einblick in die Oberwelt, aber auch in die archetypische Unterwelt gewinnen, wie in den orientalischen

Geschichten, wo der Teppich als Vehikel für die geistigen Ausflüge von Zauberern dient. In keinem Märchen wird der Körper als tumbes Etwas dargestellt, von dem man sich befreien und distanzieren muss. Er ist vielmehr eine Art Raketenabschussbasis und ein Gewirr von neurologischen Nabelschnüren, die uns mit anderen Welten und erweiterten Seinszuständen verbinden.

Außer dem fliegenden Teppich, der wohl am häufigsten in der Märchensammlung »Tausendundeine Nacht« vorkommt, gibt es noch viele andere Symbole für den Körper. In einer arabischen Geschichte, wie sie mir von Fahtah Kelly erzählt wurde, kommen gleich drei aufschlußreiche Symbole vor:

Drei Brüder werden von einem Sultan in die Welt hinausgeschickt, um das »kostbarste Ding auf Erden« zu suchen. Wer immer diesen Gegenstand findet und dem Sultan zu Füßen legt, soll mit einem Königreich dafür belohnt werden. Einer der drei Brüder kehrt mit einem Zauberstab aus Elfenbein wieder, der alle Dinge fern und nah in Bildern sichtbar macht. Der zweite Bruder bringt einen goldenen Apfel von seiner Suche zurück, dessen Duft jede Krankheit heilt. Der dritte Bruder legt dem Sultan einen fliegenden Teppich zu Füßen, der seinen Eigentümer überallhin bringt, kaum dass er an den Ort denkt und sich in Gedanken dorthin wünscht.

»Welches dieser Dinge ist das kostbarste auf der Welt?« fragt der Sultan die drei. »Ist es die Fähigkeit der Weitsicht? Die Fähigkeit zu heilen? Oder ist es die Fähigkeit, per Geisteskraft zu fliegen?«

Der Reihe nach preist jeder der drei Brüder die Vorzüge seines Fundes an, bis der Sultan abwinkt und verkündet: »Keines dieser Dinge ist kostbarer als das andere, denn ohne das eine sind die beiden anderen nutzlos.« Und so wird das Königreich zu gleichen Teilen unter den drei Brüdern aufgeteilt.

Die Sinnbilder in dieser Geschichte geben uns einen Hinweis darauf, was ein wahrhaft lebendiger Körper alles fertigbringt. Hier, wie auch in vielen anderen vergleichbaren Geschichten, werden die magisch anmutenden Fähigkeiten der Intuition, der Einsicht, der

Heilkraft und der ekstatischen Fortbewegung dargestellt, die alle potenziell im Körper vorhanden sind. Wir neigen dazu, den Körper wie einen Gegenstand zu betrachten, der seine eigenen Ziele sozusagen ohne unser Zutun verfolgt und den wir nur einigermaßen gut behandeln müssen, wenn er uns zu Diensten sein soll. Viele Leute behandeln ihren Körper, als sei er ein Sklave, dessen Bedürfnisse man erfüllen muss, wenn er am Leben bleiben soll, der aber grundsätzlich dazu da ist, die Wünsche seines Herrn ohne Murren zu erfüllen.

Manche sagen, dass die Seele den Körper mit Informationen versorgt. Aber wie wäre es, wenn wir uns jetzt einen Moment lang vorstellen, dass der Körper die Seele informiert und ihr bei der Bewältigung des irdischen Daseins behilflich ist? Ist es nicht ebenso einleuchtend, dass der Körper sinnliche Informationen für die Seele sammelt und ihr dann den Federhalter reicht, damit sie unseren Lebensweg unter Berücksichtigung dieser Informationen vorzeichnen kann? Was, wenn man den Körper als ein Gottwesen begreift, als einen Lehrer, Mentor, einen Seelenführer? Ist es dann noch ratsam, diesen Lehrer, der uns so viel geben und mitteilen kann, ein Leben lang zu züchtigen? Können wir dann noch zulassen, dass andere unseren Körper verdammen, verhöhnen und seine vermeintlichen Mängel verkünden? Sind wir stark genug, um der gesamten tendenziösen Meinungsmache zu widerstehen und stattdessen auf unseren Körper zu hören?

Die Vorstellung vom Körper als bloße Skulptur ist falsch und ignorant, auch wenn sie im Abendland weithin verbreitet ist. Der Körper ist keine Masse, die zurechtgeschnitzt, behämmert und bearbeitet werden muss. Damit tun wir ihm unrecht. Er ist dazu da, uns zu schützen, zu unterstützen, dem Geist und der Seele eine irdische Form zu verleihen und uns mit Gefühlen zu erfüllen – der Nahrung jeder Psyche. Er ist dazu da, uns zu bewegen, uns Substanz und Gewicht zu verleihen. Er ist kein Fleischklumpen, den wir hinter uns lassen müssen, um uns auf geistige Höhenflüge begeben zu können. Im Gegenteil, der Körper ist der fliegende Teppich, der uns solche Erfahrungen der Grenzüberschreitung überhaupt erst möglich macht. Er ist zugleich die Abschussrampe und die Rakete, durch deren Sichtfenster die Seele in Welträume blickt und ihre Schönheit und Größe bestaunt.

Die Kraft der Flanken

Woran erkennt man instinktiv, dass der Körper gesund ist? Grundsätzlich an den Körpergefühlen, die über die Nerven an das Gehirn weitergeleitet werden. Hierbei geht es in keiner Weise um die Form des Körpers, nicht um seine Größe, Hautfarbe und sein Alter, sondern nur darum, ob der Körper seiner Natur gemäß arbeitet und uns ein breites Spektrum an Gefühlen und Sensationen vermittelt, auf die wir entsprechend reagieren. Die Frage ist nicht, wie der Körper aussieht, sondern ob er gelähmt oder kribbelig vor Angst ist, abgestumpft von jahrelangen Misshandlungen, oder ob er seine natürlichen Melodien summt und ob seine vielfältigen Augen sehen und seine tausend Ohren durch Haut und Organe hindurch hören.

Als Zwanzigjährige hatte ich zwei einschneidende Erlebnisse, die allem widersprachen, was man mir bis dahin über den Körper beigebracht hatte. Das erste Erlebnis fand während eines einwöchigen Treffens mit anderen Frauen statt. Alle Teilnehmerinnen saßen nachts am Lagerfeuer bei den heißen Quellen, in denen wir vorher nackt gebadet hatten, und ein paar Frauen trommelten und sangen. Eine nackte Frau von etwa 35 Jahren stand auf und bewegte sich im Rhythmus der Musik. Ihr Bauch war mit Schwangerschaftsstreifen bedeckt, ihre Brüste schlaff und leer vom Kindersäugen. Weil ich noch sehr unerfahren war, tat sie mir im ersten Moment leid, aber dann tanzte sie, dass ihre Haare, Brüste und Gliedmaßen in verschiedene Richtungen flogen, und ich sah, dass sie schön war, herzzerreißend anmutig und verletzbar, aber gleichzeitig stark und vital. Der Ausdruck »Feuer in den Lenden« hätte mir vorher höchstens ein verlegenes Lächeln entlockt, aber in dem Augenblick sah ich dieses Feuer. Und mir wurde klar, dass ich aufgrund meiner Erziehung nie gelernt hatte, die Kraft zu bemerken, die den Körper einer Frau von innen belebt. Noch heute, fast drei Jahrzehnte später, sehe ich sie tanzen, mit einer feurigen, graziösen Kraft.

Das zweite augenöffnende Erlebnis hatte ich mit einer weitaus älteren Frau. Ihr Körper entsprach in keiner Weise dem damaligen Schönheitsideal; ihre Hüften waren zu ausladend, ihr Busen im Vergleich winzig, und ihre Schenkel waren von feinen bläulichen Adern durchzogen. Eine lange Operationsnarbe zog sich seitwärts vom Brustkorb bis zu den Rückenwirbeln, und ihre Taille war etwa vier Hände breit.

Daher war es mir ein Rätsel, warum die Männer um diese Frau herumschwirrten wie Bienen um die Honigwabe. Sie wollten ständig mit ihr schmusen, diese kleinen Brüste halten, die Narbe küssen, an diesen breiten Hüften und Schenkeln herumknabbern. Ihr Lächeln war ansteckend, ihr Gang ein sinnenfrohes Ereignis, und wenn sie jemanden anschaute, dann hatte man das Gefühl, wirklich gesehen zu werden. In ihr sah ich noch einmal, was ich bis dahin ignoriert hatte: die Urkraft im Körper. Für die Gesellschaft liegt die Anziehungskraft des Körpers in seiner Schönheit, aber Urkraft *im* Körper ist eindrucksvoller und seltener noch, weil diese Kraft den meisten Menschen durch anerzogene Minderwertigkeitsgefühle und falsche Scham ausgetrieben wird.

Das ist der Blickwinkel, aus dem eine instinktbegabte Frau ihren Körper betrachtet, denn so gesehen ist er keine Last, die man wohl oder übel durchs Leben schleppt, sondern er besteht aus etlichen Pforten der Wahrnehmung, die uns ein beeindruckendes Spektrum an Sinneserfahrungen möglich machen. Für die wildnatürliche Psyche ist der Körper ein sinnenfrohes, lebendiges Geschöpf, das wir umsorgen, aber das auch uns umsorgt.

La Mariposa, die Schmetterlingsfrau

Um die Kräfte des Körpers noch etwas genauer und unter anderen Vorzeichen darzustellen, möchte ich die folgende wahre Geschichte erzählen.

Seit Jahrzehnten bereisen Touristen und spirituelle Sucher aller Art die großartigen amerikanischen Wüstengebiete: Arizona, Colorado und Neu-Mexiko, Grand Canyon und Monument Valley. Sie besuchen die verlassenen Felsenhöhlen und kultischen Einweihungsstätten der Indianer, kraxeln auf pittoresken Steilhängen herum, lassen ihre Blicke durch Feldstecher über rotbraune Wüstenstriche schweifen, knipsen ein paar Filme voll und ziehen weiter, weiter, immer auf der Suche nach einem Erlebnis, so kommt es mir wenigstens vor, das den Hunger ihrer Seelen stillen könnte.

Der Hunger ist so alt wie die Menschheit, aber für manche geht es dabei auch um ein Bedürfnis, ihre geistigen Wurzeln zu finden, ein Gefühl der Zugehörigkeit zu etwas Älterem als den eigenen Großeltern zu entwickeln. Viele Europäer und Amerikaner haben den Zugang zu ihren Vorfahren verloren oder ihn nie gehabt. Viele hungern nach etwas, das sie mit der Weisheit der Ahnen verbinden könnte, und wenn sie es in der eigenen Familie nicht finden, suchen sie es bei den Nachkommen eines stolzen, traditionsbewussten Volkes.

Seit Jahren finden sich Tausende von Touristen und Sucher deshalb bei den Puye-Cliffs ein, die sich auf einer der großen Bergebenen in Neu-Mexiko befinden, die *Mesas* genannt werden. Aus den umliegenden Staaten kommen die Nachfahren der alten Indianerstämme hier zusammen, Dineh (Navajo), Apachen, Hopi, Zuñi, Laguna, Tesuque und viele mehr, um einmal im Jahr bei den Puye-Cliffs ihre urtümlichen Stammestänze aufzuführen. Die Touristen und Sucher schauen zu, während die Schautänzer sich in federgeschmückte Adler, Rehe, Pinienbäume und Wölfe verwandeln und ihre Götter und Naturgeister beschwören. Die meisten Zuschauer haben die Mythen ihrer Ahnen und die Namen ihrer eigenen alten Götter und Schutzgeister vergessen. Aber der Hunger nach Ersatz lässt sie die entlegenen Puye-Klippen erklimmen und den Indianern zusehen, die noch immer nicht vergessen haben.

Diese Stammestänze finden mitten im Sommer statt. Gegen Mittag hat sich ein gigantischer Blechhaufen von Autos und Lastwagen am Fuße der Klippen angesammelt, und das Publikum hockt schweißüberströmt in einem naturgemachten Backofen. Dennoch bleibt es sitzen und steht einen rasselnden Tanz und eine endlos lange Kostümwechselpause nach der anderen durch, denn es wartet auf etwas, das man offenbar nicht ohne gebührende Zumutungen zu Gesicht bekommt: das Wildeste vom Wilden, den Tanz von La Mariposa, der Schmetterlingsfrau.

Der Tanz der Schmetterlingsfrau ist der letzte des Tages; die Sonne ist schon am Untergehen, da betritt ein runzeliger Indianer, behängt mit vierzig Pfund Türkisschmuck, die Naturbühne und murmelt in ein Mikrofon aus den dreißiger Jahren:

»Unser nächster Tanz ist der Schmetterlingstanz.« Er schlurft davon, verschwindet in seinem Campingauto und lässt die Zuschauer zwanzig Minuten warten – oder noch länger.

Als schon niemand mehr recht daran glaubt und das Publikum sich bereits mit anderen Dingen beschäftigt, erklingt der altehrwürdige Trommelrhythmus des Schmetterlingstanzes, und die Sänger geben ihr Äußerstes an stimmgewaltiger Geisterbeschwörung. Wer den Tanz noch nie zuvor gesehen hat, ist sichtlich erschüttert, wenn die alte Maria Lujan im Schmetterlingskostüm auf die Bühne gehüpft kommt. Maria ist enorm korpulent und wirklich alt, sehr alt. Ihre Flügel sind aus Pappmache, wie die von Engeln im Krippenspiel, sie schwenkt einen Fächer aus bunten Vogelfedern und hüpft bedeutungsvoll von einem Fuß auf den anderen. Sie ist ein Schmetterling, der den Lahmen, Schwachen und Genesenden unter uns Kraft spenden könnte. Sie ist ein Jumbo-Schmetterling.

Ihr ellenlanges graues Haar peitscht den Sand, wenn sie sich bückt und ihren Riesenhintern im Kreis schwenkt. Die Stammesgenossen schauen ihr andächtig zu, wie sie tanzt und singt:

»Ich bin hier, hier, hier! Ich bin hier, hier, hier! Erwachet, ihr, ihr, ihr!« Die Zuschauer wechseln befremdete Blicke, »*das* soll die Schmetterlingsfrau sein?« Viele schütteln verwirrt und enttäuscht den Kopf. Sie wissen nicht, dass in der Geisterwelt alte, dicke Frauen Schmetterlinge sind, Frauen Wölfe und Ehemänner Bären.

Ja, es macht Sinn, dass die wilde Schmetterlingsfrau uralt ist und von enormer Leibesfülle, schließlich trägt sie die Unterwelt in der einen und die Naturkräfte in der anderen Brust. Ihr Rückgrat ist der Bogen der Erdkugel selbst; über ihrer linken Schulter geht die Sonne auf und über der rechten geht sie unter. Ihr Bauch birgt alle Wesen, die je geboren werden.

Die Schmetterlingsfrau symbolisiert feminine Fruchtbarkeit in Aktion. Sie trägt den Blütenstaub von einem Ort zum anderen, um zu befruchten, genauso wie die Seele den Geist durch nächtliche Träume befruchtet und Archetypen das alltägliche Menschenleben. Sie ist das Zentrum, das alle Gegensätze vereint, das ein wenig von hier wegnimmt, um es dort hinzuzufügen. So finden Transformationen statt, so wird das eine mit dem anderen gekreuzt. Auf diese simple Weise ist der Schmetterling der menschlichen Seele befruchtend aktiv.

Durch die Schmetterlingsfrau wird uns erklärt, dass eine Transformation nicht nur Heiligen, Asketen oder zutiefst gequälten Seelen vorbehalten bleibt. Das Selbst muss keine Berge versetzen, um sich zu transformieren. Ein bisschen Umwandlung hier und dort genügt. Ein paar Veränderungen an der richtigen Stelle bewirken große Dinge, denn die Befruchtungsenergie erspart uns das mühsame Berge-Verrücken.

Die Schmetterlingsfrau in Gestalt von Maria Lujan befruchtet die Seelen auf der Erde, indem sie ihren Fächer mal hierhin, mal dorthin schwenkt und von einem Bein aufs andere hüpft, denn so verteilt sie den geistigen Blütenstaub und streut ihn auf sämtliche Zuschauer bei ihrem Tanz. Damit sagt sie, dass es einfacher ist, als man gewöhnlich annimmt. Sie sagt, dass Geisteskräfte und Seelenenergien sich kreuzen und gegenseitig befruchten sollen. Diese indianische Schmetterlingsfrau ist die Wilde Frau in Person.

Und sie kann nur von einer alten Frau verkörpert werden, denn sie ist die Urseele, wie sie leibt und lebt. Und sie muss breite Hüften und fette Schenkel haben, an denen viel Blütenstaub hängen bleibt. Ihr graues Haar entbindet sie von dem Tabu gegen intime Berührungen. Die Schmetterlingsfrau darf jeden anfassen, jeden streicheln, sich neben jedem Zuschauer niederlassen, ob alt, ob jung, Mann oder Frau, schick oder schäbig. Das ist ihr Privileg und ihre Aufgabe. Ihrem Körper wird gestattet, von einem zum anderen zu flattern und unterschiedliche Energien spielerisch zu kreuzen.

Der Körper ist wie die Erde selbst, eine Landschaft, ein Anwesen, das darunter leidet, zubetoniert, in Parzellen aufgeteilt, ausgeplündert zu werden. Eine Frau mit ausgeprägten Instinkten lässt sich nicht ohne Weiteres auf Umgestaltungspläne ein, denn für sie geht es nicht in erster Linie um die Form, sondern um die Gefühle. Wie fühlen sich die Brüste an? Erfüllen sie ihre naturgegebene Funktion? Fühlen sie? Dann sind es gute Brüste. Die Hüften von Frauen sind breiter gebaut als die von Männern, weil sie die Gebärmutter bergen, die Wiege des Lebens. Hüften und Schenkel sind Portale, durch die tiefste Empfindungen strömen und auf denen der gesamte Überbau balanciert wird. Es gibt keine einzig und allein richtige Körperform. Es geht nicht um Größe, Umfang oder das Alter in Jahren, auch nicht darum, ob man zwei von diesem und jenem hat, denn manche haben es nicht. Für die Instinktnatur geht es um das Seinsgefühl im Körper, um seine Verbundenheit mit dem Herzen, der Seele, der Urkraft. Ist der Körper seines Lebens froh? Das ist die Frage. Kann er auf seine ureigene, unverwechselbare Art laufen, tanzen, sich hin und her wiegen? Alles andere ist unwichtig.

Als Kind wurde ich einmal bei einem Schulausflug in das Museum für Völkerkunde in Chicago gebracht. Dort sah ich die Skulpturen von Malvina Hoffman zum ersten Mal – Dutzende von lebensgroßen Statuen aus dunkler Bronze. Sie porträtierten die nackten Körper der Völker aus aller Welt, und zwar mit der Vision einer Wilden Frau.

Da sah ich die sehnige Wade eines Jägers, die langen Brüste einer Mutter mit zwei erwachsenen Kindern, die spitzen Hügelchen auf der Brust einer Jungfrau, die knielangen Hoden eines alten Mannes, Nasenlöcher größer als die Augen eines Afrikaners. Jedes Detail, jedes einzelne Haar auf den Krausköpfen, den Blondschöpfen und Halbglatzen, war naturgetreu wiedergegeben und strahlte dabei eine Liebe aus, eine »Richtigkeit«, die mich davon überzeugte, dass diese Bildhauerin die Kraft im Körper sieht und instinktive Verehrung für den Körper empfindet.

Es gibt ein paar vergleichbare Zeilen in Ntozake Shanges Bühnenstück *For colored girls who have considered suicide/when the rainbow is enough.* In dem Stück erzählt die Frau in Lila, was sie alles getan hat, um mit den Aspekten ihres Seins fertigzuwerden, die von der Gesellschaft verleugnet oder verurteilt werden. Mit den folgenden Zeilen schließt sie dann ihren Frieden mit sich:

Here is what I have …	*Hier ist, was ich habe …*
poems	*Gedichte*
big thighs	*dicke Schenkel*
lil tits	*kleine Titten*
&	*&*
so much love	*so viel Liebe*

Das ist das Körperbewusstsein, aus dem wildnatürliche Frauen ihre Kraft schöpfen. In Märchen und Mythen werden die Herzen von Menschen auf die Probe gestellt, indem ihnen die Götter und andere mächtige Geister in allen erdenklichen Verkleidungen erscheinen. Das Göttliche taucht sowohl in Königsgewändern wie in Lumpen auf, in Fischhäuten und mit Klumpfuß. Es zeigt sich als rosiges Kleinkind und als ausgemergelte Alte, als ein Mann ohne Stimme und als sprechendes Tier. So wird das Menschenherz geprüft, um zu sehen, ob es gelernt hat, die zauberische Verwandlungskraft der Seele hinter all ihren Erscheinungsformen zu erkennen.

Die Wilde Frau tritt in allen Farben, Konturen und körperlichen Verfassungen auf. Schaut nur genauer hin, damit ihr sie nicht verkennt.

ACHTES KAPITEL

Selbsterhaltung:
Fallen, Käfige und giftige Köder erkennen

Die ausgehungerte Frau

In der englischen Sprache gibt es das Wort feral, das im Deutschen mit »wildlebend«, »wild« und »barbarisch« übersetzt wird. Aber *feral,* wie es in der englischen und amerikanischen Umgangssprache benutzt wird, beinhaltet noch mehr. *A feral creature* ist eine ursprünglich wildlebende Kreatur, die gezähmt wird und dann aus irgendwelchen Gründen in den Zustand der Wildheit zurückkehrt.

Auf Frauen bezogen würde ich für das Wort folgende Bedeutung wählen: *The feral woman* ist eine Frau, die mit sämtlichen Urinstinkten intakt zur Welt gekommen ist, dann domestiziert oder sogar »überdomestiziert« wurde und schließlich versucht, wieder zu ihrer ursprünglichen Wildheit zurückzufinden, aber dabei in alle möglichen Fallen tappt, weil ihre Instinkte abgestorben sind. Da ihre natürlichen Zyklen und Schutzsysteme zerstört worden sind, ist die Rückkehr in ihren ursprünglichen Seinszustand für sie nicht ungefährlich. Ihr fehlt die Wachsamkeit der ungebrochenen Wildnatur, und so wird sie leicht zum Opfer.

Das Ganze folgt einem bestimmten Muster, das Frauen studieren und sich einprägen sollten, um ihre Urinstinkte und die ihrer Töchter vor Schaden zu schützen. Auch in den psychischen Wildbahnen gibt es Fußfallen und allerhand vergiftete Köder, die von einem verunsicherten Wildwesen nicht unbedingt als solche erkannt werden.

Die *feral women* jeden Alters, aber ganz besonders die jungen, haben ein ungeheuer starkes Bedürfnis, frühere Versäumnisse zu kompensieren. Sie sind geistig und seelisch ausgehungert und lassen sich deshalb auf Beziehungen und Abenteuer ein, durch die sie wieder in irgendwelche Käfige geraten, und durch die ihr Leben erneut eingeengt wird.

Wenn ihr jemals eingesperrt, eingeengt und dominiert worden seid und seelischen Hunger gelitten habt, dann wisst ihr, was es heißt, sich wie eine ausgehungerte Bestie zu fühlen. Die heißhungrige Frau ist extrem verletzbar und frisst normalerweise jede Giftpille, die ihr als »Seelenmedizin« verschrieben wird, solange sie nur mit genügend Zucker überzogen ist.

Obwohl manche psychisch ausgehungerten Frauen sich im letzten Moment vor den überall aufgestellten Fallen retten können, ohne dabei allzu viel Fell zu lassen, tappt die Mehrheit geradewegs hinein und kann sich dann nur noch mit größter Mühe und oft auch nicht mehr allein befreien. Also müssen wir lernen, die Fallen schon im Voraus zu erahnen, und wissen, wie man sie umgeht. Wir müssen eine gesunde Vorsicht und instinktive Scharfsicht entwickeln, wenn diese uns im Verlauf einer längeren Gefangenschaft abhanden gekommen sind.

Es gibt einen Text, den ich für den Rest einer alten Volkssage halte, in der die Problematik der ausgehungerten Frau auf ihrer Suche nach wilder Ursprünglichkeit sehr eindringlich beschrieben wird.

Die Sage ist unter dem Titel »Die Tanzschuhe des Teufels« bekannt, andernorts auch als »Die roten Teufelsschuhe«. Hans Christian Andersens Version vom Märchen »Die roten Schuhe« basiert auf der altertümlichen Vorlage, die er mit seiner feinsinnigen Erzählkunst und seinem Witz ausgeschmückt hat, ohne den zentralen Gehalt der Geschichte wesentlich zu verändern.

Hier die ungarisch-germanische Version, die meine Tante Tereza mir als Kind erzählt hat. Tante Tereza begann ihre Erzählung jedes Mal kunstvoll mit den Worten: »Schau deine Schuhe an und danke Gott, dass sie braun und einfach sind, denn man muss sehr vorsichtig sein, wenn die Schuhe zu rot sind, mein Kind.«

DIE ROTEN SCHUHE

ES WAR EINMAL ein armes Waisenkind, das in Lumpen und barfuß durch die Welt ging, weil es noch nicht einmal Schuhe besaß. Mit der Zeit jedoch sammelte die Waise ein paar rote Fetzen und nähte sich daraus, so gut sie konnte, ein paar Schuhe. Die roten Schuhe gefielen dem Mädchen ausnehmend gut, obwohl sie sehr grob geschustert waren. Ja, sie kam sich sogar irgendwie reich vor, wenn sie in ihren roten Schuhen bis spät in die Nacht hinein zum Beerensammeln in den Domwald ging.

Eines Tages wanderte das zerlumpte Mädchen in ihren roten Schuhen die Straße entlang, als eine goldglänzende Kutsche neben ihr hielt. In der Kutsche saß eine alte Frau, die dem Mädchen versprach, es wie ihre eigene Tochter zu behandeln, wenn es mit ihr kommen und sie nach Hause begleiten wollte. Gesagt, getan. Im Haus der reichen alten Dame wurde das Mädchen gebadet und gekämmt, in reinweiße Unterwäsche gekleidet und mit einem Kleid aus guter Wolle beschenkt. Außerdem bekam es weiße Strümpfe und schwarze Lackschuhe. Als das Mädchen nach seinen heißgeliebten roten Schuhen fragte, erklärte die reiche Frau, dass die Schuhe so schmutzig und lächerlich gewesen seien, dass sie nicht anders gekonnt hätte, als sie mitsamt den alten Lumpen im Kamin zu verbrennen, wo nur noch die Asche von ihnen übrig war.

Das Mädchen war sehr, sehr traurig, als es das hörte, denn die roten Schuhe, die es mit eigenen Händen gemacht hatte, waren ihm trotz all des Reichtums ringsumher noch immer das Liebste auf der ganzen Welt gewesen. Jetzt musste es den ganzen Tag lang still sitzen oder gemessen spazieren gehen, ohne zu hüpfen, und nur dann sprechen, wenn es etwas gefragt wurde. So wuchs ein heimliches Feuer im Herzen des Mädchens heran, und seine Sehnsucht nach den alten roten Schuhen wurde nicht geringer, sondern immer, immer größer.

Es kam die Zeit, da das Mädchen alt genug für ihre Konfirmation war, und die alte Frau brachte das Mädchen zu dem alten, verkrüppelten Schuhmacher der Stadt, denn für diesen Festtag wurde ein neues Paar Schuhe gebraucht. Auf einem Regal hinter dem Tresen stand bereits ein fertiges Paar in der richtigen Größe. Es war aus feinstem leuchtendrotem Leder gemacht, viel zu rot für die Kirche, aber das Herz des Mädchens begann zu hüpfen, als es diese Schuhe sah. Die alte Dame war farbenblind und konnte ohnehin nicht mehr viel sehen, und so bezahlte sie die Schuhe, nachdem das Mädchen sie anprobiert hatte. Der Schuhmacher zwinkerte dem Mädchen zu und wickelte die roten Schuhe in unauffälliges Packpapier ein.

Am nächsten Tag ging das Mädchen in seinen neuen Schuhen zur Kirche, um sich konfirmieren zu lassen. Die Orgel spielte, der Kirchenchor sang, der Priester predigte, aber die ganze Gemeinde starrte nur auf die rotglänzenden, feurig leuchtenden Schuhe an den frechen kleinen Füßen. Selbst die Heiligenbilder an den Wänden und die Statuen hinter dem Altar schienen mit unheilvoll dräuenden Blicken auf das Schuhwerk des Kindes zu starren. Aber dem Mädchen gefielen die Schuhe deshalb nur um so besser. Während alle anderen beteten, drehte sie ihre Füße hin und her und dachte, dass es kaum etwas Schöneres auf der Welt geben konnte als diese roten Schuhe.

Am Abend desselben Tages hatte die alte Frau von allen Seiten zu hören bekommen, was die Gemeinde über die roten Schuhe ihres Schützlings dachte. »Dass du mir diese schändlichen Schuhe nur ja nie wieder anziehst!« schimpfte die alte Frau. Aber am nächsten Sonntag konnte sich das Mädchen nicht helfen, als es vor der Wahl zwischen den roten und den schwarzen Schuhen stand, und wieder zog es die roten Schuhe an und ging mit der farbenblinden Greisin zur Kirche.

Am Kircheneingang stand ein Soldat mit einem Arm in der Schlinge. Er trug eine kurze Jacke und hatte einen roten Bart. Der

Soldat machte einen artigen Bückling und bat um die Erlaubnis, den Staub von den Schuhen des Mädchens wischen zu dürfen. Das Mädchen streckte einen Fuß vor, und er klopfte auf die Sohle ihres linken Schuhs, dann die Sohle ihres rechten Schuhs, sodass es ihre Füße mächtig kitzelte. »Behalte sie an, bis der Tanz beginnt«, raunte er und zwinkerte dem Mädchen lustig zu.

Wieder zogen die roten Schuhe die Entrüstung der ganzen Gemeinde auf sich, aber das Mädchen war so verliebt in das leuchtende Granatapfelrot, dass sie es kaum bemerkte und auch kaum etwas von der Predigt hörte, sondern nur bewundernd auf ihr Schuhwerk blickte und ihre Füße unter der Kirchenbank mal hierhin, mal dorthin drehte.

Beim Verlassen der Kirche rief der Soldat mit dem kranken Arm hinter ihr her: »Oh, was für hübsche Tanzschuhe du an den Füßen hast!« Bei diesen Worten drehte das Mädchen unversehens eine kleine Pirouette, und danach konnten ihre Füße nicht mehr aufhören, sich um- und umzudrehen. Sie tanzten an den Portalen der Kirche vorbei und mitten durch das Blumenbeet. Sie hüpften und steppten und walzten mit ihr über den Friedhof, die Felder und Wiesen davon.

Der Kutscher der alten Dame sprang von seinem Sitz und rannte hinter der Tanzenden her. Er hob sie auf und trug sie zu der Kutsche zurück, aber die Füße des Mädchens in ihren roten Schuhen tanzten in der Luft immer weiter. Der Kutscher zog an den Schuhen, und die empörte alte Dame zerrte, während das Mädchen wie eine Besessene strampelte, und so gelang es ihnen endlich, die Füße des Kindes zu beruhigen.

Zu Hause angekommen, stellte die alte Frau die roten Schuhe in ein hohes Hutfach im Schrank und verbot dem Mädchen, die Schuhe noch ein einziges Mal anzurühren. Aber das Mädchen blickte immer wieder verlangend zu ihnen auf und sehnte sich danach, die Schuhe über ihre Füße zu streifen, denn sie waren noch immer das Schönste und Liebste, was es hatte.

Schon bald darauf wurde die alte Dame bettlägerig, und einmal, als alle Ärzte das Haus verlassen hatten, trug das Mädchen einen Hocker zu dem Schrank, kletterte darauf und ergriff die roten Schuhe. Es konnte der Versuchung nicht widerstehen, sie überzustreifen. »Was kann es schaden«, dachte die Waise bei sich. Aber kaum, dass sie die Schuhe an den Füßen hatte, konnten diese plötzlich nicht mehr aufhören zu tanzen.

Zur Tür hinaus und die Treppen hinunter tanzten die Schuhe mit ihr, in einem herrlich schwindelerregenden Wirbel. Das Mädchen war berauscht und dachte sich nicht viel dabei, erst, als sie schon auf der Dorfstraße war und sich nach links wenden wollte, die Schuhe aber mit ihr nach rechts tanzten, wurden sie ihr unheimlich. Sie wollte umkehren, aber die Schuhe tanzten geradeaus davon, über den schlammigen Feldweg fort und in den dunklen Wald hinein.

Dort wirbelte sie an dem Soldaten mit seinem roten Bart, seiner kurzen Jacke und seinem Arm in der Schlinge vorbei. Er stand gegen einen Baumstamm gelehnt im Wald und sagte: »Ja schau nur, was die schönen Tanzschuhe alles treiben.« Angstvoll versuchte das Mädchen, sich die Schuhe abzustreifen. Sie hopste auf einem Bein und zerrte am Schuh des freien Fußes, aber beide Schuhe mussten die Schritte eines unbekannten Tanzes vollführen und waren nicht mehr von ihren Füßen zu lösen.

Und so tanzte die Arme durch Wald und Flur, über Berg und Tal, durch Regen, Schnee und Sonnenschein. Sie tanzte in der Finsternis der Nacht und noch immer am Morgen, wenn die Sonne sich über den Horizont erhob. Sie kannte keine Ruhepause.

Sie tanzte in einen Kirchhof hinein, aber dort stellte sich ihr ein Geist in den Weg und verwehrte ihr den Einlass. Der Geist verfluchte sie mit diesen Worten: »Du sollst in den roten Schuhen tanzen, bis deine Haut in Fetzen von den müden Knochen hängt, bis nichts mehr von dir übrig ist, nur deine tanzenden Innereien. Als Gespenst sollst du von Tür zu Tür tanzen, durch alle Dörfer und an jede Tür dreimal klopfen. Aber wenn die Bewohner dich erblicken, werden sie mit Grauen vor einem Schicksal wie deinem ihre Türen vor dir verschließen. So soll es und so muss es sein. Und nun fort mit euch, ihr roten Schuhe, tanzt, tanzt, tanzt!«

Das Mädchen flehte um Erbarmen, aber die Schuhe trugen sie fort, und ihre Worte verflogen im Wind. Sie musste tanzen, wohin die Schuhe sie trugen, weiter, weiter, durch Bäche und Flüsse, über Dornenhecken und Zäune hinweg. So kam sie an ihrem einstigen Heim vorbei und sah eine Trauergemeinde im Garten versammelt. Die alte Frau, die sich ihrer angenommen hatte, war gestorben. Dennoch tanzte das Mädchen weiter, denn es konnte nicht stehen bleiben, und in abgrundtiefer Erschöpfung tanzte es schließlich in die entlegene Ecke des Waldes hinein, wo der Scharfrichter der Gemeinde lebte. Die Axt an seiner Wand begann erwartungsvoll zu zittern, als die Maid in ihren roten Schuhen herbeigetanzt kam.

»Bitte, schneide meine Schuhe ab, um mich von diesem Fluch zu befreien«, flehte die Arme, während sie an der Tür des Scharfrichters vorbeitanzte. Mit seiner Axt durchtrennte er die Riemen, doch die Schuhe blieben an ihren Füßen, und so flehte sie ihn in ihrer Verzweiflung an, ihr die Füße abzuhacken, damit die Qual ein Ende habe, und der Scharfrichter tat wie geheißen. Da tanzten die Schuhe mitsamt den Füßen allein weiter durch den Wald und über Berg und Tal davon. Das Mädchen war nun heimatlos und hatte keine Füße mehr. Es musste sich fortan ein Armenbrot als Dienstmagd verdienen, aber es sehnte sich niemals mehr nach roten Schuhen.

Brutale Verluste im Märchen

Warum, so fragt man sich, sind dermaßen brutale Episoden gang und gäbe in den Mythen und Geschichten aller Völker dieser Erde? Ein grausames Ende ist typisch für Erzählungen, in denen es um eine geistige Wandlung geht, die Protagonisten aber aus irgendwelchen Gründen nicht imstande sind, den versuchten Änderungsprozess erfolgreich abzuschließen.

Die Brutalität des Endes wird in diesem Märchen ganz gezielt wegen ihrer Schockwirkung eingesetzt. Hier soll eine Wahrheit von großer Tragweite vermittelt werden, und zugleich wird vor den Konsequenzen des Verstoßes gegen diese Wahrheit gewarnt, was durch den Horror am Ende geschieht, denn es ist menschlich, traurige Wahrheiten auf die leichte Schulter zu nehmen und achselzuckend zu sagen: »Ja, ja, ich weiß schon«, und dann trotzdem genau in die eben noch so eindringlich beschriebene Falle zu tappen.

Heutzutage werden bewusste Schockwirkungen durch Fernsehbilder erzielt, wie etwa in den Warnkampagnen gegen Trunkenheit am Steuer, wo ein Familienmitglied auf einem Gruppenfoto ausgelöscht wird und eine grellrote Blutspur über das Foto läuft, um dem Bewusstsein von Millionen Fernsehzuschauern einzuprägen, wie schlimm die Konsequenzen sein können. Bei den amerikanischen Anti-Drogen-Spots werden Bilder von brutzelnden Spiegeleiern in einer kochend heißen Pfanne gezeigt, wozu eine Stimme bemerkt, dass genau das Gleiche dem Gehirn eines Menschen widerfährt, der Drogen konsumiert. Motive von erschreckender Brutalität werden seit jeher eingesetzt, um jemanden gefühlsmäßig aufzurütteln und auf ernsthafte Gefahren aufmerksam zu machen.

Die psychologische Botschaft in dem Märchen von den roten Schuhen ist die, dass eine seelisch ausgehungerte Frau auf alle möglichen Irrwege geraten kann, solange sie ahnungslos ist und keine eindringlichen Warnungen erhält. Eine von ihren Urinstinkten abgeschnittene Frau hungert aus und flüchtet sich dann in ein Suchtverhalten, von dem sie unter Umständen vollkommen beherrscht wird.

Seelisch und emotional ausgehungerte Frauen stürzen sich auf jede Ersatzbefriedigung, die ihnen vor die Nase gesetzt wird, selbst wenn es sich dabei um ein völlig wirkungsloses Placebo handelt oder um ein lebensgefährliches Unternehmen, bei dem ihre Zeit und ihre Talente sinnlos vergeudet werden. Die überwältigende Sehnsucht nach innerer Befriedigung bringt Frauen dazu, sich auf Dinge einzulassen, die sie »aus der Reihe tanzen« und völlig außer Kontrolle geraten lassen – bis sie womöglich sogar vor dem Haus des Scharfrichters landen.

Deshalb müssen wir dieses Märchen genauer analysieren und sehen, was passiert, damit eine Frau ihren instinktiven Halt so weit verliert, dass sie völlig vom rechten Weg abkommt. Die Fehler des Mädchens mit den roten Schuhen machen uns deutlich, was uns allen von der Natur mitgegeben wurde und wie wir daran festhalten oder dorthin zurückfinden können. Dieses Wissen lässt uns zum eigenen Ausgangspunkt zurückfinden, um uns zu heilen.

Das Märchen beschreibt den schmerzlichen Verlust der handgemachten roten Schuhe als den Verlust des nach eigenem Gutdünken gestalteten Lebensstils. Durch einen allzu zahmen, gesitteten Lebenswandel geht uns mit der Zeit alle Vitalität und irgendwann auch das instinktive Gespür für richtig und falsch verloren, was unweigerlich zu exzessiver Überkompensation führt und vielleicht gar zum Verlust beider Füße, der soliden Grundlage also, in der die instinktive Psyche verankert ist.

»Die roten Schuhe« zeigen uns, auf welche Weise sich das allmähliche Abgleiten in Süchte und Zwänge bemerkbar macht, und in welchen Zustand Frauen geraten, wenn sie nicht rechtzeitig in das vorgezeichnete Handlungsmuster eingreifen. Hier wird der Kampf einer Frau mit dem Dämon des Zwangsverhaltens beschrieben, und dieser Kampf ist heldenhaft, ganz gleich, mit welcher Art von Dämon die Frau sich herumschlägt, einem inneren, archetypischen, oder einem konkret in der Außenwelt existierenden. Und selbst, wenn sie im Zuge dieses Kampfes gefangen genommen wird, Höllenqualen erleidet und bis an die äußerste Grenze ihrer Möglichkeiten gelangt, ist die Mühe nicht vergebens. An der äußersten Grenze angelangt, ist man bei den Grundwurzeln der Psyche angekommen, denn das Äußere ist in diesem Fall der urinnerste Wesensgrund. Und der ist der Nährboden für alles Neue, so schmerzhaft es auch sein mag, ihn erst nach so schrecklichen Erfahrungen zu erreichen.

Wir würden unserem ärgsten Feind nicht die quälerischen roten Tanzschuhe an die Füße wünschen, und dennoch findet hier das Mädchen erst durch die höllischen Qualen zu Verstand. Die leidenschaftlichen Triebe einer Frau verbinden sich auf diesem Weg mit einer Weisheit, die man sich fast ausnahmslos teuer erkaufen muss. Eine Frau, die aus der Reihe getanzt ist und dabei ihre Grundfesten und ihre Trittsicherheit verloren hat, entdeckt in ihrem fußlosen Zustand am Ende der Geschichte etwas Unbezahlbares, das ihr nun von nichts und niemandem mehr genommen werden kann. Sie hat die Weisheit des Saguarokaktus erworben, einer äußerst zählebigen Kakteenart, die in Sandwüsten gedeiht. Du kannst einen Saguaro mit Schüssen durchsieben, ihm die Arme und alle Gliedmaßen abschneiden, ihn schief treten und auf ihm herumtrampeln, so viel du willst, der Saguaro lebt von seinem unterirdischen Wasserspeicher fort seine Wunden heilen im Laufe der Zeit immer wieder.

Märchenerzählungen enden nach einigen wenigen Seiten und oft mit brutalen Verlusten, im Leben ist es anders. Auch wenn eine Phase unseres Lebens ein tragisches Ende nimmt, im nächsten Lebensabschnitt, der dann schon auf uns wartet, geht es wieder bergauf. Wieder und wieder wird uns Gelegenheit gegeben, es diesmal richtig zu machen und uns selbst ein Leben zu gestalten, wie wir es lieben und verdient haben. Vergeudet eure Zeit nicht mit ohnmächtigem Hass auf eine Erfahrung, bei der ihr versagt habt. Durch Scheitern lernt man meist mehr als durch Erfolge. Nehmt euch die Botschaft dieser Überlieferung zu Herzen, damit ihr die destruktiven Verhaltensmuster rechtzeitig erkennt und wisst, in welcher Verkleidung goldene Käfige, Eisenfallen und vergiftete Köder auftauchen, bevor ihr hineintanzt, -stolpert oder danach schnappt.

Das ganze Verhängnis beginnt damit, dass die Fetzen eines Lebens von der Gesellschaft auf ein Häuflein Asche reduziert werden. Damit verlieren wir, was uns das Liebste auf der ganzen Welt ist, auch wenn es allen anderen lumpig und wertlos vorkommen mag.

Die handgemachen roten Schuhe

Dem Waisenkind werden die roten Schuhe weggenommen, die es selbst geschustert hat und über alles liebt. Die Kleine war bitterarm, aber einfallsreich und fand den für sie richtigen Ausweg. Zuerst musste sie barfuß laufen, aber dann nähte sie sich ein Paar Schuhe, die ihr ein Gefühl des Reichtums gaben. Ihre kreative Handarbeit ist ein Zeichen dafür, dass sie aus einem Zustand geistiger und emotionaler Armut herauswächst und mit leidenschaftlichem Einsatz daran arbeitet, sich ein eigenes Leben zurechtzuzimmern. Die Schuhe stellen einen gewaltigen Schritt nach vorn dar bei dem Versuch, ihren femininen Naturtalenten Ausdruck zu verleihen. Es macht überhaupt nichts, dass die Schuhe des Mädchens nicht perfekt sind. Sie *selbst* hat Freude daran, und darauf kommt es an, denn dadurch entwickelt sich der Mensch von selbst weiter. Die bettelarme, aber einfallsreiche Märchenheldin ist ein archetypisches Sinnbild für den geistigen Reichtum eines Menschen, der im Laufe der Zeit immer bewusster und stärker wird. Man könnte sagen, dass diese Märchenfigur uns alle repräsentiert, denn wir entwickeln uns zwar nur langsam, aber stetig weiter.

Schuhe senden Persönlichkeitssignale aus, Schuhe sagen viel über das Wesen eines Menschen aus. Künstler tragen absichtlich oft Schuhe, die sich von denen eines Geschäftsmannes oder Bauarbeiters unterscheiden. Aber Schuhe sagen nicht nur etwas darüber aus, wie wir sind, sondern auch darüber, wie wir gerne wären.

Der archetypische Symbolismus von Schuhen geht auf frühgeschichtliche Zeiten zurück, in denen Schuhe ein Zeichen von Autorität waren, denn nur die Herrscher trugen damals Schuhe, das gemeine Volk und Sklaven gingen barfuß. Auch heute noch zieht man anhand der Schuhe Rückschlüsse auf die Intelligenz, den Wohlstand und die Talente eines Menschen.

Die hier erzählte Version des Märchens stammt aus Nordeuropa, wo Schuhe als überlebenswichtig gelten. Wer seine Füße warm und trocken halten kann, hat größere Überlebenschancen in der bitteren Kälte und Nässe der nordischen Winter. Ich erinnere mich noch gut, wie meine Tante mir erklärte, dass es Mord sei, einem Menschen sein einziges Paar Schuhe im Winter zu stehlen. Die kreative und leidenschaftliche Instinktnatur einer Frau ist ein vergleichbares Überlebenswerkzeug, denn ohne sie verliert die Frau ihren Schutz vor innerer Nässe und Kälte.

Schuhe schützen die Füße, auf denen wir stehen und mit denen wir uns durch diese Welt bewegen. In der archetypischen Symbologie repräsentieren die Füße Bewegungsfreiheit. Also sind Schuhe an den Füßen ein Symbol für die Bewegungsfreiheit, die uns gestattet, gut ausgerüstet überallhin zu laufen und alles kennenzulernen, sei es in den Innenwelten oder in der materiellen Welt.

Rot ist die Farbe des Lebens und der Opferbereitschaft. Leben und Opferbereitschaft gehen Hand in Hand. Um intensiv und enthusiastisch leben zu können, müssen wir gewisse Opfer bringen. Wer ein Universitätsstudium absolvieren will, muss Zeit und Geld opfern und viel Energie darauf verwenden. Wer schöpferisch tätig sein will, muss etwas von seiner Sicherheit aufgeben, oft auch den Wunsch nach gesellschaftlicher Anerkennung. Die größten Einsichten und bedeutendsten Visionen werden offenbart, wenn die oberflächliche Bequemlichkeit eine Zeit lang zurückgestellt und geopfert wird.

Probleme entstehen, wenn alles Mögliche geopfert wird, ohne dass das Leben dadurch auch nur im Geringsten gehaltvoller wird. Dann ist Rot die Farbe des Blutverlusts, nicht des vollblütigen Lebendigseins. Genau das geschieht in diesem Märchen: Die Waise verliert ihr geliebtes vitales Lebensrot, weil die alte Frau ihre selbst gemachten Schuhe im Kamin verbrennt. Dadurch wird der Heißhunger erzeugt, das zwanghafte Verlangen nach etwas Vergleichbarem, und so entsteht das suchthafte Verlangen nach dem ähnlichen und doch ganz anderen Rot der schnellebigen, rasch verbrauchten Erregung. Dieses Rot ist das Grellrot einer Triebhaftigkeit ohne Herz, in der das innere Feuer sinnlos verglüht und der Lebenstanz immer irrwitziger wird.

Also gehen wir davon aus, dass alle Aspekte dieses Märchens Komponenten der Psyche einer einzelnen Frau sind, und erkennen zunächst einmal, dass es sich um eine großartige Leistung handelt, wenn es heißt, dass das Waisenkind sich aus eigener Kraft ein Paar Schuhe gefertigt hat, denn damit hat es sich aus einem barfüßigen Sklavendasein in seelischer Armut befreit und Schönheitsbewusstsein entwickelt – ein Bewusstsein, das Freude und Hoffnung empfinden kann, kreativ ist und sich mit leidenschaftlicher Begeisterung in lebenslustigen Schuhen fortbewegt. Das Mädchen ist auf dem besten Weg, ihrer Instinktnatur adäquaten Ausdruck zu verleihen.

Die Tatsache, dass die Schuhe rot sind, weist darauf hin, dass das Mädchen lebendig sein will und bereit ist, dafür gewisse Opfer zu bringen. Und dass die Schuhe handgemacht sind und aus Stofffetzen bestehen, deutet an, dass das obdachlose, unbemutterte und hungrige Kind seinen instinktiven Schönheitssinn und sein angeborenes Formgefühl umsetzt, und da kann man wirklich nur »bravo« sagen, denn das ist unter den gegebenen Umständen eine vielversprechende kreative Leistung.

Wenn man die Waise jetzt nicht von ihrem natürlichen Entwicklungsweg abbringt, wird alles gut gehen. Ihre Kreativität wird sich naturgemäß entfalten und wachsen. Im Märchen fühlt sich die Waise in einem Vorgriff auf ihre späteren Entwicklungsmöglichkeiten bereits wie eine kleine Königin in ihren handgemachten Schuhen. Allein die Tatsache, dass sie dieses Kunststück vollbracht hat, dass sie die Geduld hatte, nach den passenden Stofffetzen in der richtigen Farbe zu suchen, Nadeln und Fäden zu sammeln und ihre Vorstellungen Stück für Stück zu realisieren, macht sie zu einer Herrscherin über ein kleines feminines Königreich. Es spielt keine Rolle, dass ihr Werk anfangs noch zu wünschen übrig lässt. Viele Werke der Götter waren den Schöpfungsmythen zahlreicher Völker zufolge am Anfang durchaus auch nicht perfekt. Die ersten Versuche sind immer verbesserungsbedürftig und die darauffolgenden oft ebenfalls. Das sagt nichts über das Talent und die Geschicklichkeit von jemandem aus. Das ist Leben, Herausforderung und Entwicklung.

Wenn man das Kind jetzt in Ruhe ließe, dann würde es sich ein zweites Paar Schuhe nähen, dann noch eins und noch eins, bis sie nicht mehr so ungeschickt wirkten. Und selbst wenn man einmal ganz von dem Einfallsreichtum und der Ausdauer dieser jungen Frau unter schwierigen Bedingungen absieht, ist das Wichtigste doch einfach die Tatsache, dass diese selbst hergestellten Schuhe ihr eine enorme Freude und Genugtuung verschaffen, und das ist Nahrung für ihre Seele.

Das ist das Gefühl, das wir haben, wenn wir etwas so zu Papier bringen, wie wir es uns wünschen, oder eine Tonfolge richtig treffen. Herrlich! Ein solches Glücksgefühl erlebt eine Frau, die sich ein Kind wünscht und erfährt, dass sie schwanger ist. Freudige Genugtuung dieser Art empfinden Frauen beim Anblick von geliebten Menschen, denen es gut geht. Befriedigung dieser Art empfinden Frauen, wenn sie etwas riskiert und sich selbst übertroffen haben und dann das Endprodukt in den Händen halten. So fühlen Frauen, wenn sie etwas erreichen, das sie sich vorgenommen oder wofür sie gekämpft haben. Das ist der natürliche und instinktive Seinszustand einer Frau. Die Wilde Frau strahlt durch diese Freude hindurch. So wird sie bei ihrem Namen gerufen.

Aber in dem Märchen kommt das Schicksal wenig später schon in Form einer goldglänzenden Kutsche angerollt, um das Leben des frohgemuten, weil rotbeschuhten Waisenkinds von Grund auf umzukrempeln.

Die Fallen

Falle Nr. 1: Die goldene Kutsche, Leben von geringerem Wert

In der archetypischen Psychologie sind Kutschen ein Symbol für alle Arten von Transportmitteln. In den Träumen und Geschichten moderner Menschen nimmt das Auto normalerweise den Platz der Kutsche ein. Meistens reflektiert eine solche Art von Transport Bewegungen der Psyche von einem Gedankenbereich in den anderen, von einem Gefühlszustand zu einem anderen oder von einer Idee zur nächsten.

Wenn die Waise in die goldene Kutsche der reichen alten Dame steigt, klettert sie damit praktisch in den berühmten goldenen Käfig, wo das Leben leichter und weniger anstrengend ist, der aber eine Art Gefängnis darstellt. Sie begibt sich in eine zunächst nicht als solche erkennbare Falle, weil das Gefährt so betörend glänzt. Stellt euch vor, ihr wandert euren Lebensweg in selbst genähten roten Schuhen entlang, und dann überkommt euch der Gedanke: »Es muss doch eine weniger mühselige Art geben, durchs Leben zu gehen, einen Lebensstil, mit dem nicht so viel Arbeit und Stress verbunden sind …«

Genauso geht das zu. Wir befinden uns mitten in irgendeiner Sache und fühlen uns eigentlich recht gut, aber dann überkommt uns eine nagende Missstimmung, die sagt: »Also das ist ganz schön hart, was du hier dauernd machen musst. Und schau, wie die anderen Leute leben! Die Art, wie die sich durchs Leben bewegen, ist garantiert leichter, bequemer, luxuriöser.« Da rollt die goldene Kutsche durch unsere Gedankenwelt, ihre Tür öffnet sich einladend, wir steigen ein – und sind schon verführt. Solche Verlockungen »rollen« häufig aus dem Nichts ins Hirn, manchmal sogar mehrmals am Tage, und es ist nicht immer leicht, ihnen zu widerstehen.

Also heiraten wir die falsche Person, weil es uns in ökonomischer Hinsicht dann besser geht. Wir geben es auf, an etwas Neuem mit neuen Methoden zu arbeiten, weil die alten Sachen flotter von der Hand gehen, auch wenn sie uns keinerlei Freude mehr bereiten. Wir lassen das Gedicht, wie es ist, anstatt es zum vierten Mal zu überarbeiten und ein echtes Meisterwerk zu schaffen.

Das Szenario mit der goldenen Kutsche stellt die simple Freude über rote Schuhe weit in den Schatten. Während wir das Verlangen nach der Kutsche als ein typisch weibliches Streben nach materiellem Wohlstand interpretieren können, steckt dahinter meistens eher der Wunsch, nicht so unglaublich hart für die simplen Freuden im Leben arbeiten zu müssen. Der natürliche Wunsch des Egos, es leichter zu haben, ist nicht die Falle, die uns gefangen nimmt. Die Falle ist der Preis, der für die vermeintliche Erleichterung gezahlt werden muss. Die Falle schnappt zu, wenn das rotbeschuhte Mädchen im Haus der alten Dame sesshaft wird, denn in solchen Häusern muss man still sitzen, brav sein und den Mund halten … Da wird keine offen zur Schau gestellte Sehnsucht nach Lust am Leben geduldet und schon gar keine Befriedigung eines »unziemlichen« Verlangens. So wird die Seele eines kreativen Menschen systematisch ausgehungert.

Die klassische jungianische Psychologie erklärt, dass dieser Seelenverlust gewöhnlich in der Lebensmitte stattfindet, beginnend im Alter von 35 Jahren oder danach. Aber Frauen in den hochentwickelten Industrienationen werden tagtäglich veranlasst, ihre Seele aufzugeben, ganz gleich, ob sie 18 oder 80 sind, verheiratet oder nicht, und ungeachtet ihrer Abstammung, Ausbildung oder finanziellen Sicherheit. Viele »kultivierte« Menschen setzen ein nachsichtiges Lächeln auf, wenn sie hören, dass Angehörige »primitiver« Naturvölker ellenlange Listen von Dingen aufzählen, die ihnen vermeintlich die Seele stehlen – angefangen beim Anblick eines Bären zur verkehrten Jahreszeit bis hin zum Betreten eines Hauses, das nicht gesegnet wurde, nachdem ein Mensch darin gestorben ist.

Obwohl unsere modernen Kulturen viel Wundervolles und Lebenspendendes zu bieten haben, befinden sich andererseits aber auch mehr »unpassende« Bären und ungesegnete Totenkammern in unserer Umgebung, als uns lieb sein dürfte. Tatsache ist, dass wir wachsam sein müssen, wenn wir die Verbindung zu einem gehaltvollen Seelenleben nicht verlieren wollen. Alle möglichen Dinge können uns die handgemachten roten Schuhe abschwatzen. Oft ist nur ein bisschen Überredungskunst vonnöten, wie es die folgenden Gedanken ausdrücken: »Na gut, das wahre Leben verschiebe ich auf später … Später tanze ich, pflanze ich, küsse ich, lerne ich, schließe ich Frieden mit …«, und so weiter. Das sind samt und sonders Fallen, und die erste Falle ist die goldglänzende Kutsche, die uns – vom Standpunkt der Seele aus betrachtet – unaufhaltsam in ein *entwertetes*, würdeloses Leben hineinkutschiert.

Falle Nr. 2: Die vertrocknete Alte, die Kraft des Alterns

Die zweite Falle ist die Versteinerung und Vergreisung in einem goldenen oder auch sonstigen Käfig. In der Innenwelt wie in der Außenwelt bestimmt der Eigentümer einer Sache, was damit geschieht. In diesem Fall bestimmt die alte Besitzerin der Kutsche, wohin die Reise des jungen Mädchens geht und welche Wertvorstellungen von nun an Gültigkeit haben und welche nicht. Jetzt ergreift die alte Frau die Zügel und dirigiert die Psyche schnurstracks in eine Zwangsjacke hinein.

In der jungianischen Psychologie wird der Archetyp des greisen Menschen oft als *senex* oder alternde Kraft bezeichnet. Das lateinische Wort *senex* bedeutet »alter Mann«, aber die senexe Kraft ist geschlechtslos und wird auf alles bezogen, das sich nach Art der Alten verhält.

In Märchen wird diese Kraft oft von einer engstirnigen alten Person repräsentiert, womit ausgedrückt werden soll, dass die Psyche sich nur einseitig entwickeln kann. Im Idealfall symbolisiert eine alte Frau Würde, Weisheit, Tradition, Lebenserfahrung und Herzensgüte, wozu allerdings auch eine gehörige Portion kratzbürstiger Humor, barsche Geradlinigkeit und neckische Verspieltheit kommt. Aber die alte Frau in dem Märchen von den roten Schuhen ist irgendwo in ihrer Entwicklung stehen geblieben und dabei erkaltet. Etwas, das normalerweise vital und warm in der Psyche des alternden Menschen ist, ist bei ihr steif und niedergewalzt. Das Gleiche wird nun mit dem Mädchen geschehen, das in das Haus der Alten einzieht.

Wer sich auf eine solche Allianz einlässt, wird, wie man sieht, nicht als »frischer Wind in der muffigen Stube« begrüßt, sondern mit der Zeit von den Vorstellungen der Greisin erstickt. Anstatt den Einfallsreichtum ihres Schützlings zu fördern, macht sich die alte Dame daran, den jungen Geist systematisch zu verkalken. Sie ist demnach keine weise, weitherzige Frau, sondern auf Wertvorstellungen fixiert, die keine Experimente oder Erneuerungen zulassen.

An dem Verhalten der alten Dame nach dem ersten Kirchgang erkennen wir, dass sie die Meinung der Umgebung über alles stellt. »Was die Leute sagen« ist ihr wichtiger als die Bedürfnisse der individuellen Seele. Mit »Kollektiv« wird oft die Kultur gemeint, in der ein Individuum lebt, was durchaus richtig ist, aber C.G. Jung definierte »Kollektiv« als »die Vielheit im Gegensatz zum Einen«. Wir werden permanent von allen möglichen Kollektiven beeinflusst, und ob man zu einem akademischen, religiösen, finanziellen, beruflichen oder verwandtschaftlichen Kollektiv gehört, ist dabei unwesentlich. Die Macht all dieser Kollektive, mit Vergünstigungen zu belohnen oder durch Missachtung zu strafen, erstreckt sich auf weiteste Bevölkerungsschichten, denn sie üben Kontrolle über alle möglichen Dinge aus – von unseren Gedanken und Meinungen bis hin zur Wahl eines Liebhabers oder zur Berufswahl.

In diesem Märchen ist die alte Frau eine Verkörperung der Unbeugsamkeit eines erzkonservativen Kollektivs. Sie ist die rigide Hüterin des Status quo mit all seinen beschränkten Sittlichkeitsregeln, die sagen: »Benimm dich; fall nicht auf; sei bescheiden; passe dich an, denk nicht so viel; komm bloß nicht auf die Idee, aus der Reihe zu tanzen; sei lieb und sag ja, auch wenn es wehtut und du schon fast an dem Wort erstickst.«

Einem derartig leblosen Wertesystem zu folgen, führt zu extremer Zerrissenheit im Innenleben. Ungeachtet der Zugehörigkeit zu bestimmten Gemeinschaften und trotz ihres mächtigen Einflusses geht es für die wilde Seele darum, *nicht* mit irgendeinem Kollektiv zu verschmelzen, sondern sich von der Umgebung zu distinguieren und dann aus freiem Willen Brücken zur Umwelt zu schlagen. Wir entscheiden, welche Brücken häufig benutzt und deshalb gefestigt werden und welche Brücken provisorisch und meistens menschenleer bleiben. Und die Kollektive, bei denen wir die größte Unterstützung für unser Seelenleben und unsere Kreativität finden, werden von uns bevorzugt.

Wenn eine Frau an einer Universität arbeitet, befindet sie sich in einem akademischen Kollektiv, was jedoch nicht heißt, dass sie damit verschmilzt, sondern nur, dass sie ihre einzigartige kreative Duftnote dem Potpourri dieses Kollektivs hinzufügt. Sie kann sich nicht erlauben, die Identifikation mit einer Organisation, Gesellschaftsschicht, Familie oder irgendeine sonstige Assoziation mit Personen in ihrer Umgebung so viel Bedeutung gewinnen zu lassen, dass sie sich zu einer einseitigen Entwicklung beziehungsweise zum Stehenbleiben auf einer Stufe der Abhängigkeit von den Meinungen anderer verurteilt.

Die Separierung des eigenen Lebens und Denkens von den engstirnigen Ansichten der Kollektive ist eine der wichtigsten Aufgaben überhaupt, denn nur so wird die Psyche vor Versklavung bewahrt. Ein Kollektiv, das die individuelle Entfaltung seiner Mitglieder fördert, kann nie daran interessiert sein, eine Klasse von gehorsamen, aber einfallslosen Sklaven, Jasagern und Nachplapperern zu erzeugen.

Aber in diesem Märchen gehorcht die Waise und fügt sich den vertrockneten Wertvorstellungen ihrer alten Gönnerin. Sie gibt ihre natürliche Lebensweise auf und sitzt nun im Gefängnis der abgestumpften Ansichten des Kollektivs. So wird sie ausgehungert, so entwickelt sich ihr rasendes Verlangen nach den roten Schuhen, ohne dass sie ahnt, welche Gefahren damit verbunden sind. Ihre natürlichen Urinstinkte sind verkümmert, und das hat fatale Folgen.

Wenn wir unsere wahren Bedürfnisse aufgeben, um sie gegen die Bequemlichkeit eines goldenen Käfigs einzutauschen, werden uns die Ansichten der vertrockneten alten Perfektionisten aufgepfropft, was bedeutet, dass wir ihre verhärteten Persönlichkeiten allmählich übernehmen. Und dabei geht es uns genauso wie allen eingesperrten Wildwesen: Eine dumpfe Trauer befällt uns, die zu einer zwanghaften Sehnsucht nach Erlösung ausartet. Diese Sehnsucht macht sich in Form von Rastlosigkeit bemerkbar, und fortan sind wir gefährdet. Die nächstbeste Gelegenheit, sich wieder ein bisschen lebendiger zu fühlen, egal wie, wird in diesem Zustand gern gierig wahrgenommen.

Also müssen wir die Augen offen halten und Angebote für ein leichteres Leben sehr gründlich abwägen. Oft handelt es sich um ein Tauschgeschäft, bei dem man sein kreatives Feuer opfern muss und ohnmächtig daneben steht, während die Lebensfreude in einem prunkvoll ausstaffierten Krematorium eingeäschert wird.

Falle Nr. 3: Das Brandopfer, Hambre del Alma, Hunger der Seele

Es gibt Freudenfeuer, und es gibt Bestattungsfeuer. In beiden Fällen wird etwas transformiert; im ersten Fall bewusst und freiwillig, im zweiten Fall unbewusst und unfreiwillig. Wenn Frauen ihre symbolischen roten Schuhe hergeben und diese in einem kulturellen Krematorium eingeäschert werden, wird ein Mord an einem bis dahin noch quicklebendigen Teil ihrer Seele begangen.

Dann existiert die Frau in gewisser Hinsicht als lebende Tote, als ein hungriges Gespenst. Rastlos irrt sie in ihren Gedanken hin und her: Sie sucht, sie will die Integrität ihrer Seele wiederfinden, sie will die roten Schuhe wiederhaben, die einzigartigen, selbst gemachten, denn sie repräsentieren ungezwungene, ungebrochene Lebensfreude.

Viel zu viele Frauen legen ein folgenschweres Gelübde zu einer Zeit ab, in der sie es einfach nicht besser wissen. Während ihrer Kindheit und Jugend werden ihre Talente nicht in ausreichendem Maße gefördert, und so beschließen sie oft schon sehr früh, »es nie, nie wieder zu versuchen«. Der Seelenhunger nach einem Minimum an Anerkennung und Unterstützung macht einer tödlichen Resignation Platz, bei der es den Frauen egal wird, ob das, was sie selbst geschaffen haben, im Krematorium landet.

Die Minderwertigkeitskomplexe einer Frau können ein Feuer des Selbsthasses in ihr erzeugen und sie sehr effektvoll daran hindern, sich mit den Dingen zu befassen, die ihr am liebsten wären, wie etwa die Herstellung eines zweiten Paars roter Schuhe. So werden Jahre in einem Zustand der Verleugnung ihrer Wunschziele verbracht, einem Zustand der inneren Verweigerung, etwas zu tun, zu *unternehmen, herauszufinden,* zu *lernen.*

Die Visionen einer Frau für ihre eigene Zukunft können auch in den Flammen der Eifersucht oder Gewalttätigkeit eines anderen Menschen aufgehen. Von Angehörigen, Lehrern und Freunden erwartet man, dass sie ihren Neidgefühlen keinen destruktiven Ausdruck verleihen, was manche jedoch nicht daran hindert, auf sowohl subtile als auch offensichtliche Art Brände zu legen. Keine Frau kann es sich leisten, ihr kreatives Leben am seidenen Faden hängen zu lassen, um einem antagonistischen Lebensgefährten, Lehrer, Freund oder Elternpaar zu Diensten zu sein.

Wenn das persönliche Seelenleben einer Frau in Schutt und Asche gelegt wird, trocknet sie aus und wird spröde. Aber unbewusst existiert das Verlangen nach satter Lebensfreude und leuchtend roten Schuhen fort, und nicht nur das, es schwillt an, quillt schließlich über und vereinnahmt die Frau, die sich nun wie eine ausgehungerte Bestie auf die Suche nach Befriedigung macht.

Jetzt treibt der Seelenhunger sie voran, und da sie in Gefangenschaft gelebt hat und es nicht besser weiß, greift sie nach allem, das dem verlorenen Schatz *ähnelt*. Sie schnappt nach jedem Sinnesgenuss, egal, was für Folgen es haben mag, denn sie versucht, das lang Versäumte so rasch wie möglich nachzuholen. Eine Frau, die nach ihrem wahren Seelenleben hungert, mag von außen betrachtet elegant und wohlgenährt wirken, aber innerlich ist sie ein weit aufgesperrter Rachen mit flehend vorgestreckten Armen und Krallen.

Dennoch gibt das wilde Selbst auch in dieser Situation nicht auf. Wieder und wieder versucht es, uns nachts im Traum auf unseren Zustand aufmerksam zu machen, uns die Schritte zu zeigen, die uns zu den ganz persönlichen roten Schuhen und der damit verbundenen Lebenslust zurückführen.

Am Beispiel ausgehungerter Tiere in freier Wildbahn lässt sich am besten erklären, warum Frauen sich zu Exzessen des Alkohol-, Drogen- oder ungesunden Liebeskonsums hinreißen lassen. Den Wölfen wird ein ähnlich unersättliches Verhalten nachgesagt wie den hungrigen Menschengeistern. Es heißt, dass Wölfe kein Maß kennen und aus purer Lust am Töten über ihre Opfer herfallen, selbst wenn sie längst satt sind. In Wirklichkeit herrschen strenge Grundregeln unter den Wölfen. Ein Rudel jagt und tötet nur, was es zum Überleben braucht. Nur durch traumatische Ereignisse wird diese Grundregel außer Kraft gesetzt.

Nur wenn ein Wolf unter Tollwut oder einer Nervenkrankheit leidet oder wenn er über einen längeren Zeitraum hinweg gehungert hat, tötet er wahllos. Nur unter diesen beiden Bedingungen – Krankheit oder Hungersnot – lässt er sich zu Exzessen verleiten.

Die Vorstellung, dass eine Hungersnot das Verhalten von Lebewesen grundlegend ändern kann, ist entscheidend, denn in neun von zehn Fällen kann man das ausschweifend neurotische Zwangsverhalten von Frauen auf die Hungersnot ihrer Seele zurückführen, entweder einer momentanen oder einer in der Vergangenheit erlebten.

Für Wölfe endet die Hungersnot normalerweise im Frühling nach der Schneeschmelze. Dabei kommt es vor, dass ein Rudel mehr Wildbret tötet, als es unmittelbar zum Überleben braucht, und die Kadaver auf weiter Flur verstreut liegen lässt. Für Frauen endet der Seelenhunger nicht mit dem Wechsel der Jahreszeiten, und wenn sich ein Bedürfnis über lange Zeit hinweg aufgestaut hat, fühlen sie sich zu Exzessen aller Art berechtigt. Auch das Mädchen in dem Märchen findet es nur recht und billig, sich die verhängnisvollen roten Schuhe anzueignen, nachdem sie sich so lange nach etwas Ähnlichem gesehnt hat. Offenbar schaltet eine Hungersnot das gesunde Urteilsvermögen von Lebewesen aus.

Und so wird es verständlich, dass ein hungriger Geist zu exzessiver Überkompensation neigt. Wenn einer Frau nicht gestattet wurde, zu malen, um nur ein Beispiel zu nennen, obwohl es zu ihren Lieblingsbeschäftigungen gehört, kann es also durchaus sein, dass sie, einmal losgelassen, Tag und Nacht nichts anderes mehr tut, auf Schlaf verzichtet, ihren unschuldigen Körper malträtiert, ihre Gesundheit gefährdet und was sonst noch alles, um nur noch zu malen, malen, malen … Und so gelangt sie an den Punkt, wo sie keine Minute länger wach bleiben kann, wo sie zum Aufputschmittel greift …, denn wer weiß, wie lange sie noch die Freiheit hat, die sie zum Malen braucht, nicht wahr?

Der Seelenhunger erstreckt sich auch auf die Attribute der Seele wie Kreativität, sinnliche Wahrnehmungen und andere instinktive Gaben. Wenn eine Frau dazu erzogen wurde, bei jedem groben Schimpfwort in eine geheuchelte Ohnmacht zu fallen, wenn ihr ein Leben lang nur pasteurisierte Milch zu trinken gegeben wurde, wenn sie so prüde erzogen wurde, dass ihr linkes Knie nie etwas anderes berühren durfte als das rechte, dann ist Vorsicht geboten! Dann lungert sie, kaum von der Leine gelassen, womöglich erst mal ziemlich breitbeinig auf Barhockern herum, kippt einen Gin Fizz nach dem anderen in sich hinein und wählt Worte, die selbst Seemännern die Röte in die Wangen treiben würden. Nach einer überstandenen Hungersnot bleibt die Angst, dass eine neue kommen könnte. Also greift man zu, solange man kann.

Dieses Fallen von einem Extrem ins andere macht sich in allen erdenklichen Lebensbereichen bemerkbar: durch übertriebenen Konsum von Alkohol, Drogen, Essen etc.; durch übertriebenen Hass, eine übertriebene Spiritualität, Kontrollsucht, Ordnungsliebe, Körperfitness, Arbeitswut, Studierwut; übertriebene Schaffenszwänge, Gefallsucht, Verführungssucht und was es sonst noch alles gibt, das man übertreiben kann. So entschädigen Frauen sich für den Verlust ihrer natürlichen Zyklen des Aufnehmens, Ausdrückens und der Sättigung.

Millionen Frauen erdulden eine Form der Hungersnot nach der anderen, und selbst wenn sie ihre Flucht bereits planen, meinen sie oft, dass der Preis zu hoch ist, weil ein Neuanfang sie zu viel Kraft kostet. Hinzu kommt, dass Frauen sich oft nicht gut genug dafür gerüstet fühlen, weder in finanzieller noch in geistiger und beruflicher Hinsicht, weil ihnen die notwendige Ausbildung fehlt. Interessant ist, dass wir das Abgleiten in Exzesse vor uns selbst als durchaus wünschenswert darstellen können …, und es ist natürlich auch eine Erleichterung, endlich mal wieder etwas genießen zu dürfen, sinnlich stimuliert zu werden, ganz gleich, wie.

Wer gerade aus irgendeinem Gefängnis entlassen wurde, will aus dem Vollen schöpfen, das ist verständlich. Aber die abgestumpften Wahrnehmungen eines hungrigen Geistes lassen keine klar umrissenen Grenzvorstellungen zu, und so überschreitet man jedes vernünftige Maß. Die psychisch verwaiste Frau will endlich wieder lebenslustige rote Schuhe an den Füßen haben und sich darin wie eine kleine Königin fühlen. Das nächste halbwegs passende Paar aus rotem Leder wird geschnappt, da fragt sie nicht lange nach dem Woher und Wohin und dem Preis, den sie zahlen muss.

Falle Nr. 4: Der Instinktverlust, Folge der Gefangennahme

Es ist nicht einfach, eine genaue Definition für »Instinkt« zu finden, denn seine Konfigurationen sind unsichtbar, und obwohl wir spüren, dass die Instinkte ein Teil der Wesensnatur des Menschen von Beginn an sind, weiß niemand genau, wo sie neurologisch angesiedelt sind und welchen Einfluss sie im Einzelnen ausüben. Auf psychologischer Ebene gibt es Jungs Theorie, bei der die Instinkte dem »psychoiden Unbewussten« entspringen, dem Bereich der Psyche, wo das Geistige und Biologische miteinander in Berührung kommen können. Damit stimme ich im Großen und Ganzen überein, gehe aber noch weiter, indem ich sage, dass speziell der schöpferische Instinkt eine lyrische Ausdrucksform des Selbst ist, ebenso wie die Symbole in unseren Träumen.

Das Wort »Instinkt« wurde vom lateinischen Wort *instinctus* abgeleitet, es bedeutet »Impuls«, »Anreiz«, »Eingebung«. Instinkte können als so etwas wie eine innerliche Zündung verstanden werden, die im Zusammenhang mit dem Bewusstsein des Menschen sein Verhalten bestimmt. Frauen kommen mit intakten Instinkten zur Welt.

Obwohl das Waisenkind in dem Märchen oberflächlich gesehen in ein leichteres Leben entführt wird, in dem sie »geschliffen« und zivilisiert werden kann, wird ihre Individuation in Wahrheit dadurch unterbunden, denn in dem Mausoleum der reichen alten Dame wird ihrem Streben nach ständiger Weiterentwicklung ein Ende gesetzt. Die alte Frau hält die Ausdrucksformen des schöpferischen Geistes für »lumpig« und verbrennt die roten Schuhe. Das Mädchen versteht die Botschaft und wird entsprechend traurig, aber anstatt der Falle, in der ihre Schöpferkraft sich niemals entfalten kann, noch rechtzeitig zu entfliehen, wird sie stumm und still. Ihr Fluchtinstinkt verstummt. Das ist eine weitere Falle. Wer nicht flieht, wenn Fluchtergreifen das einzig richtige Instinktverhalten wäre, fällt in eine unaufhaltsame Depression.

Die Zoologen sprechen von einer akuten Depression, die sich bekanntermaßen bei wilden Tieren bemerkbar macht, die in Gefangenschaft leben. Und dabei spielt es keine Rolle, wie naturgetreu die Gehege nachgebildet worden sind und wie liebevoll die Tierpfleger mit ihren Schützlingen umgehen. Gefangene Wildwesen in Zoos oder sonstigen Gehegen werden lethargisch, störrisch oder übermäßig aggressiv; ihre natürlichen Zyklen der Fortpflanzung werden unterbrochen, woraufhin sie sich nur noch selten oder gar nicht mehr fortpflanzen. Die Zyklen der Nahrungsaufnahme, des Schlafens und Wachens, Putzens und der Interaktion mit den Artgenossen verfallen. Auf den Verlust der vitalen Lebensenergie folgt eine abgrundtiefe Leere, und das ist nicht die Leere der Buddhisten, die von einer universellen Leere sprechen, welche die Fülle sämtlicher Erscheinungsformen enthält. Das ist die Leere einer geschlossenen Gefängniszelle ohne Fenster.

So geht es dem Mädchen im Haus der vertrockneten Alten.

Sie kann keine Entschlüsse mehr fassen, wird lethargisch und deprimiert und von plötzlichen Angstattacken befallen, die auch bei gefangenen und traumatisierten Tieren beobachtet werden. Bei einer gewaltsamen oder fehlgeleiteten Domestizierung wird den Lebewesen das fundamentale lmpulsivverhalten aberzogen. Die Lust am Spielen, Kommunizieren und anderweitige Formen der Teilnahme an den natürlichen Lebensprozessen werden ihnen ausgetrieben. Allzu »wohlerzogene« Frauen haben diese Impulse so tief in das Dunkel des Unbewussten verdrängt, dass sie nicht mehr automatisch damit in Kontakt kommen können. Das nennt man dann in der Fachsprache »instinktverletzt«. Das natürliche Instinktverhalten steht nicht mehr spontan zur Verfügung, sondern nur noch nach längeren internen Debatten, Kämpfen und Rationalisierungen.

Wenn ich Überdomestizierung als »Gefängnis« bezeichne, dann darf man das Ganze nicht mit der Sozialisierung verwechseln, bei der Kindern ein mehr oder minder zivilisiertes Verhalten beigebracht wird. Eine Sozialisierung in diesem Sinne ist angebracht und unerlässlich. Ohne sie kann man nicht in dieser Welt bestehen. Aber Überdomestizierung ist eine systematische Unterdrückung der Vitalkräfte. Wenn das wilde Selbst in seinem Naturzustand intakt bleibt, dann benimmt sich das Kind nicht unterwürfig oder in jedem Fall gehorsam, denn es ist nicht auf ein einziges, alleingültiges Verhaltensmuster beschränkt. Es ist wach und hat die Wahl, sich kreativ für neue Verhaltensformen zu entscheiden. Eine instinktverletzte Frau hingegen hat keine Wahl. Sie ist stecken geblieben und daher festgelegt, unkreativ, unoriginell.

Es gibt verschiedene Arten des Steckengebliebenseins. Die instinktverletzte Frau offenbart ihre Festgelegtheit normalerweise dadurch, dass sie ihre eigenen Bedürfnisse nicht wahrnimmt und es nur schwer fertigbringt, andere um Hilfe zu bitten. Sie erkennt nicht, wann es Zeit wird, zu fliehen oder den Kampf aufzunehmen. Sie nimmt nicht wahr, wann der Punkt der Übersättigung erreicht ist, wann etwas geschmacklich nicht stimmt, wann Vorsicht und Misstrauen geboten sind. Ihr Liebesbedürfnis wird mal unterdrückt, mal grob übertrieben.

In dem Märchen wird das wilde Selbst dazu angehalten, sich korrekt zu benehmen – geradeso als würde man für das korrekte Benehmen belohnt werden! Tatsache ist, dass man ein zweijähriges Kind vielleicht mit irgendwelchen Belohnungen dazu bewegen kann, seine Spielsachen in den Schrank zu räumen, aber keine energiegeladene Frau. Das »korrekte Verhalten«, wie es die alte Dame versteht, ist ein Todesurteil für den schöpferischen Geist und wird nie auf adäquate Weise belohnt. Durch spielerische Experimente wird der schöpferische Geist gestärkt, nicht durch erzwungene Korrektheit. Der Impuls, zu spielen, ist ein Urinstinkt. Ohne Spielerei gibt es keine Kreativität. Gutes Benehmen ist unkreativ. Stillsitzen, artiges Nachplappern, sich den Benimmregeln fügen, all das ist saft- und kraftlos, denn so kommt nie etwas Originelles zustande. Jede Organisation, Gruppe und Institution, die vor dem Neuen, dem Experimentellen, dem Ungewöhnlichen und Exzentrischen warnt, will unkreative Nachplapperer erzeugen.

Janis Joplin, die berühmte Blues-Sängerin der Sechzigerjahre, ist ein herausragendes Beispiel für eine ausgehungerte und dann wildgewordene Seele mit mörderischen Instinktverletzungen. Sie wuchs in einer Gemeinde von weißen Baptisten in den Südstaaten auf, wo sie von Kindheit an wegen ihrer lebenslustigen, leicht aufmüpfigen und wissbegierigen Art von Lehrern und sonstigen Autoritätspersonen gerügt wurde. Obwohl sie eine ausgezeichnete Schülerin war und als Teenager auch eine vielversprechende Malerin, wurde sie von den Mitschülerinnen gemieden, weil sie kein Make-up tragen wollte, und von den Nachbarn wurde sie gehasst, weil sie Jazzmusik hörte und sich mit Freunden außerhalb der Stadt auf einen Felsen stellte, wo sie meinte, laut und ungehindert singen zu können. Als es ihr endlich gelang, eine Zuflucht im Rock-Business zu finden, war sie dermaßen ausgehungert, dass sie kein Maß mehr kannte. Aus der erschütternden Biografie von Myra Friedman *Janis Joplin. Buried Alive: Ein Leben mit voller Kraft.* geht hervor, dass Janis eine moderne Version des Märchens von den roten Schuhen ausagiert hat. Sie kannte einfach keine Grenzen, wenn es um Sex, Drogen und Alkoholkonsum ging. Sie starb als junge hochtalentierte Sängerin an einer Überdosis Heroin.

Marilyn Monroe, Bessie Smith, Edith Piaf und Judy Garland sind in vieler Hinsicht demselben klassischen Muster gefolgt. Zuerst wird der Versuch gemacht, sich anzupassen, dadurch entstehen die Instinktverletzung und der seelische Heißhunger, der zu exzessiven Auswüchsen und schließlich der Unfähigkeit führt, den Veitstanz zu stoppen. Die Liste der talentierten, aber instinktverletzten Frauen ist lang, die ahnungslos verhängnisvolle Entscheidungen trafen. Alle diese Frauen sehnten sich nach Seelennahrung, einer gesunden, »nahrhaften« Art der Liebe, Sexualität und nach einer ungehinderten Entwicklung, aber dann wurde ihnen etwas rot Glänzendes und Giftiges vor die Nase gehalten, und ihr Zugreifen besiegelte ihr weiteres Schicksal.

Wenn Frauen sich auf irgendeine Weise zwanghaft und selbstzerstörerisch verhalten, muss untersucht werden, ob eine Instinktverletzung vorliegt, denn man darf die Häufigkeit dieser Art der Verwundung nicht unterschätzen. Die Heilung der verletzten Instinkte beginnt mit dem Eingeständnis, dass man in einem Gefängnis gesessen hat, in dem etwas Seelisches permanent zu kurz kam. Danach muss festgestellt werden, inwieweit die natürlichen Grenzvorstellungen bereits untergraben worden sind. Was auch immer es war, das die Frau in das Gefängnis getrieben und den unvermeidlichen Seelenhunger ausgelöst hat, muss rückgängig gemacht werden. Aber vorher gehen viele Frauen durch die im Folgenden beschriebenen Stadien der Geschichte.

Falle Nr. 5: Ein heimliches Leben führen, in zwei Teilen

In diesem Abschnitt der Geschichte soll das Mädchen konfirmiert werden und sich beim Schuster ein Paar neue Schuhe für diesen Anlass bestellen. Das Motiv der Konfirmation ist wahrscheinlich eine spätere Addition oder Umwandlung eines sehr viel älteren Einweihungsmotivs, bei dem das Mädchen den rituellen Segen der älteren Frauen des Dorfes erhalten hätte, in ein immer weniger von der Mutter geprägtes Leben hinauszugehen und selbstständig zu werden.

Es heißt, dass die matriarchalischen Kulturen des frühgeschichtlichen Indien, Ägypten und Mittleren Ostens bei ihren Einweihungszeremonien Henna oder andere rote Pigmente benutzt haben, mit denen die Füße junger Mädchen auf der Schwelle zur

Erwachsenenwelt rot gefärbt wurden. Die rote Farbe symbolisierte das Blut der ersten Menstruation und damit die Fähigkeit der jungen Frau, neues Leben zu empfangen und auszutragen. Die Zeremonie feierte die weitreichende Bedeutung der weiblichen Blutungen in all ihren Ausdrucksformen: das Blut der Menstruation, der Geburt oder Fehlgeburt fließt den Füßen der Frau, die dieses Reifestadium erlangt hat, entgegen. Wie man sieht, hat der ursprüngliche Mythos von den roten Schuhen viele heute völlig vergessene Bedeutungen.

Das Wissen um die weiblichen Einweihungspraktiken wurde in dieser Version des Märchens völlig ausradiert. Das junge Mädchen soll im christlichen Glauben konfirmiert werden, mehr wissen wir nicht, außer, dass dieses Ritual die ausgehungerte Seele nicht im Geringsten interessiert, denn vorher beim Schuhmacher gelingt es dem Mädchen, ein Paar rote Schuhe an der farbenblinden Alten vorbei- und heimlich nach Hause zu schmuggeln, und das ist psychologisch wichtig, denn es ist sehr bezeichnend.

Wenn weite Teile der Psyche unterdrückt werden, beginnt man über kurz oder lang, ein Doppelleben zu führen und heimlich zu tun, was nicht offen zur Schau gestellt werden darf. Die Verdrängung negativer, aber ebenso auch positiver Instinkte, Triebe und Gefühle in den Bereich des Unbewussten führt nicht etwa zu einer Vernichtung dieser Energien, sondern nach Ansicht der analytischen Psychologie zur Erzeugung einer Schattenwelt in der Psyche, in der sich das Unterdrückte ansiedelt und wuchert. Während das Ich und das Über-Ich fleißig versuchen, die Schattenimpulse zu unterdrücken, streben diese mit Macht der Oberfläche entgegen, denn sie kämpfen um Ausdruck, und so werden ein Druck und ein Gegendruck in der Psyche erzeugt, was schließlich zu einer Explosion führen muss, bei der sich das Aufgestaute gewaltsam entlädt.

Das ist der Grund, warum berüchtigte Geizhälse urplötzlich ein paar Millionen Euro auf das Konto eines karitativen Vereins überweisen oder warum eine normalerweise ausgesucht zuvorkommende Person plötzlich ausflippt und brüllend über einen ahnungslosen Mitmenschen herfällt. Deshalb ist es ratsamer, die Tür zu dem Schattenreich einen Spaltbreit zu öffnen und die verdrängten Elemente in kleinen Grüppchen oder auch einzeln herauszulassen, um mit ihnen zu kommunizieren und eine Aufgabe für sie zu finden, denn damit können wir Überraschungsangriffen aus dem Hinterhalt und unerwarteten Explosionen am unpassenden Ort vorbeugen.

Was in einer Kultur als negativ empfunden und daher in das Schattenreich verdrängt wird, kann in einer anderen Kultur als durchaus positiv gelten, aber generell können wir davon ausgehen, dass negative und deshalb verdrängte Impulse ein zerstörerisches Element haben und den Menschen veranlassen, zu stehlen, zu betrügen, zu verletzen, zu beschädigen und zu morden. Aber gerade die negativen Schattenaspekte üben eine eigentümliche Anziehungskraft aus – man neigt unwillkürlich dazu, sie provozierend, erregend und, aus sicherem Abstand betrachtet, interessant zu finden –, und sorgen dabei jedoch für einen fortschreitenden Verfall, bei dem man das psychische Gleichgewicht verliert.

Auf der anderen Seite können sich im Schattenbereich aber auch die positivsten, kreativsten und erhabensten Aspekte einer Person versammeln. Der Schattenbereich von Frauen enthält fast immer ein paar Kostbarkeiten, die auf Geheiß der Gesellschaft verdrängt worden sind. In zahllosen Frauen hockt ganz unten am tiefsten Grund des Brunnens eine visionäre Schöpferin; da sitzt sie, die Hellsehende und Hellfühlende, die eigenmächtig Fähige, und fast immer im Dunkeln. Das Positive, das einer Frau gestatten könnte, ihr Leben nach eigenen Vorstellungen zu gestalten, wird von ihrer Kultur auf eine unentwegte Zerreißprobe gestellt: »Rate mal, ob du so weit gehen darfst oder ob man dir dann den Deckel wieder ordentlich aufdrückt und dich endgültig zum Schweigen bringt …«

Nun sitzen diese verdrängten und »inakzeptablen« Aspekte der Seele ihrerseits jedoch nicht untätig im Dunkeln, sondern schmieden Fluchtpläne, um in die Freiheit zu gelangen. Sie warten und brüten dort unten im Unbewussten vor sich hin, bis sie eines Tages den Deckel heben, egal, wie gut versiegelt er ist, und gewaltsam ausbrechen.

Danach geht es einem wie dem Stallburschen, der versucht, zehn Kilo Kuhmist in einen Fünf-Kilo-Sack zu füllen. Die Inhalte von einmal explodierten Schattenvulkanen lassen sich nicht so einfach wieder fortpacken.

Wenn eine schöpferische Kraft aus irgendeinem Grund unterdrückt wird, dann wird der natürliche Energiefluss unterirdisch umgeleitet und sucht sich eine andere Stelle, an der er hervorsprudeln kann. So geht es Frauen, die ihre Lieblingsbeschäftigung aufgeben, weil sie nicht gleich Erfolg damit haben, oder was auch immer die Gründe sein mögen. Wenn ein Mensch das Gefühl hat, nicht am helllichten Tag verfolgen zu können, was ihm die ersehnte Genugtuung verschafft, fängt er an, ein merkwürdiges Doppelleben zu führen, bei dem er sich nach außen hin anpasst, aber heimlich einer verbotenen Lust frönt, so oft er oder sie eben kann.

Wenn eine Frau meint, ihr Leben in einen ordentlich zugeschnürten kleinen Schuhkarton pressen zu können, erreicht sie in Wirklichkeit nur eines: Sie pfercht ihre Vitalkräfte in das untergründige Schattenreich. »Mir geht es gut«, sagt sie dann.

»Alles in Ordnung.« Aber wir schauen sie an und wissen, dass durchaus nicht alles in Ordnung ist. Und dann hören wir eines Tages, dass sie sich mit einem Saxofonspieler nach Las Vegas abgesetzt hat und als Animierdame durch Bars und Billardhallen tingelt. Merkwürdig, sagen wir, weil wir wissen, dass sie weder eine talentierte Sexbombe ist, noch den Sound von Saxofonen besonders mag.

Wie Hedda Gabler in dem gleichnamigen Stück von Henrik Ibsen können Frauen jahrelang mit knirschenden Zähnen vorgeben, ein »ganz normales«, gesittetes Leben zu führen, aber nie, ohne den Preis dafür zu bezahlen. Hedda führt ein heimliches Doppelleben mit ihrem ehemaligen Liebhaber und spielt dabei Schach mit dem Tod. Gefangene und ausgehungerte Frauen werden hinterhältig. Hedda tut so, als würde sie den Monologen ihres langweiligen Ehemanns mit Interesse zuhören, aber sie denkt an das nächste Schäferstündchen und wie sie es bewerkstelligen soll, ungesehen ihren wahren Interessen nachzugehen. Viele ausgehungerte, unterdrückte Frauen machen alles Mögliche heimlich: Sie lesen »verbotene« Bücher und hören »verbotene« Musik, sie haben heimliche Freundschaften, sexuelle Eskapaden und schließen sich mysteriösen religiösen Sekten an, sie träumen von Revolution und haben aufrührerische Gedanken. Sie stehlen sich Zeit für alles Mögliche, was ihre Seele braucht.

Aber auf Dauer funktioniert so etwas nicht. Irgendwann, wenn man am wenigsten damit rechnet, kommt alles heraus, und dann ist der Jammer groß. Spätestens da wird einem klar, dass es besser gewesen wäre, gleich die Wahrheit zu sagen, denn der Preis für fortgesetzte Täuschung ist weit höher, als wenn man von vornherein seine Sache nach bestem Wissen und Gewissen gemacht hätte.

In dem Märchen führt die Waise die farbenblinde alte Dame hinters Licht, indem sie ihr nicht sagt, dass die Konfirmationsschuhe knallrot sind. Die Farbenblindheit ist ein Merkmal der perfektionistischen, eingestaubten Sichtweise, die alles mit einem Grauschleier überzieht und keine Abstufungen und Feinheiten erkennt. Das erzkonservative Wertesystem sieht nicht genau, was ringsumher vor sich geht. Es ist typisch für eine instinktverletzte Psyche, typisch aber auch für das Gros der Kultur, die eigene Seelennot nicht nuanciert wahrzunehmen. Und so trifft das Waisenkind eine weitere Fehlentscheidung.

Die erste Fehlentscheidung bestand darin, in die goldene Kutsche zu steigen, was sich bei sehr jungen Frauen auf Ignoranz zurückführen lässt, ebenso wie die zweite Fehlentscheidung, die darin besteht, den selbst geschneiderten Lebensstil aufzugeben. Das Mädchen ist schlicht unerfahren, daraus kann man ihr keinen Vorwurf machen: Aber jetzt will sie die roten Schuhe von dem Schuhmacher haben, was rein impulsiv der Griff nach einem sinnenfrohen Leben ist, also durchaus richtig, aber da sie zu viel Zeit im Haus der vertrockneten Alten verbracht hat, sind ihre instinktiven Alarmglocken zum Schweigen gebracht worden und läuten nicht beim Griff nach dem falschen Rot. Der Schuhmacher zwinkert ihr zu und ermuntert das Mädchen, die Fehlentscheidung der bewussten Hinterhältigkeit zu treffen und die Schuhe an der farbenblinden Aufpasserin vorbeizuschmuggeln.

Auf diese Weise tricksen Frauen sich selber aus. Sie haben aufgegeben, was ihnen das Liebste oder Zweit- und Drittliebste auf der Welt ist, und schmuggeln es dann stückchenweise wieder ein, an farbenblinden Aufpassern vorbei. Heimlich schreiben sie Drehbücher, Novellen, Gedichte und tun so, als hätten sie keinerlei schriftstellerische oder sonstige Ambitionen. Aber der Traum lebt weiter, im Untergrund, wo niemand sieht, wie sie kämpfen, wo niemand ihnen ein Feedback zukommen lassen kann. Es ist tödlich, ohne Vertraute, ohne jeden Mentor auskommen zu müssen, ohne die geringste Ermunterung vonseiten einer wohlwollenden Leserschaft, sei sie auch noch so winzig.

Es ist nicht leicht, sich hinter dem Rücken der gefürchteten »anderen« ein Stückchen Lebensfreude zu ergattern, aber Millionen von Frauen versuchen es tagtäglich. Frauen in unglücklichen Ehen tun es. Frauen, denen man Minderwertigkeitskomplexe eingeflößt hat, tun es. Frauen voller Scham und Angst vor Strafen oder Erniedrigungen tun es. Instinktverletzte Frauen versuchen es immer wieder. Aber Hinterhältigkeit ist nur dann ratsam, wenn man in Gefangenschaft lebt und eines Tages das geeignete Fluchtwerkzeug an den Wächtern vorbeischmuggeln kann. Nur Dinge, die zur Freiheit verhelfen, sind den Preis der Hinterhältigkeit wert. Bei jahrelanger Schmuggelei gebietet die Seele normalerweise von selbst Einhalt und sagt, dass jetzt Schluss sein muss mit der elenden Heimlichtuerei.

Generell kann man sich darauf verlassen, dass die wilde Seele niemandem erlaubt, sich auf ewig nur mit kleinen Schlucken vom Lebenselixier zu begnügen. Das ist wie mit dem Atmen. Du kannst versuchen, dir die Luft einzuteilen und mit winzigen Atemzügen in unregelmäßigen Abständen auszukommen, aber irgendwann zwingt dich etwas, tief Luft zu holen und nicht mehr damit aufzuhören. Im Grunde unseres Wesens wissen wir auch, dass wir nicht mit winzigen Lebenshäppchen oder -schlückchen auskommen können.

Der augenzwinkernde Schuster unterstützt die hinterlistige Schmuggelei. Er ist ein Vorbote des Soldaten, der die Schuhe beziehungsweise die Puppen nach dem Kirchgang tanzen lässt. Der Charakter des Schusters ist zu symbolhaft, um eine Interpretation als unbeteiligter Zuschauer zuzulassen. Der innewohnende Räuber in der Psyche und die Räubergesellen in der Außenwelt treten in allerhand unschuldigen Verkleidungen auf, genauso wie die Fallen, goldenen Käfige und vergifteten Köder. Das Augenzwinkern des Schusters verrät, dass er wohl weiß, was dieses Paar Schuhe in seinem Regal unter den gegebenen Umständen auslösen kann und dass es ihm ein diebisches Vergnügen bereitet, die alte Dame und das ahnungslose Mädchen auszutricksen.

Der verkrüppelte Schuster steckt offensichtlich unter einer Decke mit dem Soldaten, welcher eindeutig der Teufel in Menschengestalt ist. In früheren Jahrhunderten herrschte der Glaube, dass der Teufel Schwierigkeiten bei der Verwandlung in einen Menschen hat und deshalb an einer Verkrüppelung oder sonstigen Behinderung erkannt werden kann, wie etwa einem Klumpfuß, Buckel, Hinkebein oder, wie in diesem Fall, einem Arm in der Schlinge. Schuhmacher und Soldaten benutzen Gerätschaften, die früher als Teufelswerkzeug galten, und wurden daher oft als »Handlanger des Teufels« in Märchen eingesetzt.

Der Kernpunkt in dieser Episode ist für uns die Tatsache, dass die Frauen aller Zeiten wie Waisenkinder existiert haben und ihrer

Kultur ein paar Fetzen ungezähmter Lebensfreude abringen mussten, dass sie betteln und manipulieren und zu Kreuze kriechen mussten, um etwas zu erhalten, was ihnen von Natur aus zusteht. Wie kann es angehen, dass sie sich schließlich gezwungen sehen, in die Tanzschuhe des Teufels zu schlüpfen, nachdem das, was ständig in ihnen um Ausdruck ringt, übermächtig wird? Wie kommt es, dass eine Kultur so etwas verlangt? Eine ganzheitliche Psychologie muss nicht nur den Druck von innen berücksichtigen, sondern im selben Maße auch den Druck, der von der Gesellschaft auf Frauen ausgeübt wird, denn dieser Druck zwingt sie dazu, destruktive Entscheidungen als ihren einzigen Ausweg aus der Misere der Leblosigkeit zu sehen.

Falle Nr. 6: Der Kniefall vor dem »Kollektiv«, Rebellion im Schatten

Das Waisenmädchen geht in seinen roten Schuhen zur Kirche und erwirbt sich damit einen schlechten Ruf. Die Klatschmäuler im Dorf stehen von nun an nicht mehr still. Die alte Frau staucht die Kleine zusammen und nimmt ihr die Schuhe weg. Aber zu spät. Das Mädchen ist süchtig geworden. Das Kollektiv fordert den obligaten Kniefall vor seinen kleinkarierten Wertvorstellungen und besteht darauf, dass die Seele des Mädchens weiter ausgehungert wird, bis es klein beigibt.

Man kann ein heimliches Doppelleben führen, aber früher oder später findet das Kollektiv heraus, dass hinter seinem Rücken etwas Verbotenes geschieht, und dann ist die Hölle los. Oder es ist das eigene Über-Ich, das einem die Hölle heiß macht und die gestrenge Position des Kollektivs vertritt.

Jede Diskrepanz zwischen den allgemein anerkannten Verhaltensnormen und dem Verhalten eines Individuums wird von der Gesellschaft aufgespürt und, wenn irgend möglich, eliminiert. Alles, was nicht konform, uniform, eintönig den kollektiven Idealvorstellungen entspricht, wird zurechtgerückt oder mit Gewalt angepasst, das liegt nun einmal in der Natur gesellschaftlicher Kollektive und negativer Komplexe. Es gibt Leute, die ihren Zorn kaum bezwingen können, wenn ein trockenes Blatt in ihrer Hauseinfahrt herumliegt.

Manche Kollektive verlangen übernatürliche Fähigkeiten von ihren weiblichen Mitgliedern. Frauen müssen Madonnen sein, der Haushalt tipptopp, die politische Einstellung korrekt, und bei allem, was sie machen, müssen Meisterwerke herauskommen, sonst haben sie versagt. Unser Kniefall vor dem Kollektiv bewahrt uns vor der Verbannung ins Exil, aber gleichzeitig treiben wir uns selbst damit dem Schuster und dem Soldaten in die Hände.

Manche Leute glauben vielleicht, dass die Lage moderner Frauen nichts mit dieser Situation gemein hat, da die Moralvorstellungen doch sehr viel lockerer geworden sind. Aber Tatsache ist, dass die roten Schuhe immer noch viel zu weit oben im Regal gelagert werden und Frauen heute noch versagt wird, was sich ohne Weiteres in Reichweite mittelmäßiger Männer befindet. Auch heute noch werden Frauen zunächst einmal für verrückt erklärt, wenn sie nach beruflichen Positionen der Spitzenklasse greifen und den dazugehörigen politischen und kulturellen Einfluss ausüben wollen, wenn sie darauf hinweisen, dass ein bestimmter Kaiser keine Kleider anhat, oder wenn sie für die eintreten, die verletzt werden oder keine Stimme haben. Jede Frau, die ein bisschen aus der Reihe tanzt, muss mit Strafe rechnen, und sei es auch nur insofern, dass sie von den Konformisten in ihrer Umgebung gemieden wird. Kinder und junge Mädchen reagieren höchst empfindsam auf erste Anzeichen, dass sie von Mitschülern gemieden werden könnten. Sie wissen instinktiv, was das bedeutet: Von nun an werden sie »wie Luft« behandelt; Fürsorge, Liebe und andere psychische Notwendigkeiten werden ihnen entzogen, und das kann schmerzhafter sein als ein körperliches Leiden, für das man wenigstens von der Umgebung Mitgefühl bekommt.

Eine winzige Abweichung von der Norm, wie beispielsweise das Kundgeben einer etwas anderen Überzeugung, die Wahl einer gesellschaftlich inakzeptablen Nagellackfarbe, kann dazu führen, dass eine Frau von ihren Mitmenschen gemieden wird. Das geschieht natürlich in der Vorstellung, dass sie auf diese Weise gezwungen werden kann, sich den Normen anzupassen und ihr Verhalten zu korrigieren. Aber bei einer unterdrückten Frau geht es nicht so sehr um eine Weigerung, sich anzupassen, als darum, dass sie es einfach nicht kann: denn sie *kann* sich nicht anpassen, ohne dabei seelisch zugrunde zu gehen. Ihre spirituelle Integrität steht auf dem Spiel, und sie *muss* versuchen, frei zu sein, selbst wenn sie dabei einen gefahrvollen Weg wählt, weil kein anderer offen steht.

Dazu fällt mir ein Beispiel aus den 1990er-Jahren ein. Den Berichten des amerikanischen Fernsehens CNN zufolge setzten sich Muslim-Frauen in Kuwait zu Beginn des zweiten Golfkrieges in Autos und transportierten lebensnotwendige Güter hin und her, obwohl ihre Religion allen Frauen das Autofahren verbietet. Nach dem Krieg wurden diese Frauen vor ein Tribunal gestellt und für ihre Vergehen verurteilt, um dann endlich, nach langwierigen Kreuzverhören und offiziellen Untersuchungen in die Obhut ihrer Väter, Ehemänner oder Brüder entlassen zu werden, welche schwören mussten, dass sie ihre Frauen in Zukunft im Zaum halten würden.

Auf solche Weise wird das tapfere und lebenspendende Verhalten von Frauen belohnt, wenn die Kultur aus den Fugen geraten ist und ihre Schatteninhalte auf die Bürger projiziert. Worte wie »skandalös«, »schändlich« und »unsittlich« sind treffende Bezeichnungen für das Verhalten der Muslim-Männer, nicht für das ihrer tapferen Frauen. In manchen Fällen ist ein Akt des Heldenmuts das Einzige, was eine Frau davor bewahrt, noch tiefer vor dem Kollektiv auf die Knie zu sinken. Einer erwachsenen Frau, die vorgewarnt ist und sich zu helfen weiß, ergeht es anders als dem Mädchen mit den roten Schuhen, das sich nicht vor weiterer seelischer

Austrocknung bewahren kann und sich duckt. Mut ist, wenn man dem Herzen folgt, und es gibt Millionen von Frauen, die jeden Tag beherzte Dinge tun, nicht unbedingt von weltbewegender Bedeutung, aber dafür stetig und unablässig. »Steter Tropfen höhlt den Stein«, so sagt man, und tatsächlich wird ein überaltertes Kollektiv nicht allein durch eine singuläre Heldentat reformiert, sondern ebenso durch stetigen beherzten Nonkonformismus.

In diesem Zusammenhang möchte ich noch erwähnen, dass die meisten Kollektive ihre Frauen auf sehr unterschwellige und perfide Art dazu erziehen, sich gegenseitig das Wasser abzugraben, indem sie aus der Reihe tanzende Schwestern (und Brüder) »verraten«. Eine Frau, die feminine Integrität beweist, wenn sie sich als Dissidentin zu erkennen gibt oder ihrer Empörung über soziale Missstände Ausdruck verleiht, wird nicht selten von den eigenen Geschlechtsgenossinnen bestraft, die somit als Handlanger, Informanten und Gefängniswärter des Kollektivs fungieren. Ältere Frauen werden dazu aufgerufen, die jüngeren in Schach zu halten, damit das Kollektiv seine körperlichen, geistigen und emotionalen Misshandlungen ungehindert fortsetzen kann, und die jüngeren Frauen werden ermuntert, die seelischen Bedürfnisse der älteren zu ignorieren und ihnen ebenfalls keine Rückendeckung zu geben.

Wenn eine Frau sich weigert, das ausgetrocknete Kollektiv zu unterstützen, weigert sie sich, ihre wildnatürlichen Gedankengänge zu unterdrücken, und handelt dementsprechend. Das Märchen von den roten Schuhen soll uns als Lehrstück dienen, denn es besagt, dass die wilde Psyche vor Misshandlungen bewahrt werden muss, und das ist nur dann möglich, wenn wir ihren Wert erkennen, zu ihr stehen und sie gegen die Attacken eines kranken Kollektivs verteidigen. Außerdem wird uns klargemacht, dass das Wildnatürliche, einfach weil es so energiegeladen und charismatisch ist, immer von irgendjemandem verurteilt wird. Irgendjemand ist immer daran interessiert, das Wilde zu kontrollieren, es in kleine, handliche Stücke zu hacken oder, wenn das nicht funktioniert, es als exzentrische Kuriosität abzutun. Das Wilde braucht zu allen Zeiten einen Beschützer, denn sonst wird es missbraucht.

Frauen dürfen es nicht hinnehmen, dass ihnen von antagonistischen Kollektiven despektierliche Etiketten auf die Stirn geklebt werden, sondern sie müssen sich so rasch wie möglich auf die Suche nach Gleichgesinnten machen, wie das hässliche Entlein, und die bösen Zungen reden lassen, während sie selbst unbekümmert kreativ werden und im Kreis ihrer Seelenverwandten aufblühen.

Das Mädchen in dieser Geschichte lässt sich von seinen romantischen Vorstellungen über ein Leben in roten Schuhen ablenken. Anstatt eine Rebellion einzuleiten, für eine sinnvolle Veränderung in seinem Leben zu kämpfen und daran zu wachsen, lässt es sich von seiner Faszination für eine suchtauslösende Ersatzbefriedigung gefangen nehmen.

Ich wünschte, wir wären jetzt am Ende der Liste der Frauenfallen angekommen, aber dem ist nicht so. Wir müssen uns immer noch mit dem Räuber auseinandersetzen, der in jeder Gesellschaftsform darauf lauert, alles aufkeimende Bewusstsein zu zerstören. Es heißt, dass einmal gewonnene soziale Freiheiten alle zwanzig Jahre wieder neu errungen werden müssen, aber manchmal kommt es einem vor, als müsste man alle fünf Minuten dafür kämpfen.

Aber die Wildnatur begegnet jeder erneuten Herausforderung mit einem Kopfnicken. Wenn Wölfe von einer Bedrängnis in die nächste stolpern, sagen sie nicht: »Was? Schon *wieder?!* Nein!« Sie schicken sich ins Unvermeidliche und tun, was zu tun ist. Auch wir sollten uns lieber nicht allzu lange über irgendwelche Missstände in unserem Leben aufregen. Wir wissen, dass es immer neue und raffiniertere sowie besser versteckte Fallen gibt, in die lebenslustige Frauen hineintappen können, aber tief in unserem innersten wilden Wesensgrund finden wir die Ausdauer und die Kraft, um uns entsprechend zur Wehr zu setzen.

Falle Nr. 7: Verstellung und der Versuch, gut zu sein, die Normalisierung des Abnormen

Im Verlauf der Geschichte werden die roten Schuhe zu einem Angelpunkt im Leben der Waise. Jetzt stehen sie hoch oben in dem Schrankfach, und das Mädchen berührt sie nicht. Es hat versucht, ohne seelische Befriedigung auszukommen; das hat nicht funktioniert. Dann hat es ein heimliches Doppelleben geführt, aber auch das ohne Erfolg. In einem letzten Versuch gibt es sich jetzt Mühe, ein braves Kind zu sein.

Das Problem dabei ist, dass Bravheit die unterschwelligen Schatteninhalte nicht verschwinden lässt. Das, was in ihr brodelt und kocht, wird auf diese Weise nur weiter eingedämmt, nicht etwa aufgelöst. Bravheit bedeutet in diesem Fall, dass eine Frau ihre Augen vor dem Wahnsinn ringsumher verschließt und versucht, »irgendwie damit zu leben«. Der Versuch, sich in abnormen Zuständen häuslich einzurichten, macht jede sinnvolle Veränderung unmöglich.

Anne Sexton wurde von diesem Märchen inspiriert, ein Gedicht zu schreiben, das sie ebenfalls »Die roten Schuhe« nannte:

Ich stehe im Ring
in der toten Stadt
und lege mir die roten Schuhe an …
Sie gehören nicht mir.
Es sind die Schuhe meiner Mutter
und ihrer Mutter davor.
Als Erbstück vermacht,
aber verborgen wie schamvolle Briefe.
Das Haus und die Straße, in die sie gehören,
sind versteckt, und all die Frauen
sind ebenfalls verborgen …

Der Versuch, im Angesicht einer inneren oder äußeren Bedrohung lieb, brav und gehorsam zu sein, entseelt den Menschen, denn die Seele will, ja sie *muss* auf Missstände aufmerksam machen und entsprechend aktiv werden. Moderne Frauen verhalten sich nicht anders als das Mädchen, das keinen lautstarken Protest gegen seine seelische Aushungerung erhebt; sie normalisieren das Abnorme. Das ist eine Neurose, die in sämtlichen Kulturen der Welt grassiert, nahezu ohne Ausnahme. Auf diese Weise wird der Geist dazu verurteilt, den schleichenden Selbstmord der Resignation, Abstumpfung und Erblindung zu begehen. Die alte Frau in dem Märchen ist auf dem besten Wege dahin.

Anfang der Sechzigerjahre wurden bedeutende Forschungsarbeiten geleistet, die Aufschluss über die Gründe für den Verlust des Selbstschutzinstinkts bei Frauen liefern. Anhand von Tierversuchen, unter anderem mit Hunden, sollte wissenschaftlich untersucht werden, wie sich der Fluchtinstinkt eines Lebewesens bemerkbar macht. Bei einem Experiment wurde die rechte Hälfte des Fußbodens in einem geräumigen Käfig elektrisch geladen, sodass der im Käfig gefangene Hund einen leichten Elektroschock erhielt, sobald er die rechte Seite des Käfigs betrat. Der Hund lernte sehr schnell, sich nur in der linken Käfighälfte aufzuhalten.

Als Nächstes wurden die Stromkabel auf die linke Seite verlegt, während die rechte Hälfte frei blieb. Wieder passte der Hund sich rasch an die veränderten Umstände an und hielt sich nur noch in der rechten Hälfte des Käfigs auf. Dann wurde der gesamte Fußboden verkabelt, und der Hund erhielt in unregelmäßigen Abständen Schocks, ganz gleich, wo er hintrat oder sich hinlegte. Zuerst zeigte der Hund sich verwirrt, dann geriet er in Panik. Am Ende gab das Tier auf und erduldete die Schocks, wann und wo sie es trafen, ohne je wieder zu versuchen, ihnen zu entkommen oder sie durch Geschicklichkeit zu vermeiden.

Aber damit war die Studie noch nicht beendet. Als Nächstes wurde die Tür des Käfigs geöffnet, wobei man erwartete, dass der

Hund sofort hinauslaufen würde. Aber er blieb liegen und ließ die unberechenbaren Elektroschocks weiterhin über sich ergehen. Daraus schlossen die beteiligten Wissenschaftler, dass ein Lebewesen sich an Gewalttätigkeiten gewöhnen und so weit anpassen kann, dass es seinen gesunden Fluchtinstinkt nahezu vollständig verliert.

Das ist damit gemeint, wenn ich von der Normalisierung des Abnormen spreche. Wissenschaftler haben einen Begriff für die allmähliche Gewöhnung an Gewalttaten erfunden, sie sprechen von »angelernter Hilflosigkeit«, und diese angelernte Hilflosigkeit führt zu einer Gewöhnung an das tagtägliche Entsetzen, wobei eine Frau sich nicht mehr imstande sieht, den Trunkenbold von einem Ehemann zu verlassen oder dem Quälgeist von einem Vorgesetzten den Kopf zurechtzurücken oder die Gruppe, von der sie ausgebeutet und verfolgt wird, aus ihrem Leben zu entfernen.

Die »Normalisierung des Abnormen« bezieht sich auf alle Seinsbereiche, körperlich, emotional, geistig, instinktiv und so fort. Wenn eine Frau es zulässt, dass ihr oder ihren Kindern und sonstigen Schützlingen Gewalt angetan wird, ganz gleich auf welcher Ebene, muss der Sache auf den Grund gegangen und gefragt werden, ob sie im Begriff ist, die Elektroschocks seitens der Umgebung zu akzeptieren und sich »aufzugeben«, wie der Hund in dem eben beschriebenen Experiment.

Wir alle versuchen, lieb und gut und verständnisvoll zu sein, während unseren Wildnaturen permanent Gewalt angetan wird, und das Resultat ist, dass wir dabei die Fähigkeit verlieren, uns dem Horror zu entziehen. Wir verlieren die Kraft, uns für Dinge stark zu machen, die uns eigentlich das Liebste auf der Welt sind, nicht anders als das Waisenkind im Märchen.

Wenn man seinen eigenhändig zurechtgezimmerten Lebensstil aufgibt, kommt einem mit der Zeit alles dermaßen sinnlos vor, dass man nicht mehr einsieht, warum man sich noch gegen irgendetwas wehren oder für irgendetwas einsetzen soll. Und mit der Lähmung der Psyche geht auch die Verschandelung der Umwelt einher. Das eine ist nicht vom anderen zu trennen. Solange das Wildnatürliche in uns verschandelt wird, dürfen wir uns auch nicht einbilden, dass wir die Umwelt vor weiteren Misshandlungen bewahren können.

Verletzte und geschwächte Urinstinkte im Menschen haben eine gemeingefährliche Wirkung, und die Folgen sind weltweit sichtbar. Seit Jahrzehnten wird unseren Atomreaktoren, Industrien und Raffinerien erlaubt, Umweltgifte zu erzeugen und sie in die Luft zu blasen oder irgendwo abzulagern, woraufhin Tiere eingehen, Wälder sterben, Kinder erkranken und Eltern aller Nationen versuchen, sich an die paralysierende Serie von unregelmäßig auftretenden Umweltschocks zu gewöhnen.

Wenn Frauen nicht den Mund aufmachen und sich nicht lautstark genug für ihre Rechte einsetzen, dann verstummt die Wilde Frau und mit ihr das Ursprüngliche auf dieser Welt. Dann sterben schließlich auch der letzte Wolf und der letzte Regenwald, denn es gibt immer genug einflussreiche Unternehmer, die ein persönliches finanzielles Interesse an der Vernichtung der Wildnatur in all ihren Ausdrucksformen haben.

Wir weigern uns, das Schockierende und Gewalttätige zu akzeptieren und als normal zu empfinden, indem wir zu unseren Instinkten zurückfinden. Mit dem Instinktgespür kehrt auch die Wilde Frau in uns zurück. Wir müssen uns klarmachen, dass wir in ein Leben, das uns gerecht wird, zurückkehren können, wenn wir wollen; dass es an uns liegt, ein zweites Paar rote Schuhe in Handarbeit herzustellen und uns darin schön zu finden. Wir brauchen Schuhe, in denen wir uns frei bewegen können, nicht die verhexten Tanzschuhe der Ersatzbefriedigung, die ausgehungerten Frauen von gewissenlosen Händlern angeboten werden.

Es ist durchaus angebracht, die negativen Projektionen auf die Umwelt fallen zu lassen und sich genau anzuschauen, welchen Schaden man sich selbst zufügt, anstatt zu sagen: »Du hast mich verführt, du hast mich ins Verderben getrieben« und so weiter.

Aber damit kann die Untersuchung der Tatsachen nicht als abgeschlossen bezeichnet werden.

Die Falle innerhalb der Falle ist, zu glauben, dass man sämtliche Probleme lösen könnte, indem man die Projektionen auf andere auflöst und das eigene Bewusstsein reinigt. Das ist einerseits wahr und andererseits auch nicht. Es ist in Wirklichkeit keine Entweder-oder-Frage im Sinne von »entweder stimmt etwas da draußen nicht, oder mit mir stimmt etwas nicht«. Es ist vielmehr eine Und-und-Angelegenheit, bei der die äußeren Einflüsse und die innere Verarbeitung dieser Einflüsse eine Rolle spielen. Das Und-und-Paradigma erlaubt uns, alle Faktoren in Betracht zu ziehen und einen Überblick über die Gesamtsituation zu gewinnen, aus dem wir die korrekten Schlüsse ziehen können. Ausgehend von dieser Und-und-Haltung können Frauen den Status quo mit Selbstbewusstsein in Frage stellen; so werden nicht nur die eigenen Unzulänglichkeiten erkannt und erörtert, sondern auch die der unbewussten Umwelt, in der wir existieren. Das Und-und-Modell ist nicht dazu da, die Schuld gleichmäßig auf das Selbst und die anderen zu verteilen. Es ist eine Methode, die Verantwortung für das zu übernehmen, was innen wie außen repariert werden kann, und dabei weder die eigene Innenwelt noch die Außenwelt zu kurz kommen zu lassen.

Irgendwie bringen viele Frauen es fertig, sich mit der Normalisierung des Abnormen abzufinden, sind dabei aber nur halb lebendig. Sie fügen sich und dulden schweigend, was unerträglich ist, wie Babys, die sich die Lunge aus dem Hals gebrüllt haben und dann verstummt sind, weil niemand kam, um sie auf den Arm zu nehmen und zu trösten. Im Käfig gefangen, verzweifelt, verbittert, verstummt. So geht das zu.

Falle Nr. 8: Unkontrolliertes Tanzen, Süchte und Zwänge

Die alte Frau hat ebenfalls drei falsche Entscheidungen getroffen. Obwohl sie eigentlich als Schutzpatronin und Führerin der Psyche fungieren müsste, ist sie zu farbenblind, um das Grellrot der Schuhe zu erkennen, die sie mit dem eigenen Geld bezahlt hat. Sie sieht nicht, dass das Mädchen langsam besessen von dem Gedanken an diese Schuhe wird, und durchschaut auch den Charakter des Mannes mit dem roten Bart nicht, der am Kircheneingang lauert.

Der Mann mit dem roten Bart klopft auf die Sohlen der Schuhe, und durch die kitzelnde Vibration werden die Füße des Mädchens zum Tanzen gezwungen. Und wie! Es kann nicht mehr damit aufhören. Sowohl die alte Frau, die die Psyche vor Unheil beschützen sollte, als auch das Waisenkind, das die Lebenslust der Psyche ausdrücken sollte, haben sich von ihrem Instinktwissen und damit von ihrem gesunden Menschenverstand entfernt.

Das Mädchen hat alles Mögliche getan, um mit seinem Problem fertig zu werden: Es hat sich dem Lebensstil der alten Dame angepasst, dann unterschwellig rebelliert, um heimlich seiner Sehnsucht nach roten Schuhen zu frönen, woraufhin es aus der Reihe getanzt ist, wieder eingefangen wurde beziehungsweise versucht hat, sich »zu fangen« und brav zu sein. Aber der Heißhunger auf ein bedeutungsvolles, freudvolles Leben zwingt das Mädchen, die verbotenen Schuhe anzuziehen, in ihnen zur Kirche zu gehen und seinen rasenden, jetzt nicht mehr aufzuhaltenden Tanz in die Unbewusstheit anzutreten.

Die Waise hat ein verstaubtes, grausam unfrohes Dasein normalisiert und damit ein zwingendes Verlangen nach der erleichternden Verrücktheit des »Aus-der-Reihe-Tanzens« in ihrem Schatten aufgestaut. Der Mann mit dem roten Bart bringt jetzt Leben in das Ganze, aber er macht nicht das Mädchen lebendiger, sondern ihr Zwangsverhalten, ausgedrückt durch die selbstzerstörerischen

Schuhe. Das Mädchen wirbelt sich jetzt das Herz aus dem Leib und kann, wie alle hoffnungslos Süchtigen, nicht mehr damit aufhören.

Zuerst macht ihr der Wirbel noch Spaß, aber bald wird sie von panischer Angst ergriffen und später von abgrundtiefer Erschöpfung. Sie will in einen Kirchhof tanzen, aber dort tritt ihr ein dräuendes Gespenst entgegen und verwehrt ihr den Einlass. Das Gespenst spricht den Fluch aus, der die Süchtigen zum Ausleben ihrer Obsession zwingt, ohne Hilfe von Mitmenschen, die ihre Türen vor dem Schreckgespenst dieses öffentlichen Kontrollverlusts verschließen. »Tanzt, ihr roten Schuhe, tanzt!« sagt das Gespenst – bis zum bitteren Ende.

Viele hochbegabte und kreative Frauen sind diesem Muster gefolgt. Als Heranwachsende versuchte Janis Joplin, sich den Moralvorstellungen einer Kleinstadt anzupassen. Dann rebellierte sie ein wenig, indem sie nachts auf die Felsen kletterte, laut sang und die Nähe von Künstlern oder Lebenskünstlern suchte. Nachdem ihre Eltern vor den Schulrat gerufen wurden, um das »ausfallende« Benehmen ihrer Tochter zu erklären, begann Janis, ein Doppelleben zu führen, bei dem sie nach außen hin unauffällig war und nachts heimlich über die Staatsgrenze fuhr, um Rock- und Jazzmusik zu hören. Sie besuchte ein College, nahm verschiedene Drogen, wurde krank, »rehabilitierte« sich und versuchte, normal zu sein. Aber bald griff sie wieder zur Flasche, probierte harte Drogen aus, und damit begann sie ihren Tanz in den roten Schuhen. Sie hörte nicht mehr auf, von einem Ort zum nächsten zu wirbeln, bis sie im Alter von 27 Jahren an einer Überdosis Heroin starb.

Um es noch deutlicher zu machen: Es war nicht ihr Gesang, nicht das Musikmachen, nicht die ungestüm aus ihr herausbrechende Kreativität, die Janis Joplin das Leben gekostet haben. Es war der Mangel an instinktivem Gespür für die Fallen und für das rechte Maß. Als instinktverletzte Frau übersah sie einfach alle Grenzen und spürte nicht, wie die Exzesse ihr psychisches Knochengerüst anknacksten, erst einen Knochen zum Splittern brachten, dann zwei, bis der gesamte Unterbau der Psyche zusammenbrach und sie nicht mehr für sich selbst geradestehen konnte.

Eigentlich hätte sie nur einen einzigen Rettungsanker in der Instinktwelt gebraucht, nur einen kleinen Fetzen des alten Instinktwissens, der ihr als Richtungsweiser und beim Wiederaufbau hätte dienen und helfen können. Es gibt eine wilde Stimme, die in uns allen lebt und flüstert: »Bleib ein Weilchen hier bei mir ... Lange genug, um wieder Hoffnung zu schöpfen, lange genug, um deine defensiven Halbwahrheiten und deine vertrackte achselzuckende Wurstigkeit aufzugeben. Halte dich an mich, damit du erkennen kannst, was gut für dich ist, bis du wieder stark genug geworden bist, um noch einmal Anlauf zu nehmen und endlich ans Ziel zu gelangen, egal, wie lange es dauert und wie es nach außen hin aussieht.«

Suchtverhalten

Es ist nicht die ungebändigte Lebensfreude, die das Mädchen mit den roten Schuhen ins Verderben treibt, sondern der Mangel an ungebändigter Lebensfreude, das muss man ganz klar sehen. Wenn eine Frau ihren ausgehungerten Zustand nicht bewusst wahrnimmt und die Konsequenzen eines Einsteigens in tödliche Transportmittel nicht wahrhaben will, dann tanzt sie in grellroten Schuhen. Tödliche Transportmittel sind ungesunde Beziehungen, negatives Denken, Misshandlungen, Drogen, Alkohol – alles, was man nur schwer wieder loswird, wenn es sich einmal etabliert hat und zur Gewohnheit geworden ist.

Die ausgetrocknete ältliche Schutzpatronin in der Psyche trägt das Ihre zu dem Abgleiten in unaufhaltsame Exzesse bei. Sie war von Anfang an halb blind, aber nun wird sie sterbenskrank. Sie wird bewegungsunfähig und hinterlässt damit eine totale Leere in der Psyche. Jetzt gibt es niemanden mehr, der der ankerlosen Psyche gut zureden und ihr Vernunft einflößen könnte. Erst siecht die alte Frau dahin, dann stirbt sie ganz, und damit findet die Psyche nirgends mehr eine Zuflucht. Das Mädchen tanzt sich in die vollständige Zerrüttung hinein.

Die wilde Psyche enthält alle Instinkte, die ein Mensch zum Überleben braucht. Aber wenn die inneren und äußeren Freiheiten nicht regelmäßig zum Tragen kommen, sondern durch unterwürfiges Verhalten, Passivität und ein Leben in Gefangenschaft unterdrückt werden, dann bleibt bald nicht mehr viel von den instinktiven Überlebensfähigkeiten übrig.

Die Instinktnatur sagt uns, wann das Maß voll ist, denn sie ist an der Lebenserhaltung interessiert und weiß sehr genau, dass die Dinge, um die man in seinem Leben betrogen wurde, nicht durch Exzesse des Zorns, der Verleugnung oder der Sinnesbetäubung wettgemacht werden können. Die alte Frau in der Psyche fungiert normalerweise als Maßhalter und Einspruchерheber. Aber in diesem Märchen ist sie zu rigide, um glaubwürdig und daher funktionsfähig zu sein.

Manchmal bemerkt man nicht ohne Weiteres, dass man sein Instinktgespür verliert, weil der Vorgang sich untergründig abspielt und über Jahre erstreckt. Dazu kommt, dass die Abtötung der Urinstinkte von der Gesellschaft gefordert wird, vielfach sogar von anderen Frauen, die in der Vernachlässigung ihrer Instinkte einen Weg sehen, den sozialen Status zu erreichen, der naturbezogenen Frauen vorenthalten wird.

Das Suchtverhalten beginnt damit, dass eine Frau ihr selbst gestaltetes und daher sinnvolles Leben aufgibt und sich dann auf Dinge fixiert, die dem Verlorenen ähneln. Im Märchen versucht die Waise immer wieder, an die entzogenen roten Schuhe heranzukommen, aber sie hat ihr Unterscheidungsvermögen verloren und erkennt den Unterschied zwischen diesem und jenem Rot, diesem und jenem Transportmittel nicht mehr. So fällt die Waise auf einen gefährlichen Ersatz herein, und da sie außerdem ihre ursprüngliche Vitalität verloren hat, greift sie immer wieder zu dem Ersatz, auch wenn es sie zu peinlichen Entgleisungen aller Art zwingt. In der analytischen Psychologie würde man sagen, dass sie ihr Selbst aufgegeben hat.

Ausgehungertsein führt zu Suchtverhalten. Die meisten Frauen haben zeitweilig in Gefangenschaft leben müssen, manche jahrzehntelang. Andere waren nur im Uterus einigermaßen frei. Alle verlieren dabei ein gewisses Maß an Instinktgespür. Bei manchen Frauen wird das Gespür für den Charakter der Mitmenschen verletzt, und dann fallen sie auf die falschen Partner herein. Bei anderen verlangsamt sich die Reaktionsfähigkeit, sodass sie nicht mehr spontan und direkt auf Unverschämtheiten reagieren können und zu unfreiwilligen Märtyrerinnen mit schwelenden Rachegedanken werden. Bei vielen Frauen wird der Flucht- und Verteidigungsinstinkt so weit geschwächt, dass sie sich immer wieder als Opfer anbieten. Die Liste ist lang.

Drogensucht und Alkoholsucht sind Fallen, die einem brutalen Liebhaber ähneln, der einen zuerst gut behandelt, dann misshandelt, sich entschuldigt, wieder ein Weilchen lieb ist und dann erneut – und in jeder Runde etwas härter – zuschlägt. Die Falle liegt in dem Versuch, das Gute an der Beziehung zu erhalten, während die Schattenseite übersehen wird und ungeheilt bleibt. Das klappt natürlich nie. Wie sollte es auch?

Janis Joplin stolperte auch in diese Falle. Sie bemühte sich, die Wünsche anderer Leute zu befriedigen, und übernahm die Rolle des archetypischen weiblichen Rebellen, um die Sehnsucht ihrer Fans und Anhänger nach ungezähmtem Nonkonformismus zu erfüllen. Gerade so, als könnte sie für die anderen frei werden. Damit unternahm Janis noch einen letzten Versuch, sich den Wünschen irgendeines Kollektivs zu beugen, bevor sie ihren Abstieg in die Dunkelheit begann. Sie reihte sich in die Liste der anderen berühmten Frauen ihrer Zeit ein, die den Massen als himmelstürmende schamanistische Leitfiguren dienten und dann ebenfalls abstürzten. Frances Farmer, Billie Holiday, Anne Sexton, Sylvia Plath,

Judy Garland, Bessie Smith, Frida Kahlo – alle diese Vorbilder für die Energie und das Talent einer wilden Frau starben den viel zu frühen Tod der ausgehungerten und süchtig gewordenen Seele.

Eine ausgehungerte Frau kann sich die Rolle eines archetypischen Leitbilds nicht aufbürden, ohne unter der Last zusammenzubrechen. Die ausgehungerte Frau ist nicht stark, sondern schwach vor Hunger, und sie ist, wenn sie Glück hat, im Begriff, zu genesen. Wir kämen nie auf die Idee, einem genesenden Menschen zu sagen, dass er ein Klavier die Treppen hochtragen soll, aber seelisch ausgehungerten Frauen wird oft die Sorge um das Wohl ihrer ganzen Familie, wenn nicht gar die Verantwortung für einen ganzen Kulturkreis aufgebürdet.

Zu Beginn ihrer Sucht haben die Leute meist das Gefühl, dass die suchtauslösende Substanz, was auch immer es sein mag, ein Geschenk des Himmels ist und ihnen in irgendeiner Form das Leben rettet. Manche Suchtmittel verschaffen den Benutzern ein berauschendes Machtgefühl, das sie verleitet, die ganze Nacht wach zu bleiben, kreativ zu sein, herumzuwirbeln, ohne zu essen. Andere betäuben eher und lassen die Benutzer ohne Albträume schlafen und nicht so betrübt über Dinge sein, die sie zutiefst bekümmern. Oder das Suchtmittel soll einem helfen, nicht mehr so dringend zu spüren, dass man lieben und geliebt werden will. Aber das Märchen sagt, was am Ende geschieht: Man wird zu einem unaufhörlichen Veitstanz hingerissen, bei dem das Leben nur noch verschwommen im Hintergrund vorbeiwirbelt wie beim Blick durch ein dämonisches Kaleidoskop. Zur Besinnung kommt man dabei oft erst vor den Türen des Scharfrichters.

Beim Scharfrichter

Zu spät aus den Schuhen schlüpfen wollen

In extremen Fällen kann eine massive Attacke gegen die Psyche, unterstützt durch vorangegangene Instinktverletzungen, zu einer schizoiden Zersplitterung und/oder einer Psychose führen. Die Aushungerung und das daraus resultierende Suchtverhalten sind hier nicht die Auslöser, tragen aber dazu bei, dass ein opportunistischer Komplex die geschwächte Psyche übernimmt und mit ihr durchgeht. Fortschreitender Verfall zeigt sich häufig etwa darin, dass Frauen sich eines Tages weigern, ihr Bett zu verlassen, weil sie keinen Grund mehr sehen, morgens aufzustehen, oder dass sie nur noch im Morgenrock durchs Haus wandern und drei Zigaretten in jedem Aschenbecher brennen lassen, während sie bereits die nächste anzünden. Oder sie weinen ohne Unterlass, stundenlang, irren mit wirrem Haar durch die Straßen und verlassen ihre Familien plötzlich ohne ein weiteres Wort. Der zunehmende Verfall der Wildnatur lässt Selbstmordgedanken übermächtig werden, wobei der Selbstmord durch einen nachlässigen »Unfall« herbeigeführt oder mit vollem Bewusstsein absichtsvoll begangen werden kann. In den meisten Fällen töten Frauen sich jedoch nicht körperlich, sondern »nur« gefühlsmäßig. Die betroffene Frau lebt als Hülle weiter und fühlt sich weder gut noch schlecht dabei. Sie hat sich in eine gefühllose Existenz zurückgezogen und ist immun gegen Reize wie eine wandelnde Tote.

Damit kommen wir zu dem härtesten Teil der Geschichte. So grausam es ist – das Beil des Scharfrichters muss hervorgeholt werden und die Schuhe abschneiden. Es ist schmerzhaft, sich von einer Sucht nach Selbstzerstörung zu trennen und das Suchtverhalten Knall auf Fall zu beenden. Warum weiß kein Mensch. Man sollte meinen, dass die Süchtigen sich erleichtert fühlen, wenn sie gerade noch mit dem Leben davongekommen und vor ihrer Selbstzerstörung bewahrt worden sind. Man sollte meinen, dass sie sich jetzt glücklich preisen. Aber nein, sie fletschen die Zähne, sie haben das Gefühl, dass sie verbluten, obwohl man kein Blut sieht. Aber dieser Schmerz, dieser Einschnitt, bei dem man sozusagen auf keinem Bein mehr stehen, sich nirgendwohin mehr flüchten kann, ist genau das, was man braucht, um einen neuen Anfang zu machen und in ein selbst gezimmertes Leben zurückzukehren, wo an jedem Tag bewusst gewerkelt wird.

Ja, es tut weh, von den roten Schuhen getrennt zu werden. Aber plötzlich und vollständig von der Sucht abgeschnitten zu werden, ist unsere einzige Möglichkeit. Ein gewaltsamer Einschnitt ist in diesem Fall die einzige Rettung. Die Füße wachsen nach, wir finden einen Weg, *unseren* Weg, und werden eines Tages wieder die Straße entlanghüpfen. Bis dahin ist unser selbst gestaltetes Leben so weit gediehen, dass wir nur noch hineinschlüpfen müssen, froh und dankbar, dass wir noch einmal eine Gelegenheit haben.

Die Heilung verletzter Instinkte

Wenn ein Märchen mit dem Tod oder der Verstümmelung der Protagonistin endet, wie dieses, fragen wir uns unwillkürlich, ob die Geschichte nicht auch anders hätte ausgehen können. Hier will ich die psychologischen Möglichkeiten eines guten Endes besprechen, das der brutalen Verlustepisode folgen könnte.

Nachdem man eine psychische Hungersnot und das darauffolgende Zwangsverhalten überstanden hat, muss man normalerweise mit mindestens ein, zwei Jahren der Rehabilitation rechnen. In dieser Zeit braucht man einen Zufluchtsort, an dem die Verletzungen in Ruhe untersucht und behandelt werden können. Es ist eine Zeit, in der man Führung und Hilfe akzeptiert und die geeignete Medizin. Es ist eine Zeit, in der die Frau ihr Leben allmählich wieder selbst in die Hand nimmt und lernt, genauer hinzugucken und nicht länger naiv in Fußfallen zu tappen. Bevor die weiblichen Urinstinkte wieder wachgekitzelt werden können, muss jede Frau für sich herausfinden, auf welche Art und Weise ihr Instinkt außer Kraft gesetzt wurde.

In diesem Buch habe ich die häufigsten Fallen besprochen, die in nahezu allen Kulturen ausgelegt werden, aber die Erscheinungsformen der Käfige, Räuber, Fallen und vergifteten Köder sind von Kultur zu Kultur verschieden. Frauen müssen ihre jeweilig typische religiöse und ethnische Programmierung in Betracht ziehen, um zusätzliche Einsichten zu gewinnen. Generell geht es darum, eine Landkarte vom umgebenden Waldgebiet anzufertigen, aus der ersichtlich wird, wo die Räuber leben und wo sie ihre Fallen aufstellen. Man sagt, dass jeder Wolf alle Lebewesen in seinem Territorium kennt. Dieses Wissen gibt ihm Bewegungsfreiheit und den Vorsprung, den er braucht.

Wir haben keine Kontrolle darüber, wer uns in die Welt setzt und erzieht. Wir können die Kultur um uns herum nicht zwingen, auf der Stelle bewusster und humaner mit uns umzugehen. Aber wir können unser Leben zurückfordern, selbst wenn wir ausgehungert, instinktverletzt oder momentan noch in einem Käfig gefangen sind.

Verletzte und abgestumpfte Urinstinkte sind heilbar, das muss man wissen. Sie kehren erwiesenermaßen in ihren Naturzustand zurück, wenn man folgende Grundregeln beachtet: Zunächst darf man sich nicht Hals über Kopf in ein wildnatürliches Leben stürzen wollen, in dem man sich nicht auskennt. Man beginnt mit vermehrter Aufmerksamkeit, mit der man die Welt ringsumher beobachtet. Man schaut, nimmt wahr, hört hin und registriert so genau und vorurteilslos wie möglich, was es da alles so gibt. Ganz wichtig ist auch, dass man das Verhalten anderer Menschen mit intakten Urinstinkten beobachtet. So wird ein Muster vorgegeben, an dem man sich während der Rehabilitation orientieren kann. Während der Genesung braucht jede Frau einige inspirierende Vorbilder, deren beherztes, seelenvolles Verhalten ihr Mut macht, sich auf die ureigenen instinktiven Rhythmen zurückzubesinnen.

Grundsätzlich ist dies die Weigerung, seinen Geist unter dem Druck von außen und innen aufzugeben und den verwundeten Zustand als normal zu akzeptieren. Aber das schafft das Ego nicht allein. Man braucht eine in der freien Wildbahn erfahrene Mutter, an deren Rockzipfeln man sich in dieser Phase festhalten kann. Und wer wartet schon die ganze Zeit darauf, diese Aufgabe endlich erfüllen zu dürfen? Die Wilde Frau in uns allen. Sie fragt, warum wir so lange herumgetrödelt haben, nimmt ihre Medizin aus dem Bündel und macht sich an die Arbeit in uns.

Hierzu möchte ich noch einmal sagen, wie wichtig es ist, sich mit Menschen zu umgeben, die unsere Genesung und die Rückkehr zu den Urinstinkten bedingungslos fördern. Man tappt in die nächste Falle hinein, wenn man sogenannten Freunden die Treue hält, die unter den gleichen Instinktverletzungen leiden und nicht den Wunsch haben, sich zu heilen. Solche Freunde sind eine ständige Verführung, das Maß zu überschreiten, die natürlichen Zyklen zu ignorieren und die Seelenbedürfnisse zu kurz kommen zu lassen.

Instinktverletzte Frauen können sich keine weitere Naivität leisten. Notgedrungen müssen sie eine gesunde Skepsis entwickeln und den Preis für Ausschweifungen aller Art von vornherein abwägen. Wie die Kinder einer Wölfin müssen sie sich die Fallen und ihre Merkmale einprägen, sozusagen auswendig lernen, wie und wo die unterschiedlichen Fallen ausgelegt sind und von wem. Nur so bewahren sie sich die teuer errungene Freiheit.

Außerdem muss man wissen, dass die Urinstinkte sich nicht in den Untergrund zurückziehen, ohne ein Echo auf der Gefühlsebene und eine verfolgbare Spur zu hinterlassen. Selbst im »zerrütteten« Zustand hört die Frau die tonlose Stimme der wilden Göttin in ihrem Blut. Selbst unter extremsten Bedingungen, wie sie im Märchen von den roten Schuhen dargestellt werden, gehen uns die Instinkte mit all ihren innewohnenden Heilkräften nicht verloren.

Zur Heilung gehört, dass die Wildnatur in uns aufersteht, und zwar immer, immer wieder – jedes Mal, wenn sich die Waagschale zu weit in eine Richtung neigt. Wir wissen, wann ein Grund zur Sorge vorliegt, denn jede Unausgewogenheit macht unser Leben ein wenig enger und ärmer, während Ausgewogenheit in allen Dingen uns reicher und zufriedener macht.

Eine der wichtigsten Einsichten in diesem Zusammenhang ist die, dass unser Leben, wie alles Leben im Universum, Aufbauphasen und Abbauphasen durchläuft. Vom physischen Körper erwartet jeder vernünftige Mensch, dass er Abfallprodukte erzeugt und ausscheidet, genauso wie man weiß, dass man nicht nur einmal in der Woche Nahrung aufnehmen muss. Das gleiche gilt für alle anderen Körper, in denen wir leben. Es wäre albern, davon auszugehen, dass die Seele nicht täglich gefüttert werden muss und nur einmal in fünf Jahren ausscheidet, was sie aufgenommen hat.

Wer meint, dass ein einmal gelöstes Problem auf ewig gelöst bleibt und dass das einmal Gelernte für immer im Bewusstsein bleibt, irrt sich. Nein, das Leben ist ein gigantischer Organismus, der immer an verschiedenen Stellen etwas aufbaut und woanders etwas abbaut. Wenn wir uns als einen geistigen Organismus begreifen, der an seinem Wachstum arbeitet und dabei alle möglichen Dinge aufnimmt und wieder ausscheidet, werden wir gelassener, dann leben wir wie die Wilde Frau: ruhig, aber einsatzbereit, wenn es notwendig ist.

Wir können alles Mögliche loslassen und über längere Zeiträume hinweg ohne Komfort auskommen, aber nicht ohne unsere Lebensfreude. Und wir können auf nahezu alles verzichten – und uns trotzdem durchschlagen –, aber nicht auf unsere Lebenslust, nicht auf die selbst genähten roten Schuhe. Zur Verteidigung des selbst gestalteten Daseins in beglückenden roten Schuhen lassen wir uns auf einen Kampf ein, und zwar mit allen Mitteln, die uns passend erscheinen, was auch immer die Kritiker darüber zu sagen belieben.

Das Wunder bei der Rückgewinnung der weiblichen Urinstinkte ist, dass alle Frauen als Mädchen in diesen Prozess hineingeschleudert werden, bevor sie eigentlich reif dafür sind, und es trotzdem schaffen. Bevor wir irgendeine andere Sprache lernen, lernen wir die der Urinstinkte, die Sprache der Wilden Frau, und was auch immer uns danach eingeredet wird, verblasst, sobald wir es als widernatürlich durchschauen.

Die Wilde Frau spricht zuerst in uns und aus uns heraus. Ihre Sichtweise und ihre Werte sind die ersten, die uns instinktive Führung geben, und die letzten, zu denen wir nach allen Irrwegen zurückfinden. Sie ist es, die uns am Ende beauftragt, den Artgenossen die frohe Botschaft zukommen zu lassen, auf welche Weise auch immer. Ich kenne mehrere Schriftsteller, die den folgenden Spruch auf ihre Schreibmaschine geklebt haben. (Eine Schriftstellerin trägt den Zettel sogar in ihrem Schuh mit sich herum.) Der Spruch ist eine Gedichtzeile aus dem Band *Selected Poems* von Charles Simic und enthält die letzte Instruktion für uns: »*He who cannot howl, will not find his pack.*« »Wer nicht heulen kann, findet sein Rudel nicht.«

Anders ausgedrückt: Wenn du die Wilde Frau in dir heraufbeschwören willst, musst du dich weigern, in Gefangenschaft zu leben. Aber wenn deine Instinkte geschärft sind, dann tu, was du willst, heule, so laut du willst, tanze, wohin du willst in deinen selbst genähten roten Schuhen. Ich kann dir versprechen, dass du ein energiegeladenes Wunderwerk der Natur wirst.

NEUNTES KAPITEL

Der Heimweg: Rückkehr zum Selbst

Bevor man uns beibringen konnte, dass es nur vier Jahreszeiten und einige große Zyklen im Leben gibt, haben wir als Kinder Dutzende von zyklisch wiederkehrenden Zeiten im Jahr und an jedem Tag wahrgenommen: die Zyklen des Schaffens und Faulenzens, des Laufens und Stillstehens, des Anteilnehmens und Sich-Zurückziehens. Es gab eine Zeit, in der wir nicht nur von äußerlichen, sondern auch von seelischen Zyklen mit all ihren Nuancierungen bewegt wurden, mal aufgescheucht, dann wieder beruhigt wurden. Dieses Zyklische gehört zu unserer Seelenhaut, jener Membran, die uns und das Wildnatürliche in einen einzigen Körper hüllt, dessen Grenzen unsichtbar sind.

Bevor man uns zu verstehen gab, dass das Leben einer Frau aus drei Phasen besteht – der Kindheit, dem Erwachsensein und dem Alter –, haben wir intuitiv gewusst, dass es unzählige weitere Lebensphasen gibt. Irgendwie wussten wir, dass »das nicht alles sein konnte«, und viele von uns beschlossen damals schon, sich mit aller Kraft dagegen zu wehren, wie Schlafwandlerinnen in dieses öde, verheißungslose Konzept gehüllt auf unser Alter und den Verfall des Körpers zuzusteuern.

Nein, wir wollen sämtliche Kreisbewegungen und Spiralformen des innerlichen und äußerlichen Wachstums einer Frau durchleben, wir wollen jede einzelne Phase erfahren, und zwar in all ihren Schattierungen. Die folgende Geschichte kann als Kommentar zu einer der wichtigsten Phasen überhaupt verstanden werden, der zyklisch immer wieder notwendigen Phase der Heimkehr zum Selbst.

Geschichten von Geschöpfen mit geheimnisvollen Verwandtschaftsbeziehungen zu den Menschen werden weltweit in allerlei

Abwandlungen erzählt, denn sie sind archetypisch, also universell gültig. Am relevantesten sind ihre Symbole für Menschen in den nordischen Regionen und überall dort, wo es ein Meer gibt. Die Kelten, Schotten und die Völkerstämme Islands, Sibiriens und Nordwest-Amerikas erzählen unterschiedliche Versionen dieses Märchens, das gewöhnlich unter dem Titel *The Seal Maiden* oder *Selkie-o, Pamrauk, der kleine Seehund* auftaucht. Ich nenne diese hier wiedergegebene Version, die ich meinen Analysanden erzähle und bei Auftritten vortrage, *Sealskin, Soulskin* [»Seehundfell, Seelenhaut«]. Die Geschichte erzählt von unserer wahren Herkunft, von dem Stoff, aus dem wir gewirkt sind, und erklärt, dass wir einem uns innewohnenden Urinstinkt folgen sollen, der uns periodisch auffordert, in unsere ozeanische Heimat zurückzukehren.

SEEHUNDFELL, SEELENHAUT

ZU EINER ZEIT, die einst war, nun für immer vorbei ist und bald schon wiederkehrt, gibt es Tag für Tag einen blendend weißen Himmel und weiße Schneelandschaften, in denen sich die Lebewesen wie winzige flirrende Pünktchen ausnehmen und bald schon darin verlieren – Menschen, Hunde und Bären.

Hier bläst der Wind so hart, dass die Leute ihre Parkas und Stiefel absichtlich zur Seite drehen. Das gesprochene Wort gefriert in der Luft, und den Menschen müssen die Sätze von den Lippen gebrochen und am Feuer aufgetaut werden, damit man weiß, was sie gesagt haben. Alle Geschöpfe leben im schneeweißen Gespinst der Haare von Annuluk, der Großmutter der Erde. Damals, vor langer Zeit, lebte hier ein Mann, der sehr einsam war.

Das Gesicht des Mannes war von tiefen Furchen durchzogen, die seine Tränen im Laufe der Jahre in seine Haut gegraben hatten, denn er fühlte sich verlassen und weinte viel. Tag für Tag ging er auf die Robbenjagd, legte seine Fallen aus und schlief nachts gut und tief, aber er sehnte sich fortwährend nach einem Menschen, mit dem er sein Leben teilen konnte. Manchmal, wenn ein Seehund sich seinem Kajak näherte und zwischen Eisschollen hervorlugte, dachte der Mann an die alten Geschichten, in denen es heißt, dass Seehunde vor langer Zeit einmal Menschen waren, was man heute noch an ihren Augen erkennt, an dem weisen und liebevollen Blick in ihren glänzenden Augen. Wenn der Mann den Blick solcher Augen auf sich gerichtet sah, weinte er, und die Furchen in seinem Gesicht wurden jedes Mal noch ein wenig tiefer.

Eines Abends war er noch nach Einbruch der Dunkelheit auf der Jagd, weil er den ganzen Tag nichts gefangen hatte. Er paddelte zwischen Eisschollen dahin, während der Mond aufging und ihm einen großen, glitzernden Felsen im Meer zeigte, auf dem sich etwas bewegte. Sein Jägerauge ließ ihn schon von Weitem erkennen, dass die Bewegungen nicht von den gewohnten Meerestieren herrühren konnten.

Lautlos paddelte er näher heran und erkannte, dass ein Grüppchen splitternackter Frauen im Mondschein auf dem Felsen tanzte. Er verhielt sich still und schaute zu, wie ihre Körper sich wiegten, wie die milchig und silbern schimmernden Gliedmaßen der Mondfrauen sich im Kreise drehten.

Stockstill und tief betroffen saß er in seinem Boot, während das Wasser ihn näher und näher zu dem Felsen trug. Er konnte die Wunderwesen lachen hören, aber vielleicht war es auch nur das Plätschern der Wellen, das sein Ohr verwirrte. Der Mann wusste nicht, wie ihm geschah, aber die Bürde seiner Einsamkeit fiel von ihm ab wie eine schwere nasse Haut, er fühlte sich emporgehoben, sprang, ohne nachzudenken, auf den Felsen und stahl eines der Seehundfelle, die dort im Mondlicht lagen. Hinter einem Vorsprung versteckte er sich und verbarg das Fell unter seinem *gutngug,* seinem Parka.

Bald darauf rief eine der Frauen etwas, und diese Frau hatte die schönste Stimme, die der Mann je vernommen hatte. Sie klang wie der Gesang von Walen im Morgengrauen, nein, besser noch, wie neugeborene Wölfe beim Spielen, nein, die Stimme war mit nichts zu vergleichen, das der Mann je gehört hatte.

Es dauerte nicht lange, und eine Frau nach der anderen schlüpfte in ihr Seehundfell und glitt hinab ins Meer. Sie lachten und quietschten vor Vergnügen bis auf eine. Diese Frau suchte nach ihrem Robbenfell und konnte es nirgends finden. Da trat der Mann aus seinem Versteck hervor, und obwohl er sehr schüchtern war, sagte er mit einem Mut, der ihm selbst fremd war: »Bitte … werde meine Frau und komm mit mir … Ich bin so einsam.«

»O nein, das kann ich nicht«, antwortete sie. »Ich gehöre zum Anderen, zu Dem Dort Unten.«

»Werde meine Frau«, drängte der Mann. »In sieben Sommern erhältst du dein Seehundfell zurück, das verspreche ich dir. Und dann kannst du dich entscheiden, bei mir zu bleiben oder zu gehen, ganz wie es dir beliebt.«

Lange forschte die junge Robbenfrau im Gesicht des Mannes nach einem Zeichen. Schließlich sagte sie zögernd: »Also gut, ich gehe mit dir. Und nach sieben Sommern wird es sich zeigen.«

So lebten sie miteinander, und nach einer Weile schenkte die Meeresgeborene dem Mann einen Sohn, den sie Ooruk tauften. Das Kind war rund und gesund, und in den langen Winternächten, während der Vater am Feuer saß und Bären- oder Wolfsfiguren schnitzte, erzählte die Mutter ihrem Ooruk Geschichten, aber anstatt vom Bären, vom Raben und vom Wolf zu erzählen, wie andere es taten, erzählte sie die Sagen vom Walfisch, vom Seehund und den Lachsschwärmen, denn dies waren die Geschöpfe, die sie kannte.

Die Jahre vergingen, und die Menschenhaut der jungen Frau wurde erst schuppig, dann spröde, bis sie schließlich in trockenen Fetzen von ihrem Körper fiel. Ihr plumpes weißes Fleisch wurde hohl und grau, selbst die Haare auf ihrem Kopf fielen aus. Das Licht in ihren seelenvollen Augen erlosch, und bald musste sie die Hand ausstrecken, um sich ihren Weg zu ertasten, denn sie war halb blind geworden. Eines Nachts wurde Ooruk unsanft aus dem Schlaf gerissen, denn der Vater schimpfte laut, und die Mutter weinte.

»Gib mir mein Fell zurück«, flehte die Mutter weinend. »Sieben lange Jahre sind vergangen, und der achte Winter kommt. Du hast es mir versprochen.«

»Nein«, brüllte der Mann wütend. »Wenn ich dir das Fell gebe, verlässt du mich!«

»Ich weiß nicht, was ich tun werde. Ich weiß nur, dass ich wiederhaben muss, was mein eigen ist.«

»Dein Kind und deinen Mann willst du im Stich lassen«, schrie der Vater, »du gewissenloses Weib!« Damit riss der Mann die Türklappe auf und stapfte hinaus in die Finsternis.

Das Kind liebte seine Mutter sehr und weinte sich in dieser Nacht in den Schlaf, aber schon bald wurde es zum zweiten Mal geweckt. Ein seltsam tosender Wind ging um, und in dem Wind war eine Stimme, die »Ooruk, Ooooruuuuk« rief, wieder und wieder, bis Ooruk aus dem Bett kletterte, seinen Parka und seine kleinen Stiefel anzog und in die Nacht hinauslief.

»Ooruk, Oooooruuuuk«, klang es im Wind, und der Wind schien vom Meer zu kommen, vom Ufer, wo sich ein großer alter Seehund mit langen silbernen Schnurrhaaren hin- und herwälzte und Ooruks Namen rief.

Der mächtige alte Seehund hob seine Flosse und deutete auf ein Bündel, das zusammengerollt unter einem Felsen lag. Ooruk hob das Bündel auf, und sogleich kam ihm der unverkennbare Duft seiner Mutter entgegen. Er entrollte das Seehundfell, und in dem Moment spürte Ooruk, wie sich die Seele seiner Mutter mit all ihrer endlosen Liebe über ihm entfaltete.

Das Kind schmiegte seine Wange in den silbrigen Pelz und spürte die Umarmung seiner Mutter, als wäre sie selbst zugegen. Der alte Seehund nickte geheimnisvoll und versank langsam im Meer.

Das Fell fest an die Brust gedrückt, rannte Ooruk nach Hause, direkt in die Arme seiner Mutter, die schon voller Unruhe auf ihn und ihr Robbenfell gewartet hatte.

Voller Dankbarkeit schlüpfte sie in ihren Pelz. »Oh, nein, Mama, nein«, schrie das Kind. Aber sie hob es auf und trug es dem tosenden Meer entgegen. »Oh, Mama, verlass mich nicht!« schrie Ooruk, als sie am Ufer angekommen waren und die Mutter sich anschickte, ins Wasser zu steigen.

Sie wandte sich zu dem Kind um, mit einem Blick unermesslicher Liebe in den Augen. »Nein, Mama, nein«, rief das Kind. Aber sie nahm sein Gesicht zwischen beide Hände und hauchte ihren Atem in die Lungen des Kindes, einmal, zweimal und ein drittes Mal. Dann tauchte sie mit ihrem Sohn in den Fluten unter, sank tiefer und tiefer hinab, bis auf den tiefsten Meeresgrund, und beide konnten ohne Mühe unter Wasser atmen.

Bald kamen sie in eine glitzernde Wasserstadt, wo sich allerlei Meerestiere und Wunderwesen tummelten, die ein gewöhnlicher Sterblicher zu Lebzeiten nie erblickt, und alle waren froh, denn der große alte Seehund schwamm dem Schwarm singend voran und nannte Ooruk voll Stolz seinen Enkelsohn.

»Wie erging es dir dort oben, meine Tochter?« fragte der Alte, nachdem er die beiden gebührend getätschelt und an sein mächtiges Herz gedrückt hatte.

Die Robbenfrau blickte zur Seite und sagte: »Ich habe einen Menschen verwundet, einen Mann, der alles getan hat, um mich zu halten. Aber ich kann nicht zu ihm zurück, denn dann muss ich sterben.«

»Und der Junge?« fragte der alte Seehund. »Was soll aus meinem Enkel werden?«

»Er muss in die Oberwelt zurückkehren, Vater. Seine Zeit ist noch nicht gekommen, er kann noch nicht für immer hier unten bei uns bleiben.« Die Mutter weinte. Alle weinten bei diesen Worten, weil sie wahr waren.

Sieben Tage und sieben Nächte vergingen, in denen der Glanz in die Augen der Mutter zurückkehrte, ihr Fleisch wieder fest, ihre Haut wieder seidig wurde und alles an ihr gesundete. Aber dann kam die Stunde des Abschieds. Gemeinsam mit dem Großvater trug sie Ooruk hinauf in die Welt der Erdbewohner und setzte ihr Kind im Mondlicht am steinigen Ufer ab.

»Ooruk«, sprach die Mutter zu guter Letzt. »Ich bin immer bei dir. Du musst nur berühren, was ich berührt habe: meine Feuerhölzer, mein Messer, meine Steinschnitzereien von Ottern und Meeresgetier, dann wirst du einen Atem spüren, der mein Atem ist. Und er wird dich singen lassen und dir Geschichten geben.«

Der alte silberne Seehund und seine Tochter küssten das Kind noch tausendmal, dann rissen sie sich los und schwammen aufs Meer hinaus, wo sie nach einem letzten langen Blick untertauchten. Ooruk blieb am Ufer zurück, da seine Zeit noch nicht gekommen war.

Die Jahre vergingen, und Ooruk wuchs zum Mann heran. Er wurde ein großer Sänger, Trommler und Geschichtenerzähler seines Volkes, und die Leute sagten, dass er seine Kräfte einem Wunder in seiner Kindheit zu verdanken habe, bei dem er vom Geist der Seehunde vor dem Ertrinken bewahrt wurde. Noch heute sieht man ihn im Morgennebel auf einem Felsen knien und Zwiesprache mit einer Seerobbe halten, die niemand fangen kann, so oft es auch versucht wurde, denn sie ist unantastbar und wird *Tanqigcaq* genannt, die Glänzende, die mit den weisen, wilden, seelenvollen Augen.

Der Verlust der Seele als Einweihung

Der Seehund ist eines der einleuchtendsten Symbole für die wilde Seele überhaupt. Genau wie die Instinktnatur von Frauen haben Seehunde sich im Laufe von Äonen entwickelt und dabei immer an neue, veränderte Umstände angepasst. Wie die Robbenfrau in diesem Märchen gehen Robben tatsächlich nur an Land, um sich zu paaren und ihre Jungen zu gebären. Nach der Geburt füttert die Robbenmutter ihre Kinder zwei Monate lang einzig von den eigenen Fettreserven und kümmert sich mit aufopferungsvoller Hingabe um die Kleinen. Während dieser Zeit vervierfacht sich das Gewicht der Jungen, und danach schwimmt die Mutter aufs Meer hinaus und davon. Die jetzt schon halb erwachsenen Robben sind von nun an fähig, selbstständig zu existieren.

Symbolhaft für das Seelische schlechthin ist auch die Sanftheit der Seehunde, ihr im Norden sprichwörtliches freundliches hundeähnliches Wesen. Sie strahlen eine eigentümliche Reinheit aus, die man als »Reinheit des Herzens« bezeichnen könnte, reagieren aber blitzschnell mit Rückzug oder auch einem Angriff, wenn sie sich bedroht fühlen. Die Seele verhält sich sehr ähnlich. Sie tummelt sich im grenzenlos Ozeanischen, ernährt den Geist und zieht ihn mit intensiver Hingabe groß. Sie ist zutraulich und läuft nicht davon, wenn sie etwas Unbekanntem und Fremdartigem begegnet.

Aber manchmal ist die Seele, und speziell die von jungen und/oder unerfahrenen Frauen, einfach nicht auf das menschliche Verhalten gefasst. Sie kann sich nicht vorstellen, dass andere weniger reine Beweggründe haben, als sie in ihrem Naturzustand der »seligen Seelenruhe«. Und dann wird ihr das Seelenfell gestohlen.

Im Verlauf meiner analytischen Arbeit mit dem Thema »Gefangenschaft« und »Seelenraub« wurde mir immer klarer, dass kaum ein Mensch sich zum Individuum entwickeln kann, ohne unterwegs mindestens einmal psychisch beraubt zu werden. Manche Leute sprechen davon, dass man sie ihrer »größten Chance« beraubt hat, andere von der Ausbeutung ihrer Liebe oder einem Verlust des Selbstgefühls. An irgendeinem Punkt im Leben macht offenbar jeder Mensch die Erfahrung, dass ihm etwas Bedeutendes, seelisch Wichtiges geraubt werden kann, wie die Hoffnung, Träume, die Ehre, der Glaube an das Gute im Menschen, die Fähigkeit, zu wachsen und rückhaltlos zu lieben.

Meistens schleicht sich der Dieb von der Seite an, auf der man blind ist, genau wie in dieser Geschichte. Die Robbenfrau ist naiv, kann sich nicht in die Beweggründe andersartiger Wesen hineinversetzen, nicht absehen, was für Folgen das eigene Handeln haben könnte, und so nimmt sie die verräterischen Hinweise in ihrer Umgebung nicht wahr. Zu alledem kommt noch, dass einfach jeder von uns paar vom Schicksal bestimmte Lektionen lernen muss.

Wer auf solche Weise beraubt worden ist, darf sich nicht für unintelligent oder minderwertig halten. Ein Seelenraub kann geschehen als Folge von Unerfahrenheit und psychischem Schlummer, was nicht nur bei blutjungen Menschen vorkommt. Diese Art von Verträumtheit gibt es in uns allen, ganz gleich, wie alt, wie gebildet oder wie gut vom Leben geschult wir sein mögen. Erwiesenermaßen bietet sich mit jedem Seelenraub auch die einzigartige Chance einer merkwürdigen archetypischen Einweihungserfahrung.

Während man eifrig dabei ist, den gestohlenen Schatz zu suchen und den seelischen Verlust irgendwie auszugleichen, werden vier entscheidende Fähigkeiten entwickelt. Erstens wird die Entschlusskraft gestärkt, von nun an alles daranzusetzen, das Verlorene wiederzuerlangen. Zweitens wird einem bewusster denn je, was wichtiger als alles andere ist. Drittens wird einem klar, was man zur eigenen Befreiung unternehmen und von nun an und immer praktizieren muss. Und viertens werden die medialen Fähigkeiten dabei ausgebildet, das, was manche »außersinnliche« Wahrnehmungen nennen und was sich als spontane, direkte Einsicht in die Wahrheit umschreiben lässt.

Der archetypische Kern der Geschichte von der Robbenfrau beschreibt die Schritte auf dem Einweihungsweg in die dem Menschen innewohnenden medialen Fähigkeiten. Viele Frauen begeben sich gefährlicherweise auf diesen Weg, ohne einen Führer zu haben, der den Prozess selbst abgeschlossen hat und sich bei jedem Schritt auskennt. Und wenn ein solcher Seelenführer seinerseits nicht vollständig eingeweiht worden ist, arbeitet er mit bestimmten, ihm vertrauten Fragmenten, lässt aber andere wichtige Aspekte unter den Tisch fallen, ohne es zu bemerken, was dann zu einem riskanten Gemisch aus Halbwahrheiten aller Art führt.

Am anderen Ende des Spektrums befindet sich die seelisch ausgeraubte Frau, die lernen und weiterkommen möchte, aber den Weg verloren hat und nicht weiß, welche Wege ans Ziel führen, und sich deshalb immer wieder an den Ausgangspunkt zurückbegibt, wo sie ein ums andere Mal wieder bestohlen wird. Da die meisten von uns heutzutage ohne den Rat reifer und weiser »Stammesfrauen« auskommen müssen, können wir von Glück sagen, dass die archetypischen Überlieferungen wenigstens teilweise erhalten geblieben sind. An den Grundmustern von Märchen wie »Seehundfell, Seelenhaut« können wir uns orientieren. Am wichtigsten ist die Entwicklung in »Seehundfell, Seelenhaut« für Frauen, deren Einweihungsprozess nicht abgeschlossen wurde, und deshalb möchte ich die einzelnen Schritte der zyklischen Heimkehr zum wahren Selbst jetzt ausführlich untersuchen.

Sein Fell verlieren

In Märchen wie »Blaubart«, »Rapunzel«, »Dornröschen« und anderen entwickelt sich das anfänglich noch schlummernde Bewusstsein der Heldin erst dadurch, dass jemand ihr einen üblen Streich spielt. Durch einen schicksalhaften Verlust wird das Bewusstsein der Frau auf eine harte Probe stellt, gelangt aber am Ende zu einer tiefen und nachhaltigen Erkenntnis. Das Thema ist zeitlos und offenbar eine der wichtigsten Lehren für Frauen aller Zeiten und Nationen.

In »Seehundfell, Seelenhaut« wird ein Motiv umgekehrt benutzt, um die Struktur der femininen Psyche zu beschreiben. Normalerweise werden Menschen in vielen Märchen in Tiere verwandelt und dadurch auf die Probe gestellt. In dieser Geschichte ist es anders herum. Ein Tier lässt sich auf ein Leben als Mensch ein, was eindeutig ein Sinnbild für die Wildnatur der Frau ist, die zugleich kreatürlich-animalisch und human im besten Sinne ist. Das Robbenfell in dieser Geschichte ist weniger ein Gegenstand als ein Seinszustand oder Gefühl. Es ist ein Zustand, in dem Frauen vollkommen in sich zu Hause sind, in sich ruhen, anstatt außer »sich« und ihrem Urzustand zu sein. Auch wenn dieser Zustand nicht durchgehend bewahrt werden kann und im Alltagsleben gelegentlich verloren geht, bleibt ein Abglanz, eine Art Nachglut davon zurück, der uns vor Entgleisungen bewahrt, denn durch die periodische Rückkehr in diesen Urzustand werden die psychischen Reserven soweit aufgestockt, dass der Mensch sich den Anforderungen des Lebens in der Außenwelt gewachsen fühlt.

Wer seine ozeanische Seelenheimat zu lange nicht aufsucht, wird müde … des Lebens in der Oberwelt müde. Und so muss es sein. So wird die Suche nach dem Robbenfell, in dem man bis zum Grund tauchen und unter Wasser atmen kann, unerlässlich und die Heimkehr schließlich erzwungen. Diese zyklische Bewegung des Hinausgehens und Heimkehrens, des Veräußerlichens und In-sich-Kehrens ist ein instinktiver Reflex, der uns mitgegeben wurde und uns durch alle Lebensphasen von der Kindheit bis ins hohe Alter begleitet. Auch verlaufen die Phasen nicht alle und immer in chronologischer Reihenfolge. Eine Frau in mittlerem Alter kann psychisch neugeboren sein (was tatsächlich häufig vorkommt), eine alte Frau kann eine sprühende Liebhaberin sein, und ein zehnjähriges Mädchen kann die Weisheit einer uralten Seele besitzen.

Dieses Gefühl, ganz und gar in der eigenen Haut zu Hause zu sein, geht uns fast täglich verloren. Durch zu viel harte Arbeit verlieren wir es, durch zu starken Druck von außen, durch Unaufmerksamkeit, wenn nicht beachtet wird, was man tut und was die Folgen der eigenen Handlungen sind.

Wir fahren aus der Seelenhaut, wenn das Ego überhandnimmt, durch blinden Ehrgeiz, Perfektionismus oder Unzufriedenheit mit dem, was ist; indem wir uns unnötig zu Märtyrerinnen machen oder vorgeben, ein unerschöpflicher Kraftquell für andere zu sein, oder indem wir uns selbst nicht aus der Patsche helfen. Oh, es gibt genauso viele Arten, seinen Seelenpelz zu verlieren, wie es Frauen auf dieser Welt gibt.

Die einzige Möglichkeit, um nie wieder aus der eigenen Seelenhaut zu fahren, besteht darin, ein absolut reines Bewusstsein zu erlangen und die Fähigkeiten der Seelenhaut vollkommen zu verstehen. Aber da kaum jemand imstande ist, sich ein absolut ungetrübtes Bewusstsein zu bewahren, muss man damit rechnen, dass man hin und wieder »aus der Haut fährt« und dann unter dem Verlust leidet. Was wir tun können, ist, dafür zu sorgen, dass sie uns nicht dauernd gestohlen wird; wir können das *ojo agudo* entwickeln, das scharfe Auge, das alles ringsumher wachsam verfolgt und unser psychisches Territorium entsprechend beschützt. Wenn wir unsere Zyklen bewusster wahrnehmen und dem inneren Aufruf zur Heimkehr folgen, können wir größeren Raubzügen in unserem Territorium vorbeugen.

Jedes Lebewesen der Erde kehrt periodisch an seinen Ausgangspunkt zurück. Wir wissen, dass es nichts Schlimmeres für ein wildes Tier gibt, als seinen natürlichen Lebensraum zu verlieren. Paradoxerweise setzen wir uns grundsätzlich dafür ein, dass vom Aussterben bedrohte Tierarten in Reservaten eine Zuflucht finden, während wir uns selbst immer mehr von Autos, Industriemüll, Großstadtlärm und anderen Dingen aus der Ruhe bringen lassen. Auch wir brauchen einen Platz, an dem wir uns frei und geschützt fühlen und an dem wir wie heimkehrende Kraniche zu uns selbst zurückfinden können.

Traditionell kompensieren wir den Verlust unseres natürlichen Habitats mit Urlaubsreisen in angenehmere Gefilde, aber solche Ferienreisen sind, wie wir aus Erfahrung wissen, oft alles andere als erquickend und labend. Und bei verspannten Nacken- und Rückenmuskeln, die wir vom Arbeitsplatz nach Hause tragen, lassen wir uns massieren oder gönnen uns sonstige Tröstungen. All das ist gut und richtig, aber ein Urlaub ist keine Zufluchtsstätte für das Seelenselbst. Freizeit, Sport, Spiel und Entspannung sind nicht dasselbe wie nach Hause gehen. Ruhe ist nicht dasselbe wie Seelenruhe.

Am besten ist es, sich gar nicht erst zu weit von der Seelenhaut zu entfernen und sie auch nicht achtlos irgendwo liegen zu lassen. In meiner Praxis höre ich immer wieder, wie Frauen ihren Robbenpelz durch Beziehungen zu Leuten verlieren, die sich selbst nicht ganz wohl in ihrer Haut fühlen. Es gehört Willenskraft dazu, sich aus dem Netz der nun folgenden Verpflichtungen zu lösen, aber es ist machbar, wenn man auf die Stimme des ozeanischen Wesensgrunds hört und dem Aufruf zur Heimkehr folgt, wie es in diesem Märchen geschieht. Im Kern des Selbst liegt Weisheit. Dort ist die Erkenntnis zu Hause, und von dort ausgehend kann jede Frau klar sehen, was sie wirklich braucht und selber will.

Eine sehr subtile Art, Frauen das Fell abzuziehen, besteht darin, ihnen Zeit und Kraft zu stehlen. Die Welt ist voll von einsamen Robbenfängern, die von weichen Busen träumen, an denen sie ihren Hungerschrei ersticken können. Die Welt greift nach uns mit tausend Händen, ruft nach uns mit tausend Stimmen, sie zerrt und zieht an uns mit tausend Versprechungen. Manchmal kommt es einem vor, als gäbe es überall nur aufgesperrte Mäuler, die dringend brauchen und wollen, was Frauen über kurz oder lang einfach nicht mehr geben können. Manche Menschen und Dinge, die einen fordern, versuchen, uns die Zeit mit Charme abzuringen; andere gebärden sich fordernd und selbstgerecht in ihrer Wut; wieder andere wirken so herzzerreißend hilflos, dass unser Mitgefühl überquillt und wir freiwillig die Zitze reichen. Aber solange es sich nicht um etwas handelt, wo es um Leben oder Tod geht, ist es ratsam, sich den »eisernen Büstenhalter« umzuschnallen, wie die Therapeutin Yancey Ellis Stockwell einmal sagte, und sich die Zeit zu nehmen, regelmäßig zur Quelle des Milch-und-Honig-Flusses zurückzukehren, um sich erst einmal selbst zu versorgen.

Wir wissen zwar, dass uns das Fell in einer fehlgeleiteten Liebe abgezogen wird, aber es kann uns auch durch eine gute und sehr tiefe Liebe abhandenkommen. Es ist nicht die Richtigkeit oder Verkehrtheit einer Person oder Sache, die uns die Seelenhaut stiehlt, sondern der Preis, den wir für unsere Verstrickung mit irgendetwas zahlen müssen. Es geht um die Zeit, die Energie, die Kraft, die uns jede Beschäftigung kostet, denn jede psychische Verausgabung ist, als würde man Bargeld von einem seelischen Sparkonto abheben. Selbstverständlich wollen wir Bargeld abheben und uns am Geben und Nehmen in dieser Welt beteiligen. Aber ein überzogenes Konto zieht uns das kostbare Fell über die Ohren, und dann liegen wir auf dem Trockenen, sozusagen, dann fehlen uns die Rücklagen. Es ist der Mangel an frischen Energieüberweisungen, der Mangel an neuen Einsichten, an positivem Feedback und Enthusiasmus, der einer Frau das Gefühl gibt, allmählich bankrott zu gehen.

In der Geschichte wird der Robbenfrau der Pelz gestohlen, weil sie vollkommen selbstversunken im Mondschein tanzt, wie eine Meeresgöttin, und sich dabei so frei und über alle Sorgen erhaben fühlt, dass sie nicht merkt, was ringsumher geschieht. Genauso geht es uns. Wir kommen mit dieser selbstversunkenen Unschuld zur Welt und wollen tanzen. Die Seelenhaut ist anfänglich vollkommen intakt, unangetastet. Und dann schleicht sich ein einsamer Mann heran …

Was nun geschieht, ist unvermeidlich. Jede von uns muss die nun folgende Stufe der Individuation durchlaufen, bis wir eines Tages zu einer Unschuld zurückkehren können, die uns von nichts und niemandem mehr geraubt werden kann. Vorher jedoch sind wir unbewusst unschuldig. Wir tanzen mit unseren Gespielinnen im Mondlicht und verlieren unseren Pelz aus den Augen. In diesem Moment schleicht sich der angeborene trickreiche Aspekt unserer Psyche von hinten an, und dann dauert es nicht mehr lange, bis wir hierhin und dorthin rennen, immer auf der Suche nach dem, was uns die Kraft gibt, unter Wasser zu leben, also dem Urgrund nahe zu sein. Das ursprüngliche Seinsgefühl ist einfach nicht mehr aufzufinden, es hat sich auf rätselvolle Weise dem Zugriff entzogen und – ach! – auf ganz gemeine Art vor uns versteckt. Danach wandern wir wie vor den Kopf geschlagen durch die Welt. Es ist nicht ratsam, in einem kopflosen Zustand wichtige Entscheidungen zu treffen, aber wir lassen uns dennoch dazu hinreißen.

Wir lassen uns von Bitten, Drohungen und Versprechungen anderer dazu bewegen, folgenschwere Fehlentscheidungen auf allen erdenklichen Ebenen zu treffen und die Konsequenzen erst mal zu ignorieren. Die eine Frau heiratet zu früh, die andere wird viel zu jung schwanger, die nächste brennt mit einem üblen Gesellen durch, die übernächste gibt ihre Kunst für irgendwelche »Sicherheiten« auf. Wir lassen uns von Illusionen aller Art verführen, einem anderen Menschen unser Robbenfell zu überlassen, der es dann vor uns versteckt. Die eine versucht, übertrieben »gut« zu sein, und vernachlässigt dabei ihre Seelenbedürfnisse; die andere will zu hoch hinaus und verliert dabei ihre Erdung. Dann gibt es Fälle, in denen Frauen ihre Seelenhaut halb an- und halb ausgezogen haben und sich nicht so sehr für etwas Falsches entscheiden, als dass sie sich zu lange von ihrer Seelenheimat entfernen und dabei austrocknen, womit sie weder den anderen noch sich selbst einen Dienst erweisen. Es gibt Hunderte von Möglichkeiten, seine Seelenhaut zu verlieren.

Um noch tiefer in das Symbol der Tierhaut einzutauchen, möchte ich darauf hinweisen, dass alle behaarten Tiere, der Mensch eingeschlossen, mit einer Piloerektion – Gänsehaut – auf bestimmte sinnliche Wahrnehmungen reagieren. Wenn sich einem Tier das »Fell sträubt«, wird es von einem Kälteschauer durchrieselt und zu Vorsicht und vermehrter Wachsamkeit gemahnt. Die Inuit halten sowohl das Fell als auch das Federkleid von Lebewesen für weitsichtig und vorausblickend. Deshalb schmückt der Angakok, der Schamane, sich mit allerlei Fellstücken und Federn, denn das sind Hunderte von Augen, mit denen er in weite Fernen und mysteriöse Tiefen blickt. Das Robbenfell ist also nicht nur ein Symbol für schützende Wärme, sondern auch für unser sinnliches Frühwarnsystem und unseren intuitiven Weitblick.

In allen Jagdkulturen sind Felle nicht weniger lebensnotwendig als das Fleisch von Tieren. Wer seinen Pelz verliert, ist der gnadenlosen Kälte schutzlos ausgeliefert und muss erfrieren. Aber aus psychologischer Sicht ist weitaus mehr damit verbunden: Die Frau verliert ihr Frühwarnsystem und ihren instinktiven Weitblick, woraufhin sie schutzlos dasteht und sich Dinge einreden lässt, die anderen Leuten Vorteile verschaffen, anstatt zu tun, was sie selber tun will und für richtig erkannt hat. Damit folgt sie der Person oder Meinung, die momentan den stärksten Einfluss auf sie ausübt, ohne zu beachten, ob es gut für sie ist oder lebensgefährlich. Sie springt, ohne hinzugucken, wo sie womöglich landet. Sie übersieht wichtige Details, wird leichtsinnig und setzt ihre persönliche Freiheit damit aufs Spiel.

In einer Welt, in der Frauen generell zu einer besinnungslosen Art der Strebsamkeit und Hyperaktivität angehalten werden, ist es ein Kinderspiel, ihnen den Pelz abzuziehen, so viel steht fest. Der erste Diebstahl findet gewöhnlich im Alter zwischen sieben und achtzehn Jahren statt. Zu diesem Zeitpunkt haben die meisten jungen Mädchen begonnen, aus der Urhaut zu schlüpfen und »splitterfasernackt im Mondschein zu tanzen«, und ihren Pelz oft danach nicht wiedergefunden. Und, obwohl der Verlust der Haut offenbar ein notwendiger Schritt auf dem Weg zur Entwicklung der medialen Struktur in der Psyche ist, die dafür sorgt, dass man sich sowohl in den geistigen Welten wie in der äußeren Realität zurechtfindet, wird die Entwicklung an diesem Punkt meistens abgebrochen, und die Bestohlenen irren nun ohne Seelenhaut durchs Leben.

Kaum eine Frau wird vollreif erwachsen ohne beträchtliche Fellverluste, selbst wenn sie sich redlich bemüht hat, im Pelz zu bleiben und allem Geziehe und Gezerre an ihr zu widerstehen Wir legen unseren Pelz ab, während wir durch die Welt tanzen, und lernen dadurch zwar deren Anforderungen und Spielregeln gut kennen, aber auf Kosten der zarten Seelenhaut. Ohne Seelenhaut verkümmern wir allmählich, und da man uns beigebracht hat, solche Verluste stoisch zu ertragen, wie unsere Mütter und Großmütter vor uns, nimmt niemand wahr, dass etwas im Sterben liegt, bis eines Tages …

Als junge Mädchen machen wir die Erfahrung, dass unser Seelenleben sich nicht mit den Ansprüchen der Gesellschaft vereinbaren lässt, und dabei stellt sich zum ersten Mal das Gefühl des fern der Heimat Gestrandetseins ein. Aber als Erwachsene treiben wir unnötigerweise oft noch weiter fort, und zwar indem wir uns zu lange mit weltlichen Belangen aufhalten und nicht bewusst für unsere seelische Heimkehr sorgen. Wenn uns nicht von Kindheit an beigebracht wurde, periodisch in die Seelenheimat zurückzukehren, wiederholen wir das Muster des »Ausgebeutet-Werdens« und »Verloren-durch-die-Welt-Wanderns« *ad infinitum*. Aber selbst wenn wir durch eigene Fehleinschätzungen zu weit vom Heimatland abgetrieben wurden, müssen wir wissen, dass jedes Lebewesen ein ihm innewohnendes »Heimkehrvermögen« besitzt, wie es die Zoologen nennen. Wir sind mit einem inneren Kompass ausgestattet, der uns den Rückweg weist.

Der einsame Mann

In einer Geschichte, die im Kern der eben erzählten ähnelt, ist es eine Menschenfrau, die einen Walfischmann zum Geschlechtsverkehr mit ihr verführt, indem sie ihm eine Flosse stiehlt. In anderen Sagen ist der Sohn der Robbenfrau ein Fischjüngling oder eine Tochter, und der ehrwürdige alte Seehund ist eine Robbengroßmutter. Im Verlauf jahrhundertelanger Nacherzählungen werden die Geschlechter oft beliebig gewechselt, sie sind demnach weit weniger bedeutungsvoll als die symbolhafte Handlungsfolge.

Mit diesem Wissen ausgestattet, können wir den einsamen Mann, der das Robbenfell stiehlt, auch als Teil des Egos einer Frau interpretieren. Die Gesundheit des Egos wird in den meisten Fällen an folgenden Kriterien gemessen: Klarheit des Gefühls für Grenzüberschreitungen, Stärke der Identitätsformung, die Präzision, mit der Vergangenheit, Gegenwart und Zukunft unterschieden werden, und inwieweit die persönlichen Wahrnehmungen mit den Wahrnehmungen der Allgemeinheit übereinstimmen. Der Kampf zwischen der Seele und dem Ego um die Kontrolle in der Psyche eines Menschen ist ein zeitloses Motiv. In der Kindheit übernimmt das Ego mit seinen Begierden die Kontrolle; es braut sich dauernd etwas zusammen, das ihm das Wasser im Mund zusammenlaufen lässt. Das Ego ist kräftiger und triebhafter als die Seele und verdammt die Seele während dieser Zeit zu einem Dasein als niedere Küchenmagd, während das Ego der große »Drei-Sterne-Koch« ist.

Aber irgendwann kommt ein Punkt im Leben, an dem man der Seele endlich, endlich wieder gestattet, die Führungsrolle zu übernehmen. Manche Frauen erreichen diesen Punkt mit zwanzig, andere erst mit achtzig oder neunzig Jahren. Die meisten sind um die vierzig, denn in diesem Alter kann man das ganze Theater und das Hecheln nach noch größerer Ego-Aufgeblasenheit bereits so gründlich satthaben, dass man gewillt ist, mehr Macht in die zarten Hände der Seele zu geben. Die Seele gelangt nicht an die Macht, indem sie das Ego tötet, aber das Ego, könnte man sagen, nimmt von nun an die untergeordnete Stellung ein und sorgt dafür, dass die Instruktionen der Seele ausgeführt werden.

Von Geburt an existiert ein instinktiver Wunsch in uns, der Seele die Führungsrolle zu überlassen, denn das Verständnis des Egos ist spürbar beschränkt. Das Ego ist auf Lebenszeit an eine relativ kurze Leine gebunden und kann sich daher nie sehr weit in die Mysterien der geistigen Urgründe hineinbegeben. Es fürchtet sich vor dem Unbekannten und hat die Angewohnheit, alles Unfassliche, das seine Grenzen sprengt, als »Quatsch« abzutun und es auf ein ihm selbst untergeordnetes Phänomen zu reduzieren. Es verlangt nachvollziehbare Tatsachen. Tatsachen von mystischer oder gefühlsmäßiger Beschaffenheit sind dem Ego suspekt. Das ist der Grund, warum das Ego so einsam ist. Es ist beschränkt in seinen Vorstellungen und Gedankenkonstruktionen; es kann nicht vollends an den rätselvolleren Vorgängen in der Seele und im Geist teilnehmen und fühlt sich deshalb isoliert. Aber es sehnt sich nach Seelenstärke und hat ein vages Gefühl für seelenvolle und wildnatürliche Dinge, wenn sie sich in seiner Nähe abspielen.

Manche Leute verstehen unter den Worten »Seele« und »Geist« dasselbe, aber im Märchen ist die Seele immer der Ursprung des Geistes. In uralten hermeneutischen Schriften heißt es, dass der Geist von der Seele geboren wird und sich in die Materie hineininkarniert, um seine Erfahrungen in der materiellen Welt an die Seele weiterzuleiten. Eine ungebrochene Beziehung zwischen Geist und Seele ist eine perfekte Symmetrie, bei der beide Komponenten in gleichem Maße, aber auf unterschiedliche Weise bereichert werden. Der Geist und die Seele bilden ein Ökosystem, wie in einem Teich, in dem die Lebewesen auf dem Grund für das Überleben der Geschöpfe an der Oberfläche sorgen und umgekehrt.

In der jungianischen Psychologie wird das Ego oft mit einer kleinen Insel verglichen, die im Meer der Unbewusstheit schwimmt. Dagegen wird es in der Volksweisheit eher als ein triebhaftes Wesen verstanden, das durch einen geistig minderbemittelten Menschen oder ein Tier symbolisiert werden kann, der oder das sich ständig bemüht, die Kontrolle über die mysteriösen Naturgewalten ringsumher zu gewinnen. Manchmal gelingt es dem Ego, die Kontrolle auf brutale und destruktive Weise an sich zu reißen, aber im Verlauf und am Ende der Bewusstseinsentwicklung des Helden oder der Heldin gibt es seine Ansprüche auf die absolute Regierungsgewalt in der Psyche auf.

Zu Beginn des Lebens ist das Ego zwar interessiert am Seelenleben, aber die Befriedigung seiner eigenen Triebe ist ihm zunächst wichtiger. Das Ego wird uns ursprünglich als ein Potenzial mitgegeben und dann geformt, entwickelt, von der Umwelt mit Ideen, Wert- und Pflichtvorstellungen angefüllt. Und das ist vollkommen richtig, denn das Ego wird zu unserem Leibwächter, Schutzschild und emsigen Pfadfinder in der Außenwelt. Problematisch wird das Ego, wenn es der Urnatur nicht gestattet, durch seinen Kettenpanzer hindurchzuscheinen und ihm Kraft, Flexibilität und instinktive Reaktionsfähigkeit zu verleihen. Dann kann und wird die Seele sich nicht mit seinem Werk zufriedengeben, ganz gleich, wie angenehm angepasst die Gesellschaft »draußen« ein solches Ego finden mag.

Der einsame Mann in dieser Geschichte ist ein Ego, das am Seelenleben teilnehmen will. Aber als Ego hat er nicht die Veranlagung, kooperativ mit der Seele zusammenzuarbeiten, und so versucht er, die Seele gefangen zu nehmen, anstatt die Beziehung mit ihr langsam zu entwickeln. Warum stiehlt das Ego die Robbenhaut? Weil es sich nach Licht sehnt, wie alle einsamen und hungrigen Wesen. Es erkennt die Möglichkeit, dem Licht der Seele nahe zu sein, und schleicht sich von hinten an, um ihr eine ihrer glänzenden Häute, mit denen sie sich geschickt und unerkannt durch verborgene Seinsbereiche bewegt, zu stehlen. Das Ego weiß keinen anderen Weg. Es ist das Dunkle oder Zwielichtige, das sich unwiderstehlich zu der Unschuld des Lichts hingezogen fühlt. Und da es von Natur aus nicht unter Wasser existieren kann, will es die Seele zu einer intimen Beziehung über Wasser zwingen. Das Ego ist grobschlächtig im Vergleich zur Seele und geht normalerweise nie mit Zartgefühl an die Dinge heran, die es haben will. Aber es wird von einer nur vage verstandenen Sehnsucht nach Schönheit getrieben und meint, zur Ruhe kommen zu können, wenn es ein Lichtwesen »sein eigen« nennen kann.

Also ist es unser eigenes Ego-Selbst, das den Pelz in seinen Parka steckt und danach nicht mehr hergeben will. »Ach bleib doch bei mir«, flüstert das Ego uns zu. »Ich werde dich glücklich machen (indem ich dich von deinem Seelenselbst isoliere und dich nicht mehr regelmäßig in deine Seelenheimat zurückkehren lasse). Glaube mir, ich werde dich restlos glücklich machen, wenn du nur bei mir bleibst.« Und so wird die Seele in eine intime Beziehung mit dem Ego hineingedrängt, so wie es am Anfang der weiblichen Individuation sein muss. Die liebende Seele ordnet sich dem herrschsüchtigen Ego unter, damit wir die materielle Welt erforschen können, damit wir lernen, wie man Besitz erwirbt, wie das Gute sich vom weniger Guten unterscheidet, wie ein physischer Körper und der umfassendere Körper der Gesellschaft funktionieren, was Beziehungen sind und wie sie sich auswirken können – kurzum, damit wir den Umgang mit der äußerlich sichtbaren Welt erlernen.

Wenn die Robbenfrau sich dem einsamen Mann unterordnet und ihm zu Willen ist, wird tatsächlich eine überaus wichtige Struktur in der Psyche einer Frau produziert, hier ausgedrückt im Symbol des Kindes, das dieser Ehe entspringt, denn dieses Kind wird nach vollendeter Einweihung und Entwicklung fähig sein, beide Welten zu bewohnen und zwischen dem Weltlichen und dem Seelischen wie ein Vermittler hin- und herzupendeln. Das Geisteskind aus der Ehe der Seele mit dem Ego versinnbildlicht die nächsthöhere Entwicklungsstufe. Und der verlassene Mann, das Ego, sieht irgendwann ein, dass er die Seele nicht für den Rest der Lebenszeit eines Individuums beherrschen und besitzen kann, aber er hat mit der Seehundfrau, sprich der Seele, gelebt und wurde dadurch bereichert, befriedigt, wenn auch gedemütigt und in seine Schranken verwiesen.

Das Geisteskind

Also sehen wir, dass die Vereinigung der Seele mit dem Ego etwas unendlich Kostbares erzeugt, nämlich ein Geisteskind. Und selbst wenn das Ego sich auf brutal unsensible Art in die subtilen Machenschaften von Seele und Geist einmischt, findet eine gegenseitige Befruchtung statt. Paradoxerweise trägt das Ego durch den Diebstahl der Schutzhaut der Seele und damit ihrer Fähigkeit, nach Belieben unterzutauchen, dazu bei, dass ein Kind gezeugt wird, das beiden Welten zugleich angehört, beide Sprachen spricht und daher als Botschafter *par excellence* zwischen der Seele und der materiellen Welt fungiert.

In vielen Märchen findet die Hauptperson zu ihrer natürlichen psychischen Ordnung zurück, indem sie zunächst einmal Mitgefühl für ein von allen verlassenes und/oder entstelltes Lebewesen entwickelt, man erinnere sich nur an das alte gallische Märchen »Die Schöne und das Biest«. Dass eine Frau im »enthäuteten« Zustand und vermählt mit einem isolierten und unterentwickelten Aspekt in ihr selbst oder in der Außenwelt, einen geistigen Botschafter hervorbringen kann, der die Fähigkeit hat, zwischen beiden Welten zu vermitteln, ist ein permanentes psychologisches Wunder. In diesem hautlosen, heimatlosen Zustand wird etwas Unbezahlbares in uns zum Vorschein gebracht: eine winzige innere Flamme, ein Lichtsamen, der unter schwierigsten oder sogar inhumanen Umständen stark und stärker wird.

Das Geisteskind ist der aufgegangene Lichtsamen, und es ist ein Wunderkind, das den unhörbaren Ruf vernimmt, das ferne Raunen, das uns mitteilen will, wann es Zeit wird, in uns zu gehen, zu uns selbst zurückzukehren. Das Kind ist ein Aspekt unserer medialen Instinktnatur. Es folgt der Stimme im Wind, lässt sich aus dem Bett zerren, hinaus in die Sturmnacht, um die Seelenhaut zu finden.

Dieser Aspekt bringt der Mutter die Seelenhaut zurück und verleiht ihr damit die Fähigkeit, ins Ozeanische heimzukehren. Dieses Kind ist eine geistige Kraft, die uns dazu treibt, das Lebenswerk der Bewusstwerdung zu vollenden. Sie gibt der Seele Durchsetzungsvermögen und befähigt uns, unser Leben umzukrempeln, die Zustände »da draußen« zu verbessern, die Welt ein bisschen heilsamer zu machen, ein Gleichgewicht zwischen Ego und Seele herzustellen – und all dies durch die Rückkehr in die tiefe Heimat. Wenn man an diesem Einweihungsprozess teilnehmen will, muss man die schwierige Ehe des Egos mit der Seele gutheißen und wissen, dass ein Geisteskind daraus hervorgeht, das ein Meister im Wiederfinden von versteckten Seelenhäuten ist, ein Meister im Heimkehren.

Ganz gleich, in welchem Zustand sich eine Frau befindet, das Geisteskind und der altehrwürdige Seehund, der zur Heimkehr mahnt, ja, der Ozean selbst, sind ihr immer nah. Diese Dinge sind in uns – immer, überall. Sogar an Orten und zu Zeiten, an denen man sie am wenigsten erwarten würde. Seit 1971 habe ich überall in den Vereinigten Staaten in Gefängnissen Unterricht in Schreiben als kontemplative Praxis erteilt. Auf einer dieser Unterrichtsreisen zusammen mit einer Gruppe von Künstlern und Therapeuten habe ich mit etwa hundert weiblichen Gefängnisinsassen gearbeitet, die an einem spirituellen Wachstum sehr interessiert waren.

Mir fiel auf, dass wie üblich nur wenige Frauen dem Typus »hartgesotten« angehörten, während Dutzende sich eindeutig auf unterschiedlichen Stufen der Heimkehr befanden. Die Mehrzahl von ihnen hatte bereits vorher in Gefangenschaft gelebt, sowohl in übertragenem Sinne als auch tatsächlich. Ahnungslos wie die Robbenfrau hatten sie ihre Haut aufgegeben und sich bereit erklärt, unter extrem seelenfeindlichen Bedingungen zu existieren. Trotz der entwürdigenden Umstände im Gefängnis war jede Frau auf ihre eigene Art im Begriff, ein Geisteskind aus ihren Schmerzen und den daraus gewonnenen Einsichten zu entwickeln. Sie alle waren auf der Suche nach der verlorenen Robbenhaut und nach dem Weg, der nach Hause führt.

Eine Musikerin in unserer Truppe, eine Violinistin namens India Cook, spielte draußen auf dem Gefängnishof für die Insassen. Es war kalt, und der Wind pfiff um das Gebäude, während die Violinistin ihren Geigenbogen über die elektrische Violine tanzen ließ und eine eindringliche Melodie in Moll spielte. Eine schwergewichtige Indianerin vom Stamm der Lakota stieß mich heftig in die Seite und krächzte: »Dieser Ton ... dieses Gegeige bricht irgendwas in mir auf ... Und ich dachte, ich wäre rundum versiegelt. Und für immer.« Was auch immer sie verbrochen und in sich verschlossen hatte – und das war sehr viel –, sie konnte den Ruf des Ozeanischen hören, den Aufruf zur Heimkehr.

Im Märchen erzählt die Robbenfrau ihrem Kind Geschichten von den wundersamen Dingen, die sich unter dem Meeresspiegel zutragen. Sie unterweist das Kind, das ihrer Vereinigung mit dem Ego entsprang. Sie formt das Kind und bereitet es auf den Umgang mit den unbekannten Tiefen vor. Die Seele bereitet das wildnatürliche Kind der Psyche auf etwas sehr Bedeutsames vor.

Vertrocknen und verkrüppeln

Die meisten Symptome einer Depression sind bei Frauen auf die gewaltsame Einengung ihres Seelenlebens zurückzuführen, wodurch ihr Erfindergeist, ihre Impulsivität und Kreativität behindert oder sie sogar dafür bestraft werden. Es ist eine unleugbare Tatsache, dass die Talente von Frauen auch heute noch durch gesellschaftliche Restriktionen lahmgelegt oder andernfalls schamlos ausgebeutet werden, was nichts anderes ist, als ihnen den wildnatürlichen Pelz Stück für Stück abzuziehen.

Wenn eine Frau sich all ihre Kraft nehmen lässt, ohne einen untergründigen Springquell oder auch nur ein Rinnsal der »Seelenerquickung« zu haben, trocknet sie innerlich aus und verkrüppelt mit der Zeit. Dazu fällt mir eine Geschichte ein, die in unserer Familie unter den Schneidern aus dem alten Land kursierte. Mein verstorbener Onkel Vilmos erzählte sie einmal, um einen wütenden Erwachsenen aus unserer Familie zu beruhigen, der zu streng mit einem Kind war. Vilmos war ein Geschichtenerzähler in der *Mesemondók-Tradition* und wusste instinktiv, wie man Geschichten als Heilmittel für bestimmte Verhaltenskrankheiten einsetzt.

EIN MANN KAM ZU SZABÓ DEM SCHNEIDER und probierte seinen neuen Anzug an. Als er sich vor den Spiegel stellte, fiel ihm auf, dass der Saum der Weste an einer Seite ein bisschen schief war.

»Oh«, sagte der Schneider, »das soll uns gar nicht weiter kümmern. Hier, Sie ziehen das kürzere Ende einfach mit der linken Hand nach unten, dann sieht niemand den Unterschied.«

Während der Kunde die Weste nach unten hielt, fiel ihm auf, dass das Revers der Jacke sich hochrollte, anstatt flach zu liegen.

»Oh, das?« rief der Schneider. »Das ist nicht der Rede wert. Sie neigen Ihren Kopf ein wenig zur Seite und drücken den Kragen mit Ihrem Kinn nach unten. So … ja. Wunderbar!«

Der Kunde tat wie ihm geheißen, aber dann merkte er, dass der Schritt der Hose ein bisschen knapp und der Hosenbund zu hoch geschnitten war.

»Ach, das macht doch nichts«, meinte der Schneider. »Sie ziehen den Schritt einfach mit der rechten Hand ein wenig nach unten, und dann ist alles in bester Ordnung.« Der Mann stimmte zu und kaufte den Anzug.

Am nächsten Tag humpelte der Mann in seinem neuen Anzug durch den Stadtpark: Kinn schräg auf dem Revers, die linke Hand an der Weste zerrend, die rechte am Schritt der Hose; bei seinem Anblick hielten zwei alte Männer in ihrem Schachspiel inne und schauten sich an, wie merkwürdig er sich fortbewegte.

»Oh, mein Gott«, murmelte der eine. »Schau dir den armen Krüppel an …«

Der zweite starrte dem Humpelnden sinnend nach und sagte: »Ja, dass ein Mensch so verwachsen ist, kann einem leidtun. Ich frage mich nur, wo er den schicken Anzug herhat.«

Genau das ist die allgemeine Reaktion der Gesellschaft auf eine Frau mit einer perfekten *Persona,* in der ein Wildwesen steckt, das den schicken beziehungsweise schicklichen Schein wahrt, sich dabei aber ständig selbst verrenken muss. Nun ja, sie ist ein Krüppel, aber schau nur, wie elegant und gefasst sie ihr Schicksal trägt! Wenn wir seelisch ausgetrocknet sind, verrenken wir uns auf jede mögliche Weise, um den Anschein zu wahren, dass alles in Ordnung ist und wir alles im Griff haben. Die Seelenhaut ist unerreichbar, und die gesellschaftliche Haut passt weder hinten noch vorne richtig, und schon gar nicht im Schritt, also humpeln wir wie Krüppel herum und tun, als wäre nichts. Aber der Preis – der Preis dafür ist hoch.

Wenn eine Frau im Zuge ihrer allmählichen Austrocknung spröde und saftlos wird, kann sie nicht mehr spontan kreativ und von Herzen reagieren. Alles Lebendige braucht Feuchtigkeit, Wasser, um gedeihen zu können. Frauen in diesem Zustand haben Träume vom dunklen Mann: Schläger, Einbrecher und Vergewaltiger dringen in ihre Psyche ein und treiben ihr nächtliches Unwesen. In manchen Fällen gehen diese Träume auf tatsächliche Attacken zurück, aber meistens sind sie ein Zeichen dafür, dass die Frauen austrocknen, ihren Instinkten nicht genügend Spielraum lassen, sich also selbst berauben und den Aufruf zur Heimkehr ins Ozeanische ignorieren.

In meiner psychologischen Praxis habe ich im Laufe der Jahre zahllose Fälle leichter bis akuter Austrocknung behandelt, sowohl bei Männern als auch bei Frauen. Viele träumten dabei von verwundeten Tieren, wobei sich die Anzahl solcher Träume in den letzten zehn Jahren dramatisch steigerte. Es ist kaum zu übersehen, dass die Zunahme derartiger Träume mit der zunehmenden Vernichtung der Wildwesen auf diesem Planeten einhergeht.

In diesen Träumen werden Rehe, Eidechsen, Pferde, Wale und so weiter auf ähnliche Weise verkrüppelt wie der Mann beim Schneider Szabó und die Robbenfrau. Obwohl verwundete Tiere in Träumen etwas über den Zustand der Instinktnatur des Träumers aussagen, reflektieren sie darüber hinaus auch die verheerenden Einschnitte in das kollektive Unbewusste. Wenn die Kultur ihre Bürger daran hindert, in der Tier- und Menschenwelt gleichzeitig zu leben, träumen sie von verwundeten und behinderten Tieren, denn die Psyche muss sehen, wie sie den Verlust des persönlichen und des kollektiven Zugangs zur Wildnatur verarbeitet oder besser gesagt verschmerzt.

Also ist es nicht nur die einzelne Frau, die austrocknet. Manchmal sind es auch die Umgebung, die Familie, der Arbeitsplatz, der generelle Bekanntenkreis, die saft- und kraftlos werden und die einzelne Person zum Verdursten verurteilen. Und oft wird diese Seelenkrankheit nicht wahrgenommen, bis man sich wie ein Fisch auf dem Trockenen fühlt, wie die Robbenfrau nach sieben Sommern in der Oberwelt. Da kann man dann nur von Glück sagen, dass ein uralter Aspekt im Unbewussten existiert, der jetzt zur Oberfläche des Bewusstseins aufsteigt und unaufhörlich dazu aufruft, zum Ursprung zurückzukehren.

Den Ruf des Alten vernehmen

Die Stimme im Wind, von der das Kind sich aufgerufen fühlt, mitten in der Nacht zum Meer zu laufen, ähnelt der körperlosen Stimme, die auch in den bedeutsamsten und einprägsamsten Menschenträumen gehört werden kann. Was auch immer diese Stimme im Traum verkündet, wird in meiner kulturellen Tradition als direkte Kommunikation der Seele interpretiert.

Man sagt, dass die körperlose Stimme zu jeder Zeit vernommen werden kann, aber ganz speziell dazu dient, vor Gefahren zu warnen. Wenn eine Seele in höchste Bedrängnis gerät, bricht sie ihre anerzogene Schweigepflicht und wird lautstark genug, um einem Menschen zu sagen, was als Nächstes zu tun ist oder zu geschehen hat.

In der Geschichte steigt der alte Seehund aus seinem natürlichen Element empor, um den Aufruf erschallen zu lassen. So ist es nun einmal, dass das Alte uns heimsucht, wenn wir nicht aufpassen und von allein in bestimmten Abständen zu ihm kommen. Wenn wir den Zeitpunkt der Heimkehr allzu oft verpassen, dann ruft das Alte uns so lange, bis etwas in uns endlich darauf reagiert.

Je dringlicher es für die Seele wird, in ihr ursprüngliches Element zurückzukehren, desto lauter wird das Heimkehrsignal. Es ertönt, wenn irgendetwas überhandnimmt, sei es im positiven oder im negativen Sinn. Wenn die positive Stimulation zu viel wird, kann es genauso gut an der Zeit sein, heimzukehren, wie bei permanenten Dissonanzen. Vielleicht haben wir uns zu intensiv auf irgendetwas eingelassen, uns zu sehr aufgerieben, zu viel oder zu wenig Liebe bekommen, zu hart gearbeitet oder waren völlig unterfordert. Beide Extreme rauben uns die Energie. Jede gravierende Unausgewogenheit erzeugt ein mysteriöses Verlangen nach – wir haben fast nie einen Namen dafür – nach etwas Namenlosem, das in uns aufsteigt und uns etwas ungeheuer Wichtiges mitteilen will: Dann ruft der Alte.

Interessant ist, dass in dieser Version des Märchens das Geisteskind auf den Ruf reagiert und die zusammengerollte Robbenhaut der Mutter unter dem Felsen findet. Der unruhige Schlaf des Kindes ist ein treffendes Symbol für die Ruhelosigkeit einer Frau, die sich danach sehnt, zu ihrem Ursprung zurückzukehren. Da die Psyche ein in sich geschlossenes, ganzheitliches System ist, reagieren sämtliche Komponenten auf den Ruf des Alten, jede auf ihre Weise. Die Rastlosigkeit der Frau wird meistens von einer gewissen Gereiztheit und Klaustrophobie begleitet, weil alles als bedrängend und überwältigend empfunden wird, während das Ziel der namenlosen Sehnsucht unerreichbar fern wirkt. Man kommt sich ein bisschen, wenn nicht gar völlig verloren vor, genau wie ein Wesen fern der Heimat. Diese Gefühle sind Botschafter, die bohren und drängeln und sagen: »Komm zu dir selbst zurück. Komm, komm, sofort, hier und jetzt. Jetzt!«

Wenn wir nicht auf diese Botschafter der Seele hören, dann macht sich die Seele selbst auf die Socken, wie in dem Gedicht aus meiner Privatkollektion mit dem Titel »Die Unterwasserfrau«:

... eines Nachts
klopft ein Herz an die Tür.
Im Nebel draußen steht die Wasserfrau,
Gezweig im Haar und im Schilfgewand,
grünliche Lachen tropfend.
Sie sagt, »Ich bin du,
und ich bin einen weiten Weg gereist.
Komm, ich muss dir etwas zeigen ...«
Sie wendet sich, ihr Cape springt auf,
unvermutet, goldenes Licht ... überall, goldenes Licht ...

Der alte Seehund steigt in der Nacht an die Oberfläche, und das Kind macht sich um Mitternacht auf die Suche nach der Seelenhaut. In diesem und vielen anderen Märchen werden wundersame Wahrheiten und Schätze entdeckt, während die Helden im nächtlichen Dunkel tappen. Nirgends tritt das Licht, das Juwel oder die wundersame Fügung deutlicher hervor, als vor dem Hintergrund der Finsternis. Der Ausdruck »Die dunkle Nacht der Seele« ist inzwischen zu einem ständigen Zitat in gewissen Gesellschaftskreisen geworden. Das Göttliche wird im Dunkel des Hades oder von Hel wiederentdeckt. Christus steigt als ein Lichtschein aus der Dunkelheit der Hölle empor. Die asiatische Sonnengöttin Amaterasu bricht aus der Finsternis einer Berghöhle hervor. Die sumerische Göttin Inanna »liegt erst in wässriger Form in einer schwarzen Erdfurche und entzündet sich dann in einem weißgoldenen Funkenregen, wenn die Erde umgewälzt wird«.

Die zeitlose Botschaft all dieser Motive besagt: »Fürchtet euch nicht vor dem Dunklen, dem Unbekannten, dem Nicht-Wissen.« Unsere Mythen und Überlieferungen ermuntern uns, dem Aufruf zu folgen, auch wenn wir keine Ahnung haben, wohin es gehen soll und wie lange wir brauchen werden, um auch nur die Richtung zu finden. Wir wissen lediglich, dass wir uns kerzengerade im Bett aufsetzen, uns anziehen und hinausgehen müssen, um zu sehen, was uns ruft und was man uns mitteilen will. Vielleicht stolpern wir noch ein Weilchen suchend im Dunkeln herum, aber allein die Tatsache, dass wir uns diesmal nicht vor dem Aufruf gedrückt haben, ihn nicht mit rationalen Zweifeln zugedeckt haben, garantiert, dass wir die Seelenhaut über kurz oder lang finden werden. Wir atmen den Duft dieses Seinszustands ein und wissen sofort: »Ah, ja, das ist es. Ich habe gefunden, was ich brauche.«

Viele Frauen fürchten sich nicht so sehr vor der Suche nach der Seelenhaut, auch wenn sie dabei lange im Dunkeln tappen. Die Furcht der modernen Frauen gilt dem Untertauchen, dem Untergang in den Fluten, nachdem sie ihr Robbenfell gefunden haben. Da stehen sie, angetan mit Flossen und allem, und alles ist bereit, aber nun ist es gar nicht so einfach, den altbekannten Seinszustand an der Oberfläche des Bewusstseins zu verlassen, die Angehörigen und all die Ideen der Oberwelt zurückzulassen, in die man sich so tief verstrickt hat.

Zu lange verweilen

In der Geschichte trocknet die Haut der Robbenfrau aus, weil sie zu lange an der Oberfläche bleibt. Die Haut ist das großflächigste Sinnesorgan des Menschen. Die Haut teilt uns mit, wann wir erkalten, zu heiß werden, zu aufgeregt oder angsterfüllt. Wenn eine Frau ihrer Heimat zu lange ferngeblieben ist, vertrocknet ihre Wahrnehmung der eigenen Gefühlsbotschaften. Ein unklares Kuddelmuddel macht sich in der Psyche breit, und jetzt wird nicht mehr genau wahrgenommen, was übertrieben und was gerechtfertigt ist. Also überschreitet man die eigenen Grenzen, ohne zu spüren, in welcher Hinsicht und inwieweit man sich überfordert.

Im Märchen fallen der Frau die Haare aus, sie zerknittert, schwindet dahin, wird halb blind und zu einem Schatten ihres früheren Selbst. Zu lange der Heimat fern, und uns geht es genauso.

Das Licht in den Augen erlischt, wir werden Nervenbündel, können uns nicht mehr konzentrieren und wissen nicht mehr recht, was wir eigentlich wollen.

In Kentucky und Tennessee würde es heißen, dass eine Frau in diesem Zustand »zu lange ins Geschirr gespannt wurde«, *gone too lang in harness.* Die Farmleute in diesen hinterwäldlerischen Gegenden sind schonungslos, wenn es um bildhafte Beschreibungen von Frauen geht, die ihren Zustand selbst nicht wahrnehmen. »Die hat die Hinterbeine abgewetzt«, heißt es dann, oder: »Die ist so müde, dass sie den Weg nicht zu 'ner feuerroten Scheune zurückfindet.« Oder noch brutaler: »Die hat 'nen toten Wurf an den Titten hängen«, was bedeutet, dass eine Frau sich vergeblich bemüht, eine hoffnungslose Ehe oder ein sonstiges Unternehmen am Leben zu halten.

Wie man sieht, wird es einem weder gedankt, noch lohnt es sich für die Frau selbst, wenn sie sich zu lange ins Geschirr spannen lässt, um ihrer Umwelt einen vermeintlichen Gefallen zu tun. Anstatt das Fortbewegungsmittel ihrer Wahl zu benutzen, hängt sie in einem Ochsenhalfter fest und wird dabei so müde, dass sie schielt und dauernd an dem Ort ihrer Zuflucht vorbeipflügt. Der »tote Wurf« sind Vorstellungen und Pflichten, die schlicht und einfach funktionsunfähig sind, leblos, und einer Frau unnötigerweise die Lebenskraft aussaugen. Dabei wird die Frau anämisch, aber streitsüchtig, immer weniger kompromissbereit und zerstreut. Ihre Sicherungen brennen immer schneller durch. In der Popkultur nennt man das dann »ausgebrannt« – aber es ist mehr als das, es ist *Hambre del alma,* Seelenhunger. Dann gibt es nur noch eine Zuflucht, die Frau muss heimkehren, und da gibt es kein »Wenn« und kein »Aber« und kein »Vielleicht später« mehr.

In der Geschichte verspricht der einsame Mann, der selbst ziemlich ausgetrocknet ist, wie man an den Furchen in seinem Gesicht erkennt, dass er der Robbenfrau nach sieben Jahren des Lebens mit ihm den Pelz wiedergibt, damit sie in ihre Heimat zurückkehren kann, wenn sie es wünscht. Welche Frau kennt solche Versprechungen nicht? »Sobald ich hiermit fertig bin, gehe ich nach Hause. Nach diesem Sommer gehe ich ganz bestimmt. Sobald die Kinder wieder in der Schule sind … Später im Herbst, dann gehe ich … Na ja, im Winter kommt eh alles zum Stillstand. Also im nächsten Frühling ist es dann wirklich soweit. Und diesmal meine ich, was ich sage.« Das Versprechen wird gegeben, und wenn es ernst wird, jedes Mal gebrochen.

Die Heimkehr wird zu einer Lebensnotwendigkeit, wenn man sich lange in weltlichen Angelegenheiten verstrickt hat, ohne zwischendurch periodisch nach Hause zu gehen. Wie lange ist zu lang? Das hängt ganz von jeder Frau selbst ab, aber eines steht fest: Frauen wissen sehr genau, wann sie ihren Aufenthalt in der Oberwelt zu lange ausgedehnt haben. Sie wissen, wann sie überreif sind, denn ihre Körper sind im Hier und Jetzt, aber in Gedanken sind sie schon weit, weit fortgeschwommen.

Sie lechzen danach, länger in die eigenen Tiefen eintauchen zu können. Sie leben auf den nächsten Monat hin – und den übernächsten. Sie sind Robbenfrauen, die es kaum mehr erwarten können, dass der nächste Winter vorübergeht. Sie warten auf ein unbestimmtes Datum irgendwann in der Zukunft, an dem sie frei und unbelastet genug sind, um das wunderbare ursprüngliche Seinsgefühl wiederzufinden. Sie haben das schreckliche Gefühl, *zugrunde* gehen zu müssen, wenn sie nicht … (bitte selbst ausfüllen!) Jawohl, sie müssen zum Grunde gehen, zum Grunde zurückkehren, aber solange das nicht wirklich verstanden wird, sind sie rastlos, von einer vagen Trauer umflort. Sie spüren eine unbestimmbare Angst und Verlassenheit: »Oh, mein Gott, warum hast du mich verlassen?« Wehmütig zupfen sie Fäden aus ihren Rocksäumen und starren stundenlang aus Fenstern. Und das ist kein vorübergehendes Unwohlsein. Dieses »Sich-nicht-mehr-wohl-in-seiner-Haut-Fühlen« bleibt und wächst und wird im Laufe der Zeit immer intensiver.

Trotzdem fahren sie mit ihrem alltäglichen Routineleben fort, grinsen schuldbewusst, zucken mit den Schultern und sagen:

»Ja, ja, ich weiß. Ich müsste wirklich … aber, aber, aber …« Diese »aber«, mit denen sie ihre Nebensätze beginnen, sind ein eindeutiges Zeichen, dass sie bereits allzu lange geblieben sind.

Eine unvollständig eingeweihte Frau in diesem ausgelaugten Zustand kommt vielleicht auf den völlig falschen Gedanken, dass sie sich durch ihr Verweilen in der Oberwelt größere spirituelle Verdienste erwirbt als durch die Heimkehr. Andere schuften sich zu Tode, um der weltlichen Umgebung zu beweisen, dass sie gute Menschen sind und zu etwas taugen.

Aber es gibt noch andere Gründe für diesen inneren Krieg. Viele Frauen sind es nicht gewohnt, anderen das Steuerrad im Heim und am Herd zu überlassen. Sie sagen die berühmte »Kinderlitanei« auf, in der es heißt: »Aber meine Kinder brauchen dies, meine Kinder brauchen das«, und so weiter. Solche Frauen erkennen nicht, dass sie ihren Kindern damit beibringen, ihre Bedürfnisse genauso zu opfern und später ebenfalls allzu lange in der Oberwelt zu bleiben.

Die meisten Frauen befürchten, dass niemand ihr fundamentales Bedürfnis nach Heimkehr versteht. Sicher, nicht alle verstehen so viel. Aber alle Frauen müssen Folgendes selbst verstehen: Wenn eine Frau regelmäßig und ihren eigenen Zyklen folgend in die Tiefe geht, werden die Angehörigen ebenfalls gezwungen, sich zu entwickeln und seelisch zu wachsen. Die Heimkehr erlaubt anderen, den eigenen Individuationsprozess fortzusetzen und sich mit den Dingen auseinanderzusetzen, die für sie wichtig sind.

Wild lebende Wölfe kennen keine innerliche Zerrissenheit dieser Art, denn sie wechseln sich ab bei allem. Sie gehören einer Gruppe an, die sich um die Versorgung der Jungen kümmert und alle sonstigen Aufgaben erfüllt, aber während die einen arbeiten, erholen sich andere Mitglieder des Rudels gelassen blinzelnd. Das ist eine gute Art, die Arbeit zu teilen und eine Heimkehr zu ermöglichen. Das ist der natürliche Lebensstil der femininen Wildnatur.

An diesem Punkt möchte ich klarstellen, dass die »Heimkehr« von Frauen auf sehr unterschiedliche Weise vollzogen wird. Die Großmutter eines rumänischen Malers und Freundes von mir setzte sich hin und wieder auf einen Holzstuhl in den Garten hinter ihrem Haus und starrte mit weit offenen Augen in die Sonne. Dann wusste mein Freund, dass man sie auf keinen Fall stören durfte, und wer es nicht wusste, fand es auf unsanfte Weise heraus. »Das ist Medizin für meine Augen«, erklärte die Großmutter, »und überhaupt ist es lebensnotwendig.« Die Heimkehr kostet kein Geld, aber Zeit, und man braucht vielleicht zuerst viel Willenskraft, um kategorisch zu erklären:

»Also meine Lieben, ich verabschiede mich jetzt. Aber ich komme zurück.« Und dann muss man wirklich tun, was man sagt.

Es gibt zahllose Wege, die nach Hause führen, auch wenn sich die Öffnung, durch die man an einem Tag in die Tiefen geschlüpft ist, am nächsten Tag als wieder zugenagelt erweist und man einen neuen Weg finden muss. Manche meiner Patienten fallen in ihren Urzustand zurück, wenn sie Passagen in bestimmten Büchern lesen. Andere brauchen nur ein paar Minuten an einem Fluss oder plätschernden Wasser zu sitzen. Manche legen sich auf die Erde und schauen in den Himmel. Oder man verbringt Zeit mit einem geliebten Menschen, ohne die Anwesenheit von Kindern. Manche Frauen kehren beim Erbsenpulen heim, beim Stricken oder Kartoffelschälen. Manche fahren ein paar Stunden lang mit dem Auto herum, ins Blaue hinein, und kehren dann gestärkt zurück. Manche steigen in einen Bus und lassen sich ins Unbekannte kutschieren. Viele Menschen beten, versenken sich in sich selbst und meditieren.

Alle diese Dinge und Tausende mehr sind Arten der Selbstversenkung: Musik hören, einen Säugling im Arm wiegen, mit beiden Händen im Dreck wühlen, während man Pflanzen umtopft, in einem Kaffeehaus am Fenster sitzen und schreiben, die Beine von einer Brücke baumeln lassen, das Haar in der Sonne trocknen lassen, unter Bäumen wandeln und Schönheit in der rührenden Verletzbarkeit aller Lebewesen sehen.

Also ist der Weg nach Hause nicht lang und nicht beschwerlich, dennoch möchte ich die Sache nicht übersimplifizieren, denn es werden allerlei Widerstände gegen die Rückkehr aufgebaut, einmal ganz abgesehen davon, dass man selbst es ist, zu dem man zurückkehrt – und was könnte einfacher sein, als zu sich selbst zurückzufinden?

Ein Widerstand gegen die Heimkehr, der Frauen immer wieder dazu verführt, sich viel zu lange aufhalten zu lassen, besteht in der Identifikation mit dem Archetypus der Heilerin. Das Urbild der »großen Heilerin« übt eine enorme Anziehungskraft auf Frauen aus, und es ist durchaus richtig, die Charakteristika dieses Archetypus und aller anderen Archetypen kennenzulernen und in sich selbst aufzudecken, denn dadurch lernt man. Die Archetypen der großen Urmutter, des Gotteskindes, des Sonnenhelden und so weiter bergen ungeahnte Schätze für uns, aber es besteht die Gefahr, dass man sich durch die Identifikation mit ihnen allzu lange aufhalten lässt.

Der Archetyp des Heilers beinhaltet Weisheit, Güte, Nächstenliebe und alle anderen Dinge, die mit Heilkraft assoziiert werden. Also ist es gut, so großmütig und hilfsbereit wie dieses Urbild zu sein. Aber nur bis zu einem gewissen Grad. Darüber hinaus behindert das Streben nach diesem Ideal unser Fortkommen. Wenn Frauen sich mit dem »Heile, heile Segen, ich mache alles wieder gut, bringe immer alles in Ordnung«-Zwangsverhalten identifizieren, sind sie in eine gigantische Falle getappt, die durch den massiven Druck der Kultur entsteht, dass Frauen erst mal beweisen müssen, ob sie zu irgendetwas nütze sind, außer dekorativ herumzustehen und ihr Leben auf Kosten eines hart arbeitenden Mannes zu genießen. In manchen Teilen der Welt müssen Frauen ihre Unersetzlichkeit erst einmal jahrelang unter Beweis stellen, bevor ihnen eine Daseinsberechtigung von der Umgebung erteilt wird. Diese Einflüsse werden so früh in unsere Psyche injiziert, dass wir sie weder beurteilen noch ihnen widerstehen können. Sie werden zum Gesetz erhoben, es sei denn, wir hinterfragen das ganze Wertesystem.

Die Hilferufe der leidenden Umwelt können nicht alle und nicht permanent von einer einzigen Person beantwortet werden. Wir können uns wirklich nur auf Dinge einlassen, die uns erlauben, in regelmäßigen Abständen heimzukehren, weil sonst bei uns die Lichter ausgehen. Was das Herz gerne geben würde, deckt sich manchmal einfach nicht mit den Kraftreserven der Seele. Um unserer Seelenhaut willen dürfen wir uns nicht völlig verausgaben und müssen entscheiden, wie viel wir uns aufbürden können, ohne den Kontakt zur Heimat tatsächlich zu verlieren.

Obwohl archetypische Energien für kurze Zeit aus uns herausstrahlen mögen, ist keine Frau in der Lage, einen Archetypus ununterbrochen zu verkörpern. Nur der Archetyp selbst kann »allzeit bereit«, »immer für uns da«, »ewig kraftspendend« und so weiter sein. Für uns ist die Identifikation mit solchen Projektionen eine Falle, denn das sind Ideale, die kein Mensch erfüllen kann. Das muss auch niemand. Aber die Falle ist so geschickt ausgelegt worden, dass Frauen der Reihe nach hineinfallen und sich dann zu Tode strampeln. Um die Falle zu umgehen, müssen Frauen lernen, »Halt! Stopp« zu sagen, »bis hierhin und nicht weiter« und es absolut ernst meinen und natürlich entsprechend handeln.

Eine Frau muss sich zurückziehen und in sich gehen, um herauszufinden, warum sie sich an einem archetypischen Idealbild festgebissen hat, das ihr das Gefühl verleiht, ein gottgleiches Wesen zu sein, welches sämtliche Bitten erfüllt und unverletzbar, unangreifbar und unzerstörbar ist. Unweigerlich führt dies zum genauen Gegenteil: Die Frau wird zur pingeligen Perfektionistin und liefert sich damit Verletzungen und Attacken aller Art aus, da diese Ideale nun einmal weder von ihr noch von ihren Mitmenschen erfüllt werden können. Nein, wir müssen unseren Instinkten folgen, die genau sagen, wann wir im Begriff sind, uns zu viel aufzuhalsen. Es ist weitaus besser, zwischendurch immer wieder ein Weilchen unterzutauchen, selbst wenn es die Angehörigen irritiert, als das gesunde Maß so weit zu überschreiten, dass man am Ende auf allen vieren nach Hause kriecht.

Also wacht auf, ihr Frauen, wenn ihr des ewigen Samariterdienstes müde seid, aber Angst habt, euch vorübergehend zurückzuziehen. Ihr könnt später wieder losgehen und euch um alles kümmern, aber erst mal heißt es, sich auf das Selbst besinnen, nur dann kann man sich wirksam auf andere konzentrieren. Kein Mensch kann in den Mutterleib zurückkriechen, das ist wahr, aber es ist nicht nur möglich, sondern unerlässlich, in die Seelenheimat zurückzukehren.

Befreiendes Eintauchen

Wir alle wissen, wie man zu sich selbst zurückfindet. Egal, wie weit wir uns von uns selbst entfernt haben, wir kennen den Rückweg. Die Heimat ist der Urgrund, der Platz, von dem alle Gedanken und Gefühle ausgehen und in den sie zurücksinken, indem sie sich auflösen, um von Neuem zu entstehen. Der Urgrund ist der interne Ort, an dem eine Frau sich ganz fühlt, ganz und gar ungeteilt, von keinem Gedanken oder Gefühl zerrissen oder abgelenkt. Für viele macht sich die Heimat als ein Seinszustand bemerkbar, in dem sie sich frei fühlen, frei von Sorgen, frei von drängenden Forderungen, frei von dem konstanten Getöse der Innen- und der Außenwelt. In diesem simplen Sein herrscht Friede, aber es enthält auch Visionen, Einsichten und andere Schätze, die später, bei der Rückkehr in die Oberwelt, der Psyche dienen können.

Obwohl man in einer bestimmten Umgebung den Weg zurück manchmal leichter findet, beispielsweise in unberührter Natur, ist dieses Ambiente nicht die Heimat, sondern nur das Vehikel, das das Ego in den Schlaf lullt, damit wir den Rest des Weges ungestört zurücklegen können. Die Transportmittel sind sehr unterschiedlich: ein Sonnenaufgang, ein Wald, erhebende Musik, ein Aufenthalt am Meer oder einfach nur friedliches Alleinsein. Diese Dinge transportieren uns in eine innere Leere, die im selben Moment die Fülle der großen Ordnung, der Schöpferkraft und der nährenden Substanz ist.

Die Heimat ist der Ort, an dem die Instinkte ungehindert wirken können, so mühelos und naturgewollt funktionieren wie gut geölte Gelenke; wo alles ist, wie es sein soll, wo alle Geräusche richtig klingen, wo das Licht einem guttut und die Gerüche beruhigen, anstatt uns zu alarmieren. Alles, was ein inneres Gleichgewicht erzeugt und tief entspannt, ist ein Stück Heimat. In unserem Zuhause angekommen, können wir alle Dinge in Ruhe sortieren, das Vergessene, Begrabene und Verkümmerte kann zu neuem Leben erweckt werden. Hier können wir über die Zukunft nachdenken und über die Narben der Psyche, um zu erkennen, was diese ursprünglich verursacht hat und was wir als Nächstes anstreben. Adrienne Rich beschreibt in ihrem Gedicht »Diving Into the Wreck«, was mit der Rückkehr zum tiefen Selbst verbunden ist:

Es gibt eine Leiter.
Die Leiter ist immer da.
Unschuldig hängt sie
an der Seite des Schoners herab …
Ich steige in die Tiefen,
um das Wrack zu untersuchen …
um zu sehen, wie viel Schaden angerichtet wurde,
und die Schätze zur finden,
die immer erhalten bleiben …

Wenn es Zeit wird, in die Tiefen zu steigen, gibt es keine Ausreden mehr. Selbst wenn man sich nicht vorbereitet fühlt, selbst wenn alles Mögliche unerledigt bleibt und der Frachter schwer beladen ist, muss man die Leiter hinabklettern und eintauchen. Die Robbenfrau muss ins Meer zurückkehren, gleichgültig, ob heute ein guter Tag für dieses Unternehmen ist, gleichgültig, ob alles in Ordnung und erledigt ist oder nicht. Es gibt keinen Punkt im Leben, wo alles erledigt und vollkommen in Ordnung ist. Dieses Mühlrad dreht sich ewig, ewig weiter.

Jede Frau hat ihre eigenen Methoden, mit denen sie sich einredet, warum sie sich in diesem Moment nicht die Zeit nehmen kann, in die Tiefe zu steigen, auch wenn es höchste Zeit ist. Aber wenn wir zu unseren instinktiven, wildnatürlichen Zyklen zurückfinden wollen, übernehmen wir damit auch die psychische Verpflichtung, unser Leben dahingehend einzurichten, dass wir den Zyklen entsprechend handeln können. Da sind alle Argumente für oder gegen das Verlassen der Oberflächenwelt schlicht absurd. Wenn die Zeit der Heimkehr gekommen ist, müssen wir die Welt der Streitgespräche verlassen, da hilft nichts.

Wer nie nach Hause geht, verurteilt sich zu einem Dasein als Zombie, als wandelnde, nach außen hin manchmal sogar trügerisch funktionsfähige Tote. Auf den Bahamas sagen die Leute dann *She gone s'parat,* die Seele hat sich von der Frau getrennt und sie in einem Zwischenreich zurückgelassen, in dem ihr sämtliche Handlungen und Ereignisse seltsam substanzlos vorkommen. In diesem Zustand hat man das vage Gefühl, täglich alles Mögliche zu erreichen, aber ohne sich davon bereichert zu fühlen. Man tut, was man vermeintlich die ganze Zeit tun wollte, aber irgendwie ohne Befriedigung. Diese Unzufriedenheit ist ein Schlüssel für uns. Sie öffnet die geheime Tür zu einer lebenswichtigen Verhaltensänderung.

Die Frauen in meiner Praxis weinen immer, wenn sie seit 20 oder mehr Jahren nicht mehr zu Hause waren und dann zum ersten Mal bewusst den Urgrund berühren. Aus unterschiedlichen Gründen, die zu der Zeit alle sehr vernünftig klangen, hatten sie sich mit der permanenten Vertreibung aus ihrem Heimatland abgefunden und vergessen, wie gut es der ausgetrockneten Erde tut, wenn endlich Regen fällt.

Manche finden ihre Heimat, indem sie etwas tun, das ihnen seit Jahren am Herzen liegt. Sie lernen etwas, das sie schon immer interessiert hat, oder machen sich auf die Suche nach vermissten Personen und Dingen in ihrem Leben. Sie erheben ihre Stimme und schreiben, singen, reden zu anderen auf eine ganz bestimmte Weise. Sie richten sich ein traumhaft schönes Eckchen an irgendeinem Platz der Erde ein. Sie tun etwas, das ein Zeichen für die Nachkommen hinterlässt. Sie machen es sich gemütlich und ruhen an einem stillen, geschützten Ort aus, wo niemand sie kennt. Wer seine Seelenhaut wiedergefunden hat und mit den Augen der Seele schaut, sieht die Heimat in unzähligen winzigen Dingen.

Wie lange bleibt man zu Hause? So lange, wie man kann oder bis man zurückkatapultiert wird. Wie oft muss man heimgehen? Weitaus öfter, als man annimmt, wenn man »sensibel« ist und sehr aktiv in der Außenwelt. Weniger häufig, wenn man ein »dickes Fell« hat und sich nicht allzu sehr verausgabt. Jedes Herz weiß, wie oft und wie lange heimgekehrt werden muss. Der Gesamtzustand gibt darüber Auskunft, der Glanz in den Augen und die Vitalität der Sinneskräfte sind ein Zeichen.

Wie findet man das Gleichgewicht zwischen beiden Welten? Indem man die Heimkehr von vornherein in das tägliche Leben einplant und die Angehörigen davon unterrichtet. Es ist doch erstaunlich, wie leicht eine Frau sich zurückziehen kann, wenn jemand krank ist oder sie von ihren Kindern gebraucht wird. Sobald das Auto kaputt ist, hat sie plötzlich Zeit; in Krisensituationen hat sie Zeit. Die Heimkehr ist ebenso dringlich, denn nach Hause zu gehen und aufzutanken ist nicht viel anders, als zur Tankstelle zu fahren und Benzin nachzufüllen. Wir wissen, dass das Auto sonst stehen bleibt und werfen ihm das auch nicht vor, oder?

Wenn eine Frau ihr zyklisches Bedürfnis nach der ihr innewohnenden Tankstelle hoch genug einschätzt, lernen auch die Angehörigen den Wert eines vollen Tanks schätzen und akzeptieren diese Notwendigkeit. Hier handelt es sich um Zeit, die man einzig und allein für sich selbst nimmt, was bei manchen Frauen bedeuten kann, dass sie einfach die Tür hinter sich zumachen, aber weiterhin erreichbar für die Angehörigen sind, während andere nicht die geringste Störung ertragen, weil sie nur in absoluter Ruhe tief genug untertauchen können. Jedes »Mammi, wo sind meine Schuhe?« ist zu viel. Jedes »Schatzi, brauchen wir irgendetwas aus dem Supermarkt?« ist schon mehr als zu viel.

Für solche Frauen ist der Wesensgrund nur in absoluter Stille erreichbar … *No me molestes.* Lass mich in Frieden, in den Frieden eintauchen. Der Wind in den Blättern des Baums vor dem Fenster ist Stille. Das Rauschen eines Gebirgsbachs ist Stille. Donnergrollen ist Stille. Menschen, die irgendetwas wollen, sind nervtötendes Getöse. Jede Frau wählt den Heimweg, der ihr am leichtesten den Zugang verschafft. Das muss sie auch tun.

Ob man eine Stunde oder Tage zum Auftanken in der Heimat braucht, muss nebensächlich sein. Gib jemandem den Auftrag, sich um die Katze und den Hund zu kümmern, auch wenn Katze und Hund sagen, dass niemand das so gut kann wie du. Gut, wahrscheinlich sprengt niemand den Rasen, und das Gras ist braun, wenn du zurückkommst und mit feucht glänzenden Seehundaugen um dich blickst. Das Gras wächst nach, der grummelige Ehemann und das fordernde Kind werden dich vermisst haben, aber bald darüber hinwegkommen. Der Chef oder die Chefin werden die gerunzelte Stirn wieder entfalten, denn das ist ein Naturgesetz, ebenso wie die Heimkehr zum Ursprung. Zu lange verweilen heißt, mit Wahnsinn und Krankheit flirten. Regelmäßig heimkehren heißt, gesunden Menschenverstand beweisen.

Wenn Frauen sich nicht die Zeit nehmen, hin und wieder heimzukehren, weil die Familie, die Kultur oder ihre Psyche es ihr untersagen, buddeln sie sich oft heimlich einen unterirdischen Tunnel, durch den sie sich ein Stück weit nach Hause »stehlen«. Sie ziehen sich ein chronisches Leiden zu und legen sich ins Bett, wo sie schuldfrei lesen und in sich hineinfallen können. Oder sie lächeln entschuldigend, während sie ihr Arbeitstempo auf Schlurf- und Schleppgeschwindigkeit herunterschrauben.

Viele Frauen meinen unbewusst, dass sie sich nur von erdrückenden Überforderungen befreien können, indem sie einen Streit vom Zaun brechen, der dazu dient, ihre Heimkehr und die Abkehr von der Umwelt zu rechtfertigen. Mitten in einer Auseinandersetzung mit dem Partner sagt die Frau plötzlich:

»Also, ich gehe! Du bist so ein … (bitte selbst ausfüllen) und dich kümmert offenbar überhaupt nicht, dass ich … (bitte selbst ergänzen). Nein, danke, mir reicht's!« Die Tür knallt zu, und die Frau hat sich auf- und davongemacht.

Wenn eine Frau für etwas kämpfen muss, das ihr naturgemäß zusteht, fühlt sie sich vollkommen berechtigt, sämtliche Mittel einzusetzen, die ihr zur Verfügung stehen. Interessant ist, dass Wölfe ebenfalls kämpfen, wenn sie meinen, dass ihnen etwas vorenthalten wird, das ihnen zusteht, wie Nahrung, Schlaf, Sex und längere Ruhepausen. Offenbar ist das eine normale Instinktreaktion auf Eingriffe in die Naturzyklen. Bei vielen Frauen findet dieser Kampf weniger im Außen statt als in den Innenwelten, wo mit dem gesamten negativen Komplex gestritten wird, der Frauen das Recht auf ihre periodische Heimkehr absprechen will.

Wer für jedes bisschen Freiheit und Freizeit kämpfen muss, sollte sich fragen, was an den Beziehungen zu den Angehörigen verändert werden kann. Wenn irgend möglich, umgibt man sich mit lernfähigen Menschen, denen selbst daran liegt, dass alle Beteiligten regelmäßig heimkehren und auftanken. Die Zusammenhänge können anderen erklärt werden, sobald man sie selber verstanden hat. Ganz besonders für schöpferisch tätige Menschen ist die tägliche Heimkehr die Grundlage des Broterwerbs. Ohne Benzin im Tank kann kein weiterer Pinselstrich getan, kein weiteres Wort geschrieben werden. Meine Freundin Normandi, eine begabte Schriftstellerin, hat ihre Familie so weit erzogen, dass sie ihre Erklärungen auf ein Minimum beschränken kann. Knapp und kurz drückt sie sich aus: »Ich gehe jetzt.« Punktum. Alles klar. Sagt etwas Vergleichbares, o Frauen dieser Welt, und taucht danach in Seelenruhe unter.

Unter Wasser atmen

In der Geschichte wird ein eigenartiger Kompromiss geschlossen. Anstatt das Kind zurückzulassen oder es für immer in die Unterwasserwelt zu entführen, nimmt die Robbenfrau ihr Kind auf einen siebentägigen Besuch in die Heimat mit. Das Kind wird als Mitglied des Seehundclans akzeptiert und in die Grundgesetze des Lebens unter Wasser eingeweiht.

Das Kind repräsentiert eine Umstellung in der Psyche. Die Seehundmutter hat dem Kind ihren Atem, also ihre Seelenqualität, eingehaucht und es dadurch, aus psychologischer Sicht, in ein Wesen verwandelt, das sich zwischen beiden Welten hin- und herbewegen kann. Dennoch kann das Kind nicht in der Unterwelt bleiben, da es weder ganz Seele noch ganz Ego ist, sondern eher so etwas wie eine Brücke zwischen beiden.

Im Kern jeder Frau befindet sich etwas, das jungianische Analytiker die »mediale Frau« nennen. Die mediale Frau steht zwischen der Welt der Konsensus-Realität und dem mystischen Unbewussten und vermittelt zwischen beiden. Die mediale Frau ist also ein Vermittler – zugleich Empfänger und Transmitter von Botschaften aus beiden Welten. Sie empfängt etwas Ursprüngliches durch direkte Einsicht und ist dann in der Lage, es ins Rationale zu übersetzen. Sie empfängt Ahnungen, Eingebungen und Ideen, die dann an den rationalen Verstand weitergeleitet werden.

Auf halbem Weg zwischen Imagination und Intellekt, zwischen Fühlen und Denken, zwischen Geist und Materie und sämtlichen anderen Gegensätzen steht diese vermittelnde Funktion. Die Robbenfrau ist eine Form des Seelen-Selbst, die sowohl in der materiellen Oberflächenwelt als auch im ozeanischen Untergrund existieren kann, der ihre geistige Heimat ist, aber sie kann nicht zu lange auf der Erde bleiben. Sie und der Robbenfischer, also die Ego-Psyche, müssen einen Sprössling hervorbringen, der ebenfalls in beiden Welten existieren kann, aber die meiste Zeit in der Oberwelt bleibt.

Zusammen bilden die Robbenfrau und das Kind ein System in der Psyche, das ähnlich wie die Post funktioniert. Das wässrige Seelen-Selbst sendet gedankliche und intuitive Impulse an das mediale Selbst, welches diese dann an die Oberfläche des Bewusstseins weitergibt. Das System funktioniert aber auch in umgekehrter Richtung. Die Ereignisse des täglichen Lebens mit all ihren gefühlsmäßigen Inhalten werden an die Seele übermittelt, die dann von der Seele in nächtlichen Träumen oder in Form von Aufwallungen im Körper oder Inspirationen kommentiert werden.

Die Wilde Frau ist eine Kombination aus gesundem Menschenverstand und Seelenweisheit, und die Robbenfrau ist ihr Double, da sie ebenfalls beides in sich vereint. Die mediale Frau ist mit dem Kind in der Geschichte vergleichbar. Sie ist von dieser Welt, aber fähig, mühelos in die Tiefenbereiche der Psyche einzutauchen. Manche Frauen werden mit diesem Talent geboren, andere erlernen die Fähigkeit wie eine Kunst. Es spielt keine Rolle, wie man an diese Fähigkeit kommt, aber sie wird mit jeder Heimkehr zum Urgrund und der Rückreise an die Oberfläche weiterentwickelt.

An die Oberfläche kommen

Das Wunder der Heimkehr zum eigenen Wesensgrund wird von einem schmerzlichen Abschiedsmoment begleitet, weil wir nicht für immer dableiben können. So erlösend ein Besuch auch sein mag, irgendwann werden wir an die Oberfläche zurückgetrieben. Wie Ooruk, der behutsam am steinigen Ufer abgesetzt wird, finden wir uns in steinharter Materie wieder, zwar vollgepumpt mit neuer

Lebenskraft, aber dennoch ist es ein wehmütiger Moment, wenn man sieht, dass man wieder allein mit allem fertigwerden muss. Die Rückkehrer von einem mystischen Einweihungsritual sprechen von einer bittersüßen Trauer, die sie beim Eintritt in die Oberwelt empfinden. Sie sind »erquickt und gelabt«, wie es in alten Texten heißt, aber auch von Wehmut erfüllt.

Der Trost für dieses Verlustgefühl liegt in den Instruktionen, die die Robbenfrau ihrem Kind erteilt: »Ich bin immer bei dir. Du musst nur berühren, was ich berührt habe, meine Feuerhölzer, mein Messer und meine Steinschnitzereien von Ottern und Meeresgetier, dann wirst du einen Atem spüren, der mein Atem ist. Und er wird dich singen lassen und dir Geschichten geben.« Ihre Worte enthalten ein Versprechen von großer Tragweite. Impliziert ist unter anderem, dass man sich nicht lang mit sehnsüchtiger Wehmut aufhalten, sondern die Werkzeuge verstehen und benutzen soll, die vom Seelen-Selbst berührt wurden und seine Energie deshalb auch weiterhin ausstrahlen.

Die Inuit bezeichnen die obengenannten Werkzeuge als Merkmale der »wahren Frau«. All diese Dinge braucht die Frau, um ihr Leben zu meistern. Das Messer schneidet, durchtrennt, befreit, zeichnet vor und macht, dass die einzelnen Teile zusammenpassen. Die Feuerhölzer können bei korrekter Anwendung Wärme, Glut und Flammen auf verschiedenen Ebenen des Daseins erzeugen. Die Steinschnitzereien drücken ihr mystisches Verständnis aus, das Spektrum ihrer Heilkräfte und ihre Identität in der geistigen Welt.

Mit psychologischen Begriffen ausgedrückt, repräsentieren diese Metaphern die Fähigkeiten der Wildnatur. Das Messer ist unter anderem ein mythologisches Werkzeug, das den gedanklichen Schleier zwischen dem Diesseits und dem Jenseits entzweischneidet und zum Verborgenen vordringt. Die Feuerhölzer dienen der Transformation und können als Repräsentation eines inneren Drangs verstanden werden, die Psyche zu stärken: Die Nahrung wird durch Feuerwärme in etwas Genießbares verwandelt, das alte

Leben wird in ein neues transformiert, viele Materialien werden im Feuer geschmolzen oder gefestigt, und das Licht des Feuers ist ein Schutzschild gegen unnütze Negativität. Die Steinschnitzereien sind traditionell Talismane und Fetische, die dem Helden und der Heldin Kraft geben und das Wissen, dass sie dem eigenen Ursprung nie wirklich fern sind.

Für die moderne Frau ist das Messer ein Symbol für ihre messerscharfe Einsicht, den Willen, alles Überflüssige und Hinderliche abzuschneiden, klare Trennungen vorzunehmen und neue Anfänge zu schnitzen. Ihre Feuerhölzer erzeugen leidenschaftliches Engagement für etwas, lassen sie wie ein Phönix aus der Asche eines gescheiterten Versuchs aufsteigen und verbrennen Unnötiges. Die Steinschnitzereien der modernen Frau verkörpern ihre Erinnerung an ihr eigenes wildes Bewusstsein, ihre Einheit mit dem natürlichen Instinktwesen.

Obwohl wir, wie Ooruk, die meiste Zeit in der Oberwelt bleiben, können wir in Kontakt mit den Dingen sein, die das Seelen-Selbst während seines Aufenthalts auf der Erde hinterlassen hat. Wir berühren diese Dinge und werden von einem Hauch »Seele« und »Heimat« umweht. Wir werden inspiriert. Wir spüren den Atem der Seele, in dem allerlei »Gesänge« und »Geschichten« widerhallen, welche wir wiederum an diese Welt weitergeben. Das ist das Versprechen des Seelen-Selbst, wenn es uns scheinbar verlässt und in der Grenzenlosigkeit untertaucht. Das ist das Geschenk und Vermächtnis der Robbenfrau an die Psyche.

Deshalb versucht Ooruk nicht, seiner Mutter zu folgen und sich wieder in die Fluten zu stürzen, in denen er ja ebenfalls zu Hause ist. Deshalb bleibt er auf dem Festland der materiellen Welt. Er weiß, dass die Mutter immer bei ihm ist, aber nun muss er sich erst einmal neu orientieren. Bei der Rückkehr an die Oberfläche kommen einem die altbekannten Dinge oft ein wenig fremd vor, als wäre man da nie wirklich zu Hause gewesen. Selbst das Geplapper der wohlvertrauten Stimmen, das vertraute Brausen der Autos, das

Summen der Elektrogeräte im Haus können sich überlaut anhören. Das ist normal. Man fühlt sich ein paar Minuten, manchmal sogar tagelang – je nachdem wie lange und tief man untergetaucht war – wie ein Außerirdischer mit übermäßig geschärften Sinnen, der sich wundert, wie die Leute hier auf der Erde das aushalten. Das geht vorüber, und danach macht man sich mit einem Tank voller frischem Kraftstoff daran, dem Leben in der Oberwelt neuen Atem einzuhauchen und die Gesänge der Seele zu singen und die Geschichten vom Leben unter Wasser irgendwie in Worte zu kleiden.

Genauso hat Ooruk sich verhalten. Er wurde zu einem großen Trommler, Sänger und Geschichtenerzähler seines Volkes. Die Inuit sagen, dass die echten Erzähler im Schlaf zu den Göttern eingehen und ihren Erzählungen mit gespitzten Ohren lauschen. Das Kind lebt durch seine Kreativität aus, was die Mutter ihm eingehaucht hat, und ist daher unzertrennlich mit ihrem Geist verbunden. Wir sind Ooruk, wenn wir regelmäßig unter- und wieder auftauchen. Erfüllt von neuen Gedanken und Verhaltensweisen, brauchen wir nicht zu versuchen, uns dauernd an den Zauber der Unterwasserwelt zu klammern. Wir können loslassen und in Ruhe ausleben, was uns mitgegeben wurde – bis zur nächsten Heimkehr oder Zwiesprache mit dem Seelen-Selbst.

Gesuchtes Alleinsein

Im Morgennebel kniet der nun erwachsene Ooruk täglich auf einem Felsen im Meer und hält Zwiesprache mit der Robbenfrau. Das ist wichtig für uns, denn durch diesen täglichen Rückzug ins Alleinsein und das Kommunizieren mit der Seele kann das Geisteskind oder die mediale Frau ihrer Heimat nahe sein.

Ooruk muss also nicht jedes Mal vollkommen untertauchen, um mit seiner Seele zu kommunizieren, er kann die Seele auch kurzfristig an die Oberfläche zurückrufen.

Um Zwiesprache mit der femininen Wildnatur halten zu können, müssen Frauen sich vorübergehend zurückziehen und einen Zustand des Alleinseins im ältesten Sinne des Wortes aufsuchen. In früheren Zeiten wurde das Wort »allein« ausschließlich im Sinne von »all eins« verstanden. »All eins« zu sein, bedeutete, ganz zu sein, eins mit dem All, sowohl zeitweilig als auch essenziell. Genau darum geht es beim gesuchten All-eins-Sein: um das Fernsein von Zerstreuungen, das es uns möglich macht, All-eins-Sein zu empfinden. Das ist das Heilmittel für den zerfransten Seelenzustand, der so typisch für moderne Frauen ist und sie veranlasst, »in alle vier Himmelsrichtungen gleichzeitig davonzustieben«.

Das Alleinsein hat nichts mit Ereignislosigkeit und Einsamkeit zu tun, wie viele glauben. Ganz im Gegenteil. Durch das Alleinsein wird einem von der Seele ein Füllhorn voller Schätze gegeben. Durch Ärzte, Religion und Mystiker ist überliefert, dass im Altertum das Alleinsein für lindernd und zugleich vorbeugend gehalten wurde. Alleinsein wurde bei Erschöpfung verordnet und um Überlastungen von vornherein zu vermeiden. Es wurde als ein Mittel eingesetzt, um den Rat des inneren Selbst einzuholen und Anweisungen zu vernehmen, die gewöhnlich vom alltäglichen Trubel übertönt werden.

In manchen Ländern und bei vielen Eingeborenenstämmen wird heute noch oft im Haus eine Art Zufluchtsstätte eingerichtet, die allein der Einkehr in sich selbst und dieser Zwiesprache dient. Traditionell zogen sich Frauen während der Menstruation an einen entlegenen Ort zurück, weil man annahm, dass sie in dieser Zeit der Selbsterkenntnis näher waren als gewöhnlich. In der Tat ist die Membran zwischen dem Unbewussten und dem bewussten Verstand während dieser Zeit sehr viel durchlässiger, sodass Gefühle, Erinnerungen und Sensationen, die normalerweise abgeblockt werden, ohne Widerstand in das Tagesbewusstsein vordringen. Wenn sich eine menstruierende Frau bewusst für das Alleinsein entscheidet, wird ihr noch mehr Material zum Aussortieren zur Verfügung gestellt.

Die weiblichen Nachfahren vieler nord–, mittel- und südamerikanischer Stämme ebenso wie Frauen slawischer Abstammung machten mich allerdings darauf aufmerksam, dass diese sogenannten Frauenplätze nicht allein menstruierenden Frauen vorbehalten blieben, sondern *jederzeit* aufgesucht werden konnten, und darüber hinaus hatten einige Frauen auch noch einen eigenen »Frauenplatz«, etwa einen bestimmten Baum, eine entlegene Meeresbucht oder Felsenhöhle und dergleichen.

Durch meine analytischen Erfahrungen mit Frauen aus aller Welt gelangte ich zu der Überzeugung, dass der emotionale Tiefpunkt, den Frauen kurz vor der Menstruation erfahren, nicht allein auf physische Umwälzungen zurückzuführen ist, sondern im gleichen Maße auch auf mangelnde Zurückgezogenheit und Insich-Gekehrtheit, während der man sich seelisch erneuern kann. Ich lache immer, wenn jemand die Ansichten der frühen Anthropologen zitiert, die besagen, dass menstruierende Frauen von ihren Stammesangehörigen als »unrein« empfunden und deshalb auf den »Frauenplatz« vertrieben wurden, bis sie »wieder rein« waren. Selbst wenn es solche rituellen Verbannungen in manchen Stämmen gegeben hat, hätten sich die Frauen vielleicht noch mit hängendem Kopf bis zur Dorfgrenze geschlichen, aber, kaum außer Sichtweite, wären sie kichernd und erleichtert davongehüpft, das weiß jede Frau, die jemals menstruiert hat.

Das regelmäßig praktizierte Alleinsein ist wie eine Aufforderung an die wilde Seele, an Land zu kommen, uns nahe zu sein und mit uns zu kommunizieren, genau wie es in diesem Märchen beschrieben wird. Wir stellen Fragen und lassen die Seele antworten.

Wie ruft man die Seele herbei? Es gibt viele Methoden: durch Meditation oder mit rhythmischen Bewegungen, wie beim Laufen, Rennen, Trommeln, Singen, Musizieren. Indem man das Auge auf etwas Schönem ruhen lässt, durch Gebete, Kontemplation, meditative Rituale. Durch Stillstehen oder tranceähnliche Stimmungen.

Ich rate meinen Patienten immer, sich Methoden zu suchen, die keine speziellen Ausstattungen und/oder Aufenthaltsorte erfordern und mit denen man in Minutenschnelle entspannt ist. Das bedeutet, dass man den Verstand benutzt, um sich in ein inneres Alleinsein zurückzuziehen, in dem die Seele heraufbeschworen werden kann. Für mich ist das Alleinsein wie ein aufklappbarer Wald, den ich überall mit mir herumtrage und jederzeit um mich ausbreiten kann, wenn ich es wünsche. Ich sitze in Gedanken am Fuß der riesigen alten Bäume meiner Kindheit, lehne mich gegen einen Baumstamm und stelle meine Fragen, erhalte die Antworten und löse meine Waldlandschaft dann wieder auf – bis zum nächsten Mal. Die Erfahrung ist kurz, direkt und kraftspendend.

In Wahrheit muss man nur in der Lage sein, Störungen zu ignorieren, um allein zu sein. Jede Frau kann lernen, sich von externen Störfaktoren loszulösen, ganz gleich, ob sie daran denkt, unbedingt ein Haus putzen zu müssen, oder ob sie physisch von Bulldozern, Kreissägen und hundert Verwandten umzingelt ist, die Ringelreihen durch alle Stockwerke tanzen. Wenn du jemals ein Teenager warst – was man annehmen sollte –, dann weißt du, wie man sich taub stellt und schlichtweg alles ignoriert. Mütter von zweijährigen Schreihälsen, die keine Nacht schlafen, wissen, wie man sein Alleinsein sucht und findet. Es ist sehr einfach, aber man muss sich an die Techniken erinnern und sie tatsächlich anwenden, das ist die einzige Schwierigkeit.

Obwohl man ein längeres Alleinsein in absoluter Ungestörtheit vorziehen mag, ist es ebenso wichtig, das Alleinsein inmitten einer Massenveranstaltung mit Tausenden von Leuten zu praktizieren. Tatsache ist, dass alle Menschen häufig mit ihrer Seele kommunizieren, aber anstatt diesen Zustand bewusst herbeizuführen, fallen die meisten unversehens, wie in einen Tagtraum, und urplötzlich hinein, ohne zu wissen, wie ihnen geschieht.

Da jede Form der Seelenkommunikation in der westlichen Zivilisation für abwegig und unnormal gehalten wird, haben wir gelernt, solche Episoden mit weltlichen Begriffen zu umschreiben. Wir nennen es »Selbstgespräche führen«, »in Gedanken verloren sein« oder »dösen« und »geistesabwesend sein«. Diese euphemistische Ausdrucksweise wird besonders im Berufsleben, an unseren Schulen und Universitäten benutzt, weil schon den Kindern beigebracht wird, dass man sich schämen muss, wenn herauskommt, dass man soeben mit der eigenen Seele kommuniziert hat.

Die Arbeits- und Erziehungswelt hält jede Abkehr von ihrem Trubel für unproduktiv, obwohl in Wahrheit erwiesen ist, dass gewolltes Alleinsein den Nährboden für jegliche Produktivität bildet. Die wilde Seele gibt uns während dieser Zeit Ideen ein, die wir in Gedanken aussortieren, um zu sehen, welche am produktivsten sind und in die Tat umgesetzt werden sollten. Es ist diese Zwiesprache mit der Seele, die uns Mut einflößt und die Willenskraft, unsere Talente in der Außenwelt zu manifestieren, was immer unsere Talente sein mögen. Es ist diese kurze, vielleicht nur minutenlange, aber bewusst herbeigeführte Vereinigung mit der Seele, die uns bewegt, unser Innenleben für alle sichtbar auszustrahlen, anstatt es unter Bergen von Scham, Furcht vor Rache oder Attacken, Lethargie und Ausreden aller Art zu begraben.

Also kann das gesuchte Alleinsein auch dazu dienen, tiefere Einsichten in alle möglichen Lebensbereiche zu gewinnen, wie etwa den eigenen Gesamtzustand, den Zustand der Beziehungen zu Freunden, Lebensgefährten, Kindern oder Arbeitskollegen und sozialen Gruppen. An einer Stelle in diesem Märchen wird erwähnt, dass das Kind sieben Tage und Nächte unter Wasser bleibt, also einen der ältesten Aufbau- und Lernzyklen vollendet. Sieben ist eine mystische Zahl, die häufig mit den weiblichen Mondzyklen und der Menstruation assoziiert wird. Im Siebenerrhythmus nimmt etwas zu, wie zum Beispiel der Mond, wird halb voll, ganz voll und nimmt dann wieder ab. Zur Zeit des Vollmonds haben Frauen der unterschiedlichsten Völker sich traditionell zur Zwiesprache mit der Seele zurückgezogen und den Vollmond ihrer Aufmerksamkeit auf einen Punkt ihrer Wahl konzentriert, um herauszufinden, was in ihrem Leben zunehmen und was abnehmen soll.

Das Grundmuster für diese Seelenbefragung ist simpel: »Wo von brauche ich weniger?« »Wovon brauche ich mehr?« Die Fragen werden vom instinktiven Selbst gestellt, nicht vom Ego, nicht vom logischen Intellekt, sondern von der Tiefe an die Tiefe gerichtet. »Was muss adjustiert werden, was gelockert, was betont? Befinde ich mich weiterhin auf dem richtigen Weg: dem der Seele? Drückt sich mein Inneres weit genug äußerlich aus? Was muss geschützt, gestärkt, gewichtiger gemacht werden? Was muss über Bord geworfen, bewegt oder verändert werden?«

Nach einiger Übung macht sich der gesammelte Effekt des gesuchten Alleinseins wie ein lebenswichtiges Atmungsgerät bemerkbar, das automatisch und rhythmisch Wissen aufnimmt, minuziöse Adjustierungen vornimmt und Unbrauchbares ausstößt, wieder und wieder und wieder. Dieses System ist nicht nur wirksam, es ist auch praktisch und rentabel, denn Alleinsein kostet uns nichts, außer am Anfang vielleicht ein bisschen Willenskraft und Ausdauer. Mit der Zeit lernt man, sich so genau auf die Seele einzustimmen, dass man an manchen Tagen noch nicht einmal mehr Fragen hat. Dann legt man sich einfach auf den Felsen im Meer, ganz in der Nähe der Seele, und atmet im Rhythmus mit ihr.

Die den Frauen innewohnende Ökologie

Am Ende der Geschichte heißt es, dass viele versuchen, die Robbenfrau zu erlegen, aber es gelingt keinem. Hier wird noch einmal auf die Unzerstörbarkeit der wilden Seele aufmerksam gemacht. Selbst wenn wir gegen unsere Naturzyklen von Arbeit, Ruhe, Sexualität und Vergnügung verstoßen, wird die Wilde Frau dabei nicht getötet, es erschöpft uns nur zu Tode. Die gute Nachricht ist, dass wir daraus lernen, Korrekturen vornehmen und zu den eigenen Naturzyklen zurückkehren können. Die Wertschätzung unserer inneren Jahreszeiten bewahrt uns davor, in den Rhythmus einer anderen Person hineingezogen zu werden, dem Hunger anderer Leute ins Netz zu gehen, den Tango ihres Lebens zu tanzen. Die Liebe zu unseren ureigenen Rhythmen veranlasst uns, all unsere Zyklen genau kennenzulernen und zwischen ihnen zu unterscheiden.

Wir wissen, dass wir keine Luft kriegen, wenn wir uns zu lange von anderen besetzen lassen. Wir wissen, dass es Zeiten gibt, in denen wir uns von allen Leuten und Dingen für ein Weilchen abkehren müssen. Wir haben eingesehen, dass wir amphibische Wildwesen sind: Wir können auf dem Festland leben, aber nicht für immer, nicht ohne Ausflüge in unsere wässrige Heimat. Übertrieben zivilisierte und ausbeuterische Kulturen versuchen, ihre Frauen an der Heimkehr zu hindern und halten sie gern so lange fest, bis nur noch leere Pergament-Hauthüllen von ihnen übrig bleiben.

Aber wenn der Ruf vom Meereswind über das Festland getragen wird, dann spitzt ein Teil in uns unweigerlich die Ohren, denn er hat schon lange auf diesen Ton gewartet. Wenn der Aufruf zur Heimkehr erschallt, dann setzen die Teile in der Psyche, die heimlich oder weniger heimlich mit den Vorbereitungen der Heimkehr beschäftigt waren, zum Sprung an und rufen: »Los jetzt! Auf geht's!« Sämtliche Verbündete in ihrer Psyche sorgen dafür, dass die Frau dem Aufruf folgt und heimkehrt. Und diese Art der innerlichen Mobilisierung und Machtergreifung spielt sich nicht nur vereinzelt in Frauen hier und dort ab, sie findet in uns allen statt. Jede von uns verfängt sich in dem Netz der Pflichten einer Landexistenz. Aber das Alte dort draußen im Meer ruft uns irgendwann zu sich, und dann müssen sich alle aufmachen.

Unsere Heimkehr hängt nicht von unserem finanziellen oder sozialen Status ab, auch nicht von unserer Bildung und unserer physischen Bewegungsfreiheit. Selbst wenn wir nur einen einzigen Grashalm oder ein winziges Eckchen Himmelsblau durch unser

Zellenfenster sehen können, sind die Naturzyklen in uns und ringsumher nie außer Sichtweite. Wir können jederzeit aufs Meer hinausschwimmen. Wir können uns auf den Felsen setzen und mit der Robbenfrau kommunizieren. Keine Frau muss ohne diese Vereinigung und Einkehr in sich auskommen, keine Mutter von Kindern, keine berufstätige Frau, keine deprimierte, introvertierte oder extrovertierte Frau, keine erfolgreiche Frau und keine Frau mit Verantwortungsgefühl.

C.G. Jung hat erklärt, dass der Weg zur Seele in der Auflösung des schweren Gemüts besteht und daher durch das Wasser führt. Das Eintauchen bis zum Urgrund und die periodische Zwiesprache auf dem Felsen im Meer sind Wasserwege, die uns von der Natur vorgezeichnet wurden und die daher zur uns innewohnenden Ökologie gehören. Diese Wasserwege führen zu unserem ältesten Freund, dem Einen, das uns bedingungslos und mit profundester Ausdauer liebt. Wir müssen nur in seine Augen schauen, diese seelenvollen, weisen Augen, und von ihnen lernen.

ZEHNTES KAPITEL

Klare Gewässer:

Die Schöpferkraft nähren

Die Kreativität ist ein Verwandlungskünstler, ein funkensprühender, flatterhafter Geist, der uns zwar allen erscheint – aber wie soll man ihn beschreiben, wenn jeder ihn anders wahrnimmt und ausdrückt? Schreiben, malen, eine Universität bauen – ja, das ist kreativ. Aber ist auch ein gut gebügelter Hemdkragen oder ein von Blumen gesäumter Gartenweg ein Beweis für Kreativität? Ja. Ist es kreativ, wenn man ein Kind großzieht oder einer von Krieg verwüsteten Nation beim Wiederaufbau behilflich ist? Ist es kreativ, wenn man das Blatt einer Topfpflanze mit Einfühlungsvermögen berührt oder eine Ehe wie einen Orchideengarten pflegt? Ja, absolut.

Die Suche nach verborgenen psychischen Goldstücken, das Tapezieren einer kahlen Wand, eine selbst genähte blaue Gardine – all das und unendlich viel mehr entspringt dem Strom der Schöpferkraft, dem *Rio abajo rio,* von dessen Fluten wir unentwegt durch das Leben getragen werden.

Manche sind der Ansicht, dass Kreativität sich allein im Einfallsreichtum eines Menschen bemerkbar macht; andere lassen nur die Taten und die sichtbaren Endprodukte als wahre Kreativität gelten. Wenn man mich fragt, ist Kreativität gleichbedeutend mit simplem, sich von Natur aus verströmendem Sein. Kreativität als solche hat nichts mit Virtuosität zu tun, nichts mit dem Grad der Meisterschaft auf irgendeinem Gebiet. Sie ist das unaufhörlich strömende Sein schlechthin, das manchmal nicht anders kann, als überzuschwappen und sich in Form von schöpferischen Akten auf die Umgebung zu ergießen. Dann spricht man von Liebe zu irgendetwas, denn das Überquellen des simplen Seins wird als liebevolle

Hinwendung empfunden – als Liebe zu einem Lebewesen, einer Idee, einem Land …

Schöpferische Kräfte überfluten unser psychisches Terrain, um sich dann in den bereits vorhandenen Kanälen fortzubewegen. Was auch immer an natürlichen Wasserstraßen von Anfang an in uns angelegt war oder was wir in eigener Arbeit freigeschaufelt haben, wird von Schöpferkraft überschwemmt. Wir müssen die Kanäle und Flussbetten in uns nicht auffüllen. Wir müssen sie nur haben oder anlegen.

Sobald der untergründige Fluss ein paar geeignete Kanäle gefunden und sich in der Psyche verzweigt hat, steigt und fällt die schöpferische Energie – wie das Wasser in jedem Fluss. In Zyklen werden Dinge geschaffen und vollendet, woraufhin der Schaffensrausch nachlässt, abstirbt und neu entsteht. Alles zu seiner Zeit, aber immer wieder neu – wie die Jahreszeiten.

Was weiter oben im Flusslauf geschaffen wird, kommt letzten Endes auch den Kreaturen weiter unten zugute – und umgekehrt. Nichts Kreatives findet isoliert statt. Die Tragweite eines konstruktiven Akts ist im Grunde unabsehbar, weil jeder, der damit in Berührung kommt, potenziell beeinflusst, vielleicht sogar mitgerissen wird. Die Kraft eines Wortes, eines Bildes, einer Idee, einer Klangfolge kann andere inspirieren, ihrerseits kreativ zu werden. Ein einziger schöpferischer Akt kann eine ganze Nation mitreißen und Fluten entfesseln, die noch Jahre später Steine erweichen.

Die Kreativität einer Frau ist das Kostbarste, was sie hat, denn sie ist wie Nahrung, die einerseits ausgegeben und an andere verteilt wird, aber zugleich auch sie selbst innerlich nährt und bereichert: psychisch, spirituell, gedanklich, gefühlsmäßig und auch ökonomisch. Im Idealfall werden keine Staudämme gegen den Fluss der Schöpferkraft gebaut, und es finden auch keine Sabotageakte statt, die den Strom zum Versiegen bringen. Alles Kreative entspringt eindeutig einem Strömen in uns, das in Wellen steigt und fällt und unaufhaltsam fortläuft, im Gegensatz zu etwas, das darauf wartet, irgendwann entdeckt zu werden. Insofern kann niemand seine Kreativität verlieren, denn dieser untergründige Strom des Seins staut sich vor den Blockaden, die wir ihm in Form von Selbstzweifeln und Negativität in den Weg legen, und steigt immer höher und höher, bis das Wasser das Hindernis aufweicht oder überrollt. Nur wenn wir dem Strom jeden Tag neue Hindernisse in den Weg stellen, seine Fluten in Tümpeln versanden lassen und sein Wasser mit negativen Gedanken verseuchen, ist es möglich, seiner Energie Einhalt zu gebieten.

Der Schaffensstrom der Wilden Frau versorgt uns mit allem, was wir brauchen, denn sobald sie in uns einströmt, sind wir »im Fluss«, dann fließt alles, dann wächst und gedeiht alles, was wir innerlich ausbrüten oder tun. Wenn die Öffnung zur Wilden Frau von negativen Komplexen, der Gesellschaft oder von Personen in unserer unmittelbaren Umgebung blockiert wird, dann wird der nährende Energiefluss blockiert, und die Auswirkungen sollte man nicht unterschätzen. Der Verlust der strömenden Schöpferkraft ruft eine psychische und geistige Krise hervor.

Es gibt auch noch andere, heimtückischere Möglichkeiten. Es kann sein, dass man die Talente eines anderen und/oder den Vorteil und Gewinn, den ein anderer offenbar daraus zieht, so sehr bewundert, dass man ein Experte in der Kunst der Nachahmung wird und sich leider damit zufriedengibt, eine mittelmäßige Version des anderen zu sein, statt die eigenen Talente so weit auszubilden, bis man ihre Grenzen erreicht. Vielleicht ist eine Frau zur Gefangenen einer allzu großen Faszination oder Heldenverehrung geworden und hat keine Ahnung, wie sie ihre eigenen, ganz persönlichen Talente nutzen soll. Vielleicht hat man Angst, denn das Wasser ist tief, die Nacht finster und der Weg lang; genau das sind die richtigen Bedingungen für die Entwicklung der eigenen, ganz persönlichen und kostbaren Talente …

Ein verseuchter Fluss in der Außenwelt wird als Umweltkatastrophe bezeichnet. Zu Recht, weil unzählige Lebewesen direkt oder indirekt davon betroffen sind: sämtliche Lebewesen im Fluss, der Baumbestand am Ufer, alle Menschen, Pflanzen und Tiere, die von der Reinheit des Gewässers abhängig sind. Dasselbe gilt für einen verseuchten Strom der Kreativität: Aufkeimende Ideen sterben bereits im ersten Entwicklungsstadium ab, ziehen keine weiteren Einfälle nach sich und werden daher auch nicht in Taten umgesetzt, die ihrerseits neues Leben, neue Ökosysteme erzeugen könnten. Wir haben das Gefühl, permanent auf der Stelle zu treten und würden am liebsten fortziehen. Aber wohin? Wir tragen die Umweltverschmutzung in uns und mit uns, also bleibt uns nichts anderes übrig, als einen inneren Reinigungsprozess einzuleiten, was notgedrungen darauf hinausläuft, dass wir in die eklige Brühe hineinwaten, die giftigen Substanzen als solche erkennen und unschädlich machen, verstopfte Kanäle öffnen und den Fluss vor künftigem Missbrauch bewahren müssen.

Bei den spanisch sprechenden Völkern gibt es eine alte Geschichte mit dem Titel *La Llorona,* was die »Weinende Frau« bedeutet. Angeblich stammt die Geschichte aus dem frühen sechzehnten Jahrhundert, der Zeit der Eroberung Mexikos durch die Spanier, aber die Grundstruktur der Erzählung ist archetypisch und lässt auf einen weitaus älteren Ursprung schließen. *La Llorona* ist ein Märchen über den Strom des Lebens und der Schaffenskraft und wie es geschieht, dass er in einen Tränenstrom der toten Seelen verwandelt wird.

La Llorona, die Weinende, ist ein ruheloser Flussgeist auf der Suche nach seinen untergegangenen Schöpfungen. Die Geschichte taucht in ständig neuen Abwandlungen auf. Sie fliegt über die Berge und Kontinente und entwickelt sich dabei von Generation zu Generation fort, als hätte sie ein eigenes Leben und Flügel. Zuerst werde ich die Standardversion erzählen und danach eine der neuesten Interpretationen, wie ich sie von einem zehnjährigen Jungen aus Colorado gehört habe.

LA LLORONA

EIN REICHER HIDALGO, EDELMANN, machte einer wunderschönen, aber bitterarmen Mexikanerin den Hof und eroberte ihr Herz. Sie gebar ihm zwei Söhne, aber anstatt sie zu heiraten, verkündete er eines Tages, dass er zurück nach Spanien segeln würde, um sich mit der reichen Aristokratin zu vermählen, die seine Familie bereits für ihn auserkoren hatte, und dass er beide Söhne auf Nimmerwiedersehen mitnehmen würde.

Die Verschmähte gebärdete sich wie die gedemütigten Frauen in griechischen Tragödien. Sie zerkratzte dem Treulosen das Gesicht, zerriss ihr Gewand, kämpfte wie eine Löwin um ihre Jungen, doch da alles nichts nützte und der Mann sich weder durch Bitten noch durch Drohungen umstimmen ließ, packte sie kurz vor dessen Abreise ihre beiden Söhne, raste mit ihnen zum Fluss und schleuderte sie ins Wasser. Die Kinder gingen unter und ertranken. Die Weinende aber sank am Ufer zu Boden und starb noch in derselben Stunde an ihrem gebrochenen Herzen.

Der Edelmann segelte nach Spanien zurück, um die reiche Frau zu heiraten, aber *La Llorona* stieg in den Himmel auf. Ein Engel erbarmte sich ihrer und verkündete, dass eine liebende Seele wie sie Einlass im Himmel finden würde, aber erst müsse sie die Seelen ihrer toten Kinder aus dem Fluss bergen, um sie mit sich in den Himmel zu nehmen.

Aus diesem Grund geht die Weinende Frau noch heute in den Flüssen auf der Erde um. Mit ihrem langen wehenden Haar durchsucht sie die Flussufer, mit ihren dürren Geisterfingern durchkämmt sie alle Flussbetten und ruft nach ihren ertrunkenen Söhnen. Und das ist auch der Grund, warum Kinder nach Einbruch der Dunkelheit nicht in die Nähe von Flüssen und Bächen gehen dürfen, denn die Weinende könnte sie für ihre eigenen Nachkommen halten und sie für immer mitnehmen.

Nun kommen wir zu der modernen Version von *La Llorona,* wie sie mir von dem zehnjährigen Danny Salazar erzählt wurde. So wie sich unsere Kultur unter wechselnden Einflüssen verändert, so verändern sich auch die Einstellungen zu den Lektionen, die uns durch alte Überlieferungen vermittelt werden, wie man an Dannys Beispiel sieht. Danny meinte sofort, dass die Weinende Frau ihre Kinder nicht aus den Gründen, die in der alten Geschichte angegeben werden, in den Fluss geworfen und getötet hat.

»Nein«, sagte Danny. »*La Llorona* war arm und hat sich auf den reichen Hidalgo eingelassen, weil ihm alle Fabriken an dem Fluss gehört haben. Aber als sie schwanger war, hat sie das dreckige Wasser aus dem Fluss getrunken, und deshalb kamen ihre Zwillinge blind auf die Welt und mit Schwimmhäuten zwischen den Fingern, weil der Hidalgo das Wasser nämlich mit dem Abfall aus seinen Fabriken verseucht hat.«

Danny fuhr fort, seine Version auszuspinnen: Der Edelmann wollte nichts mit den behinderten, entstellten Kindern zu tun haben und heiratete die reiche Frau, weil sie nicht gegen den Giftmüll protestierte, der permanent von den Fabriken produziert wurde. *La Llorona* ertränkte ihre verkrüppelten Kinder, weil sie wusste, dass deren Leben sehr qualvoll sein würde, und starb dann selbst vor Verzweiflung. An der Himmelspforte angekommen, sagte Petrus, dass sie erst ihre Kinder wiederfinden müsse, bevor sie erlöst werde. Deshalb sucht die Weinende jetzt im Fluss nach ihren Söhnen, aber das Wasser ist so giftig und trüb, dass sie nichts erkennen kann. Und das ist, laut Danny Salazar, der Grund für all das Leid.

Die Trübung der wilden Seele

La Llorona ist eine Gruselgeschichte, mit der kleinen Kindern klargemacht werden soll, dass ein Aufenthalt am Fluss nach Einbruch der Dunkelheit gefährlich ist, aber sie soll auch Erwachsene das

Fürchten lehren. Das Grundthema bleibt in allen Versionen dasselbe: Es geht um die Destruktion des Fruchtbaren und Femininen im Inneren, aber auch in der Umwelt des Menschen.

Ich benutze beide hier aufgeführten Versionen als Metapher für die Zerrüttung der Schaffenskraft beider Geschlechter, von Frauen wie von Männern – denn das ist ein Drama, das uns direkt betrifft. Wenn wir die Szene als einen Zustand auffassen, in den jede Frau hin und wieder gerät, ist das grausame Ende der Geschichte nicht mehr willkürlich, sondern folgerichtig und unvermeidlich. Damit soll uns das Ende lehren, was wir *nicht* tun sollen und wie wir einmal getroffene Fehlentscheidungen rückgängig machen können. Generell geht es bei derartigen Gruselmärchen darum, den Zuhörern nahezulegen, die dem Weg der Protagonisten diametral entgegengesetzte Richtung einzuschlagen.

Die Metaphern der schönen, ewig jungen Frau und des ungetrübten Lebensstroms, an dessen Ufern die Frau existiert, beschreiben die Schaffenskräfte einer Frau in ihrem Naturzustand. Aber in dieser Geschichte lässt die schöne junge Frau ihr Herz von einem destruktiven Animus erobern, woraufhin es mit ihr und dem Fluss bergab geht. Sie fühlt sich vom männlichen Aspekt in ihrer Psyche um eine gut funktionierende Ehe betrogen und innerlich vergiftet. Nun fällt ihr nichts Besseres ein, als alles Schöpferische abzutöten. Sie wirft ihre »Kinder« in den vergifteten Fluss und lässt sie ertrinken. Daraufhin fühlt sie sich gezwungen, scheinbar »ewig« – denn so kommt es ihr vor – zwischen Schlacken und Giftmüll nach ihrem früheren kreativen Potenzial zu suchen.

Um ihr psychisches Ökosystem wieder fruchtbar zu machen, muss sie das Flusswasser klären. Es geht also nicht um die Qualität unserer kreativen Produkte, sondern um das individuelle Erkennen des Wertes der ganz persönlichen Talente und die Methoden, das kreative Leben zu pflegen, das diese Talente gedeihen lässt. Hinter jedem kreativen Akt, jedem Gedanken, jedem Lächeln, jeder Aufwallung in uns steht dieser Fluss als das auslösende Element.

Alle großen Gewässer der Erde sind Symbole für den Urquell des Lebens schlechthin. Für die Latinos im Südwesten der Vereinigten Staaten sind Flüsse ein Symbol für Leben an sich, fruchtbares Leben, und werden deshalb *La Madre Grande, La Mujer Grande* genannt, die Große Frau, deren Wasser nicht nur das Land, sondern auch die Frauen am Flussufer fruchtbar macht. Selbst dem Rio Grande wird Weiblichkeit nachgesagt, trotz seines männlichen Namens. Wenn man die Leute danach fragt, lachen viele und sagen: »Wie kann ein Fluss etwas anderes sein, als *La Dulce Acequia,* der süße Schlitz zwischen den Schenkeln der Erde, aus dem das Leben selbst hervorquillt?«

Ein ungetrübter Fluss der Schaffenskraft lässt uns sprudeln, überschäumen, empfängnisbereit und offen sein. Eine Frau spürt eine Idee wellenartig in sich aufsteigen und lässt sich dann erregt und inspiriert davon fortschwemmen, zu einem auch äußerlich sichtbaren Sprudeln bewegen. Auf diese Weise fühlen Frauen sich erfüllt, seelisch befriedigt. Das ist der Grundzustand, in dem *La Llorona* sich befunden hat, bevor ihr Wasser getrübt wurde.

Wenn der Schaffensstrom von egoistischen Gedanken und Gefühlen getrübt wird oder von dem Verlangen nach Dingen, die keinen bleibenden Seelenwert haben, geht es uns wie der verzweifelten Mexikanerin in der Geschichte. Und wenn die Umwelt das schöpferische Tun einer Frau abwertet oder als nutz- und wertlos bezeichnet, wenn es heißt, dass die Frau doch endlich mit ihren sinnlosen Versuchen aufhören soll, alle Arten von »versandeten Tümpeln« aufzuwühlen, dann wird Giftmüll in ihren Fluss gekippt. Das ist eine Umweltverschmutzung der reinen, sich verströmenden Psyche.

Man muss den egoistischen Strömungen in der Psyche einen gewissen Spielraum lassen, was normalerweise auch kein Problem ist, weil sich der Fluss bis zu einem bestimmten Grad selbst reinigen kann. Problematisch wird die Sache, wenn die egoistischen Ziele und negativen Gedanken eines Teilaspekts der Psyche bedenkenlos ins Wasser gekippt und fortgespült werden, denn so wird alles Keimende und auch das ungeborene Potenzial im Fluss verseucht, aber auch schon halb Herangewachsenes und Altehrwürdiges werden mit der Zeit davon angefressen und zersetzt. Wer »Seelenmüll« in rauen Mengen fabriziert, schüttet Gift in seinen Lebensfluss und tötet die naturgegebenen kreativen Impulse ab.

Das Gift im Fluss

Das Thema der Umweltverseuchung oder -verschandelung wird in vielen Mythen und Geschichten behandelt. Schon 1986 wurden zwei Geschichten von Marcel Pagnol verfilmt und international mit Preisen ausgezeichnet. In »Jean de Florette« versiegeln zwei Männer einen Brunnen, um einer jungen, kreativen Bauernfamilie die Wasserzufuhr abzuschneiden und sich deren Land anzueignen. Das Sinnbild ist eindeutig: Gewissenloser Egoismus verjagt das Kreative von seinem blühenden, durch harte Arbeit fruchtbar gemachten Land und treibt es finanziell, aber auch seelisch in den Ruin. In »Manon des sources« rächt sich die Tochter auf dieselbe Weise.

Wenn der Kreativitätsfluss einer Frau zugeschüttet oder vergiftet wird, verliert sie in den meisten Fällen zunächst einmal ihre Vitalität. Sie fühlt sich ausgelaugt und unter Umständen nicht mehr imstande, mit den Anforderungen des täglichen Lebens »da draußen« fertig zu werden. Nun gibt es auch Zeiten, in denen der natürliche Kreativitätsfluss für eine Weile versickert und unterirdisch weiterströmt. Das ist etwas völlig anderes, denn dabei entwickelt sich dennoch etwas weiter. Wir brüten etwas aus. Das ist etwas vollkommen anderes als eine geistig-seelische Krise.

Im Rahmen eines natürlichen Schaffenszyklus kann man Phasen der Ratlosigkeit und Ungeduld durchlaufen, aber man hat nie das Gefühl, dass die wilde Seele am Ersticken ist. Wir können den Unterschied bemerken, indem wir unsere Erwartungen unter die

Lupe nehmen: Selbst wenn die Schaffenskräfte mit langwierigen »Brutprozessen« beschäftigt und daher momentan nicht verfügbar sind, sehen wir dem Ergebnis erwartungsfroh entgegen, weil wir die Bewegungen des neuen Lebens und den Summton der Energiearbeit in uns spüren. Wir fühlen uns nicht verzweifelt. Es gibt kein Herumstochern und -fuchteln.

Wenn die Schaffenskräfte versiegen, weil der Brunnen auf irgendeine Weise verseucht wurde, fühlen wir uns genau wie ein sterbender Fluss: energielos, entkräftet. Dann fließt uns nichts mehr von der Hand oder der Zunge, dann wallt nichts in uns auf, das neuen Ufern entgegenströmen könnte. Wir sind dickflüssig und »stinkig«. Unsere untergründigen Schatztruhen verkrusten und faulen zwischen den Abfällen dahin. Alles fühlt sich trübe und auf eine unbestimmt schleichende Weise sinnlos an.

Ein Schaffensvorgang besteht aus fünf Phasen: Inspiration, Konzentration, Organisation, Fertigstellung und Erhaltung. Frauen, die den Zugang zu einer oder mehreren dieser Phasen verloren haben, verkünden, dass ihnen nichts Neues einfällt und dass sie keine nützlichen Beiträge mehr zu irgendetwas leisten können. Sie lassen sich ablenken, meistens durch schnellebige Liebesaffären, Zerstreuungen, Vergnügungen oder zu viel Arbeit, oft auch durch die Angst vor dem Versagen. Die Angst vor dem Scheitern eines kreativen Projekts ist zwar weit verbreitet, aber noch häufiger ist die Angst vor der Feuerprobe, auf die das Talent gestellt wird, wenn man ein Projekt bis zum Ende durchzieht. Man hat Angst davor, dass das eigene Talent einfach nicht ausreichen könnte, um ein Meisterwerk zu schaffen, also fängt man lieber gar nicht erst mit irgendetwas an, um nicht irgendwann herausfinden zu müssen, dass man »Mittelmäßiges« produziert hat. Aber auch das sollte uns nicht daran hindern, unser kreatives Potenzial zu verströmen, man denke nur an die zahllosen verkannten Schöpfer vor uns, deren Meisterwerke zu ihren Lebzeiten für »mittelmäßig«, »unwichtig« oder sonstwie mangelhaft befunden wurden.

Auch der mechanisch-handwerkliche Teil der Organisation bereitet vielen Frauen Schwierigkeiten. Ihre Projekte liegen in Form von hundert Fragmenten in zehn verschiedenen Pappkartons herum, und nun fehlt der Wille, die Teile methodisch unter einen Hut zu bringen. Andere Frauen sind auf naive Weise extrovertiert: Sie kurbeln einige Kontakte in der Außenwelt an, machen ein paar Entwürfe und meinen, dann schon etwas Großartiges vollbracht zu haben. Das ist, als würde man die Arme, aber nicht mehr die Beine eines Modells anfertigen und das Ganze dennoch »fertig« nennen. Selbstverständlich fühlt man sich dabei nicht rundum befriedigt.

Viele Frauen verfangen sich in ihrer Introvertiertheit: Sie träumen von etwas Kreativem im Leben, spinnen es im Kopf aus und lassen das Ganze dann fallen. Auch dabei fühlt man sich um etwas Wesentliches betrogen. All das sind Anzeichen für giftige Ablagerungen im Fluss. An irgendeinem Punkt wird etwas fabriziert, was den kreativen Energiefluss behindert, wie etwa die internalisierten Ansichten einer negativen Umgebung:

»Deine Arbeiten sind nicht gut genug, nicht kommerziell genug, nicht hochgestochen genug, nicht modern genug, nicht wichtig genug. Was du machst, ist zu simpel, zu unverständlich, zu groß angelegt, zu amateurhaft. Du brauchst zu lange, die Herstellung deiner Sachen ist unrentabel ...« All das ist, als würde man mengenweise Cadmium in den Fluss kippen.

Es gibt einen griechischen Mythos, der zwar andere Symbole benutzt, aber im Grund den gleichen Vorgang beschreibt. Die Götter beschlossen, den thrakischen König Phineus zu bestrafen, weil er seine von Apoll erhaltene Sehergabe missbraucht hatte. Er wurde daraufhin mit Blindheit geschlagen und von Harpyien, abstoßenden Mischwesen aus Mensch und Vogel, heimgesucht, die jede Speise, die ihm vorgesetzt wurde, raubten oder sie mit ihrem Kot besudelten, sodass der Mann zu ewigem Hunger verurteilt war. Diese Art der Beschmutzung kann von negativen Komplexen verursacht werden, die ihre einzige Existenzberechtigung darin sehen, alles Nahrhafte in der Psyche so schnell wie möglich ungenießbar zu machen. Das ist eine uralte Gruselgeschichte, die uns bekannt vorkommen dürfte. Das sogenannte Harpyien-Syndrom äußert sich in Form von abwertenden inneren Dialogen, bei denen die eigenen Talente, Vorgehensweisen und Werke verunglimpft werden. Die Frau hat einen Einfall, und schon kommt ein Schwarm Harpyien aus dem Hinterhalt, um ihn zu verunreinigen. Die Frau sagt: »Ich möchte diese Arbeit bis zum September fertigstellen.« Die Harpyien kreischen: »Quatsch, mach dich doch nicht lächerlich! Das schaffst du nie. Und außerdem hast du sowieso nichts zu sagen und der Welt zu geben.« Lasst euch nicht täuschen: Das ist Harpyien-Dreck und sonst gar nichts!

Auch Ausreden sind Gift im Fluss. »Ich habe nicht die Zeit, nicht das Geld … Ich kann erst anfangen, wenn mir die teuersten Instrumente der Welt dafür zur Verfügung stehen. Ich brauche erst noch ein paar Jahre Übung. Jetzt im Moment fühle ich mich nicht danach. Die Atmosphäre ist nicht geeignet. Ich bin noch nicht reif dafür. Mein Mann, meine Kinder, die Katze, das Pferd beanspruchen mich zu sehr. Ich brauche erst noch …« und so weiter.

Ein Brand im Fluss

In den Sechzigerjahren ging der Cuyahoga, ein Fluss in der Nähe von Cleveland, in Flammen auf, weil man ihn zu lange mit Abfall und brennbaren Chemikalien verseucht hatte. Ein verseuchter Schaffensstrom kann sich in Form von explosionsartigen Gefühlsausbrüchen entzünden, bei denen der Giftmüll zusammen mit allem Lebendigen vernichtet wird – wie die Kinder von La Llorona, der rasenden Mexikanerin, die sie in einem Akt explosiver Zerstörungswut und Verzweiflung in den Fluss wirft.

Der kumulative Effekt einer Reihe von negativen Komplexen, die ihren Giftmüll alle gleichzeitig in den Strom kippen, kann enormen

Schaden anrichten. Negative Komplexe machen sich auf die eben beschriebene Harpyien-Weise bemerkbar, aber sie halten noch eine andere Trumpfkarte in der Hand, und diese besteht in der vermeintlich unumstößlichen Ansicht, dass »dem Menschen nichts geschenkt wird«. Das bedeutet, dass wir *immer* hart arbeiten müssen, dass wir Dinge tun müssen, die uns zu Tode erschöpfen und uns die Zeit für alles Kreative rauben. Es bedeutet, dass keinem Menschen etwas zufällt, weil ihm nichts Imaginatives eingegeben wird, das mit Leichtigkeit durchgeführt werden kann.

Wir müssen uns abrackern, während die negativen Komplexe verkünden: »Na gut, später dann, irgendwann in der Zukunft, kannst du kreativ sein und tun, was du viel lieber tun würdest.« Alles leere Versprechungen. Die trickreichen Komplexe haben nicht die geringste Absicht, uns eines Tages von der Leine zu lassen. Das ist nur die Mohrrübe, die sie dem gutgläubigen Packesel vor die Nase halten, damit er brav mit seiner Bürde weitertrottet.

Oder sie sagen: »Gut, du kannst dich kreativ betätigen, aber erst musst du deinen Doktortitel auf dem erwählten Gebiet erwerben. Erst wenn die Königin deine Arbeit öffentlich gerühmt hat, ist sie etwas wert. Erst wenn du diese und jene Auszeichnung erhalten hast; erst wenn deine Arbeiten in diesem oder jenem Magazin publiziert wurden.« Das ist die berühmte »Erst-wenn-Litanei«.

Die »Erst-wenn-Litanei« führt zur seelischen Verstopfung, denn solche Gedanken sind wie Gefängnisnahrung: Sie sättigen, aber als »nahrhaft« kann man sie nicht bezeichnen. Die Logik der negativen Komplexe ist bei genauerem Hinsehen völlig absurd, aber sie rechnen damit, dass niemand es merkt.

Bei dieser Art von Logik wird vorausgesetzt, dass kreative Schaffensprozesse in jedem Fall logischen Gesetzmäßigkeiten folgen. Die Stimmen flüstern: »Was du machst, kann ja nicht funktionieren, weil du nicht logisch denkst und den Aufbau und die Wirkung deiner Schöpfung nicht logisch kalkulierst. Deshalb ist das Ganze schon von vornherein zum Scheitern verurteilt.« Dabei folgen die ersten Phasen der Kreativität nie logischen Gesetzen, denn alles Schöpferische entspringt einem kreativen Chaos. Wenn es dem Komplex gelingt, den Schaffensfluss mit derartig absurden Forderungen abzuwürgen, ist man einem Logiker auf den Leim gegangen, der weder die Ursache richtig erkannt hat, noch die Wirkung und daher andauernd die falschen Schlüsse zieht. Diese Tatsache muss man der negativen Stimme entgegenhalten, denn damit kann man sie normalerweise zum Schweigen bringen. Wir müssen uns klarmachen, dass unsere Welt keineswegs von Logik regiert wird, denn sonst hätten sich die Männer von Beginn an für das Reiten im Damensattel entschieden.

Der Glaube an derartige Fehlschlüsse äußert sich unter anderem darin, dass zahllose Frauen gewillt sind, ihre Talente brachliegen zu lassen, um lange, harte Arbeitsstunden in einem gründlich verhassten Job zu verbringen, damit sie teure Geschenke für ihre Angehörigen oder imposante Möbel für ihr Haus kaufen können. Ich kenne Frauen, die erst jeden Zentimeter der Wohnung putzen müssen, bevor sie sich ein bisschen Kreativität genehmigen können … Und das Unlogische am Hausputz ist, dass man, wie alle Frauen wissen, nie, nie endgültig damit fertig ist. Also ist auch das nur ein weiterer Trick, mit dem der Fluss verstopft wird.

Das Verlangen nach Achtung und übertriebenes Verantwortungsgefühl stehlen uns die notwendigen schöpferischen Pausen und die ersehnte schöpferische Ekstase. In Anbetracht all dieser Dinge gibt es nur eins: Wir müssen die Hälfte dessen, was wir uns gewöhnlich aufhalsen, rigoros ablehnen und Nein sagen lernen. Unsere künstlerische Muse begnügt sich nicht mit ein paar gestohlenen Momenten hier und da. Sie verlangt ungeteilte Aufmerksamkeit und muss gebührend hofiert werden, bevor sie uns küsst.

Um eine wohlorganisierte Struktur in zahllosen einzelnen Fragmenten entdecken zu können, braucht man Zeit und ungestörte Ruhe. Das ist ein innerer Balanceakt, bei dem ein hauchfeines Kartenhaus von Ideen auf einer Fingerspitze balanciert wird, während immer neue Einzelheiten hinzugeflattert kommen. Wenn man dieses »Luftschloss« nun auf Papier oder in den Computer oder auf die Leinwand übertragen kann, ohne dass das Ganze vorher auseinanderfällt, nimmt ein Geschenk aus einer unsichtbaren Welt sichtbare Form an. Die Frau in diesem Moment anzusprechen und sie zu fragen, warum sie einen abwesenden Blick in den Augen hat, ist Harpyien-Manier. So, als würde man eine Bombe auf ein Gespinst aus Glas werfen. Sie in diesem Moment zu stören, ist gleichbedeutend mit einem gewaltsamen Eingriff in ihr Seelenherz.

Aber wie, wenn sich die Frau selbst dazwischenredet, ihre eigenen Gedankenschöpfungen so lange zerredet, bis alles Aufkeimende sich entsetzt zurückzieht? Wie, wenn sie selbst es ist, die anderen erlaubt, ständig dazwischenzufunken, sodass sie den Faden verliert und so oft neu anfangen muss, dass dem Gespinst der Lebenssaft schließlich vollends ausgesogen wird? In solchen Fällen spricht man von einem unterentwickelten oder verwundeten Animus.

Der Animus ist, wie vorher bereits erklärt wurde, die männliche Kraft, die in jeder Frau existiert. In der Geschichte von *La Llorona* wird der Animus von dem Edelmann repräsentiert, der der weiblichen Energie seine Unterstützung verweigert und sie damit zu einem Kampf um ihre nackte Existenz zwingt, für den die feminine Energie schlecht gerüstet ist. Ein gesunder, gut integrierter Animus fungiert als Aufpasser, Organisator und Beschützer in der femininen Psyche. Aber in dieser Geschichte ist er einseitig, will er die Frau »sitzenlassen«, ihre Kinder entführen und das Leben der Psyche dominieren. Wenn ein bösartiger Animus eine solche Macht gewinnt, kann es geschehen, dass eine Frau die eigene Arbeit schlechtmacht oder in das andere Extrem verfällt und versucht, gute Arbeit vorzutäuschen, woraufhin sie die eigene Schöpferkraft destruktiv gegen sich selbst richtet und ihre Kinder, die kreativen Impulse, tötet.

Die Hindus nennen die männliche Urkraft in allen Lebewesen Shiva und ihren weiblichen Gegenpol Shakti. Shakti ist strömende

Lebensenergie schlechthin, aus der Shiva, das zielgerichtete Aktions- und Durchsetzungsprinzip, die Kraft bezieht, in der Welt aktiv zu werden.

Um es mit den Metaphern der Geschichte von *La Llorona* auszudrücken: Der Animus von *La Llorona* will sich von der strömenden Lebensenergie abspalten, um eine vorteilhaftere Ehe mit einer egoistischen Gedankenkonstruktion einzugehen. Damit sorgt er für einen Zweikampf in der Psyche und verhindert, dass etwas Kreatives entstehen kann.

Der Animus ist im Prinzip der Hüter des Flusses. Zu seinen Aufgaben gehört es, die Klarheit eines ungehindert fließenden Schaffensstroms wohlbehalten nach außen zu tragen. Um zu verstehen, auf welche Weise ein negativer Animus die Kreativität einer Frau abtötet und was sie dagegen tun kann, müssen wir diesen Aspekt in der Psyche jeder Frau näher untersuchen.

Der Hüter des Flusses

In der klassischen jungianischen Psychologie wird der Animus als die »Seelenstärke« einer Frau definiert, aber die meisten Psychoanalytiker sehen das heute anders. Meine Arbeit mit Frauen hat mir klargemacht, dass die Seelenstärke einer Frau nichts Maskulines und ihr Fremdes ist, sondern etwas Feminines, allen Frauen Wohlvertrautes.

Trotzdem halte ich das Konzept einer maskulinen Kraft in der femininen Psyche für relevant und nützlich. Zum Beispiel besteht eine unleugbare Beziehung zwischen der Unfähigkeit einer Frau, ihre Kreativität nach außen hin zu manifestieren, oder der Tendenz, dies auf respektlose oder oberflächliche Art zu tun, und ihren nächtlichen Traumbildern, die sich als verwundete oder bösartige Männer zeigen können. Im Gegensatz dazu träumen Frauen mit gut entwickelten Organisations- und Manifestationstalenten von starken männlichen Charakteren, die in unterschiedlichen Formen, aber konstant auftauchen.

Männliche Traumfiguren repräsentieren nicht die Seelenstärke der Frau an und für sich, sondern einen Komplex von angeborenen und jederzeit ausbaufähigen männlichen Eigenschaften in der weiblichen Psyche, den man als Animus bezeichnet. In seiner unpervertierten Form fungiert der Animus als Zubringer und Überbrücker. Man kann ihn sich als eine Art Handelsreisenden vorstellen, der sich mit Im- und Export befasst. Der maskuline Komplex bemüht sich, das Beste aus dem vorhandenen Angebot auszusuchen, den günstigsten Preis dafür auszuhandeln und einmal eingeleitete Transaktionen zu vollenden.

Man kann sich die Beziehung zwischen der Seele und ihrem Animus auch folgendermaßen vorstellen: Die Wilde Frau ist die Künstlerseele, der Animus ist ihr verlängerter Arm. Die Wilde Frau ist die Fahrerin und liefert den Brennstoff, der Animus sucht und findet das geeignete Vehikel. Sie imaginiert, er unterstützt mit Rat und Tat. Ihr fällt eine Symphonie ein, er bringt die Noten zu Papier. Ohne den Animus werden die fantastischsten Dinge im Kopf geschaffen, aber nie festgehalten und in angemessener Form verwirklicht. Ohne den Animus kann die Bühne voller Akteure sein, aber der Vorhang geht nie auf, und das Schauspiel wird nirgends angekündigt.

Der Animus ist ein Landvermesser, der das Terrain studiert, um die Entfernung zwischen zwei Punkten millimetergenau zu vermessen. Er definiert die Grenzen und gebietet Einhalt, falls sie überschritten werden. Außerdem ist er ein Spieler, der Gewinnchancen kalkuliert und überlegte Risiken eingeht. Das sind nur einige der wichtigsten Attribute eines gesunden, funktionsfähigen Animus.

Der Animus sammelt die Ideen und Gefühle des Seelen-Selbst ein, sortiert sie, bringt sie in eine kohärente Form, legt sie in seinen Aktenkoffer und geht damit auf den »Marktplatz«, um sie anzubieten. Und umgekehrt. Er bringt Ideenpakete von »draußen« zurück in die Innenwelt, pendelt also fortwährend über eine Art Landbrücke, deren Architekt, Wächter und Erhalter er ist, zwischen der Innen- und Außenwelt hin und her. Er *ist* die Landbrücke selbst, ohne die das Innenleben einer Frau nicht effektvoll nach außen getragen werden kann.

Warum wird diese Kraft als »männlich« bezeichnet? Nun, man kann sie durchaus auch als geschlechtslos verstehen, aber warum sollten wir eine einleuchtende Metapher ablehnen, die vielen Frauen weiterhilft, bloß weil sich in gewissen Zirkeln ein Misstrauen gegen alles Maskuline entwickelt hat? Bei den einen, weil sie Angst davor haben, das Maskuline zu brauchen, und bei den anderen, weil sie sich gerade leidvoll davon erholen, dass sie vom Maskulinen auf irgendeine Art erdrückt wurden. Generell ist dieses Misstrauen eine Folge des jahrtausendealten Traumas, das erst heute in ein Frühstadium der Heilung eintritt. Der Argwohn gegen alles Männliche gründet sich auf die kollektive Erfahrung, dass Frauen wie Untermenschen behandelt werden – und mehr noch: dass das maskuline Prinzip ihnen die Seele absprechen will. Die Zeiten, in denen talentierte Frauen ihre besten Einfälle irgendeinem Mann eingeben mussten, damit er sie dann unter seinem eigenen Namen und zum eigenen Ruhm vermarkten konnte, sind noch sehr frisch im Gedächtnis der Wilden Frau.

Aber der Animus ist eine Grundfarbe in der Palette der femininen Psyche. Wenn wir ein naturgetreues Bild von unseren inneren Kräften herstellen wollen, können wir nicht mit einer Palette auskommen, auf der das Rot, Blau, Gelb oder Schwarz und Weiß fehlen.

Die vom männlichen Geschlecht repräsentierte Kraft in der weiblichen Psyche ist eine tatkräftige, agile und notwendige Form der Intelligenz. Diese Kraft kann sich mühelos extrovertieren und die Wünsche des Egos ausagieren, aber sie kann auch die Impulse der Seele kreativ umsetzen. Obwohl ich hier von einer positiven Animus-Entwicklung sprechen möchte, gibt es doch Grund genug zur Vorsicht: Ein integrierter Animus wird bei vollem Bewusstsein und durch die Selbsterfahrungs-Arbeit entwickelt. Wenn man nicht auf jedem Schritt des Weges sorgfältig seine Motive und Begierden unter die Lupe nimmt, resultiert daraus ein schlecht entwickelter Animus. Dieser schädliche Animus kann und wird sinnlos unverarbeitete Ego-Impulse ausführen, blinden Ehrgeiz produzieren und eine Unmenge unerforschter Begierden erfüllen. Das Schlüsselwort für den Animus ist tatkräftige Umsetzung von Impulsen, Eingebungen und Erkenntnissen. Der Animus-Aspekt muss häufig benutzt und gut erzogen werden, denn wenn er vernachlässigt wird, verkümmern seine psychischen Muskeln.

Obwohl Frauen in gewissen Kreisen oft darauf hinweisen, dass der maskuline Aspekt der weiblichen Psyche doch viel besser von der Metapher der »Kriegerin«, »Amazone« oder »Jägerin« versinnbildlicht wird, sehe ich in der maskulinen Wesensnatur so viel grundsätzlich Gutes, dass ich nicht bereit bin, ohne diese Polarität auszukommen. Das Maskuline drückt sich auf vielen Ebenen als eine dem weiblichen Temperament diametral entgegengesetzte Fähigkeit aus, wie etwa analytische Schärfe und Präzision des Intellekts oder Unbeugsamkeit, alles Eigenschaften, die einer Frau sehr helfen, sich in der heutigen Welt zu behaupten.

Wir existieren in einer Welt, in der wir weder ohne meditative Rückzüge nach innen noch ohne zielgerichtete Aktionen in der Außenwelt auskommen: Deshalb finde ich das Konzept einer Urkraft mit typisch maskulinen Attributen, die in allen Frauen vorhanden ist und jederzeit weiterentwickelt werden kann, ausgesprochen nützlich. Wenn in der Psyche ein gesundes Gleichgewicht zwischen männlichen und weiblichen Eigenschaften besteht, dann fungiert der Animus als unser Helfer, Gefährte, Geliebter, Bruder, Vater, König. Das heißt nicht, dass der Animus der König der femininen Psyche ist, wie manch einer aus einer überholten patriarchalischen Sicht vielleicht gern behaupten würde. Ich sage, dass ein königlicher Aspekt in der Psyche existiert, der, wenn er den

Umständen entsprechend ausgebildet wird, die Anweisungen der Wildnatur mit furchtloser Weisheit und königlicher Würde ausführen kann.

Das wäre der Idealfall – aber in der modernen Version von *La Llorona* von Danny Salazar folgt der Animus nicht den Anweisungen der Wildnatur. Er widersetzt sich dem Femininen und fabriziert Giftstoffe, woraufhin der verseuchte Lebensstrom auch andere Aspekte der kreativen Psyche mit Gift überschwemmt und infiziert, ganz speziell die noch ungeborenen Kinder der Frau.

Der Edelmann in dieser Version repräsentiert alles, was bei der Entwicklung des Animus schiefgehen kann. Zunächst muss man wissen, dass diese männliche Kraft uns zwar mitgegeben wurde, aber nicht in voll entwickeltem Zustand. Wir müssen sie großziehen, erziehen, belehren und trainieren. Und dabei funken uns zahllose ungesunde Einflüsse der Kultur, in der wir selbst aufwachsen, dazwischen. Der Animus ist von Natur aus vorwitzig, er muss es sein, aber wenn man nicht aufpasst, macht er sich selbstständig und spielt sich unversehens als Alleinherrscher und Gesetzgeber in der Psyche auf. Da er diese Rolle nur im negativen Sinn erfüllen kann, machen sich seine »Gesetze« in Form von unterminierenden, ständig Nein sagenden uneinsichtigen Monologen in unseren Köpfen bemerkbar. Und damit haben wir sie: die Flussverseuchung.

Die Psyche hat dem Animus die Beschützerrolle über den Lebens- und Schaffensstrom angetragen, aber der »unerzogene«, von allen möglichen Umwelteinflüssen korrumpierte Animus missbraucht seine Macht. Irgend jemand sagte mir in meiner Kindheit einmal, dass es genauso einfach sei, etwas Gutes zu schaffen wie etwas Destruktives. Aber das stimmt nicht. Es ist viel einfacher, den Fluss zu verseuchen, als sein Wasser rein und klar zu halten. Es ist viel leichter, den Schaffensstrom langsam austrocknen zu lassen, als ihn konstruktiv einzusetzen.

Der unbeaufsichtigte Animus in seinem Machtrausch lässt nichts Tiefinneres mehr nach außen vordringen – und umgekehrt.

Es verschafft ihm eine gewisse Genugtuung, die Landbrücke zu versperren, auf der er eigentlich als Handlungsreisender hin- und herpendeln müsste, und seine verlogenen Erklärungen dann in den Fluss zu schütten. So fühlt er sich stark, einflussreich, so kann er sich einbilden, etwas »Besonderes« zu sein.

Die isoliert handelnde männliche Kraft in der weiblichen Psyche verkehrt sich in das genaue Gegenteil eines Helfers und aktiven Beschützers. Sie wird zum Umweltverschmutzer dort oben auf der Landbrücke der Psyche, und dann hat die Frau das grauenhafte Gefühl, ihren eigenen Entscheidungen nicht mehr trauen zu können. Die Geisteskinder, also die aufkeimenden Ideen und Ziele der Frau, kommen deformiert zur Welt, weil sie ihre Fähigkeiten ständig infrage stellt und bezweifelt, dass sie das Recht hat, sich spontan zu verströmen – verschmutzt und innerlich vergiftet, wie sie mittlerweile ist.

Selbst erwiesenermaßen talentierte und kreative Frauen fragen sich dann, ob sie »echte« Künstlerinnen, Wissenschaftlerinnen, Sportlerinnen oder was auch immer sind. Selbstverständlich sind sie »echt«, auch wenn sie sich die ganze Zeit mit der Definition von »Echtheit« und »Wirklichkeit« verrückt machen. Eine Bäuerin ist eine »echte« Bäuerin, wenn sie das Land bestellt. Eine Langstreckenläuferin ist »echt«, sobald sie den ersten Schritt getan hat. Eine Blume ist »echt«, selbst wenn sie noch in Keimform im Pflanzenstengel ruht.

Kaum dass eine Frau mit einem negativen Animus kreativ werden will, wird sie von seinen verzerrten Vorstellungen dominiert. Sie greift zum Kugelschreiber, und schon umnebelt die Fabrik am Fluss ihr Hirn mit giftigen Ausdünstungen. Sie überlegt, ob sie sich für einen Fortbildungskurs eintragen soll, lässt es aber wegen mangelnder innerer Unterstützung bleiben. Die Frau kann den Motor tausendmal in Gang setzen, er wird jedes Mal von ihrem eigenmächtigen Animus abgewürgt. Dann modern die unfertigen Handarbeiten im Schrank; dann kann sie auf zahllose ungeschriebene

Briefe zurückblicken, in denen sie wunderbare und ermunternde Dinge zu ihren Freunden gesagt hätte; dann warten Wanderwege heute noch auf ihre Füße; dann gibt es noch ein paar Fremdsprachen, die nie gelernt wurden.

Das sind die deformierten, die tot geborenen oder überhaupt nie empfangenen Kinder der Weinenden Frau. Ihre Sprößlinge wurden in den Fluss geworfen, der sie schon von Anfang an zu einem Dasein als Krüppel verurteilt hat, weil die Weinende Frau von diesem Wasser trank. Und damit kommen wir zum Heilverfahren: Wir müssen den Fluss und seine Ufer mit langen spinnenbeinartigen Fingern durchsuchen, um unsere kreativen Impulse aus dem Schlamm zu bergen. Am wichtigsten aber ist, dass wir eine Kläranlage installieren, damit im Fluss wieder Leben gedeihen kann.

Die Reinigung des Schaffensstroms

Um die fehlende Unterstützung des Animus auszugleichen, müssen wir *Unterstützung von außen annehmen.* Damit beginnt der Reinigungsprozess. Ein giftspritzender Animus drückt sich unter anderem darin aus, dass eine Frau keine aufrichtigen Komplimente über ihre kreativen Erzeugnisse annehmen kann. Eine leichte Vergiftung macht sich beispielsweise durch ein wegwerfendes »Ach, danke für das Kompliment« bemerkbar. Schwere Verseuchungen werden durch ein abwehrendes »Was? Dieses komische Gemurkse finden Sie gut?« und das nicht ausgesprochene »Die haben doch keine Ahnung« sichtbar. Aber auch das arrogante »Natürlich sind meine Sachen gut, wie konnten Sie das je bezweifeln?« ist eine Abwehr, die wir uns jetzt nicht mehr leisten dürfen. All das sind Anzeichen für einen verletzten Animus, denn man könnte etwas Nahrhaftes und Klärendes in sich einströmen lassen, vergiftet es aber auf der Stelle.

Alle Komplimente und jede Unterstützung müssen hereingelassen werden, und zwar tief genug, dass man sie auskosten, genießen und die Nährstoffe absorbieren kann (selbst wenn es am Anfang dieses Praktikums aussieht, als stürzte man sich auf jedes Kompliment, um es nur ja nicht unausgekostet entkommen zu lassen). Auf diese Weise wird ein böswilliger Animus entmachtet.

Negative Komplexe fühlen sich speziell von den hervorragendsten, den revolutionärsten und zukunftsträchtigsten Ideen angezogen. Sie stürzen sich mit Vorliebe auf alles Bunte und Erfolgversprechende. Deshalb gibt es keinen anderen Weg: Wir müssen einen klar denkenden Animus entwickeln und dem alten die Aufmerksamkeit entziehen. Wenn wir bewusst nicht mehr auf ihn hören, stirbt er allmählich ab.

Um kreativ zu sein, muss man *intelligent auf veränderte Situationen reagieren* können. Kreativität ist die Fähigkeit, sich zunächst einmal ohne Zensur von zahllosen unterschiedlichen Eindrücken überfluten zu lassen und den ersten spontanen Impuls zu honorieren, der einem das adäquate Verhalten eingibt. Alle Kalkulationen kommen später, in der Organisationsphase der Kreativität, zu ihrem Recht. In den ersten Phasen reagiert man nur auf die spontane Intuition, denn damit wird der Fluss an einem verstopfenden, verseuchenden Animus vorbeigeleitet und dem Fabrikbesitzer »das Wasser abgegraben«.

Zur Quelle zurückgehen – auch das ist sehr wichtig, denn der Fluss entspringt in seiner ursprünglichen Form einem ewig reinen göttlichen Urquell. Alle Verschmutzungen und Blockaden werden später, durch unsere Fahrlässigkeit, erzeugt. Wir müssen den Springquell zunächst einmal unzensiert sprudeln lassen, ihn in all seinen Formen aufsteigen und sich verströmen lassen, ohne einzugreifen. Es ist ein ganz und gar innerer Prozess. Man setzt sich in einem Zustand voll wacher Unwissenheit, aber mit bewusster Aufmerksamkeit an den Springquell und lässt die Perlen der Originalität aus dem eigenen Mund oder der Hand rollen. Auf diese Weise kann reines Wasser unaufhörlich nachfließen und den alten Schmutz davontragen – aus den Augen, aus dem Sinn tragen.

Anfangen, einfach anfangen, auch dadurch wird ein blockierter Fluss wieder in Gang gebracht. Allen Versagensängsten zum Trotz müssen wir anfangen und, wenn es sein muss, tausendmal scheitern, um Anlauf Nr. 1001 zu riskieren. Genau genommen ist es nicht die Angst vor dem Versagen, die uns zurückhält, sondern der Widerstand gegen die lähmende Vorstellung, »schon wieder von vorn anfangen zu müssen«. Lasst die Angst aufsteigen und euch von ihr zwicken und zwacken, bis sie vorübergeht. Denn sie geht immer vorüber. Sie steigt auf, man schaut sie sich an, ohne einzugreifen, fühlt, wie sie sich im Inneren ausbreitet … und verpufft. Sie verfliegt von selbst, wenn man sie nicht ständig als Ausrede benutzt und mit zusätzlichen Negativgedanken anreichert – also verseuchende Substanzen in seinen Kreativitätsfluss schüttet.

Hütet eure Zeit, um Unterbrechungen im Energiefluss auf ein Minimum zu reduzieren. Eine Bekannte von mir, eine wahrhaft ungezähmte Malerin, hängt ein Schild an ihr Gartentor, wenn sie nachdenken und kreativ sein will: »Ich arbeite heute und bin für niemanden zu sprechen. Ich weiß, ihr fühlt euch nicht angesprochen, weil ihr der Bankberater, Agent oder mein bester Freund seid. Aber ihr seid gemeint!«

Eine befreundete Bildhauerin in Neu-Mexiko hängt folgendes Schild an ihre Tür: »Bitte nicht stören, es sei denn, ich habe in der Lotterie gewonnen oder Jesus wurde auf dem alten Taos Highway gesichtet!« Wie man sieht, hat ein gut entwickelter Animus keine Schwierigkeiten, gesunde Grenzen zu setzen.

Dabeibleiben und durchhalten sind Schlüsselworte im Klärungsprozess. Man lässt sich durch nichts davon abhalten, den gut integrierten Animus stetig auszubilden, so lange, bis er fähig ist, den inneren Seelengespinsten, Künsten und Heilverfahren »Hand und Fuß« zu verleihen. Wir bleiben bei der Sache, ob wir uns stark fühlen oder nicht, ob wir uns bereit fühlen oder nicht. Wenn es gar nicht anders geht, binden wir uns an der Staffelei, dem Schreibtisch, der Orgel, dem Kaktus fest – was immer der Arbeitsplatz sein mag.

Es ist essenziell, auch wenn es oft schmerzt, die notwendige Zeit aufzuwenden und die schwierigen Aufgaben, die das Streben nach Meisterschaft beinhaltet, nicht zu meiden. Ein wahrhaft kreatives Leben brennt auf mehr als nur eine Weise.

Negative Komplexe, die sich entlang des Weges zeigen, werden entweder verbannt oder transformiert, wenn man auf einem ungestörten Schaffensfluss besteht und sagt: »Meine Kreativität ist mir wichtiger als meine Zusammenarbeit mit den inneren Unterdrückern.« Wenn jemand seine Kinder oder Haustiere misshandelt, stehen die Sozialhilfe oder der Tierschutzverein irgendwann vor der Tür, um nach dem Rechten zu sehen. Aber es gibt keinen »Kreativitätsschutzdienst«, der uns daran hindern könnte, die eigene Seele zu misshandeln. Wir selbst, niemand sonst, sind für das Wohlbefinden unserer Seele und die liebevolle Aufzucht eines funktionsfähigen Animus verantwortlich. Und die beiden sind keine Kakteen, die mit wenigen Wassertropfen im Monat auskommen. Sie müssen täglich mit bewusster Aufmerksamkeit und Zuwendung gefüttert werden.

Um eine Hungersnot von vornherein auszuschließen, müssen wir unsere *Projekte vor Verunglimpfungen bewahren.* Alles Unausgegorene oder noch nicht Vollendete muss vor eventuellen Lästermäulern geschützt werden. Ein einziger schiefer Blick, eine bestimmte Art des Schweigens kann schon verseuchend wirken. Lasst euch von niemandem, keinem Mann, keiner Frau, keinem Freund, keiner Religion, keinem Beruf und keinem Besserwisser in einen Zustand treiben, der euch seelisch und schöpferisch austrocknen könnte. Wenn nötig, zeigt eure Krallen.

Zur Klärung gehört, dass wir unsere wahren Interessen verfolgen. Die *wahren Interessen* sind immer schöpferischer Natur. Man muss auf einem Gleichgewicht zwischen alltäglichen Pflichten und persönlicher Erfüllung bestehen. Jede Frau hat ein naturgegebenes Recht darauf, ekstatisch, entzückt, begeistert und schon allein dadurch kreativ zu sein.

Füttert eure Schöpferkraft mit den vier Grundnahrungsmitteln der Wilden Frau: Zeit, Zuwendung, Leidenschaft und eigenständige Bewusstheit. Es gibt noch zahllose andere Nährstoffe, aber dies sind die Grundnahrungsmittel.

Ein Fluss, der auf diese Weise geklärt wurde, strömt in immer auf- und abschwellenden Rhythmen dahin. Der kreative Output der Frau steigert sich am Anfang, um sich dann einzupendeln und mal überschäumend und reißend zu werden, mal ruhig und wellenlos dahinzufließen. Was jetzt noch an Abfällen in den Fluss geworfen wird, kann absorbiert oder einfach davongespült werden. Der Fluss kehrt in seinen Urzustand zurück, wir können sorglos in ihm schwimmen, von seinem Wasser trinken und sogar die Kinder der Weinenden Frau wiederfinden. Wir sitzen an der Quelle und verleihen ihren hungrigen Seelen eine neue körperliche Gestalt, die wir dem Geist von *La Llorona* in die Arme legen, denn von nun an sorgt ein umweltfreundlicher Animus für die Klarheit der Gewässer, vom Springquell bis zur Mündung im Meer.

Fluchtfantasien

Das Märchen von dem kleinen Mädchen mit den Schwefelhölzern wurde von Hans Christian Andersen berühmt gemacht, existiert aber auch in Dutzenden Abwandlungen überall auf der Welt. Die Grundgeschichte erklärt, wohin der Mangel an seelischer Nahrung und mangelnde Konzentration auf die äußere Realität führen können. In einer Version wärmt sich ein alter Mann an den letzten Kohlen in seinem Ofen und träumt von der guten alten Zeit, während seine Seele dem steif gefrorenen Körper entflieht. In einer anderen Version flüchtet sich ein Blumenhändler in die blumigen Kreationen seiner Fantasie und muss dafür mit seinem Leben bezahlen.

Bei oberflächlicher Betrachtung wirkt die Handlung »schnulzenhaft«, denn in den meisten Versionen wird recht kräftig auf die

Tränendrüsen gedrückt. Dennoch wäre es ein Fehler, das Thema deshalb grundsätzlich außer Acht zu lassen und den Fluchtmechanismus der Psyche zu ignorieren, der in uns in Krisensituationen in Form von schönen, aber keineswegs hilfreichen Träumen zum Ausdruck kommt.

Die nun folgende Version des Märchens wurde mir von meiner Tante Katerina überliefert, wobei man wissen muss, dass sie einer einfachen ungarischen Landarbeiterfamilie angehörte und durch die Greueltaten des Zweiten Weltkriegs nach Amerika vertrieben wurde. Sie begann ihre Erzählung jedes Mal mit der Bemerkung, dass man sich in harten Zeiten keine verzuckerten Träume erlauben darf, denn in schlechten Zeiten braucht man handfeste Träume, wirklichkeitsnahe Vorstellungen, die wahr werden können, solange man brav seine Milch trinkt und sich nicht von krausen Gedanken verführen lässt.

DAS MÄDCHEN MIT DEN SCHWEFELHÖLZERN

ES WAR EINMAL EIN KLEINES MÄDCHEN, das weder Mutter noch Vater auf dieser Welt besaß und allein im dunklen Wald lebte. Im Dorf am Rande des Waldes fand das bitterarme Waisenkind einmal einen Pfennig, und davon kaufte es eine Schachtel mit Schwefelhölzern, um diese auf der Straße für fünf Pfennig zu verkaufen. Von dem Erlös wollte es sich einen Brotkanten beim Bäcker holen, denn es hatte großen Hunger.

Die Waise wanderte die Straße hinauf und hinab und bot jedem Fremden ihre Schwefelhölzer an. Es war kurz vor Weihnachten und bitter-, bitterkalt, aber die Kleine hatte weder Schuhe noch Strümpfe, noch einen Mantel. Sie bettelte darum, dass doch irgendjemand ihre Schwefelhölzer kaufen möge, aber niemand hielt an, niemand schenkte ihr auch nur die geringste Beachtung.

Zitternd und blau gefroren sank sie an einer Hausecke auf die Knie und sprach zu sich selbst: »Warum soll ich frieren, wenn ich Schwefelhölzer habe und mich an ihnen wärmen kann?« Sie zündete eines der Hölzchen an, und siehe da: Der Schnee und die Kälte verschwanden im Nu. Stattdessen sah das Mädchen in eine wundervolle, gemütliche Stube hinein. Und in der Stube stand ein großer dunkelgrüner Kachelofen mit viel eisernem Zierrat und verströmte eine herrliche goldene Wärme. Das Mädchen rückte ganz nah heran und wärmte sich an seiner Glut.

Aber so plötzlich, wie er erschienen war, verschwand der Ofen mitsamt der Stube, und die Ärmste hockte noch immer an der eiskalten Hausecke. Ihr Schwefelholz war abgebrannt, und da sie keine Kohlen, kein Feuerholz und nichts Wärmendes besaß, begann sie bald wieder so furchtbar zu zittern, dass ihre Zähne aufeinanderschlugen.

Mit ihren erstarrten Fingern zündete sie sogleich das zweite Hölzchen an; sein Licht fiel auf die gegenüberliegende Hauswand und machte sie transparent, sodass das Mädchen ohne Mühe hindurchsehen konnte. Da stand ein frisch gedeckter Tisch mit einer dampfenden, braun gebratenen Gans in der Mitte, und der Braten roch so köstlich, dass das Mädchen zugreifen wollte. Aber als ihre ausgestreckte Hand nach der Gänsekeule fasste, verschwand alles wieder und löste sich in Nichts auf.

Noch immer kauerte das Mädchen an der eisigen Hausecke. Die Kleine konnte ihre Füße und Hände nicht mehr fühlen, denn sie waren schon leblos geworden. Mühsam zündete sie das dritte Hölzchen an. Im Licht des Zündholzes erschien nun ein bunt geschmückter Weihnachtsbaum mit brennenden Kerzen und tausend funkelnden Verzierungen. Der Baum war so riesig, dass er weit über das Dach hinaus bis in den Himmel ragte. Das Mädchen hob seinen Kopf höher und höher, um seine Krone und den Christstern an seiner höchsten Spitze erkennen zu können. Bis zu den Sternen musste die Kleine hinaufblicken, und da sah sie, dass ein Stern gerade vom Himmel fiel. Ein Gedanke ging durch ihren Kopf: »Jedes Mal, wenn eine Seele zum Himmel steigt, fällt ein Stern herab.«

Und aus dem Nichts trat nun ihre längst verstorbene Großmutter heraus, so gütig und warmherzig lächelnd, dass das Mädchen aufsprang und der Großmutter ihre Hände entgegenstreckte. Die Großmutter nahm die erfrorenen Hände der Kleinen und rieb sie, bis sie glühten. Sie hüllte das Mädchen in ihre warme Schürze, und dann war alles gut.

Es dauerte nicht lange, bis die Großmutter verblasste und schließlich ganz verschwand. Hastig zündete das Mädchen ein Holz nach dem anderen an, um seine Großmutter zurückzurufen. Ein Schwefelholz nach dem anderen leuchtete auf und verbrannte, bis auch das letzte Hölzchen erloschen war und das Mädchen mit seiner Großmutter in den Himmel stieg, wo es keine Kälte, keinen Hunger und keine Schmerzen gibt.

Am nächsten Morgen fanden die vorbeieilenden Passanten ein lebloses Häuflein an der Hausecke liegen, denn das kleine Mädchen mit den Schwefelhölzern hatte diese Welt verlassen.

Die verschiedenen Arten der Fantasie

Die Protagonistin der Geschichte lebt in einer gefühlskalten Umgebung, in der ihre Feuerhölzer – symbolhaft für das Aufglimmen des kreativen Potenzials – weder beachtet noch verstanden werden. Eine derartige Umgebung ist tödlich, und man muss sie so schnell wie möglich verlassen, wenn man überleben will. Psychologisch betrachtet ist dies eine Situation der Bedrängnis und Optionslosigkeit. Anstatt sich damit abzufinden, was das Waisenmädchen versucht, rate ich allen Frauen, sich unter Einsatz sämtlicher Kraftreserven aus dem Staub zu machen. Wenn wildnatürliche Frauen in eine (eisige Haus-)Ecke gedrängt werden, weil sie nirgends sonst Zuflucht finden, geben sie nicht etwa ihren Geist auf. Sie beißen, schlagen, kämpfen sich durch, und – Gott steh ihnen bei! – sie sorgen für eine Verbesserung ihrer Lebenslage.

Wäre es mit intakten Urinstinkten ausgerüstet, würde dem Mädchen eine ganze Reihe von Möglichkeiten offenstehen. Sie könnte barfuß in eine andere Stadt laufen, sich in einem Planwagen verstecken und fortkarren lassen. Sie könnte in einem Kohlenkeller Unterschlupf für die nächste Nacht finden. Einer instinktbegabten Frau würde etwas einfallen. Aber das Mädchen hat seinen wildnatürlichen Verstand offenbar restlos verloren. Es wandert halb erfroren in einer Art Trancezustand durch die Welt und hypnotisiert sich selbst mit schönen Träumen.

Die Wärme eines Milieus, in dem Einfallsreichtum begrüßt und gefördert wird, ist lebensnotwendig. Ohne warmherzige Unterstützung friert der Kreativitätsfluss ein. Es ist schwer zu sagen, wie viele Freunde man von Fall zu Fall braucht, aber jede kreative Frau braucht mindestens einen oder zwei Menschen, die ihr allein durch das Aufleuchten ihrer Augen, das Strahlen ihrer Gesichter zu verstehen geben, dass sie beeindruckt sind und mehr wissen, hören, sehen, fühlen wollen. Jeder Frau steht ein kleiner Jubelchor unter all den nörgelnden, kritischen Stimmen im Innen und im Außen zu.

»Kaltgestellte« Frauen in einem frostigen Klima möchten sich an Fantasievorstellungen aufwärmen, die den Schmerz zwar vorübergehend betäuben, aber keine Änderung der Umstände bewirken. Die Geschichte warnt uns, weil das tödlich ausgehen kann. Millionen Frauen sind talentiert, isolieren sich aber und verbergen ihre Gaben hinter einer Schüchternheit, die in den meisten Fällen kein Zeichen für einsichtsvolle Bescheidenheit, sondern für einen funktionsunfähigen Animus ist. Sie fühlen sich weder von innen noch von der äußeren Umgebung unterstützt und wirken dann »schamhaft«, unsinnig »bescheiden«.

Um dem Schicksal des Mädchens mit den Schwefelhölzern zu entgehen, muss man zur Tat schreiten. Traurig, aber wahr: Sämtliche Personen, die uns nicht in unserer Kreativität unterstützen, müssen als Energieräuber erkannt und zurückgelassen werden. Du kannst solchen Leuten deine feuerspendenden Hölzchen entgegenhalten, so oft du willst, sie eilen weiter, weil sie deine Kreativität für eine Zeitverschwendung halten, von der sie sich nicht aufhalten lassen wollen. Allein daran erkennt man, dass man sich seinerseits nicht weiter aufhalten darf, denn sonst erstarrt und erfriert noch der letzte wärmende Hoffnungsschimmer.

Das Mädchen mit den Schwefelhölzern müsste sich unter Aufbietung ihrer letzten Kräfte auf die Suche nach Feuerholz machen, aber stattdessen verbrennt sie die Streichhölzer – ihre einzige Wärmequelle! In der Kälte zieht sich das körperliche, emotionale und geistige Gewebe zusammen, es versteift sich und schrumpft, bis es abstirbt. Wärme dehnt aus, erweitert und heilt. Ohne Wärme kann die feminine Psyche nicht lange intakt bleiben.

Frauen, die sich bereits in einer ähnlichen Lage wie das kleine Mädchen mit den Schwefelhölzern befinden, wird geraten, sich auf keinen Fall mit den Fluchtfantasien zu identifizieren, die eine ausgehungerte Psyche sich selbst vorgaukelt, indem sie ihre feurigen, kreativen und tatkräftigen Impulse anzündet, um sich innerlich daran zu wärmen. Es gibt drei verschiedene Arten der Fantasie. Bei der ersten Art ergeht man sich in genussvollen Wunschträumen, man führt sich so etwas wie Eiscreme zu Gemüte und spinnt verträumt vor sich hin. Bei der zweiten Art wird die Fantasie bewusst und zielgerichtet verwendet, indem man Bilder imaginiert und planmäßig einsetzt, um vorherbestimmte Ziele bereits in Gedanken zu erreichen. Erfolgserlebnisse auf psychischer, finanzieller und kreativer Ebene sind oft das Endprodukt dieser Art von Fantasien. Die dritte Art des Fantasierens ist unkreativ. Man ergeht sich in positiven oder negativen Hirngespinsten, die nichts mit der Realität zu tun haben und jeden tatkräftigen Eingriff in die Realität verhindern.

Das Mädchen mit den Schwefelhölzern wählt die letztgenannte Art der Fantasie, weil alles andere zu schwer ist oder weil ihr nichts

Besseres einfällt, als die Quelle ihrer Unternehmungslust anzuzünden und sinnlos verpuffen zu lassen. Manche Frauen greifen zur Flasche, zur Spritze, zum Hanfgewächs, um sich in kurz aufflackernden Illusionen eine Besserung ihrer Umstände vorzugaukeln. Oder sie steigen mit wildfremden Personen ins Bett – einmal und nie wieder –, um sich am nächsten Morgen kalt und zitternd wieder an der Hausecke vorzufinden. Hastig wird das nächste Hölzchen angezündet, das nächste und übernächste, aber nichts ändert sich – wie denn auch? Es gibt viele verführerische Mittel und Pülverchen, mit denen man sich die Konzentration auf das Wesentliche unmöglich macht.

Und da gibt es nur eines: Wir müssen auswandern, unsere Kreativität an einem Ort anbieten, wo sie gefordert wird. Der erste Schritt ist von kritischer Bedeutung: die volle Konzentration auf die tatsächliche Sachlage. Aus diesem Schritt ergibt sich die Suche nach echten Wärmequellen und echtem Gänsebraten. Kaum ein Mensch kann ohne Feedback auskommen und allein aus sich selbst heraus schöpferisch tätig sein. Wir brauchen Streicheleinheiten und echte Gänsekeulen.

Gute Ideen kann jeder haben, daran herrscht kein Mangel auf dieser Welt: »Ich male diese Wand am nächsten Sonntag in der und der Farbe an … Ich veranstalte ein Ereignis, an dem die ganze Stadt, die ganze Nation, das gesamte Abendland übers Kabelfernsehen teilnehmen kann … Ich stelle die Fliesen für mein Badezimmer selbst her und verkaufe mein Design dann an einen Weltvertrieb … Ich gehe wieder zur Schule und lerne … Ich verkaufe mein Haus und gehe auf eine Weltreise … Ich will ein Kind haben und es dann völlig anders erziehen … Ich sorge dafür, dass dieser Missstand in unserem Justizwesen behoben wird …, dass jene Tierart vor dem Aussterben bewahrt wird …«

Aus solchen Projekten wird nie etwas ohne den warmen Zuspruch und die tatkräftige Unterstützung anderer. Ideen müssen in ein warmes Klima verpflanzt werden, wenn sie gedeihen sollen.

Das kleine Mädchen mit den Schwefelhölzern ist bereits so tief gesunken, dass es nicht mehr ohne Willensanstrengung aus der Hockstellung an der fatalen Hausecke hochkommt. Aber die Kleine hat die Kraft, ihre Hölzchen der Reihe nach anzuzünden, und so hat sie auch die Kraft, sich in Bewegung zu setzen und nicht einfach untätig sitzen zu bleiben, um dann ihren Geist aufzugeben. In der eben beschriebenen Situation hat jeder von uns allermindestens noch diese Wahl.

Die warmherzige Unterstützung von Freunden ist wie Nahrung und Sonnenlicht. Das Waisenkind in diesem Märchen hat nicht einen Freund, an den es sich wenden kann, woraufhin ihre Psyche erkaltet und erfriert. Wahre Freunde sind tatsächlich wie die Sonne: kraftspendend, aber auch erhellend und offenbarend. Sie erhellen die blinden Punkte in uns und machen uns schonungslos auf sie aufmerksam. Eine Frau kann Dutzende von Freunden haben, aber wenn diese keine Sonnen sind, trösten sie die Frau leichtfertig über ihre missliche Lage hinweg, anstatt sie auf ihre zunehmende Erstarrung hinzuweisen und laute Warnrufe auszustoßen. Trostspenden ist etwas völlig anderes als Fürsorge. Fürsorge ist psychischer Haferbrei – nährend und stärkend. Trostspenden ist fruchtlos; es ist, als würde man einer welkenden Topfpflanze gut zureden, während sie die ganze Zeit hinter einem Schrank steht, wo sie nie genug Licht bekommt. Fürsorge ist, die Pflanze hinter dem Schrank hervorzuholen, sie ins Licht zu stellen, ihr Pflanzenfutter und Wasser zu geben, um ihr *dann* gut zuzureden.

Eine welkende Frau ohne Pflanzenfutter ergeht sich in allerlei »Was-wäre-wenn«-Fantasien. Das sind ihre Trostspender. Wir wissen, wie unkreativ und letzten Endes tödlich dieses sinnlose Spekulieren ist: »Was wäre, wenn ich eines Tages …«

»Wenn ich damals doch nur … hätte.« Oder: »Wenn er sich doch nur ändern würde!« Oder: »Wenn ich mich doch nur bezähmen könnte; wenn ich eines Tages genug XYZ habe, dann … Wenn meine Kinder groß genug sind; wenn ich einem anderen Mann begegnen würde ... Sobald ich dies und jenes geschafft habe ...« Und so weiter.

Das kleine Mädchen mit den Schwefelhölzern hat eine internalisierte Großmutter, die das Kind noch tiefer in das Land der Fantasie hineinlockt, anstatt Dinge wie: »Wach auf!« zu brüllen, oder: »Steh endlich auf! Such dir einen warmen Platz. Lass dir etwas einfallen.« Trostspendende Fantasien sind in Wirklichkeit die ersten Anzeichen, dass man seinen Geist aufgibt und nicht mehr am Überleben in der physischen Welt interessiert ist.

Das Mädchen hat seinen Überlebensinstinkt losgelassen und sieht keine Zukunft mehr für sich in dieser Welt. Normalerweise wird man in derartigen Situationen bis an die Grenze des Erträglichen getrieben, um dann etwas in sich zu entdecken, das trotz allem leben will und kann. Das ist ein Einweihungsprozess, bei dem das Ego so weit abgeschliffen und dezimiert wird, dass die Seele eingreift und das Steuerrad der Psyche übernimmt, was sich in diesem Fall als eine »Auferstehung« des Mädchens aus ihrer Hockstellung an der Hausecke äußern würde, in einem kreativen Schritt in ein sonnigeres Klima. Aber in dieser Geschichte ist niemand vorhanden, weder im Inneren des Kindes noch in der Außenwelt, der dem Mädchen zur nötigen Einweihung verhelfen könnte, und so zieht die Waise sich uneingeweiht aus dem Leben zurück.

Kälte in den Innenwelten ist der Todeskuss der Isolation, denn durch Kälte wird jede Beziehung erstickt. Wenn wir etwas in unserem Inneren oder jemanden im Außen »kaltstellen« wollen, schenken wir ihm einfach keine Beachtung mehr, und damit ist die Person oder Sache für uns »gestorben«. Es ist unmöglich, eine Beziehung zu einem gefühlskalten Menschen aufrechtzuerhalten, nachdem er uns »auf Eis gelegt« hat. Aber genau das versucht das Mädchen mit seinen Schwefelhölzern.

Es wandert durch die Straßen und bettelt vorbeieilende Fremde an, ihr doch bitte, bitte die Hölzchen abzukaufen. In dieser Szene wird eine sehr unbequeme Wahrheit ausgedrückt: Frauen mit verletzten Urinstinkten verscherbeln ihr Licht für Pfennige an desinteressierte Passanten. Man kann die Schwefelhölzer als eine Miniaturform des Feuerschädels, den Vasalisa auf einem Stock vor sich herträgt, verstehen. Sie repräsentieren unter anderem das Licht der Weisheit, zündende Impulse, die Bewusstsein hervorrufen, Licht ins Dunkel tragen und Ausgebranntes neu entfachen. Alles Feurige ist ein Symbol für die potenzielle Wiederbelebung innerer Funktionen.

Und was macht die halb erfrorene Bettlerin in ihrer Not? Sie bietet das Licht- und Lebenspendende in ihrer Schachtel zum Schleuderpreis auf der Straße feil. Das Resultat ist ein rasanter Energieverlust, ganz gleich, ob man etwas Kostbares tatsächlich für Pfennige oder zu einem psychischen Pfennigpreis verschleudert. Ausbeuterische Liebhaber, Vorgesetzte, Mitarbeiter und negative Komplexe aller Art treiben Frauen dazu, sich auf solche ungleichen Tauschgeschäfte einzulassen. Und wenn die Schwefelholzhändlerin dann noch beschließt, ihre Hölzer selbst abzubrennen und ihre letzten Reserven in kurzlebigen Fantasievergnügen verpuffen zu lassen, anstatt ihr Feuer sinnvoll einzusetzen, erlischt jede Hoffnung auf ein gutes Ende. Die Metapher ist überdeutlich. Man könnte sich auf die Suche nach Feuerholz machen, nach etwas Solidem, an dem man sich wärmen und mit etwas Einfallsreichtum auch ein nährendes Süppchen kochen könnte. Aber nein, die Kraftspender werden angezündet und brennen die inneren Reserven aus, da sie nichts anderes zum Abbrennen haben. Die Psyche wird in Brand gesetzt und beginnt, sich in Hirngespinsten zu ergehen, in denen sämtliche Bedürfnisse erfüllt werden. Diese Art des »Geschichtenspinnens« ist ein Selbstbetrug, der nur oft genug wiederholt werden muss, um glaubhaft zu werden.

Das nenne ich »Konvertierungsangst«. Probleme werden in Gedanken durch unrealistische Lösungen oder Träume von besseren Zeiten aus der Welt fantasiert, anstatt den Druck sinnvoll zu konvertieren. Aber nicht nur Frauen, alle Menschen stolpern irgendwann über diese psychische Hürde. Der Ofen, von dem das frierende Mädchen träumt, ist ein Symbol für Herzenswärme oder, noch tiefer, für die Wärme des innersten Seinszentrums. Aber der Fantasieofen erlischt sehr bald, weil er keine Eigenwärme ausstrahlt, sondern sich von unserer Fantasie ernährt, also die eigenen Energiereserven verzehrt.

Das weiterhin frierende Mädchen zündet ein neues Hölzchen an. Aber jeder Wunschtraum brennt aus, und wir sitzen wieder in der Kälte. Wenn die Psyche einfriert, schrumpft man notgedrungen immer weiter in sich selbst zusammen. Die Kleine zündet ein drittes Zündholz an. Drei ist die Zauberzahl im Märchen. Sie ist normalerweise die Ankündigung, dass das Geschehen nun eine Wende nimmt. Aber in diesem Fall verhindern die Fluchtfantasien den Neuanfang, und so bleibt alles beim alten.

Ironischerweise erscheint dem Kind nun ausgerechnet ein Weihnachtsbaum. Der Christbaum entwickelte sich aus dem vorchristlichen Symbol des Immergrüns, ein Baum, der ewig grünendes, ewig wachsendes Leben repräsentiert, also die Idee eines fortlaufenden Seelenwachstums, auch zur Winterzeit. Aber selbst diese Erscheinung bringt das Mädchen nicht zur Besinnung. Der Raum hat kein Dach. Die Idee eines unzerstörbaren Immergrüns übersteigt das Fassungsvermögen der Psyche. Sie ist schon zu tief in die Selbsthypnose eingetaucht, um sich noch von irgendeinem Bild innerhalb der Trance aufwecken zu lassen.

Das Erscheinen der Großmutter am Ende symbolisiert zweierlei. Am negativen Ende des Spektrums ist die Großmutter die letzte fatale Morphiuminjektion, bei der man von Güte und Wärme fantasiert, während die Psyche endgültig resigniert:

»Ja, ja, es ist alles in Ordnung, ich habe mich völlig damit abgefunden.« Das ist ein Schlaf der Verleugnung, bei dem man einfach in die andere Richtung blickt, während man insgeheim hofft, dass das Schreckliche, das die unmittelbare Aufmerksamkeit beanspruchen sollte, durch ein Wunder spurlos vom Erdboden verschwindet.

Am anderen Ende des Spektrums ist die Großmutter ein Symbol für die Wilde Mutter, die im Todesmoment erscheint, um Seelen in ihre Schürze zu hüllen und sie im Schoß der Leben/Tod/Leben-Natur auszubrüten, bis sie wieder bereit sind, neue Gestalt anzunehmen.

In diesem Sinn beinhaltet das Erscheinen der gütigen Großmutter am Ende der ganzen Mühsal eine Verheißung für uns alle. Das Symbol will uns sagen, dass die Attribute der Wilden Frau in uns aufwallen, wenn der Druck und die Unzufriedenheit überhandnehmen. An diesem Punkt haucht die Wilde Frau der Psyche neues Leben ein und treibt sie dazu, sich auf vielleicht nie gekannte Weise zu äußern und die Sache in die Hand zu nehmen. Aber das lang hingezogene Leiden auf diesem Weg zeigt uns, dass es vernünftiger ist, sich beizeiten von unkreativen Hirngespinsten loszureißen, als in der Ecke hocken zu bleiben und zu hoffen, dass man eines Tages auferstehen wird.

Die Regeneration der Konzentrationsfähigkeit

Nehmen wir einmal an, dass unser Kreativitätsfluss unverschmutzt und ohne Blockaden dahinfließt, weil der Animus funktioniert wie er soll, und wir nicht in unkreative Fluchtfantasien abtauchen. An diesem Punkt werden wir mit der Tatsache konfrontiert, dass die Konzentrationsfähigkeit nicht ewig vorhält und die kreativen Energien dahinschwinden. So unangenehm das sein mag, es ist ein Naturgesetz. Deshalb muss man sich von vornherein mit diesem Phänomen vertraut machen. Zum Glück haben die osteuropäischen Völker sich schon vor Jahrhunderten mit dem Thema beschäftigt und eine wundervolle Überlieferung hinterlassen, die alles erklärt. Hier ist eine schöne Geschichte darüber, die in unserer Familie »Die drei goldenen Haare« heißt.

In unserer Familie sagt man, dass ein Märchen Flügel hat. Während der transozeanischen Reise meiner ungarischen Pflegefamilie flog eine Reihe von den Märchen, die ich in mir trage, mit ihnen über die Berge der Karpaten, als sie während der Kriege aus ihren Dörfern flohen. Sie wohnten eine Zeit lang am Ural und segelten dann über den Ozean nach Nordamerika. Die kleine zerlumpte Gruppe und ihre Märchen, die durch ihre Erlebnisse geformt worden waren, reiste dann über Land durch die großen Wälder hinunter zur Großen Seenplatte.

Den Kern von »Die drei goldenen Haare« habe ich meiner in Osteuropa aufgewachsenen Tante Kata zu verdanken, die die Gabe der Heilkunst besaß und machtvolle Gebete sprechen konnte, und ich habe diesen Kern hier ausgeführt. Bei meiner Forschungsarbeit habe ich ganz unterschiedliche germanische und keltische Märchen mit dem Leitmotiv des »goldenen Haars« entdeckt. Das Leitmotiv oder der Kern eines Märchens repräsentiert ein archetypisches Verbindungsstück. Das ist die Natur des Archetyps … sie lagern eine Nuance ihrer selbst am Berührungspunkt mit der Psyche ab. Als symbolische Repräsentationen hinterlassen sie manchmal eine Art Beweis – so nehmen sie ihren Weg in die Lebensgeschichten, Träume und Gedanken jedes Sterblichen. Wo immer sie wohnen mögen: Man könnte sagen, dass die Archetypen eine Serie von Instruktionen für die Psyche konstituieren, die Raum und Zeit durchqueren und jede neue Generation weiser machen.

Das Thema dieses Märchens ist das Wiedergewinnen des Fokus, wenn man ihn verloren hat. Der Fokus ist zusammengesetzt aus Fühlen, Hören und einem Befolgen der Anweisungen der Seelen-Stimme. Viele Frauen sind hervorragende Fokussierer, aber wenn sie diese Fähigkeit verlieren, zerstreut sich alles in ihnen wie bei einem durchlöcherten Federbett, dessen Daunen unaufhaltsam in alle Winde fliegen.

»Innere Sammlung« ist das Losungswort bei Problemen, die durch das natürliche Auf und Ab der Energie verursacht werden, wie wir gleich sehen werden.

DIE DREI GOLDENEN HAARE

ES WAR EINMAL EIN ALTER, TIEF GEBEUGTER MANN, der zur finstersten Stunde der Nacht durch einen dunklen Wald ging. Die Baumäste peitschten sein verwittertes, vom Alter grau und welk gewordenes Gesicht, und so stolperte er über die Baumwurzeln auf seinem Weg, stürzte zu Boden, rappelte sich mühsam wieder auf und ergriff seine Laterne, in der ein fast gänzlich abgebrannter Kerzenstummel im Wind flackerte und zu erlöschen drohte.

Mit letzter Kraft schleppte der Greis sich durch das Unterholz, ächzend und stöhnend zwang er sich voran, denn zwischen den Baumstämmen konnte er in der Ferne einen Lichtschein ausmachen und manchmal die Rauchwölkchen eines gemütlich schmauchenden Schornsteins, und so wusste er, dass es ein Haus im finsteren Wald gab, in dem er vielleicht Zuflucht finden und eine Weile ausruhen könnte.

Die Kerze in seiner Laterne war vollends niedergebrannt, als der Greis endlich die Tür der Waldhütte erreichte, sie aufstieß und entkräftet zu Boden sank. Im Inneren der Hütte saß eine alte Frau vor einem lustig prasselnden Feuer. Und nun eilte sie herbei, hob den alten gebrechlichen Mann mit ihren starken Armen auf und trug ihn zu ihrem Schaukelstuhl. Dort ließ sie sich nieder, direkt vor dem prasselnden Feuer, und wiegte den Greis auf ihrem Schoß wie ein Kind. »Nu na, nu na«, summte sie und wiegte den Alten in den Schlaf.

Die ganze Nacht lang wiegte sie ihn und sang dazu ein altes Lied, und noch bevor der Morgen graute, war der Greis mit dem schlohweißen Haar zu einem Jüngling geworden, einem wunderschönen Mann mit kräftigen Gliedmaßen und goldenen Locken. Der Jüngling schlief in ihren Armen, und die Alte sang weiter: »Nu na, nu na, nu na.«

Und als die Morgendämmerung nahte, war der junge Mann zu einem kleinen Jungen mit einem goldglänzenden Haarschopf geworden, und im Augenblick, da die Nacht dem Morgen wich, zupfte die alte Frau drei Haare aus dem Goldschopf des Kindes und warf sie auf die Fliesen ihrer Stube. »Ping, ping, ping«, machte es, als die drei goldenen Haare die Kacheln trafen.

Bei diesem Laut krabbelte das Kind vom Schoß der Alten und lief zur Tür. Der Junge mit dem Goldhaar drehte sich noch einmal zu der Frau um, lächelte wie der Sonnenschein und flog zum Himmel auf, um zur Morgensonne selbst zu werden.

Um die Geschichte zu verstehen, müssen wir uns in ein »mitternächtliches« Bewusstsein hineinversetzen, einen Zustand, in dem wir jedes Knarren und Knistern überdeutlich hören. In der Nacht sind wir uns selbst näher und nehmen tiefere Gedanken und Gefühle wahr als tagsüber, wo das Essenzielle sehr leicht untergeht.

Im Mythos ist die Nacht die Domäne der Urmutter Nyx, der Gebieterin über Leben und Tod. Wenn es – um der Symbolik willen – Nacht wird im Märchen, wissen wir schon, dass wir uns in den unbewussten Bereichen der Psyche befinden, in der »dunklen Nacht der Seele«, wie Johannes vom Kreuz es nannte. In diesem Märchen macht sich die Seelennacht in Form eines Energieverlustes bemerkbar, hier in Gestalt des immer schwächer werdenden alten Mannes.

Der Greis schleppt sich mit letzter Kraft durch den nächtlichen Wald – was uns allen gut bekannt vorkommen dürfte. Es ist ein Zustand, in dem unsere Kraftreserven und damit auch die Konzentrationsfähigkeit erschöpft sind. Wenn wir in diesem Zustand auf Biegen oder Brechen versuchen, uns zu konzentrieren oder »alles irgendwie zusammenzuhalten«, machen wir genau das Verkehrte. In diesem Zustand rennt man nur noch herum wie ein kopfloses Huhn. Das Märchen erklärt, was wir tun sollen: uns in den Schaukelstuhl setzen, uns von der Wilden Mutter wiegen lassen. In dieser Ruhe, diesem Frieden, wird die Energie allmählich wieder hergestellt, die Konzentrationsfähigkeit wird erneuert und verjüngt.

Man wiegt eine Idee mit seelenvoller Geduld die ganze Nacht lang im Schoß, bis sie Kraft genug hat, selbstständig zum Himmel aufzusteigen und dort wie die Sonne zu leuchten. Manche Frauen würden das als Luxus bezeichnen, aber die Wilde Frau weiß, dass es lebensnotwendig ist.

Die Wölfe wissen, worum es hier geht. Wenn ein Eindringling ihr Revier betritt, knurren sie und beißen unter Umständen auch zu, aber manchmal bleibt das ganze Rudel einfach dicht gedrängt in einiger Entfernung stehen und beäugt den potenziellen Angreifer nur als eine geschlossene Familie. Das ganze Rudel setzt sich auf die Hinterbeine und atmet gemeinsam … ein, aus, ein, aus … Sie konzentrieren sich, sammeln Energie im Zentrum ihres Seins und wägen in wacher Ruhe ab, was als Nächstes geschehen soll. Sie entscheiden sich ganz bewusst dafür, erst einmal untätig herumzusitzen und zu atmen, bis sich die Angelegenheit einpendelt.

Im Laufe der Arbeit an einer Sache kommt immer wieder ein Punkt, wo man den Faden verliert und einfach nicht mehr weiter weiß. Das liegt daran, dass die Grundidee fadenscheinig geworden ist, oder man hat die Fähigkeit verloren, die Idee aus einem neuen Blickwinkel zu betrachten. Das ist ein Naturzyklus, bei dem wir, die Ideenschöpfer, immer wieder alt und gebrechlich werden wie der Greis in diesem Märchen, aber auch immer wieder verjüngt. Obwohl es eine Menge Theorien über die Ursache von kreativen Blockierungen gibt, ist es eine simple Tatsache, dass milde Formen der Blockierung in Zyklen kommen und gehen wie das Wetter und die Jahreszeiten, während schwerwiegende Blockierungen auf die vorher besprochenen negativen Komplexe, einen umweltverseuchenden Animus oder auf ein Sich-Zufriedengeben mit Mittelmäßigkeit oder schwachen Imitationen zurückzuführen sind.

Die Geschichte von den drei goldenen Haaren erläutert den gesamten zyklischen Werdegang einer Idee, beginnend mit dem winzigen Lichtlein in der Laterne als Symbol für eine Idee, die am Erlöschen ist. Das Lichtlein des alten Mannes ist erschöpft, deshalb muss er sich mit dem Rest seiner Kraft zur Hütte der Heilerin im Wald schleppen, er muss die regenerierende Kraft aufsuchen und sich von ihr bis zum kleinen Jungen verjüngen lassen.

Der alte Mann ist niemand anderes als unser eigener erschöpfter Animus, dem wir im Zuge unserer Arbeit oft derartig viel zumuten, dass er »über Nacht ergraut« und sich dann in Greisengestalt durch das Dickicht wühlen muss. In dieser Geschichte ist der Animus bereits so gealtert, dass seine Beine ihm den Dienst versagen, woraufhin er unsere Idee gerade noch bis zur Tür von *La Que Sabe,* der Wissenden, tragen kann, aber kein Stück weiter. Das ist der Punkt, an dem eine Frau, die sich mit aller Kraft für ein Unternehmen eingesetzt hat, plötzlich sagt:

»Jetzt ist alles egal, ich geb auf!« Ihr Animus ist erschöpft und »kann nicht mehr«. Er muss auf dem Schoß der Heilerin gewiegt und in den Schlaf der Erneuerung gesungen werden.

In meiner Praxis arbeite ich oft mit sozial und politisch engagierten Frauen, die mich an genau diesem Punkt in ihrem Schaffenszyklus aufsuchen. Ihr armer, abgearbeiteter Animus hält die Laterne mit dem erlöschenden Kerzenstummel gerade noch in der zitternden Greisenhand, die Frau lässt sich auf mein Sofa fallen und sagt: »Ich bin fix und fertig. Sollen die doch sehen, wie sie ohne mich zurechtkommen. Ich gebe meinen Presseausweis, meinen Beruf, meine Privilegien und überhaupt alles auf und emigriere nach Neuseeland.« Oder sie geht aufs Land. Oder sie wollen sich für den Rest ihres Lebens vor den Fernsehapparat setzen und Seifenopern anschauen. Sie wollen sich nie wieder für etwas engagieren, nichts mehr hören, nichts mehr sehen …

»Gut«, sage ich dann. »Ausgezeichnet. Du brauchst nämlich wirklich nur Ruhe.« Woraufhin sie normalerweise aufschreien:

»Ruhe? Wie kann man ruhig sein, wenn die Welt vor unseren Augen zugrunde gerichtet wird?«

Aber letztlich muss jede Frau sich die notwendigen Ruhepausen gönnen und kann es auch, weil die fehlenden Glieder jeder Kette von anderen Personen ersetzt werden, und das gilt auch für Mütter, Studentinnen, Berufstätige und Aktivisten. Die wilde Urmutter weiß, dass der Animus von Zeit zu Zeit erneuerungsbedürftig ist. Und so ist sie keineswegs schockiert, wenn er – und mit ihm wir – auf allen vieren bei ihr angekrochen kommt und in ihrer guten Stube zusammenbricht. Sie wartet schon auf uns und verlangt nicht etwa, dass wir uns anstandshalber »zusammennehmen« und womöglich noch bis zum Schaukelstuhl vorwärtszwingen. Nein. Sie nimmt uns in ihre starken Arme und wiegt uns auf ihrem Schoß, bis wir uns wieder regeneriert haben.

Damit sagt sie, dass kein Grund zur Panik besteht, wenn ihr eure Energie, Antriebskraft und Konzentrationsfähigkeit verliert. Macht nichts. Setzt euch ruhig hin, damit der ausgemergelte Animus wieder zu Kräften kommt und sich so weit erholt, dass er sich wieder auf die Angelegenheit, an der gearbeitet wird, konzentrieren kann. Alle längeren Arbeiten – sei es ein Schulabschluss, eine Therapie, die Arbeit an einer Beziehung, die Fürsorge für ein krankes Familienmitglied, die Fertigstellung eines Manuskripts –, alles, was unsere Energie für längere Zeit beansprucht, durchläuft Phasen, in denen die einstige Frische nachlässt und der Animus vergreist.

Die Vorstellung, dass die Kraft des maskulinen Prinzips unerschöpflich ist, wurde uns von einer Kultur eingeimpft, die seit Jahrtausenden vom maskulinen Prinzip dominiert wird. Aber diese Vorstellung hat rein gar nichts mit den Tatsachen zu tun. Solche Missverständnisse führen lediglich dazu, dass man permanent von den maskulinen Energien im Inneren und den Männern in der Außenwelt enttäuscht ist, wenn sie müde werden und sich ausruhen müssen. Alles Lebende wird irgendwann regenerationsbedürftig. Die Leben/Tod/Leben-Natur arbeitet in kleineren und größeren Zyklen, denen sämtliche Erscheinungsformen im Universum unterliegen.

In dem Märchen werden der verjüngten maskulinen Energie drei goldene Haare ausgezupft und zu Boden geworfen. Haare sind symbolhaft für Gedanken, die uns aus dem Kopf wachsen. Das Gedankengut des Jungen wird ein wenig zurechtgestutzt, ein paar Vorstellungen werden also fallen gelassen, damit er leichter in den Himmel fliegen und dort um so leuchtender strahlen kann. Wir tun dasselbe, wenn wir eine Idee zurechtschneiden, Texte, Kompositionen und Tänze ausfeilen, wenn wir Überflüssiges von unseren Projekten abmeißeln, damit das Essenzielle um so klarer hervortritt. Dieses Eliminieren von Unnötigem kann einem hinkenden Projekt die notwendige Schwungkraft verleihen, sich lächelnd in die Lüfte zu erheben und weithin über Stadt und Land zu segeln.

Zupft drei Haare aus euren Projekten und lasst sie fallen. Das Ping-ping-ping-Geräusch ist ein unendlich feiner Glockenschlag, der eine neue Ära in der Psyche ankündigt. Eine Leere ist entstanden, die von etwas Neuem gefüllt werden kann. Die große Gärtnerin hat dem Maskulinen mit leichter Hand den Kopf gestutzt, damit es noch größere Blüten, noch reichere Früchte tragen kann.

Das ist der Zyklus der femininen Kreativität seit Anbeginn der Menschheit. Wenn Frauen ihre Konzentrationsfähigkeit verlieren, setzen sie sich ruhig hin und sammeln sich. Sie nehmen eine müde gewordene Idee oder ihre eigene erschöpfte maskuline Energie auf den Schoß und wiegen sie am Feuerplatz sanft hin und her. Ein paar Tentakel und Haare werden dem Geschöpf ausgezupft, der Rest erneuert sich von selbst und läuft auf eigenen Beinen zur Tür hinaus. So einfach ist das, wenn man die Naturzyklen akzeptiert.

Elftes Kapitel

Hitzezeit: Eine heilsame Sexualität

Die schmutzigen Göttinnen

In den Urgründen der femininen Wesensnatur existiert ein Geschöpf, das seinen eigenen Zyklen des Aufwallens und Absterbens folgt und dabei auch andere Aspekte in seinen Bann zieht. Dieses Geschöpf ist all das, was man unter der typisch weiblichen Sinnlichkeit versteht: eine neugierige, kontaktfreudige, lustvolle Kreatürlichkeit, die sich an einem Tag fordernd und mitreißend, zu anderen Zeiten hingebungsvoll oder abwartend verhält. Die Kreatur reagiert wie ein hochsensibles Empfangsgerät auf die Flut der in jedem Moment aufgeschnappten Eindrücke, wie die Geräusche der Umgebung, eventuelle Berührungen, Geschmacksreize, Gerüche und visuelle Schönheit, aber mehr noch – sie reagiert auf die ausgestrahlten Gedanken und Empfindungen anderer Lebewesen, ohne dabei den Intellekt und das Gedächtnis befragen zu müssen.

Der sinnliche Aspekt von Frauen kann mit einer konstanten unterirdischen Glut verglichen werden, die zyklisch größere Hitzeaufwallungen erzeugt, wodurch sexuelle Erregung entsteht, aber nicht ausschließlich und in jedem Fall. Die Glut ist vielmehr ein Zustand intensiver sinnlicher Empfänglichkeit, die sich bei entsprechender Stimulation in Form von Sexualität entlädt, oft aber auch andere kreative Formen annimmt.

Man könnte Bände mit dem Thema der typisch weiblichen Sinnlichkeit füllen, aber ich möchte mich hier auf einen Aspekt der Sinnesnatur konzentrieren, der Frauen ein wohliges Gefühl der inneren Wärme und Lebenslust verschafft, wenn er nicht als anstößig empfunden und deshalb unterdrückt wird, was häufig geschieht.

In den längst vergangenen Zeiten der kultischen Verehrung von Fruchtbarkeitsgöttinnen und anderen weiblichen Gottheiten gab es keinen Aspekt der Sexualität, der nicht als heilig verehrt wurde, was sich unter anderem darin äußerte, dass das Sexuelle mit einem unschuldigen Humor betrachtet und in Form von Kunstgegenständen zum Ausdruck gebracht wurde. Was manche heutzutage für obszön, vulgär und primitiv halten, galt als naturgegebener Bestandteil eines grundsätzlich göttlichen Ganzen. Unsere heutige Sprache macht es uns nicht gerade leicht, die einst hochgeschätzten »Göttinnen der Obszönität« mit ihrer einsichtigen, aber für manche von uns »unziemlichen« Direktheit adäquat zu beschreiben. Tatsache ist, dass das Wort »obszön« vom alten hebräischen Stammwort *Ob* hergeleitet werden kann, was »Magier«, »Zauberin« und »Hexe« bedeutete.

Ein sogenanntes dreckiges oder obszönes Wort ist ein Wort, das in bestimmten Kulturkreisen und wohlgemerkt nur zu bestimmten Zeiten als unpopulär oder suspekt gilt, was häufig auf eine unverdiente Kritik oder fanatischen Säuberungseifer zurückzuführen ist.

Wenn wir jetzt einmal von den anerzogenen negativen Assoziationen absehen und die nachfolgenden Geschichten so unvoreingenommen wie möglich betrachten, wird deutlich, dass das sogenannte Obszöne nicht vulgär ist, sondern eher urwüchsig, oft auch komisch, wie ein munterer Naturbursche, der uns schamlos, aber genau an der richtigen sinnlichen Stelle kitzelt.

Als ich vor einigen Jahren begann, Geschichten von den »schmutzigen Göttinnen«, wie ich sie nenne, zu erzählen, fiel mir auf, dass manche Frauen eine deutlich erkennbare Schockschwelle überwinden und ihre Damenhaftigkeit ruckartig über Bord werfen mussten, um lachen oder wenigstens schmunzeln zu können. Aber dieses Kichern über tabuisierte Themen wie die weibliche Sinnlichkeit und Sexualität ist heilsamer, als man gewöhnlich annimmt, denn paradoxerweise wird durch ein bisschen Obszönität etwas geradegerückt, was in Jahrtausenden der Unfreiheit verbogen wurde.

Damenhaftigkeit am falschen Platz ist wie ein Würgegriff, der Frauen die Luft zum Atmen nimmt. Um lachen zu können, muss man in rascher Folge ein- und ausatmen. Beim Einatmen fühlt der Mensch seine Emotionen, wie wir aus der Kinesiologie und von den verschiedenen Methoden der Atemtherapie wissen. Wenn wir nichts fühlen wollen, halten wir die Luft an.

Beim Lachen atmen Frauen so rasch, dass sie sich in Gefahr begeben, unerlaubte Gefühle zu empfinden. Und von welcher Art könnten diese Gefühle wohl sein? Ratet mal! Bei genauerem Hinsehen sind es jedoch nicht einzelne Gefühle, sondern eher so etwas wie eine Erleichterung rundum, eher so etwas wie die Freiheit, alles fühlen zu können, und in manchen Fällen steigen lang unterdrückte Emotionen auf, wie zurückgehaltene Tränen oder längst vergessene sinnliche Erinnerungen.

Mir wurde klar, dass es eine Art von sinnlichem Humor gibt, der das internalisierte emotionale Tabu gegen eine offen diskutierte Sexualität aufweicht. Diese Art Sinnlichkeit ignoriert den zensierenden Intellekt und lässt Medizin in verstopfte psychische Kanäle fließen, um die endokrinen und neurologischen Systeme des Körpers mit einem Gefühl der Erleichterung zu überfluten.

Die folgenden Geschichten von den »schmutzigen Göttinnen« sind Medizin in diesem Sinne. Zwei der Geschichten sind uralt, eine ist modern, und alle sind insofern »dreckig«, als sie der sinnlichen Unterwelt angehören, dem kreativen Urschlamm, in dem alles Künstlerische und jede reinweiße Lilie ihre Wurzeln hat. Die »schmutzigen Göttinnen« sind Verkörperungen des heilenden und daher heiligen und verehrungswürdigen sexuellen Elements in der Wilden Frau.

Baubo: Die Göttin des Bauches

Es gibt einen sehr bildhaften Spruch in der spanischen Sprache: *Ella habla por en medio de las piernas,* »Sie lässt die Geschlechtsorgane zwischen ihren Beinen sprechen.« Solche Geschichten gibt es überall auf der Welt. Eine handelt von der antiken griechischen Göttin Baubo, der Göttin der Obszönität. Baubo taucht auch unter dem noch älteren Namen »Jambe« auf, denn allem Anschein nach übernahmen die Griechen diese archetypische Gottheit der Sexualität und Fruchtbarkeit von weitaus älteren Kulturen.

Die uns erhaltenen Texte aus jenen Zeiten enthalten nur einen einzigen Hinweis auf Baubo, aus dem man jedoch schließen kann, dass der Baubo-Kult im Zuge einer Reihe von Eroberungen wiederholt bekämpft wurde. Soweit wir heute wissen, liegen Baubos Tempel mitsamt den dazugehörigen Kunstgegenständen und Wandmalereien von Frauentorsos ohne Arme und Köpfe, aber mit liebevoll definierten Brüsten und breit gespreizten Beinen unter Erdschichten und Waldseen in Europa und dem Nahen Osten begraben.

So ist es kein Wunder, dass kaum ein Mensch je von Baubo gehört hat. Aber ein einziger Knochen trägt das Bild des ganzen Lebewesens in sich, und dieser Knochen, oder besser gesagt: dieses Baubo-Fragment, ist in den griechischen Mythen von der Götterwelt des Olymp und in den Hymnen des Dichters Homer enthalten. Alles übrige ist meine *Cantadora-Version.*

DEMETER

DEMETER, DIE ERDMUTTER, hatte eine liebreizende Tochter namens Persephone, welche eines Tages im Garten lustwandelte. Gerade zog sie eine Blütenknospe zu sich hin, um ihren Duft zu atmen, als die Erde unter ihren Füßen erbebte und sich eine gewaltige Kluft vor ihr auftat. Aus der Erdspalte stieg Hades, der Gott der

Unterwelt empor, in einer nachtschwarzen Karosse, gezogen von vier gespenstischen Pferden. Mit einem Griff zog Hades die liebliche Persephone zu sich hin und entführte sie in seiner Karosse – hinab, in die Unterwelt in stürmendem Flug. Die Erdspalte schloss sich über ihnen, als hätte sie sich nie aufgetan, und so hörte niemand Persephones Schreien.

Die Hilfeschreie der Jungfrau hallten indessen tief unter der Erde wider und sprangen wie ein dumpfes Echo von jedem Stein; sie gurgelten wie Quellwasser unter den sieben Meeren, und so vernahm Demeter den Hilferuf ihrer Tochter. Eine große Stille kam über das Land, und der Geruch zertretener Blumen.

»Ha!« schrie die Unsterbliche, riss sich den Blumenkranz vom Haar, breitete ihre dunkelsten Schwingen aus und flog über das Land und die Meere dahin, klagend, rufend und suchend.

Monde vergingen. Demeter wütete, weinte, klagte, flehte um Gnade, flehte um Erlösung durch den Tod, aber sie fand ihre Tochter nicht, so lange sie auch suchte. In ihrer Verzweiflung verfluchte sie, die Mutter des ewigen Wachstums, alles, was fruchtbar auf der Erde war. »Stirb, stirb, stirb!« schrie sie, und von nun an wurden keine Kinder mehr geboren, kein Weizen gedieh, keine Knospe öffnete sich mehr. Die Erde selbst erstarb. Demeter wütete weiter. Sie raufte sich die Haare, sie zerriss ihr Gewand, sie wollte sich nicht zur Besinnung bringen lassen, so sehr die Götter und viele Sterbliche sich auch bemühten. Bis eines Tages die Bauchgöttin Baubo sprach: »Nun aber Schluss damit. Jetzt werde ich der guten alten Demeter erscheinen!«

Demeter hing weinend über einen Brunnen gebeugt, in den sie den Namen ihrer Tochter hineinschrie, als direkt vor ihr ein kopfloser Frauenrumpf erschien. Der Rumpf setzte sich auf den Brunnenrand, schwenkte die Hüften lasziv im Kreis wie eine verführerische Bauchtänzerin, dass die Brüste auf und nieder wippten, und ihre rot geränderten Brustwarzen dienten ihr als Augen, die Demeter vorwitzig anblickten.

Da Demeter durch diesen Anblick allein nicht von ihrer Düsternis geheilt werden konnte, begann die Vagina, die dem Rumpf als Mund diente, nun ein paar saftige Scherze zum Besten zu geben, die der Erdmutter erst nur ein verstohlenes Schmunzeln entlockten, sie bald schon zu einem richtigen Lächeln bewegten und ihr schließlich ein Lachen entrissen, das ungestüm aus ihrem Bauch hervorbrach.

Da saßen die beiden Unsterblichen am Brunnenrand und lachten, und ihr göttliches Wiehern lockte auch die anderen Götter herbei, selbst Hades, der Gott der Unterwelt, wurde davon bewegt, an die Oberfläche zu steigen und Persephone nach einigem Hin und Her aus seinem Reich zu entlassen. So geschah es, dass die Erde, die Felder und Meere, aber auch die Bäuche der Menschenfrauen wieder fruchtbar werden konnten.

Die kopflose Bauchgöttin ist schon lange meine mythologische Lieblingsfigur. Ihre äußere Gestalt ist zweifellos auf die jungsteinzeitlichen Idole zurückzuführen, die weder Köpfe noch Arme und Beine haben, oder wenn, dann nur ansatzweise. Es reicht nicht aus, sie als Fruchtbarkeitssymbole zu bezeichnen, denn solche Figuren sind weit mehr als das. Sie sind in Stein gemeißelte Sinnbilder für alles, was in Frauengesprächen erörtert wird – ihr wisst schon, was ich meine –, die Art von Gesprächen, die man normalerweise nie im Beisein von Männern führt.

Diese kleinen Bilder repräsentieren eine Sensibilität und Ausdrucksweise, die vom Uterus kommt, von den Brustwarzen und allen anderen Geschlechtsorganen der Frau, in denen Gefühle ausgelöst werden können, die andere sich vielleicht vorstellen mögen, aber nicht von Natur aus empfinden.

Für mich ist der Kaffeeklatsch ein Überbleibsel aus alten Zeiten, in denen rituelle Frauenversammlungen Sitte waren. Die Frauen hockten sich im Kreis um einen zentralen Kultgegenstand, um sich gegenseitig in die Mysterien ihrer Femininität einzuweihen und sich die ungeschminkte Wahrheit zu sagen, wonach, wie es auch heute noch der Fall ist, gealbert, gejuchzt und tief aus dem Bauch heraus gelacht werden durfte, bis alle erleichtert und gestärkt nach Hause gingen.

Es ist nicht immer einfach, die Männer loszuwerden, damit die Frauen endlich einmal unter sich sein können. Ich weiß, dass die Frauen des Altertums ihre Männer ermuntert haben »auf die Jagd« und »zum Fischen« zu gehen. Offenbar benutzen Frauen schon seit Menschengedenken dieselbe List, um ein Weilchen nur für sich sein zu können oder in einer rein femininen Atmosphäre, die als heilsam und befreiend empfunden wird.

Die männliche Energie soll hier nicht herabgewürdigt werden, sie ist großartig, inspirierend und unendlich viel mehr. Aber von Zeit zu Zeit wirkt sie genauso übersättigend wie ein Übermaß an Schweizer Schokolade. Dann sehnen Frauen sich geradezu nach einer reinigenden Diät mit klaren Suppen und braunem Reis, um alle Kanäle durchzuspülen und massiveren Verstopfungen vorzubeugen.

Baubo, die Göttin des Bauches, vermittelt den Frauen die interessante Idee, dass ein bisschen Obszönität speziell die Damen aus einer Depression herauskatapultieren kann. Tatsächlich ist eine gewisse Respektlosigkeit, wie sie in intimen Frauengesprächen zum Ausdruck kommt, oft heilsamer als ein ganzer Schrank voller Arzneien. Pietätlose Formulierungen und eine Albernheit, bei der die Grenzen des guten Geschmacks gesprengt werden, graben dem selbstgerechten Zorn und dem Selbstmitleid das Wasser ab. So wird die Libido stimuliert; das Interesse am Leben glüht wieder auf. Man lacht über sich selbst und die eigenen Verrenkungen – tief aus dem Bauch heraus. Was könnte heilsamer sein? Probiert es aus, es lohnt sich.

Auf die nächsten beiden Aspekte der Baubo-Geschichte möchte ich nicht ausführlich eingehen, denn solche Diskussionen gehören in einen intimen Kreis von Frauen, die selbst am besten wissen, wovon die Rede ist. Ich sage nur so viel: Baubo, die Bauchgöttin, benutzt ihre Brustwarzen wie andere die Augen. Für Männer ist das ein unerklärliches Mysterium, aber wenn ich das zu Frauen sage, nicken sie enthusiastisch und sagen: »Ich weiß genau, was du meinst.«

Die Brustwarzen sind ein psychisches Sinnesorgan. Sie reagieren auf Temperaturschwankungen, auf Angst, Zorn, Geräusche, Blicke und andere Stimulanzien. Sie »sehen« Dinge, die die Augen womöglich übersehen.

Was die »sprechende Vagina« von Baubo betrifft, so kann man sie als ein Symbol für die fundamentalen Wahrheiten verstehen, die aus dem Bereich des Urschlunds kommen, der *prima materia.* Wir wissen nicht, was Baubos Urschlund verkündet hat, nur dass es aus den grundehrlichsten und unverschämtesten Tiefen der Menschlichkeit kam und Demeter, die Rasende, wieder glücklich gemacht hat.

COYOTE DICK

ICH GLAUBE, DASS ES SICH BEI BAUBOS SCHERZEN um witzige Anspielungen auf das Geschlechtsleben handelte, um »schmutzige« kleine Geschichten, wie Frauen sie bis heute gern zum Besten geben, um sich gegenseitig aus griechischen Tragödien herauszuhelfen. Wenn mich nicht alles täuscht, könnte Baubo der deprimierten Demeter eine Geschichte wie die von Coyote Dick erzählt haben, wobei man wissen muss, dass das Wort *Dick* ein Synonym für »Schwanz« ist – die männlichen Genitalien. Ich hörte die Geschichte vor einigen Jahren in einem Wohnwagenpark von einem Manager, der sich Old Red nannte und behauptete, Indianerblut in den Adern zu haben.

Ich war auf der Suche nach Indianergeschichten und wurde dabei in die Domäne von Old Red verschlagen, welcher da gerade keine Zähne im Mund und sich auch drei Tage lang nicht rasiert hatte. Old Red und seine Frau Willowdean luden mich in ihre Küche ein, von der aus man einen Blick auf ihre drei Cadillacs im Vorgarten hatte, die alle seit Jahrzehnten nicht mehr liefen.

»Man hat mir gesagt, dass Sie ein paar alte Geschichten über die Gegend und die Leute hier kennen«, begann ich.

Old Red schob seinen Filzhut ein Stück nach hinten, grinste seine Frau wie eine Eidechse an und sagte: »Ich erzähl ihr die Story von Coyote Dick.«

»Red, das kannst du nicht tun! Lass das!«

»Ich erzähl sie ihr trotzdem.«

Willowdean legte ihr Gesicht in die Hände, stützte die Ellenbogen auf und sagte: »Halt den Mund, Red, hörst du!«

»Die Geschichte von Coyote Dick hab ich von einem Navajo«, begann Old Red gemächlich, während Willowdean sich abrupt zur Seite drehte und die Hand über die Augen legte, als hätte sie Kopfweh. »Und der Navajo hat sie von einem Mexikaner und der von einem Hopi-Indianer.«

DA GAB ES EINEN TYPEN unten in Mexiko oder sonstwo, und das war der dümmste, aber auch der durchtriebenste Kerl, den man sich vorstellen konnte. Coyote Dick hieß er, und er war immer hinter irgendetwas her und trickste die Leute nach Strich und Faden aus, und wenn er nicht beim Austricksen war, dann schlief er in seiner Hängematte.

Na gut. Während Coyote Dick also dalag und schlief, wurde es seinem Penis eines Nachts zu langweilig, und deshalb beschloss er, sich selbstständig zu machen. Er krabbelte einfach aus der Hose heraus, rutschte an der Hängematte hinunter und lief allein auf die Straße oder hüpfte, besser gesagt, da er ja nur ein Bein hatte … klar.

Der Schwanz hüpfte frohgemut die Straße hinunter und fühlte sich großartig, es ging ihm echt gut, bis er von der Straße abkam und aus Versehen in ein Brennnesselgebüsch hopste.

»Au!« schrie der Dick von Coyote Dick. »Au, au« und »Zu Hilfe, zu Hilfe!« und so was alles.

Das Geschrei weckte Coyote Dick auf, aber als er zwischen seine Beine langte, um sein Herz mit dem üblichen Kick anzukurbeln, merkte er, dass er von seinem Schwanz verlassen worden war. Da packte ihn das kalte Grausen, und er rannte die Straße hinunter mit den Händen zwischen den Beinen, und wenn man bedenkt, dass er an dem Morgen noch nicht zur Toilette gegangen war, dann weiß man ungefähr, wie ihm zumute war.

Beide, der Penis und Coyote Dick, heulten, dass es über Wald und Flur schallte, bis sie sich gegenseitig wiedergefunden hatten und der alte Coyote seinen Dick aus den Nesseln hob, um ihn dorthin zu tun, wohin er rechtmäßig gehörte.

Old Red lachte zufrieden und blickte mich prüfend von der Seite an, aber Willowdean, die inzwischen ihr Gesicht aus den Händen genommen hatte und mir einen entschuldigen Blick zuwarf, sagte: »Ja und? Was ist mit dem Ende der Geschichte?«

»Was für'n Ende?« grummelte Red. »Das war's doch.«

Willowdean schaute mich mit funkelnden Augen an und sagte: »Das Ende der Geschichte enthält die Moral, und die ist ...« Sie begann zu kichern und zu glucksen, als hätte Baubo Besitz von ihr ergriffen. »Die Moral der Geschichte ist, dass die Brennnesseln den Schwanz von Coyote Dick so verrückt gemacht haben, dass er nie wieder aufhörte zu jucken. Deshalb sind die Männer heute noch dauernd hinter den Frauen her: Weil's sie nämlich unentwegt juckt.«

Darüber freuten wir uns, jedenfalls Willowdean und ich. Ich fügte hinzu: »Ja, genau, der universelle Riesenschwanz juckt seit der Zeit, wo er sich zum ersten Mal selbstständig gemacht hat, und findet weder Rast noch Ruh.« Wir prusteten, und Willowdean quiekte: »Zu Hilfe! Zu Hilfe!« Danach hämmerten wir mit den Fäusten auf den Küchentisch, während wir das Thema weiter ausspannen, bis uns die Tränen kamen vor Lachen. Es war, als hätten wir eine Portion Lachgas mit Meerrettich verschluckt.

Solcherlei Geschichten hat Baubo erzählt, wenn ihr mich fragt. Ihr Repertoire stützt sich auf Themen, die alle möglichen aufgepfropften Tabus brechen und ein Lachen hervorrufen, das uns von unserer pompösen Art und unserer Pseudo-Ehrfurcht befreit.

Dazu fällt mir eine andere sehr bezeichnende Geschichte ein, die mich als Kind stark beeindruckt hat.

EIN STAATSBESUCH IN RUANDA

ICH WAR UNGEFÄHR ZWÖLF JAHRE ALT und verbrachte ein Familienwochenende mit etwa 40 Verwandten an einem See im Staate Michigan. Es war Sommer, und die Männer waren »fischen gegangen«, was bedeutete, dass sie irgendwo herumstromerten und sich ihre eigene »männliche« Art von Witzen und Geschichten erzählten, während die Frauen sich in ihren Liegestühlen am Seeufer sonnten.

Ich spielte irgendwo, als ich meine Tanten, Cousinen und meine Mutter aufkreischen hörte. Ich rannte zu ihnen, um zu sehen, was passiert war, aber sie kreischten nicht in höchster Not, sondern bogen sich vor Lachen, und eine meiner Tanten schrie immer wieder: »… bedeckten ihre Gesichter, Aaaiiiii! Bedeckten, sage und schreibe, ihre *Gesichter!*« Worauf alle erneut in rätselhafte Lachsalven ausbrachen.

Sie wollten mir nicht sagen, worum es ging, aber spitzfindig, wie Kinder sind, bekam ich bald heraus, dass ein Artikel in einer Zeitschrift der Gegenstand der allseitigen Erheiterung war. Während die Frauen in ihren Liegestühlen dösten, lag ich dann zu Füßen einer Chaiselongue und las den Artikel. Es handelte sich um eine wahre Geschichte aus dem Zweiten Weltkrieg, und sie lautete etwa folgendermaßen:

GENERAL EISENHOWER HATTE SICH ZU EINEM BESUCH seiner Truppen in Ruanda angesagt. (Es kann auch Borneo gewesen sein. Und es könnte sich auch um General MacArthur gehandelt haben, die Namen bedeuteten mir damals nicht viel.) Der Gouverneur von Ruanda betrachtete die Angelegenheit als einen Staatsbesuch und verkündete, dass die Eingeborenen sich am Wegesrand versammeln sollten, um zu jubeln und zu winken, während Eisenhowers Jeep vorüberfuhr. Das einzige Problem war, dass die Afrikanerinnen nie mehr als Armreifen und Halsketten trugen oder, wenn man Glück hatte, vielleicht noch einen Gürtel, aber mehr auch nicht.

Nun, das ging natürlich nicht an. Also rief der Gouverneur den Stammeshäuptling zu sich und erklärte ihm die Sachlage.

»No problem«, sprach der Häuptling, wenn die Regierung den Frauen ein paar Dutzend Röcke und Blusen zur Verfügung stellen könnte, würde er dafür sorgen, dass die Frauen ausnahmsweise angezogen am Wegesrand jubelten.

Die Kleider wurden rechtzeitig beschafft und an die Frauen in den Dörfern am Wegesrand verteilt. In den Minuten vor dem Erscheinen des Generals und seiner Begleitung wurde jedoch festgestellt, dass die Frauen zwar alle Röcke trugen, aber nicht die Blusen, weil diese ihnen nicht gefallen hatten, weshalb sie diese zu Hause gelassen hatten. Da standen sie pflichtschuldigst zu beiden Seiten des Wegesrandes, berockt, aber mit nackten Oberkörpern und ohne jede Unterwäsche am Leib.

Der Gouverneur war kurz vor dem Herzinfarkt, als er davon hörte, und zitierte den Häuptling herbei, welcher hastig erklärte, dass er bereits mit den Frauen verabredet hatte, dass jede ihre Brust in dem Moment bedecken würde, da der General bei seiner Parade vorbeifuhr. »Kann ich mich auch darauf verlassen?« schrie der Gouverneur.

»Hundertprozentig«, sagte der Häuptling. Und da keine Zeit für Diskussionen mehr blieb, nahm alles seinen Lauf. Eisenhowers Jeep fuhr an der jubelnden Menge vorbei, und eine barbusige Frau nach der anderen hob ihren Rock hoch, um ihr Gesicht damit zu bedecken.

Ich kann mir gut vorstellen, wie die unschuldigen Frauen von Ruanda hinter ihren Rockzipfeln gekichert haben, während sie die ungewohnte Zeremonie für den fremden Häuptling aus dem Land mit den komischen Sitten vollzogen.

Gibt es eine Sinnlichkeit und Sexualität, die zu gleichen Teilen selbstverständlich, vergnüglich und heilig, also heilsam, ist? Ja, sage ich, besonders wenn sie zu Ganzheit und Heilung der Herzen führt. C.G. Jung schrieb, dass Patienten mit sexuellen Beschwerden oftmals unter seelischen und spirituellen Problemen litten, während Leute, die über spirituelle Probleme klagten, in Wirklichkeit häufig unter sexuellen Störungen litten.

Das Sexuelle kann also Medizin für den Geist sein und ist daher heilig im wahrsten Sinne des Wortes. Wenn das Lachen über unsere Sexualität uns auf verborgene Weise wieder heil und ganz macht, dann ist auch dieses Lachen heilig. Dann ist es mit einem Kuss vergleichbar, der uns unvermutet aufweckt, entzückt, entzündet, hin und mitreißt. Wohin? Auf eine andere Ebene, in eine andere Sichtweise. Dann ist das »dreckige« Lachen der feuchte Schmatzkuss der Bauchgöttin, welcher bekannt dafür ist, dass er traurige Quakfrösche in erleichtert wiehernde Prinzessinnen verwandelt.

ZWÖLFTES KAPITEL

Das Territorium markieren:
Die Grenzen des Zorns und der Vergebung

Die Wilde Frau verschafft uns Zugang zum Urwissen, zu unserer Intuition und Kreativität, aber der meisterliche Umgang mit all diesen Schätzen setzt voraus, dass wir wissen, wie wir mit dem Zorn umgehen und mit der sogenannten femininen Rage fertigwerden sollen, an deren Ursprünge eine Frau sich lediglich erinnern muss, um das Gefühl zu haben, dass sie bis ans Ende ihrer Tage zum Zähneknirschen verurteilt ist. Der Zorn muss freigesetzt werden, so viel ist klar, denn er vergiftet und behindert uns zu sehr. Am liebsten würden wir ihn natürlich auf der Stelle ausmerzen und nie wieder fühlen – aber wie?

Mit Unterdrückung kommen wir da nicht weiter, denn das ist, als wollte man eine Feuersbrunst in einen Jutesack stecken. Genauso wenig hilft es uns, den Flammenwerfer auf die eigene Brust oder auf die Mitmenschen zu richten. Und so stehen wir da, mit dieser gewaltigen Emotion im Bauch, die uns ungefragt heimsucht und sich in vieler Hinsicht wie Giftmüll anfühlt. Auf der Suche nach geeigneten Formen, damit umzugehen, und nach Lagerstätten müssen wir viele mühsame Klimmzüge machen, oft sogar Berge besteigen, wie die Frau in der japanischen Geschichte *Tsukina Waguma*, »Der Kragen des Bären«, deren Details ich im Laufe der Jahre ausgearbeitet habe. Der Kern der Geschichte wurde mir vor Jahrzehnten von Herrn I. Sagara, einem Veteranen des Zweiten Weltkriegs, in einem Hospital für Kriegsbeschädigte in Illinois erzählt.

DER KRAGEN DES BÄREN

ES WAR EINMAL eine junge Frau, die allein in ihrem Holzhaus bei einem Pinienwald lebte, weil ihr Mann zum Kriegsdienst einberufen worden war. Nach Jahren kam der Mann nach Hause zurück, aber er war nicht mehr derselbe Mensch. Er war böse und verbittert und weigerte sich, sein Haus zu betreten, denn er wollte allein sein und auf dem steinigen Boden schlafen, wie er es vom Krieg her gewohnt war.

Die junge Frau aber war außer sich vor Freude über die Heimkehr ihres Mannes. Sie lief zum Marktplatz und kaufte die leckersten Zutaten, die sie finden konnte, um ein Festmahl mit sieben Gängen für ihren Geliebten zu bereiten. Sie putzte und schmückte das Haus, sie kochte, backte und briet und trug die blumenverzierten Gerichte eines nach dem anderen hinaus in den Pinienwald zu ihrem grollenden Ehemann.

Schüchtern lächelnd kniete sie an seiner Seite nieder und hielt ihm ein Tablett mit duftenden Leckerbissen entgegen. Der Mann sprang auf, trat ihr das Tablett mit dem Fuß aus der ausgestreckten Hand und brüllte: »Lass mich alleine, Frau!« Damit kehrte er ihr den Rücken zu und wollte kein Wort mehr hören. Das geschah ein um das andere Mal, und schließlich lief die junge Frau mit Angst vor dem Ingrimm ihres Mannes erfüllt zu der Berghöhle der Geistheilerin am anderen Ende des Dorfes.

»Kannst du mir ein Mittel gegen den furchtbaren Zorn meines kriegsverletzten Mannes geben?« flehte die Unglückliche.

»Er will nicht essen, noch in das Haus kommen, noch will er mich lieben wie zuvor. Gibt es etwas, das ihn besänftigen und zur Besinnung bringen könnte?«

»Ja«, sprach die Heilerin. »Es gibt ein Mittel. Aber um es herzustellen, brauchen wir ein schneeweißes Haar vom Kragen des schwarzen Bären. Du musst den Berg erklimmen, die Bärenart mit dem halbmondförmigen Kragen am Hals finden und mir ein Haar davon mitbringen. Dann kann ich dir helfen und alles wiedergutmachen.«

Manch eine Frau wäre zu verzagt gewesen, eine solche Bedingung zu erfüllen, aber nicht diese, denn sie war von Liebe erfüllt. »Oh, ich danke dir tausendmal«, sagte sie, »denn nun weiß ich, dass meinem Geliebten geholfen werden kann.«

Noch in derselben Nacht bereitete sie alles für ihre Reise vor, und am Morgen darauf begann sie, den Berg zu besteigen. *»Arigato zaischö«,* sang sie laut, denn auf diese Art wird der Berg begrüßt und gesagt: »Danke, dass du mich auf deinen großen Leib klettern lässt.«

Sie erklomm die bewaldeten Füße des Berges, wo moosbehangene Baumriesen dicht gedrängt beieinanderstanden. *»Arigato zaischö«,* sang die Frau, um den Bäumen zu danken, dass sie ihr den Weg freigaben. Sie erklomm einen Felsvorsprung und noch einen, dann einen dritten, und dankte auch ihnen.

Immer steiler wurde ihr Weg. Disteln und Dornbüsche an den Flanken des Berges verfingen sich im Saum ihres Kimonos und wollten die Frau zurückhalten. Die Steinspitzen, an denen sie sich festhielt, schrammten ihre zarten Hände auf, und dann, bei Einbruch der Dunkelheit, flogen dunkle Vögel aus den Niederungen auf und umkreisten den Kopf der verängstigten Frau. Aber sie wusste, dass dies die Geister der rastlosen Toten waren, die keine Verwandten auf der Welt besitzen, und so betete sie für die Ruhelosen und sang: »Lasst mich eure Verwandte sein. Lasst mich es sein, die euch zur letzten Ruhe bettet.«

Da kehrte Friede in den flatternden Vogelschwarm ein, und die Frau kletterte weiter, immer weiter und höher, von ihrer Liebe vorangetrieben. Schon sah sie den Schnee des Berggipfels im Mondlicht glänzen, aber nun erhob sich ein Sturm, der erst Regen, dann Schneeflocken in ihre Augen trieb. Weiter kletterte sie, halb blind und von der Kälte betäubt, doch unbeirrt, denn sie war eine Frau, die liebt. Als der Sturm sich endlich legte, sang sie *»Arigato zai-*

schö«, um dem Sturm zu danken, dass er sie nicht in den Abgrund gerissen hatte.

In einer schmalen Felsspalte fand sie Zuflucht in jener Nacht, wo sie sich fest in ihren härenen Mantel hüllte und schlief, doch ohne etwas von ihrer mitgebrachten Nahrung zu verzehren. Am Morgen darauf war die Luft mild und klar, und die ersten grünen Schösslinge reckten ihre Köpfe durch den Schnee. »Ah«, dachte sie, »ich kann mich glücklich preisen, denn im Schnee kann ich die Spuren des Bären finden, wenn er aus seiner Höhle kommt, um die Schösslinge zu fressen.«

Und so war es. Bevor der nächste Abend dämmerte, hatte sie die Spur eines Bären gefunden und bis zum Eingang seiner Höhle verfolgt. Sie versteckte sich in gebührender Entfernung, bis ein riesenhafter schwarzer Bär über den Bergkamm kam, sich vor der Frau hoch aufrichtete, ihr seinen halbmondförmigen weißen Kragen zeigte und ein Warngebrüll ausstieß. Die Frau hielt ihm die Holzschale mit den mitgebrachten Leckerbissen entgegen, doch der Bär wandte sich ab und verschwand in seiner dunklen Höhle. So stellte sie die Futterschale vor dem Eingang ab und zog sich an ihren Beobachtungsort zurück.

Es dauerte keine Minute, bis der Bär laut knurrend wieder aus der Öffnung hervorkam, die Futterschale misstrauisch umkreiste, seine Nase witternd gegen den Wind hielt, um das Futter dann in einem Bissen zu verschlingen. Noch einmal richtete er sich zur vollen Größe auf und verschwand dann in seiner Höhle.

Am nächsten Abend setzte die Frau die Futterschale an denselben Platz, aber diesmal zog sie sich schon nicht mehr ganz so weit zurück. Wieder preschte der Bär aus seiner Höhle, um zu brüllen, dass die Flanken des Berges erbebten, um die Luft argwöhnisch zu beschnuppern, das Futter in einem Bissen zu verschlingen und wieder in seiner Höhle zu verschwinden. Und so ging es Nacht für Nacht, bis die Frau eines Abends den Mut fand, sich neben die Futterschale vor den Eingang der Bärenhöhle zu stellen.

Der Bär stürmte heraus, hielt dann aber verdutzt inne, weil er die Frau neben seinem Futter stehen sah. Er warf seinen Kopf zur Seite und brüllte, dass die Knochen der Frau in ihrem Leibe summten. Sie zitterte, ihr Herz raste wie nie zuvor, aber sie blieb standhaft, während der Bär sich auf die Hinterbeine stellte und sein Maul aufriss, dass man bis zum Grund seines Rachens blicken konnte.

Er erhob die gewaltigen Tatzen und wollte sich auf sie stürzen, aber die Zitternde blieb stehen, wo sie gerade stand, und rief: »O bitte, lieber Bär, hab ein Einsehen mit mir. Ich bin von weither gekommen, um dich zu finden und um dein Erbarmen zu bitten.« Der Bär brachte seine Pranken direkt vor der Zitternden auf die Erde und beäugte ihr angsterfülltes Gesicht aus nächster Nähe. Einen Augenblick lang meinte die Frau, Berglandschaften, Flüsse, Wälder und grüngelbe Meere in den wilden Augen zu erkennen, und da kam ein tiefer Friede über sie, und alle Furcht fiel von ihr ab.

»Bitte, bitte, großer Bär, gib mir ein Haar aus deinem Kragen, damit ich meinen Mann von seinem Zorn heilen kann. Ich habe dich alle vergangenen Abende getreulich gefüttert.« Der Bär setzte sich auf sein Hinterteil und dachte nach. Sollte er die kleine Frau verschlingen oder seinem Gefühl der Verwandtschaft mit ihr nachgeben. »Hhhhmmm«, brummte er schließlich. »Es ist wahr, dass du gut zu mir gewesen bist und mich gefüttert hast. Nun denn, zupfe ein Haar aus meinem Kragen, aber sieh zu, dass du es ruckartig machst und dann sogleich zu deinem eigenen Volk zurückkehrst.«

Der Bär hob seinen mächtigen Kopf, um ihr den schneeigen Halbmond an seinem Hals darzubieten. Die Frau stellte sich auf die Zehenspitzen, ergriff ein leuchtend weißes Haar und riss es mit einem Ruck aus. Brüllend warf sich der Bär zur Seite, als wäre er verwundet worden, und schnaubte voll Ingrimm, ließ aber bald nur noch ein verhaltenes Prusten hören.

Die Frau dankte ihm unter zahllosen Verbeugungen. Wieder und wieder dankte sie ihm und verbeugte sich, als der Bär zum Sprung ansetzte, als wollte er sie doch noch verschlingen. Da floh die Frau und rannte den Berg hinab, bis zu den Felsvorsprüngen und den moosbehangenen Bäumen am Fuße des Berges. »*Arigato zaischö*«, rief sie ein ums andere Mal, um den Felsen, den Bäumen und dem Berg zu danken, dass sie ihr auch diesmal den Weg freigaben.

Bis zur Höhle der Heilerin rannte sie und rief schon von Weitem: »Ich habe es. Ich habe es! Ein weißes Haar vom Kragen des großen schwarzen Bären!«

»Gut«, sprach die Heilerin und blickte prüfend in das Gesicht der atemlosen Frau. Dann nahm sie das Haar, wog es in einer Hand, maß seine Länge mit einem Finger und rief: »Ja, du hast die Tat vollbracht. Du hast mir ein Haar vom Halbmondkragen des großen Bären gebracht.« Darauf drehte die Heilerin sich um und warf das Haar in die Flammen ihrer Feuerstelle, wo es zischend verglühte.

»Nein!« schrie die junge Frau entsetzt. »Warum tust du mir das an?«

»Beruhige dich«, antwortete die Heilerin. »Es ist alles gut und richtig so. Erinnerst du dich an jeden Schritt, während du den Berg erklommen hast? Weißt du noch, was du getan hast, um den Bären zu besänftigen? Weißt du noch, was du gesehen, gehört und gefühlt hast?«

»Ja«, sagte die Frau. »Ich werde es nie vergessen.«

Die alte Heilerin lächelte und sagte: »Nun denn, meine Tochter. Geh zu deinem Mann zurück, denn du weißt, was du tun musst.«

Der Zorn als Lehrmeister

Das Leitmotiv dieser Geschichte, die Suche nach einem magischen Gegenstand, taucht in allen Teilen der Welt auf, unter anderem in Korea, Deutschland, Russland und dem Ural. In manchen Versionen ist es eine Frau, in anderen ein Mann, der die Reise unternimmt und einem gefährlichen Lebewesen eine Wimper, ein Nasen- oder

Barthaar, einen Zahn, einen Ring oder eine Feder abringen muss. In China ist es oft ein Tiger, in Japan wahlweise ein Bär oder ein Fuchs, der auf diese Weise besänftigt wird. In einem Märchen meiner Familie muss der Kandidat ein Barthaar von Baba Yagas Kinn ergattern.

Das Märchen vom Kragen des Bären gehört zu der Kategorie der »offenen Geschichten«, so genannt, weil sie ihre tiefere Bedeutung von vornherein offenbaren. In diesem Fall sagt die Erzählung uns, wie wir mit dem Zorn im eigenen Inneren und mit dem Zorn eines anderen Lebewesens umgehen sollen. Es handelt sich also um ein Verhaltensmodell für den Umgang mit jeder Form von Wut. Der erste Schritt besteht darin, dass man die weise und beruhigende Heilkraft konsultiert (die Heilerin aufsucht). Als Nächstes begibt man sich in ein noch völlig unbekanntes psychisches Territorium (den Berg besteigen). Dort durchschaut man seine Illusionen (überwindet die Felsvorsprünge, geht unter moosbehangenen Bäumen her), begräbt seine Zwangsvorstellungen und alten Hassgefühle (die unruhigen Geister der Toten zur Ruhe legen), beschwört die Kraft der verständnisvollen Nächstenliebe in sich herauf (den Bären jeden Tag geduldig füttern, woraufhin der Bär die Liebe erwidert) und erkennt den ungezähmten Aspekt der Nächstenliebe (das liebende Verständnis für alles ist nicht harmlos, sondern wild wie der Bär).

Das Märchen erklärt, wie wichtig es ist, solche psychischen Erkenntnisse zur Erde zu tragen und sie im täglichen Leben anzuwenden (vom Berg herunterkommen und ins Dorf gehen), denn die Heilung besteht in der praktischen Anwendung des Erkannten, nicht in der einmal erworbenen Erkenntnis selbst (das mühsam errungene Haar des Bären wird verbrannt). Der Kernsatz der Geschichte ist: »Geh zu deiner Wut zurück und verhalte dich genauso wie mit dem wilden Bären.«

Wenn wir sämtliche Komponenten der Geschichte als Elemente einer individuellen Frau verstehen, wird uns klar, dass der Ehemann der Protagonistin (ein Teil ihrer Psyche) von traumatischen Erlebnissen in irgendeinem »Krieg« verletzt wurde und nicht weiß, wie er mit seiner Wut umgehen soll. Die liebende Seite der Psyche, versinnbildlicht durch die Frau, sucht nach dem Heilmittel für den wutentbrannten Teil, der von ihrem Ehemann verkörpert wird.

Das Märchen sagt, dass ein solches Unternehmen zwar auf den ersten Blick sehr anstrengend wirkt, sich aber letzten Endes lohnt, denn mit Geduld und Ausdauer wird der Zorn besänftigt und das, was ihn ausgelöst hat, vergessen und vergeben. Obwohl jeder Heilungsprozess individuell verläuft und jeder Mensch seine eigenen Erkenntnisse in diesem Zusammenhang gewinnt, werden hier einige hochinteressante Vorschläge zum Umgang mit unserer wildgewordenen Bärennatur gemacht.

Der Philosoph und Seher Shotoku Taishi lebte gegen Ende des sechsten Jahrhunderts in Japan, wo er bedeutenden Einfluss auf die Massen ausübte. Shotoku Taishi lehrte Toleranz in allen Dingen, nicht nur für sämtliche Lebewesen der Welt, sondern, und interessanter noch, Toleranz für jede Emotion im Inneren des Menschen. Die ausgewogene Bewertung der Emotionen ist sicherlich ein Akt der Selbstachtung.

Auch die rohesten und negativsten Emotionen können als eine Form von Licht verstanden werden. Sie sind im Grunde nichts anderes als pure Energie, die aufwallt, dann von uns interpretiert und nach Belieben eingesetzt wird. Die Energie des Zorns kann positiv eingesetzt werden, wenn sie wie ein Lichtstrahl auf etwas gerichtet wird, das man ansonsten nicht erkennen kann. Bei einer destruktiven Benutzung derselben Energie wird der Lichtstrahl mit zersetzenden Gedanken vermischt und so lange auf eine winzige Stelle in der Psyche konzentriert, dass ein Brandfleck mit schmerzenden Blasen entsteht, wie bei einem Magengeschwür.

Alle Emotionen enthalten wissenswerte Informationen, selbst die Wut, die man für eine Zeit lang tatsächlich als Lehrer betrachten kann. So gesehen, wollen wir diese »erleuchtende« Informationsquelle gar nicht so schnell loswerden, sondern ihr lieber einen persönlichen Namen geben und sie kennenlernen, auch wenn wir zu diesem Zweck den Berg besteigen müssen. Dort oben auf der Bergspitze können wir von unserem Zorn lernen, und das ist es, was ihn besänftigt und transformiert. Wer der Frage des Zorns die nötige Beachtung schenkt, beginnt den Prozess der Transformation. Dadurch verfliegt der destruktive Zorn, was bedeutet, dass dieselbe Grundenergie sich nun zwangsläufig auf andere Bereiche verteilt, wie etwa konzentrierte Kreativität.

Manche Leute behaupten, sie würden von ihrer chronischen Wut zu kreativen Leistungen beflügelt, aber es ist erwiesen, dass Wut ein sehr einseitiger und eintöniger Inspirator ist. Die Wut reduziert den Zugang zum kollektiven Unbewussten – jenem unerschöpflichen Reservoir von Bildern und Ideen – auf ein kleines, enges Guckloch, was dazu führt, dass man immer wieder dasselbe kreiert, weil man nichts Neues erkennen kann. Untransformierter Zorn kann zu einer eintönigen »Ach-wie-schrecklich-dumm-und-grauenhaft-Litanei« ausarten, weil ständig in dieselbe Kerbe gehauen wird.

Eine Bühnenautorin in meinem Bekanntenkreis weigert sich standhaft, ihrem Zorn eine andere Ausdrucksform zu verleihen als die altbewährte, ihr so gut vertraute. Wenn sie ein Stück über Kriegszeiten schreibt, wird hervorgehoben, wie grausam die Leute sind. In ihren gesellschaftskritischen Dramen tauchen ähnlich grausame Charaktere auf, und in ihren Liebesgeschichten werden die gleichen Charaktere wieder von denselben verheerenden Beweggründen vorangetrieben. Der Zorn zersetzt das Vertrauen in das Gute im Universum. Er vernichtet unsere Hoffnung, und hinter dieser Hoffnungslosigkeit verbirgt sich gewöhnlich eine ohnmächtige Wut und dahinter der Schmerz. Hinter dem Schmerz stehen die Torturen, die uns zugefügt wurden – in den meisten Fällen schon vor geraumer Zeit.

Wir wissen, dass traumatische Verletzungen körperlicher Art so schnell wie möglich auf der Intensivstation behandelt werden müssen, um den Zusammenbruch weiterer, bisher noch unbeteiligter Organe und Systeme zu verhindern. Je eher die Wunden verarztet werden, desto rascher erholt sich der Patient. Das gleiche gilt für psychische Erschütterungen. In welchem Zustand würden wir uns befinden, wenn ein in der Kindheit gebrochenes Bein dreißig Jahre später noch immer nicht gerichtet worden wäre?

Der Beinbruch würde uns auf allen erdenklichen Ebenen des Daseins behindern. Wie kommen wir auf die Idee, dass es uns bei einem psychischen Trauma, das aufgrund von Unwissenheit oder Fahrlässigkeit nicht sofort behandelt wird, anders gehen könnte? Man kehrt sozusagen aus dem Krieg zurück, kämpft aber geistig und körperlich unentwegt weiter. Anstatt mit dem Nebenprodukt des Traumas, dem Zorn, auf konkrete Weise umzugehen, also nach den Gründen zu forschen und nach Möglichkeiten, ihn zu besänftigen, sperren wir uns für den Rest unseres Lebens in einen versiegelten Raum voll brodelnder Rachegedanken. So kann man nicht leben, weder zeitweilig noch überhaupt. Es gibt ein Leben jenseits der gedankenlosen Wut. Man muss ganz bewusst alles daransetzen, sie zu heilen. Die Geschichte vom Kragen des Bären sagt, dass wir die Geduld und die Ausdauer aufbringen müssen, um den Berg Schritt für Schritt zu erklimmen.

Die Bergbesteigung

Also versuchen wir weder, uns »zusammenzureißen« und den Zorn nicht zu fühlen, noch lassen wir uns dazu verleiten, alles im Umkreis von hundert Meilen niederzuwalzen. Im Gegenteil: Wir laden den Zorn zu einem Tässchen Tee ein und unterhalten uns mit ihm, um herauszufinden, was diesen »stürmischen jungen Mann« veranlasst, bei uns mit der Tür ins Haus zu fallen. Zuerst führt der Zorn sich normalerweise auf wie der wütende Ehemann in diesem Märchen. Er will kein Wort mit uns wechseln, er verweigert die angebotenen Leckerbissen, er will nur dahocken und fluchen oder allein gelassen werden.

An diesem kritischen Punkt rufen wir die Heilerin herbei, unser weises Selbst, das uns innewohnende Bewusstsein, das über alle Ego-Irritationen und Ego-Beschwerden hinaussieht. Die Heilerin ist immer der Aspekt, der am weitesten sehen und uns sagen kann, was die Hintergründe für diese gewaltbereiten Gefühlsaufwallungen sind.

Heilkundige Menschen im Märchen repräsentieren gewöhnlich den gelassenen, alles Äußerliche durchschauenden Aspekt der Psyche. Die äußere Welt mag in tausend Stücke gehen, aber dieser innere Heiler bewahrt sein Gleichgewicht und kann uns sagen, was zu tun ist. Dieser »Klarseher« ist ein Teil der wildnatürlichen Psyche und wurde jeder Frau von Geburt an mitgegeben. Wenn wir den Zugang zu ihm verloren haben, können wir ihn zurück holen, indem wir die Situation, die uns in Rage versetzt, in Ruhe betrachten, uns dann in die Zukunft hineinversetzen, um zu sehen, welches Verhalten unser zukünftiges Selbst stolz und froh machen würde, und dann entsprechend zu handeln.

Der Zorn, den wir von Natur aus empfinden, wenn unsere Wünsche und Begierden enttäuscht werden – einmal ganz abgesehen davon, ob unsere Wünsche und Forderungen berechtigt oder unberechtigt sind –, kann destruktiv eingesetzt werden, indem wir immer höhere Schutzwälle um uns herum errichten und uns schwören, dass uns »so etwas nie wieder passiert«. Aber in diesem Dampfkessel eskaliert der natürliche Zorn über die frustrierenden Aspekte des Menschseins; er wird noch Jahre später durch erinnerungsträchtige Kleinigkeiten – wie bestimmte Worte, ein bestimmter Tonfall oder bestimmte Gesten – neu angeheizt und auf den Siedepunkt gebracht. Wir wollen unseren Zorn schöpferisch einsetzen, nicht gemeinsam mit ihm im Dampfkessel zerkochen.

Also muss die Hitze zunächst einmal reduziert werden, und das geschieht durch Ruhe: Ruhig werden ist gleichbedeutend mit abkühlen. Der heilende Aspekt in uns vermittelt die kühle, klare Distanz, mit der etwas Neues gelernt und das Alte transformiert werden kann. Es ist wahr, dass man seinem Zorn unter Umständen erst einmal Luft machen muss, um den massivsten Druck abzulassen, bevor man in eine lernfähige Ruhe übergehen kann, aber auch dazu muss man den geeigneten Ort aufsuchen. Andernfalls ist es, als würde man ein brennendes Streichholz in ein Benzinfass werfen. Die Heilerin sagt, dass der Zorn in etwas Konstruktives verwandelt werden kann, aber nur, wenn man sich in einen anderen Seinsbereich begibt, in die Geistwelt der Urinstinkte, wo die Bären sprechen und die Toten auch heute noch lebendig sind. Aus dieser Welt muss man etwas »Haarfeines« zur Erde zurückbringen, etwas aus der menschlichen Fantasie.

Die Buddhisten nennen es *nyübu,* wenn ein Mensch einen Berg besteigt, um seine Selbsterkenntnis oder Gotteserkenntnis zu vertiefen. Dabei ist es zwar gut, die Berge wirklich aufzusuchen, aber nicht notwendig, denn die Bergmassive und Steilhänge, um die es dabei in Wirklichkeit geht, befinden sich in den Tiefen unserer eigenen Psyche.

Das Symbol einer Bergbesteigung wird in vielen Mythen benutzt, um die Stufen der Meisterschaft zu beschreiben, die erreicht werden müssen, bevor die nächste Stufe erklommen werden kann. Der Fuß eines Berges und seine untersten Ausläufer repräsentieren fast immer das Verlangen nach Erkenntnis. Was in diesen Regionen geschieht, ist symbolhaft für das Reifen des Bewusstseins. Zur Mitte hin wird der Berg steiler, was bedeutet, dass die auf den unteren Ebenen erworbene Reife auf die Probe gestellt wird. Die Hochebenen des Berges repräsentieren den intensivierten Lernprozess in der »dünnen Höhenluft«, in der ein höheres Maß an Ausdauer und Gewandtheit erforderlich wird. Die Bergspitze repräsentiert die Konfrontation mit der letzten Wahrheit oder dem gesuchten Wissen, in diesem Fall versinnbildlicht von dem Bären, der unter der Bergspitze zu Hause ist.

In diesem Sinn ist jede Suche nach Antworten, Erkenntnissen und Lösungen eine Bergbesteigung, bei der von unserem Bewusstsein unbekannte Steilhänge erklommen und Talmulden in unserer Instinktnatur durchquert werden. Auf diesem Weg lernt man, wie ein ursprünglich sehr wahrscheinlich berechtigter Zorn und der daraus resultierende Groll transformiert werden können. Die Phrase *arigato zaischö* wird wörtlich mit »Danke, du Illusion« übersetzt. Wenn die junge Frau diese Worte allen Hindernissen auf ihrem Weg entgegensingt, gibt sie zu erkennen, dass sie bewusst genug ist, das sogenannte Hinderliche als ihre eigene Interpretation zu begreifen.

Die junge Frau dankt den Illusionen, weil diese beziehungsweise ihre *Interpretation* dieser Erscheinungen ihr erlauben, ihre Suche fortzusetzen. Wir haben es hier also mit einem Durchschauen und Ablegen von Illusionen zu tun, das es der Frau möglich macht, ungehindert fortzukommen. Im Buddhismus spricht man von den sieben Schleiern der Illusion, die der Reihe nach von den inneren Augen des Suchers fallen müssen, um immer umfassendere Aspekte der Wahrheit zu enthüllen.

Für uns bedeutet das zunächst einmal, dass wir unsere ersten Eindrücke nicht so todernst nehmen, sondern hinter den Schleier solcher Vorstellungen schauen. Die Buddhisten sagen, dass man nicht erleuchtet wird, solange sich die Schleier nicht heben. Die junge Frau ist auf der Suche nach Erleuchtung, sie will Licht in die Dunkelheit des Zorns tragen. Um zu begreifen, wie vielschichtig die Wahrheit ist, muss sie auf den Berg steigen. Eine weitverbreitete Illusion über den Zorn sieht so aus:

»Wenn ich meinen Zorn aufgebe, bin ich ein völlig anderer Mensch – dann werde ich zu einem Schwächling«, wobei die erste Schlussfolgerung richtig ist, nicht aber die zweite. Das gleiche gilt für die folgende Aussage: »Ich habe meinen Zorn von meinem Vater (meiner Mutter, Großmutter usw.) übernommen und werde ihn für den Rest meines Lebens nicht mehr los.« Die Schlussfolgerung ist eine Illusion, die uns den klaren Durchblick verwehrt und damit auch den Durchbruch zur Bergspitze, wo der furchteinflößende Lehrer lebt … der Bär mit dem schneeweißen Kragen.

Im Verlauf der Bergbesteigung umkreist eine Schar von unruhigen Geistern den Kopf der Frau. Dies sind die verwaisten schöpferischen Gedanken, Triebe und Ideen einer Frau, die alle zu einem frühzeitigen Tod verurteilt worden sind und viel zu ihrem unbewältigten Zorn beitragen. In gewisser Weise kann man sagen, dass der Zorn das Abfallprodukt von ruhelosen Geistern ist, die in unseren Köpfen herumspuken. Die junge Frau erklärt sich zur Verwandten dieser Geister und betet für sie, was heißt, dass sie ihnen die Seelenruhe verschafft. Am Ende dieses Kapitels, unter der Überschrift *Descansos,* werden ausführliche Hinweise zum Umgang mit den Totengeistern in der Psyche gegeben.

Zunächst geht es darum, den schreckenerregenden Bären in unserer Instinktnatur in seinem Versteck ausfindig zu machen und ihm spirituelle Nahrung anzubieten, sei es, indem man in die Kirche geht, eine Therapie macht oder eine andere Art der Selbstversenkung wählt. Der Bär muss aus seiner Höhle gelockt werden, und das geschieht, indem man ihm Nahrung gibt.

Der Geist des Bären

Die Bärennatur gibt uns eine Reihe von Hinweisen über den richtigen Umgang mit dem zornigen Selbst. Im Altertum symbolisierte der Bär unter anderem das Phänomen der Auferstehung, weil er monatelang in einen Winterschlaf fällt, bei dem seine Lebensfunktionen fast gänzlich heruntergefahren werden. Weibliche Bären werden kurz vor dem Beginn ihres Winterschlafs geschwängert, aber aus bisher unbekannten Gründen vereinigt der Same sich nicht gleich mit der Eizelle, sondern schwimmt getrennt davon und doch wohlbehalten im Uterus, um erst gegen Ende des Winterschlafs in die Eizelle einzudringen und die Befruchtung einzuleiten. Auf diese Weise werden die Jungen im Frühling geboren, wenn die Mutter aus ihrer »Totenstarre« erwacht und überall frisches Grünzeug sprießt, das der Bärenfamilie als Nahrung dient. Das »Erwachen mit neuem Leben im Bauch« ist eine würdige Metapher für die Auferstehung und Mehrung von Dingen in unserem Leben, die wir bereits totgeglaubt haben.

Der Bär wird mit verschiedenen Jagdgöttinnen assoziiert: Artemis in Griechenland, Diana in der altrömischen Kultur. In den lateinamerikanischen Kulturen gibt es die beiden Erdgöttinnen *Muerte* und *Hekoteptl*, welche den Frauen bärenhafte Fähigkeiten verleihen, wie die der instinktiven Spurensicherung und des »Ausgrabens« von verborgenen psychischen Aspekten. Für die Japaner ist der Bär ein Symbol für Loyalität, Weisheit und Stärke. Bären mit einem halbmondförmigen weißen Kragen am Hals sind heilige Tiere, direkte Botschafter von Kwan-Yin, Göttin der Weisheit und Barmherzigkeit, des Mitgefühls, deren Emblem unter anderem die weiße Mondsichel und der Halbmond bilden.

Aus Sicht der Psychologie, kann man den Bären als einen Regulator des Gefühlslebens betrachten, weil er in Zyklen schlummert und aufersteht, wie alle Emotionen. Mal ist er hellwach und unbezähmbar wüst, mal zieht er sich so weit zurück, dass man ihn für tot halten könnte, aber unterdessen erneuert er seine Energie. Der Bär versinnbildlicht Großmut und Zornesgewalt zugleich: Er kann sowohl bedrohlich als auch weise sein, kann sich einerseits brüllend auf die Hinterbeine stellen, um sein Territorium zu verteidigen, andererseits aber auch sanftmütig, zutraulich und einfühlsam sein.

Ein Haar aus dem Kragen des Bären ist eine kostbare Errungenschaft, ein höchst wirkungsvoller Talisman, der uns nie vergessen lässt, was wir bei der Bergbezwingung gelernt haben.

Das Feuer der Transformation

Der Bär beweist einfühlsame Sanftmut, indem er uns gestattet, ihm ein Haar auszureißen. Und was macht die alte Heilerin, als wir ihr stolz die hart errungene Trophäe bringen? Sie wirft sie ins Feuer.

Zuerst ist die junge Frau in der Geschichte wie gelähmt vor Entsetzen, dann sagt die Heilerin, dass es eigentlich nicht um die Trophäe gehe – die sei wertlos –, es gehe vielmehr darum, das Gelernte in der täglichen Praxis anzuwenden. Im Zen-Buddhismus wäre dies der Moment der wahren Erleuchtung. Die Erleuchtung findet wohlgemerkt nicht hoch oben auf der Bergspitze statt, sondern in dem Moment, wo die Hoffnung auf eine magische Wunderheilung in Flammen aufgeht. Diese Art der Erkenntnis steht uns allen bevor. Natürlich hoffen wir, dass unsere Suche nach Bewusstheit, unsere langwierige, harte Arbeit an uns selbst, eines Tages mit einem Wunder belohnt wird, bei dem alles für immer so stehen bleibt, wie es ist. Wir hoffen insgeheim auf den endgültigen »Ping-Knall-Bumm-Geistesblitz«, durch den alles auf ewig in Ordnung gebracht wird.

Aber das liegt nicht in der Natur der Sache. Die Erleuchtung oder Erhellung des Bewusstseins verläuft genauso, wie es in diesem Märchen beschrieben wird. Wir können sämtliche Erkenntnisse der Welt gehabt haben, aber sie laufen alle auf eines hinaus: Man muss sie praktisch anwenden. Wir werden aus unseren Höhenflügen heruntergeholt und finden uns »im Dorf« wieder, wo wir das Erkannte bei jedem Schritt praktizieren müssen. Aber in diesem Fall können wir auf das Gelernte zurückgreifen, wenn uns der Zorn wieder einmal packt: Erst mal abkühlen lassen, die Heilkraft herbeibitten, Illusionen fallen lassen, den Zorn als Lehrer anerkennen, den Berg erklimmen und geduldig mit dem Wütenden kommunizieren, um sein Vertrauen zu erringen.

Die Geschichte gibt uns eine Vielfalt von Hinweisen mit unterschiedlichen Interpretationsmöglichkeiten. Geduld und Freundlichkeit sind wichtig. Ein distanzierter Durchblick ist wichtig. Die Suche nach den wahren Hintergründen und innere Sammlung sind wichtig, um dem erzürnten Aspekt oder Menschen die Zeit zu lassen und die Möglichkeit zu geben, sich zu beruhigen.

Es gibt ein altes asiatisches Sprichwort:

> *Vor der Erleuchtung sind Berge Berge und Bäume Bäume.*
> *Während der Erleuchtung sind Berge die Thronsitze von Geistern*
> *und die Bäume Träger der Weisheit.*
> *Nach der Erleuchtung sind Berge Berge und Bäume Bäume.*

Während der Bergbesteigung, während ihres Lernprozesses, interpretiert die Frau alle möglichen magischen Bedeutungen in die Dinge hinein. Nach dem Abstieg und der Verbrennung der Illusion in Form des Bärenhaars interpretiert die Frau nichts mehr in die Dinge hinein, sondern sieht sie, wie sie sind, und dies im Idealfall in allen Bereichen des Daseins. Das weltliche Leben geht seinen weltlichen Gang, aber die Energie, die vorher immer wieder vom Zorn gefangen genommen wurde, kann jetzt konstruktiv eingesetzt werden.

Die Frau weiß jetzt, wie sie mit den Aufwallungen des Zorns in ihrem Inneren oder in einer anderen Person umgehen muss, was allerdings nicht heißt, dass der Zorn nie wieder wach gekitzelt werden könnte. Früher oder später berührt etwas den Restbestand des alten Schmerzes und lässt ihn wieder aufflammen: Ein Wort, ein Blick, ein Tonfall, das Gefühl, hochnäsig oder gönnerhaft behandelt zu werden, falsch eingeschätzt und manipuliert zu werden, genügen oft schon. Irgend etwas davon oder eine Kombination dieser Dinge macht sich in einer neuerlichen Entzündung der alten Wunden bemerkbar.

Der Zorn über eine längst vergangene Verletzung kann mit den Resten einer Schrapnell-Ladung im Körper verglichen werden.

Selbst wenn die gröberen Metallsplitter entfernt worden sind, bleiben mikroskopisch kleine Teilchen im Fleisch stecken, die bei bestimmten Bewegungen einen Druck erzeugen, der die Psyche an die ursprüngliche Verletzung erinnert, woraufhin sie mobil macht, sprich: die emotionale Abwehrreaktion des Zorns erzeugt.

Der irritierten Psyche kommt es in dem Moment vor, als würde sie sich in der damaligen Situation befinden, in der es ihr nicht gelungen war, die Verletzung noch zu verhindern. In Erwartung eines eventuellen Radikalschlags zieht sich die gesamte Person zusammen und verspannt sich, was natürlich zu weiteren Schmerzempfindungen führt. Und nun wird an drei Fronten gleichzeitig gekämpft: Erstens wird der Versuch unternommen, die äußere Situation zu kontrollieren; zweitens wird versucht, den wach gerufenen Schmerz der alten Wunde zu kontrollieren, und drittens wird versucht, sich innerlich zu entziehen und sich schnell noch in geduckter Haltung in Sicherheit zu bringen. Natürlich kann kein Mensch an drei Fronten gleichzeitig kämpfen und siegreich aus den Scharmützeln hervorgehen. Deshalb ist es so wichtig, mitten in der Mobilmachung innezuhalten, sämtlichen Fronten den Rücken zu kehren und das Alleinsein zu suchen. Eine ausgebildete Kämpferin sammelt sich an einem stillen Ort, beschäftigt sich zuerst mit der älteren Verletzung, dann mit der neueren, erkennt die Lage ihrer Truppen und die eigene Position und tritt dann entschlossen vor ihr Kriegszelt, um mit Würde zu handeln.

Niemand kann seiner persönlichen Geschichte ganz und gar entrinnen, aber man kann Abstand nehmen, lernen, die Dinge aus einer möglichst illusionslosen Distanz zu betrachten, auch den gerechtfertigten Zorn. Dann beruhigt er sich und wird umgänglicher. Dann wird »alles wieder gut«, wie die Heilerin in der Geschichte sagt, nicht ganz und gar, wohlgemerkt, aber gut. Die alten Schrapnell-Splitter entzünden sich nicht mehr so leicht, und selbst wenn, weiß man, wie man die Heilerin herbeiruft, wie man sich von der Illusion befreit, dass die Gegenwart eine exakte Wiederholung der

Vergangenheit ist. Der Umgang mit dem Zorn wird mit jeder Bärenfütterung etwas leichter. Man vergisst nicht mehr so leicht, dass man gleichzeitig großmütig und grimmig sein kann. Der Zorn ist kein Nierenstein – wenn man lange genug wartet, wird er ausgeschieden. Nein, man muss sich richtig verhalten. Dann geht der Zorn vorüber, und unser Leben wird kreativer.

Gerechter Zorn

Die Vorstellung, dass man die andere Wange ebenfalls hinhalten soll, wenn man einen Schlag auf die eine erhalten hat, ist eine nähere Überlegung wert. Der passive Widerstand als politisches Werkzeug gegen horrende soziale Missstände, wie er von Mahatma Gandhi und den Massen seiner Anhänger eingesetzt wurde, ist eine Sache. Aber es ist etwas völlig anderes, wenn Frauen dazu angehalten oder gezwungen werden, grobe Verletzungen ihrer Menschenwürde und soziale Ungerechtigkeiten aller Art schweigend hinzunehmen. So wird den Frauen die Instinktnatur geraubt, aber ihre schweigende Duldung ist kein Zeichen ungerührter Gelassenheit, sondern ein Schutzmechanismus, um nicht noch ärger verwundet und misshandelt zu werden. Ihr Verzicht auf Gegenwehr ist kein Zeichen stillschweigender Billigung.

Aus der Tatsache, dass viele Frauen den Mund halten und sich nicht auflehnen, sollte niemand schließen, dass sie mit den herrschenden Zuständen einverstanden wären.

Es gibt eine Art von Rage, die mit vollster Berechtigung zum Ausdruck gebracht wird, und zwar mit sämtlichen Feuerwerkssalven, die einer Frau zur Verfügung stehen. Diese Rage ist eine Reaktion auf eine ernstliche Misshandlung des Körper-Geist-Seelen-Komplexes. Bevor man den Flammenwerfer auf die Umgebung richtet, müssen aber alle anderen Mittel angewandt und erschöpft worden sein. Falls jede Vernunft und Überredungskunst versagt haben, muss der rechte Zeitpunkt für die Freisetzung dieser Art von Zorn gefunden werden. Wenn Frauen ihrem Instinkt folgen, wie der Mann in der nun folgenden Geschichte »Die verdorrten Bäume«, wird ihnen der rechte Zeitpunkt eingegeben. Intuitiv wissen sie nämlich, was sie tun müssen und wann.

Die folgende Geschichte stammt aus dem Mittleren Osten. In Asien wird sie in abgewandelter Form von den Sufis, Buddhisten und Hindus erzählt.

DIE VERDORRTEN BÄUME

EIN JUNGER MANN BEGAB SICH ZU EINEM WEISEN alten Seher und fragte ihn: »Ehrwürdiger Meister, wie kann ich meinen Zorn unter Kontrolle bringen? Dieser Dämon hat mich bereits mehr Zeit und mehr gute Freundschaften gekostet als alles andere auf dieser Welt.«

Der alte Mann schmunzelte und antwortete: »Geh hinaus in die Wüste und postiere dich an dem Wasserloch der Oase mit den verdorrten Bäumen. Gib jedem Wanderer, der dort vorüberzieht, eine Schale Wasser zu trinken.«

Der junge Mann verstand den Sinn dieses Auftrags nicht, tat aber, wie der Seher ihm geraten hatte, und setzte sich neben das Wasserloch in der Oase mit den verdorrten Bäumen, fernab von allem Treiben. Monate vergingen. Der zornige junge Mann reichte jedem Vorüberziehenden eine Schale trüben Wassers, nahm den Dank der Durstigen entgegen und vergaß seinen Zorn. Jahre vergingen, und der Mann ließ sich zu keinem Wutanfall mehr hinreißen, ganz gleich, was geschah.

Eines Tages kam ein dunkler Reiter an dem Wasserloch vorbei. Der junge Mann bot ihm die Wasserschale dar, aber der Reiter warf einen verächtlichen Blick auf den abgestandenen Trunk und den zerlumpten Bettler mit seiner Schale, murmelte etwas

Herablassendes und wollte davonreiten, ohne seinen Durst zu stillen.

Da wallte blinder Zorn in dem jungen Mann auf. Er packte den Reiter, zerrte ihn vom Rücken seines Kamels und würgte ihn, bis er tot im Sand lag. Aber ach und weh! Sogleich überkam den jungen Mann die Reue über seine Missetat, und er verfluchte sich und seinen mörderischen Zorn, als ein zweiter Reiter wie ein Sturmwind durch den Wüstensand geprescht kam. Der Reiter warf einen Blick auf das Antlitz des Ermordeten und schrie: »Allah sei Dank! Du hast den Attentäter getötet, der einen Anschlag auf unseren König verüben wollte!«

Im selben Augenblick wurde das trübe Wasser der Oase rein und klar, und die verdorrten Bäume trieben duftende Blüten.

Selbstverständlich ist diese Geschichte symbolisch zu verstehen, also kein Aufruf zum Mord, sondern ein Aufruf, zwischen verschiedenen Arten des Zorns zu unterscheiden und den »gerechten Zorn« zum rechten Zeitpunkt zu entfesseln. Die Geschichte beginnt damit, dass der Mann lernt, den Durstigen das Wasser des Lebens zu reichen, selbst in Dürrezeiten oder wenn das Wasser trübe ist. Die meisten Frauen geben ihren lebenspendenden Impulsen ohne Schwierigkeiten nach; sie sind hilfsbereit und von Natur aus »barmherzige Samariter«, aber es gibt Zeiten, in denen Frauen dem zerstörerischen Impuls nachgeben und ihrem wohlbegründeten Zorn freien Lauf lassen sollten.

Viele Frauen sind dermaßen einfühlsam, dass sie die geringsten Stimmungsschwankungen in ihrer Umgebung spüren. Sie lesen die Körpersprache anderer Menschen wie ein offenes Buch und entnehmen den winzigsten Hinweisen in Tonfall und Gesichtsausdruck, was andere denken. Sie funktionieren wie intuitive Relaisstationen, was bedeutet, dass sie jederzeit offen für Weiterleitungen aller Art sind. Aber diese an sich bewundernswerte Offenheit macht sie verletzbar für Grenzübertretungen und ausbeuterische Umtriebe.

Der junge Mann in der Geschichte von den verdorrten Bäumen fühlt sich von dem Dämon des eigenen Zorns attackiert. Hierzu sei bemerkt, dass Menschen, die andere ständig schlecht behandeln oder ihre Wut an ihnen auslassen, oftmals mit einem inneren Dämon ringen, der sie auf die gleiche verletzende Art behandelt. Bei Frauen drückt sich dieser Zornesschmerz nicht anders aus als bei dem jungen Mann. Sie schleppen eine unterschwellige Wut mit sich herum, die sie veranlasst, an allem und jedem herumzunörgeln, oder sie benutzen Gefühlskälte als eine Art Betäubungsmittel und verweigern ihre lebenspendende Zuneigung, ihre Wärme, ihr Lob. Oder sie hüllen ihr Bedürfnis, »Gleiches mit Gleichem zu vergelten«, in zuckrige Worte und nehmen mit kaum merklich eingeflochtenen verbalen Spitzen Rache an Unschuldigen, die ihnen nie etwas zuleide getan haben.

So geht das eine Weile, bis die Frau ihre eigene Gehässigkeit nicht mehr ertragen kann und beschließt, eine Säuberungskampagne einzuleiten. Sie schwört sich, von nun an weniger kleinlich und aufbrausend zu sein, also duldsamer und friedfertiger zu werden. Das ist durchaus wünschenswert und für die Mitmenschen sicher eine große Erleichterung, solange die Frau sich nicht allzu sehr mit ihrem neuen Image als »liebende Dulderin« identifiziert, wie der Mann dort draußen in der Wüste. Ab und zu reicht er den wenigen Durstigen, die an der Oase vorbeiziehen, ein Schälchen Wasser und fühlt sich zunehmend besser in seiner Haut. Er fängt an, sich mit dem Zustand der gelassenen Milde zu identifizieren.

Genauso geht es uns, wenn wir sämtliche Konfrontationen vermeiden. Aber diese Art von Gelassenheit kann uns bei der nächsten Gelegenheit schon wieder ausgetrieben werden. Es geht also nicht darum, sich an einen Zustand der Milde zu klammern. Die Geschichte will uns sagen, dass kein Zustand aufrechterhalten werden kann, denn Zustände kommen und gehen, genauso wie das Wetter und die Gefühle. Es geht darum, zu wissen, dass selbst spontane mit

Gewaltakten einhergehende Zornesausbrüche unter bestimmten Umständen gerechtfertigt sein und etwas Gutes bewirken können.

In der Mehrzahl der Fälle vermeiden Wölfe Konfrontationen, aber es gibt Ausnahmen. Wenn sie zu lange verfolgt und bedroht werden, explodieren sie und zwingen eine Entscheidung zwischen ihnen und dem Grenzübertreter herbei. Diese Art des Wutausbruchs gehört zu ihrem Repertoire – und naturgemäß auch zu unserem.

Die Instinktnatur jeder Frau enthält einen enorm kraftvollen und furchteinflößenden Aspekt, der bei konstanter Provokation an die Oberfläche gebracht werden kann, um seine Reißzähne zu zeigen und Angreifer in die Flucht zu schlagen. Das ist ein Verteidigungsinstinkt, der den Zorn zur Mobilmachung sämtlicher Reserven benutzt und ihn auf sinnvolle Weise zur Erhaltung des Gleichgewichts einsetzt. Es ist unser Recht, ja sogar eine moralische Pflicht, diesen Zorn zu gegebener Zeit zu entfesseln.

Was hindert uns daran? Die Tatsache, dass wir unseren Zorn zu oft in Situationen eingesetzt haben, in denen er unangebracht war. Auf diese Weise entsteht ein müder, in allerlei unnötigen Kämpfen verletzter Krieger in der Psyche, der sich in eine Einöde mit einem halb versiegten Wasserloch zurückzieht und sagt: »Lasst mich in Frieden! Ich will nichts mehr hören, nichts mehr sehen, nichts mehr fühlen, was den Ingrimm in mir heraufbeschwört.« Aber irgendwann geschieht etwas, das den Frieden der Eintönigkeit erschüttert und für neues Leben in der Wüste sorgt.

Am Anfang ist der müde Krieger entsetzt über seinen spontanen Mord an dem dunklen Reiter. Gleich darauf erfährt er jedoch, dass sein allererster Gedanke, die spontane Eingebung, seinem gewalttätigen Zorn Ausdruck zu verleihen, in diesem Fall richtig war. Er begreift, dass es keine Verhaltensregeln gibt, an die man sich immer und in jedem Fall halten kann. Einen Mord rechtfertigt auch gerechter Zorn abseits der Metapher dieser Geschichte natürlich nicht.

Descansos

Eines Tages erkennen wir, dass wir unseren Zorn lieber in ein Herdfeuer verwandeln sollten als in eine vernichtende Feuersbrunst. Wir haben gesehen, dass die Arbeit am Zorn nicht ohne das Ritual der Vergebung vollendet werden kann. Wir haben verstanden, dass die Wut von Frauen oft auf frühkindliche Familienverhältnisse, kulturelle Einflüsse und manchmal auch auf ein traumatisches Ereignis im späteren Leben zurückgeführt werden kann. Aber ganz gleich, welcher Quelle unser Zorn entspringt, irgendwann muss etwas geschehen, damit wir ihn erkennen, schätzen, zügeln und uns davon befreien.

Von Zorn gequälte Frauen entwickeln in vielen Fällen eine sehr viel schärfere Wahrnehmung, oft von bestechender Brillanz. Obwohl ich niemanden in dieses Fegefeuer schicken möchte, ist es eine Tatsache, dass Menschen, die schwere Schicksalsschläge durchleben mussten, Talente entwickeln, die vieles kompensieren und sie schützen.

Insofern kann man sicher sein, dass eine »im Feuer geläuterte« Frau viele unschätzbare Talente in sich entdeckt hat. Wenn sie gelernt hat, sich auch unter rasenden Schmerzen noch an den letzten Schimmer ihres Bewusstseins zu klammern, wird sie ein tiefes und blühendes Seelenleben haben ebenso wie einen starken Glauben an sich selbst, ungeachtet gelegentlicher Schwankungen ihres Egos.

Irgendwann kommt jeder von uns einmal an einen Punkt, an dem er sich entscheiden muss, wie er mit seinem Zorn umgehen will. Die psychisch wahrscheinlich wichtigste Frage ist die, ob man sich für alle Zukunft der Bitterkeit hingeben soll oder nicht. Gewöhnlich kommen Frauen gegen Ende Dreißig, Anfang Vierzig an diesen Punkt, wo sie »die Schnauze voll haben«, wo »es dem Fass den Boden ausschlägt«, wo sie nichts mehr mit dem alten Trauma, den neu hinzukommenden Transgressionen und Aggressionen zu tun haben wollen. Ihre Jugendträume haben sich mindestens teilweise zerschlagen, ein paar Herzen und Ehen sind in die Brüche gegangen, und weithin sieht man nichts als leere, nie eingehaltene Versprechen.

Die gesammelten Erfahrungen eines längeren Lebens können eine absolut niederdrückende Wirkung haben, wenn man nicht beizeiten zur Instinktnatur zurückfindet, die alle Bitterkeit und alle Verhärtungen fortschwemmt und uns permanent erneuert. Um wieder unbelastet und verspielt zu werden wie neugeborene Wolfskinder und zur kreativen Instinktnatur zurückkehren zu können, möchte ich einen Reinigungsprozess vorschlagen, bei dem die bedrückendsten Erfahrungen erst gebührend betrauert und am Ende losgelassen werden.

Wer die Staaten im Südwesten von Amerika, also die Gegend von Neu-Mexiko, Südcolorado und Arizona jemals bereist hat, ist mit den kleinen weißen Kreuzen am Wegesrand vertraut. Die Kreuze markieren Unfallorte und werden deshalb *Descansos,* »Ruhestätten«, genannt. Vergleichbare Kreuze stehen am Rand der gefährlichsten Serpentinenstraßen in Italien, Griechenland und Südfrankreich. Oft sind sie mit Plastikblumen geschmückt und tragen verwitterte Inschriften mit den Namen der Verstorbenen.

Die *Descansos* sind kleine symbolische Denkmäler für alles, was uns jäh entrissen wurde und das Leben der Hinterbliebenen auf ewig verändert hat. Noch vor ihrem zwanzigsten Lebensjahr ist jede Frau schon tausend Tode gestorben. Wir haben eine Richtung auf unserem Lebensweg verfolgt und wurden dann plötzlich in eine völlig andere gedrängt. So manche unserer schönsten Hoffnungen und Träume haben sich zerschlagen, das muss zwar so sein, weil kein Mensch sich ohne einschneidende Eingriffe in sein Leben individualisiert, und dennoch sind solche Verluste tief empfundene Tragödien und müssen dementsprechend gewürdigt und betrauert werden.

In meiner Praxis nehme ich einen großen Bogen weißes Einwickelpapier, um die kleineren und größeren Tode auf der Lebenslinie einer Patientin mit Kreuzen zu markieren, beginnend im Säuglingsalter bis zum Hier und Jetzt. Wir markieren alle Punkte, an denen ein radikaler Einschnitt stattgefunden hat, wo ein Weg endgültig verbarrikadiert war oder ein Unfall, ein Raub oder psychischer Mord betrauert werden muss. Die bis heute unbewältigten Stellen versehe ich mit zusätzlichen Kreuzen, und wenn ein vermutlich einschneidendes Erlebnis der Erinnerung entfallen ist, schreibe ich »vergessen« daneben, damit die Patientin sich später darauf zurückbesinnen kann. Über Kreuzpunkte, die bereits zum größten Teil verziehen worden sind, schreibe ich »vergeben«.

Erinnert euch an die junge Frau auf ihrer Suche nach dem Bärenhaar: Sie betet für die ruhelosen Geister der Toten, die ihren Kopf umkreisen. Sie ruft ihnen zu, dass sie sich zu ihren Hinterbliebenen zählt und die ganze Schar endlich zur letzten Ruhe begleiten will. Und so rate ich allen Frauen, sich eingehend mit ihrer Lebenslinie zu befassen und dabei folgende Fragen zu stellen: »Wo müsste ich ein Kreuz setzen? Wo sind die Stellen, an denen ein unruhiger Totengeist zur letzten Ruhe gebettet werden will?« Das ist die bewusste Praxis der Bestattung von Aspekten der Psyche, die einst hoffnungsvoll auf irgendeinem Weg dahinmarschierten, ihr Ziel aber nie erreicht haben. *Descansos* sind kleine Gedenkstätten für vergangene psychische Kreuzigungen und zugleich auch Liebesbeweise für unser Leid. So transformiert man das Dunkle und Verwaiste in der Psyche in etwas Lichteres, denn hier werden ruhelose Geister in die Erde gelegt und endgültig begraben, damit sie uns nicht länger verfolgen.

Wut und verletzte Instinkte

Der Versuch, einer unerquicklichen Episode ein Ende zu bereiten, wird häufig dadurch ausgedrückt, dass man irgendwann sagt:

»Ich habe mein Bestes gegeben (er, sie, wir haben das Beste gegeben), mehr kann man nicht tun.« Aber das ist noch keine Vergebung. Selbst wenn die Aussage wahr ist, schneidet man sich damit von jeder echten Heilungsmöglichkeit ab, denn das ist, als würde man einen Kompressionsverband auf eine tiefe Wunde legen und mit der Zeit durch den Luftabschluss eine Wundinfektion erzeugen. Die Endgültigkeit solcher Aussagen ist trügerisch, weil sie dem weiterhin schwärenden Schmerz und der Wut über den Schmerz allzu leichtfertig die Existenz abspricht.

Eine instinktverletzte Frau weiß nicht, wie sie mit ihrem Zorn fertigwerden soll. Zunächst erkennt sie eventuelle Grenzüberschreitungen nicht ohne Weiteres. Es dauert eine Weile, bis sie merkt, dass ein gewaltsamer Eingriff in ihr Territorium stattfindet, und auch dann registriert sie ihren Zorn erst, wenn er sie bereits übermannt hat. Der Wutanfall greift sie sozusagen hinterrücks an wie ein Wegelagerer, wie bei dem jungen Mann in der Geschichte »Die verdorrten Bäume«.

Die Verzögerung der Wahrnehmung und spontanen Reaktion ist eine Folge der frühkindlichen Erziehung von nahezu allen Mädchen. Man hat uns beigebracht, über Unstimmigkeiten hinwegzusehen, um jeden Preis Frieden zu stiften, nicht in das Geschehen einzugreifen und den Schmerz zu erdulden, bis er vorübergeht oder wenigstens vorübergehend nachlässt. Durch jahrelange Übung in dieser Disziplin werden die instinktiven Reaktionen schließlich so weit hinausgezögert, dass die Wut nie zum richtigen Zeitpunkt herausgelassen werden kann. Man wird entweder von einem plötzlichen »Tobsuchtsanfall« überwältigt oder denkt noch Wochen, Monate und Jahre später erzürnt an all die Dinge, die man hätte sagen und tun sollen, wenn man gekonnt hätte.

Diese Unfähigkeit, spontan richtig zu reagieren, hat im Allgemeinen nichts mit Schüchternheit und Introvertiertheit zu tun, sondern wird durch zu viel Nachdenken hervorgerufen, zu viel Grübelei über die beste Art der Reaktion; und das geschieht zum eigenen Schaden. Die wilde Seele weiß genau, welche Reaktion von Fall zu Fall die richtige ist, aber durch Nachdenken schneidet man sich von ihren Eingebungen ab, die immer aus einer Kombination von Einsicht, einer Portion Mitgefühl und einer Portion Entschiedenheit bestehen.

Um aus der Zwickmühle herauszukommen, müssen Frauen lernen, wie man unmissverständliche Grenzen setzt, was nicht heißt, dass sie ihre Großmut aufgeben und kleinlich oder bissig werden sollen. Ich spreche von einer soliden Standhaftigkeit, die sich auf das Wissen gründet, dass die spontane Instinktreaktion in den meisten Fällen zwar nicht vor Gegenreaktionen schützt, uns aber vor dem Trauma eines jahrelang unbewältigten Zorns bewahrt.

Es ist heilsam und völlig richtig, sich eine Zeit lang intensiv mit einem Trauma zu beschäftigen, aber irgendwann näht man die Wunde zu und lässt sie fortan in Frieden, damit sie vernarben kann.

Der Zorn des Kollektivs

Es gibt eine Form des Zorns und des Schmerzes, die von ganzen Bevölkerungsschichten gefühlt wird und immer wieder in den einzelnen Mitgliedern bestimmter Gruppen aufwallt.

Frauen mit einem ausgeprägten politischen oder sozialen Gewissen stellen fest, dass der Zorn eines ganzen Kollektivs wieder und wieder in ihnen aufsteigt, was vollkommen natürlich ist und keineswegs ungesund, solange solche Zornesaufwallungen dazu dienen, die notwendigen Veränderungen herbeizuführen. Die Energie des kollektiven Zorns kann uns zu Höchstleistungen beflügeln. Psychisch ungesund wird die Energie, wenn wir sie neutralisieren und im Unterbewusstsein vor sich hinschwelen lassen, um uns der bedrückenden Forderung nach konkreten Maßnahmen und innerem Wachstum zu entziehen.

Kollektiver Zorn ist ein wertvoller Lehrmeister, ebenso wie der persönliche Zorn. Wir können ihn im eigenen Inneren oder auch gemeinsam mit anderen Betroffenen konsultieren, um seine konstruktivsten Vorschläge zu verstehen und auszuführen. Einen alteingesessenen Zorn mit sich herumzuschleppen, ist destruktiv. Ihn mit einem frischen Löffel umzurühren, um zu sehen, ob ein neues Süppchen daraus gekocht werden kann, ist etwas völlig anderes. Der kollektive Zorn kann ein Beweggrund sein, sich auf die Suche nach Unterstützung zu machen oder sie anderen zu gewähren. Diese Art von Zorn kann uns veranlassen, einen längst überfälligen Dialog zwischen zwei streitenden Parteien herbeizuführen und auf einem größeren Verantwortungsbewusstsein auf Respekt und Kurskorrekturen zu bestehen. Eine gesunde Instinktnatur reagiert mit Betroffenheit und begründeter Empörung auf Verletzungen der Menschenwürde. Eine leidenschaftliche Reaktion ist normal und im Grunde sogar wünschenswert.

Im alten Zorn stecken geblieben

Wer jemals für längere Zeit an einem Trauma gearbeitet hat, weiß, dass irgendwann der Punkt kommt, an dem die böse Tat vergeben werden muss, wenn die Psyche in ihren Normalzustand der gelassenen Aufnahmebereitschaft zurückkehren soll. In Fällen grober Grenzüberschreitungen kann man nicht erwarten, dass die Betroffenen in relativ kurzer Zeit in das Stadium der Vergebung eintreten, und selbst in weniger gravierenden Fällen steigen die Angst, die ohnmächtige Frustration und dadurch ausgelöste Rachegedanken in Abständen wieder neu hoch, verbrauchen psychische Energie und verzerren die Wahrnehmung.

Also wäre es eine Lüge, wenn ich behauptete, dass man den gesamten Zornkomplex in kurzer Zeit so weit klären kann, dass er sich nie wieder bemerkbar macht. Ein Restbestand des ursprünglichen Feuersturms bleibt in der Psyche erhalten, auch wenn der Brand längst gelöscht wurde, selbst wenn seine Ursachen hinlänglich erkannt und verziehen wurden. Die weiße Asche der Feuersbrunst muss ebenfalls einem periodischen Reinigungsritual unterzogen werden, bei dem die oft unbewusst vorhandenen Rückstände des alten Zorns verfliegen können.

Manche Leute verwechseln die schwelende Glut ihres alten Zorns mit Leidenschaftlichkeit oder Engagement. Sie fühlen sich davon vorangetrieben, wie jemand, der den Fuß nicht mehr vom Gaspedal nehmen kann. Aber das bedeutet nicht, dass die rasende Fahrt ausgekostet und genossen wird. Es ist ein Verteidigungsmechanismus, der immer noch beibehalten wird, obwohl er längst überflüssig geworden ist.

Viele glauben, dass unverarbeiteter alter Zorn sich darin äußert, dass man permanent wütend, knurrig und aufbrausend ist und gern mit Tellern und Tassen wirft. Nicht unbedingt. In den meisten Fällen drückt Zorn sich eher in Form von Energiemangel und Müdigkeit aus und darin, dass man sich in einen defensiven Zynismus hüllt, der alles Aufkeimende, Zarte und Hoffnungsvolle kaputt macht. Es ist nicht unbedingt von außen erkennbar, dass ein Mensch im alten Zorn stecken geblieben ist, weil die meisten sich in ein brütendes Schweigen zurückziehen und hilflos in ihrem eigenen Saft schmoren. Aber es gibt einen Ausweg, und der führt über die Bereitschaft zur Vergebung.

Vergebung … Allein der Gedanke daran lässt den alten Zorn in vielen Frauen wieder hochkochen. Daran sei überhaupt nicht zu denken, wehren viele sofort ab, weil in unserer Kultur die Ansicht verbreitet ist, dass Vergebung ein einmaliger innerer Willensakt ist, bei dem etwas in seiner Gesamtheit auf einen Schlag verziehen wird. Das ist aber verkehrt.

Der Akt der Vergebung ist sehr vielschichtig und erstreckt sich meist über einen längeren Zeitraum. Er ist keine Frage eines einmaligen, dafür aber hundertprozentigen Einsatzes, wie es in unserer Kultur gern dargestellt wird. Auch die Vorstellung, dass Vergebung gleichbedeutend ist mit »darüber hinwegsehen«, mit so tun, als sei nichts geschehen, ist falsch.

Wenn es einer Frau gelingt, schwerwiegende Verstöße gegen ihre Menschenwürde zu etwa 95 Prozent zu vergeben, ist es an der Zeit, sie heiligzusprechen, denn sie ist im Begriff, ins Himmelreich auf Erden einzugehen, wenn man mich fragt. Bei 75-prozentiger Vergebung und einem Rest, der sagt:

»Ich weiß weder, ob ich das jemals wirklich richtig verzeihen kann, noch, ob ich es überhaupt will«, hat man es mit dem Normalfall zu tun. Auch 60-prozentige Vergebung, bei der man sagt: »Ich weiß nicht, wie ich mich zur vollen Vergebung durchringen kann, aber ich gebe mir Mühe«, ist gut. Bei weniger als 50 Prozent ist man entweder noch schwer an der Arbeit, oder man hat es noch nicht ernsthaft genug versucht.

Sobald man die 50-Prozent-Grenze überschritten hat, wird es leichter, und der Rest ergibt sich auf verschiedenen Wegen und in kleinen Portionen. Das Wichtigste an diesem Prozess ist, dass man ihn anfängt und fortsetzt, unter Umständen für den Rest des Lebens. Wer alles versteht, kann alles verzeihen – das ist die Wahrheit in diesem Zusammenhang. Zum Glück können wir auf einen uns innewohnenden Heilungsaspekt zurückgreifen, der uns hilft, den alchemistischen Umwandlungsprozess bis zum Ende durchzuhalten.

Manche Leute sind vom Temperament her eher fähig, Angriffe aller Art an sich abprallen zu lassen. Die Vitalität und Sensibilität eines Menschen spielen eine maßgebliche Rolle. Auf jeden Fall ist man kein schlechter Mensch, wenn man nicht ohne Weiteres verzeiht, und auch kein Musterexemplar an Vollkommenheit, wenn es einem leichtfällt. Alles und jedes zu seiner Zeit.

Um die Heilung einzuleiten, muss man sich die Wahrheit eingestehen, nicht nur die, dass man verletzt worden ist und deshalb eine Wut im Bauch hat, sondern auch die Abscheu, die nachfolgenden Rachegedanken, die Verachtung und das Verlangen nach Vergeltung. Die nackte Wahrheit befreit, denn der verständnisvolle Heilungsaspekt in uns verurteilt uns nicht, sondern lächelt und sagt, dass ihm das alles durchaus nicht neu ist und dass er uns verzeiht.

Bei meiner Arbeit mit traumatisierten Patienten verwende ich ein von mir entwickeltes Gedankenmodell, bei dem die Vergebung in vier Stadien unterteilt wird, um die Leute zu ermutigen, überhaupt erst einmal einen Anfang zu machen. Jedes Stadium der Vergebung enthält Ebenen, auf denen man sich beliebig lange aufhalten kann, um die Bergbesteigung dann im eigenen Tempo fortzusetzen.

Die vier Stadien der Vergebung

Ablassen – die Sache ruhen lassen
Unterlassen – von Strafmaßnahmen absehen
Vergessen – die Erinnerungen nicht mehr heraufbeschwören
Vergeben – die Schuld vergeben

Ablassen

Man beginnt damit, dass man sich zunächst einmal bewusst für ein wiederholtes Fallenlassen der Angelegenheit entscheidet. Nicht, weil man Unbewältigtes unterdrücken will, sondern um sich ein paar Erholungspausen zu gönnen, anstatt die zwanghafte Beschäftigung mit dem Dorn im Fleisch unentwegt fortzusetzen und die letzten Kraftreserven darauf zu verschwenden. So kann man sich zwischendurch wenigstens auf andere Dinge konzentrieren, die einem ein bisschen Freude bringen.

Es geht also nicht darum, das Geschehene grundsätzlich zu ignorieren, sondern um die Entwicklung der geistigen Agilität, mit der man sich von destruktiven Gedanken- und Gefühlswallungen distanziert. Ablassen bedeutet, dass man sich hinsetzt und webt, komponiert oder am Strand spazierengeht und dem Thema eine Zeit lang keine Aufmerksamkeit widmet, damit die angeschlagene Psyche weiß, dass ein gewisses Maß an Linderung hier und jetzt zur

Verfügung steht, auch wenn der Gesamtkomplex erst später gründlich untersucht wird.

Unterlassen

Im zweiten Stadium unterlässt man es, so gut man eben kann, sich in Gedanken mit Rache zu beschäftigen und dem Verlangen nach Vergeltung mit Worten und Taten Ausdruck zu verleihen. Auf diese Weise werden unnötige Auswüchse vermieden, die das Ganze nur noch verschlimmern, und außerdem kann man sich so viel eher auf die nächsten Schritte konzentrieren. Das bedeutet nicht, dass man sich blind und taub stellt und seine Wachsamkeit verliert. Es bedeutet, eine gewisse Würde zu wahren, anstatt Gleiches blindlings mit Gleichem zu vergelten.

Man beweist also Großmut, Verständnis und Geduld, und zwar in erster Linie mit dem Teil, der nicht einsieht, warum wir, ausgerechnet wir (die Leidtragenden!) Nächstenliebe üben sollen. Aber es geht darum, die Integrität der eigenen Seele nicht noch weiter zu verletzen und sich die Medizin des einsichtsvollen Mitgefühls zunächst einmal selbst zu Gemüte zu führen. Ich weiß, es ist nicht leicht, aber man kann diese Herausforderung als eine Art Praktikum in Integrität und Großzügigkeit verstehen und für alle Zukunft davon profitieren.

Vergessen

Auf dieser Stufe beginnt man, sich nicht länger mit den aufsteigenden Inhalten des Gedächtnisses zu identifizieren, was nicht heißt, dass stückweise ein Gedächtnisschwund erzwungen wird, sondern dass man die Erinnerungen an das Ereignis in den Hintergrund treten lässt oder das Drama vom Spielplan streicht.

Diese Art des Vergessens ist ein bewusster Willensakt, bei dem der Lichtstrahl der Aufmerksamkeit gezielt vom »entzündlichen«

Material abgelenkt wird – wenn es sein muss, wieder und wieder und wieder –, um den Mechanismus, der uns zum Wiederkäuen giftiger Gedanken, Bilder und Emotionen zwingt, bewusst abzuschalten. Man blickt nicht mehr zurück, schwelgt nicht mehr in den Gefühlen, die mit den alten Erinnerungen verbunden sind, sondern fegt die innere Seelenlandschaft ein ums andere Mal leer, damit neue, frische Dinge erfahren werden können.

Vergeben

Die Endstufe der Vergebung wird immer in kleinen Abschnitten erreicht. Unterwegs lässt man seine Bürde stückchenweise fallen, aber der Punkt der »endgültigen« Vergebung hat absolut nichts mit einer Unterwerfung oder Niederlage zu tun, denn man legt die Waffen bewusst und aus freien Stücken nieder. Man trifft die bewusste Entscheidung, keinen Groll mehr zu hegen und den Schuldnern ihre Schuld zu vergeben, aber nicht, weil man gezwungen oder manipuliert wird, sondern als Ausdruck der eigenen Freiheit und Seelenstärke. Keinem äußeren Einfluss wird gestattet, uns zu diktieren, wann, was und wie viel vergeben werden muss.

Die Vergebung ist ein schöpferischer Akt, bei dem man die freie Wahl zwischen verschiedenen Möglichkeiten hat. Wir können eine Sache vorläufig vergeben, um abzuwarten, ob neuerliche Verstöße stattfinden. Wir können einmal vergeben, dem Aggressor aber keine neue Chance mehr einräumen, uns in irgendeiner Form zu verletzen. Wir können für immer und ewig auf jede Wiedergutmachung verzichten und die Sache endgültig abschreiben. Wir können eine Sache teilweise vergeben und für den anderen Teil auf einer Kompensation bestehen.

Für manche Menschen bedeutet Vergebung, dass sie den anderen mit einer gewissen Nachsicht betrachten, was bei relativ leichten Vergehen sicher die einfachste Lösung ist. Eine der tiefsten Formen der Vergebung besteht darin, dem Übeltäter Beistand zu leisten. Dies bedeutet nicht, dass man seinen Kopf in die Schlangengrube steckt, sondern von echter Anteilnahme, Selbstsicherheit und gelassener Wachsamkeit erfüllt ist.

Vergebung ist die Kulmination aller vorangegangenen Stufen. Das heißt nicht, seinen Selbstschutz aufzugeben, sondern seine Kälte. Unsere Vergebung ist bereits sehr tief gegangen, wenn wir die Person nicht länger ausschließen, abblitzen lassen, ignorieren, reserviert, von oben herab oder mit falscher Zuvorkommenheit behandeln. Es ist besser für unseren Seelenhaushalt, die Zeit und die Kommunikation, die wir schwierigen Leuten opfern, zu begrenzen, statt dass wir uns in ihrer Anwesenheit wie gefühllose Wachsfiguren benehmen.

Woran merkt man, dass man sich zur Vergebung durchgerungen hat? Daran, dass die Erinnerungen an das Geschehnis Trauer oder Wehmut auslösen, aber keine Wut mehr. Der »Schuldige« tut uns mehr leid, als dass der Gedanke an ihn und seine böse Tat uns in Rage versetzt. Wir haben im Grunde nichts mehr über die Angelegenheit zu sagen und verstehen inzwischen sogar den Schmerz der Person, die uns durch ihr Verhalten verletzt hat.

Der Auslöser unserer Wut wird jetzt mit einer gewissen emotionslosen Gelassenheit betrachtet, denn wir erwarten nichts mehr von ihm oder ihr, und wir wollen nichts mehr ändern. Wir haben uns aus der Fußangel befreit. Vielleicht kann die Geschichte nicht mit einem »Und sie lebten für immer glücklich und zufrieden« enden, aber auf jeden Fall kann man drei Kreuze machen und sagen: »Es war einmal und ist nicht mehr«.

DREIZEHNTES KAPITEL

Unselige Geheimnisse:

Der Narbenklan

Tränen sind ein Strom, der uns anderen Ufern entgegenträgt. Weinen lässt einen Strom um das Schiff fließen, das unser Seelenleben trägt. Tränen lösen unser Schiff vom Felsen, vom trockenen Grund, und führen es den Fluss hinab zu einem neuen, besseren Ort.

Es gibt Meere aus all den Tränen, die Frauen nie geweint haben, weil man ihnen beigebracht hat, die Geheimnisse von Mutter und Vater, die Geheimnisse von Männern, die Geheimnisse der Gesellschaft und ihre eigenen Geheimnisse bis ins Grab zu bewahren. Das Weinen von Frauen wird als gefährlich angesehen, denn ein Gefühlsausbruch könnte den Deckel auf unaussprechlichen Geheimnissen in die Luft sprengen. Um der wilden Seele willen müssen Frauen dieses Tabu brechen und weinen. In Wahrheit sind ihre Tränen nämlich die erste Einweihungszeremonie in den Narbenklan, jenen zeitlosen Stamm von Frauen aller Hautfarben, Nationen und Sprachen, der über Zeitalter hinweg vieles durchgestanden hat und dennoch stolz blieb und weiterhin stolz bleibt.

Alle Frauen besitzen persönliche Geschichten, die an Tragweite und Unglaublichkeit den Märchen in nichts nachstehen. Doch gibt es eine Art von Geschichten, die mit den Geheimnissen – besonders mit jenen, die von Scham getragen sind – der Frauen zu tun hat; zu dieser Art gehören einige der wichtigsten Geschichten, die eine Frau für ihre Zeit enträtseln kann. Für die meisten Frauen sind diese Geheimnisse eigene, ganz persönliche Geschichten; sie liegen eingebettet, nicht wie Juwelen in einer Krone, sondern wie schwarzer Kies, unter der Haut der Seele.

Geheimnisse als Mörder der Seele

In den 20 Jahren* meiner Arbeit mit Frauen wurden mir Tausende von kleineren und größeren Geheimnissen anvertraut – wahre Begebenheiten, von denen sie oftmals noch niemandem erzählt hatten. Manche Frauen gestehen unter Tränen, dass sie anderen irgendwann einmal absichtlich Schaden zugefügt haben und seither Gewissensbisse haben, aber bei den meisten Frauengeheimnissen dreht es sich bezeichnenderweise um die Schande, gegen einen gesellschaftlichen oder religiösen Moralkodex verstoßen zu haben, der Frauen Restriktionen auferlegt, über die ein Mann sich ohne große Probleme hinwegsetzt.

Schamgefühle schneiden Frauen von ihrem Instinktwissen ab und damit von ihrer Freiheit. Jedes als beschämend empfundene Geheimnis wird mit psychischem Stacheldraht umwickelt, damit nichts, noch nicht einmal die Frau selbst, das Verborgene berührt und womöglich gar enthüllt. Jede Auseinandersetzung mit Themen, die dieses Geheimnis in irgendeiner Form tangieren, wird von nun an als problematisch empfunden: Die Frau ist nicht mehr imstande, über gewisse Anspielungen frei herauszulachen, sich entsprechende Filme anzuschauen oder an entsprechenden Ereignissen in ihrer Umgebung teilzunehmen, ohne mit dem selbst auferlegten Tabu auf »hochnotpeinliche« Weise in Kontakt zu kommen. Ein Aspekt ihrer Instinktnatur sitzt in einer Falle fest, und so ist sie nicht frei, zu handeln, wie ihr beliebt.

Die Geheimnisse drehen sich grundsätzlich um Sex, Liebe, Geld, Macht und deren absichtlichen oder versehentlichen Missbrauch. Alle dramatischen Geschichten folgen bestimmten Erzählstrukturen. Und die um solche Geheimnisse nehmen keinen heroischen, sondern einen tragischen Verlauf. Heldengeschichten beginnen damit, dass sich die Protagonistin in unbekannte, oft gefahrvolle Ge-

* Stand 1992

filde begibt, um nach allen erdenklichen Prüfungen stärker, weiser, innerlich freier aus den unvermeidlichen Verwicklungen auf ihrer Reise hervorzugehen.

Als Tragödie bezeichnet man eine (Lebens-)Geschichte, wenn die Heldin in eine ausweglose Situation gerät, aus der weder sie selbst noch ihre Gönner und Weggefährten sie rechtzeitig befreien können. Dieser Grundstruktur folgt auch die Geschichte um das lang gehütete unselige Geheimnis. Die bestgehüteten Geheimnisse sind zu 99 Prozent spannende, haarsträubende, oft märchenhaft archetypische Heldengeschichten, die ein tragisches Ende nehmen, weil keinem Beteiligten an irgendeinem Punkt zu größerer Freiheit verholfen wird.

Um eine sich zuspitzende Tragödie in ein Heldendrama zu verwandeln, muss das Geheimnis gelüftet werden. Wir müssen mit irgend jemandem darüber sprechen, den eigenen Anteil an den Verwicklungen erkennen und somit ein noch ungewisses, aber sehr wahrscheinlich weniger fatales Ende herbeiführen, damit Wahrheit und Weisheit doch noch über alle Niedertracht und Intrigen triumphieren können.

Das Muster ist archetypisch: Die Heldin wird entweder in eine üble Situation hineingedrängt, oder sie stolpert aufgrund ihrer Instinktverletzungen in die Situation hinein. Gewöhnlich sieht sich die Heldin außerstande, etwas gegen ihre Zwangslage zu tun. Sie ist hilflos, sie ist entmachtet worden und wird deshalb von anderen unter Androhung horrender Strafen zur Geheimhaltung gezwungen, oder sie fühlt sich allein schon aus Scham zur Geheimhaltung verpflichtet. Sie gehorcht aus Angst vor Liebesentzug, Angst vor dem Verlust ihres Ansehens oder Angst vor dem Verlust ihrer materiellen Existenzgrundlage. Um das Geheimnis endgültig zu besiegeln, werden sämtliche Beteiligten mit einem Fluch belegt: Darin liegt eine Drohung von solcher Tragweite, dass niemand es mehr wagt, das schändliche Geheimnis preiszugeben.

Frauen wird von Kindheit an nahegelegt, dass bestimmte universell beobachtete Verstöße gegen den Sitten- und Moralkodex eine

Schande sind, von der weder der Täter noch das Opfer jemals erlöst werden können. Aber das ist nicht wahr! Es gibt nichts endgültig Unverzeihliches auf der Welt, weder auf diesem Planeten noch sonstwo. »Oh, nicht in meinem Fall«, sagt ihr? Die Schuld, die ihr auf euch geladen habt, bleibt als ewiger Schandfleck an euch haften? Nein, sage ich. Das hat man euch eingeredet, aber es ist nicht wahr.

Das Selbst ist kein rachsüchtiger Scharfrichter, der nichts Besseres zu tun hat, als Leute bis ans Ende ihrer Tage zu verfolgen, um sie dann in die Hölle zu verdammen. Das Selbst ist eine Urgottheit, der nichts Menschliches und Kreatürliches fremd ist.

Jeder Mensch macht Fehler und sagt oder tut hin und wieder etwas, das er sich nicht recht überlegt hat und dessen Konsequenzen er einfach nicht absehen kann. Fehltritte sind menschlich, um so mehr, wenn Menschen von ihren Urinstinkten, speziell von ihrer Intuition, abgeschnitten werden. Die Seele besitzt grenzenloses Mitgefühl, nicht aber die Kapazität für grenzenlose Vergeltungssucht, denn fortgesetzte Negativität ist ihr viel zu anstrengend.

Frauen neigen dazu, sich einzureden, dass jedermann ihnen aus dem Weg gehen wird, sobald sie ihre »Schande« gestehen. So wird der ursprünglichen Bürde der Scham über das Vergehen die zusätzliche Bürde der Angst vor dem Ausgestoßenwerden hinzufügt. Wenn man von einer fanatischen, engherzigen Minderheit absieht, ist nach meinen Erfahrungen bei »normalen« Menschen das genaue Gegenteil der Fall: Die Leute freuen sich, sie fühlen sich geradezu geehrt, wenn sie jemandem helfen können, sich von einem dunklen Geheimnis zu befreien, weil sie spüren, dass es hier um eine tiefe Wunde geht, die erst in dem Moment heilen kann, in dem sie vor einem urteilslos empfänglichen Zeugen bloßgelegt wird.

Der Todesstreifen

Wer gravierende Dinge für sich behält, schneidet sich von der Liebe, der Unterstützung und dem eventuellen Schutz der Mitmenschen ab. Man trägt die Bürde der Angst und Reue allein und manchmal sogar die Bürde einer ganzen Familie oder eines ganzen Personenkreises. Außerdem schneidet man sich damit vom eigenen Unbewussten ab, wie bereits C.G. Jung sagte. Jedes schändliche Geheimnis wird in der Psyche von einem Todesstreifen umgeben, einer regionalen Gefühllosigkeit, aus der nichts Emotionales intakt entweicht, in die aber auch nichts Intaktes von außen eindringt.

Der Todesstreifen ist ein emotionales Minenfeld, gesichert von Wachtürmen, Schutzwällen, oft auch Türen mit zwanzig Schlössern, die dann im Traum von allerlei dunklen Gestalten verriegelt werden, während andere dunkle Gestalten neue Schutzwälle mit neuen Stacheldrahtrollen versehen. Permanent werden irgendwelche Sicherheitsvorkehrungen getroffen, damit das Geheimnis nur ja nicht nach außen dringt.

Nun gibt es natürlich nichts, was der Wilden Frau verborgen bleibt. Sie nimmt jeden Ort in der Psyche wahr, der nicht unmittelbar auf Licht und Liebe reagiert, und da die Psyche ohnehin immer bestrebt ist, Extreme auszugleichen und Verluste zu kompensieren, lässt sie das Geheimgehaltene eben tropfenweise durchsickern. Was nicht in laut ausgesprochenen Worten nach außen dringt, sickert nun in Form von plötzlichen Melancholieattacken durch, in Form von periodischen und für andere rätselhaften Wutausbrüchen, allerlei physischen Tricks, Verspannungen und Schmerzen, in Form von abrupt abgebrochenen Gesprächen, unpassenden Reaktionen auf Filme, Bemerkungen, Liederzeilen in irgendwelchen Schlagern, die einen ansonsten weder positiv noch negativ berührt hätten.

Das Geheimnis findet immer einen Weg, sich Luft zu machen, wenn nicht freiwillig und bewusst, dann eben unfreiwillig und unbewusst. Ich habe die verzweifelten Anstrengungen von Frauen beobachtet und mitansehen müssen, was für Verrenkungen sie machten, um einen versehentlich entschlüpften Teil wieder einzufangen, ihn hinter den Todesstreifen zurückzuschaffen und höhere Schutzwälle zu bauen. Das kostet Kraft, viel Kraft. Da müssen die inneren *Homunculi* herbeizitiert werden, die kleinen grauen Leute von der Ego-Schutzpolizei, damit sie das Schlupfloch schnell wieder zustopfen. Die Frau schwitzt unterdessen Blut und Wasser, verhaspelt sich womöglich noch bei ihren Leugnungsversuchen und lehnt sich irgendwann erschöpft auf den Spaten, mit dem sie das Grab des letzten Ausreißers in ihrer Psyche geschaufelt hat.

Meine ungarischen Tanten haben mir als Kind oft eine kurze, aber für mich unvergessliche Geschichte über die Geheimhaltung und ihre typischen Folgen erzählt. Hier ist sie:

DIE FRAU MIT DEM GOLDHAAR

ES WAR EINMAL EINE SCHÖNE JUNGE FRAU mit langen hellblonden Haaren, so glänzend und fein wie gesponnenes Gold. Sie hatte weder Vater noch Mutter und lebte allein im Wald, wo sie die eigenartigsten und kostbarsten Stoffe auf ihrem Webstuhl aus Walnussholz webte.

Der grobschlächtige Sohn des Köhlers begehrte die Schöne; er wollte sie zwingen, seine Frau zu werden und ihm zu Willen zu sein. Aber sie weigerte sich, und um ihn loszuwerden, gab sie ihm ein Büschel ihrer goldenen Haare und schickte ihn fort.

Der Köhlerssohn rannte auf den Marktplatz, um die Haare für den Preis von gesponnenen Goldfäden anzubieten, aber die Leute verlachten ihn und sagten, er hätte seinen Verstand verloren. Wutentbrannt lief der Geschmähte zu der schönen Weberin im Wald zurück und bezichtigte sie des Betruges. Da die Frau allein und ohne Schutz im Walde lebte, erwürgte er sie kurzerhand und verscharrte ihren Körper in einem Erdloch am Ufer des Flusses.

Lange Zeit vermisste kein Dorfbewohner die Weberin. Niemand fragte sich, warum dem Schornstein ihrer Waldhütte kein Rauch mehr entstieg, und ob es ihr wohl gutging dort draußen im Wald. Aber in ihrem Grab wuchs das Goldhaar der Frau immer weiter. Es wurde länger und länger, es kräuselte und bohrte sich hinaus durch die schwarze Erde, bis das Grab ganz und gar von goldenen Schilfhalmen überwuchert war.

Die Schäfer kamen mit ihren Schafherden vorbeigezogen und schnitzten sich Flöten aus den goldenen Halmen, aber wenn sie ihre Flöten spielten, erklang immer wieder nur das eine Lied:

Hier liegt die Frau mit dem Goldhaar
ermordet in ihrem Grab.
Getötet vom Sohn des Köhlers,
weil sie ein Leben in Freiheit wollte.

Und so geschah es, dass der Mörder der Frau mit dem Goldhaar doch noch gefunden und seiner gerechten Strafe zugeführt wurde, auf dass wir und alle anderen Waldbewohner in Frieden und Sicherheit leben können.

Die tiefere Botschaft ist eindeutig: Die Lebenskraft der wildnatürlichen Frau, symbolisiert durch ihr Goldhaar, wächst unaufhörlich weiter und strahlt bewusstseinserweckende Energien aus, selbst wenn die äußere Hülle leblos ist und zum Schweigen gebracht wurde. Das Leitmotiv dieser Geschichte ist sehr wahrscheinlich ein fragmentarischer Rest einer weitaus älteren und umfangreicheren Erzählung über die Auferstehung einer weiblichen Gottheit.

Die Weberin repräsentiert einen mystischen und völlig eigenständigen Aspekt in der femininen Psyche, der so unteilbar ist, dass er in keine Ehe einwilligt. Dieser Teil ist mit der Herstellung von inneren Stoffen beschäftigt, mit Gedankengeweben, Eingebungen, eigenständigen Erkenntnissen, er braucht daher kaum etwas Äußerliches, um stimuliert und glücklich zu sein. Der Kern oder das Herz der femininen Psyche fühlt sich auf niemanden angewiesen; er oder es webt, spinnt und schöpft aus sich selbst heraus, aber genau diese Unabhängigkeit wird den massivsten Attacken ausgesetzt.

Der Köhlerssohn würgt dem femininen Herzen, das die Unverschämtheit besitzt, sich selbst genug zu sein, die Luft ab. Er will dieses Herz zuerst zu einer intimen Beziehung mit ihm zwingen, und dann, nachdem ihm das nicht gelingt, will er es für immer zum Schweigen bringen. Das mörderische Geheimnis soll mit der Frau begraben und vergessen werden, und da niemand nach der Weberin im Wald fragt, geschweige denn, sich um ihr Schicksal kümmert, scheint es zunächst, als würde ihm das auch gelingen.

Unzählige Frauen haben grundsätzlich die gleichen Erfahrungen gemacht. Niemand scheint ernsthaft an ihrem Schicksal interessiert zu sein. Selbst wenn die Leute das angeknackste Herz einer Frau wahrnehmen, stellen sie sich absichtlich oder aus Angst vor Verwicklungen blind und ignorieren ihren Zustand.

Aber aller Ignoranz und allen Verwüstungen zum Trotz lebt etwas in jeder Frau fort, das wallt und wuchert wie Goldhaar, das die schwärzesten Schichten durchdringt und das Geheimnis zum Schluss in alle Winde trägt.

Die Schafhirten in diesem Märchen sagen uns, was wir tun müssen: die Lippen an die Auswucherungen der psychischen Mördergrube legen, um ihnen frische Atemluft einzuhauchen. Damit wird das Totgeglaubte zum Vibrieren gebracht, zum Klingen, dass es über Wald und Flur erschallt. Das ist das Preisgeben der schändlichen Wahrheit. Danach finden die Ausgrabungsarbeiten statt.

Es gibt Geheimnisse, die innerlich Kraft verleihen, wie beispielsweise Erfolgsgeheimnisse einer Firma, die vor der Konkurrenz geschützt werden, oder köstliche Einzelheiten, die man ganz allein für sich genießt. Das sind die »süßen« Geheimnisse. Informationen, die indessen aus Scham und Angst geheim gehalten werden, sind wie das berüchtigte mythologische »Natterngezücht«, das sich in Form von Selbstbezichtigungen und Selbstquälerei ausbreitet. Man muss sich klarmachen, dass alle Qualen, die der Frau womöglich angedroht wurden, sollte sie das Geheimnis preisgeben, die Frau jetzt von innen attackieren, also weder so noch so vermieden werden können.

Scham und Gewissensbisse entladen sich in nächtlichen Träumen, wenn sie keinen anderen Weg finden. Bezeichnend und weit verbreitet sind Träume, in denen Lichter aller Art fortwährend an- und ausgehen oder erlöschen; Träume, in denen etwas Ungenießbares gegessen wird, woraufhin es der Träumerin übel wird; Träume, in denen man einer Gefahr nicht entrinnen kann, und Träume, in denen man schreien will, aber feststellt, dass kein Laut der Kehle entweicht.

Dazu fällt mir die Geschichte einer Patientin ein, deren Lebenslauf den Gesamtkomplex der unseligen Geheimhaltung illustriert. Ihr Mann hatte in den Fünfzigerjahren, drei Monate nach der Heirat, Selbstmord begangen, worauf die Frau von der Familie des Mannes bedrängt wurde, über seine langjährigen Depressionen Stillschweigen zu bewahren, und auch ihre Trauer, ihr Entsetzen und den Zorn über das kulturelle Stigma auf keinen Fall »an die große Glocke zu hängen«. Sie fügte sich dem Drängen und verbannte sämtliche Gefühle über das Ereignis in den Todesstreifen, der nun in ihrer Psyche entstand.

Sie versuchte, so gut es ging, allein mit dem Schicksalsschlag fertig zu werden. Am Todestag ihres Ehemannes hüllte sich seine Familie Jahr für Jahr in tödliches Schweigen. Niemand von ihnen rief an, um zu fragen: »Wie fühlst du dich? Möchtest du Gesellschaft haben? Vermisst du deinen Mann? Sollen wir mit dir auf den Friedhof gehen und Blumen auf sein Grab legen?« Die Frau schluckte ihren Schmerz und Zorn über das grausame Verhalten dieser Verwandtschaft jahrein, jahraus hinunter und ließ ebenfalls nichts von sich hören.

Sämtliche Familienfeste, Geburtstage, unter anderem der eigene, wurden fortan gemieden, und schließlich ging die Frau sogar den eigenen Freunden aus dem Weg, denn für sie war jede Frage nach ihrem Wohlbefinden zu einer entsetzlichen, leeren Geste geworden, nachdem niemand sich in den Zeiten der äußersten Verzweiflung um sie gekümmert hatte. Auf Einladungen reagierte sie mit einem kalten: »Für mich ist so was reine Zeitverschwendung.« Es ist tatsächlich so, dass wir die Mitmenschen in genau dem Bereich verletzen, in dem wir selbst verwundet worden sind.

Um den Teufelskreis zu durchbrechen, muss man einem vertrauenswürdigen Menschen erzählen, was passiert ist, und zwar so oft und detailliert wie notwendig, um sich spürbare Erleichterung zu verschaffen. Schwere Lasten kann man einfach nicht loswerden, wenn die Reaktion des Gegenübers ein unbeeindrucktes »Ah ja? Hmmm, das tut mir aber leid« ist. Weder der Erzähler noch der Zuhörer können sich weise Sprüche erlauben wie »Ja ja, das Leben ist hart« und dergleichen. Die Sache darf nicht noch einmal abgetan und leichtfertig übergangen werden. Das ist tödlich – man erinnere sich an den Todesstreifen. Wohl dem, der ein mitfühlendes Herz findet, das mit gebanntem Interesse lauscht, das an manchen Stellen zusammenzuckt, sich selbst kurz von den Schmerzen berühren lässt, ohne unter der Bürde zusammenzubrechen und dann selbst um Hilfe zu rufen. Durch selbstloses, aber aktiv mitfühlendes Zuhören wird die Erfahrung gemacht, dass man nicht allein mit allem fertigwerden muss.

Aus diesem Grund veranstalte ich manchmal kleine Frauengruppen und fordere die Frauen auf, Waschkörbe voller Fotos und Krimskrams aus alten Zeiten mitzubringen und ihre »schmutzige Wäsche« im Beisein der anderen aus dem Korb zu holen, zu lüften und in alle Winde zu verstreuen.

Seltsamerweise verstößt man in unserer Kultur gegen die guten Sitten, wenn man die schmutzige Wäsche der Familie in aller Öffentlichkeit wäscht – das gehört sich nicht! Die Ironie dabei ist, dass besagte Wäsche aber auch im Schoße der Familie nie gewaschen wird. Gewöhnlich liegt sie jahrzehntelang schmutzstarrend in einer Ecke des Waschkellers. Der Anspruch auf Geheimhaltung ist in diesem Fall Gift, weil er verlangt, dass man auf ewig ein schmutziges Geheimnis, das einen quält, ohne jede Unterstützung mit sich herumschleppt.

Viele Frauen spüren instinktiv, dass sie bestimmte Dinge weder ihren Familien noch den Freunden anvertrauen können, weil sie ihnen damit zumuten, wenigstens einen Teil des Horrors nachzuempfinden. Sie haben die Erfahrung gemacht, dass ihnen entweder nicht geglaubt oder dass ein unbequemes Thema in Windeseile vom Tisch gefegt wird. »O je …«, heißt es dann, und diesem oder einem ähnlichen Ausruf folgt ein betretenes Schweigen, das der Frau zu verstehen gibt, dass der Ofen der Bereitwilligkeit an diesem Punkt bereits erloschen ist. Oder es heißt: »Na ja, das ist natürlich schrecklich, aber nun müssen wir uns auf positive Dinge konzentrieren.« Jeder, der von dem symbolhaften Mord an der Frau mit dem Goldhaar erfährt, fühlt sich unterschwellig gezwungen, ein paar Tränen an ihrem Grab zu vergießen, und dazu sind viele aus verständlichen Gründen nicht bereit.

Dennoch wird das Versagen der Angehörigen und Freunde als ein weiterer Betrug empfunden. Es fühlt sich an, als wäre man um den rechtmäßigen Beistand betrogen worden, der instinktiv mit Familienzugehörigkeit und Freundschaft verbunden wird. Bevor sich das Ganze bis ins Unerträgliche auswächst, nimmt man sich lieber ein Notizbuch und schreibt alles haargenau auf, oder man sucht einen professionellen Therapeuten auf, der weiß, wie man mit Scham, Schande und dem Zorn über den vorenthaltenen Beistand umgehen muss. Macht es wie die Schafhirten im Märchen: Flötet eure Schandtaten und unseligen Geheimnisse einem geneigten Publikum ins Ohr, damit die Mördergrube in gemeinsamer Arbeit geöffnet und der Mord endlich öffentlich betrauert werden kann.

Durch Trauerarbeit wird der Geist der Frau mit dem Goldhaar von ihrer zwanghaften Beschäftigung mit dem Geheimnis erlöst.

Das Grab wird wieder zugeschaufelt, und danach bleibt nur noch eine Narbe zurück, wobei man wissen muss, dass psychische Narben ebenso »wetterempfindlich« sind wie körperliche. Von Zeit zu Zeit mucken sie auf, allen Aussagen der klassischen Psychologie zum Trotz, die jahrelang behauptet hat, dass Trauerarbeit in ein, zwei Jahren abgeschlossen ist, wenn man es richtig macht, und wenn nicht, dann hat man es mit anderweitigen Neurosen zu tun.

Heute wissen selbst die Akademiker, was der normale Mensch schon seit Jahrtausenden instinktiv weiß: Die Trauer über bestimmte Verluste wird nie vollkommen überwunden, wobei die Trauer über den Verlust eines Kindes mit den nachhaltigsten Schmerzen verbunden ist.

Aus neueren Studien geht hervor, dass der akute Seelenschmerz innerhalb von ein, zwei Jahren abklingt und, falls das Auffangnetz der Leidtragenden einigermaßen intakt ist, überwunden wird, aber in den Jahren danach wird jeder Leidtragende noch hin und wieder von Erinnerungen heimgesucht, die den alten Schmerz vorübergehend wieder aktivieren. Die Abstände werden mit der Zeit immer größer, die Dauer der Schmerzempfindung wird immer geringer, aber die Intensität jeden Vorfalls bleibt weiterhin annähernd gleich.

Es ist also völlig normal, wenn der Schmerz und die Trauer über Jahre und Jahrzehnte hinweg immer wieder aufwallen. Tatsache aber ist, dass geteiltes Leid sich weitaus rascher verflüchtigt als das nicht weniger intensive Leid über jene unseligen Schandflecken, die weiterhin im Todesstreifen auf ihre Erlösung harren.

Mitteilen bedeutet, das Leid in zwei zu teilen, auf wenigstens zwei Personen zu verteilen. So werden die Qualen der Bitterkeit und Isolation in befreiende Tränen verwandelt. Man geht mit einer Narbe oder auch vielen Narben, aber erleichtert und gestärkt aus diesem Heilungsprozess hervor.

Das Büßergewand

Das sogenannte Büßergewand ist eine moderne Variante des Sündenbocks, auf den die gesamte Schuld und alles, was damit zusammenhängt, abgeladen wird. In meiner Praxis greife ich hin und wieder zu diesem Hilfsmittel: Man besorgt sich einen bodenlangen Mantel oder ein Kleid und malt, schreibt, heftet, näht, stickt symbolische Zeichen für sämtliche Gemeinheiten darauf, die einem je im Leben zu schaffen gemacht haben. All die unvergessenen Beleidigungen, Verletzungen, Schandtaten und Narben kommen auf das Gewand, auf dass sie für immer darauf haften bleiben und »Buße tun«. Manche Frauen stellen ihr Büßergewand in ein, zwei Tagen fertig, andere brauchen Monate. Es ist enorm hilfreich und erlösend, wenn man alle Verletzungen, die man erfahren hat, auf einen willigen Gegenstand abladen kann.

Das Ganze fing damit an, dass ich mir selbst einmal ein hochinteressantes grellbuntes Büßergewand machte. Die Schleppe des zu dem Zweck auserkorenen Mantels war bald mit dermaßen viel Dingen besetzt, dass drei oder mehr Grazien sie hinter mir hertragen mussten.

Ich ging davon aus, dass ich einen beträchtlichen psychischen Abfallhaufen auf diese Weise loswerden und den Mantel zum Schluss zeremoniell verbrennen würde. Aber, was soll ich sagen? Der Mantel hing wie eine schaurig-schöne Trophäe in meinem Flur, und wenn ich daran vorbeiging, fühlte ich mich nicht etwa unangenehm berührt, sondern ermuntert und froh. Ich war stolz auf mich, dass ich all die hier verewigte Schmach und Schande ertragen hatte, und dennoch »auf allen vieren stand und neuen Entdeckungen immer noch schwanzwedelnd entgegenblickte«.

Den Frauen in meiner Praxis ging es genauso. Bis heute hat keine ihr Büßergewand eingeäschert. Im Gegenteil, der Sündenbock wird in all seiner Schaurigkeit an einem prominenten Platz ausgestellt, wie die prächtigen Rüstungen von Samurais auf dem Flughafen von Los Angeles. Wir nennen das Büßergewand oft auch »unsere Kriegsrüstung«, weil es von unserer Ausdauer und Kraft angesichts so vieler Niederlagen, Ablenkungsversuche und Kampfverletzungen berichtet.

Außerdem zählen wir unser Alter nicht länger in Jahren, sondern in Kampfnarben. Wenn die Leute mich fragen, wie alt ich bin, dann sage ich: »Siebzehn Kampfnarben alt.« Gewöhnlich stoße ich auf sofortiges Verständnis; die Leute fangen an, ihre eigenen Narben an den Fingern abzuzählen, um mir ihr derzeitiges Alter mitteilen zu können.

Die Lakota-Indianer malen die einschneidenden Erlebnisse ihres Stammes auf Tierhäute; die Ägypter erzählten mit Hieroglyphen, von ihren Triumphen und Niederlagen.

Manche Frauen von heute hinterlassen ein Büßergewand, eine bunt bestickte Kriegsrüstung, über deren Sinn und Ursprung die Archäologen der Zukunft herumrätseln können.

Apropos Ursprung: Falls jemand uns die Frage stellt, welcher Nation oder welchem Volksstamm wir angehören, lächeln wir nur noch rätselhaft und antworten: »Ich bin ein Mitglied des Narbenklans.«

VIERZEHNTES KAPITEL

La Selva Subterranea:

Einweihung in das Untergründige

Wenn Geschichten Samen sind, sind wir die Muttererde. Beim Zuhören können wir die Erfahrungen der Hauptpersonen nachvollziehen, als wären wir selbst unmittelbar von ihren Verlusten und Siegen betroffen. Wenn wir eine Geschichte über einen Wolf hören, gehen wir selbst noch eine Zeit lang wie ein Wolf durch die Welt und nehmen sie mit wolfsähnlichen Sinnen wahr. Wenn wir eine Geschichte über eine Taube hören, die ihr Kind endlich findet, regt sich das Taubenherz in unserer Brust. Wenn die Heldin endlich dem neunten Drachen die heilige Perle entreißt, sind wir erschöpft und befriedigt. Auf eine sehr reale Art prägt uns das Zuhören bei einer Geschichte neues Wissen ein.

Jungianer bezeichnen dies als »mystische Teilnahme« – international »participation mystique« –, ein Begriff, der von dem Anthropologen Lévy-Bruhl übernommen wurde und einen Vorgang beschreibt, bei dem »eine Person sich nicht als getrennt von dem Objekt ihrer Wahrnehmung empfindet«. Die Freudianer nennen es »projektive Identifikation«. Anthropologen sprechen gelegentlich von »empathischer Magie« – alle diese Begriffe bezeichnen die Fähigkeit des Geistes, sich eine Zeit lang vom Ego zurückzuziehen und mit einer anderen Realität zu verschmelzen, das heißt, eine andere Form des Verständnisses zu erreichen. Bei den Heilern aus meiner Tradition bedeutet das, durch einen andächtigen, außergewöhnlichen Geisteszustand Erfahrungen zu machen und zu lernen – und die Einsichten und das Wissen, die man so gewonnen hat, in die alltägliche Realität einzubringen.

Das Märchen »Die Jungfrau ohne Hände« gehört zu den tiefschürfendsten Geschichten, die ich kenne. Bevor eine *cantadora* dieses Märchen erzählt, werden die Zuhörer auf ihre Eignung hin überprüft. Die Auserwählten werden angehalten, sich so tief wie möglich in den Lebensweg der Titelheldin einzufühlen und mit jeder Faser ihres Seins an ihren Erlebnissen teilzunehmen, denn hier geht es um nahezu jedes Schlüsselerlebnis und damit notgedrungen auch um jede Belastungsprobe im Leben einer Frau. Die Geschichte ist sehr lang und wird deshalb am liebsten stückweise erzählt, um immer wieder nachfragen und feststellen zu können, wie weit die Geschichte von den Zuhörern aufgenommen wurde. In meinen Workshops deute ich das Märchen gewöhnlich im Verlauf von sieben Abenden, aber mitunter, bei manchen Teilnehmern, lasse ich mir auch über sieben Wochen oder sogar sieben Monate Zeit, um die einzelnen Stadien auf diesem Einweihungsweg zu erörtern – und das hat seinen Grund.

Die Jungfrau ohne Hände steigt durch eine nicht enden-wollende Serie von Härtetests in den »unterirdischen Wald« hinab, in dem das urtümliche Instinktwissen der femininen Psyche beheimatet ist. Kaum hat die Frau eine Runde des Abstiegs und der Umwälzung hinter sich, wird sie gleich danach auf die nächste Belastungsprobe gestellt, wobei jeder Abstieg einen Verlust beinhaltet, ein Opfer verlangt und eine Erhellung des Bewusstseins bewirkt – man kann es auch eine »Erneuerung der Lichtkräfte« nennen oder eine Abhärtung der Schwachpunkte – eine Stärkung der ursprünglichen Essenz.

Die Völkerkundler in meinem Bekanntenkreis haben mehr als hundert Versionen dieser Geschichte in aller Welt gezählt. Das Kernstück der folgenden Version, die ich hier aufgeschrieben habe, wurde mir von meiner Tante Magdalena überliefert, einer der großen Feldbestellerinnen meiner Jugend.

Anderen Versionen begegnet man überall in Mittel- und Osteuropa, aber die tieferen Inhalte befinden sich in jeder Frau, die sich nach dem Zugang zur Ursubstanz sehnt, ganz gleich, in welchem Teil der Welt die Frau lebt.

Meine Tante Magdalena begann ihre Erzählungen gern mit dem für Uneingeweihte höchst verwirrenden: »Es war einmal genau vor einer Woche« oder: »Es war einmal vor ein paar Tagen«, Jahren etc., um dann eine Geschichte aus dem Mittelalter mitsamt den unvermeidlichen Rittern und Zugbrücken zu erzählen. So auch hier, bei der »Jungfrau ohne Hände«.

DIE JUNGFRAU OHNE HÄNDE

ES WAR EINMAL VOR EIN PAAR TAGEN ein Müller, der gleich um die Ecke lebte und sich sein Brot mit dem Mahlen von Korn verdiente. Aber mit den Jahren verarmte der Müller und besaß bald nur noch die leere Mühle, den Mühlstein und den blühenden Apfelbaum auf dem Hinterhof.

Eines Tages nun begab sich der Müller in den Wald, um trockene Stämme mit seiner Axt zu Feuerholz zu hacken, als ein fremder Mann plötzlich hinter einem Baumstamm hervortrat und sagte: »Wie kommt es, dass du, der brave Müllersmann, dich im Schweiße deines Angesichts abmühst, wenn du, ja du, auf der Stelle ein reicher Mann sein könntest? Es ist ganz einfach: Du musst mir nur geben, was hinter deiner Mühle steht, dann mache ich dich reicher, als du es dir in deinen kühnsten Träumen vorstellen kannst. Reich bis an dein Lebensende.«

Da der Müller genau wusste, dass sich außer dem blühenden Apfelbaum rein gar nichts hinter seiner Mühle befand, willigte er in das Tauschgeschäft ein und nickte erfreut.

»In drei Jahren hole ich mir, was mein ist«, bemerkte der Fremde noch lächelnd zum Abschluss. Dann hinkte er zwischen den Baumstämmen davon und verschwand.

Auf dem Nachhauseweg stürzte die Müllersfrau ihrem Mann entgegen und in die Arme. Atemlos rief sie: »Beim letzten Glockenschlag hat sich unsere Stube wie durch einen Zauber verwandelt!

Unsere alten Möbel sind verschwunden und durch neue, prunkvolle Möbel ersetzt worden, als wäre unsere Hütte ein Königshaus! Aus allen Schränken und Truhen quellen Gold und Edelsteine. Oh, sag mir doch, wie kann so etwas geschehen?« Noch während die Frau mit beiden Armen gestikulierte, erschienen edelsteinbesetzte Ringe an ihren Fingern, und auf ihr Haar legte sich ein kostbarer Goldreif.

»Ha«, entfuhr es dem stolzen Müller, dessen alte Kleider sich in dem Augenblick in seidene Gewänder verwandelten. »Ich habe einen seltsamen Mann im Wald getroffen, der mir Reichtum bis an mein Lebensende versprochen hat, wenn ich ihm gebe, was hinter meiner Mühle steht. Du wirst zugeben müssen, dass wir den Apfelbaum jetzt ohne Weiteres entbehren können, nicht wahr, meine Liebe?«

»Oh, nein, nein, nein«, schrie die Müllerin in höchstem Entsetzen. »Der Fremde war niemand anderer als der Teufel! Hinter unserer Mühle steht ein Apfelbaum, jawohl, aber auch unsere Tochter, die den Hinterhof seit einer Stunde mit dem Weidenbesen kehrt!«

Unter Tränen wankten die Eltern heim zu ihren prunkvollen neuen Möbeln und erklärten ihrer Tochter, was geschehen war. Da wurde die sanfte, edelmütige Maid still und ging in sich. Drei Jahre lang bereitete sie sich auf das Erscheinen des Teufels vor und erhörte keinen Bewerber, der um ihre Hand anhielt. Am Tag der Ankunft badete sie sich, legte ein weißes Kleid an und stellte sich in die Mitte eines Kreises, den sie mit weißer Kreide um sich selbst gezogen hatte. Als der Teufel den Arm ausstreckte, um das Mädchen zu ergreifen, wurde er von einer unsichtbaren Gewalt über den ganzen Hof zurückgeschleudert. Wutentbrannt schrie der Teufel den Eltern zu: »Sorgt dafür, dass sie sich nicht badet und wäscht, denn so kann ich mich ihr nicht nähern!« Die verängstigten Eltern und ihre Tochter versprachen es ihm in ihrer Not; mehrere Wochen vergingen, in denen das Mädchen weder badete, noch sich wusch, bis ihr Haar verfilzt, ihre Haut schwarzgrau und ihre Kleider starr vor Schmutz waren.

Dann, als die Jungfrau schon eher einem wilden Tier als einem Menschen glich, kehrte der Teufel zurück, um sie zu holen. Aber die Jungfrau weinte in ihre vorgehaltenen Hände, bis sie sauber und blütenweiß waren. »Hacke ihr die Hände ab«, fuhr der Teufel den Müller an, »denn sonst kann ich ihr nicht nahe kommen.« Der Vater weigerte sich und schrie:

»Die Hände meines einzigen Kindes soll ich abhacken? Niemals!« Aber der Teufel sprach: »Tu, was ich sage, oder ich töte dich, deine Frau und alles, was du im Umkreis von hundert Morgen siehst.«

Da begann der Vater seine Axt zu schärfen, ob er es wollte oder nicht. Er flehte seine Tochter um Vergebung an, und sie sprach: »Ich bin dein Kind, tu, was getan werden muss.«

Die Schmerzensschreie gellten über Wald und Flur, und niemand wusste, wer unter Seelenqualen lauter schrie, der Vater oder die Tochter. In diesem Entsetzen endete das Leben der Maid, wie sie es bisher gekannt hatte.

Als der Teufel beim nächsten Mal zur Mühle zurückkehrte, waren die Armstümpfe der Jungfrau wiederum blütenweiß gewaschen von all den vergossenen Tränen, und wieder wurde er über den ganzen Hof geschleudert, weil sie im Kreidekreis stand. Der Teufel fluchte und drohte, dass der Wald erzitterte, und verschwand aus jenen Gefilden der Erde, denn hiermit hatte er seinen Anspruch auf die Jungfrau verwirkt.

Die Eltern der Maid waren in dieser Zeit um hundert Jahre gealtert, aber zäh, wie die Waldbewohner sind, lebten sie fort und boten ihrer Tochter ein Dasein als reiche Frau in einem fürstlichen Schloss am Waldesrand an. Doch die Jungfrau bat ihre Eltern nur, ihre Armstümpfe noch einmal mit weißen Bandagen zu umwickeln und sie fortziehen zu lassen, denn sie wollte lieber als Bettlerin durch die Lande ziehen, als vom Reichtum des Teufels leben. Am Morgen des folgenden Tages brach die Jungfrau auf und ließ das Leben, wie sie es bisher gekannt hatte, hinter sich.

Zu Fuß wanderte sie in die unbekannte Ferne. Durch die Hitze der Mittagszeit war ihr verschmutztes Gesicht schweißnass und verklebt, und ihre Haare standen wie Filzgras zu Berge. Zur Mitternachtsstunde war sie bei einem der königlichen Obstgärten angekommen und sah die goldenen Früchte im Mondlicht funkeln. Aber der Obstgarten war von einem Graben mit reißendem Wasser umgeben, so tief und breit wie ein mächtiger Fluss, um die Birnbäume des Königs vor Dieben zu schützen.

Andächtig sank die Jungfrau vor dem Graben auf die Knie und spürte ihr Verlangen nach den Früchten, ohne sie jedoch erreichen oder greifen zu können, denn sie hatte ja keine Hände. Doch siehe da: Ein weiß gekleideter Geist erschien, verschloss das Schleusentor und ließ alles Wasser aus dem Graben fließen, damit die Jungfrau die Birnbäume des Königs erreichen konnte.

Die handlose Maid wandelte zwischen den Birnbäumen und fühlte genau, dass jede einzelne Birne von unsichtbaren Augen bewacht wurde. Aber ein Ast beugte sich leise knackend zu ihr herab und bot ihren Lippen eine reife Frucht dar. So stand die Jungfrau im Mondlicht und aß.

Der Gärtner beobachtete die Maid aus einem Versteck, und als der König am nächsten Morgen in seinem Obstgarten lustwandelte und den Gärtner nach dem Verbleib einer seiner goldenen Birnen fragte, antwortete der Gärtner: »Gestern nacht sind zwei Irrlichter von der anderen Seite über den Graben gekommen. Eins hatte die Gestalt einer verwilderten Frau ohne Hände. Das andere war ein Gespenst, das Wache hielt, während der Baum dem ersten Irrlicht freiwillig eine Frucht zugeneigt hat.«

Der König war verwundert ob dieser Rede und beschloss, sich mit seinem Magier und dem Gärtner in der kommenden Nacht auf die Lauer zu legen und die Birnbäume selbst zu beobachten. Um Mitternacht tauchten tatsächlich zwei merkwürdige Gestalten aus dem Dickicht des nahen Waldes auf: die eine in schmutzstarrenden Lumpen und mit verbundenen Armstümpfen, die andere in wallendem Weiß.

Auch diesmal neigte ein Birnbaum dem Mädchen ohne Hände eine Frucht entgegen, damit sie ihren Hunger stillen konnte. Der Magier des Königs wagte sich weit genug an die beiden heran, dass die Jungfrau ihn hören konnte, und flüsterte: »Bist du von dieser Welt oder bist du es nicht?« Das Mädchen antwortete:

»Einst gehörte ich zur Welt, und doch bin ich nicht von dieser Welt.«

Atemlos erkundigte der König sich bei seinem Magier: »Ist sie ein Mensch oder ein Geist?« Der Magier antwortete, dass sie beides zugleich sei. Bei diesen Worten pochte das Herz des Königs wie nie zuvor, er sprang aus seinem Versteck und rief: »Du bist zu mir gekommen, du, die Königin meines Herzens! Von Stund an werde ich mich deiner annehmen und dich nie wieder verlassen.«

Und so geschah es, dass der König sich mit der handlosen Maid vermählte und ihr auf seinem prachtvollen Schloss von seinen Goldschmieden ein paar silberne Hände anfertigen ließ, die sogleich an ihren Armen befestigt wurden. Die beiden liebten sich und waren über alle Maßen glücklich, bis ein Krieg in einem fernen Land ausbrach und der König seine Frau verlassen musste, um den Streit zu schlichten. Vor seinem Abzug bat der König seine Mutter, sich während seiner Abwesenheit um die geliebte Frau zu kümmern und ihm sofort eine Nachricht überbringen zu lassen, falls sie ihm ein Kind gebären sollte.

Tatsächlich gebar die junge Königin alsbald ein wunderschönes, kerngesundes Kind, und die Königinmutter sandte einen ihrer berittenen Kuriere aus, um dem Vater die frohe Botschaft zu überbringen. Aber auf dem Weg zum König wurde der Kurier von einer gewaltigen Müdigkeit überfallen; am Ufer eines murmelnden Flusses sank er vom Pferd und fiel in einen tiefen, traumlosen Schlaf. Hinter einem Baum trat der Teufel hervor und vertauschte die Worte der Botschaft mit den folgenden Worten: »Die Königin hat ein Kind geboren, das zur Hälfte ein Mensch, zur anderen Hälfte aber ein räudiger Köter ist.«

Der König erschrak, sandte jedoch eine Botschaft zurück, in der es hieß, dass alle Untertanen sich mit besonderer Sorgfalt um die Königin in der Stunde ihrer Not bemühen sollten, aber auch dieser Kurier ritt an dem murmelnden Fluss vorbei, sank gleichfalls schlafend am Ufer zu Boden, worauf der Teufel auch diese Botschaft vertauschte. Jetzt lautete sie: »Tötet die Königin und ihr Kind.«

Voller Entsetzen über diesen Befehl ihres Sohnes sandte die Königinmutter erneut einen Kurier, um sich den Inhalt der Botschaft bestätigen zu lassen. Hin und her ritten die Kuriere, und jeder kam mit immer furchtbareren Anweisungen zurück. In der letzten Nachricht an die Königinmutter hieß es: »Schneide der treulosen Königin die Zunge ab und stich ihr die Augen aus, damit ich den Beweis für ihren Tod habe.«

Die Mutter war erschüttert ob dieser Botschaft, denn sie liebte ihre Schwiegertochter von Herzen. Und so ließ sie ein Reh schlachten und bewahrte die Augen und die Zunge des Rehs in einer Urne auf. Danach band sie der Königin ein Tuch um die Brust, legte das Kind hinein, verhüllte das Gesicht der Frau mit einem Schleier und ließ sie noch zur selben Stunde unbeschadet aus dem Schloss entkommen.

Wieder allein und auf der Wanderschaft, geriet die junge Königin bald schon in einen finsteren Wald hinein, so groß und undurchdringlich wie noch kein Wald zuvor. Aber bei Einbruch der Nacht erschien der Geist in Weiß zum zweiten Mal und wies ihr den Weg zu einer Herberge, die von einfachen, gutmütigen Leuten geführt wurde. Ein weiß gekleidetes Mädchen nahm die Wanderin auf und grüßte sie sogleich mit ihrem Namen.

»Woher weißt du, wer ich bin?« fragte die Königin.

»Wir vom Walde wissen solche Dinge, meine Königin. Und nun sollst du mit deinem Kind Ruhe finden.«

Sieben Jahre verbrachte die Königin in der Herberge im Wald. In dieser Zeit wuchs das wundersame Kind heran und war glücklich bei den einfachen Leuten. Bald schon erkannte die Königin, dass auch ihre Hände wuchsen. Erst wuchsen ihr die winzigen Hände eines Säuglings, dann die Hände eines kleinen Mädchens, und zum Schluss hatte sie Hände wie eine erwachsene Frau.

Unterdessen kehrte der König aus dem Krieg zurück und wurde von seiner untröstlichen Mutter in Empfang genommen:

»Warum hast du mir befohlen, zwei Unschuldige zu töten?« rief sie als Erstes und zerrte ihn zu der Urne mit der Zunge und den toten Augen.

Nach und nach kam die Geschichte heraus; der König stürzte zu Boden und weinte so herzzerreißend, dass seine Mutter fürchtete, er würde den Verstand verlieren, wenn sie ihm nicht sofort gestand, dass die Zunge und die Augen in der Urne einem Reh gehörten, die Königin und ihr Kind aber in den großen, dunklen Wald geflohen waren.

Unverzüglich machte der König sich auf die Suche. Sieben Jahre lang nahm er keinen Bissen und keinen Tropfen Wasser zu sich; seine Hände wurden schwarz, das Fleisch fiel ihm von den Knochen ab, sein Augenlicht drohte zu erlöschen, aber eine größere Kraft als die eigene hielt ihn am Leben.

Sieben Jahre vergingen, bis der König auf seiner Suche an der Waldherberge vorüberzog und das weiß gekleidete Mädchen ihm ein Bett zur Nachtruhe anbot. Erschöpft nahm er das Angebot an, und während er schlief, legte das Mädchen einen Schleier über sein fahles Gesicht. Vom Atem des Schläfers bewegt, senkte sich der Schleier sanft auf und nieder, bis er allmählich von seinem Gesicht fiel. Als der König die Augen öffnete, sah er, dass eine wunderschöne Frau und ein Kind auf sein Erwachen gewartet hatten.

»Ich bin deine Frau, und dies ist dein lang gesuchtes Kind«, sagte die Frau. »Du hast uns gefunden.« »Wie kann das sein?« rief der König voll inbrünstiger Hoffnung, aber zweifelnd zugleich, da er sah, dass diese Frau seiner einstigen Gemahlin wie ein Zwilling glich, aber noch viel schöner war und Hände besaß. »Durch lange Irrungen und Wirrungen und das Wunder des Mutes sind mir

Hände gewachsen«, antwortete die Königin lächelnd. »Überzeuge dich selbst …« Das weiß gekleidete Mädchen lief zu einer Truhe und brachte die silbernen Kunsthände zum Vorschein, um sie dem Mann zu zeigen. Da stand der König auf und schloss seine Frau und sein Kind in die Arme, um sie nie wieder loszulassen.

Oh, welch ein Freudentag dieser und alle folgenden Tage für die Waldbewohner waren! Die ganze Nacht und den kommenden Tag wurde gespeist, gezecht und gelacht. Danach zog die Königsfamilie im Triumphzug in das Schloss zur Königinmutter zurück, um eine zweite Hochzeit zu feiern, an der alles Volk von nah und fern teilnahm. Das Königspaar hatte noch viele, viele Kinder, die diese Geschichte an hundert andere Menschen weitergaben, weiter und weiter, bis sie zu mir gelangte und durch mich zu dir, und so weiter und immer so fort.

Die erste Stufe – Der unwissentliche Pakt

Die Geschichte beginnt damit, dass der habgierige und vollkommen naive Müller sich auf einen Pakt mit dem Teufel einlässt, bei dem er unwissentlich seine Tochter gegen Gold und Geld eintauscht. Lasst uns diese und alle folgenden Episoden im Sinn der archetypischen Psychologie betrachten, womit jedes Element des Märchens zu einem Aspekt in der Psyche einer Frau wird und wir als Erstes vor die Frage gestellt werden: Auf welchen unwissentlichen Pakt lässt sich jede Frau ein?

Obwohl wir die Frage von Tag zu Tag unterschiedlich beantworten können, gibt es eine allgemeingültige und konstant bleibende Antwort. Auch wenn wir es uns nur sehr ungern eingestehen, ist der verheerendste Tauschhandel immer der, bei dem die Ursprünglichkeit gegen etwas Äußerliches eingetauscht wird. Wenn wir unser Instinktwissen mit seinen Krallen, seinem Biss, seinem spontanen intuitiven Feingefühl für etwas oberflächlich Vielversprechendes, aber letztlich Lebloses aufgeben, haben wir uns auf einen Pakt mit dem Teufel eingelassen und müssen mit zahllosen Schmerzen und Verwicklungen dafür bezahlen.

Tatsache ist, dass nahezu jede Frau, und sei sie auch noch so intelligent, sich über kurz oder lang auf so einen Handel einlässt.

Als junge Mädchen wandeln wir in einem Zustand der traumverlorenen Unschuld durch die Welt – Schlafwandlerinnen, eine wie die andere –, und da unbewusste Unschuld korrumpiert werden kann, nimmt die Geschichte ihren unabwendbaren Lauf. Der väterliche Aspekt in der Psyche ist noch nicht voll entwickelt, und so haben wir keinen funktionsfähigen Animus, der uns sagen könnte, dass viele Dinge durchaus nicht so sind, wie sie auf den ersten, unschuldig traumverlorenen Blick wirken.

Der väterliche Aspekt »verkauft« uns in seiner Ahnungslosigkeit an etwas, das finanzielle Sicherheit und Geborgenheit verspricht. Dieser grauenhafte Tauschhandel führt zu einem radikalen Umbruch und Aufbruch: Wir, die sanften, von Natur aus edelmütigen Jungfrauen, müssen jetzt ein eigenständiges Bewusstsein, ja sogar eine gewisse Durchtriebenheit entwickeln. Wie gesagt, kein Lebewesen kann auf die Dauer unbewusst unschuldig bleiben, also unwissend. Die Instinktnatur treibt uns in einen unaufhaltsamen Lernprozess; sie zwingt uns, alle erdenklichen Zustände, Wahrnehmungsweisen und Verhaltensformen kennenzulernen, oft auch selbst auszuprobieren. Sie katapultiert uns, ohne uns vorher zu fragen, in den untergründigen Urwald, wo wir einer neuerlichen Serie von Prüfungen ausgesetzt werden.

Aber zurück zur allerersten Belastungsprobe. Das Märchen beginnt mit den Symbolen des Müllers und der Mühle. Beides repräsentiert den Vorgang des Mahlens und Zermalmens von Informationen in der Psyche, um sie in genießbare Nahrung zu verwandeln. In der psychologischen Praxis wird dann von »Verarbeitung« gesprochen. Wir verarbeiten Informationen, indem wir uns fragen: »Was soll ich damit anfangen? Wie soll ich mit den inneren Gefühlen, Eingebungen etc. und den von außen hinzukommenden Konzepten umgehen, um das Beste für mich daraus zu machen?«

Aber in der Geschichte ist die Mühle stillgelegt worden. Der Müller ist arbeitslos – die Psyche verarbeitet die täglichen Einflüsse von innen und außen nicht, sie stellt also kein genießbares Mehl zum Brotbacken her. Wenn die Mühle nicht arbeitet, bekommt die Seele keine Nahrung.

Im Zuge meiner Arbeit mit einer Gruppe von Kindern und im Zusammenleben mit meinen eigenen fiel mir auf, dass die Mühle gewöhnlich im Alter von etwa elf Jahren ins Stocken gerät. Die Kinder fangen an, sich permanent mit anderen zu vergleichen, was sich zumeist durch einen abwesenden Blick in den vorher offen strahlenden Augen äußert. Obwohl sie weiterhin wie wild herumspringen, geben sie sich von nun an gern *cool* und verschlossen. Die Beschäftigung mit vergleichenden Messvorgängen und Abwägungen in der Psyche schneidet sie von ihrer Empfänglichkeit für die eigenen Tiefen ab und legt sich allmählich wie ein Schleier über ihre Instinktnatur. Wenn wir uns nun auch noch vorstellen, dass uns in diesem Alter ein Tauschhandel angeboten wird, bei dem wir materielle Vorteile und das damit verbundene »Ansehen« für die unbewussten und vermeintlich wertlosen Gaben der Instinktnatur eintauschen dürfen, ja, dann greifen wir bedenkenlos zu.

Welche Frau kennt diese Situation nicht? Der Teufel des Vergleichs mit anderen, auf irgendeine Weise reicher wirkenden Leuten, klopft an die Tür; von Träumen umnebelt, gehen wir hin und öffnen ihm Tür und Tor. »Bitte schön, versprich mir, was ich hören will, und dafür darfst du mir meine Gutgläubigkeit, meine Unbewusstheit und mein Lebenslicht aus den Knochen saugen.« Wie man sieht, ist das ein höchst ungleiches Geschäft.

Der Teufel ist der uns innewohnende Verdunkelungsaspekt, der von einer schlafwandelnden Unschuld nie ohne unvermittelte laute Weckrufe erkannt wird. Beide, die träumende Unschuld und der Teufel, fühlen sich gleichermaßen zueinander hingezogen. Das

Dunkle sehnt sich nach dem Licht der seelischen Schönheit, Großzügigkeit, Jungfräulichkeit und des Edelmuts, denn diese Kombination lässt sich am leichtesten ausbeuten.

Viele Frauen lassen sich unwissentlich auf einen Pakt mit dem Teufel ein, indem sie sich willig von anderen ausnutzen lassen, um bloß nicht energisch Nein sagen zu müssen, und damit die Zuneigung ihrer Mitmenschen aufs Spiel zu setzen. Der uns innewohnende Räuber bietet ihnen das Gold des Geliebtwerdens im Tausch dagegen an, dass sie ihre natürlichen Abwehrreaktionen gegen das Ausgebeutetwerden aufgeben. Und dieser ungleiche Handel wird nicht nur der jungfräulich naiven Psyche aufgedrängt – auch Frauen im Alter von vierzig, fünfzig und mehr Jahren schlagen sich mit dieser Verlockung und dann der Wut über das nie eingehaltene Versprechen herum.

Ein weiteres Symbol für die Unreife der Frau in diesem Stadium ist der blühende Apfelbaum im Märchen. Es ist Frühling, die Früchte des Baumes schlummern noch in Form von Möglichkeiten im Blütenkern.

Und obwohl der Baum offensichtlich fruchtbar ist und weitverzweigte unterirdische Wurzeln hat, stehen ihm noch allerlei Verwandlungsprozesse bevor, genau wie der eben erst aufblühenden Seele einer Frau mit einem unterentwickelten, oft auch habgierigen väterlichen Aspekt.

Der Vater repräsentiert die weitverbreitete Geringschätzung der elementaren Weiblichkeit, wenn er sagt, dass man als reiche Person den Apfelbaum doch ohne Weiteres entbehren kann. Mit anderen Worten, die Psyche erkennt den Wert ihrer eigenen Schöpferkräfte und Wachstumsenergien nicht. Der ahnungslose, innerlich verarmte Müller will die Schöpferkraft des blühenden femininen Selbst gegen etwas Statisches, Sicheres, Lebloses eintauschen und stürzt damit sämtliche Aspekte der Psyche in den unvermeidlichen Einweihungsprozess, bei dem die Frau eine Zerreißprobe nach der anderen bestehen muss.

Der arbeitslose Müller sieht sich gezwungen, in den Wald zum Holzhacken zu gehen, was harte Arbeit ist, wie jeder weiß, der es je versucht hat. Das Holzhacken symbolisiert einen tatkräftigen Umgang mit psychischen Energien, den Versuch, etwas Sinnvolles, Weiterführendes in Gang zu setzen und die Träume von einem besseren Leben zu verwirklichen. Also kann man sagen, dass der Müller funkensprühende, wärmespendende Energie in der Psyche erzeugen will.

Aber das arbeitsscheue Ego lässt sich nur allzu gern von falschem Gold verführen. Als der Teufel dem Müller anbietet, ihn bis an sein Lebensende von harter Arbeit zu erlösen, willigt der Müller bedenkenlos ein und besiegelt damit das Schicksal aller Beteiligten. Die tieferen, lebenserfahreneren Teile der Psyche wissen natürlich genau, dass keine Transformation ohne Anstrengung und ohne den bewussten Einsatz sämtlicher Kräfte stattfindet. Wir wissen, dass uns die Illusionen auf die eine oder andere Weise ausgetrieben werden müssen, damit die Person, für die wir uns einstmals gehalten haben, sterben und ein wahreres Selbst aus den Trümmern auferstehen kann.

Dennoch hofft das eigensinnige Ego auf ein Wunder. Es will die Hoffnung nicht aufgeben, dass ihm die Mühe der Bewusstwerdung vielleicht ausnahmsweise erspart bleibt, damit es ungestört weiterschlafen kann. Wenn der Verdunkelungsaspekt nun in Gestalt eines verlockenden Angebots daherkommt, bei dem etwas (angeblich) für nichts und wieder nichts verschenkt werden soll, stößt er auf einen empfänglichen Partner, der von vornherein nicht daran interessiert ist, das Kleingedruckte in dem Vertrag zu lesen.

Wir wollen das Holzhacken vermeiden – und dafür werden der Psyche die Hände abgehackt, denn ohne psychische Arbeit verkümmern die inneren Hände, wie jeder weiß. Aber der Wunsch, trotz allem und wider besseres Wissen billig davonzukommen, ist so menschlich, so verständlich und so weit verbreitet, dass man von einem Wunder sprechen muss, wenn jemand von sich sagen kann, dass er sich nie auf diesen Handel eingelassen hat. Männer wie Frauen in aller Welt tauschen das Holzhacken gegen ein leichteres Leben ein und geben dafür ihr eigentliches Selbst auf.

Dann heiraten Frauen aus den falschen Gründen und geben ihre Kreativität auf. Dann zwingen Frauen sich zu sexuellen Praktiken, die ihrer Natur widerstreben. Dann bleiben Frauen zu Hause oder bei einem Ehemann oder im Schoße einer Familie sitzen, obwohl sie eigentlich etwas ganz anderes wollen. Dann lassen Frauen sich von jedem Liebhaber, der ihnen ein bisschen Geborgenheit verspricht, einen Arm und ein Bein ausreißen.

Wir alle lassen uns mehr oder minder auf solch einen Handel ein, denn der Druck der gesellschaftlichen Umgebung, hier repräsentiert von den Ansichten des Vaters, treibt uns tagtäglich in solche Kompromisse hinein. Es ist keine Schande, wenn man den blühenden Apfelbaum der Femininität für etwas Vielversprechendes, aber Hohles eingetauscht hat. Es ist normal und verständlich. Ja, man muss dafür büßen, manchmal jahre- und jahrzehntelang, aber letzten Endes nicht vergebens.

Die Mutter der Jungfrau erkennt den schmählichen Tauschhandel sofort und bringt ihren Mann zur Besinnung: »Du hast deine Tochter gegen weltliches Hab und Gut eingetauscht! Bist du von Sinnen?« Jetzt werden der gesamten Psyche die Implikationen eines derartigen Pakts mit dem ihr innewohnenden Räuber Schlag für Schlag bewusst gemacht. Und das tut entsetzlich weh. Aber nur bewusst wahrgenommene Schmerzen können transformiert werden. Das nennt man »durch Leiden wachsen«, und es macht uns stark, stärker denn je. Ihr werdet es sehen.

Die zweite Stufe – Die Zerstückelung

Nach dem unseligen Tauschhandel vergehen drei Jahre, bevor der Teufel zurückkehrt, um das Mädchen zu holen. Die Jahreszahl ist symbolhaft für den Zeitraum, in dem eine Frau hin und her überlegt, ihr Gehirn zermartert, sich unablässig fragt, ob das Schreckliche, das, was sie am allermeisten fürchtet, unabwendbar ist – oder vielleicht doch nicht? Sie will sich noch nicht voll und ganz eingestehen, dass sie selbst das Opferlamm ist, das dem Schlächter ausgeliefert werden soll. Die Drei ist eine Schlüsselzahl in der Mythologie, denn im Dreitakt baut sich etwas auf, geht etwas Unwiederbringliches verloren. In diesem Fall kann man es so sehen: Der erste Versuch scheitert, der zweite Versuch gelingt ebenfalls nur halb, aber beim dritten Mal geschieht etwas Weltbewegendes, etwas, das die Welt der Jungfrau in ihren Grundfesten erschüttert.

Lao Tse sagt im »Tao Te King«: »Aus dem Einen kommt die Zwei, und aus der Zwei die Drei. Und aus der Drei entspringen Zehntausend.« Bei der Drei angelangt, hat sich dermaßen viel psychische Energie aufgestaut, dass eine ungeheure Vielfalt von Möglichkeiten offensteht, ein Potenzial, das zum Teil auch für uns sichtbar manifestiert wird. Wenn es heißt, dass die Maid in den drei Jahren der Vorbereitung auf den Teufel keinen Bewerber erhört, weiß man, dass die Psyche zu sehr damit beschäftigt ist, sich innerlich zu wappnen, um eine Beziehung und etwaige Zerstreuung zuzulassen. In diesen drei Jahren muss man sich innerlich stärken, sämtliche Kraftreserven in die Bewusstwerdung stecken. Das bedeutet, dass man die Wellenbewegungen der leidvollen Gedanken und Gefühle im Inneren beobachtet, ihre Muster kennenlernt, Personen in der Umgebung befragt, die ähnliche Erfahrungen gemacht und erfolgreich überstanden haben.

Die Jungfrau muss »in sich gehen« und unverheiratet bleiben, denn, wie die Geschichte sagt, die Aufgabe besteht darin, den Bräutigam in der Unterwelt zu finden, nicht in der Oberwelt. Erst im

Nachhinein stellen Frauen fest, dass sie sich die ganze Zeit – manchmal jahrelang – innerlich auf den Abstieg vorbereitet haben, bis sie endlich, und meistens sehr plötzlich, in die Tiefe gestoßen werden oder, in den seltensten Fällen, freiwillig von den Klippen springen.

Während der Vorbereitung fühlen sich viele Frauen von einer namenlosen Lustlosigkeit heimgesucht. Sie wissen nicht, was sie eigentlich wollen und was es ist, das sie so nervös und unzufrieden macht. Sie können sich nicht konzentrieren, nur unter unsäglichen Anstrengungen produktiv werden oder sich um die Angehörigen kümmern. Aber das sind die charakteristischen Merkmale dieser spirituellen Entwicklungsstufe. Man muss sich sammeln, allein sein, denn nur ein kleines Stück weiter auf dem Weg gelangt man an den Rand des Abgrunds, in den wir alle irgendwann fallen oder springen müssen.

An diesem Punkt benutzt das Märchen ein paar uralte kultische Symbole. Die junge Frau badet, kleidet sich in Weiß und stellt sich in einen Kreidekreis. In den antiken Göttinnen-Kulten wurden die Einweihungskandidatinnen rituellen Reinigungen, also Purifikationen, unterzogen, in weiße Gewänder gehüllt – das Gewand für den Abstieg ins Totenreich – und in einen magischen Schutzkreis gestellt, also in das Bewusstsein der Unantastbarkeit der reinen Seele. Vor der Ankunft des Teufels tut das Mädchen all diese Dinge, als wäre sie in einem tranceähnlichen Zustand, in dem sie Anweisungen aus uralter Zeit vernehmen kann.

Die Psyche ist an einem Punkt angelangt, wo sie nicht mehr aus eigener Kraft weitergehen kann. Sie erwartet den endgültigen Schicksalsschlag. Todesmutig stellt sie sich auf das Schafott … Und genau an diesem Punkt wird etwas mobilisiert, das man normalerweise nicht wahrnehmen kann: Eine große, unbekannte Kraft, vielleicht in Form einer Stimme, die unmissverständlich sagt, was getan werden muss, damit die Psyche ungebrochen bleiben kann. Einmal, ich war in einem Zustand äußerster Verzweiflung, sagte eine Stimme im Traum zu mir: »Geh in die Sonne.« Ich folgte der

Stimme und begab mich innerlich wie äußerlich an möglichst sonnige Plätze. Ich weiß nicht wie, aber das Sonnenlicht wirkte in dieser Zeit wie Kraftstoff auf meinen ausgebrannten Geist.

Es ist tatsächlich so, wie die alte Volksweisheit sagt: »Wenn die Not am größten, ist Gottes (oder was auch immer man unter der namenlosen Urkraft versteht) Hilfe am nächsten.« Wenn wir in unsere tiefsten Tiefen hineinhorchen, wird uns etwas vermittelt, das am entscheidenden Punkt zu einer Wende oder psychischen Umkehr führt.

Der Teufel kommt, aber er kann die innerlich gut vorbereitete Frau nicht ergreifen. Er wird allein schon von der Kraft ihrer puren Todesbereitschaft zurückgeschleudert. Die Jungfrau zieht einen Kreidekreis um sich herum: Das Wissen um die Unzerstörbarkeit der Seele, auch wenn der Körper malträtiert und zerhackt werden kann, verleiht ihr die Kraft der Immunität gegen das Böse. Der Teufel verflucht die Reinheit dieses Bewusstseins und verlangt, dass die Jungfrau sich gefälligst nicht mehr waschen solle. Mit anderen Worten, der trickreiche Räuberaspekt in der Psyche kommt auf die Idee, dass er das verwilderte, von den Schichten der Zivilisation befreite Mädchen leichter zu sich hinziehen kann. Irrtum. Bei der nächsten Begegnung tritt ihm ein wüst aussehendes Wildwesen entgegen, und auch das ist eine hervorragende Schutzmaßnahme.

In diesem Stadium legen Frauen oft keinen Wert mehr auf ihr Äußeres, oder anders gesagt, sie messen ihrer Erscheinung einen völlig anderen Wert bei als zuvor. Sie sind viel zu sehr mit ihrer Einweihung in das Untergründige beschäftigt, als dass sie sich um ihre Wirkung auf andere kümmern könnten.

Der Teufel kann dem wildnatürlichen Selbst nicht ans Leder gehen, schon gar nicht, wenn dieses Selbst nun auch noch die Aufwallungen der urinnersten Seele in Tränenform verströmt. Tränen sind heilsam; das Mädchen weint in die vorgehaltenen Hände, und das ist wiederum wie Weihwasser, vor dem sich das Gehässige und mutwillig Destruktive in der Psyche zähneknirschend zurückzieht.

Es gibt Zeiten, in denen Frauen oft und lange weinen müssen, ohne genau zu wissen, warum. Sie werden unterstützt und von ihren Angehörigen geliebt, alles ist eigentlich in Ordnung, und trotzdem weinen sie beim geringsten Anlass. Da braut sich offenbar etwas zusammen – oft etwas sehr Altes, das nun an die Oberfläche dringt und von dem Tränenstrom aufgeweicht und herausgespült werden soll. Die Tränen halten den dämonischen Unterdrücker fern, damit eine alte Wunde ungestört verheilen kann. Lasst die Tränen fließen, so lang und oft sie wollen, auch wenn die Freunde oder die inneren Unterdrücker ungeduldig werden und sagen: »Hör endlich auf damit! Warum heulst du denn andauernd?« Aber die Seele selbst erzeugt diese heilenden Wässerchen, denn das ist ihr Schutz gegen den Eingriff des Unverstands.

Die kluge Jungfrau weint Tränenströme, worauf der Teufel endgültig die Geduld verliert und verlangt, dass ihr die Hände abgehackt werden sollen, also ihre psychische Fähigkeit, etwas zu begreifen, festzuhalten, sich selbst und anderen zu helfen. Der väterliche Aspekt widersetzt sich diesem Ansinnen, aber der Dunkelmann droht mit der Vernichtung der gesamten Psyche, indem er behauptet, dass er »alles im Umkreis von hundert Morgen töten« wird.

Der männliche, väterliche Aspekt ist noch so unreif, so beeindruckbar, dass er keinen Weg sieht, sich gegen die Intensität dieses Vernichtungswillens zu behaupten. Er fleht um Vergebung und hackt seiner Tochter die Hände ab. Das Blutopfer wird vollzogen. An diesem Punkt verliert die Frau ihre Unschuld; sie ist von nun an gezeichnet. Sie wird in Bereiche ihrer Psyche gestürzt, die nicht ohne eine gewaltsame, in manchen Fällen auch gezielt herbeigeführte Trennung vom bisherigen Leben erreicht werden können.

Die Axt symbolisiert das Durchtrennen der Nabelschnur, die uns mit einem Seinszustand verbindet, der nun verlassen werden muss, wenn etwas wahrhaft Weiterführendes geschehen soll. Es gibt Völkerstämme, unter anderem in Asien, bei denen das »himmlische

Silberbeil« als ein ritueller Gegenstand verehrt wird, mit dem der Mensch sich zu gegebener Zeit von seinem illusionären oder unerleuchteten Selbst abschneidet. Diese Sichtweise macht das Märchen von der Jungfrau ohne Hände für uns erst wirklich relevant. Wenn dem habgierigen Ego die Greifer abgeschnitten werden müssen, damit wir in unsere urwüchsigen Tiefen zurückfinden können, dann gut, dann soll es so sein, dann bleibt uns nichts anderes übrig, als uns gewaltsam von allen unser Wachstum behindernden Verlockungen loszureißen und Ja und Amen zu sagen, wenn der psychische Vater das Hackebeil schwingt.

Der Vater fleht um Vergebung, er tut, was getan werden muss, um die Psyche in ihrer Gesamtheit vor dem Zugriff des Ego-Teufels zu bewahren. Das Ego wehrt sich gegen den grausamen Einschnitt, aber andere Teile der Psyche erklären sich bereit, alle bisher gekannten Wertvorstellungen loszulassen. Die junge Frau verliert ihre Identität, ihren Halt in der Welt, um einen neuen Halt in einer neuen Familie in der Unterwelt zu finden. Der bisherige Vater- und Mutteraspekt altern in kürzester Zeit um hundert Jahre, woraus wir schließen können, dass die beiden nicht mehr lange leben werden. Sie haben ausgedient und werden bald schon durch einen königlichen Gefährten und eine Königinmutter ersetzt.

Der Zusammenbruch einer alten, ausgedienten Identität macht sich in einer Verletzlichkeit und Offenheit bemerkbar, die nicht immer leicht zu ertragen sind, wie alle wissen, die es je am eigenen Leib erfahren haben. Wir gehen ohne den Schutzpanzer des Egos durch die Welt. Wir stehen auf freiem Feld, ein blühender Apfelbaum mit geknickten Ästen, dem ein jäher Blitzschlag die Rinde abgezogen hat. Und doch ist ein Bewusstsein der Stärke vorhanden, wenn auch für andere unsichtbar. Wir wissen, dass wir den Teufel einmal, zweimal, dreimal in die Flucht geschlagen haben und ihn wieder über den Hof schleudern können, wenn er uns holen will.

Von nun an stellt man fest, dass einem jedes Ego-Unternehmen aus der Hand gleitet; man kann nichts Egoistisches lange genug festhalten, um es zur Vollendung zu bringen, so sehr man sich auch bemüht. Es ist nicht mehr die Mühle, nicht mehr der Schlaf der traumverlorenen Unschuld, nicht mehr das Mahlen und gierige Zugreifen, das unser Tun und Werden regiert, es ist die unbekannte Wesenstiefe selbst. Das Leben, wie wir es gekannt haben, ist beendet. Wir können uns nicht mehr auf die vom väterlichen Aspekt dominierte Lebensweise stützen. Und nun, zum ersten Mal, erfahren wir, was wahres Lebendigsein bedeutet.

Der Psyche sind zunächst noch die »Greifwerkzeuge« gebunden; sie muss den Verlust mit dem Rest ihrer Fähigkeiten kompensieren, bis ihr neue, diesmal völlig anders eingesetzte Hände wachsen. Mit verbundenen Armstümpfen wandern wir ins Ungewisse, aber wir haben unsere Fußsohlen, die alles Fühlenden die uns den Weg weisen, wir haben unseren Weitblick und die Reinheit eines durch Schmerzen ausgebrannten, leer gefegten Bewusstseins. Wir haben die Wilde Frau, die uns ihre geheimsten Schutzmächte zur Seite stellt, wie wir bald sehen werden.

Die dritte Stufe – Die Wanderschaft

Man spricht von einem Einweihungsprozess, wenn ein Mensch das natürliche Hingezogensein zur Unbewusstheit aufgibt und sich dazu entschließt, die bewusste Vereinigung mit dem wilden Selbst oder Wesensgrund zu suchen, koste es, was es wolle: Leid, Schmerzen, Mühe, zäheste Ausdauer. Auf der dritten Stufe dieses Einweihungsweges versuchen die Eltern, ihre Tochter in einen unbewussten Zustand zu ziehen, indem sie der Verwundeten anbieten, bei ihnen zu bleiben und sich als reiche Jungfer auf ein Schloss zu begeben. Nun, da sie den Teufel erfolgreich abgewehrt hat, wird sie vor die Wahl gestellt, sich sozusagen in die Krankenpflegestation der Psyche zu begeben, wo sie für den Rest ihres Lebens versorgt und behütet wird, aber abhängig bleibt.

Der dominante Teil der Psyche bietet ihr ewige Sicherheit in einem bequemen Mausoleum an, aber die Instinktnatur lehnt ab, denn sie kann nicht anders, als nach einem vollwachen Bewusstsein zu streben. Die Frau begibt sich auf die Wanderschaft, eine Abenteuerreise, und entscheidet sich allein damit schon für eine psychische Auferstehung und einen neuerlichen Abstieg in noch unbekanntere Tiefen.

Dieses Stadium beschreibt den Übergang von einer Lebensphase in die nächste. Man lässt ein überholtes Wertesystem, eine Ehe, ein Elternhaus, einen Lebensstil hinter sich und geht allein in die Wildnis – und das ist immer ein Tod und eine Form der Auferstehung. Die Hände, mit denen man vorher noch greifen, sich festhalten, an die alte Identität klammern konnte, sind einem abgehackt worden. Mit bandagierten, also allmählich verheilenden Armstümpfen wandert die Frau in die Welt hinaus.

Der Einfluss des Egos und des kollektiven Unbewussten, repräsentiert von den Eltern, altert um hundert Jahre und ist damit für die Psyche gestorben. Der Archetyp der Jungfrau wird durch den Archetypus des Wanderers ersetzt. Die Frau ist zu einer einsamen Wölfin, einer Außenseiterin ihrer Gesellschaft geworden. Sie lebt allein »da draußen im Wald«, außerhalb der Dorfgemeinschaft, außerhalb der Norm, außerhalb der Komfortzone des Herdenbewusstseins. Sie folgt älteren inneren Gesetzen und wird damit zu einer lebenden Verkörperung des universellen Wahrheitssuchers.

Aus Überlieferungen geht eindeutig hervor, dass die Frauen in den uralten matriarchalischen Kulturen sehr gezielt auf diese Wanderschaft und Suche nach dem König in der Unterwelt vorbereitet wurden. Frauen, die den Abstieg und die Rückkehr in die Oberwelt erfolgreich gemeistert hatten, wurden als Hohepriesterinnen und »Weltmütter« verehrt. In alten Zeiten mussten die Jungfrauen nicht an den Haaren in die Unterwelt geschleift oder von Hades, dem Gott der Unterwelt, gepackt und entführt werden, wie es in dem Mythos von Hades und Persephone beschrieben wird. Sie wussten von vornherein, dass ein königlicher Bräutigam in den Tiefen der eigenen Psyche auf sie wartet und dass alle Einschnitte und Trennungen auf diesem Weg ein gutes, ein unsagbar erfüllendes Ende nehmen werden.

Die Frau in unserer Geschichte hat eine Runde des Abstiegs, der Transformation und des Erwachens bereits abgeschlossen, also alle drei Stadien in einem alchemistischen Verwandlungsprozess. In gewissen alchemistischen Traktaten werden drei Stadien beschrieben, die für die Transformation notwendig sind. Das erste Stadium wird als das schwarze, dunkle oder auflösende bezeichnet. Das zweite ist das rote, das blutopfernde Stadium, und das dritte ist das weiße oder wiederbelebende Stadium. Der Pakt mit dem Teufel war das schwarze und verdunkelnde; das Abschneiden der Hände war das rote, das Opfer; und das Verlassen der Heimat mit weißen Bandagen ist der Beginn des neuen Lebens. Und nun zieht die ungewaschene, zerlumpte Wanderin einer unbekannten Ferne entgegen: Sie wird erneut in das schwarze Stadium zurückgeworfen, aber das alte Selbst ist gestorben, und so ist es das tiefe Selbst, das nackte Selbst, das auf die Reise geht.

Irgendwann wird die zerlumpte Maid hungrig. Sie sinkt vor einem Obstgarten auf die Knie, als sei es ein Altar – und wirklich: Es ist eine Weihestätte der wilden unterirdischen Götter. Im Verlauf des Abstiegs zur Urnatur verliert man seinen Appetit auf Dinge in der Oberwelt, die man einst automatisch genossen hat. Die früheren Ziele werden uninteressant. Alles bisher Erreichte verliert seinen Reiz. Wo wir auch hinblicken, die Außenwelt bietet uns nichts Nahrhaftes mehr. Hilflos sinken wir auf die Knie, und in dem Moment kommt uns ein Aspekt der Urnatur zu Hilfe. Dies ist die mysteriöse Kraft, die in einem vollkommen wehrlosen Bewusstsein mobilisiert wird.

Ein weiß gekleideter Geist, ein schimmernder Sendbote der Seele, erscheint und lässt das Wasser aus dem Graben ab, der das Mädchen von seiner Seelennahrung trennt. Der Wassergraben hat eine verborgene Bedeutung. In der griechischen Mythologie wird das Reich der körperlich Lebenden durch den Styx, einen symbolträchtigen Fluss, vom Totenreich getrennt. Das Wasser des Styx enthält sämtliche Erinnerungen aller Zeiten. Er ist der ewig gurgelnde Gedächtnisfluss, in dessen Fluten sich ein noch lebender, mit einem materiellen Körper verbundener Geist verliert und in heilloser Verwirrung untergeht, während die Toten mit ihrer erweiterten Wahrnehmung nicht ohne Weiteres derlei Gewässern zum Opfer fallen.

Also braucht man einen Seelenführer, um den Styx unbeschadet überqueren zu können. Dante hatte seinen Virgil, Coatlicue hatte die weise Schlange, und die handlose Maid hat einen weiß schimmernden Geist, der sie in die Unterwelt geleitet, indem er das Schleusentor verschließt und das Wasser des Gedächtnisflusses ablaufen lässt.

Auch hier scheint eine weitaus ältere Religion als die christliche durch den Erzählstoff. Im Altertum wurde jedem Einweihungskandidaten mindestens ein Seelenführer zur Seite gegeben. Die griechischen Mythen enthalten zahllose Berichte über Kandidatinnen, die von Wolfsfrauen oder Löwenfrauen und anderen mystischen Figuren begleitet wurden. Selbst die heutigen Naturreligionen, beispielsweise die der Dine (Navajo), beschwören bei ihren Heilzeremonien und Einweihungsriten Naturgeister herauf.

Die Unterwelt ist nichts anderes als das Unbewusste im Menschen, ein feinstoffliches Gedanken- und Energiereich, in dem es von allen erdenklichen Bildern, Archetypen, Verlockungen und Bedrohungen wimmelt. Wer in die tieferen Schichten dieses Reiches hinabsteigt, muss sich entweder selbst auskennen, oder er braucht einen erfahrenen Seelenführer, damit er sich nicht in den hypnotischen Fantasiegebilden des Unbewussten verliert.

Im Märchen wird die handlose beziehungsweise egolose Maid nun zu dem zauberisch hellfühlenden und offenbar bewussten Birnbaum geleitet, dem Baum des Lebens also, dessen Frucht der Hungernden ein noch tieferes Wissen, eine noch unermesslichere innere Kraft verleiht. Der Baum des Lebens selbst neigt der Todesmutigen einen Ast mit einer vollreifen Frucht entgegen, damit die Wanderin den Nektar, den süßen Lebenssaft, erreichen kann, ohne zugreifen und festhalten zu müssen. Die Metapher ist wunderbar: Wenn wir nichts mehr halten können und in der dunklen Seelennacht wie hungrige Gespenster herumwandern, schenkt der innere Baum des Lebens uns das, was wir am dringendsten brauchen: Wir werden von innen her regeneriert, und zwar immer und immer wieder, denn das saftige Fleisch dieser Frucht ist unerschöpflich.

Die vierte Stufe – Liebe in der Unterwelt

Am Morgen darauf zählt der König die Früchte am Baum des Lebens und stellt fest, dass eine fehlt. Der Gärtner erklärt, was sich zugetragen hat, und in der kommenden Nacht legen sich der König, sein Gärtner und der Magier auf die Lauer, um den Eindringling in das Reich des Unbewussten mit eigenen Augen zu begutachten.

Die Psyche legt drei ausgereifte männliche Aspekte auf die Lauer, um ihren eigenen Werdegang zu verfolgen. Auch das ist eine Verheißung für uns, denn es bedeutet, dass wir, die suchenden Wanderinnen, immer von mindestens einem, oft aber auch mehreren wachsamen Aspekten beobachtet und, wenn nötig, aufgefangen werden. Viele Frauen spüren diese liebevoll abwartende, alles genau verfolgende Präsenz bei jedem Abstieg.

Der Gärtner, der König und der Magier sind die männlichen Gegenstücke zur Jungfrau, Mutter und weisen Alten. Alle diese Archetypen tauchen im Verlauf der Geschichte in verschiedenen Personifikationen auf, wobei es in älteren, unverfälscht erhaltenen Märchen immer die Weise Alte ist, die das junge Mädchen auf die Belastungsprobe stellt und mit ihren unbewussten Tiefen bekanntmacht, um sie dann heil und *ganz* wieder herauszuführen. Aber in diesem Märchen wurde die weise Hexe vom Teufel verdrängt, der puren unerlösten Bosheit, die ausschließlich lebensvernichtend wirkt, also keine Doppelnatur an den Tag legt, wie alle anderen Aspekte in der femininen Psyche.

Insofern haben wir es mit einer Verzerrung der Grundstruktur des Märchens zu tun, durch die uns die Einweihung und letztliche Vereinigung mit all diesen isolierten Aspekten in der Psyche erschwert wird. Um das unverzerrte Gesamtbild zu rekonstruieren, müssen wir die innerpsychischen Kräfte besser kennenlernen, die von den Archetypen in diesem Märchen verkörpert werden.

Die Jungfrau

Wir wissen, dass die Jungfrau die unbewusste Unschuld einer noch unerweckten Psyche repräsentiert. Hinter dieser süßen Sanftmut verbirgt sich die heldenhafte Kriegerin, die »Jungfrau von Orleans«, die Eiserne, Standhafte, Mutige. Sie hat die Ausdauer und Zähigkeit einer einsamen Wölfin und folgt den Instruktionen der Wilden Mutter bei ihrem Abstieg in die Unterwelt und ihrem Aufstieg als die Im-Geiste-Neugeborene.

Die weiße Frau/Der schimmernde Geist

Dieses Geistwesen ist ein gütiger Seelenführer und Heilskünder in unzähligen Legenden und Gespenstergeschichten. Das weiße Licht dieser Gestalt kündet von dem reinweißen, also ungetrübten Bewusstsein der Göttinnen des Lebens, des Todes und der Auferstehung. In der ungarischen *Mesemondók-Tradition* wird der weiße Geist als ein Splitter einer zerborstenen göttlichen Urkraft verstanden, der sich in jedem Menschen einnistet und manchmal auch als getrennt existierendes Wesen erscheint. In der Psychologie ist der »weiße Geist« der innere Wegweiser, eine Form der Intuition.

Der Gärtner

Der Gärtner ist der Kultivator, der Hüter des seelischen Wachstums. Seine Funktion besteht darin, die Energie in Zyklen umzuwälzen, neue Samen zu säen, die Setzlinge zu hüten und die Ernte einzubringen, damit alles in der Psyche sich ständig erneuern kann.

Der König

Der König repräsentiert den eingeweihten Animus, der über einen unermesslichen Wissensschatz verfügt und in der Lage ist, die tiefinnersten Erkenntnisse ohne Schwierigkeiten in Worte und Taten umzusetzen. Der König ist der Sohn der weisen alten Königinmutter und somit eine der wichtigsten Vitalfunktionen in der Psyche. Im Verlauf dieser Geschichte wird der König auf seiner Suche nach der verlorenen Herzenskönigin von einem zivilisierten Animus in einen wilden Mann verwandelt und neugeboren. Mit psychologischen Begriffen ausgedrückt heißt das, dass die alten Einstellungen reformiert und durch neue Erkenntnissen ersetzt werden. So gesehen repräsentiert der König die Erneuerung der vorherrschenden Ansichten und Gesetze in der Psyche einer Frau.

Der Magier

Der Magier oder Zauberer wird vom König zurate gezogen, um unerklärliche Ereignisse zu interpretieren. Er versinnbildlicht die magisch anmutenden Kräfte der femininen Instinktnatur, wie Hellsicht, empathisches Hellfühlen und Hellhörigkeit. Obwohl der Magier von Personen beiderlei Geschlechts repräsentiert werden könnte, ist er in diesem Fall ein Animus-Aspekt, was darauf schließen lässt, dass er die Zauberkräfte der Psyche auch in der Außenwelt demonstrieren kann. Im bewussten Dasein drückt sich die gute Zusammenarbeit mit dem Magier darin aus, dass eine Frau wandlungsfähig ist wie ein Zauberer und jederzeit die ihr im Moment passend erscheinende Form oder Gestalt annehmen kann.

Die Königinmutter/Die Weise Alte

Diese Figur symbolisiert viele auf den ersten Blick widersprüchlich anmutende Dinge, unter anderem urtümliche feminine Autorität, Empfänglichkeit, Beeindruckbarkeit und Fruchtbarkeit, denn die Königinmutter ist in ihrer Tiefe die Erdmutter selbst, der Nährboden für alles Wachstum. Sie ist der Urschlamm, in dem der allererste Lebensfunke sich entzündet, um in tausenderlei Gestalten Form anzunehmen und zu sein.

Der Teufel

In dieser Geschichte ist es nicht die Doppelnatur der Seele einer Frau, die dafür sorgt, dass das unreife Bewusstsein in die unbewussten Tiefen hinabsteigt, um es gereift und geläutert in das Licht zurückzuführen; es ist der ihr innewohnende Räuber, der jede Bewusstseinsentwicklung grundsätzlich verhindern will. Der Teufel ist der psychische Verdunkelungswille schlechthin. Er hat sich vollständig von seinem lebenspendenden Aspekt abgespalten und muss daher unschädlich gemacht, also von Grund auf durchschaut werden.

Und nun zurück zu der Geschichte: Zum zweiten Mal nähern wir uns dem Lebensbaum in der Unterwelt, um seine Frucht zu essen, und treffen jetzt auf eine ganze Ansammlung von psychischen Aspekten. Der Gärtner, der König und der Magier begegnen der zerlumpten Maid, die immer mehr einer wilden Wolfsfrau ähnelt und von einem weißen Schutzgeist begleitet wird. Nun gibt es kein Zurück mehr, ein Funke springt über, und alle diese gegensätzlichen Aspekte müssen sich vereinigen.

In der Alchemie wird das Zusammentreffen von diametral entgegengesetzten Energien als »mystische Konjunktion« bezeichnet und ihre Vereinigung als »Unio Mystica«.

Die drei männlichen Aspekte liegen erwartungsvoll auf der Lauer. Sie, die Verwalter der transformierenden Substanzen in der Unterwelt, haben die Birnen im Garten der Urmutter gezählt und festgestellt, dass eine fehlt. Birnen, Äpfel, Feigen, Pfirsiche und alles, was im Inneren Keime enthält, ist von jeher ein Symbol für den Mutterschoß. In diesem Fall repräsentiert die Birne die Gebärmutter, aus der ein neues Selbstverständnis erwächst, wenn die handlose Maid nach ihrem Identitätsverlust davon isst. Der König hat die Aufgabe, über die Nutzung dieser sich erneuernden Substanzen zu wachen und sie vor Dieben, also dem Missbrauch durch räuberische Elemente, zu schützen. Aber nun sieht er mit eigenen Augen, dass der Baum des Lebens der legitimen Einweihungskandidatin zum zweiten Mal eine Frucht entgegenhält. Der wachsame König in der Unterwelt der femininen Psyche wartet schon auf uns, die Novizen. Und er kommt nicht allein, sondern mit dem Gärtner und dem Magier der Psyche, der sich ebenso gut in der Menschenwelt wie in der Welt der körperlosen Energien und Geistwesen auskennt. Der Animus bringt den eigenen Seelenführer mit, den zauberischen Aspekt, der die subtilsten Zusammenhänge durchschaut und ein weises Urteil fällt.

Die männliche Dreifaltigkeit in der Psyche beobachtet, wie der Geist in Weiß das Wasser aus dem Graben ablässt, damit die handlose Maid das Land der Toten unbeschadet betreten kann. Sie darf nicht von dem Wasser trinken, noch darf sie den Fluss der unbewussten, magnetisch anziehenden Energieströmungen, welcher das Diesseits vom Jenseits trennt, durchwaten. Sie kann das trockene Flussbett durchqueren, das ist sehr wichtig, denn lebende Frauen kommen bei ihrem Abstieg in diese Bereiche immer wieder auf die Idee, dass sie sterben müssen und nie wieder zurückkehren können. Nein. Man lässt diese Gewässer ablaufen, kümmert sich also in keiner Weise um den Sog der Bilderflut des Unbewussten und geht weiter, tiefer, damit der König seinen Magier entsenden kann, um uns die entscheidende Frage zu stellen.

Der Magier fragt uns, ob wir dem Reich der Körperlichkeit oder der rein geistigen Welt angehören. Und wir antworten wahrheitsgemäß: »Beiden Welten zugleich.« Die zerlumpte Maid mit ihrem zerlöcherten Ego antwortet kryptischer: »Einst gehörte ich zur Welt, und doch bin ich nicht von dieser Welt.«

In meinen Workshops über die »Jungfrau ohne Hände« stelle ich den Frauen eine ganze Reihe von ähnlichen Fragen. Zum Beispiel: Wie kann man in der Ober- und der Unterwelt gleichzeitig leben und tagtäglich damit fertigwerden? Was muss man tun, um sich in beiden Welten gleichermaßen zurechtzufinden? Wie kann man sich den Abstieg in die Tiefen erleichtern? Können wir entscheiden, wie oft wir hinabsteigen und wie lange wir dort bleiben wollen? Welche spontane Hilfe habt ihr von der Instinktnatur im Verlauf eines Abstiegs und einer Rückkehr erhalten?

Frauen (und Männer), die sich so weit mit der eigenen Wesenstiefe bekannt gemacht haben, dass sie zu Recht sagen können: »Ich gehöre beiden Welten zugleich an«, geraten hin und wieder in einen Zustand, in dem ihnen das Leben an der Oberfläche dermaßen sinnlos und trivial vorkommt, dass sie am liebsten vollends untertauchen würden. »Ade, du schnöde Welt, mit all deinen höchst irritierenden Pflichten und Routinehandlungen! …« Aber die Spannung zwischen beiden Seinsbereichen ist genau der Lernprozess, der zu einem guten Ausgang der Legende führt: zu einer kompletten Einweihung im Sinn einer mystischen Vereinigung aller vermeintlichen Gegensätze.

Der königliche Animus-Aspekt vernimmt die Worte der bereits halbwilden Frau, erkennt die Gelegenheit, auf die er schon lange heimlich gewartet hat, und springt auf, um zu verkünden, dass er diese Frau liebt wie sich selbst, dass er sich selbst in ihr erkennt und sie von nun an nie wieder verlassen will.

Wie kann es angehen, dass wir in unserem handlosen, heimatlosen, zerlumpten Zustand zur Herzenskönigin auserkoren werden? Ich sage euch, *nur* in diesem Zustand springt eine Urkraft in uns auf, um uns ewige Liebe zu schwören, uns zu heiraten, also die überaus wichtige psychische Vereinigung der männlichen und der weiblichen Energie in der Psyche herbeizuführen. Die nun folgende Hochzeit ist in der Tat ein Bündnis für immer und ewig, selbst wenn die Ehe wiederum einer nicht enden-wollenden Serie von Belastungsproben ausgesetzt wird.

Eine Frau, die den König ihrer eigenen Psyche heiratet, verbindet in sich die hervorragendsten Eigenschaften beider Geschlechter, beider Welten, beider Ahnenlinien – der körperlichen und der seelischen. Unter Geschichtenerzählern wird eine solche Frau als »die zweimal Geborene« bezeichnet.

Gleich nach der Hochzeit schenkt der König seiner Geliebten zwei silberne Hände – spirituelle Hände –, mit denen sie die Innenwelten besser begreifen, bewegen, umformen kann. An diesem Punkt wird die Frau immer geschickter im Umgang mit archetypischen Urkräften; sie hat jetzt nicht nur »Fuß gefasst«, sie hat »Hand und Fuß« im Königreich des Unbewussten mit all seinen Schichten, Ebenen, Ländereien; sie kann *eingreifen.*

Die silbernen Hände können auch als heilende Hände aufgefasst werden, als eines der Talente, die von der Königin der Unterwelt entwickelt werden, um den Verlust der habgierigen Greifwerkzeuge und den nachfolgenden Abstieg tausendfach zu belohnen, wie es so oft im Märchen und in der Psyche geschieht. Die gebenden, heilenden Hände sind eine Abwandlung der Königskrone, Zeichen der königlichen Würde einer so tief gesunkenen, so hoch aufgestiegenen Frau auf ihrem archetypischen Einweihungsweg. Nun könnte man die Einweihung mit dieser Stufe bereits als abgeschlossen bezeichnen, denn hier ist man zur Königin über das Totenreich und als Auferstandene von den Toten gekrönt worden. Aber wir befinden uns erst genau in der Mitte des Wandlungsprozesses, in einem

Zustand der Vereinigung mit dem König, dem ein weiterer, sehr allmählicher Abstieg in noch bodenlosere Tiefen folgt.

Die fünfte Stufe – Die tiefere Verbannung

Wie man weiß, muss das männliche Prinzip sich eines Tages in ein fernes Land begeben, um einen Streit zu schlichten oder seine Stärke in einem Kampf zu beweisen. Der König lässt die schwangere Königin in der Obhut der Königinmutter zurück, und damit wird das Liebesbündnis der ersten folgenschweren Belastungsprobe ausgesetzt.

Der Auszug des Königs aus dem heimatlichen Schloss ist ein universelles Leitmotiv. Wenn Frauen spüren, dass die innere maskuline Kraft sie nicht mehr unmittelbar und in jedem Moment unterstützt, weil die Psyche sie vorübergehend und absichtlich abgezogen hat, um den nächsten Schritt auf dem weiblichen Einweihungsweg einzuleiten, können sie sicher sein, dass ihnen ein weiterer Abstieg mit neuerlichen Härtetests, aber auch erneuten, noch tieferen Belohnungen bevorsteht. Sie wissen, dass das königlich-männliche Prinzip sich mit ihnen vereinigt hat und sie nicht mehr endgültig verlassen kann, dennoch lässt die Intensität des ersten Liebes- und Kraftrausches nach, und dann müssen Frauen sich zwangsläufig mit den anderen, noch unbewältigten Aspekten ihres Unbewussten befassen. Zwar werden sie von der Erinnerung an die Liebe zum König getragen und weiterhin auf luxuriöseste Weise versorgt, denn die orgasmischen Energien wallen bei der bloßen Erinnerung an die Vereinigung auf, aber nun sind sie schwanger: voll von noch unausgegorenen Ideen und Zukunftsvisionen.

Auf dieser Stufe hecken Frauen die grandiosesten und für andere oft unmöglichsten Pläne aus, weil sie alles mit neuen Augen betrachten und völlig neue Möglichkeiten für das eben in ihnen erweckte Potenzial sehen. Bei sehr jungen Frauen macht sich dieses

Stadium oft in einem überraschenden Interessenwechsel bemerkbar; bei älteren Frauen – und je nachdem, auf welcher Ebene sie die Reise vollziehen – findet nicht selten eine drastische Umkehr und manchmal sogar eine Neugeburt statt.

Der Geburtsvorgang ist ein Akt psychischer Art, bei dem die Frau sich selbst, also das Bewusstsein eines einzigen, ungeteilten Selbst gebiert. Vor dieser Geburt des neuen Lebens in der Unterwelt neigt man dazu, die einzelnen Aspekte und Persönlichkeiten im Inneren für ständig ein- und auswandernde Eindringlinge zu halten. Im Moment der Neugeburt in der Unterwelt wird der Frau klar, dass alles, was sie bewegt und berührt, ein Teil von ihr selbst ist. Nun ist es nicht immer einfach, die abstoßenden Aspekte und Tendenzen als selbst erzeugte Gedanken- und Gefühlskonstruktionen zu erkennen, aber genau darin besteht die Herausforderung.

Die Heldin wird in die Tatsache eingeweiht, dass sie einer milden Form der Psychose erlegen ist, bei der sie bestimmte Aspekte in ihrem Inneren abgelehnt und von sich abgespalten hat, während sie andere Aspekte als »Selbst« identifiziert hat. Obwohl diese milde Form psychischer Zersplitterung bis zu einem gewissen Reifegrad völlig normal ist, erreicht man eines Tages den Punkt, an dem alle Einzelaspekte bewusst wahrgenommen und einer königlichen inneren Ordnung unterstellt werden. Diese Ordnung ist die naturgegebene, und für die meisten Frauen stellen die Aufzucht und Bemutterung der internen Persönlichkeitsaspekte eine kreative Integrationsarbeit dar.

Also wartet das handlose Mädchen auf die Geburt des neuen Selbst, das in ihm heranwächst. Während der Schwangerschaft fallen viele Frauen in einen höchst befremdlichen Zustand, in dem die bisherigen Wertvorstellungen ihre Bedeutung verlieren und durch neue in manchen Fällen extrem ungewöhnliche Regungen ersetzt werden, was sich unter anderem darin äußern mag, dass verheiratete Frauen, für die das Eheleben bisher die absolute Endstation der Sehnsucht war, von heute auf morgen nichts mehr mit »dieser ganzen blöden Beziehungskiste« zu tun haben und allein leben wollen. Ringsumher wird jetzt Verwirrung und Unruhe gestiftet, deshalb ist es gut, wenn alle Beteiligten wissen, dass die Frauen sich in diesem eigenartigen Zustand befinden, in dem ihre Ehe, ihr Liebhaber, ihr Beruf, der eigene Körper, ihr Lebensstil und überhaupt alles als unerträglich, hoffnungslos unekstatisch, langweilig und limitierend empfunden wird.

Frauen kennen den Zustand: Sie spüren eine unbestimmte, aber nagende Sehnsucht und einen rasenden Heißhunger auf merkwürdige Gerichte und Tätigkeiten, die sie nie zuvor auch nur in Erwägung gezogen hätten. Man fühlt sich gezwungen, allein in die Wildnis hinauszufahren und sich den Wind um die Ohren pfeifen zu lassen, stundenlang in einen sternklaren Himmel zu starren, nackt im strömenden Regen zu tanzen oder vollkommen still in einer Ecke zu sitzen, mitten in der Nacht aufzustehen und Käsetorten zu backen, und tausend Dinge mehr.

Kein Grund zur Sorge: Ein neues Selbst ist unterwegs. Das Innenleben, wie wir es bisher gekannt haben, wird von Grund auf umgekrempelt. Und das bedeutet nicht, dass man sich auf dieser Stufe von sämtlichen äußeren Aspekten des bisherigen Daseins lossagt, um als Eremitin in einer Berghöhle zu leben. Es bedeutet, dass die früheren Ideale und Ziele ihre Zugkraft verlieren, dass man eine Zeit lang rastlos und unzufrieden ist, weil die Erfüllung einfach nicht in der Oberwelt gefunden werden kann, sondern im verborgenen Wesensgrund heranwächst. Die ersehnte Erfüllung kann uns von keinem Geliebten, keinem Ehemann, keinem Beruf, nicht von Geld oder sonst etwas im Hier und Jetzt gegeben werden. Das Ersehnte befindet sich im Jenseits, in der Unterwelt, die uns ohnehin ständig mit purer Lebensenergie versorgt. Das kindliche Selbst, auf das wir so sehnsüchtig warten, reift durch genau diese Abkehr vom Oberflächlichen und die geduldige Hinwendung zur Unterwelt in uns heran. In den meisten Fällen wird die Geburt des Ersehnten in nächtlichen Träumen angekündigt; man träumt buchstäblich von einem neugeborenen Kind, einem neuen Haus, einem neuen Leben.

Während dieser Zeit tritt der König in den Hintergrund, und die junge Königin verbringt ihre Zeit mit der Königinmutter – und wer, in dieser archetypischen Welt, könnte das wohl sein? Die alte Wissende natürlich, *La Que Sabe,* Heilerin, Hexe und Urmutter zugleich. Obwohl die Figur der Königinmutter in diesem Märchen nicht sonderlich scharf umrissen ist, verkörpert sie das Wissen der mütterlichen Demeter und der todverheißenden Hekate zugleich, wie wir bald sehen werden.

Nach der Geburt des kindlichen Selbst schickt die Königinmutter einen Sendboten mit der frohen Botschaft zum König. Aber der Kurier sinkt am Ufer eines Flusses in einen tiefen Schlaf, tief genug, dass der Teufel die Botschaft vertauschen kann.

In der griechischen Mythologie wird von den Gewässern der Lethe erzählt, einem Fluss in der Unterwelt, aus dem die Toten Vergessenheit trinken. Psychisch ist dies ein Zustand, in dem man die aktuellen Ereignisse der äußeren Realität vergisst und nicht mehr effektiv handeln kann. Der Kurier versinnbildlicht blitzschnelle intrapsychische Kommunikation zwischen dem König und der Königin, aber das Kommunikationsnetz ist noch zu unausgereift, um der magnetisch anziehenden destruktiven Kraft in der Psyche widerstehen zu können. Der Sendbote lässt sich hypnotisieren, fällt in Schlaf und vergisst seine Botschaft.

Nach all dem vorangegangenen Leid, all der Mühe, all den bestandenen Prüfungen soll eine Botschaft der Freude und Neuerweckung ausgesandt werden, um Jubel in sämtlichen Bereichen der Psyche auszulösen, doch schon naht der Miesmacher, der ihr innewohnende Schandtäter, und verwandelt den Triumph in eine Schande. Was wird impliziert, wenn es heißt, dass die Königin ein Wesen geboren hat, das zur Hälfte ein Hund und zur Hälfte ein Mensch ist? Wenn man zwischen den Zeilen liest, wird damit gesagt, dass die untreue Frau eine Missgeburt zur Welt gebracht hat, ein satanisches, hundeartiges Wesen, weil sie mit den Gassenkötern kopuliert hat.

An diesem Punkt wird völlig klar, dass der Teufel eine in späteren Jahrhunderten hinzugefügte Gestalt in diesem Märchen ist, was man allein schon aus dem vom christlichen Glauben geprägten Wort »Teufel« entnehmen kann, denn das Motiv eines Zwitterwesens zwischen Hund und Mensch ist weitaus älter und als Symbol ursprünglich sehr positiv. In den Göttinnen-Kulten Europas und Asiens wurden Frauen mit diversen animalischen Attributen, manchmal auch drei verschiedenen Tierköpfen, als heilige bildhafte Verkörperungen der Instinktnatur verehrt. Die neuere Religion mit ihrer Tabuisierung der Sexualität verzerrte die wahre Bedeutung dieser Motive, indem der Glaube verbreitet wurde, dass die heidnischen Göttinnen und ihre Anhänger rituell mit wilden Tieren kopulierten, aus denen dann teuflische und animalische Zwitterwesen hervorgingen, die Entsetzen unter den »anständigen Menschen« verbreiteten. So gelang es der neuen Religion, das Urwissen allmählich zu entstellen und immer tiefer in den Untergrund zu drängen, bis es nur noch unter strengster Geheimhaltung von den letzten Eingeweihten weitergegeben wurde und schließlich nur noch in Legenden, Trancezuständen oder Traumsymbolen zu finden war.

Der Teufel in diesem Märchen repräsentiert alles, was die tieferen Vorgänge in der Seele eines Menschen korrumpiert, ganz speziell das Seelenleben der Frau im Zuge der uralten universellen Bewusstseinsentwicklung von der abhängigen Jungfrau zur vollreifen »zweimal Geborenen«. Wenn der Teufel die Botschaft des Kuriers vertauscht, tut er nichts anderes, als was oft tatsächlich noch geschieht: dass unsere Kultur (d. h. die Gemeinschaft mit ihren vorherrschenden Ansichten und Glaubensvorstellungen) sich immer noch teuflisch gegenüber psychischen Entwicklungsprozessen bei Frauen verhält, indem hier etwas abgeschnitten, dort etwas ausradiert und da ein Pflänzchen samt Wurzel ausgerissen wird.

Wie man in dem Märchen sieht, muss man lernen, zwischen den Zeilen zu lesen und sich seine eigenen Gedanken machen, wenn der Teufel die kollektive Kultur oder die Psyche unterwandert hat, denn die natürlichen emotionalen, religiösen und sozialen Strukturen sind durch unnatürliche Methoden und Anweisungen ersetzt worden. Zum Glück durchschaut die Königinmutter der Psyche das teuflische Komplott und verhindert, dass die Tochter geopfert wird. Mit modernen Begriffen ausgedrückt: Die Wilde Mutter legt ihrer Tochter keinen Maulkorb an, um sie daran zu hindern, ihre Wahrheit für alle hörbar zu verkünden, und sie empfiehlt ihr auch nicht, sich kleiner zu machen, als sie ist, um ihre Umgebung wirksamer manipulieren zu können. Die Königinmutter in der Unterwelt riskiert die Rache des Verdunkelungsaspekts und folgt ihrer instinktiven Weisheit. Anstatt dem Seelenräuber zu gehorchen, schlägt sie ihm ein Schnippchen. Selbst unter dem Druck der verzerrtesten Verhaltensregeln in der inneren oder äußeren Kultur können wir die unverzerrten Instruktionen der Wilden Mutter vernehmen und ihnen folgen. Das ist das unpervertierte Wissen, das Frauen in sich selbst finden, wenn sie sich in die Tiefen ihrer Instinktnatur und, weiter noch, zum Kern ihres Wesens hinableiten lassen.

Selbstverständlich versucht der Räuber, die Geburt des kindlich-königlichen Selbst in ein zweifelhaftes Licht zu rücken; je tiefer man geht, desto öfter begegnet man dem Selbstzweifel in Reinkultur: »Ich bin gut; nein, ich bin schlecht. Was ich mache, hat einen tieferen Wert; nein, es ist lächerlich. Ich habe Mut; nein, ich bin ein Feigling. Ich habe dies und jenes erkannt; nein, ich komme und komme nicht weiter. Ich bin klug; nein, ich sollte mich schämen.« Jede Frau wird auf ihrem Einweihungsweg mit einem Strom von irritierenden Botschaften überflutet.

Das Märchen von der handlosen Maid enthält einen Rat in diesem Zusammenhang: Wenn du das Gefühl hast, vom rechten Weg abgekommen zu sein, wenn du deine Standhaftigkeit und deine Energie verloren hast, wenn du verwirrt bist und nicht mehr durchblickst, dann mach die Augen auf! Sieh dich in deiner Seele um. Irgendwo in einer Ecke sitzt der Teufel auf der Lauer, und da heißt es: wach bleiben, ganz gleich, wie müde du bist, denn er kann sich nur in einer Psyche herumtreiben, die wenigstens teilweise eingeschlafen ist.

In der Geschichte schickt der erschrockene, aber weiterhin liebende König einen Kurier zur Königinmutter zurück, der wiederum einschläft, und so geht das eine ganze Weile – ein ums andere Mal werden die frohen oder gütigen Botschaften in bösartige umgetauscht –, bis die letzte Meldung ins Haus geflattert kommt: »Schneide der Königin die Zunge ab und stich ihr die Augen aus.« Da der Teufel die so weit fortgeschrittene Psyche nicht mehr völlig unter seine Kontrolle bringen kann, soll die handlose Maid ein paar weiteren Amputationen unterzogen werden; sie soll die Fähigkeit des Wahrsprechens und Wahrsehens verlieren. Natürlich, so geht es allen Frauen auf diesem Weg seit Menschengedenken. Der Teufel will uns die altbekannten Verhaltensregeln aufzwingen: »Sieh die Wahrheit nicht, wie sie ist. Sprich nicht aus, was du mit eigenen Augen gesehen hast.«

An diesem Punkt könnte die Wilde Mutter ihre Röcke raffen, auf ein Pferd springen und selbst zum König reiten, um die verheerenden Missverständnisse endgültig zu klären. Aber stattdessen wird die junge Königin auf eine weitere symbolhafte Reise geschickt, in den großen, dunklen Wald, wie es allen Frauen früher oder später geschieht.

Man muss die Bedeutung dieser Episode verstehen: Auch ohne die Einmischung des Teufels muss das Mädchen einer weiteren Einweihung unterzogen werden, sei es in einer Berghöhle, unter Wasser, wie in manchen Geschichten, oder in einem psychischen Urwald. Eine Initiationslandschaft folgt der nächsten, und jede bringt ihre eigenen Lektionen und Belohnungen mit sich. Der Teufel sorgt, so gesehen, nur dafür, dass wir uns mit affenartiger Geschwindigkeit von einer Ebene auf die nächsttiefere begeben.

Das Kind-Selbst wird der jungen Königin vor die Brust gebunden, damit es trinken und weiterwachsen kann, und dann wird die erneut heimatlos gewordene Wanderin verschleiert auf die Reise geschickt. Der Schleier ist das traditionelle Symbol der alten Göttinnen-Kulte für die Pilgerin auf der Wahrheitssuche, auf der man weder von Uneingeweihten erkannt, noch von seinem wahren Vorhaben abgelenkt werden will. Viele antike Skulpturen, Gefäße und Reliefs stellen die Einweihungskandidatinnen der eleusinischen Mysterien Griechenlands bei ihrem Warten auf den nächsten Ritus des Abstiegs in die Unterwelt verschleiert dar.

Der Schleier symbolisiert die auf dieser Stufe notwendige Privatheit und In-sich-Gekehrtheit, mit der das Mysterium der Wildnatur vor den Blicken und dem Zugriff des Unverstands geschützt wird. Wir müssen die neu gewonnene Lebensenergie so lange im transformativen Kochtopf brodeln lassen, bis sie gar gekocht, also genießbar ist. Hefeteig wird mit einem Tuch bedeckt, damit er in Ruhe aufgehen kann. Der psychische Vorgang ist derselbe: Etwas fermentiert und geht in aller Ruhe in uns auf, wenn wir es fertigbringen, die ungaren Energien eine Zeit lang in uns zu halten, anstatt sie jedem vorüberziehenden Bittsteller oder Fragesteller zu offenbaren.

Der Schleier vor den Augen ist ein vielfältiges Symbol, einmal für den Schleier der Illusionen, für listenreiche Täuschungsmanöver und Selbsttäuschung, zum anderen aber auch für unaufhaltsam heranwachsendes Geheimwissen. Insofern finde ich es schade, dass moderne Frauen nicht mehr verschleiert durch die Welt gehen können, ohne wie die Überbleibsel eines Kostümballs zu wirken. Der Anblick einer verschleierten Frau ruft erotische, mysteriöse, oft auch ehrfurchtgebietende Erinnerungen an die alten Einweihungspraktiken hervor.

Und so begibt sich die verschleierte Königin auf die nächste Pilgerfahrt in den untergründigen Urwald, und wer auch immer ihrer ansichtig wird, bleibt einen Moment lang betroffen, von einer seltsamen Urahnung berührt, stehen und schaut ihr nach, ohne die Wandernde anzusprechen, ohne sie aufzuhalten, denn die Verschleierte ist unantastbar. Wer würde es wagen, den Schleier ohne ihr ausdrückliches Einverständnis zu lüften? Auch uns geht es so: Kein sensibler Mensch würde es wagen, ungebeten in unsere ganz bewusst verschleierte Psyche einzudringen.

Die noch verhüllte Verkörperung der *Wilden Frau* selbst ist auf dem Weg in den unermesslich tiefen Wald, sie ist auf der Suche nach der Urheimat im Unbewussten. Und unterdessen wird ein zweites Blutopfer gebracht: Die Königinmutter lässt ein Reh schlachten, dessen Augen und Zunge in einer Urne aufbewahrt werden. In der Geschichte zum Beweis dafür, dass die Königin wirklich auf dem Altar des Kollektivs geopfert wurde, aber in den tieferen Mysterien ein Beweis dafür, dass die Energie des geheiligten Rehs von der Kandidatin absorbiert wurde.

Das Reh ist ein Muttertier und damit wiederum eine Form der Wilden Mutter und eine Repräsentantin ihrer Fähigkeiten, in diesem Fall Leichtfüßigkeit, Gewandtheit, Wachsamkeit, Sanftmut und Scheu. Mit diesen Eigenschaften begibt sich die junge Königin nun auf die sechste Stufe der Initiation. Wieder ist sie ein Geschöpf, das von seiner Herde getrennt wurde, ein Reh ohne Rudel, eine Königin ohne Regierungsgewalt. Die Ekstase der Vereinigung des männlichen und weiblichen Prinzips in der Psyche hält nicht ewig an. Dies ist eine Phase, in der man nicht mehr von dem Entzückensrausch, von dem man zuerst glaubte, dass er nie, niemals verginge, getragen wird. Es ist eine Phase, in der die Suche nach Selbsterkenntnis stärker und schließlich übermächtig wird, in der man alles Gewonnene wenigstens vorübergehend hinter sich lässt, um noch tieferes Wissen, noch ursprünglicheres Sein bewusst zu erlangen.

Die sechste Stufe – Das Reich der Wilden Frau

Die junge Königin wandert in den tiefsten und undurchdringlichsten Wald, den sie je gesehen hat. Ohne die vorher bestandenen Belastungsproben würde sie sich darin verlieren, aber bei Einbruch der Dunkelheit gelangt sie zu einer Waldherberge und wird freundlich in Empfang genommen. Das weiß gekleidete Mädchen, das die Königin sofort beim Namen nennt, ist eine weitere Version der Frau in Weiß, der körperlosen Seelenführerin und Wegbereiterin, die früher schon dafür gesorgt hat, dass die noch lebende Frau den Styx heil überqueren konnte. Die Weiße Frau gibt der Verschleierten zu verstehen, dass die Bewohner dieses Waldes stets über sämtliche Vorgänge im Königshaus der Psyche unterrichtet sind.

Sieben Jahre verweilt die Königin mit ihrem neugeborenen kindlichen Selbst in der Herberge der Weißen Frau, und so ist es nicht verwunderlich, dass ihre abgehackten Hände allmählich nachwachsen. Diese Episode ist eine der kürzesten in der Erzählung, aber in der Realität dauert diese Phase am längsten, denn hier wird etwas im Siebener-Rhythmus restauriert, vermehrt und gefestigt, das uns auf allen späteren Wegen zugute kommt. Während der König seinen eigenen Einweihungsriten unterzogen und zum wilden dornengekrönten Äquivalent der Königin wird, nimmt sich die Seelenführerin und Herbergsmutter sieben Jahre Zeit, um den blühenden Apfelbaum, von dem die Jungfrau ohne Hände symbolisiert wird, tiefe Wurzeln in dem unterirdischen Seelenreich der Wilden Frau schlagen zu lassen.

Auch hier fehlen Teile der Originalgeschichte, denn was, so fragt man sich, sind die einzelnen Phasen dieses sagenhaften Wachstumsvorgangs, der sieben volle Jahre in Anspruch nimmt? Die fehlenden Elemente wurden von der neuen Religion unterschlagen, aber selbst das wenige, das uns erhalten blieb, ist voll mit höchst interessanten Hinweisen. Für mich ist allein schon die Tatsache, dass das weiß gekleidete Mädchen ein geheimes Wissen kundtut und den Schleier der Königin ungebeten durchdringt, ein Hinweis auf seine wahre Natur. Es ist ein Aspekt der alten dreiköpfigen Göttinnen, eine Erscheinungsform der Wissenden, Weisen, Wilden Frau, die uns von jeher freundlich und doch feurig-entschlossen in ihrer Herberge willkommen heißt, um uns mit den sieben Stufen des Wachstums, eine für jedes Jahr, bekannt zu machen …

In vielen, oft sehr verschiedenen Mysterienschulen auf der Welt wird die Sieben als ein Zyklus im Wachstum einer Erscheinungsform verstanden: In sieben Tagen geht die Schöpfung aus dem Einen hervor; über sieben Existenzbereiche hinweg kehrt der Mensch zu seinem göttlichen Ursprung zurück; viermal sieben Tage vollenden einen Mondzyklus; sieben Tage hat die Woche, und so weiter und so fort. Auch das Leben einer Frau lässt sich in sieben metaphorische Stadien der Reife unterteilen, wobei man natürlich nie vergessen darf, dass Reifestadien nicht unbedingt chronologisch erlangt werden.

Folgende Übersicht der psychischen Entwicklungsphasen einer Frau sind metaphorische Fragmente eines alten, in der westlichen Welt jahrhundertelang unterdrückten Wissens, dass kein Stadium dem anderen hierarchisch übergeordnet, also »besser« und »weiter« ist, sondern jedes zu seiner Zeit gut und richtig ist. Also kann eine Zwanzigjährige schon die Kampfnarben einer hundertjährigen Alten davongetragen haben. Eine Vierzigjährige kann im Bereich der Nebelwesen zu Hause sein, und eine Achtzigjährige kann sich noch im Reifestadium eines jungen Mädchens befinden. Alle hier angegebenen Stadien repräsentieren eine Veränderung der inneren Einstellung, der Wertvorstellungen und der Aufgaben im Leben einer Frau.

0 – 7	Zeit der Körperlichkeit und unbewussten Sozialisierung
7 – 14	Zeit der Separation; Erweckung des rationalen Verstandes, verbunden mit Imagination
14 – 21	Zeit der körperlichen Erneuerung, Jungfräulichkeit; Erweckung und Entfaltung der Sexualität
21 – 28	Zeit der Entdeckung, Eroberung neuer Welten, neuen Wissens
28 – 35	Zeit der Mutter; die Bemutterung anderer und des Selbst
35 – 42	Zeit der Sucherin; beginnende Wahrheitssuche und Tiefenforschung
42 – 49	Zeit der ersten Seelenweisheit; die Weitblickende und Kraftspendende
49 – 56	Zeit der Unterwelt; vollständige Einweihung
56 – 63	Zeit der Entscheidung; die Wahl des dominanten Seinsbereichs und damit der zukünftigen Arbeit
63 – 70	Zeit der Beobachtung vom Wachturm; alles Gelernte neu einordnen
70 – 77	Zeit der Verjüngung; die Weise Alte
77 – 84	Zeit der Nebelwesen; immer Größeres im Geringen finden
84 – 91	Zeit der Großen Weberin; das Gewebe des Lebens verstehen
91 – 98	Zeit der Feinstofflichkeit; weniger sagen, mehr sein
98 – 105	Zeit des Pneuma, des großen Atems
105 +	Zeitlose Existenz

In der zweiten Hälfte dieser inneren Entwicklung, beginnend mit dem Alter von ungefähr vierzig Jahren, gehen Frauen erfahrungsgemäß allmählich hinaus über die grobstoffliche Körperbezogenheit und die Entfaltung der rationalen Fähigkeiten, die das Merkmal der ersten Lebenshälfte sind, um immer feinstofflichere Sinneswahrnehmungen im sogenannten Ätherkörper zu entwickeln. Während des Transits durch all diese Phasen werden die Schutzschichten des fleischlichen Körpers, des anerzogenen Intellekts und des Egos der Reihe nach immer dünnhäutiger und transparenter, bis die Seele am Ende durchzuscheinen beginnt. Wir können die Regungen der reinen Seele hinter der Körper-Geist-Hülle von alten, in diesem Sinne gereiften Menschen erkennen.

Wenn es nun in dem Märchen heißt, dass der jungen Königin in sieben archetypischen Jahren die Hände nachwachsen, beginnend mit den winzigen Händen eines Säuglings, dann können wir daraus schließen, dass sie mit ihren ätherischen Händen zunächst noch nicht alles, aber immerhin schon das Naheliegendste in den unsichtbaren Welten begreifen kann. Später, im Verlauf ihres Wachstums, entwickelt sie die kräftigen Hände einer erwachsenen Eingeweihten, mit denen sie alles Nicht-Konkrete, alles Metaphorische, Seelische und Unaussprechliche erfassen kann.

Diese Art des »Begreifens« kann man instinktiv nennen, auf jeden Fall ist sie unmittelbar und spontan, wie alle direkten Einsichten. Ja, am Anfang sieht es vielleicht amüsant aus, wie wir versuchen, mit unseren Säuglingshänden das Verhalten nachzuahmen, das wir auf dieser Stufe noch meistern wollen. Aber eines ist gewiss: Mit jedem weiteren Schritt wird unser Begriffsvermögen größer, und irgendwann erreichen wir die Entwicklungsstufe des spirituellen Erwachsenseins.

Während die Königin in der Unterwelt heranreift, altert auch ihr neugeborenes Kind-Selbst um sieben Jahre und wird zusehends aktiver. Nach all den Irrungen und Wirrungen, all den schmerzlichen Verlusten, entsteht ein vereinigtes mütterliches und kindliches Selbst, zu dem sich nun auch der verschollene Animus gesellt, um die innere Dreifaltigkeit zu vervollkommnen.

Die siebte Stufe – Das Wilde Brautpaar

Nachdem der König und seine Mutter vollends begreifen, dass ihre Kommunikation vom der Psyche innewohnenden Verdunkelungsaspekt sabotiert wurde, weint der König wie ein Kind und macht sich unverzüglich auf die siebenjährige Suche, während der er weder isst noch trinkt, sich also einem radikalen Purifikationsritual unterzieht. Das Leiden und die Wanderschaft des Königs führen zu einer endgültigen Vereinigung aller Aspekte, einer zweiten Hochzeit, zu der sich auch die Königinmutter als vierte Kraft gesellt.

Und warum muss der ohnehin schon hochentwickelte, mit königlichen Würden ausgezeichnete Animus sich einer derartigen Reinigung und Transformation unterziehen? Ist er nicht der Gebieter der Unterwelt, dem alle Kräfte gehorchen? Nein, wenn eine Energie in der Psyche einem Verwandlungsprozess unterzogen wird, werden notgedrungen auch andere Kräfte davon tangiert und zu einer Neuorientierung gezwungen. Die junge Frau ist nun nicht länger die hilflose Wanderin, mit der die erste Vereinigung stattgefunden hat. Sie ist eine Eingeweihte, eine »Hochwohlgeborene in allen sieben Welten«. Sie hat innere Hände. Der König muss es ihr gleichtun. Er, der Animus, muss den Weg der Königin nachvollziehen, damit das wildnatürliche Wesen und Wissen der Eingeweihten nach außen getragen und mit müheloser Eleganz in der Oberwelt manifestiert werden kann.

Obwohl der König nicht die Hände verliert, wird ihm der Kontakt zur Königin und dem gemeinsamen Kind sieben Jahre lang verwehrt. Und nun fehlen der Geschichte wiederum die höchstwahrscheinlich sieben Stufen der männlichen Initiation. Aber wir können extrapolieren und den noch erhaltenen Fragmenten das Wesentliche entnehmen. Der König auf der Wanderschaft isst und trinkt nicht, wird aber von einer höheren Macht als der eigenen erhalten. Nicht ernährt zu werden und dennoch am Leben zu bleiben, bedeutet, dass man seine Kraft aus etwas Tieferem als den Triebkräften des Körpers und Egos bezieht, sowohl im sexuellen als auch im intellektuellen und emotionalen Sinn. Der Animus wird gezwungen, seine Kraft aus dem reinen Sein zu beziehen, einem Energiequell, der hinter oder auch unter den bisher genutzten Energiequellen und Beweggründen liegt.

Auch hier wird impliziert, dass der Animus auf seiner Suche ein einziges Ziel verfolgt und sich nicht von untergeordneten Zielen vom Weg abbringen lässt. Zum dritten heißt es, dass der Animus verwildert, also den angelernten Chitinpanzer der Überzivilisierung nach und nach ablegt, der ihn später daran hindern könnte, das urinnerste Seelen-Selbst der eingeweihten Frau im täglichen Leben zum Ausdruck zu bringen.

Nachdem der König die Waldherberge erreicht hat, bedeckt die weiß gekleidete Seelenführerin sein Gesicht mit einem Schleier und lässt ihn schlafen. Auch diese Episode weist auf einen Überrest der alten Mysterienkulte hin: Die Augen des Schläfers sind verhüllt. Dem erwachenden König fällt der Schleier von den Augen, und er erkennt sich selbst in der Frau und dem Kind an seiner Seite wieder. Wie man sieht, muss dem Animus auch noch die letzte Hülle von den Augen fallen, denn sonst wird eine erneute Trennung in der Frau erzeugt, eine Kluft zwischen dem, was sie innerlich fühlt und weiß, und ihrem äußerlichen, vom Animus verwirklichten Verhalten. Der König muss in der Wildnatur herumwandern, in seiner eigenen männlichen Urnatur, um der bewusst unschuldigen Frau ein wahrhaft getreuer Lebensgefährte sein zu können, wie er es ihr schon bei der ersten Begegnung unter dem Baum des Lebens versprochen hat.

Das Unglaublichste an diesem langwierigen Einweihungsprozess ist, dass Frauen es fertigbringen, die ganze Zeit in der Oberwelt mit all ihren Freuden und Pflichten zu existieren, ohne mitten entzweigerissen zu werden wie ein Knallbonbon. Sie fahren mit allen regulären Aktivitäten fort, lieben ihre Männer, gebären Kinder, kämpfen um diesen oder jenen Vorteil, betreiben ihre Kunst und kochen, backen, braten auf jeder Ebene weiter, während sie sich unterdessen ständig in grenzenlose Tiefen hineinwagen und ein Ohr lauschend nach innen wenden.

Für viele Frauen ist es extrem verlockend, dem Aufruf zu gehorchen und das Auto einfach unaufhaltsam in die untergehende

Sonne zu steuern. Wenn sie es nicht tun, haben sie die längste Belastungsprobe von allen bestanden, denn genau diese, in manchen Momenten unerträgliche Spannung zwischen der inneren und der äußeren Arbeit ist die Einweihung in das Verständnis eines ungetrennten Daseins in beiden Welten zugleich.

Und damit nähern wir uns der Vollendung des Initiationszyklus. Der transformierte Animus wird zum ebenbürtigen Partner der wieder kindlich gewordenen neugeborenen Frau. Unter dem Jubel aller Aspekte der Psyche kehrt die Königsfamilie zur Königinmutter und damit auf den Thronsitz der Wilden Frau heim. Die teuflische Kraft, die uns in einem unbewussten Zustand halten will, ist endgültig besiegt. Die Seele hat dem Ego die Zügel aus der Hand genommen und alle darauffolgenden Belastungsproben bestanden. Alle sieben Jahre durchläuft eine Frau diesen Einweihungszyklus, beim ersten Durchgang noch sehr verschwommen und im Schlaf, später normalerweise mindestens einmal mit deutlich gefühlter Härte und Gewalt, wonach der Zyklus in Anklängen und ansatzweise noch mehrfach wiederholt wird. Hier ist eine Übersicht über die wichtigsten Stadien auf dem universellen Weg:

- Man verlässt das überalterte psychische Elternpaar, begibt sich in unbekannte Seinsbereiche hinein und macht sich vom Wohlwollen jedes Wesens abhängig, das einem unterwegs begegnet.
- Man verbindet die offenen Wunden, die der Psyche durch einen unseligen Tauschhandel geschlagen werden.
- Man sucht nach der Nahrung, die den psychischen Hunger stillt, und vertraut auf die Unterstützung der Urnatur.
- Man sucht Zuflucht bei der Wilden Mutter.
- Man kontaktiert den schutzspendenden Animus in der Unterwelt.
- Man macht sich mit den Energieformen des Unbewussten vertraut, findet den Obstgarten und kommuniziert mit dem Magier der Psyche.

- Man lässt das kindliche Selbst heranwachsen und ausreifen.
- Man übt sich in Geduld.
- Man erträgt die Missverständnisse und das Missverstehen der Umgebung.
- Man lässt die Hüllen der Überzivilisierung fallen.
- Man verlässt den königlichen Thronsitz, um noch tiefer in das Geheimwissen einzudringen.
- Man erwirbt sich die ätherischen Hände, die das Subtile und Unfassliche begreifen können.
- Man arbeitet an der Transformation des Animus in einen wilden König.
- Man feiert die mystische Hochzeit der vorher widersprüchlichen Aspekte.

Das Motiv der »mystischen Hochzeit« bildet die Kulmination der vorangegangenen Tiefenarbeit. Je tiefer Frauen auf diesem Einweihungsweg gehen, desto umfassender und nachhaltiger ist der Höhepunkt, der innere Liebesakt zwischen männlich und weiblich, zwischen kindlich und uralt, zwischen innen und außen, Diesseits und Jenseits – zwischen sämtlichen Gegensätzen, die uns vorher in eine unsagbar schmerzhafte Prüfung nach der anderen gestürzt haben. Die Geschichte von der Jungfrau ohne Hände beschreibt Phasen der Lebensgeschichte aller Frauen von Beginn an, zwar in Form märchenhafter Metaphern, aber dennoch wahr und allgemein gültig. Wenn wir, die lebenden Frauen, von einem unserer Ausflüge in die Unterwelt zurückkehren, sind wir, oberflächlich betrachtet, vielleicht immer noch dieselben, aber innerlich haben wir einen alles verändernden Schritt in die Domäne der Ursprünglichkeit getan. Nach außen hin sind wir weiterhin freundlich, aber in uns steckt ein Wesen, das man nicht länger als »zahm« bezeichnen kann.

FÜNFZEHNTES KAPITEL

Beschatten: Canto Hondo, der tiefe Gesang

Beschatten bedeutet, sich so leichtfüßig durch das Terrain zu bewegen, so lautlos aufzutreten, dass man sehen kann, ohne gesehen zu werden. Wölfe beschatten jedes Wesen, das ihr Territorium durchquert. Auf diese Art sammeln sie ihre Informationen. Es ist das gleiche wie auftauchen, sich in Rauch auflösen und dann erneut erscheinen.

Wölfe können sich auf den leisesten Pfoten durch den Wald bewegen, behutsam wie *los angelos timidos,* die schüchternen Engel. Zuerst fallen sie zurück und verfolgen unbemerkt die Kreatur, die ihre Neugierde erregt hat. Dann, völlig unerwartet, tauchen vor der Kreatur ein halbes Gesicht und ein goldenes Auge hinter einem Baumstamm auf. Abrupt wendet sich der Wolf ab, löst sich in einen davonhuschenden Schatten auf, um wieder zurückzufallen und hinter dem Fremdling zu erscheinen. Das nennt man beschatten.

Die Wilde Frau hat ihre menschlichen Artgenossinnen nun schon seit Jahren beschattet. Wir erhaschen einen vagen Eindruck von ihr, und schon ist sie wieder verschwunden. Und doch taucht sie in so vielen Formen in unserem Dasein auf, in so vielen Traumgestalten, Ahnungen und Regungen, dass ihre Gegenwart allmählich zur Gewissheit wird. Das Goldauge beobachtet uns aus dem Gebüsch, um zu sehen, ob wir wohl demnächst bereit sind, unser wildes Erbteil anzutreten. Die Form unseres eigenen Schattenbilds macht uns klar, dass wir keinen zweibeinigen Schatten werfen, sondern den »anderen«, den eines freien, ungezähmten Geschöpfes.

Wir sind die rechtmäßigen Erben des wilden Heimatlands; es ist unser Grundrecht und unsere Bestimmung, permanent im Reich der Wilden Frau zu leben, nicht nur wie flüchtige Touristen durch ihr Territorium zu eilen. Die Kraft unserer tieferen Seelen beschattet uns, aus gutem Grund. Es gibt eine mittelalterliche Sage, in der es heißt, dass wir von Glück sagen können, wenn wir bei einem Abstieg von einer unbekannten Kraft verfolgt werden, der es irgendwann gelingt, unseren Schatten zu fangen, denn dann wird diese Kraft zu unserer eigenen.

Eine mächtige wilde Energie in unserer Psyche will die Pfote auf unseren Schatten legen, um zu bezeugen, dass wir zu ihr gehören. Die Wilde Frau will unseren Schatten verschlucken, ihn sich vollends einverleiben, damit wir endlich zu uns selbst gehören können, zu uns selbst und unserem instinktiven Erbe.

Die meisten Frauen fürchten sich nicht vor dieser Vereinigung, im Gegenteil, wenn sie könnten, würden sie in diesem Augenblick in den Schoß der Wilden Frau springen und glücklich aufseufzend mit allem, was darin sein mag, verschmelzen. Man muss ihnen tatsächlich nur die Richtung zeigen, nach innen und nach unten weisen, in die Tiefen der eigenen Arbeit, die Tiefe des eigenen Innenlebens, zum Tunnel und zum klaren Licht an seinem Endpunkt.

Von Kindheit an sind wir von wilden Urahnungen verfolgt worden. Immer wieder haben wir eine vage Präsenz gespürt und manchmal einen jähen Geistesblitz. Wir haben Fußspuren in spiegelblanken Tränen gesehen, Spuren in Träumen entdeckt, in den unverständlichsten Regungen der Seele. In der eigenen Psyche haben wir einen vertrauten Atemzug gespürt, vielleicht auch ein undeutliches Grollen, ein unhörbares Rufen. Wir wussten, dass uns etwas Wichtiges, unsere ganze Welt Bewegendes mitgeteilt wurde.

Wir konnten uns entziehen – und doch nie ganz. Etwas Leises in uns begann, die Bewegungen der Wilden Freiheit zu beschatten, und sie erwiderte die Gunst. Sie heulte auf, und wir wollten antworten, auch ohne die Sprache zu kennen, auch ohne zu wissen, wem oder was wir in der längsten Seelennacht antworten mussten. Aber sie, die Wilde Freiheit, blieb stehen und wartete. Sie wartet ein Leben lang auf uns. Das ist das Wunder. Trotz aller Traumverlorenheit wissen wir etwas Urinstinktives. Trotz aller Blindheit sehen wir etwas, das vor dem Ego existiert hat und nach dem Ego existieren wird, das in diesem Augenblick hinter dem Ego steht und ihm die Kraft gibt, zu existieren. In unseren Träumen kompensieren wir das Verlorene und lassen uns von Dingen beschatten, die in der Zukunft liegen. Das Unbewusste gibt uns Bilder ein, Bilder vom Archetypus der Wilden Frau, Bilder von der Vereinigung mit dem verlorenen Kontinent, der unsere zukünftige Heimat ist. Aus diesem vorgeahnten Traumland stehen wir morgens auf und haben die Kraft, uns vor den Computer zu setzen, an den Kochtopf zu stellen, an das Fenster, vor den Lehrer, die Schulklasse, den Kunden im Geschäft. Wir hauchen der Geschäftswelt, der Politik, der Industrie, unserer Kunst und allen Dingen den wilden Atem ein. Das unverfälscht Weibliche kann nicht nur in allen Welten aufrechterhalten werden, es ist das, was alle Welten aufrechterhält.

Warum es noch länger verleugnen? Wir schaffen ein Mutterland, wo wir auch hingehen; jede einzelne Frau ist Muttererde, Nährboden, der, ausgehend von der individuellen Frau, sich immer weiter ausbreitet. Eines Tages wird man diesen Mutterboden als einen ungetrennten Kontinent begreifen, *Munda de la Madre,* als die psychische Welt der Urmutter, die aus unseren Knochen, unseren Taten, unserem bloßen Vorhandensein besteht und allen anderen Welten ebenbürtig ist. Es ist eine Welt des gesunden, ungezähmten Menschenverstands, in der sich das Leben lohnt.

Wir rufen den verlorenen Kontinent ins Leben zurück, mit unserem ganzen Dasein. Wenn der Falkner den Schrei ausstößt, kehrt der Falke aus der Luft zu ihm zurück; wenn wir unsere Intuition und unser Urwissen sprechen lassen, kehrt die Wilde Freiheit zu uns zurück. Es gibt keinen anderen Weg. Wenn sich irgendetwas Grundsätzliches verändern soll, dann in uns und durch uns. Wir sind die Wissenden, lebende Ausdrucksformen von *La Que Sabe.* Sie gibt uns die Worte ein, wir sprechen sie aus. Sie hat uns die letzten paar Jahrtausende begleitet, ist immer wieder stehen geblieben, um auf uns zu warten, und dann wieder ein Stück vorauszueilen. Sie möchte uns ihren Schatz zeigen.

Seid ihr im Begriff, euch freizustrampeln, ein Risiko einzugehen und das künstlich Aufgepfropfte hinter euch zu lassen? Gut. Grabt die tiefstmöglichen Knochen aus, damit die Wolfsfrau weiß, dass ihr es ernst meint. Lasst eure Intuition schnüffeln, haltet die Nasenspitzen in den Wind, um sie am geeigneten Punkt tief in den Boden zu bohren und die Fetzen zur Seite fliegen zu lassen. Um der wilden Wolfsfrau so nahe wie möglich zu kommen, müssen wir das Rudel suchen, den Seelenverwandten nahe sein, ein paar Revolutionen in der Nachbarschaft anzetteln, den Leuten fühlbare, greifbare Liebe geben, auch Mitgefühl und Poesie und Fakten und Fabeln vom alten Wissen.

Wir können uns weigern, jetzt noch verschämt auf dem Bauch zu kriechen. Haben wir nicht genug Kampfnarben davongetragen, um ein für allemal zu wissen, dass wir jede Schmach und jede Schande überleben? Wir haben keine Zeit mehr für den bitteren Zorn. Wir verwenden ihn als Kraftspender, der auch die letzten Zäune noch rasch überspringen hilft, um in das psychische Heimatland einzutauchen.

»Darüber hinweg« und »darüber hinaus« sind unsere Losungsworte. Fort, fort von dem, was uns gefangen hält, durch alle Illusionen hindurch und darüber hinaus, ins Freie! Endlich! Was wir heute tun, kommt unseren Töchtern und allen Töchtern dieser Töchter zugute. Wir hinterlassen Fußspuren, die immer in die eine Richtung zeigen. Wir sind die Frauen, die voll Dankbarkeit auf den Schultern ihrer Mütter stehen, und wir sind die Schultern, auf denen unsere Töchter stehen, um noch weiter, vielleicht bis ins Unermessliche hineinzusehen.

Es gibt keine Verhaltensregeln für eine wildnatürliche instinktbegabte intuitive Frau. Sie weiß selbst am besten, was von Moment zu Moment angebracht ist. Aber allen, die jetzt auf dem Nachhauseweg sind, möchte ich einige sehr weitgefasste, anregende Hinweise geben. Am besten fängt man mit Regel Nummer 10 an, wenn man gerade schwer zu kämpfen hat.

Allgemeine Verhaltensregeln für Wölfe und Wolfsfrauen

1. Essen
2. Ruhen
3. Spielerisch arbeiten und herumstreunen
4. Loyal sein
5. Kinder großziehen
6. Im Mondlicht tanzen
7. Ohren haarfein einstimmen
8. Knochen ausgraben
9. Lieben und sich lieben lassen
10. Und zwar oft und kräftig

SECHZEHNTES KAPITEL

Die Wimper des Wolfs

Wenn du nicht hinaus in den Wald gehst, wird nie etwas passieren, und dein Leben wird nie beginnen.

»Geh nicht hinaus in den Wald, geh nicht hinaus«, sagten sie.

»Warum nicht? Warum soll ich heute Nacht nicht hinaus in den Wald gehen?« fragte sie.

»Dort lebt ein großer Wolf, der Menschen wie dich auffrisst. Geh nicht hinaus in den Wald, geh nicht hinaus. Das ist kein Spaß.«

Natürlich ging sie hinaus. Sie ging trotzdem hinaus in den Wald, und natürlich traf sie den Wolf, vor dem man sie gewarnt hatte.

»Da siehst du, wir haben dich gewarnt«, triumphierten sie.

»Das ist mein Leben und kein Märchen, ihr Dummköpfe«, sagte sie. »Ich muss hinaus in den Wald gehen, und ich muss den Wolf treffen, oder mein Leben wird nie beginnen.«

Aber der Wolf, dem sie begegnete, steckte in einer Falle, in einer Falle, in der die Pfote dieses Wolfs gefangen war.

»Hilf mir, so hilf mir doch! Auiiiii, auiiiii, auiiiii!« rief der Wolf. »Hilf mir, so hilf mir doch!« rief er, »dann sollst du eine angemessene Belohnung bekommen.« So verhalten sich nämlich Wölfe in Geschichten wie dieser.

»Woher soll ich wissen, dass du mir kein Leid zufügst?« fragte sie – denn es war ihre Rolle, Fragen zu stellen. »Woher weiß ich, dass du mich nicht tötest und nur meine Knochen übrig lässt?«

»Das ist die falsche Frage«, sagte dieser Wolf. »Du wirst mir eben glauben müssen.« Und der Wolf fing wieder an zu schreien und zu heulen, lauter noch als zuvor.

»Oh, auiiiii! Auiiiii! Auiiiii! Es gibt nur eine Frage,
die zu stellen sich lohnt, schönes Mädchen,
WOOOOOOOOOO
auiiiiiiist die
seeeeeeele?«

»Okay, du Wolf du, ich riskier's. Also dann los.« Und sie ließ die Falle aufschnappen, und der Wolf zog seine Pfote heraus, und sie verband sie ihm mit Kräutern und Gräsern.

»Ach, dank dir, liebes Mädchen, dank dir«, seufzte der Wolf. Und weil sie zu viele von den falschen Geschichten gelesen hatte, rief sie: »Also los jetzt, töte mich, bringen wir es hinter uns.«

Doch nein, nichts dergleichen geschah. Stattdessen legte der Wolf die Pfote auf ihren Arm.

»Ich bin ein Wolf aus einer anderen Zeit und von einem anderen Ort«, sagte er. Und er zupfte sich eine Augenwimper aus, gab sie ihr und sagte: »Verwende sie und sei weise. Von nun an wirst du wissen, wer gut und wer weniger gut ist; schau mit meinen Augen, und du wirst klar sehen.

Weil du mich am Leben ließest,
lade ich dich ein, in einer Weise
zu leben wie nie zuvor.
Vergiss nicht, es gibt nur eine Frage,
die zu stellen sich lohnt, schönes Mädchen,
woooooooooo
auiiiiiiist die
seeeeeeele?«

Und so ging sie zurück in ihr Dorf,
glücklich, noch am Leben zu sein.
Und als sie diesmal sagten:
»Bleib einfach hier und sei meine Braut«,

oder: »Tu, was ich dir gesagt habe«,
oder: »Sag, was ich will, dass du sagst
und bleib so unbeschrieben
wie am Tag, an dem du kamst«,
hielt sie die Wimper des Wolfs hoch
und guckte hindurch
und sah ihre Motive,
so wie sie diese zuvor noch nicht gesehen hatte.
Und beim nächsten Mal, als der Metzger das Fleisch abwog,
blickte sie durch die Wimper ihres Wolfs
und sah, dass er seinen Daumen mitwog.
Und sie sah ihren Verehrer an,
der sagte: »Ich bin der Richtige für dich«,
und sie sah, dass ihr Verehrer
für sie überhaupt nicht der Richtige war.
Und auf diese Weise und noch andere
wurde sie gerettet,
nicht gerade vor allem,
aber doch vor vielerlei
Unglück.

Und mehr noch: Mit diesem neuen Sehen erkannte sie nicht nur die Verschlagenen und die Grausamen, ihr Herz wurde auch immer größer und größer, denn sie betrachtete jeden Menschen und sah ihn mithilfe der Gabe des Wolfes, den sie gerettet hatte, in einem helleren Licht.

Und sie sah diejenigen, die wirklich gutherzig waren,
und ging hin zu ihnen,
sie fand ihren Partner
und blieb alle Tage ihres Lebens bei ihm,
sie erkannte die Tapferen
und kam zu ihnen,

sie entdeckte die Aufrichtigen
und schloss sich ihnen an,
sie sah Verwirrung unter dem Zorn
und eilte, sie zu lindern,
sie sah Liebe in den Augen der Schüchternen
und reichte ihnen die Hand,
sie sah das Leid derer, die die Zähne zusammenbissen,
und warb um ihr Lachen,
sie sah die Not des Mannes ohne Worte
und sprach für ihn,
sie sah den Glauben tief in der Frau,
die sagte, sie habe keinen,
und entzündete ihn wieder an ihrem eigenen.
Sie sah alle Dinge
mit ihrer Wolfswimper,
alle Dinge, die wahr waren,
und alle Dinge, die falsch waren,
alle Dinge, die gegen das Leben gerichtet waren,
und alle Dinge, die dem Leben zugewandt waren,
alle Dinge, die nur
durch die Augen dessen zu sehen sind,
der das Herz mit dem Herzen abwägt
und nicht nur mit dem Verstand.

Und so lernte sie, dass es wahr ist, was sie sagen, dass der Wolf der Weiseste von allen ist. Wenn du genau hinhörst, dann stellt der Wolf mit seinem Geheul stets die wichtigste Frage – nicht, wo ist das nächste Essen, nicht, wo ist der nächste Kampf, nicht, wo ist der nächste Tanz? –, sondern die wichtigste Frage

um hinein und dahinter zu sehen,
um den Wert von allem abzuwägen, das lebt,
woooooooooo
auiiiiiiist die

seeeeeeele?
woooooooooo
auiiiiiiist die
seeeeeeele?
Wo ist die Seele?
Wo ist die Seele?

Geh hinaus in den Wald, geh hinaus. Wenn du nicht hinaus in den Wald gehst,
wird nie etwas passieren, und dein Leben wird nie beginnen.
Geh hinaus in den Wald,
geh hinaus.
Geh hinaus in den Wald,
geh hinaus.
Geh hinaus in den Wald,
geh hinaus.

Zitiert aus »Die Wimper des Wolfs«, Geschichte und Prosagedicht von C.P. Estes, 1970, aus *Rowing Songs For the Night Sea Journey, Contemporary Chants.*

Nachwort
Geschichten als Medizin

Hier will ich Ihnen das *Ethos* der Geschichte in den ethnischen Traditionen meiner Familie darlegen, jener Traditionen, in denen mein Geschichten-Machen und meine Gedichte ihre Wurzeln haben, und ein wenig davon, wie ich *las palabras,* Worte, und *los cuentos,* Geschichten, verwende, um das Leben der Seele zu unterstützen.

In meinen Augen gilt: *Historias son medicina,* »Geschichten sind Medizin«: »… Immer wenn ein Märchen erzählt wird, wird es Nacht. Ganz egal, an welchem Ort, ganz egal, zu welcher Zeit, ganz egal, zu welcher Jahreszeit, das Erzählen von Geschichten bewirkt, dass ein Himmel voller Sterne und mit einem weißen Mond über das Dach heraufkriecht und über den Köpfen der Zuhörer verweilt. Manchmal ist das Zimmer am Ende der Geschichte vom anbrechenden Tag erfüllt, ein anderes Mal bleibt eine Sternenscherbe zurück, manchmal der ausgefranste Faden eines Gewitterhimmels. Und was immer dabei zurückbleibt, ist der Schatz, mit dem man arbeiten muss, den man auf dem Weg zum Seelen-Machen gebrauchen muss …«

Es war nicht meine Ausbildung als Psychoanalytikerin, die mich dazu veranlasste, im Humus der Geschichten zu arbeiten, sondern vielmehr mein langes Leben als Kind eines ethnisch tief verankerten und nicht auf die Schrift vertrauenden Familienerbes. Obwohl die Mitglieder meiner Familie gar nicht, oder nur mit Schwierigkeiten, lesen und schreiben konnten, waren sie weise auf eine Art, die der modernen Kultur oft abhanden gekommen ist.

In den Jahren, in denen ich heranwuchs, wurden oft während eines Mahls oder bei einer Hochzeit oder einer Totenwache Geschichten und Witze und Lieder und Tänze vorgetragen, aber das meiste von dem, was ich in mir bewahre, unverändert weitererzähle oder zu literarischen Geschichten verarbeite, habe ich nicht erhalten, während ich bei offiziellen Anlässen mit anderen zusammensaß, sondern durch harte Arbeit an Aufgaben, deren Erfüllung mir äußerste Intensität und Konzentration abforderte.

Meiner Meinung nach gedeihen Geschichten in welcher Form auch immer nur durch harte Arbeit – sei sie nun intellektuell, spirituell, familiär, körperlich oder integral. Es ist nie leicht. Eine Geschichte lässt sich nie einfach nur »aufsammeln« oder in der »Freizeit« studieren. Im Komfort einer Klimaanlage kann ihre Essenz weder geboren noch erhalten werden, und selbst in einem enthusiastischen Bewusstsein kann sie sich nicht zu irgendeiner Tiefe entwickeln, wenn es nicht voller Hingabe ist. Sie kann auch nicht in einer geselligen, aber oberflächlichen Umgebung leben. Eine Geschichte kann nicht »studiert« werden. Sie wird durch Assimilierung gelernt, durch das Leben in nächster Nähe mit denen, die sie kennen, sie leben und sie lehren – mehr durch alltägliche, prosaische Aufgaben dieses Lebens, jedenfalls viel mehr als durch mit Zeremonien erfüllte Zeiten.

Die heilende Medizin der Geschichte existiert nicht in einem Vakuum. Getrennt von ihrem spirituellen Ursprung kann sie nicht existieren. Man kann sie nicht in sich aufnehmen, ohne sich ihr ganz zu widmen. Die Geschichte hat eine Integrität, die von einem wirklichen Leben kommt, das in ihr gelebt wird. Eine Geschichte wird ganz klar dadurch erhellt, dass man in ihr aufwächst.

In den ältesten Traditionen meiner Familie, die weit zurückreichen – wie meine *abuelitas* sagen, »so viele Generationen weit, wie es Generationen gibt« –, werden die Zeiten für eine Geschichte, die gewählten Erzählungen, die genauen Worte, die bei ihrer Vermittlung benutzt werden, der Klang der Stimme, der für jede verwendet wird, die Enden und die Anfänge, das Sich-Entfalten des Textes und besonders die *Intention* hinter jedem meistens von einer klugen inneren Empfindsamkeit bestimmt, mehr als von irgendwelchen äußeren Einflüssen oder »Gelegenheiten«.

Manche Völker legen keine Zeiten für das Erzählen von Geschichten fest. Bei meinen Freunden aus verschiedenen Pueblostämmen aber sind die Geschichten vom Koyoten für das Erzählen im Winter reserviert. Meine *comadres* und Verwandten im Süden von Mexiko erzählen nur im Frühling vom »großen Wind aus dem Osten«. In meiner Pflegefamilie werden bestimmte, aus ihrem osteuropäischen Erbe stammende Geschichten nur im Herbst nach der Ernte erzählt. Und in meiner leiblichen Familie beginnt man meine *El-día-de-los-muertos*-Geschichten traditionell am Winteranfang und erzählt sie während des winterlichen Dunkels bis zur Rückkehr des Frühlings. In den alten Heilungsritualen, die untrennbar zur *curanderisma* und dem *mesemondók* gehören, wird jedes Detail sorgsam gegen die Tradition abgewogen: wann eine Geschichte erzählt wird, welche Geschichte und wem, wie lang und in welcher Form, mit welchen Worten und unter welchen Umständen. Wir bedenken sorgfältig die Zeit, den Ort, den Gesundheitszustand der Person, die Umstände im inneren und äußeren Leben der Person und auch noch verschiedene andere kritische Faktoren, um dann zu der Medizin zu kommen, die gebraucht wird. Was das grundsätzlichste Vorgehen angeht, so gibt es einen Geist, sowohl heilig als auch ganzheitlich, hinter unseren uralten Ritualen; und wir erzählen Geschichten, wenn wir von ihnen gerufen werden, nicht umgekehrt.

Wenn wir Geschichten als Medizin verwenden, werden wir – wie auch bei einer psychoanalytischen Ausbildung oder anderen, energisch gelehrten und überwachten Heilkünsten – sorgfältig ausgebildet, damit wir wissen, was wir wann tun müssen, vor allem aber werden wir ausgebildet, damit wir wissen, was wir nicht tun sollen. Das ist es vielleicht mehr als alles andere, was Geschichten als Unterhaltung – eine Form, die in und durch sich ihren eigenen Wert hat – von Geschichten als Medizin trennt.

In meiner für mich am weitesten zurückliegenden Kultur gibt es an der Wurzel ein zeitloses Geschichtenerzähler-Vermächtnis, obwohl wir die Brücke zur modernen Welt schlagen. Dort gibt ein Erzähler oder eine Erzählerin seine oder ihre Geschichten und das Wissen um ihre Heilwirkung an eine oder mehrere *semillas* weiter, an »Samenmenschen«. »Samen« sind Menschen, »die von Geburt an die Gabe haben«. Sie sind die zukünftigen Bewahrer der Geschichten, auf die die Alten gehofft haben. Diejenigen, die ein Talent dafür gezeigt haben, sind zu erkennen.

Mehrere Alte stimmen überein und begleiten sie, helfen ihnen und beschützen sie, während sie lernen.

Die Glücklichen unter ihnen werden dann unter vielen Schwierigkeiten und Unannehmlichkeiten einen harten jahrelangen Weg voller Arbeit einschlagen und lernen, die Tradition so weiterzutragen, wie sie sie gelernt haben, mit all den angemessenen Vorbereitungen, Segnungen, Auswirkungen, essenziellen Einsichten, ethischen Grundsätzen und Haltungen, die die Gesamtheit des Heilwissens ausmachen, entsprechend seinen Notwendigkeiten – nicht den ihren –, entsprechend seinen Initiationen, entsprechend seinen vorgeschriebenen Formen.

Diese Formen und Zeitspannen »bei der Ausbildung« können nicht beiseitegeschoben oder modernisiert werden. Sie können nicht an ein paar Wochenenden oder in ein paar Jahren gelernt werden. Sie verlangen aus einem guten Grund lange Zeitabschnitte, und zwar, damit die Arbeit nicht trivialisiert, verändert oder missbraucht wird, wie es in den falschen Händen oft geschieht, oder wenn sie aus den falschen Gründen eingesetzt wird, oder wenn sie in bester Absicht, aber gepaart mit Ignoranz genommen wird. Daraus kann nichts Gutes entstehen.

Wie »Samen« gewählt werden, ist ein geheimnisvoller Prozess, der sich einer genauen Definition entzieht, ausgenommen für die, welche ihn gut kennen, denn er basiert nicht auf einer Reihe von Regeln und auch nicht auf der Vorstellungskraft, sondern vielmehr auf einer altbewährten Beziehung, Auge in Auge, von Person zu Person. Der Ältere wählt den Jüngeren, einer wählt einen anderen, manchmal finden sie den Weg zu uns, aber zumeist stolpern wir übereinander, und beide erkennen einander wie über Äonen. Das Verlangen, so zu sein, ist nicht dasselbe, wie es zu sein.

Es ist typisch, dass diejenigen in der Familie, die dieses Talent in sich tragen, in der Kindheit herausgerufen werden. Die Älteren, die die Gabe in sich tragen, halten die Augen offen, suchen oft den, der *»sin piel«* ist, den Hautlosen, denjenigen, der so viel und so tief empfindet und der auf die größeren Muster des Lebens genauso achtet wie auf die kleineren Details. Sie suchen, wie ich jetzt in meinem fünften Jahrzehnt, suchen nach denen, die zu einem gewissen Scharfsinn gelangt sind, indem sie jahrzehntelang, ein Leben lang, aufmerksam zugehört haben.

Die Ausbildung von *curanderas, cantadoras y cuentistas* ist ganz ähnlich, weil man in meinem Erbe Geschichten als etwas betrachtet, was geschrieben ist wie *un tatuaje del destino,* eine schwache Tätowierung auf der Haut dessen, der sie gelebt hat.

Man glaubt, dass das Talent zum Heilen vom Lesen dieser schwachen Schrift auf der Seele und der Entwicklung dessen, was dort gefunden wird, herrührt. »Geschichte, als ein Teil einer fünfteiligen Heildisziplin, wird als die Bestimmung dessen betrachtet, der eine solche Inschrift trägt. Nicht alle tragen eine solche, aber diejenigen, die sie tragen, haben ihre eigene Zukunft auf die Haut geschrieben. Man nennt sie *›Las unicas‹*, diejenigen, die es nur einmal gibt.«

Eine der ersten Fragen, die wir stellen, wenn wir einen Heiler/Erzähler treffen, ist also: *»Quienes son tus familiares? Quienes son tus padres?«* Wer sind deine Verwandten? Mit anderen Worten, von welcher Familienlinie von Heilern stammst du ab? Das bedeutet nicht: Auf welche Schule bist du gegangen? Das bedeutet nicht:

Welche Kurse hast du besucht? Es bedeutet ganz wörtlich: Von wessen spirituellen Linien stammst du ab? Wie immer suchen wir nach Authentizität im Alter, Wissen statt intellektueller Schlauheit, einer religiösen Hingabe, die unerschütterlich und tief im täglichen Leben eingebettet ist, den sanften Höflichkeiten und Haltungen, die eine Person deutlich in sich trägt, die das Wissen um jene Quelle hat, aus der alle Heilung kommt.

In der *cantadora/cuentista-Tradition* gibt es Eltern und Großeltern und manchmal *madrinas y padrinos,* Pateneltern einer Geschichte, und das ist die Person, die dich die Geschichte und ihre Bedeutung und ihre Kraft gelehrt hat, die dich damit begabt hat (die Mutter oder der Vater der Geschichte), und die Person, die sie die Person gelehrt hat, welche sie dich gelehrt hat *(abuelo o abuela,* Großvater oder Großmutter der Geschichte). Das ist so, wie es sein sollte.

Es ist unbedingt erforderlich, die ausdrückliche Erlaubnis einzuholen, die Geschichte eines anderen zu erzählen, und auch die genaue Herkunft der Geschichte anzugeben, falls die Erlaubnis gegeben wird, denn sie enthält den genealogischen Nabel; wir sind an einem Ende, die lebenspendende Plazenta am anderen. Es ist ein Zeichen des Respekts, könnte man sagen, der guten Manieren einer Person, die auf die richtige Weise in Geschichten erzogen worden ist, um die Erlaubnis zu bitten und sie zu erhalten, nicht eine Arbeit zu nehmen, die nicht aus freien Stücken gegeben wurde, die Arbeit anderer zu respektieren. Denn ihre Arbeit und ihr Leben zusammen machen erst die Arbeit, die sie herausgeben. Eine Geschichte ist nicht nur eine Geschichte. Ihrer innersten und angemessensten Bedeutung nach ist sie das Leben einer Person. Sie ist das Numen ihres Lebens und ihre unmittelbare Vertrautheit mit den Geschichten, die sie in sich tragen, was die Geschichte zu »Medizin« macht.

Die Pateneltern der Erzählung sind die, welche zusammen mit der Geschichte auch ihren Segen gegeben haben. Manchmal dauert es lange, sehr lange, die Abstammung einer Geschichte zu erzählen, bevor wir mit der Geschichte selbst beginnen können. Dieses Auflisten der Mutter der Geschichte und der Großmutter der Geschichte und so weiter ist nicht etwa eine lange, langweilige Präambel, sondern sie ist wiederum mit kleinen Geschichten aus und über sich selbst gewürzt. Die längere Geschichte, die ihr folgt, ist dann wie ein zweiter Gang, wie bei einem Festmahl.

In jeder authentischen Geschichten- und Heiltradition, die ich kenne, beginnt die Übermittlung einer Geschichte mit dem Hervorbringen, dem Heraufziehen des psychischen Inhalts, sowohl kollektiv als auch persönlich. Der Prozess ist eine lange, zeit- und energieaufwendige Anstrengung, sowohl intellektuell als auch spirituell; auf keinen Fall ist das ein müßiges Verfahren. Es kostet viel und dauert lang. Obwohl es *intercambiamos cuentos* gibt, den Austausch von Geschichten, bei dem zwei Personen, die sich gut kennen, als ein Geschenk für den jeweils anderen Geschichten austauschen, geschieht das, weil sie eine Verwandtschaftsbeziehung entwickelt haben, sofern sie nicht hineingeboren wurden. Und das ist so, wie es sein sollte.

Obwohl manche Leute Geschichten nur zur Unterhaltung verwenden und obwohl besonders das Fernsehen allzu oft Geschichten verwendet, die das Absterben des Lebens schildern, sind Erzählungen doch, in einer ihrer ältesten Bedeutungen, eine Heilkunst. Manche Menschen werden zur Heilkunst gerufen, und die besten, meiner Ansicht nach, sind diejenigen, welche wirklich mit der Geschichte das Lager geteilt haben und alle ihre zueinanderpassenden Teile in sich selbst und tief in ihnen gefunden haben … sie haben lange einen weisen Ratgeber gehabt, waren lange Zeit spirituelle »Jünger«, und sie haben lange Zeit darauf verwandt, ihre Disziplinen zu perfektionieren. Personen wie diese sind allein durch ihre Präsenz sofort zu erkennen.

Wenn wir uns mit Geschichten befassen, haben wir es mit archetypischer Energie zu tun, die wir metaphorisch als eine Art von Elektrizität beschreiben könnten. Diese elektrische Kraft kann beleben und erleuchten, aber am falschen Ort, zur falschen Zeit, mit der falschen Menge, dem falschen Erzähler, der falschen Geschichte, einem unvorbereiteten Erzähler, einer Person, die vielleicht einiges von dem weiß, was zu tun ist, aber nicht weiß, was *nicht* zu tun ist, verhält es sich wie mit jeder Medizin: Sie wird nicht den gewünschten Effekt haben oder einen schädlichen. Manchmal ist Menschen, die »Geschichtensammler« sind, nicht bewusst, worum sie bitten, wenn sie um eine Geschichte mit dieser Dimension bitten, oder versuchen, sie ohne den Segen zu verwenden.

Der Archetyp verändert uns. Der Archetyp erfüllt uns mit einer erkennbaren Integrität, einer erkennbaren Standhaftigkeit, wenn es beim Erzähler keine Veränderung gibt, dann hat es auch keine Treue gegenüber der Tradition gegeben, keinen wirklichen Kontakt mit dem Archetyp, keine Übertragung – nur eine rhetorische Übersetzung oder eine selbstsüchtige Erhöhung. Das Weitergeben von Geschichten ist eine große und weitreichende Verantwortung. Die Parameter dieser Verantwortung detailliert zu erläutern, würde mehrere Bände füllen, wenn ich versuchen würde, die Heilungsprozesse in ihrer Gesamtheit zu beschreiben, welche Geschichten als eine einzelne Komponente unter vielen verwenden. Lassen Sie mich Ihnen also angesichts des wenigen Platzes, der mir hier zur Verfügung steht, wenigstens den wichtigsten Teil übermitteln – dass wir den Auftrag haben, sicherzustellen, dass die Menschen vollständig für die Geschichten verdrahtet sind, die sie tragen und erzählen.

Bei den besten der Erzähler-Heiler, die ich kenne – und ich habe das Glück, viele zu kennen–, *wachsen ihre Geschichten aus ihrem Leben heraus,* wie aus Wurzeln ein Baum wächst. Die Geschichten haben *sie* wachsen lassen, haben sie zu dem wachsen lassen, was sie sind. Wir können den Unterschied sehen. Wir wissen, wenn jemand eine Geschichte zum Spaß hat »wachsen« lassen, und wenn die Geschichte ihn hat wachsen lassen. Letzteres liegt den integralen Traditionen zugrunde.

Manchmal bittet mich ein Fremder um eine der Geschichten, nach denen ich über Jahre hinweg geschürft, die ich über Jahre hinweg geformt und getragen habe. Als Hüterin dieser Geschichten, die mir auf der Grundlage von erbetenen und gehaltenen Versprechen gegeben wurden, trenne ich sie nicht von den anderen Worten und Riten, die sie umgeben, besonders diejenigen, die in den Wurzeln der *Jamilia* entwickelt und genährt wurden. Diese Wahl beruht nicht auf einem Fünf-Punkte-Plan, sondern auf einer Wissenschaft der Seele. Verwandtschaft und Verwandtheit sind alles.

Das Meister-Lehrling-Modell schafft die Atmosphäre der Sorgfalt, in der es mir möglich war, meinen Lernenden dabei zu helfen, die Geschichten zu suchen und zu entwickeln, die sie akzeptieren werden, die durch sie hindurchscheinen werden und nicht nur auf der Oberfläche ihres Wesens liegen wie Schmuck von einem Billigjuwelier. Es gibt Wege, und es gibt Wege. Es gibt einige leichte Wege, aber keine leichten Wege, von denen ich weiß, dass sie auch Integrität haben. Es gibt viel mehr und viel quälendere und schwierigere Wege, die Integrität besitzen und die Anstrengung wert sind.

In der Heilkunst, in der Medizin der Geschichte ist man absolut durch die Menge an Selbst befähigt, die man bereit ist zu opfern und in sie zu stecken, und ich meine das Wort *opfern* in jeder Nuance des Worts. Ein Opfer ist nicht ein Leiden, das man sich selber aussucht, und es ist auch kein »bequemes Leiden«, bei dem der Begriff durch den »Leidenden« kontrolliert wird. Ein Opfer ist kein großes Bemühen oder gar eine substanzielle Unbequemlichkeit. Es ist in gewisser Weise »das Betreten einer Hölle, die man nicht selbst gemacht hat«, und das Zurückkommen aus ihr, völlig geläutert, völlig konzentriert, völlig hingegeben. Nicht mehr und nicht weniger.

In meiner Familie gibt es eine Redensart: Der Torwächter der Geschichten wird ihren Preis von dir verlangen, das heißt, er wird dich zwingen, eine bestimmte Art Leben zu leben, dich täglich zu disziplinieren, deinen Rücken in vielen Jahren des Lernens zu krümmen – kein müßiges Lernen, wie das Ego es bequem findet, sondern ein Lernen, das auf strengen und mühevollen Mustern und Erfordernissen aufgebaut ist. Ich kann das nicht genug hervorheben.

In den Familientraditionen des Umgangs mit Geschichten, in den *Mesemondók*- ebenso wie in den *Cuentista-Traditionen*, die ich seit meiner Kindheit gelernt und verwendet habe, gibt es das, was man *La invitada* nennt, den Gast, das heißt, den leeren Stuhl; denn er ist bei jedem Erzählen auf die eine oder andere Weise anwesend. Manchmal kommt während des Erzählens die Seele von einem oder von mehreren der Zuhörer und setzt sich dort hin, weil sie das Bedürfnis verspürt. Obwohl ich vielleicht Material für einen ganzen Abend habe, das ich sorgfältig bedacht hatte, ändere ich vielleicht den Ablauf, um ihn dem Geist anzupassen, der zu dem leeren Stuhl kommt, ihn zu heilen oder mit ihm zu spielen. »Der Gast« spricht für die Bedürfnisse aller.

Ich sage den Leuten, sie sollen in ihrem eigenen Leben nach Geschichten schürfen und bestehe darauf bei denen, die ich unterrichte, *besonders* nach den Geschichten ihres eigenen Erbes zu schürfen, denn wenn sie sich immer direkt zum Beispiel den Geschichten der Brüder Grimm zuwenden, dann werden – sobald ihre Alten weggestorben sind – die Geschichten ihres persönlichen Erbes für immer für sie verloren sein. Ich unterstütze so gut ich kann diejenigen, die die Geschichten ihres Erbes zurückbringen, sie bewahren und sie davor retten, durch Missachtung zu sterben. Natürlich sind es die alten Leute, die überall auf der Welt das Gerüst der gesamten heilenden und spirituellen Strukturen bilden.

Seht euch eure Leute an, euer Leben. Es ist kein Zufall, dass dieser Rat von großen Heilern genauso gegeben wird wie von großen Schriftstellern. Seht euch das Echte an, das ihr selbst lebt. Die Art von Geschichten, die man dort findet, kann nie aus Büchern kommen. Diese Geschichten kommen aus Augenzeugenberichten.

Das authentische Schürfen nach Geschichten aus dem eigenen Leben und dem Leben seiner eigenen Leute, und auch der modernen Welt in ihrer Beziehung zum eigenen Leben, bedeutet, dass es Unannehmlichkeiten und Prüfungen geben wird. Du weißt, dass du auf dem richtigen Weg bist, wenn du das erfahren hast: die aufgescheuerten Knöchel, das Schlafen auf kaltem Boden – nicht einmal, sondern immer und immer wieder–, das Herumtasten im Dunkeln, das Gehen im Kreis in der Nacht, die Offenbarungen, die einem das Mark gefrieren lassen, und die haarsträubenden Abenteuer auf dem Weg – diese sind alles wert. Für jede Geschichte muss ein wenig, und in vielen Fällen eine ganze Menge Blut vergossen werden, für jeden Aspekt des eigenen Lebens, wenn es das Numen tragen soll, wenn eine Person eine wahre Medizin bewahren soll.

Ich hoffe, Sie werden hinausgehen und zulassen, dass Ihnen Geschichten, das heißt das Leben, passieren, und dass Sie mit diesen Geschichten aus Ihrem Leben arbeiten – aus Ihrem Leben, nicht aus dem Leben eines anderen –, dass Sie sie mit Ihrem Blut und Ihren Tränen und Ihrem Lachen bewässern, bis sie blühen, bis Sie selbst voll erblühen. Das ist die Arbeit. Die einzige Arbeit.

Mis Estimados,
verzagt nicht ... für solche Zeiten wurden wir erschaffen.
Wenn ein großes Schiff fest vertäut im Hafen liegt,
dann ist es fraglos am sichersten.
Aber dafür werden große Schiffe nicht gebaut.

Dr. Clarissa Pinkola Estés

Clarissa Pinkola Estés

Verzagt nicht! Für solche Zeiten wurden wir erschaffen

Mis Estimados Queridos, liebe geschätzte Mitmenschen, verliert nicht den Mut! Für solche Zeiten wurden wir erschaffen.

Ich habe zuletzt von so vielen gehört, die zutiefst verunsichert sind. Sie sind besorgt über den gegenwärtigen Stand der Dinge in unserer Welt. Es stimmt schon, man muss ordentliche *cojones* und starke *ovarios* haben, um das auszuhalten, was heutzutage in unserer Kultur alles als »gut« durchgeht. Verächtliche Geringschätzung dessen, was für die Seele das Wertvollste und Unersetzlichste ist, und die Verfälschung von Werten sind in breiten Bevölkerungsschichten zur »neuen Normalität«, zum Witz der Woche geworden.

Es ist schwer auszumachen, welche der gegenwärtigen Ungeheuerlichkeiten die Menschheit am meisten in Unruhe versetzt hat. Wir leben in einer Zeit beinahe täglicher uns verblüffender Überraschungen und des berechtigten Zorns über die neuesten Herabwürdigungen dessen, was für zivilisierte, visionäre Menschen am wichtigsten ist.

Du liegst mit deinen Einschätzungen goldrichtig. Einige Menschen streben nach Ruhm und Anerkennung, doch ihr abscheuliches Handeln gegenüber Schwächeren steht im krassen Widerspruch dazu.

Dennoch, ich ermahne dich, du Sanftmütige, deinen Geist nicht zum Versiegen zu bringen, indem du diese schwierigen Zeiten zu sehr beklagst. Vor allem darfst du die Hoffnung nicht verlieren. Es ist eine Tatsache: Für solche Zeiten wurden wir erschaffen.

So ist es. Jahrelang wurden wir dafür ausgebildet, wir haben gelernt und geübt und haben förmlich darauf gewartet, einander auf genau dieser Ebene zu begegnen. Ich kann es nicht oft genug betonen, dass wir selbst die Anführer sind, auf die wir warten, und dass wir von Kindheit an genau für Zeiten wie diese großgezogen wurden.

Ich wuchs an den Ufern der Großen Seen auf und kann erkennen, ob ein Boot seetüchtig ist oder nicht. Was erwachte Seelen betrifft, so befanden sich nie fähigere Schiffe im Wasser, als es sie jetzt gerade überall auf der Welt gibt. Wie nie zuvor in der Menschheitsgeschichte sind sie umfassend ausgerüstet und können einander Signale senden.

Ich möchte dich für einen Moment bei den Händen halten und dir versichern, dass du stabil genug gebaut bist für diese Zeiten. Trotz all deiner Zweifel, deiner Frustrationen, die von der Vielzahl der jetzt erforderlichen Veränderungen herrühren, oder auch deines Eindrucks, dass du ganz und gar ohne Karte navigieren musst, verfügst du doch durchaus über Hilfsquellen. Du bist nicht allein.

Blick über deinen Bug hinaus; Millionen Boote mit rechtschaffenen Seelen befinden sich da draußen bei dir auf dem Wasser. Tief in deinem Inneren hast du immer gespürt, dass du nicht allein bist.

Auch wenn die Wellen dieses stürmischen Strudels dich bis in den Kiel erzittern lassen, ich versichere dir, die Hölzer, aus denen du vom Bug bis zum Ruder geschaffen bist, stammen aus einem mächtigen Wald. Dein langfaseriges Holz ist bekannt dafür, sich zu behaupten, gegen Stürme zu bestehen und trotz allem den Kurs zu halten.

Seit dem Tag, an dem wir unserem Aufenthalt auf der Erde zugestimmt haben, wurden wir auf dunkle Zeiten wie diese vorbereitet. Viele Jahrzehnte lang wurden überall auf der Welt Seelen wie die unseren zu Fall gebracht und dem Tod überlassen, in unterschiedlichster

Art und Weise, wieder und wieder ... niedergerungen durch Naivität, durch Mangel an Liebe, durch die plötzliche Erkenntnis des einen oder anderen tödlichen Zusammenhangs, durch das Ausbleiben von rechtzeitiger Erkenntnis, durch hinterhältige Angriffe in Form unterschiedlichster extremer Kultur- oder persönlicher Schocks.

Jeder von uns trägt die Geschichte und das Erbe der Vernichtung in sich, aber, und daran sollten wir uns vor allem erinnern, wir haben notgedrungen auch die Kunst der Wiederauferstehung gemeistert.

Wieder und wieder waren wir der lebende Beweis dafür, dass alles, was auseinandergetrieben wurde, was Schiffbruch erlitten hat und gesunken ist, zu neuem Leben erwachen kann. Diese ebenso wahre wie bewiesene Prognose gilt gleichermaßen für die rings um uns zerstörten Welten wie für unsere einst tödlich verwundete persönliche Identität.

Auch wenn wir nicht unverwundbar sind, unser Humor hilft uns, den Zynikern mit ihrem »Pech gehabt«, ihrem »Recht vor Gnade« und anderen Beweisen ihres vollständigen Mangels an Seelenverstand ins Gesicht zu lachen. Das und die Tatsache, dass wir es bei mindestens einer bedeutsamen Gelegenheit bereits »zur Hölle und zurück« geschafft haben, macht uns fraglos zu erfahrenen Schiffen. Selbst wenn du dir dessen nicht bewusst bist, ich versichere dir, es trifft auch auf dich zu.

Auch wenn dein klägliches kleines Ego die Großartigkeit deiner Seele anzweifelt, das kleinere Selbst kann das größere Selbst nie für lange Zeit unterwerfen. Wenn es um Tod und Wiedergeburt geht, dann hast du bereits vielmals alle Maßstäbe gesprengt.

Lass dich durch den Beweis, den deine zurückliegenden Prüfungen erbracht haben, überzeugen. Hier ist er: Stehst du noch? Die Antwort lautet: Ja! (Und an dieser Stelle sind keine Ergänzungen wie »gerade noch so« gestattet.) Wenn du noch stehst, obgleich mit zerfetzten Segeln, dann bist du zu allem fähig. Du hast die Hürde genommen – mit Bravour. Du bist seetüchtig.

In dunklen Zeiten laufen wir Gefahr, uns dem vielen Schlechten und Ungeheilten in der Welt geschlagen zu geben. Beschäftige dich nicht damit. Mach dich nicht krank, indem du dich überforderst. Wir neigen außerdem dazu, auf dem zu beharren, was außerhalb unserer Reichweite liegt und noch nicht sein kann. Lass ab davon. So vergeudest du den Wind, ohne die Segel zu setzen.

Wir werden gebraucht, mehr können wir nicht wissen. Und auch, wenn wir auf Widerstand stoßen, werden uns auf jeden Fall großartige Seelen begegnen, die uns zujubeln, lieben und lotsen, und wir erkennen sie, sobald sie vor uns auftauchen.

Hast du nicht gesagt, dass du an etwas Größeres glaubst? Dass du dir geschworen hast, auf eine höhere Stimme zu hören? Hast du nicht um Gnade gebeten? Erinnerst du dich nicht, dass es eine Gnade ist, dich dieser höheren Stimme zu ergeben? Du verfügst über alle erforderlichen Mittel, um jede Welle zu meistern und aus jedem Wellental wieder aufzutauchen.

In der Sprache der Seefahrer heißt das: Wir müssen jetzt die Segel setzen – volle Kraft voraus!

Mach dir das Paradox klar: Ein Wirbelsturm erreicht außen wesentlich höhere Rotationsgeschwindigkeiten als in seinem Inneren.

Den Sturm zu beruhigen, heißt, die wirbelnde äußere Schicht, mit welchen ausgleichenden Maßnahmen auch immer, zu besänftigen, damit sie sich der Bewegung des viel milderen Kerns angleicht, bis das, was auch immer in den Sog dieses zerstörerischen Trichters geraten ist, auf die Erde zurücksinkt, sich beruhigt und wieder friedlich ist.

Am besten kannst du bei der Beruhigung des Sturms mithelfen, indem du dich nicht dem Chaos hochkochender Emotionen oder der Verzweiflung überlässt und damit ungewollt zum allgemeinen Wirbel beiträgst. Es ist nicht an uns, die ganze Welt sofort und auf einmal zu heilen, vielmehr ist es unsere Aufgabe, uns lediglich so weit zu strecken, dass wir für den Teil der Welt sorgen können, der sich in unserer unmittelbaren Reichweite befindet.

Jeder noch so kleine beruhigende Schritt, den eine Seele tun kann, um einer anderen Seele zu helfen, um in irgendeinem Bereich diese arme leidende Welt zu unterstützen, ist ein wichtiger Beitrag.

Wir wissen nicht, wer mit welcher Handlung der kritischen Masse den Schubs hin zum dauerhaft Guten gibt. Dem Kippen der Waagschale in die richtige Richtung geht immer eine Anhäufung guter Taten voraus: etwas hinzufügen, mehr hinzufügen, noch mehr hinzufügen, immer weitermachen. Wir wissen, dass es nicht »aller auf Erden« bedarf, um Gerechtigkeit und Frieden herzustellen, sondern nur einer kleinen entschlossenen Schar, die nicht gleich bei der ersten und auch nicht bei der zweiten oder der hundertsten steifen Brise aufgibt.

Wenn du in einer sturmgeplagten Welt deinen Beitrag leisten willst, dann ist es am besten, aufzustehen und deine Seele zu zeigen. In dunklen Zeiten glänzen die Seelen an Deck wie Gold.

Das Licht der Seele schlägt Funken, setzt Leuchtzeichen, entzündet Signalfeuer. Die Seele in diesen düsteren Zeiten Leuchtturm sein zu lassen, unerschütterlich und voller Erbarmen, ist ein Akt unermesslichen Muts und größter Notwendigkeit. Sich mühende, ringende Seelen erhaschen das Licht derer, die hell erstrahlen und sich als Signalfeuer zur Verfügung stellen. Wenn du mithelfen willst, den Sturm zu beruhigen, dann setzt du auf diese Weise dein stärkstes Signal.

In Zeiten, in denen der Erfolg schon dicht hinter dem Horizont liegt, aber noch nicht sichtbar ist, verliert man leicht den Mut. Auch ich war in meinem Leben häufig verzweifelt, aber ich halte der Verzweiflung keinen Platz frei und lade sie nicht zu mir ein. Ich gestatte ihr nicht, von meinem Teller zu essen.

Denn in meinem tiefsten Inneren weiß ich, wie auch du es weißt, dass Verzweiflung dort keinen Platz findet, wo wir uns erinnern, warum wir in diese Welt gekommen sind, wem wir dienen und wer uns geschickt hat. Die guten Worte, die wir sprechen, und die guten Taten, die wir tun, sind nicht die unseren; sie sind die Worte und Taten des Einen, der uns hierhergebracht hat.

Deshalb und in diesem Geist hoffe ich, dass du die folgenden Sätze in dein Herz aufnimmst: Wenn ein großes Schiff fest vertäut im Hafen liegt, dann ist es fraglos am sichersten. Aber dafür werden große Schiffe nicht gebaut.

Diese Worte verbinde ich mit aller Liebe und dem Gebet, dass du dich daran erinnern mögest, von wem du kommst und warum du auf dieser wunderschönen Erde festgemacht hast.

Kurzbiografie

Dr. Clarissa Pinkola Estés, inzwischen Mitte siebzig, ist Hispanoamerikanerin mit europäischen Vorfahren und langjährige Aktivistin, die sich auch weiterhin bei der Landes- wie der Bundesgesetzgebung für soziale Gerechtigkeit und entrechtete Personen einsetzt. Sie ist Dichterin und Autorin, deren Werke – darunter *Die Wolfsfrau – Die Kraft der weiblichen Urinstinkte* – in 42 Sprachen übersetzt wurden. Darüber hinaus ist sie Spezialistin für posttraumatische Genesung, die ihre Kenntnisse nach dem Amoklauf an der Columbine Highschool am 20. April 1999 den Schülern, Lehrern und Gemeindemitgliedern und nach den Terroranschlägen am 11. September 2001 den Überlebenden und ihren Familien zur Verfügung gestellt hat. Sie arbeitet bereits seit fünfzig Jahren als Jungsche Psychoanalytikerin, war Leiterin der Beschwerdestelle des Staates Colorado und die erste Empfängerin der Joseph-Campbell-»Keeper of the Lore«-Auszeichnung.

Notabene: Die Abbildung ist eine unter Verwendung unterschiedlicher Medien erstellte Collage aus William Turners »Bridgewater Seestück« (1801). Ich legte einen Bogen über den Bildausschnitt und verstärkte den Sturm, den entfernten blauen Himmel sowie das Weiß des Segels, um den Eindruck zu erwecken, es befänden sich strahlend helle Laternen dahinter.

Anhang

Addendum

Als Antwort …

Als Antwort auf die Fragen von Lesern, die mehr über verschiedene Aspekte meiner Arbeit und meines Lebens wissen wollten, haben wir einige Abschnitte dieses Buches ein wenig erweitert, ein paar Anekdoten und Klarstellungen hinzugefügt und das Nachwort erweitert. Außerdem haben wir hier erstmals ein Prosagedicht veröffentlicht, das Teil des ursprünglichen Manuskripts war. All das geschah mit großer Sorgfalt und ohne den Rhythmus des Buches zu stören.

Drei Jahre später …

Viele Leser haben geschrieben, um ihrer Anerkennung Ausdruck zu verleihen, mir Nachricht von ihren Lesegruppen zu bringen, die *Die Wolfsfrau* diskutiert haben, um mir ihren Segen zu schicken oder um sich nach künftigen Werken zu erkundigen. Sie haben dieses Buch sorgfältig und genau gelesen, und oft mehr als nur einmal.

Alles in allem war ich angenehm überrascht herauszufinden, dass die spirituellen Wurzeln meiner Arbeit, obwohl still und leise im Subtext des Buches dargelegt, für so viele Leser ganz offensichtlich waren. Mein wärmster Dank für den Segen, den Leser uns geschickt haben, für ihre freundlichen Worte, ihren Scharfblick, ihre große Herzensgüte, die schönen handgefertigten Geschenke und die Vielzahl der Gesten, die mir Kraft und Schutz geben – wie etwa, wenn Leser mein Buch, das Wohlergehen meiner Familie, meiner Lieben und mich selbst in ihre täglichen Gebete einschließen. Alle diese Gesten trage ich wie einen Schatz in meinem Herzen.

Vor langer Zeit, und doch ganz nah …

Hier möchte ich auf einige der Fragen eingehen, die Leser uns übermittelt haben. Viele haben danach gefragt, wie ich mit dem Schreiben von *Die Wolfsfrau* begonnen habe. »Das Schreiben begann lange, bevor das Schreiben begann.« Es begann damit, dass ich in die ungewöhnlichen und ein wenig nach Don Quichotte anmutenden Familienstrukturen hineingeboren wurde, die *El destino* für mich vorgesehen hatte. Es begann mit Jahrzehnten, in denen ich mit herzzerreißender Schönheit erfüllt wurde und sah, wie viele Hoffnungen in kulturellen, gesellschaftlichen und anderen Stürmen verloren gingen. Es begann als ein Resultat der Liebe und des Lebens, manchmal rau und manchmal herzlich. »Das Schreiben begann lange, bevor das Schreiben begann« – das kann ich voller Überzeugung sagen.

Der tatsächliche Akt des Schreibens mit der Hand begann 1971 nach einer Pilgerreise aus der Wüste an den Ort, an dem ich zu Hause bin. Dort bat ich um den Segen der Älteren in meiner Familie für das Schreiben einer ganz besonderen in der Lied-Sprache unserer spirituellen Wurzeln verankerten Arbeit, und ich erhielt ihn. Alle gaben damals Versprechen in viele verschiedene Richtungen ab, und sie haben sie alle während der ganzen Jahre buchstabengetreu eingehalten … das wichtigste war: »Vergiss uns nicht und vergiss das nicht, wofür wir gelitten haben.«

Die Wolfsfrau ist der erste Teil einer fünfteiligen Reihe, die einhundert Märchen und Geschichten über das Innenleben umfasst. Es dauerte etwas mehr als 20 Jahre, die gesamten 2200 Seiten zu schreiben, die das Werk ausmachen. In seiner Essenz bemüht sich das Werk darum, die integrale Instinkt-Natur zu de-pathologisieren und ihre seelenvollen und essenziellen psychischen Verbindungen zur Natur-Welt aufzuzeigen. Die grundlegende Prämisse, die mein gesamtes Werk durchzieht, geht davon aus, dass alle Menschen mit Talenten zur Welt kommen.

Über die Stimme ...

Das Buch wurde mit Absicht in einer Mischung aus der Gelehrtenstimme geschrieben, die von meiner Ausbildung als Psychoanalytikerin kommt, und – in gleichen Teilen – aus der Stimme der Traditionen des Heilens und der harten Arbeit, in denen sich meine ethnischen Wurzeln widerspiegeln – alle meine Vorfahren waren Einwanderer, stammten aus der unteren Arbeiterschicht, und sie waren alle *Católicos.* Das Erbe meines Aufwachsens ist der Rhythmus der Arbeit, und das ist es, was mich zuerst und vor allem als *una poeta* formt, eine Dichterin.

Da das Buch sowohl ein psychologisches als auch ein spirituelles Dokument ist, haben viele Buchhandlungen *Die Wolfsfrau* gleichzeitig in verschiedenen Abteilungen ausgelegt: in den Abteilungen für Psychologie, Lyrik, Frauenstudien und Religion. Einige haben gesagt, dass es sich der Kategorisierung entzieht, oder dass es eine ganz neue Kategorie geschaffen hat. Ich weiß nicht, ob das stimmt, aber ich hatte gehofft, dass es im Grunde genauso ein Kunstwerk wie ein psychologisches Werk über den Geist sein würde.

Ein Rat für die Leser ...

Die Wolfsfrau bemüht sich, die bewusste Formung der Individualität zu unterstützen. Man nähert sich dem Buch am besten als einem Werk der Kontemplation, das in etwas mehr als 20 Abschnitte gegliedert ist. Jeder Abschnitt steht für sich selbst.

99 Prozent der Briefe, die wir erhalten, beschäftigen sich damit, wie eine Leserin oder ein Leser das Buch nicht nur für sich, sondern auch für und mit anderen liest: die Mutter liest es der Tochter vor, die Enkelin der Großmutter, Liebende lesen es gemeinsam, und es wird in Lesegruppen gelesen, die sich wöchentlich oder monatlich treffen. Weil das Buch nicht in einer Woche oder in einem Monat gelesen werden kann, bietet es sich an, genau studiert zu werden.

Das Buch selbst lädt dazu ein, das Leben jeden Lesers gegen das abzuwägen, was hier vorgeschlagen wird, wofür oder wogegen ein Beschluss fällt, was vertieft, wohin zurückgekehrt und was durch einen fortdauernden Reifeprozess gesehen wird.

Lasst euch beim Lesen Zeit. Das Buch wurde langsam und über einen langen Zeitraum hinweg geschrieben. Ich habe geschrieben, habe es liegen gelassen, habe darüber nachgedacht, habe weitergeschrieben, habe es wieder liegen gelassen, habe weiter nachgedacht, habe es wieder aufgenommen und ein Stück weitergeschrieben. Die meisten lesen das Buch so, wie es geschrieben wurde: Immer ein Stück, lass es dann liegen, denk darüber nach, lies dann weiter.

Denkt daran …

Psychologie heißt, in der ältesten Bedeutung des Wortes, das Studium der Seele. Obwohl im letzten Jahrhundert essenzielle und wertvolle Einsichten beigetragen wurden, und obwohl noch mehr beigetragen werden wird, ist doch das Kartografieren der menschlichen Natur, in ihren kostbaren Variationen, noch längst nicht abgeschlossen. Die Psychologie ist gerade einmal um die hundert Jahre alt. Die Psychologie ist Tausende von Jahren alt. Die Namen vieler edler Männer und Frauen, die zum psychologischen Wissen beigetragen haben, werden so geehrt, wie es ihnen gebührt. Aber die Psychologie hat nicht mit ihnen begonnen. Sie hat mit jeder und jedem begonnen, der oder die eine Stimme hörte, die größer als die eigene war, und das Verlangen spürte, nach ihrer Quelle zu suchen.

Man hat gesagt, mein Werk konstituiere ein »neu entstehendes Fach«. Bei allem gebührenden Respekt muss ich sagen, dass die Essenz der Arbeit, die zu tun mir aufgetragen wurde, aus sehr alten Traditionen kommt. Diese Art von Arbeit lässt sich nicht bequem in irgendeine »Neu entstehend«-Kategorie einfügen. In jeder Generation haben weltweit Tausende von Leuten – meistens Alte, die oft keine besondere Schulbildung genossen haben, aber in vieler Hinsicht weise sind – ihre genauen und verzweigten Parameter überwacht und beschützt. Sie war immer lebendig und blühend, weil sie lebendig und blühend waren und dafür gesorgt haben, dass die Arbeit eine bestimmte Gestalt behielt und einem bestimmten Zweck diente.

Eine Warnung …

Das Bemühen um einen individuellen Reifeprozess hat etwas mit Übung und Gewohnheit zu tun. Es kann kein rein mechanisches »tu dies und dann das« geben. Bei jedem Individuum ist der Prozess *einzigartig* und kann nicht in ein »Mach das in zehn einfachen Lektionen, und alles ist gut«-System gebracht werden. Diese Art der Arbeit ist nicht leicht, und sie ist nicht für jeden das Richtige. Wenn ihr einen Heiler, Analytiker, Therapeuten oder Ratgeber sucht, so vergewissert euch, dass sie aus einer Disziplin kommen, die zuverlässige Vorgänger hat, dass sie wirklich wissen, wie man das tut, was tun zu können sie vorgeben. Bittet Freunde, Verwandte und Arbeitskollegen, denen ihr traut, um eine Empfehlung. Stellt sicher, dass der Lehrer, den ihr wählt, eine angemessene Ausbildung hat – sowohl was die Methode als auch das Berufsethos angeht.

Leben im Moment …

Ich bin abgetaucht, und die meiste Zeit schreibe und arbeite ich, aber … »gelegentlich wird sie gesichtet«. Ich lebe weiter so, wie ich seit vielen Jahren gelebt habe … glühend introvertiert, und doch wild entschlossen in der Bemühung, in der Welt zu sein. Ich arbeite weiter als Analytikerin, Dichterin und Schriftstellerin, und ich kümmere mich um meine große ausgedehnte Familie. Ich nehme weiter zu sozialen Fragen Stellung, fahre unermüdlich fort, Tondokumente aufzunehmen, male, komponiere, übersetze, unterrichte und helfe bei der Ausbildung junger Psychoanalytiker. Ich unterrichte als Gastdozentin Literatur, Schreiben, Psychologie, Mythopoetik, ein Leben der Kontemplation und andere Fächer an verschiedenen Universitäten.

Manchmal fragt man mich nach dem denkwürdigsten Erlebnis in den letzten paar Jahren. Bestimmt gab es viele, aber was mein Herz völlig durchdrungen hat, war das Glücksgefühl der Älteren in meiner Familie, als dieses Buch erschien – für sie war es das erste gedruckte Buch, das jemals von einer der Ihren erschienen ist. Ein bestimmtes Bild: Als mein 84-jähriger Vater dieses Buch zum ersten Mal sah, rief er in seinem gebrochenen Englisch aus: »Ein Buch, ein Buch, ein richtiges Buch!« Und er begann, in seinem Garten einen alten Csibráki-Tanz aus der alten Heimat zu tanzen.

Das Buch …

Als *cantadora* (Hüterin der alten Geschichten) und als Frau, die aus zwei verschiedenen Kulturen stammt, könnte ich nur schwerlich übersehen, dass die Menschen sehr unterschiedlich sind – kulturell, psychisch und auch sonst. Weil dies so ist, hielte ich es für einen Fehler, anzunehmen, irgendein Weg wäre der einzig richtige. Dieses Buch biete ich als einen Beitrag zu dem an, was in einer wahren Psychologie der Frauen bekannt ist und was gebraucht wird – einer Psychologie, die *alle* existierenden Arten von Frauen mit einschließt, und *alle* Arten von Leben, die sie führen.

Die Beobachtungen und Erfahrungen, die ich in meiner Praxis im Laufe dieser etwas mehr als 20 Jahre mit Frauen wie mit Männern machen konnte, haben mich zu der Überzeugung gebracht, dass man – unabhängig von Alter, Lebensabschnitt und gesellschaftlicher Stellung – psychische und spirituelle Kraft braucht, um vorwärtszugehen – in scheinbar unwichtigen Belangen genauso wie gegen den beträchtlichen Wind, gegen den von Zeit zu Zeit jeder Mensch in seinem Leben anzukämpfen hat.

Kraft kommt nicht, *nachdem* man die Leiter oder den Berg bestiegen hat, auch nicht, *nachdem* man »es geschafft hat« – was immer dieses »es« sein mag. Sich zu kräftigen, ist *essenziell* für den Prozess des Bemühens – *besonders davor und währenddessen* – ebenso wie danach. Ich glaube fest, dass die Aufmerksamkeit und die Verehrung für die Natur der Seele das Wesen der Kraft ausmachen.

Zu jeder beliebigen Zeit ist vieles unterwegs, das im Geist und in der Seele ein Durcheinander anrichten kann, indem es versucht, die Absicht zu zerstören, oder indem es einen unter Druck setzt, damit man die wichtigen Fragen vergisst: Fragen nicht nur nach der pragmatischsten Lösung, sondern danach, wo in einer Angelegenheit die Seele ist. Man kommt im Leben voran, gewinnt an Boden, geht erfolgreich gegen Ungerechtigkeiten vor und harrt im Wind aus – alles mit der Kraft des Geistes.

Diese Stärkung – sei es durch Worte, Gebete, Kontemplationen verschiedener Art oder auf andere Weise – kommt von einem Numen, einer Größe, die im Zentrum der Psyche beheimatet und doch größer als die ganze Psyche ist. Dieses Numen ist völlig zugänglich, man muss es hegen und pflegen. Seine Existenz, wie immer man es nennen möchte (und es hat viele Namen), ist eine unwiderlegbare psychische Tatsache.

Schwierigkeit und Reichtum – das ist es, was eine Person in einer authentischen Reifung in der Essenz von allem findet –, und es zeigt sich, innen wie außen, bei der Person, die sich darum bemüht. Soviel wissen wir: Es gibt einen spürbaren Unterschied zwischen einem bewussten Leben der Tiefe und einem, das sich auf einen trügerischen Glauben gründet. Auch wenn wir uns von Zeit zu Zeit umdrehen mögen, um festzustellen oder abzumessen, von wo wir gekommen sind: Auf dieser Reise in die »wahre Heimat« kehren wir nicht um, um umzukehren.

Danksagungen

Meine Arbeit mit der femininen Instinktnatur zieht sich mittlerweile über fast 25 Jahre hin. Während dieser Zeit sind viele Menschen in mein Leben getreten, um mir **Mut** zu machen. In meiner Tradition dauert das Danksagen gewöhnlich viele Tage; deshalb nehmen die meisten unserer Zeremonien – von Totenwachen bis zu Hochzeiten – drei Tage in Anspruch. Am ersten Tag wird gelacht und geweint, am zweiten Tag wird gestritten und herumgebrüllt, und am dritten Tag findet die Versöhnung mit Lobgesängen, wilder Musik und Freudentänzen statt. Hiermit beginnt mein Dankgesang und mein Freudentanz:

Danke, *Bogie,* Ehemann und Geliebter, der du mir beim Redigieren und Transkribieren und Abtippen des Manuskripts geholfen hast … wieder und wieder und wieder. *Tiaja,* die ungefragt kam und den Bürokram erledigte, das Gemüse einkaufte, mich lachen ließ und mich darüber hinaus davon überzeugte, dass eine erwachsene Tochter auch eine Schwester ist. *Ganz besonders* danke ich *meinen Bekannten und Verwandten, meinen Familien, meinem Stamm und den Alten,* den Lebenden und den Toten – dafür, dass sie Fußspuren hinterlassen haben.

Ned Leavitt, ser humano, meinem Agenten, der die Gabe hat, Dinge zwischen den Welten hin und her zu reichen. *Ginny Faber,* meiner Lektorin bei Ballantine, die während der Geburt dieses Buches ein perfektes Werk geboren hat, ein kleines wildes Baby, *Susannah.*

Tami Simone, Audio-Produzentin, Künstlerin und inspirierender Geist, die sehr hell brennt, weil sie mich nach dem gefragt hat, was ich wusste. *Devon Christensen,* Meister des Details, der an der

Ruderpinne Wache gehalten hat. Mein Dank *ihnen und ihrer Crew im Sounds True,* einschließlich des dortigen Alter Ego, *The Duck,* weil sie sich um alles gekümmert haben und für ihre großartige Unterstützung, sodass ich meine Zeit dem Schreiben dieses Buches widmen konnte.

Danke *Lucy und Virginia,* die aus dem Nebel gekommen sind, und gerade rechtzeitig. Meine Dankbarkeit gilt *Spence,* ihrer Mutter, die schon allein ein Geschenk ist, weil sie diese beiden Segenspender mit mir geteilt hat. Danke an das *N.O.N.A.girl,* die den Ruf gehört hat und sich über holprigen Untergrund einen Weg gesucht hat, um gerade im richtigen Moment anzukommen. Danke, *Juan Manuel,* m'hijo, weil er ein so hervorragender *traductor especial* ist.

Meinen drei erwachsenen Töchtern, deren Leben als Frauen mir Inspiration und Einblick gibt. *Meinen Analysanden,* die die Jahre hindurch eine solche Großzügigkeit und Tiefe gezeigt und mir zugleich die vielen Farbtöne des Schattens enthüllt haben und die vielen Eigenschaften des Lichts. Danke, *Yancey Stockwell* und *Mary Kauri,* dass ihr immer an mich geglaubt habt. Ich danke *Craig M.* für seine lebenslange liebevolle Unterstützung und *Jean Carlson,* meinem kratzbürstigen Spiegelbild, für jeden guten Rat, dem verstorbenen *Jan Vanderburgh* für seine letzte Mitgift. *Betsy Wolcott* und *Nancy Pilzner Dougherty* danke ich für psychischen Beistand und zukunftsweisenden Rat. *Kate Furier* aus Oregon und *Mona Angniq McElderry* aus Kotzebue, Alaska, für das Geschichtenerfinden bis spät in die Nacht hinein vor 25 Jahren. Danke, *Arwind Vasavada,* indischer Psychoanalytiker und Oberhaupt meiner Seelenfamilie. Danke, *Steve Sanfield* für die Liebe zur Opernfrau aus dem Süden, die auf Schlittschuhen gar keine gute Figur machte.

Lee Lawson, begabter Künstler und Geist-Freund, der das Seelen stehlende la-la durchschaut und es beim Namen genannt hat, *Normandi Ellis,* Dichter und Schriftsteller, weil er mich an das ef in ineffable erinnert hat. *Jean Yancey,* einfach weil er gleichzeitig mit mir lebt. *Fran Lees, Staci Wertz Hobbit* und *Joan Jacobs,* dafür dass sie meine begabten schreibenden Schwestern sind. *Joann Hildebrand, Connie Brown, Bob Brown, Tom Manning* von der »Critter-Control«, *Elanor Aiden,* Vorsitzende der Jung Society in Denver, und *Anne Cole* Dank für die jahrelange Unterstützung und meinen Original Wilden Frauen von La Foret.

Von Herzen danke ich sämtlichen *Cantadoras y Cuentistas y Mesemondók-Geschichtenerzählern* und den internationalen *Völkerkundlern, Rechercheuren und Übersetzern* für ihre Großzügigkeit und Hilfe bei oft obskuren historischen Details: *Nagyhovi Maier,* ungarischer Gelehrter der Sinti und Roma. *Roberta Macha,* Maya-Übersetzerin. *Patricia Dubrava Kuening,* Dichterin und Übersetzungsspezialistin. *Den Männern und Frauen von Native American, Science Fiction, Jewish, Christian Moslem and Pagan forums on CIS* für ihr Angebot an interessanten Fakten. *Maria de los Angeles Zenaida Gonzalez de Salazar,* liebevolle Expertin für Nahuatl und Aztekisch. *Opalanga,* Spezialistin für Afro-Amerikanische Folklore. *Nagyneni Liz Hornyak, Mary Pinkola, Joseph Pinkola, Roelf Sluman,* ungarische Spezialisten. *Makoto Nomura,* Spezialist für japanische Kultur. *Cherie Karo Schwartz,* internationale Geschichtenerzählerin, Volkskundlerin, speziell für die jüdische Kultur. *J.J. Jerome,* ein mutiger Erzähler. *Leif Smith, Patricia J. Wagner* von Pattern Research, dafür, dass sie da waren und ich auf sie bauen konnte. *Arminta Neal,* pensionierte Ausstellungsgestalterin des Denver Museum of Natural History, dafür dass sie großzügig in ihren Akten gewühlt hat. *La Chupatinta: Pedra Abacadaba,* Schreiberin des Dorfes Uvallama. *Tiaja Karenina,* Wandernde zwischen den Kulturen. *Reina Pennington,* schwesterliche Alaska-Reisende, für ihre Segnungen. *Allen Geschichtenerzählern in meinem Leben,* die mich mit Geschichten bedachten, mir Geschichten als geistiges oder Familienerbe überließen, und die als Gegengabe meine Geschichten erhielten und sie pflegten, wie sie ihre eigenen Kinder pflegen würden – so wie ich es auch tat.

Nancy Mirabella, für ihre Übersetzungen der Latina Mythen und dafür, dass sie mir vom Rocky Mountains Women's Institute erzählte. Dem *Rocky Mountain Women's Institute* für ein Stipendium in den Jahren 1990/91 zur Arbeit am *La Bruja*-Projekt. *Cheryl Bezio-Gorham* für ihre Unterstützung. Meinen Künstler-Kolleginnen: *Patti Leota Genack,* Malerin; *Vicky Finch,* Fotografin; *Karen Zidwick,* Schriftstellerin; *Hannah Kahn,* Choreografin; *Carol McKelvey,* Schriftstellerin; *Dee Farnsworth,* Malerin. *Women's Alliance* und der Meisterweberin *Charlotte Kelly,* dafür dass sie mich in der Woche, in der *Die Wolfsfrau* einen Verleger fand, in die Sierra Madre gebracht hatte. *Ruth Zaporah,* Performance-Künstlerin; *Vivienne Verdon-Roe,* Filmemacherin; *Fran Peavey,* Komödiantin; *Ying Lee Kelley* von der »Rainbow Coalition«; *Naomi Newman,* jüdische Geschichtenerzählerin; *Rhiannon,* Jazzsängerin und Geschichtenerzählerin; *Colleen Kelley,* buddhistische Künstlerin; *Adele Getty,* Autorin und Schlagzeugerin; *Kyos Featherdancing,* indianische Heilerin; *Jalaja Bonheim,* Tänzerin; *Rachel Bagby,* afro-amerikanische Sängerin; *Norma Cordell,* indianische Erzählerin und Lehrerin; *Tynowyn,* Trommelmacherin und Musikerin; *Deena Metzger,* Autorin; *Barbara Borden,* Trommlerin; *Kay Tift, Margaret Pavel, Gail Benevenuta, Rosemary Le Page, Pat Enochs; y M'hijas, mis lobitas,* ihr Kleinen wisst, wer ihr seid. Und schließlich die *schreiende Frau,* die wir nicht erwähnen wollen.

Ich danke *Jean Shinoda Bolen,* dafür dass sie eine klarsehende *madre del alma* ist, viele Beispiele gegeben und mir Valerie überlassen hat. *Valerie Andrews,* Autorin und Nomadin, für ihre Zeit und für Ned. *Manisha Roy* für ihre Leidenschaft für die Bengalifrauen. *Bill Harless, Glen Carlson, Jeff Raff, Don Williams, Lyn Cowan, Fase Arguelles* für ihre frühzeitige Unterstützung. Ich danke *allen jungianischen Kollegen von IRSJA und IAAP,* die sich um Dichter und Dichtung sorgen und sie beschützen. Meinen *Kollegen vom C.G. Jung Center of Colorado* und allen *Analytikern in der Ausbildung,* jetzt und in der Vergangenheit und den psychoanalytischen *Kan-*

didaten des IRSJA, dass sie voll Spannung lernen und mit Leidenschaft auf ihre wahren Ziele zugehen.

Molly Mayer, göttliche Handlangerin bei Tattered Cover, die mir Ermutigungen ins Ohr flüsterte, und den drei Besitzerinnen der Buchhandlungen in Denver, die mich mit mehr interkulturellen Büchern versorgten, als ich je zu hoffen gewagt hätte: *Kasha Songer,* The Book Garden; *Clara Villarosa,* The Hue-Man Experience Bookstore; *Joyce Meskis,* The Tattered Cover. Den Autoren *Mark Graham* und *Stephen White, Hannah Green,* den *Leuten vom Open Door Bookstore,* den *Mitgliedern von Poets of the Open Range und den Dichtern am Naropa Institute* für ihre Unterstützung und für die Sorge um Wörter von Bedeutung. Mein Dank an *Schwestern und Brüder in der Dichtung,* die mich durch ihr Herz schaffen ließen.

Mike Wesley, meisterlicher Macintosh Experte bei CW Electronics, der das ganze verlorene Manuskript auf der Festplatte aufspürte, und *Lonnie Wright,* meisterhafter Techniker, der meinen SE 30 mehr als einmal wieder von den Toten auferweckte. Dank auch den *Litforum-Autoren und Computerexperten* in aller Welt, die mir in Japan, Mexiko, Frankreich, England und Amerika noch nach Mitternacht beim Schreiben halfen.

Ich danke allen meinen Lehrern, allen Bibliothekarinnen, den Hütern der Schatzkammern, die mit den Seufzern der Menschheit, den Sorgen, den Hoffnungen und den Glücksmomenten gefüllt sind; ihr habt mir immer geholfen, wart immer schlau, gleichgültig, wie seltsam die Frage war.

Georgia O'Keeffe, die, als ich ihr mit 19 erzählte, dass ich Dichterin sei, nicht gelacht hat. *Dorothy Day,* die sagte, dass die Wurzeln von Bedeutung sind. Den Nonnen, die auch Visionärinnen sind: *Sisters of the Holy Cross,* besonders *Sr. John Michela, Sr. Mary Edith, Sr. Francis Loyola, Sr. John Joseph, Sr. Mary Madeleva, Sr. Maria Isobela, Sr. Maria Conception. Bettina Steinke,* die mich gelehrt hat, die weiße Linie auf dem obersten Flaum von Samt zu sehen. Ich danke auch dem *Herausgeber von »The Sixties«*, der zehn Worte geantwortet hat, die mich zwanzig Jahre lang aufrecht erhielten. Meinen Psychologielehrern, von denen viele durch ihr Beispiel Künstler sind: *Toni Wolf!, Harry Wilmer, James Hillman,* und ganz besonders *Carl Gustav Jung,* dessen Arbeit ich als Sprungbrett betrachte, sowohl in seine Arbeit hinein als auch davon weg. Jungs Arbeit zog mich ungeheuer an, denn er lebte und empfing das Leben als Künstler; er war Bildhauer, schrieb, las die Bände, betrat die Gräber, ruderte die Flüsse entlang; das ist das Leben eines Künstlers.

Ich danke den Freunden vom *Colorado Council an the Arts and Humanities,* dem *Artists in Residence Program* und *Young Audiences* für ihre Unterstützung, besonders dem Künstler-Verwalter *Daniel Salazar, Patty Ortiz* und *Maryo Ewell* für ihre Lebendigkeit und Begeisterung. *Marilyn Auer,* Herausgeberin und Mitverlegerin, und *Tom Auer,* Herausgeber und Chefredakteur der *Bloomsbury Review,* für ihre Wärme und ihre Freundlichkeit. Allen, die meine ersten Arbeiten veröffentlicht und mir Mut zum Weitermachen eingeflößt haben: *Tom DeMers, Joe Richey, Joan Silva, David Chorlton, Antonia Martinez, Ivan Suvanjieff, Allison St. Claire, Andrei Codrescu, fase Armijo, Saltillo Armillo, James Taylor III., Patricia Calhoun,* der Wilden Frau von Gilpin County. Den Dichtern *Dana Patillo, Charlie Mehrhof!, Ed Ward* und *den drei Marias: Maria Estevez, Maria Ignacio* und *Maria Reyes Marquez.*

All den *Trollen, Gnomen, hilfreichen Geistern bei Reivers,* einem meiner liebsten »Schreib«-Cafes. Besonderer Dank gilt den *Jungen vom Baumhaus,* ohne deren stetige Hilfe dieses Buch nicht hätte entstehen können. Den kleinen Gemeinden in Colorado und Wyoming, in denen ich lebe; *meinen Nachbarn, Freunden und den Serviceleuten*, die aus allen Weltgegenden Geschichten zu mir brachten. *Lais und Charlie,* den Eltern meines Mannes, die ihm so tiefe Liebe geschenkt haben, von der er erfüllt ist, und sie an mich und meine Familie weitergibt.

Und zu guter Letzt danke ich jenem *alten Eichbaum* in den Wäldern, bei dem ich als Kind zu schreiben pflegte. Dank an den *Geruch von guter Erde, das Geräusch von ungehindert fließendem Wasser, den Geistern der Natur,* die alle zur Straße laufen, um zu sehen, wer vorüberkommt. Dank auch *allen Frauen, die vor mir da waren* und den Weg ein wenig deutlicher und leichter gemacht haben.

Und mit der unaussprechlichsten Empfindung danke ich *La Loba,* der Wolfsfrau.

Anmerkungen des Verlages

Die Gedichte, Erzählungen und Übersetzungen in *Die Wolfsfrau* sind originale Arbeiten von Frau Dr. Estés. Ihre literarische Arbeit umfasst auch kurze Gedichte, Lieder und Geschichten, die in der einzigartigen Sprache und dem Stil ihrer Familie weitergegeben wurden. Die Nacherzählungen davon in diesem Buch unterliegen dem Urheberrecht.

Die Geschichten von Tsati, der Skelettfrau, La Loba, Manawee, Tüz und andere ebenso wie eine Reihe von Anekdoten, Gedichten und Übersetzungen von Gedichten, Gebeten und Redewendungen aus anderen Sprachen in *Die Wolfsfrau* sind originale literarische Arbeiten von Frau Dr. Estés und wurden in der Originalausgabe dieses Buches zum ersten Mal veröffentlicht. Sie sind durch das Urheberrecht geschützt und nicht allgemein frei verfügbar.

Sehr unterschiedliche Fassungen von Märchen wie »Die roten Schuhe«, »Blaubart« und »Das Mädchen mit den Schwefelhölzern« sind bei den Brüdern Grimm, Hans Christian Andersen und in der Sammlung von Perrault zu finden. Legenden wie die von der geheimnisvollen Llorona, die alte Geschichte von Demeter und Persephone gibt es in einer ganzen Reihe von Veröffentlichungen, die in verschiedenen Verlagen erschienen sind. Diese können dem Urheberrecht unterliegen. Setzen Sie sich für weitere Informationen bitte mit den Herausgebern und Übersetzern dieser Arbeiten in Verbindung.

Wir danken folgenden Institutionen und Personen für die Genehmigung, bereits früher veröffentlichtes Material zu drucken:

Erziehung eines jungen Wolfes: eine Bibliografie

Dieses Bücherverzeichnis enthält eine Auswahl der für meine Begriffe empfehlenswertesten Werke über das Seelenleben von Frauen, die weiblichen Vitalfunktionen und die Psyche im Allgemeinen. Viele der hier angegebenen Titel habe ich bereits zu Beginn der Siebzigerjahre in meinen Kursen benutzt und weiterempfohlen, obwohl damals noch sehr wenig Interesse an »speziellen Frauenthemen« bestand und viele Leute sich fragten, warum eine geschlechtsspezifische Psychologie überhaupt notwendig sein sollte.

Seither werden viele dieser Werke als Klassiker anerkannt und von renommierten Verlagen veröffentlicht. Vor 25 Jahren wären dieselben Arbeiten entweder im Eigendruck herausgebracht worden oder von der sogenannten Untergrundpresse, jenen heldenmütigen Winzlingsverlagen, die gewöhnlich ohne Geld und ohne nennenswerten Vertrieb existieren und nur ins Leben gerufen werden, um einige bedeutende Neuerscheinungen zu veröffentlichen, und dann sang- und klanglos wieder verschwinden. Trotz der mittlerweile höheren Auflagen und dem zunehmenden Interesse an Frauenthemen, sei es im Bereich der Erzählkunst, Psychologie oder Sexualität, ist in den vergangenen Jahrzehnten noch längst nicht alles erforscht und gesagt worden, was in diesem Zusammenhang wichtig und notwendig wäre. Ja, ein paar erkenntnisreiche und aufrichtige Werke über vorher tabuisierte Themen werden inzwischen weltweit verlegt, aber wir haben noch immer einen langen Weg vor uns.

Die hier angegebenen Buchtitel sind »Seelennahrung für Wolfsfrauen«, obwohl ich auch ein, zwei Titel eingeschmuggelt habe, die ich nicht für gut halte und nur zum Vergleich anbieten möchte.

Ihr werdet wissen, was ich meine, wenn ihr euch diese Bücher vornehmt, auch wenn ihr womöglich zu völlig anderen Schlussfolgerungen gelangt als ich.

Ansonsten sind die Autoren nahezu ausnahmslos Spezialisten, Wegweiser, Visionäre auf dem einen oder anderen Gebiet. Viele sind Dichter, weil die Poeten die Visionäre und Historiker der psychischen Seinsebene sind und die Wahrheit oft genauer treffen als jede akademische Psychologie. Auf jeden Fall sind die meisten Autoren Weggefährten, die durch Lebenserfahrungen zum Schreiben getrieben wurden und deshalb das »Feuer« haben, die Leidenschaft, die eine hungrige Wolfsfrau inspiriert.

Alegria, Claribel, *Woman of the River.* Pittsburgh: University of Pittsburgh Press, 1989.

Allen, Paula Gunn, *Grandmothers of the Light: A Medicine Woman's Sourcebook.* Boston: Beacon Press, 1991.

–, *Shadow Country.* Los Angeles: University of California Press, 1982.

–, *The Sacred Hoop: Recovering the Feminine in American Indian Traditions.* Boston: Beacon Press, 1986.

Andelin, Helen B., *Fascinating Womanhood.* Santa Barbara, Calif.: Pacific Press, 1974.

Angelou, Maya, *Ich weiß, dass der gefangene Vogel singt.* Frankfurt: Fischer Taschenbuch Verlag, 1990.

Avalon, Arthur, *Shakti and Shakta.* New York: Dover, 1978.

Barker, Rodney, *The Hiroshima Maidens: A Story of Courage, Compassion and Survival.* New York: Viking, 1985.

Bass, Ellen; Davis, Laura, *Trotz allem Wege zur Selbstheilung für sexuell missbrauchte Frauen.* Berlin: Orlanda Frauenverlag, 1992.

Beauvoir, Simone de, *Das andere Geschlecht.* Reinbek: Rowohlt Taschenbuch Verlag, 1992.

–, *Memoiren einer Tochter aus gutem Hause.* Reinbek: Rowohlt Taschenbuch Verlag, 1. Aufl. 1958.

Bertherat, Therese, *Der entspannte Körper.* München: Ehrenwirth Verlag, 1990.

Bly, Robert, *Eisenhans. Ein Buch über Männer.* München: Kindler Verlag, 1991.

Bolen, Jean Shinoda, *Göttinnen in jeder Frau. Psychologie einer neuen Weiblichkeit.* Basel: Sphinx Verlag, 1993.

–, *Ring of Power: The Abandoned Child, the Authoritarian Father, and the Disempowered Feminine.* San Francisco: HarperCollins, 1992.

–, *Tao der Psychologie. Sinnvolle Zufälle.* Basel: Sphinx Verlag, 1989.

Boston Women's Health Book Collektive, *The New Our Bodies, Ourselves.* New York: Simone & Schuster, 1984.

Brooks, Gwendolyn, *Selected Poems.* New York: Harper & Row, 1984.

Brown, Rita Mae, *Rubinroter Dschungel.* Reinbek: Rowohlt Taschenbuch Verlag, 1987.

Browne, E. Susan; Connors, Debra; Stern, Nanci, *With the Power of Each Breath: A Disabled Woman's Anthology.* San Francisco: Cleis Press, 1985.

Budapest, Zsuzsanna E., *Zurück zur weiblichen Weisheit.* Freiburg: Hermann Bauer Verlag, 1990.

Castillo, Ana, *My Father Was a Toltec.* Novato, California: West End Press, 1988.

Cather, Willa, *Der Tod holt den Erzbischof.* München: Knaus Verlag, 1990.

–, *Meine Antonia.* München: Knaus Verlag, 1990.

Chernin, Kirn, *Obsession.* New York: Harper & Row, 1981.

Chesler, Phyllis, *Women and Madness.* Garden City, N. Y.: Doubleday, 1972.

Chicago, Judy, *Embroidering Our Heritage. The Dinner Party Needlework.* Garden City, N. Y.: Anchor, 1980.

–, *The Birth Project.* Garden City, N. Y.: Doubleday, 1982.

–, *The Dinner Party. A Symbol of Our Heritage.* Garden City, N. Y.: Anchor, 1979.

–, *Through the Flower: My Struggle as a Woman Artist.* Garden City, N. Y.: Doubleday, 1975.

Christ, Carol P., *Diving Deep and Surfacing: Women Writers on Spiritual Quest.* Boston: Beacon Press, 1980.

Claremont de Castillejo, Irene, *Knowing Woman: A Feminine Psychology.* Boston: Shambhala, 1973.

Coles Robert, *Wird Gott nass, wenn es regnet? Die religiöse Bilderwelt der Kinder.* Hamburg: Hoffmann und Campe, 1992.

Colette, *Frauen. Erzählungen.* Wien: Zsolnay, 1986.

Cowan, Lyn, *Masochism: A Jungian View.* Dallas: Spring Publications, 1982.

Craig, Mary, *Das Geheimnis um die Madonna von Medjugorje.* Graz: Styria, 1990.

Craighead, Meinrad, *The Mother's Songs: Images of God the Mother.* New York: Paulist Press, 1986.

Crow Dog, Mary; Erdoes, Richard, *Lakota Woman. Die Geschichte einer Sioux-Frau.* Köln: Kiepenheuer, 1992 und München: dtv, 1998.

Curb, Rosemary; Manahan, Nancy (Hrsg.), *Die ungehorsamen Bräute Christi. Lesbische Nonnen brechen das Schweigen.* München: Kindler, 1986.

Daly Mary, *Gyn/Ökologie. Die Metaethik des radikalen Feminismus.* München: Frauenoffensive, 1991.

Dickinson, Emily, *Eden ist nicht einsam. Gedichte.* Berlin: Unabhängige Verlagsbuchhandlung, 1991.

Doniger, Wendy, *Women, Androgynes, and Other Mythical Beasts.* Chicago: University of Chicago Press, 1980.

Drake, William, *The First Wave: Women Poets in America.* New York: Macmillan, 1987.

Eisler, Riane, *Kelch und Schwert. Von der Herrschaft zur Partnerschaft. Weibliches und männliches Prinzip in der Geschichte.* München: Goldmann Verlag, 1993.

Erdrich, Louise, *Liebeszauber. Elisabeth Trissenaar liest: Die größten Angler der Welt.* Reinbek: Rowohlt Taschenbuch Verlag, 1989.

Fisher, M. F. K.: *Sister Age.* New York: Knopf, 1983.

Foucault, Michel, *History of Sexuality.* Translated by Robert Hurley. New York: Pantheon, 1978.

–, *Madness and Civilization.* Translated by R. Howard. New York: Pantheon, 1964.

Fox, Matthew, *Schöpfungsspiritualität. Heilung und Befreiung für die Erste Welt.* Stuttgart: Kreuz Verlag, 1993.

Friedan, Betty, *Der Weiblichkeitswahn oder die Selbstbefreiung der Frau. Ein Emanzipationskonzept.* Reinbek: Rowohlt Taschenbuchverlag, 1. Aufl. 1963.

Friedman, Leonore, *Meetings with Remarkable Women: Buddhist Teachers in America.* Boston: Shambhala Publications, 1987.

Friedman, Myra, *Janis Joplin. Buried alive. Ein Leben mit voller Kraft.* St. Andrä-Wördern: Hannibal Verlag, 1992.

Galland, China, *Grüne Tara und schwarze Madonna. Abenteuerliche Suche nach dem weiblichen Antlitz Gottes.* Heitersheim: Walter Verlag, 1993.

Gilligan, Carol, *Die andere Stimme. Lebenskonflikte und Moral der Frau.* München: Piper Verlag, 1993.

Gimbutas, Marija, *The Goddesses and Gods of Old Europe: Myths and Cult Images.* Berkeley und Los Angeles: University of California Press, 1982.

Goldberg, Natalie, *Der Weg des Schreibens. Durch Schreiben zu sich selbst finden.* München: Droemer Knaur, 1991.

Goldenburg, Naomi R., *Changing of the Gods: Feminism and the End of Traditional Religions.* Boston: Beacon Press, 1979.

Grahn, Judy, *Another Mother Tongue.* Boston: Beacon Press, 1984.

Grimm, Brüder, *Alte Märchen der Brüder Grimm. Gut fünfzig Märchen der Urfassung,* Basel: Beltz, 1990.

Grimm, Brüder, *Grimms Märchen.* Frankfurt: Deutscher Klassiker Verlag, 1985.

Guggenbühl-Craig, Adolf, *Macht als Gefahr beim Helfer.* Basel: Karger Verlag, 1987.

Hall, Nor, *The Moon and the Virgin: Reflections on the Archetypal Feminine.* New York: Harper & Row, 1980.

Harding, M. Esther, *Woman's Mysteries, Ancient and Modern.* New York: Putman, 1971.

Heilbrunn, Carolyn G., *Writing a Woman's Life.* New York: Ballantine, 1989.

Herrera, Hayden, *Frida Kahlo. Malerin in Schwarz. Rebellin gegen das Unabänderliche.* Frankfurt: Fischer Taschenbuch Verlag, 1991.

Hillman, James, *Am Anfang war das Bild. Unsere Träume – Brücke der Seele zu den Mythen.* München: Kösel Verlag, 1983.

Hoff, Benjamin, *Singing Creek Where the Willows Grow: The Rediscovered Diary of Opal Whitely.* New York: Ticknor & Fields, 1986.

Homer, Ilias & *Odyssee.* München: Winkler Verlag, 1987.

lbarruri, Dolores, *They Shall Not Pass: The Autobiography of La Pasionaria.* New York: International Publishers, 1976.

Iglehart, Hallie, *Weibliche Spiritualität. Traumarbeit, Meditationen und Rituale.* München: Kösel Verlag, 1988.

Jong, Erica, *Angst vorm Fliegen.* Frankfurt: Fischer Taschenbuch Verlag, 1992.

Jung, Carl Gustav, *Gesammelte Werke,* Freiburg: Walter Verlag.

Kalff, Dora, *Sandspiel. Seine therapeutische Wirkung auf die Psyche.* Zürich: Rentsch Verlag, 1979.

Keen, Sam, *Gesichter des Bösen.* München: Wilhelm Heyne Verlag, 1993.

Kerényi, Karl, *Die Mythologie der Griechen. Die Götter-, Menschheits- und Heroen-Geschichten.* 2. Bde. München: dtv, 1987.

Kinkaid, Jamaica, *At the Bottom of the River.* New York: Plume, 1978.

Kinnell, Galway, *The Book of Nightmares.* London: Omphalos und J-Jay Press, 1978.

Klepfisz, Irena, *Dreams of an Insomniac. Jewish Feminist Essays, Speeches and Diatribes.* Portland, Ore.: The Eight Mountain Press, 1990.

Kolbenschlag, Madonna, *Kiss Sleeping Beauty Goodbye. Breaking the Spell of Feminine Myths and Models.* New York: Doubleday, 1979.

Krysl, Marilyn, *Midwife and Other Poems on Caring.* New York: National League for Nursing, 1989.

Lao Tse, *Tao Te King.* Zürich: Manesse, 1992.

Le Sueur, Meridel, *Ripening. Selected Work.* 1927–1980. Old Westbury, N. Y.: Feminist Press, 1982.

Leonard, Linda S., *The Wounded Woman,* Boulder, Colo.: Shambhala, 1983.

Lindbergh, Anne Morrow, *Muscheln in meiner Hand. Eine Antwort auf die Konflikte unseres Daseins.* München: Piper Verlag, 1993/2011.

Lippard, Lucy, *From the Center. Feminist Essays on Women's Art.* New York: E. P. Dutton, 1976.

Lisle, Laurie, *Georgia O'Keeffe. Das Leben der großen amerikanischen Malerin.* München: Droemer Knaur, 1992.

Lorde, Audre, *Sister Outsider. Essays and Speeches.* Freedom, California: Crossing Press, 1984.

Luke, Helen M., *The Way of Women, Ancient and Modern.* Three Rivers, Mich.: Apple Farm, 1975.

Machado, Antonio, *Gedichte.* Frankfurt: Suhrkamp, 1964.

Masson, Jeffrey, *The Assault on Truth. Freud's Suppression of the Seduction Theory.* New York: Farrar, Straus, Giroux, 1983.

McNeely, Deldon Anne, *Animus Aeternus. Exploring the Inner Masculine.* Toronto: Inner City, 1991.

Mead, Margaret, *Brombeerblüten im Winter. Ein befreites Leben.* Reinbek: Rowohlt Taschenbuch, 1978.

Miller, Alice, *Abbruch der Schweigemauer.* Hamburg: Hoffmann und Campe, 1990.

–, *Du sollst nicht merken. Variationen über das Paradies-Thema.* Frankfurt: Suhrkamp, 1981.

Morgan, Robin, *Sisterhood Is Powerful.* New York: Vintage, 1970.

Mulford, Wendy (Hrsg.), *Love Poems by Women.* New York: Fawcett/Columbine, 1990.

Neruda, Pablo, *Aufenthalt auf Erden. Gedichte.* Frankfurt: Luchterhand, 1993.

Neumann, Erich, *Die große Mutter. Eine Phänomenologie der weiblichen Gestaltungen des Unbewußten.* Heitersheim: Walter Verlag, 1989.

Nin, Anaïs, *Das Delta der Venus.* München: Droemer Knaur, 1992.

Pagels, Elaine, *Versuchung durch Erkenntnis. Die gnostischen Evangelien.* Frankfurt: Suhrkamp, 1987.

Perera, Sylvia Brinton, *Der Weg zur Göttin der Tiefe. Die Erlösung der dunklen Schwester. Eine Initiation für Frauen.* Interlaken: Ansata Verlag, 1990.

Piaf, Edith, *Mein Leben.* Reinbek: Rowohlt TB, 1995.

Piercy, Marge, *Circles on the Water.* New York: Knopf, 1982.

–, (Hrsg.), *Early Ripening. American Women's Poetry Now.* London: Pandora, 1987.

–, *The Moon Is Always Female.* New York: Random House, 1980.

–, *Woman on the Edge of Time.* New York: Knopf, 1976.

Qoyawayma, Polingaysi (White, Elizabeth Q.), *No Turning Back: A Hopi Indian Woman's Struggle to Live In Two Worlds.* As told to Vada F. Carlson. Albuquerque: University of New Mexico Press, 1964.

Rich, Adrienne, *Diving Into the Wreck.* New York: Norton, 1973.

–, *Of Woman Born. Motherhood as Experience and Institution.* New York: Norton, 1976.

–, *The Fact of a Doorframe.* New York, 1984.

Riemann, Gerhard (hrsg.), *Bhagavadgita.* München: Droemer Knaur, 1989.

Rosen, Marjorie, *Popcorn Venus. Women, Movies and the American Dream.* New York: Coward, McCann, Geoghegan, 1973.

Samuels, A.; Shorter, B.; Plaut, F. A., *A Critical Dictionary of Jungian Analysis.* London/New York: Routledge & Kegan Paul, 1986.

Sanday, Peggy Reeves, *Female Power and Male Dominance. On the Origins of Sexual Inequalities.* Cambridge: Cambridge University Press,1981.

Shange, Ntozake, *A Daughter's Geography.* New York: St. Martin's, 1972.

–, *for colored girls who have considered suicide when the rainbow* is *enuf*: a choreopoem. New York: Macmillan, 1977.

–, *Nappy Edges.* New York: St. Martin's, 1972.

Sheehy, Gail, *In der Mitte des Lebens. Die Bewältigung vorhersehbarer Krisen.* München: Droemer Knaur, 1989.

Silko, Leslie M., *Ceremony.* New York: Penguin, 1977.

–, *Gestohlenes Land wird ihre Herzen fressen.* Hamburg: Luchterhand.

Simon, Jean-Marie, *Guatemala. Eternal Spring, Eternal Tyranny.* London: Norton, 1987.

Singer, June, *The Boundaries of the Soul: The Practice of Jung's Psychology.* Garden City, N. Y.: Doubleday, 1972.

Spretnak, Charlene, *Lost Goddesses of Early Greece.* Boston: Beacon Press, 1981.

–, *The Politics of Women's Spirituality.* Garden City, N. Y.: Doubleday, 1982.

Steinem, Gloria, *The Revolution from Within.* Boston: Little, Brown, 1992.

Stone, Merlin, *Ancient Mirrors of Womanhood.* Boston: Beacon Press, 1984.

–, *When God Was a Woman.* New York: Dial Press, 1976.

Tannen, Deborah, *Du kannst mich einfach nicht verstehen. Warum Männer und Frauen aneinander vorbeireden.* Hamburg: Kabel, 1991.

Tuchman, Barbara. *Der ferne Spiegel. Das dramatische 14. Jahrhundert.* Düsseldorf: Claassen, 1987.

–, *Totenbuch der Ägypter.* München: Artemis Verlag, 1990.

Walker, Alice, *Auf der Suche nach den Gärten unserer Mütter. Beim Schreiben der Farbe Lila.* Essays. München: Goldmann, 1989.

–, *Die Farbe Lila,* Reinbek: Rowohlt Taschenbuchverlag, 1984.

Walker, Barbara G., *The Crone.* San Francisco: Harper & Row, 1985.

–, *The Woman's Dictionary of Symbols and Sacred Objects.* San Francisco: Harper & Row, 1983.

–, *The Woman's Encyclopedia of Myths and Secrets.* San Francisco: Harper & Row, 1983.

Walker, Lenore, *The Battered Woman.* New York: Harper & Row, 1980.

Warner, Marina, *Alone of All Her Sex: The Myth and Cult of the Virgin Mary.* New York. Knopf, 1976.

Willmer, Harry, *Practical Jung: Nuts and Bolts of Jungian Psychotherapy.* Wilamette, Ill.: Chiron, 1987.

Wilson, Colin, *The Outsider.* Boston: Houghton Mifflin, 1956.

Wolkstein, Diane, und Kramer, Samuel Noah, *Inanna. Queen of Heaven and Earth.* San Francisco: Harper & Row, 1983.

Wollstonecraft, Mary, *Verteidigung der Rechte der Frauen.* Schaffhausen: ALA-Verlag Berta Rahm, 1986.

Woodman, Marion, *Heilung und Erfüllung durch die Große Mutter. Eine psychologische Studie über den Zwang zur Perfektion und andere Suchtprobleme als Folgen ungelebter Weiblichkeit.* Interlaken: Ansata, 1988.

Woolf, Virginia, *Ein Zimmer für sich allein.* Frankfurt: Fischer Taschenbuchverlag, 1993.

Wynne, Patrice, *The Womanspirit Sourcebook.* San Francisco: Harper & Row, 1988.

Yolen, Jane, *Sleeping Ugly.* New York: Coward, McCann & Ceoghegan, 1981.

Register